JN296730

謹んで古稀をお祝いし　石川明教授に　捧げます

執筆者一同

石川 明 教授　近撮

石川明教授古稀記念論文集

EU法・ヨーロッパ法の諸問題

編集代表　櫻井雅夫

信山社

はじめに

　石川明先生は，2001年11月に，古稀をお迎えになった。執筆者一同を代表して論文集を謹呈する次第である。

　執筆者のほとんどは，先生から薫陶を受けてきた気鋭の研究者の方々である。

　先生は慶應義塾大学ご卒業以来約半世紀に互って民事訴訟法の研究と教育に専念された。その業績は本書に収録の業績リストにみられるとおりである。元法学部長の山田辰雄教授によれば，先生のご研究は，初期の訴訟上の和解から今日のADRの研究に至るまで，紛争解決の場における当事者の主体的な意思をどのように認めていくかという一貫した問題意識をもって展開されてきたものである（『法学研究』「石川明教授退職記念号」序文）。

　ご研究の過程でドイツに留学されたこともあり，研究の対象はヨーロッパに広げられた。そして，民事訴訟が国際化するなかで，ご研究は国際民事訴訟法一般やEC/EUの民事手続法に発展していった。この間，日本と諸外国とくにドイツとの間の往き来が精力的に行われた。ドイツの二つの著名な大学から名誉博士号を授与されたことは，外国側が先生のご努力を正当に評価した結果である。

　日本国内では，早くから弁護士登録をされたこともあり，法曹界等での活動もめざましく，数々の要職におつきになった。役職もさることながら，先生の特徴は，実務に明るいこと，理論と実際を調整して現実的な解決の道を開くこと，という点にある。もちろんそのようなアプローチをとる場合には，理論を多少犠牲にすることはあろうが，私自身も分野の違いはあるものの同じような方法をとることがあるので，先生のこのような特徴は積極的に評価させていただいている。

　こうした研究活動や学外活動の展開のなかで，先生はあくまでも教育を本業と位置づけ，学生の指導と後進の育成にかなりの力を注いでこられた。

　私的なことであるが，小職は昭和33年に慶應義塾大学の卒業生であり，

はじめに

　年齢が石川先生に近いことや国際私法のゼミナールに所属していたことなどで，先生に直接勉強を教わったということはない。ただ，先生が長年幹事長をおつとめになった慶應法学会で私が幹事をつとめていた頃から，先生とのお付き合いが始まった。その後，先生がご主催の慶應EC/EU法研究会にお誘いを受け，月に一回の研究会で親しく接することができた。先生と共同で編集した『EUの法的課題』（慶應義塾大学出版会）は，その時の一成果である。今回，記念論文集の編纂にあたってこの序文を担当させていただいたのは，そのような経緯があったためである。

　今回，執筆者の皆さんが多忙であることは十分承知していた。それでも感謝の気持ちを目に見えるかたちで示すことが恩師に対する最低限の礼儀と考えている。その意味では執筆者の方々にここまでご協力いただいたことは，喜ばしいかぎりである。

　なお，本書の出版に際しては，平成国際大学の共同研究「EU統合とドイツの民事手続法」（代表入稲福智）より助成を受けた。ご支援いただいた平成国際大学当局に対し，ここに厚く御礼申し上げたい。

　また，出版界の厳しい状況にも拘らず本書の刊行にご尽力いただいた信山社の渡辺左近氏以下の皆様に対しても，この場を借りて心から謝意を表したい。

　最後に，執筆者全員を代表して，石川先生の今後ますますのご健勝をお祈りする次第である。

　平成14年7月

編集代表　櫻井雅夫

目　次

第1部　EU法・ヨーロッパ法総論

1．補充性の原則の背景——環境問題との関連において

籾　山　錚　吾

はじめに……………………………………………………………………3
第1節　環境政策の展開…………………………………………………4
　　1．EC環境政策の複雑さ……………………………………………4
　　2．一般的な環境保護の措置…………………………………………6
　　3．共同体環境政策とメンバー諸国のスタンス……………………8
第2節　水の諸問題………………………………………………………11
第3節　共同体の水政策…………………………………………………13
第4節　ハーモナイゼイション…………………………………………16
　　1．ハーモナイゼイションの非一様性………………………………16
　　2．ハーモナイゼイションの多様性…………………………………19
　　3．環境法と最低限のハーモナイゼイション………………………23
　　4．その他の根拠規定との関係………………………………………23
おわりに……………………………………………………………………26

2．「補完性の原則」の確立と課題
　　——「ヨーロッパ社会」の構築へ向けて

八谷まち子

はじめに……………………………………………………………………29
第1節　EUにおける補完性の原則の導入……………………………32
　　1．ヨーロッパ社会の補完性の原則…………………………………33
　　2．ECにおける議論の展開…………………………………………36

目　次

　　第 2 節　アムステルダム条約以後のEUにおける
　　　　　　補完性の原則の実施………………………………………40
　　　　1．アムステルダム条約付属議定書……………………………40
　　　　2．*Better Lawmaking* 報告書……………………………………44
　　第 3 節　補完性の原則の確立と課題……………………………………50
　　　　1．EUにおける「市民社会」…………………………………50
　　　　2．EUにおける補完性と原則とその課題……………………57
　結　論………………………………………………………………………60

3．ニース条約とEU機構改革
　　——「アムステルダム・レフトオーバーズ」への取り組み

庄　司　克　宏

　はじめに……………………………………………………………………63
　第 1 節　ニース条約の目的………………………………………………63
　第 2 節　アムステルダム・レフトオーバーズ(1)
　　　　　——理事会特定多数決における各国別票数…………………65
　　　　1．「欧州連合拡大に係る議定書」……………………………65
　　　　2．「欧州連合拡大に係る宣言」………………………………68
　第 3 節　アムステルダム・レフトオーバーズ(2)
　　　　　——特定多数決の適用分野の拡張………………………………69
　　　　1．概　観…………………………………………………………69
　　　　2．税制の調和……………………………………………………74
　　　　3．社会保障および社会政策……………………………………75
　　　　4．構造基金および結束基金……………………………………75
　　　　5．「人の自由移動」政策………………………………………76
　　　　6．対外的権限……………………………………………………77
　　　　7．「補強化協力」………………………………………………82
　第 4 節　アムステルダム・レフトオーバーズ(3)
　　　　　——コミッションの定員削減および内部組織…………………84

　　　　1．コミッションの定員削減……………………………………84
　　　　2．コミッションの内部組織……………………………………85
　　　　3．定員と内部組織の関係………………………………………86
　　第5節　結　語……………………………………………………………86

4．EUにおける透明性原則とオンブズマンの貢献

安 江 則 子

　　はじめに………………………………………………………………………93
　　第1節　EUオンブズマンと透明性原則……………………………………94
　　　　1．EUオンブズマンの任務……………………………………94
　　　　2．透明性の原則…………………………………………………95
　　　　3．すべての機関に情報公開基準を……………………………97
　　第2節　情報公開とオンブズマンの具体的貢献……………………………98
　　　　1．欧州委員会職員採用に関する情報公開……………………98
　　　　2．情報公開と捜査および訴訟手続きの関係…………………100
　　　　3．個人データ保護と情報公開…………………………………104
　　第3節　アムステルダム条約と2001年EU情報公開規則…………………108
　　　　1．アムステルダム条約と情報公開……………………………108
　　　　2．2001年情報公開規則…………………………………………109
　　第4節　EUオンブズマンの新たな挑戦……………………………………112

第2部　EU法・ヨーロッパ法各論──公法

5．EU諸国＝中国間投資の法的枠組み

櫻 井 雅 夫

　　はじめに………………………………………………………………………117
　　第1節　多数国間協定のもとでのEU諸国＝中国投資関係…………………118
　　　　1．ICSID条約……………………………………………………118
　　　　2．MIGA条約……………………………………………………119
　　　　3．WTO協定……………………………………………………119

4．問 題 点 …………………………………………………120
　第2節　二国間協定のもとでのEU＝中国投資関係 ……………120
　　　1．協 力 協 定 …………………………………………………120
　　　2．中国＝EU加盟国間BITs …………………………………121
　　　3．問 題 点 …………………………………………………124
　第3節　ドメスティックな法の下でのEU＝中国投資関係 ………124
　　　1．EU及びその加盟国における投資規整 ……………………124
　　　2．中国の外資関係法規 ………………………………………128
　　　3．問 題 点 …………………………………………………132
　結　語 ……………………………………………………………………134

6．EC法におけるWTO法の直接的効力
——近時のEC裁判所判例の考察

入 稲 福　智

はじめに ……………………………………………………………………137
第1節　EC裁判所の管轄権 ……………………………………………141
第2節　WTO諸協定の直接的効力に関するEC裁判所の判例 ……143
　　　1．個々のケース ………………………………………………143
　　　2．EC裁判所の論拠 …………………………………………149
第3節　Nakajima判決・Fediol判決理論の適用 ……………………160
第4節　DSBの裁定・勧告の直接的効力 ……………………………161
結　語 ……………………………………………………………………162

7．租税法における法の実現に及ぼす共同体法の影響

ビルケンフェルト，ボルフラム
〈翻訳〉木村弘之亮

　1．共同体と国家法 ……………………………………………………165
　2．共同体の法行為 ……………………………………………………168
　3．租税法と共同体法 …………………………………………………170

 3.1 関　税　法……………………………………………………170
 3.2 間接税，とくに売上税および消費税 ………………………172
 3.3 直説法および租税手続法 ……………………………………175
 3.4 他の諸国に及ぶ影響 …………………………………………178
4．共同体法に忠実な法の実現 ……………………………………………178
 4.1 直接に妥当する法行為の場合における法の実現 …………179
 4.2 直接に妥当しない法行為の場合における法の実現 ………184
 4.3 共同体法に忠実となるよう法適用すべき各国行政庁の義務 …194
 4.4 共同体法による納税義務者の直接的義務づけ ……………196
5．その他の制裁 ……………………………………………………………197
6．直接税の場合における共同体法の影響 ………………………………199
 6.1 総　　説 ………………………………………………………199
 6.2 国境を越える各種所得を稼得する場合における差別扱いの禁止 …199
 6.3 各国の収益税法におよぼすEC命令の影響 ………………202
7．売上税に対する共同体法の支配 ………………………………………205
 7.1 一　般　原　則 ………………………………………………205
 7.2 第六次売上税命令（388/77 EWG）の重要原則 ……………207
 7.3 売上税法における共同体法の変形 …………………………211
8．共同体法の法実現における手続法の影響 ……………………………214
9．展　　望 …………………………………………………………………216

8．EUトレードマーク

亀 岡 悦 子

はじめに ………………………………………………………………………219
第1節 EU法上のトレードマークの扱い …………………………219
第2節 OHIM と EC 裁判所 ………………………………………222
第3節 並行輸入と権利消尽の原則 …………………………………224
第4節 ディストリビューションとトレードマーク ………………227
第5節 トレードマーク権利者の偽造，模造品に関する情報請求 …228

お わ り に ……………………………………………………………229

9. 立法政策と基本権保護義務

小山　剛

  は じ め に ……………………………………………………………231
  第1節　国家の基本的保護義務 ………………………………………233
    1．基本的保護義務論の確立 ……………………………………233
    2．法的三極関係と過少保護禁止 ………………………………236
  第2節　立法の指針としての保護義務 ………………………………237
    1．「第一の名宛人」としての立法者 ……………………………237
    2．立法者の視点 …………………………………………………238
    3．連邦憲法裁判所による統制 …………………………………240
    4．小　括 …………………………………………………………247
  第3節　基本権の形成と再形成──むすびにかえて ………………248

10. 欧州人権条約と「評価の余地」の理論

門田　孝

  は じ め に ……………………………………………………………251
  第1節　「評価の余地」理論とは何か…………………………………253
  第2節　「評価の余地」理論が問題となった事例……………………256
    1．非常事態における「離脱」(15条) …………………………257
    2．表現の自由 (10条) …………………………………………259
    3．私生活および家族生活の尊重 (8条) ………………………265
    4．財産権の保障 (第1議定書1条) ……………………………271
    5．差別の禁止 (14条) …………………………………………275
    6．その他の領域 …………………………………………………278
    7．小　括 …………………………………………………………279
  第3節　「評価の余地」理論をめぐる問題……………………………281
    1．「評価の余地」理論の根拠と性格 ……………………………281

　　　　2．「評価の余地」の機能と範囲 ……………………………………285
　結　語 …………………………………………………………………………288

11. 有名人のプライバシーと写真報道の自由
　　　──ドイツ連邦憲法裁判所モナコ・カロリーヌ王女事件判決

鈴 木 秀 美

　第 1 節　問題の所在 …………………………………………………………293
　第 2 節　BGH 判決 …………………………………………………………296
　　　　1．事件の概要 …………………………………………………………296
　　　　2．連邦通常裁判所判決 ………………………………………………299
　第 3 節　連邦憲法裁判所判決 ………………………………………………302
　　　　1．憲法異議申立人の主張 ……………………………………………302
　　　　2．連邦憲法裁判所判決 ………………………………………………305
　　　　3．その後の展開 ………………………………………………………311
　第 4 節　本判決の意義と射程 ………………………………………………313

第 3 部　EU 法・ヨーロッパ法各論──私法

12. ヨーロッパ契約法原理について

角 田 光 隆

　は じ め に ……………………………………………………………………323
　第 1 節　ヨーロッパ契約法原理の背景と有用性 …………………………328
　第 2 節　ヨーロッパ契約法原理の規定の内容 ……………………………333
　第 3 節　日本法に対する比較法的意義 ……………………………………341
　結　語 …………………………………………………………………………344

13. ヨーロッパ法におけるインターネット特許

カール・フリードリッヒ・レンツ

　は じ め に ……………………………………………………………………347
　第 1 節　インターネット特許のあるべき姿 ………………………………348

1．実　例 …………………………………………………………348
　　　2．結　論 …………………………………………………………350
　　　3．理　由 …………………………………………………………350
　　　4．ソフト特許弊害を撃破するための戦略 …………………353
　第2節　ヨーロッパでのソフト特許状況 ……………………………363
　　　1．条約の解釈 ……………………………………………………363
　　　2．実務での扱い …………………………………………………368
　　　3．1991年ソフト著作権指令と互換性 …………………………370
　　　4．遺伝子技術と特許に関する指令 ……………………………371
　　　5．立法論の動き …………………………………………………372
　第3節　文献との対話 …………………………………………………374
　　　1．具体例提案 ……………………………………………………374
　　　2．その他の注目に値する文献 …………………………………377
　第4節　日本の状況 ……………………………………………………380

14. 特許無効に基づく再審と補充性の原則

　　　　　　　　　　　　　　　　　　　　　　　　渡 辺 森 児

　はじめに ………………………………………………………………385
　第1節　ドイツ特許争訟手続における再審 …………………………388
　　　1．ドイツ特許争訟制度の特徴 …………………………………388
　　　2．ドイツにおける再審制度 ……………………………………389
　　　3．判例・学説の状況 ……………………………………………389
　　　4．再審の必要性についての最近の動向 ………………………392
　　　5．再審の補充性と「自由技術の抗弁」との関係 ……………394
　第2節　わが国における侵害訴訟の再審の問題点 …………………395
　　　1．再審事由の該当性 ……………………………………………395
　　　2．再審の補充性 …………………………………………………396
　第3節　わが国の侵害訴訟の再審における補充制の原則 …………400
　　　1．「補充性」による禁止領域の拡張 …………………………400

2．特許の保護範囲に関する主張をした場合の取扱い …………401
　　3．再審の訴えを禁ずる効果について ……………………………401

15．被告の住所地と離婚の国際裁判管轄

山 田 恒 久

　はじめに …………………………………………………………………403
　第1節　通説及び，最高裁の採用する考え方の原型となった
　　　　　学説の検討 …………………………………………………406
　　1．1950年頃の英国法 ……………………………………………406
　　2．1950年頃の仏法 ………………………………………………409
　　3．検　討 …………………………………………………………411
　第2節　最近の立法例と被告住所地主義 ……………………………418
　　1．英 国 法 ………………………………………………………418
　　2．仏　法 …………………………………………………………423
　　3．検　討 …………………………………………………………426
　結　語 …………………………………………………………………429

16．名誉毀損の国際裁判管轄権

芳 賀 雅 顯

　はじめに …………………………………………………………………433
　第1節　二つの判例 ……………………………………………………435
　　1．1995年ヨーロッパ裁判所判決 ………………………………435
　　2．1977年ドイツ連邦通常裁判所判決 …………………………438
　第2節　不法行為地管轄に関する議論 ………………………………441
　　1．隔地的不法行為と不法行為地管轄
　　　　──物理的な損害が発生している場合 ……………………441
　　2．名誉毀損の不法行為地管轄 …………………………………443
　　3．不法行為地管轄と審理の範囲 ………………………………448
　第3節　日本法への示唆 ………………………………………………454
　　1．不法行為地管轄 ………………………………………………454

目　次

　　　2．結果発生地と損害発生地 …………………………………456
　　　3．渉外的名誉毀損と不法行為地の決定 ……………………462
　　　4．結果発生地における審理の範囲 …………………………465
　結　論 ……………………………………………………………468

17．ヨーロッパ民事訴訟法における国際保全処分の新動向

越 山 和 広

　は じ め に ……………………………………………………………471
　第1節　欧州司法裁判所の二つの判例 ………………………474
　　　1．欧州司法裁判所1998年11月17日判決 …………………474
　　　2．欧州司法裁判所1999年4月24日判決 …………………477
　第2節　ヨーロッパ域内での国際保全管轄の要件 …………480
　　　1．本案裁判所の保全管轄 ……………………………………480
　　　2．各国法に基づく保全管轄 …………………………………481
　　　3．過剰管轄規定排除ルールと24条との関係………………484
　第3節　ヨーロッパ域内での国際保全処分の性質決定 ……489
　　　1．従来の議論状況 ……………………………………………489
　　　2．契約上の主債務の履行を命ずるコルト・ヘディングの場合 …491
　結　語 ……………………………………………………………494

経歴及び業績 ………………………………………………………495

執筆者紹介 (掲載順)

籾山錚吾	朝日大学法学部教授
八谷まち子	九州大学大学院法学研究院講師
庄司克宏	横浜国立大学大学院国際社会科学研究科教授
安江則子	立命館大学政策科学部教授
櫻井雅夫	獨協大学法学部教授
入稲福智	平成国際大学法学部助教授
木村弘之亮	慶應義塾大学法学部教授
亀岡悦子	弁護士
小山剛	慶應義塾大学法学部助教授
門田孝	福岡女子大学文学部助教授
鈴木秀美	広島大学法学部教授
角田光隆	琉球大学法文学部教授
カール・フリードリッヒ・レンツ	青山学院大学法学部教授
渡辺森児	平成国際大学法学部専任講師
山田恒久	獨協大学法学部教授
芳賀雅顯	明治大学法学部専任講師
越山和広	香川大学法学部助教授

第 1 部

EU法・ヨーロッパ法総論

1. 補充性の原則の背景
―― 環境問題との関連において ――

籾 山 錚 吾

はじめに

　補充性の原則は，まずは1986年の単一欧州議定書（SEA）25条によりEEC条約130 t 条に挿入されたことによって，ヨーロッパ環境法の重要な法原則となった。その後，1992年のマーストリヒト条約によりEC条約3b条の規定が挿入されることにより，条約の総則的な位置を獲得することとなったが，1996年のアムステルダム条約によりEC条約5条に置かれるようになった。

　補充性の原則には，モーゼの十戒の第四律法にまで逆上ることができるカソリック社会倫理論，自由主義，連邦思想の3つの系譜がある[1]。EC条約5条は，その系譜に則して様々に解釈されることができるであろう。しかし，本稿においては，その点には深入りはせず，EC環境政策に焦点をあてて，補充性の原則の，特にハーモナイゼイションに係る意義について述べることとしたい。

---

(1) 3つの系譜については，次の文献を参照されたい。
　Roman Herzog, Verfassungsrecht und Subsidiaritätsprinzip, Berlin 1968; Roman Herzog, Subsidiaritätsprinzip, in: Kunst/Schlaich/Schneemelcher (hrsg.), Evaunglisches Staatslexikon, Bd. II, N-Z, 3. Aufl. Stuttgart 1987, Sp. 3567-3572; Detlef Merten (hrsg.), Die Subsidiarität Europas, Berlin 1993; Heiner Timmermann (hrsg.), Subsidiarität und Föderalismus in der Europäischen Union, Berlin 1998; Roland Mittendorfer, Wirtschafts- und Währungsunion und Föderalisumus, Wien 1994, S. 326ff.

第1節　環境政策の展開

1．EC環境政策の複雑さ

　ヨーロッパの領域には，環境政策についての先駆国もあればそうでない国もある。EC領域で環境政策を樹立しようと欲するときに，先駆国はその環境政策をECの環境水準にしようと運動し，そうでない国はそれに抵抗しようとする。域内市場の視点からも，先駆国は環境投資が自由な域内通商で不利に働くことがないように，自己の環境技術をその他の諸国に採用させようとする。また，環境先駆国は，同時に環境破壊国でもある別の顔を持っていることもあり，環境政策のEC領域での樹立は，必ずしも容易なことではない。それに，環境政策といっても，各国の環境問題は一様ではなく，関心の置き所も異なるものである。それでも，EC環境法は，その膨大な姿をわれわれに見せてくれている。

　ドイツの環境政策開始年がブラント政権を発足した1965年であるとすると，EECの領域でのそれは，指令67/548/EECが制定された1967年であったといえよう。EECのレヴェルで環境政策の重要性が殊の外強調されるようになったのは1986年のSEA以降であるが，EECの環境政策は，それ以前から形成されてきた[2]。

---

(2)　EEC条約には，環境条項はなかった。環境保護が必要であるとの認識は，EEC条約の署名時からあった。「危険物の危険度，標識および梱包に関する指令（RL 67/548/EWG über die Einstufung, Kennzeichnung und Verpackung gefährlicher Stoffe, AB1. 1967 Nr. 68 S. 1.），は，その認識が具体化した最初の指令であった。

　　初期の指令としては，クリスタルグラスに関する指令（RL 69/493/EWG über Kristallglas, AB1. 1969 Nr. L 326 S. 36），騒音水準に関する指令（RL 70/157/EWG über den Geräuschpegel, AB1. 1970 Nr. L 42 S. 16.），自動車の有害排気ガスに関する指令（RL 70/220/EWG über die Emissionen von Schadenstoffen von Kraftfahrzeugen, AB1. 1970 Nr. L 220 S. 1; RL 89/458/EWG, AB1. 1989 Nr. L 226 S. 1. これは，RL 70/220/EWGの改正されたもの）がある。

　　日本の1967年の環境保護法の成立は，世界的なインパクトとなった。スウェーデンの自然保護局の設置は1967年で，アメリカの自然環境保護局の設置は1969年のことであった。また，1960年代の後半から1970年代の初頭にかけて，環境問題に警鐘をならすローマクラブの「成長の限界」やカールソンの「沈黙の春」などのリポー

環境政策の複雑さは，それがごく限定された場所の問題である場合もあり，国際的な，さらには全世界的な取り組みを要する場合もあって，またその間に様々な組み合わせがありうることに象徴されるであろう。従って，EC環境政策といっても，そのメンバー諸国の環境政策，EC域内の数ヵ国に関わる環境政策，ある地域の環境政策，国際的または世界的な環境政策に対するECの対応や，その対応または非対応に対するメンバー諸国または外国や国際機関からの反応をも視野にいれて考察されるべきなのであろう。

　環境政策は，このように複雑な性格と構造とに規定されざるをえない面がある。1981年のギリシャのEEC加入，1986年のスペインとポルトガルのEEC加入は，環境政策に関心がなかった諸国がメンバーになったことを意味していた。オリジナルメンバーであっても，フランスのように，国内政策の優先性を主張し，EC環境政策には冷淡な国も存在していたのである。また，イギリスのように，環境政策の水準をより低く設定することに精力を注ぐ国も存在していた。高い環境水準を設定されては困るが，グリーンイメージを高めるのに熱心なアイアランドのような国もあるのである(3)。

トや書籍が出版され，世界的なベストセラーになったこともあり，環境問題が世界的な市民の関心事となった。

　EC環境政策の積極化は，こうした時代的な背景を有する。1972年10月にEECのパリ首脳会議は，環境政策宣言を発すると共に，委員会に環境アクションプログラムの起草を命ずることとなった。スウェーデン政府が主催し，国連の支援の下に開催された1972年のストックホルム会議は，環境問題の水平的な協力と国際的な水準の垂直的な受容という問題の解決のための2つの方法を提示していたが，これは，委員会が環境アクションプログラムを書き上げるに際しての方法論ともなった。

(3)　ギリシャ，ポルトガル，スペインは，EEC加入時には，まだ環境政策を担当する専門官庁を有していなかったし，既存の官庁にも環境政策を担当する部署を置いていなかった。フランスは，EEC環境政策に加わることを渋ってきたものの，国内環境政策は総体的に発展させられてきた。その発展は，特に，1990年代初期に集中していたということができる。

　イギリスは，環境政策立案の高度な能力を有するが，委員会主導の指令の設定自体に懐疑的であった。イギリスの関心は，政府間交渉（IGCs）方式による環境水準の設定にこそあり，委員会による高めの水準の設定を押しつけがましいことと考えていた。

　Michael Hill, The Roll of the British Alkari and Clean Air Inspectorate in air pollution controll, in: Paul B. Downing/Kenneth Hanf (eds.), International Com-

2．一般的な環境保護の措置

EECは，環境政策を立案または成立せしめる能力という点では，必要な行政機構を整備していなかった。しかし，規則1369/75/EEC[4]を手始めにして，委員会は，決定76/431/EEC[5]，決定78/436/EEC[6]，決定78/618/EEC[7]，規則1210/90/EEC[8]の作成または成立に精力を傾注することとなった。

法的な措置で一般的な性格を有するものとして，指令83/189/EEC[9]，指令94/10/EEC[10]，指令85/337/EEC[11]，指令89/609EEC[12]，指令90/313/EEC[13]，

---

parisons in Implementing Pollution Laws, Boston 1983, pp. 87.

Carmel Coyle, Administrative capacity and the implementation of EU environmental policy in Ireland, in: S. Baker et al. (eds.), Protecting the Periphery, Essex, pp. 62.

(4) AB1. 1975 Nr. L 139 S. 1. これは，「生活条件および労働条件の改善のためのヨーロッパ基金（Die Europäische Stifung zur Verbesserung der Lebens- und Arbeitsbedingungen）」を創設したものである。この基金の目的は，環境問題の学問的な議論に奉仕することであり，主に実務に貢献することではなかった。

(5) AB1. 1976 Nr. L 115 S. 73. これは，「廃棄物事業委員会（Ausschuß für Abfallwirtschaft）」を創設したものである。この委員会は，メンバー諸国の政府代表から構成されている。

(6) AB1. 1978 Nr. L 124 S. 16. これは，「殺虫剤科学委員会（Der wissenschaftliche Ausschuß für Schädlingsbekämpfung）」を創設したものである。

(7) AB1. 1978 NR. L 198 S. 17. これは，「化合物の毒性およびエコ毒性の評価専門委員会（Der Ausschuß für die prüfung der Toxisizität und Ökotoxizität chemischer Verbindungen）」を創設したものである。

(8) AB1. 1990 Nr. L 120 S. 1. これは，「ヨーロッパ環境エージェント（Die Eiropäische Umweltagentur）」を創設したものである。これは，環境問題のための一般的な助言フォーラムであって，参加を申し出る事業者，労働組合，環境団体，消費者団体が，共同体の環境政策の促進のために議論する場となっている外に，環境情報の収集や環境の現状に関する報告書を公刊している。本部は，コペンハーゲンにある。

(9) AB1. 1993 Nr. L 328 S. 53. これは，工業規格や技術的な定めの情報交換の手続（Informationsverfahren auf dem Gebiet der Normung und technischer Vorschriften）に関するものである。この指令は，委員会に環境保護のための措置の計画について知らせるというメンバー諸国の1973年の事実上の合意（AB1. 1973 Nr. C S. 1. その法的な性質は，紳士協定である）を共同体法上の通知義務に高めることによって，情報交換手続を整備したものである。

(10) AB1. 1994 Nr. L 100 S. 30. これは，前注(9)の指令の通知義務の対象を拡大した

指令91/692/EEC[14]，規則880/92/EEC[15]，規則1973/92EEC[16]，規則1830/93/EC[17]やその他の委員会の提案がある。これらの共同体環境法は，一般的かつ水平的な性格を有しており，全共同体の領域への適用を当然のこととされた一群の法である。これらは，基本的かつ一般的な仕組みに係わる法である。

ものである。この結果，任意の取決めと廃棄物処理法も，通知義務の対象となった。

[11] AB1. 1985 Nr. L 175 S. 40. これは，公または私的なプロジェクトに際しての環境影響評価（die Prüfung der Umweltverträglichkeit）に関するものである。インフラ整備プロジェクト等の環境との両立性（die Verträglichkeit）を評価しようというものである。これに関して，マーストリヒト条約に対する最終会議声明は，委員会はその提案に際しては，十分かつ全面的に環境への影響を持続的に監視する義務を負い，メンバー諸国はその実行に際してこれを行う義務を負うことを，確認しあったとしている。1997年に改正された（RL 97/11/EG, AB1. 1997 Nr. L 75 S. 5.）。

[12] AB1. 1986 Nr. L 358 S. 1. これは，実験動物の保護（Schutz der zu Experimenten in Forschung und Wissenschaft verwendeten Tiere）に関するものである。実験動物のみに係わる点で，血清や薬剤の生産に使用される動物は，対象外とされている。動物保護団体は，これを不完全であるとして，非難している。

[13] AB1. 1990 Nr. L 158 S. 56. これは，行政の保持する環境情報への各人の自由な接近の権利（Das Recht auf freien Zugang zu Informationen über die Umwelt, die sich bei öffentlichen Verwaltungen befinden）に関するものである。この権利は，特別な利害や権利を有する者のみの権利ではない。なお，EECの委員会と理事会が保持する環境情報についても，各人は，自由に接近する権利を有する（Entscheidung 93/731/EWG des Rates, AB1. 1993 Nr. L 340 S. 43; Entsch. 94/90/EWG der Kommission, AB1. 1994 Nr. L 46 S. 58.）。

[14] AB1. 1991 Nr. L 377 S. 48. これは，環境報告書（Umweltbericht）に関するものである。EECの環境報告書は，メンバー諸国の環境報告書に基づいていたため，錯綜のきらいがあった。このため，この指令により，各国の環境報告書の体裁を統一化し，EEC環境報告書を合理化するとともに，個別の領域（例えば，水，大気と化学物質，廃棄物）ごとに環境報告書を公刊することとした。

[15] AB1. 1992 Nr. L 99 S. 1. これは，特に環境に優しい性質の産品に付与されるエコマーク（Öko-kennzeichen）に関するものである。メンバー諸国で実施されている環境マーク（Umweltzeichen）を排除するものではない。環境マークと点数を組み合わせて，所定の点数を集めた者に商品を提供したりする企業の「緑の点数制（Grünpunktensystem）」は，競争政策との関連において，疑問という外ないであろう。早晩，禁止されることになろう。

なお，農業産品のエコマークについては，VO（EWG）Nr. 209/91, AB1. 1991 Nr. L 198 S. 1.

[16] AB1. 1992 Nr. L 206 S. 1. これは，共同体の環境政策のための基金（LIFEとい

3．共同体環境政策とメンバー諸国のスタンス

EECまたはECの環境政策に対するメンバー諸国のスタンスは，実際にこれまで一様ではなかったが，これからもそうであろう。いい換えると，メンバー諸国には，EECレヴェルでの環境政策戦略とでもいうべきものが存在していた。EECレヴェルでの環境政策を考慮する際には，その先駆国たらんと欲する国もあれば，EECとしての環境政策の推進国たらんと欲する国もあり，また単独行を欲する国もあったことを失念してはならない。

先駆国は，国内の環境政策をEECのレヴェルの環境政策のモデルとして提示するか，または自国の政策をその他のメンバー諸国に受け入れさせようとしてきたといってよいであろう。推進国は，問題を理事会やヨーロッパ議会の議題に乗せるなど，環境問題をEECの課題とすることに精力を傾注してきたといってよいであろう。

先駆国の試みが成功するときには，その先駆国にはEEC法の内国法化の問題は生じないが，その他のメンバー諸国にはその義務が生ずることになる

う）に関するものである。1996年から1999年までの4年間に，この基金のために4億5000万ECUが用意された。LIFEからの拠出は，パイロット・プロジェクトやデモンストゥレイション・プロジェクトなどの刺激的な事業を対象としている。1996年に改正された。VO (EG) Nr. 1404/96, AB1. 1996 Nr. L 181 S. 1.

(17) AB1. 1993 Nr. L 168 S. 1. これは，共同体が行う環境マネジメントや環境事業評価（エコ監査システム（Öko-audit-System）という）への企業の任意の参加に関するものである。

　ただし，これに参加する企業は，企業の環境保護の改善のためすべての立地場所の環境評価を実施するか，実施されるかするため公の立ち入りを受け入れ，企業としての環境政策を有する企業でなければならないことになっている。

(18) RL 82/501/EWG, AB1. 1982 Nr. L 230 S. 1. 当指令は，Sevesoの工場災害により近隣住民の多数が避難を余儀なくされたことに端を発して制定された重大事故の防止に関するものである。これにより，約2000の化学工場がEEC法により規律されることとなった。特定の化学物質を製造する工場の経営者は，警報や危険防止に関するプランを策定しなければならなくなった。この指令により，メンバー諸国は災害防止の原則に合意した。しかし，災害の発生の場合に最も懸念されたのは，原子炉事故であった。フランスは，この指令の制定に際して，技術的に最も進んだ知識を有することを自認し，先駆国たる役割を果たしたが，監督官庁に企業がどんな情報をどこまで出すべきかに関しては，消極的であった。フランスのこの態度は，

かもしれない。あのセヴェソ指令[18]は，産業の危険性評価の先駆国を自認するフランスが，自国のシステムをEECのモデルとして持ち出した顕著な例であった。この経験は，その他のメンバー国をして自国の環境政策をEECレヴェルの政策へと持ち込む動きを活発ならしめる契機となったのである。EEC自身も，EECレヴェルの環境政策を樹立するため，メンバー諸国に働きかけた。その結果として，EEC環境政策の樹立のプロセスそのものが双方向的なものとして認識されるようになった。

　1980年代以前から，ドイツはその原因の半分は国外にあるとされた土壌の酸性化に悩まされてきた。そのため，ドイツは国内における大気汚染防止措置を発展させるとともに，1980年代におけるEECの土壌の酸性化防止政策の推進国として活動することとなった[19]。ドイツと同様にオランダでも，1980年代に環境問題が内向きから外向きになって，EECレヴェルでの環境問題の解決の重要性が認識されるようになった[20]。オランダは，オラン

　　原子炉問題に関わってのことであったが，環境政策に対するアンビヴァレンツなものであった。
(19)　シュヴァルトヴァルトの森の被害は，甚大であった。ドイツは，これを契機として，1974年の連邦排出保護法を順次改正して，「大気汚染，騒音，振動および同様の事象による有害な環境への影響からの保護のための法律(Gesetz zum Schutz vor schädlichen Umwelteinwirkungen durch Luftverunreinigungen, Geräusche, Erschütterungen und ähnliche Vorgänge in der Fassung der Bekanntmachung vom 14. Mai 1990. BImSchGと略されている)」と1985年以降の各州の「スモッグ規制法」(新ラントのスモッグ規制法は，ドイツ統一後に制定された)により，CO_2, SO_2, NO_xの削除に成功し，環境先駆国となった。1980年から1991年までの間に，これらの有害ガスは，その間の経済の拡大と自動車の30%増にもかかわらず，約29%も削減された。「予防の原則」と「最良予防技術の原則」とが，よく機能した結果である。
(20)　特に，1988年の「全国環境政策プラン (Nationaal Milieubeleidsplan. NMPと略されている)」と「環境諸規定に対する国民の関わりのための研究所 (Rijksinstituut voor Volksgezogenheiden Milieuhygiëne)」の報告書「明日への関心」は，ナポレオン時代の1875年のニューサンス規制法 (Hinderwet) とは決別するだけでなく，自国と外国のトラックによる大量輸送が環境問題を限定的な国内地域の問題から，国境を越えて規制すべき全体の問題へと姿を変えたとし，共同体全体で規制するに相応しい問題へと変質したとの認識を示したのだった。この事情は，環境問題を政策の柱としたドイツのブラント政権が，プロイセンのニューサンス規制法以上の法的規制を成しえず，その後の環境保護の本格的な取り組みを待たなければならなかった事情に酷似しているといえよう。

ダと北欧諸国とが既に実施しているCO_2課税の推進国となっており，EECに対してCO_2課税の実現を要求し続けているだけでなく，その他のメンバー諸国に単独ででもCO_2課税に踏み切るよう要求してきた[21]。

　デンマークも，環境政策に熱心なメンバー国である。この国のEECレヴェルのリクエストは，1985年の政府間交渉で明確となった。それは，ローマ条約に環境保障条項を挿入させること，EECの環境政策に対するオプト・アウトの権利を明記させることであった。環境保障条項は，SEA批准のための国民投票の年1986年まで論争点となったが，デンマーク政府は，これをオプト・アウトの権利と結び付けたのだった[22]。

　これらの数例を観察するだけで，EEC環境政策に対するメンバー諸国のスタンスは，決して一様ではなく，むしろ大きく異なっていることが分かる。以下，水の問題に焦点に当てて考察することにしたい。

---

[21] CO_2課税を推進しようというメンバー諸国は，「CO_2税クラブ」といわれている。このクラブの戦略は，個々的に炭素エネルギー税を国内法により実現し，それをヨーロッパ炭素エネルギー税のモデルとすることであった。この戦略は，特にドイツの猛烈な反発を引き起こすこととなった。ユニラテラルな環境税の戦略は，環境税を共同体税制として実現するというドイツのコンセプトには合致しないものであった。しかし，1400CC以下の自動車の排出ガス規制に関する指令（RL 89/458/EWG, AB1. 1989 Nr. L S. 1.）は，アメリカのマスキー法の排気ガス規制により，自動車の対米輸出戦略として，完全なハーモナイゼイションが行われた稀有な例であるといえよう。

[22] デンマークの環境保障条項のリクエストは，SEAに実際に書き込まれ，次いでEEC条約100a条4項として結実した。この条項は，自国の厳格な環境保護基準が共同体環境保護法により引き下げられることを阻止するための条項である。また，オプト・アウトの権利は，域内市場のためのハーモナイゼイションの措置が内国の望ましい環境基準と衝突するときには，ハーモナイゼーションの手続をしなくてもよいとするものである。デンマークのように反共同体意識が旺盛で（マーストリヒト条約の批准拒否でも実証されたところである），反ドイツ意識が強い国においては，ドイツ農業の農薬と化学肥料の農地への大量投入が，共同体の環境政策の一環たる農地保護政策の質的低下を招くことになるとの警戒感が強いのである。バルト海と北海への燐酸化合物，窒素化合物の流入の責任の大半はドイツ農業にあると，デンマークは主張してきた。

第2節　水の諸問題

　水を環境保護政策の対象として見るとき，その保護の動機も一様ではない。河川，湖沼，海浜，干潟には，多様な価値が存在している。それらは，景観，そこに生息する生物の揺り籠，自然の浄化装置，散策や水浴などのリクリエーションの場，飲料水，工業用水や農業用水の水源，漁業の場，発電資源，良質な醸造・酒造製品その他の食品の原料などの価値として表現されることができる。そのいずれの価値であるかを問わず，それが破壊されようとするときには，人間の生存にとっての警報となる。水が環境問題のテーマとなるとき，どの価値が危機に直面しているかにより，政策の立て方と問題解決のためのアプローチの仕方に相違が生ずるであろう。

　水力発電用ダムの建設から滝を守る政策は，景観やリクリエーションの場の保護という動機に動かされているはずである[23]。生産活動や家庭から生ずる排水による河川の汚染は，国際河川ライン川の水質の維持改善政策へと流域諸国を動かし，汚水処理技術とパイプ端末技術の高度化と先端化とをもたらすにいたっている[24]。製紙パルプ産業が排出したパルプ滓，漂白剤，農地や汚水処理場から流出または流出された富栄養物質による海洋汚染は，原油の流出による海洋汚染と並ぶ深刻な問題であり，北海とバルト海の浄化は，ヨーロッパ環境法の重要課題となっている[25]。

---

[23]　非メンバー国のノルウェイの環境政策の柱は，「手つかずの自然の維持」と「産業活動による自然の汚染の予防」とであった。電力需要の増加に伴う水力発電所の建設は，滝を消失させかねないものとされ，「滝の保護」は，1910年と1954年の自然維持法（Lov om naturfredning）の目玉となった。また，産業活動などによる水質汚濁を阻止するため，1971年に水質汚濁防止法（Vannvernloven）が制定された。ノルウェイの環境政策と法に関しては，B. Berntsen, Gronne linjer. Natur- og miljovernets historie i norge, Oslo 1994. に詳しく述べられている。

[24]　ライン川の汚染の最大の原因は，汚染原因の70%を占めるドイツにあった。M. Strübel. Internationale Umweltpolitik. Entwicklungen, Defizite, Aufgaben, Obladen 1992, S. 75ff.

[25]　北海とバルト海の汚染は，原油事故を除外すれば，農地からの富栄養物質の流入や地方各地の下水処理施設からの未処理または不完全処理の汚水の流入の結果とし

地表水，地下水，湖沼水，河川の流水などの淡水は，飲料水として量的にも，質的にも良好な状態に保たれるのでなければならず，その良好な状態の保存は，塩水の場合も同様であるが，種の多様性の維持保存の不可欠な前提である。汚染され，健康に有害な物質を含有する水は，食物連鎖を介する毒性の濃縮蓄積の最大の原因であり，環境ホルモンによる性差の希薄化の原因ともなりつつある。その多くが水鳥である渡り鳥を保護するための保護区は，良質な水と生物の多様性とが維持されなければならない領域である。その保護区は，ヨーロッパだけで1681ヵ所の指定が必要であるとされるが，実際には，671ヵ所しか指定されていないという[26]。

これら水に関わる僅かな問題点を見るだけでも，環境問題は複雑であり，同時にメンバー諸国の妥協が容易には成立しない，一筋縄ではいかない問題であることが想像できよう。というのも，生産活動を行う企業，そこで働く労働者と労働者を組織している労働組合，それらを政治的に代表している政党や政治家，利便性を追求する家庭と消費者およびその団体，環境問題を政治の中心課題であるとするグリーンの勢力などが，環境問題に対して利害状況の相違を丸出しにする意見を述べてきたからである。確かに，環境問題の解決または改善に正面きって反対する団体は存在しないといってよいし，メンバー国も存在しないといってよいであろう。良質の水の必要量の確保とい

て生じた。この両海域に流入したドイツからの富栄養物質の約50%は，ドイツの農業に原因があったといわれていた。また，流入汚水の30%は，地方各地の下水処理施設からであった。ドイツの農業者団体は，共同体の富栄養物質削減のための指令の国内法化への最大の障壁となっている。下水処理施設の改善は，法的な課題というよりは，環境産業によるパイプ端末技術などの技術革新により遂行されてきた。付言しておくと，1991年の連邦環境省の試算では，下水処理施設への投資として4兆ないし6兆マルクが必要であるとされていた（Umwelt, Eine Information des Bundesumweltministeriums 3, 1991.）。

北海への下水流入の割合は，ヘルシンキ委員会の1989年の試算によると，フィンランド3％，スウェーデン5％，デンマーク7％，旧ソ連13％，ポーランド14％，ドイツ38％，その他のヨーロッパ諸国20％となっていた（Wahlström et al, Miljöns tillstand i Finnland, Vatten-och miljöstyrelsen och Miljödatacenntralen, Helsingfors 1992, 175.）。なお，前掲注[22]をも参照されたい。

[26] Internationaler Rat für Vogelschutz, Die Realität des Schutzes, München 1995, S. 13.

う課題そのものへの異議は，存在しないといってよい。しかし，その実現の仕方については，異議が存在しないなどとは，いえない。

第3節　共同体の水政策

　共同体の水政策には，2つの柱が存在している。水質基準アプローチと排出基準アプローチとである[27]。

　水質基準アプローチによる法は，水の利用により等級づけられる環境水質目標を設定するための法である。これには，地表水[28]，水浴水[29]，魚類のための淡水[30]，甲殻類のための水[31]，飲料水[32]に関する指令がある。これらの指令の特色は，これら指令が共同体の第一次環境アクション・プログラムから生じたということの外に，メンバー諸国の水質基準裁量権を承認しつつ，共同体の水質最低基準の遵守を要求し，かつメンバー諸国に水質最低基準の設定権をば承認していることにある。

　排出基準アプローチによる法は，「一定の水質汚濁を受け入れながら水質基準を設定し，維持するという手法」と「予め定められた排出限度を厳格に守るという手法」との妥協の下にある法である。この法には，危険物質による汚染に対する水の保護に関する指令[33]，地下水の汚染に対する保護に関す

---

[27]　この二つのアプローチについては，N. Haigh, Manual of Environmental Policy: the EC and Britain, Longman 1997. 4. 2-1. を参照されたい。

[28]　RL 75/440/EWG über die Qualität von Oberflächenwasswer für die Trinkwassergewinnung, AB1. 1975 Nr. L 194 S. 26. なお，これは，計測方法と分析に関する指令（RL 79/890/EWG über die Meßverfahren und Probenahme, AB1. 1979 Nr. L 271 S. 44.）により補充されている。

[29]　RL 76/160/EWG über die Qualität der Badegewässer, AB1. 1976 Nr. L 31 S. 1. ただし，1994年の委員会による改正案あり。AB1. 1994 Nr. C 113 S. 3.

[30]　RL 78/659/EWG über die Qualität der Fischgewässer, AB1. 1978 Nr. L 222 S. 1.

[31]　RL 79/923/EWG über die Qualität der Muschgelgewässer, AB1. 1979 Nr. L 281 S. 47.

[32]　RL 80/778/EWG über die Qualität der Treinkwasser, AB1. 1980 Nr. L 229 S. 11. ただし，1995年に委員会により改正案が出された，1997年に理事会で承認されている。

[33]　RL 76/464/EWG über den Schutz der Gewässer gegen Verschmutzung durch gefährliche Stoff, AB1. 1976 Nr. L 129 S. 23. この指令は，二つのグループの危険

る指令(34)が属する。この手法の対立は，イギリス対その他のメンバー諸国の対立を表現しているといわれている(35)。

　危険物質による汚染に対する水の保護に関する指令は，水質基準アプローチと排出基準アプローチの妥協の産物と思われる。というのも，危険物質に関する指令は，水質基準と特定物質についての排出限度の双方を定めるさらなる指令の制定を予定しているだけでなく，メンバー諸国に，水質基準が達成されることができるとの満足を委員会に与えることを条件としてはいるが，二つのアプローチのいずれによるかの裁量権を承認しているからである。従って，水に含まれる危険物質の共同体法上のあつかい方は，それ自体，統一されえていないということができる。

　1991年には，自治体下水処理に関する指令(36)と農業を源とする硝酸塩によ

物質を把握している。第一のグループは，毒性，長期残留または生物的蓄積のゆえに危険な物質であり，第二のグループは，その他の危険な7つの物質である。指令の規律は，第一グループについては，排出について定められた基準が越えられてはならないEECの許容値を定めている。しかし，この許容値に関わらず，メンバー諸国は，EECの水質目標に従わないことができるし，その排出基準をそれに合わせることもできる。第一グループの物質について，許容値と水質目標に合致しないときには，当該の物質を第二グループの物質として扱うことになる。第二グループの物質については，メンバー諸国は，各国またはEECの目標値を達成し，水の汚染を減少させるためのプログラムを策定することとされているのである。

(34) RL 80/68/EWG über den Schutz von Grundwasser gegen Verschumtzung, AB1. 1980 Nr. L 20 S. 43. この指令は，特定の危険物質の地下水への排出を禁止し，その他の物質の排出を許可に係らしめている。しかし，農業活動からの物質，特に殺虫剤と硝酸塩が，この指令により捉えられていない。その上，ゴミの投棄による地下水の汚染は言葉として触れられてはいるものの，メンバー諸国に義務を課するものではない。理事会は，1992年に，改正を決定している（Entschließung des Rates vom 25. 2. 1992, AB1. 1992 Nr. C 59 S. 2.）。また，1996年には，地下水アクション・プログラム案（Entwurf über das Aktionsprogram von Grundwasser, AB1. 1996 Nr. C 355 S. 1.）が策定されている。

(35) N. Haigh, op. cit. によれば，危険物質による汚染に対する水の保護に関する指令に従うために水質基準アプローチを採用しているのは，イギリスだけであるという。

(36) RL 91/271/EWG über kommunales Abwasser, AB1. 1991 Nr. 1. 135 S. 40. これは，2000人以上の住民を有するすべての自治体は2005年までに二次処理可能な下水処理施設を建設しなければならないとするものである。海水浴場そのものの水質は基準を満たしていても，下水処理施設が二次処理可能でないときには，海水浴場に

る汚染からの水の保護に関する指令[37]が制定されている。これらの指令は，危険物質に関する指令の姉妹的な指令であって，その内容をより精緻化するものであったが，アプローチの仕方に変更を加えるものではなかっただけでなく，民間の環境産業による技術開発の重要性に深い認識を示したのであった。

　ティタン二酸化物生産から生ずる廃棄物に関する指令[38]は，個別産業分野による水の汚染を抑制しようとするほとんど唯一の例であろう。委員会は，特定の産業分野から生ずる水の汚染の研究をすでに停止しており，1974年に提案されたセルロース工場による水の汚染に関する提案[39]は，1993年に撤回されている[40]。委員会による研究を再開すべきであるとの意見もあったが[41]，マーストリヒト条約以降はそのような意見は，もう見あたらない。加えて，水浴水，ティタン二酸化物生産から生ずる廃棄物，硝酸塩に関する指令が海の汚染に関係しているのは否定できないものの，海の汚染を減少または防止するための固有の指令は，存在していない。メンバー諸国は，海の汚染の問題を国際条約で規律すべきものとしている[42]。国際河川についても，同様の

　水質合格を表示するEUの旗を掲げることができない。

(37) RL 91/676/EWG über den Schutz der Gewässer vor Verunreinigung durch Nitrat aus landwirtschaftlichen Quellen, AB1. 1991 Nr. L 371 S. 1. この指令は，所定の硝酸塩値を越える恐れのある農地を指定する義務をメンバー国に義務づけている。指定された農地については，下肥の散布または肥料を減少させるためのアクション・プログラムが策定され，実行されなければならないことになっている。

(38) RL 78/176/EWG zur Verringerung von Abfälle aus der Titandioxidproduktion, AB1. 1978 Nr. L 54 S. 19; RL 82/883/EWG, AB1. 1982 Nr. L 378 S. 1; RL 92/112/EWG, AB1. 1992 Nr. L 409 S. 11.

(39) Vorschlag über die wasserverschmutzung durch Zellstofffabriken, AB1. 1975 Nr. C 99 S. 2.

(40) AB1. 1993 Nr. C 228 S. 4.

(41) 研究再開論は，第四次環境アクション・プログラムに明記されていた。Viertes umweltpolitisches Aktionsprogramm, AB1. 1987 Nr. C 328 S. 1 Nr. 3. 4. 2.

(42) EECが同意した国際条約としては，耕地からの海の汚染の保護のための条約（Entscheidung 75/437/EWG über das Übereinkommen zum Schutz der Meeresverschmutzung vom Land aus, AB1. 1975 Nr. L 194 S. 5.），地中海の保護のための条約（Entscheidung 77/585/EWG über das Übereinkommen zum Schutz des Mittelmeers, AB1. 1977 Nr. L 240 S. 1.），石油とその他の有害物質からの北海の保護の

ようである⁽⁴³⁾。条約的な手法を採用している限りは，EECは，そのメンバー諸国と権限を分有しているのであり，その遵守を監視する固有の権限は，EECには存在しないことなる⁽⁴⁴⁾。

共同体の水政策は，初期のそれと比較すると詳細さを加えつつある。しかし，水政策は，その事柄の性格上，共同体とメンバー諸国の対話のみによって成り立つものではなくなってきている。委員会は，理事会，ヨーロッパ議会，経済社会委員会，地域委員会，環境問題担当閣僚理事会，メンバー諸国，民間環境産業や大学などの研究機関およびその研究者をふくむ各種のフォーラム，消費者団体，各種環境NGO/NPOなどと密接に連絡な対話を維持しなければならなくなっている。

第4節　ハーモナイゼイション

1．ハーモナイゼイションの非一様性

以上にのべたEEC水法は，現在のEC水法として存続している。EC条約5条の補充性の原則は，前言したように，EEC条約130ｒ条4項からEG条約3ｂ条へと展開した後に，現在の姿になった。その関連からいうと，EC法の「完全なるハーモナイゼイション」の思想は，1995年までのものであるといってよい。EEC条約130ｒ条4項が規定された1996年からは，完全なる

ための条約（Entscheidung 84/358/EWG über das Übereinkommen zum Schutz der Nortsee vor Öl und anderen Schadstoffen, AB1. 1984 Nr. L 188 S. 7.），バルト海の保護のための条約（Entscheidung 94/156/EWG über das Übereinkommen zum Schutz der Ostsee, AB1. 1994 Nr. L 73 S. 1; Entscheidung 94/157/EWG, AB1. 1994 Nr. L 1994 Nr. L 73 S. 18.）がある。

⑷³　ライン川の保護のための条約（Entscheidung 77/586/EWG über das Übereinkommen zum Schutz von Rhein, AB1. 1977 Nr. L 240 S. 51.），ドナウ川の保護のための条約（Entscheidung 90/160/EWG über das Übereinkommen zum Schutz von Donau, AB1. 1990 Nr. L 90 S. 18.），エルベ川の保護のための条約（Entscheidung 91/598/EWG über das Übereinkommen zum Schutz von Elbe, AB1. 1991 Nr. L 321 S. 25.）が，ある。京都議定書批准問題も，同様である。

⑷⁴　この結論は，これらの条約にEECとそのメンバー諸国は対等の主体として署名したのであるから，しごく当然のことというべきである。

ハーモナイゼイションの外にも,「部分的なハーモナイゼイション」の思想が登場することとなったのである。ここに部分的なハーモナイゼイションというのは,「最低限のハーモナイゼイション」と「オプショナルなハーモナイゼイション」というほどの意味であると理解していただいてもよい。

ハーモナイゼイション論は, EC法の柱をなす理論として理解され, 完全なるハーモナイゼイションを志向してきたものである。また, そのことを前提としたEC法の直接適用の判例理論が構築されてきたことでもあった。この点については, すでに十分に理解されていよう。問題なのは, 環境政策に関するEC法については, 1985年までの時期においても, このやや常識化している理屈が通用しなかったということなのである。このEC法の領域は, ハーモナイゼイションの最も困難な法領域として存在してきた。その結果として, 域内市場の完成に向けての各種の膨大な指令が完全なるハーモナイゼイションを志向したのに対し, EC環境法は, それとは対局にあり, かつ対照的な法領域として異彩を放ち続けてきたといってよい。

補充性の原則そのものは, もともと国や自治体のみならず, 個人や民間の経済主体をも捉える原則として, 大陸の公法学の柱として樹立された伝統的な思想である。補充性の原則のEEC法への適用の主張は, 実際は, EEC権限の別個限定的授権論として展開され, 前面へと踊りだすことはなかった。そして, EEC環境法の, 特に二次的法規たる指令のハーモナイゼイションをめぐっての議論には, 迫力というものがまるでなかった。EC/EU法の研究者にとっては, これは, かなり不思議なことであったが, EC環境法の展開そのものの性格がもたらすものであったというべきであろう。事柄の性格からして, 水質基準の違反を追求することができるためには, 個々の企業の環境投資が可能な程度に環境浄化技術が達成されていなければならない。この事実は, 環境浄化の陰の管轄は, 企業にも存在していることを意味するであろう(45)。その意味において, EC環境法をめぐる管轄論は, その他の問題領域とは同列には論じえない面があったのである。

その上,「市民に近しい共同体」(46)の原則を打ち出した以上は, ECの管轄

---

(45) この認識は, カトリック社会倫理論による補充性の原則や自由主義的な補充性の原則からは, 当たり前のことである。

のブリュッセルによる独占はもはやあり得ないこととなった。これは，これまでのEEC管轄論の帰結であるという面と，それ意外の社会の諸力の権限主張の結果であるという面の両面を表現していたといえよう(47)。EECの委員会の主導による法の形成と共同体裁判所の後押しとは，ジャック・ドゥロールの個性とも共働して，ブリュッセルに強固な官僚制を築き上げることとなった。それに対する拒絶反応は，政治的責任論または個別限定的授権論，ヨーロッパ議会の強化論，比例の原則の援用論，ヨーロッパの統一に関する連邦制論または連合制論，個人の権利論などの様々な態様の議論として展開されてきたのだった。その頂点は，マーストリヒトの交渉であった(48)。

　しかし，冷静に観察するのであれば，EC環境法の領域においては，ブリュッセルの決定がメンバー諸国を拘束するようなことは，ほとんどなかったのである。1987年のあのドーゲ委員会の報告書は，それ故に，環境問題を，一般的に，「将来のよりいっそうの協力の必要な領域である」としてしか述べることができなかったのである(49)。この報告書のこの記述は，EC環境法

---

(46)　「市民に近しい共同体（Bürgenähegemeinschaft）」の発想には，市民レヴェルにまで拡大した官僚制批判から生じた面とEU市民という新規の市民像の形成の論理的帰結という面とがある。いずれにせよ，市民の決定権が，明確にではないにせよ，再確認されたことに意義がある。

(47)　EU条約の前文には，「市民のヨーロッパの緊密になりつつあるウニオーン」との表現がある。AB1. 1992 Nr. C 191 S. 1ff.; BGB1. 1992 II, S. 1251ff. この表現自体が，補充性の原則によらないでは，「市民に近しい共同体」は実現されえないことを表明しているといえよう。M. Wagner, Das Konzept der Mindestharmonisierung, Berlin 2000, S. 15.

(48)　ドゥロール（Jaques Delors）は，「最近の共同体はプロットを書く能力を失い，将来像を描きえないでいる」と非難し，構想力を回復すべきであると力説している。ドゥロールは，EUとメンバー諸国との権限配分を単純化し，明確化すべきであるという。European Voice, Volume 7 number 24, p. 1-2（www. european-voice. com）．ドゥロールは，補充性の原則を委員会の長とコミッショナーの権限をサイドライン化したものとして非難している。マーストリヒトでこの原則がEC条約の3b条に規定されたことは，ドゥロールの敗北であった。

(49)　Bericht des ad-hoc-Ausschusses für institutionalle Fragen (sog. Dooge-Ausschuß), Bull. EG 3-1985, S. 117ff. (121).
　　この報告書は，Kommissionsmemorandum., Eine europagerechte Umweltpolitik, Bull. EG 3-1985, S. 111ff. (116). と共に読まれるべき文書であるが，いずれも本文

の過去と現在とを的確にいい当てているといえよう。ヨーロッパ環境エージェントは，いっそうの協力の姿を表現している。この機関が自ら収集する，または環境産業から提供される環境情報の多くは，環境技術情報であるが，再びメンバー諸国や環境産業などに環流され，利用されている。カンヌの海水浴場に水質保証のEUの旗が立てられていないとしても，それは，水浴水の水質基準が維持されていないことを意味するのではなく，カンヌ市に二次処理可能な下水処理場を整備するよう圧力をかける手段であるにすぎない。このような仕方は，商品の自由な移動を妨げる行政法規の撤廃の仕方と比較すれば，相当に異質なものであるといえよう。

したがって，前言したように，EC環境法のハーモナイゼイションに関わる議論は，ハーモナイゼイションの仕方が一様ではないという認識を広めるのに役立ったのである。この認識は，補充性の原則が総則化されている現在のEC条約においては，単にEC環境法にのみ関わることではなくなったという意味において，より重要なものとなりつつある。

2．ハーモナイゼイションの多様性

ハーモナイゼイションは，「完全なるハーモナイゼイション（vollständige Harmonisierung）」と「部分的なハーモナイゼイション（teilweise Harmonisierung）」とからなる。そして，部分的なハーモナイゼイションは，「オプショナルなハーモナイゼイション（optionelle Harmonisierung）」と「最低限のハーモナイゼイション（Mindestharmonisierung）」とからなっている。

(a) 完全なるハーモナイゼイション

制定された指令に対して，メンバー諸国の立法府が指令からのいささかの逸脱をもなしえないときに，完全なるハーモナイゼイションが観念されることができる。この典型的な例は，1400cc以下の排気量の自動車の排気ガス規制を定めた既述の指令89/458/EECに見ることができる。この指令の理由書は，完全なるハーモナイゼイションによる強力なヨーロッパの法規範が導入されるのでなければならないとしていた。こうしたことが語られた理由は，当時は未だメンバーではなかったスウェーデンのより高い自動車排ガス基

のように述べると同時に，環境政策に優先順位を付与すべきであると述べた。

準[50]がアメリカへの自動車輸出戦略の一環であったことに関係し，EEC域内の自動車の排ガス基準をスウェーデンのそれに合わせ，かつそれからの逸脱を許さない法を形成することが不可欠なことであると思慮されたからにほかならなかった[51]。

指令79/831/EECに関して，共同体裁判所（CJEC）は，「この指令からは，理事会が，新旧の物質の通告，危険度，梱包および標識を余すところなく規制し，メンバー諸国にその国の法規において別個の措置を講ずる可能性を許さないという結論が得られる」とした[52]。CJECは，ここで完全なるハーモナイゼイションという用語を用いてはいないが，完全なるハーモナイゼイションについて述べているということができる。しかし，このCJECの説明については，指令の18条1項a) b) の定めとの関わりにおいて，注意しなければならないことがあるのではないか。

18条1項a) についてのみ言及しておくと，メンバー諸国は，その低い評価またはその他の不都合な性質が17条1項および2項の標識を可能ならしめない16条所定の梱包の標識をその他の適当な仕方で取りつけるのを許すことができるとされている。CJECの上記の説明にも関わらず，この規定そのものがハーモナイゼイションの実務について語っているということができる。しかも，「その他の適当な仕方で」という未決定の法概念は，メンバー諸国が自己に有利に18条1項a) を解釈し，運用する可能性を開くものとなろう[53]。

---

[50] スウェーデンの基準は，エンジンの排気量のみならず，走行距離8万キロ以上の中古車についても排ガス基準を定めていた。ドイツとヨーロッパ議会は，スウェーデンの基準に合わせることを内容とする指令改正案を提出し，認容された。なお，蛇足ながら，ハーモナイゼイションが完全になされる場合をインプリメンテイションという。ハーモナイゼイションとインプリメンテイションは似て非なるものであり，厳密に区別されなければならない。

[51] この点については，P.M. Barnes, The Nordic countries and European Union environmental policy, in; L. Miles (ed.), The European Union And The Nordic Countries, London 1996, p. 211.

[52] EuGH, Urteil vom 14. 10. 1987, Rs. 278/85 (Kommission./.Dänemark), Slg. 1987, S. 4069ff. (4087).

K. Nielsen, Gröna stjärnor eller bla dunster？, Om EU och miljön, Uddevalla 1994, S. 76ff. は，この判決を詳細に検討しているので参照されたい。

(b) 部分的なハーモナイゼイション

部分的なハーモナイゼイションは，完全なるハーモナイゼイションたる標識が内包されていない指令について考えることができる。メンバー諸国は，この場合には，自己の法規を維持することができ，また指令とは異なった措置を講ずることもできる。

オプショナルなハーモナイゼイションは，元々は，商品の自由な移動の領域において観念されたハーモナイゼイションの手法である。この手法の下においては，メンバー諸国は，共同体法とは異なる内国法を維持または形成することができるが，内国の産品やサーヴィスのために，ハーモナイゼイションにより予定されている基準よりも低い基準を定める権限を法認されているわけではないのである。その好例は，穀物の害虫防除剤の最大許容残留量に関する指令[54]であろう。その5条1項によると，第三国から輸入されたのではないか，またはその他のメンバー諸国のために指定されたのではない1条該当の産品については，メンバー諸国は，害虫駆除剤の現残留量を監視し，将来的に食品へその残留害虫駆除剤が取り込まれることによる人への危険を評価するため等のその他の措置を講ずる可能性をその主権領域に持つことができるのである[55]。

オプショナルなハーモナイゼイションは，5条1項によれば（5条1項の文言にも関わらず），実はかなり広いメンバー諸国の法形成の余地を承認するものなのである。つまり，メンバー諸国は，輸入産品に対して指令のシステムを適用し，内国産品には逆に内国にこれまでの法を適用するという具合に法規を形成することができ，輸入産品と内国産品とに指令のシステムを適用することができ，さらに輸入産品に対してのみか，または内国産品に対して

---

[53] この意味において，CJECの認識が正しかったかどうかは，かなり怪しいことだといえよう。

[54] RL 86/362/EWG über die Festsetzung von Höchstgehalten an Rückständen von Schädlingsbekämpfungsmittel auf und in Getreide, AB1. 1986 Nr. L 221, S. 37. なお，これと姉妹的なものとして，次がある。

RL 86/363/EWG über die Festsetzung von Höchstgehalten an Rückständen von schädlingsbekämpfungsmittel auf und in Lebensmitteln tierischen Ursprungs, AB1. 1986 Nr. L 221, S. 43.

[55] ただし，本文は，条文を本稿に必要な限りで，要約して示したものである。

のみかのいずれかに適用されることとなる真の選択の可能性をも定めることができるのである(56)。ここにおけるハーモナイゼイションは，メンバー諸国が自己の判断に基づくオプショナルなもの，または随意的（fakulutativ）なものということができる(57)。

最低限のハーモナイゼイションは，共同体法が最低基準を定めているときに，初めて観念されることができる。最低限のハーモナイゼイションは，共同体法の最低基準をメンバー諸国は受け入れるべきであるが，共同体法よりもより厳格な内国法を維持するか，または定める自由をメンバー諸国に承認するものである(58)。オプショナルなハーモナイゼイションと最低限のハーモナイゼイションの違いは奈辺にあるかといえば，オプショナルなハーモナイゼイションは指令のモデルと内国法モデルの選択を許容するのに対して，最低限のハーモナイゼイションは指令の定める最低基準をメンバー諸国がより強化する措置を講ずることができることをいうものである(59)。環境法については，この最低限のハーモナイゼイションのモデルが，とりわけ重要である。

ECに専属的管轄権が配分されていない環境の領域は，競合的管轄に支配されている。国の管轄も，専属的管轄でないことが多い。そのために，環境

---

(56) この点については，M. Nentwich, Das Lebensmittelrecht der Europäischen Union, Berlin 1994, S. 224ff.を参照されたい。

(57) M. Nentwich, aaO., S. 226; W. Schmeder, Die Rechtsangleichung als Integrationsmittel der Europäischen Gemeinschaft, München 1978, S. 71f.

(58) したがって，メンバー諸国には，法規制定の自由な領域が承認されることになる。環境法以外での好例なのは，RL 90/314/EWG über Pauschelreisen, AB1. 1990, Nr. L 158 S. 59.の8条である。この指令（はパック旅行に関するものであるが）8条は，メンバー諸国が消費者の保護のために指令よりも保護の水準の高い法規を定めることができるとしている。

(59) 最低限のハーモナイゼイションの観念は，CJECの判決（EuGH Urteil vom 25. 11. 1992, Rs. C-376/90（Kommission./.Belgien），Slg. 1992 I, S. 6153ff.）によっても承認されている。

当判決は，RL 80/836/EWG zur Änderung der Richtlinien, mit denen die Grundnormen für den Gesundheitsschtz der Bevölkerung und der Arbeitskräfte gegen Gefahren ionisierender Strahlungen festgelegt wereden, AB1. 1980 Nr. L 256 S. 1.に関するものである。裁判所は，最低基準との指示がないが，その目的と意義とから最低基準を定めたものであるとしつつ，ベルギーが学生と教員に関する被爆限界値を定めることを可能であるとした。

郵便はがき

料金受取人払

本郷局承認
1526

113-0033

差出有効期間
平成15年2月
20日まで

（切手不要）

東京都文京区
本郷6－2－9－102

信山社 行

※本書以外の小社の出版物を購入申込みする場合に御使用下さい。(500559)

購入申込書	書名をご記入の上お買いつけの書店にお渡し下さい。		
〔書 名〕		部数	部
〔書 名〕		部数	部

◎書店様へ　取次番線をご記入の上ご投函下さい。(2002.05.35000)

愛読者カード

本書の書名をご記入ください

(　　　　　　　　　　)

フリガナ ご芳名		年齢	男
		歳	女

フリガナ
ご住所　　（郵便番号）

TEL　　　　　　　　　　　　　　　　　　（　）

ご職業	本書の発行を何でお知りになりましたか。 A書店店頭　　B新聞・雑誌の広告　　C小社ご案 D書評や紹介記事　　E知人・先生の紹介　　Fそ

本書のほかに小社の出版物をお持ちでしたら、その書名をお書き下さい。

本書についてのご感想・ご希望

今後どのような図書の刊行をお望みですか。

については，事実上の発言権が重畳的に重なり合っているのが普通である。これは，法的な意味の管轄論の制約となってきた。EC環境法のハーモナイゼイションは，完全なるハーモナイゼイションでないところにその特色を見いだすといってよい。この領域では，最低限のハーモナイゼイションが本流をなしている。

3．環境法と最低限のハーモナイゼイション

以上によれば，環境法の領域においては，完全なるハーモナイゼイションは，稀有な例が一つ存在しているにすぎないといえる。それ以外の環境法は，制度的な法と基準を定める法とから成っているが，固有の環境法は，基準を定める環境法であるといえよう。基準を定める環境法のハーモナイゼイションのほとんど総てが最低限のハーモナイゼイションとして語られることができる。これは，EC環境法の基本的な性格である。

この結論は，EEC環境法の生成過程からも，首肯されることができるであろう。EEC条約には，環境保護を想定する規定はどこにも存在しなかった。旧130s条は，SEAに基づくEEC条約改正により，条約に挿入され，EEC環境法の根拠規定となった。しかし，それ以前からEEC環境法は生成されてきた。そのための委員会の管轄は，（EEC条約100条または235条に求められはしたが）専属的なものと理解されたことはなかった。それは，上述したように，環境問題の性質から生ずる帰結であった。旧130条t条の補充性の原則は，その意味において，それまでの実務を確認したものであって，突然の創設的な規定ではなかった。この確認は，環境政策はメンバー諸国の責任において策定され，実行されるものであるべきであるとのEEC条約改正者の意思を強調することとなった。環境政策の先駆国の環境基準は，共同体法により影響されてはならないし，先駆国はその他のメンバー諸国に，共同体法の最低環境基準を越える自国の基準を無理強いしてはならない。これが，補充性の原則の挿入による共同体環境政策の落としどころであった。

4．その他の根拠規定との関係

環境政策は，その他の政策と関連し合っていることが多い。その他の政策と関わっている限りにおいて，上のようにはいえないのではないかとの疑問

も生じるであろう。しかし，かかる疑問は，杞憂であろう。

　肥料の投入や動物の飼育は，環境に著しい影響を与えることがある。この場合に，EC条約旧43条をEC環境政策の柱として援用することができるかどうかは，おおいに怪しい。EC条約旧43条は，指令の対象領域が農業にのみ関係しているときに援用されるべき規定であるからである。指令91/676/EECの農業による硝酸塩汚染からの水の保護は，確かに農業に関連してはいるが，主として環境問題に対処せんとするものであるから，EEC条約旧130ｓ条によるものとされたのである。

　鉄道，道路の船舶，航空に関わる交通政策については，EC条約旧75条と旧84条の規定が問題となった。特定の自動車に対するスピード制限に関する指令92/6/EECは，それが環境に関連するものであったが，EC条約旧75条に基づいて制定された。根拠規定が旧75条で，旧130ｓ条でなかったことについて，二酸化炭素の排出制限による大気の汚染防止は，交通政策の領域においては間接的な問題にすぎないので，旧130ｓ条によるべきであったと批判されている[60]。

　域内市場政策との関連では，EC条約旧100ａ条と旧130ｓ条の関係が問題となった。生産または生産設備に関することは域内市場政策の問題であるが，ハイドロクロロフルオロカーボン（いわゆるフロン）とハロンに関する規則3322/88/EEC[61]は，フロンとハロンの輸出入，生産，消費の制限は，大気の汚染防止と気候変動の阻止に不可欠であるとされ，旧130ｓ条によった。

　域内市場政策の柱たる競争政策について，CJECは，純粋の競争条件を域内市場の構成要素であるとしている[62]。この見解に忠実たらんと欲すれば，生産または生産設備に関わるこの規則は，旧100ａ条に基づかねばならないとされるであろう。しかし，環境保護の目的に対しては，旧100ａ条は，「単

---

[60]　RL 92/6/EWG über Einbau und Benutzungen von Geschwindigkeitsbegrenzen für bestimmte Kraftfahrzeugklassen in der Gemeinschaft, AB1. 1992　Nr. L 375 S. 27.

[61]　VO 3322/88/EWG über bestimmte Fluorchlorkohlenwasserstoffe und Halone, die zu einem Abbau der Ozonschicht führen, AB1. 1988 Nr. L 297 S. 1.

[62]　EuGH, Urteil vom 11. 6. 1991, Rs. C-300/89（Kommission./.Rat）, Slg. 1991 I, S. 2897. 二酸化ティタン判決である。

に，ついでに付言されるものにすぎない」ものとして，退かなければならなかった[63]。

最後に租税政策との関係についても指摘しておくべきであろう。EC条約旧130s条2項と99条の関係が，問題なのである。しかし，旧130s条2項は，「主に財政的な性質の規定」といっており，明らかに，租税問題をその視野に収めている。参考になるのは，委員会の1992年の二酸化炭素排出税およびエネルギー税に関する指令草案である[64]。この草案は，指令の根拠として旧99条と旧130s条2項を同時に指摘している。両条を根拠としている限り，最低限のハーモナイゼイションの実務は，想定されていなかったことになる。

この2つの規定の関係の整理は，恐らくは，個々の共同体立法の主たる目的に応じてなされることができよう。すなわち，環境にとって重要な租税規定であっても，域内市場の完成が主たる目的であるときは，その根拠規定は，旧99条であるべきであるし，環境保護の目的が主たるものであり，域内市場の完成の目的が副次的なものであるときには，その根拠規定は，旧130s条であるべきであるというべきであろう[65]。

条約の環境法制定のための根拠規定は，補充性の原則とワンセットとなっていた。その他の政策の根拠規定とEC条約旧130s条との諸関係は，以上のようにまとめることができる。それに，これまでに述べた様々な諸事情とを合わせ考慮するのであれば，EC環境法のハーモナイゼイションは，最低限のハーモナイゼイションたることを原則としていると結論することができるであろう。

---

(63) EuGH, Urteil vom 17. 3. 1993, Rs. C-155/91 (Kommission./.Rat), Slg. 1993 I, S. 939.

(64) Vorschlag der Kommission für eine Richtlinie des Rates zur Einführung einer Steuer auf Kohlendioxidemission und Energie, AB1. 1992 Nr. C S. 1.

(65) 当然のことながら，EC条約旧99条を根拠規定の一つとしたことについては，相当数の批判が存在している。この指令案が日の目を見ることがあるとすれば，草案の修正，つまり最低限のハーモナイゼイションを想定していることが明確に示されるときであろう。環境税問題は，東方拡大の方針が確固たるものとなっている現在，より深刻な問題となるはずである。下手をすると，環境税に対するオプトアウトの権利の主張が登場しかねないであろう。

おわりに

　EC条約5条の補充性の原則は，条約の総則的な位置におかれ，EC法における法の一般原則たる地位を獲得している。本稿においては，EC環境法においては，EEC条約旧130t条が突然に書かれたものではなく，それ以前からのハーモナイゼイションの実務を確認したものにすぎないことを明らかにした。ハーモナイゼイションについての過去の論考を子細に検討してみると，ハーモナイゼイションに対する完全性への安易な寄りかかりが見られないではなかった。ハーモナイゼイション論を前進させるためには，ハーモナイゼイション実務の非一様性，多様性に依拠する必要性があると考える。EC条約5条は，共同体への権限の集中または共同体の専属的権限の主張への反撃として書かれたものである。しかし，補充性の原則は，EC環境法の領域においては，当たり前のこととして，書かれる前から受け入れられてきたのだった。

　EEC/EC委員長として強力なリーダーシップを発揮したフランスのジャック・ドゥロールの共同体機関の構想力の欠如への嘆きには，理由がないとはいえない。補充性の原則は，必然的に共同体の権限または管轄の分散化を招来するものだからである。ヨーロッパの将来像は，そのために，描くのが難しくなりつつあるのかもしれない。共同体の専属的管轄が確保されているとろには，補充性の原則は適用の余地はないといったところで，その専属的管轄・権限の範囲が弱められる可能性を頭に入れておかなければならないであろう。この浸食の可能性は，個別限定的授権論によっても進捗してきたが，補充性の原則は，その勢いをさらに強化するにちがいない。その結果として，補充性の原則は，EC法の超国家性の理屈にも影響を与えることとなろう。EC環境法の領域においては，そのような理屈は通用しなかったからである。

　補充性の原則は，比例の原則の前提たる位置をも獲得したともいえよう。比例の原則に違反するかどうかの判断にさいしては，まずは，補充性の原則に照らした検討が前置されることとなろう。この変化は，恐らくは，これからの共同体像や市民像とも関連しつつ，本格的な検討課題となるに相違ない。補充性の原則プラス比例の原則による，共同体の活動への法的コントロール

の展開の詳細化は,これからの課題である。
　補充性の原則のEC法の一般原則化が,これからどのような変化をEC法にもたらすことになるのか。筆者自身も,この点に関心を寄せつつEC法の観察を続行していきたいと思っている。

2．「補完性の原則」の確立と課題
―「ヨーロッパ社会」の構築へ向けて―

八谷まち子

はじめに

　2000年12月のニースでの欧州理事会は，EUのあらたな拡大を視野に据えて，次回の政府間会議（IGC）を2004年に開催すると発表している。このIGCでは，拡大するEU，すなわち増加する加盟国の数を踏まえて，EUのより効率的な組織運営がいよいよ緊急の課題となるため，責任の分担を明確にすることが重要な議題となることが予測されている。責任の分担とは，EU内のみならず，加盟国政府と欧州委員会（European Commission, コミッション）の間の権限の分担，政策実施段階での責任レベルの確定，さらには実施機関の確定などを意味し，その趣旨は，拡大したEUにおいて効率のよい政策実施をいかに確かなものにしていくかということである。さらには，効率的な政策実施のためには，政策形成の段階からの工夫も不可欠である。

　こうした状況は，補完性の原則（Principle of Subsidiarity）へあらたに立ち返ることを要求する。補完性の原則は，周知のように，欧州連合条約（Treaty on European Union, TEU いわゆるマーストリヒト条約）に文言として明文規定された原則であり，「決定は可能な限り市民に近いレベルで」とする考え方である[1]。その意味するところは，EUの政策決定は可能な限りにおいて下位レベルの統治体である構成国レベルで行うべきであり，上位体であるヨーロッパレベルの関与は，それぞれの政策の実施において，規模と効率に照らして最も有効であると判断される場合に限定されるということであり，上位権限の抑制を原則とする権限分担の指針と理解することができる。

---

[1]　TEU 3 b条。アムステルダム条約においては，欧州共同体設立条約 5 条。

この行政的な理解による補完性の原則が，EUの文脈においての議論の中心となっているものの，当該原則は本来的には，ヨーロッパ社会の構成原理として展開されていた。アリストテレスからトマス・アクィナスへといたる思想の流れにおいて[2]，また，カトリックの社会教説の原理[3]としてヨーロッパ社会においては，その用語の一般的な流布はさておいて，決してなじみのうすい考え方ではないことも確認しておくべきであろう[4]。

さて，EUにおいては補完性の原則は，1992年，デンマークの第一回国民投票でマーストリヒト条約の批准が否決されたことをきっかけとして，より上位の「ヨーロッパ」権力の抑止のロジックとして主に援用されることになっていくが，こうした流れの中で，理事会 (Council) の要請に基づいて，欧州委員会（コミッション）は，1995年以来毎年，*Better Lawmaking* と題された報告書を提出し[5]，過去1年間のEUによる立法措置を補完性の原則に照らして紹介し，説明責任を果たす作業を行っている。それらの報告書は，大筋において，補完性の原則の実践をEUレベルでの立法作業の見直しとしてとらえ，EUが関与する行為の正当化に努めている感さえも与えている。

その後，1997年に署名されたアムステルダム条約の付属文書として，「補完性の原則および均衡の原則の適用に関する議定書」が採択された。これ以後1998年からの *Better Lawmaking* 報告書は，単なる立法措置の見直し報告

---

[2] Chantal MILLON-DELSOL, *Le principe de subsidiarité*, Collection 《Que sais-je ?》 No. 2793, Presses Universitaires de France, 1993.

[3] 宮川俊行「「補完性原理」のトマス主義社会倫理学的考察」『法の理論』1997年。

[4] 本稿の脱稿直前に刊行された『EU法の現状と発展』に所収されている論文において，遠藤乾は，補完性の原則の展性を認めつつも，決して無原則な原則ではなく，原義にさかのぼって検討することが必要であるとの認識にたって，「概念史的な系譜をたどっ」ている。その結論において，補完性は未だ国家主権の代替とは成りえていないが，主権原則を緩和する機能を有するとしている。遠藤乾「補完性（サブシディアリティ）——ヨーロッパ連合におけるポスト・ナショナルな立憲原理——」石川明編集代表・ゲオルク・レス教授65歳記念論文集『EU法の現状と発展』信山社，2001年，349-381頁。

[5] それに先立つ1993, 1994の両年は，*Report on the Application of the Principle of Subsidiarity* のタイトルで委員会から理事会へ報告書が提出されたが，立法措置の全範囲まで視野に入れた報告書が必要であるとの認識から，1995年以来 *Better Lawmaking* とされている。COM (1998) 715 final, footnote 1.

にとどまらず，補完性の原則をより積極的に意味付けしていこうとする視点に立脚したものとなっている。特に2000年の報告書[6]は，EU設立諸条約の目的達成のために，より広範囲な分野におけるEU行為の必要性をうたい，市民社会（Civil society）をEUの不可欠なパートナーと位置付け，社会的パートナーやNGOと欧州委員会（コミッション）との連携の重要性をとりあげるなど，積極的でかつ広義な補完性の原則の適用を打ち出している。このことは，補完性の原則が潜在させる，自律的かつ有機的な結びつきを持つ社会を実現する可能性[7]へ正当にも注目するものである。

本稿では，1992年から93年にかけてのTEUの署名，発効へといたる過程において議論が白熱した補完性の原則が，それから10年近くの年月を経て，具体的な形をとり始めていることを明らかにする。すなわち，EUの補完性の原則とは「可能な限り市民に近接したレベルでの政策決定」という基本原則として受容され，その実践は，EU政策の立案過程と実施の両段階において「パートナーシップ」の重視によっているといえそうである。そうした現状を確認したうえで，補完性の原則をEU統治の原理としていくための課題を考察する。

まず第1節において，ヨーロッパ社会における補完性の原則の歴史的展開を概観し，それに照らしながらEUでの当概念の導入に際しての当初の議論と問題点を確認する。次いで第二節では，アムステルダム条約の付属議定書によって適用の指針が規定された以後の，すなわち1998年以降の *Better Lawmaking* 報告書の内容を検討し，コミッションにおける補完性の原則の実践の視点を検証する。そして第3節において，EU社会政策での「社会的パートナー」と地域政策における「パートナーシップ」に焦点をあてながら，補完性の原則を統治の原理とするための課題を，民主制と統治形態の観点から論じることとする。

---

(6) COM (2000) 772 final, Brussels, 30. 11. 2000.
(7) 拙稿「欧州連合「EU」における「サブシディアリティ原則」」『政治研究（九州大学政治研究室）』43号，特に45頁，1996年。

第1節　EUにおける補完性の原則の導入

補完性の原則（Principle of Subsidiarity）は，1992年に署名，翌年発効した欧州連合条約（Treaty on European Union, TEU）において初めて，EC/EUの基本条約に文言として登場した。それは，同条約3b条に，次のように規定されている。

> 共同体は，本条約により付与された権限および設定された目的の範囲内で行動しなければならない。
> 共同体は，その専属的管轄に属さない分野については，検討されている行為の目的が構成国によっては十分に達成され得ず，かつその行為の規模もしくは効果からして共同体によるほうがより良く達成され得る場合には，補完性の原則に従って行動する。
> 共同体によるいかなる行為も，本条約の目的を達成するのに必要な範囲を超えてはならない[8]。

今では広く知られているこれらの条文も，その文言をめぐって導入以前，以後ともに多様な議論を喚起した。それはとりもなおさず，共同体の将来像をいかに描くかにかかる議論であり，各構成国の権限をできる限り温存しようとする「政府間主義」による国家連合に近い組織を目指すのか，もしくは，構成国政府に対する共同体の優越を強化しつつ連邦に近づけていく「超国家主義」の組織を目指すのかをめぐる議論であった。

本節では，まず，EUの補完性の原則の議論の基盤となっているヨーロッパにおける社会構成上の思想の史的展開を概観する。その後，TEUへの同原則導入の前後の議論を総括し，EUにおける補完性の原則の論点を整理し，アムステルダム条約付属議定書以後の，補完性の原則の考察の準備とする。

---

[8] TREATY ON EUROPEAN UNION，邦語訳は，たとえば小田滋＝石本泰雄監修『解説条約集』第7版，三省堂。

1. ヨーロッパ社会と補完性の原則

　補完性の原則による「ヨーロッパ型社会」を積極的に啓発したのは，元欧州委員会委員長のＪ．ドロール（Jacques Delors）である。「ヨーロッパ型社会」とは，自由な個人により構成され，自己実現を可能とすると同時にそのための手助けを効果的に提供する社会であり，そうした社会は，補完性の原則に依拠して成立するという視点であった[9]。すなわち，異なる役割を有する組織が相互補完的に共存してひとつのまとまりをもつ社会を構想しており，こうした理念は，古代ギリシア都市国家をモデルに政治社会を説いたアリストテレスへと遡ることができる。古代ギリシアのポリスは，特定の役割を果たす多様な集団によって構成されており，各集団は他の集団に包み込まれるような結びつきをしていたとされる。そうした結びつきによって，個人や単一の集団では，それ自体の活動範囲内において生き残ることは可能であるが総合的な充足には至らず，社会全体に組み込まれることで初めて，安全や繁栄を獲得できるとされる[10]。

　ここに示されているのは自律的な個の集団が，一定の決まりのもとに全体を構成するという秩序の概念である。こうした秩序の捉え方は，アリストテレスを再発見したとされるヨーロッパ中世の碩学トマス・アクィナス（Thomas Aquinas, 1225-1274）に引き継がれ，「社会と人間との本質的相互依存関係が自然法倫理において」[11]考察されている。トマスの考察の対象は，あくまでも，個人と，個人によって構成されているひとつの統一体としての社会との関係である[12]。社会としてまとまる目的は，それに固有の「共同善」の実現にあり，その社会の構成員たる各個人は，「共同善」の実現のために貢献することを求められるのであるが，同時に社会は個人の人格の完成ために

---

[9]　拙稿「欧州連合（EU）における「サブシディアリティ原則」——善意の専制主義を超えるもの——」『政治研究』43号，九州大学政治研究室，1996年，8-9頁。
　　遠藤乾，前出（注4），377-379頁。

[10]　Ch. MILLON-DELSOL, *op. cit.* (footnote 2), pp. 9-11.

[11]　宮川，前出（注3），9頁。

[12]　トマス・アクィナスの時代は，今日の我々が知っている意味での国家は存在しない。人々は地域や教会，職能などを核としてひとつのまとまった集団を形成したが，ここで述べられる社会とはそうした集団の世界を指す。

奉仕的役割を果たすべき存在でもある[13]。このように個人と社会とは相互補完的な関係として存在するが，この関係においては，構成員が社会に対して負う義務と同時に，個人の存在の本質を達成するためには，社会が構成員に対して介入の義務を負うことも示されている[14]。トマスにおいては，まず個人の存在が出発点であり社会に優先するべき存在であるが，その個人の社会性の故に，社会が個人に対して有する義務が生じることを看破している。個の単位から構成されるまとまりのある社会における秩序のなかに，社会契約的な視点を見出すことができる。

トマスの生きた中世から近代への移行の時代に生きたJ．アルトゥジウス（Johannes Althusius, 1557/62/63？-1638）は，宗教改革の経験を経た社会契約に重きをおいた多元的な政治制度論を残している[15]。彼は，今日の表現を用いるとすれば，連邦主義，社会契約説，人民主権の概念を展開し，集権的な国家主権から脱して，下位組織から積み上げて多元的に共有された主権概念を披露する。それは今日の連邦主義に近く，主権とは合意への手続きを踏んだ共有権限の組織化された過程であるとされる[16]。合意形成に参加するのは，都市，地方，家族，ギルド，小規模職能集団などであり，それぞれが代表を送り全体的合意形成のための制度が確立されることがその前提である。

---

[13] 宮川，前出，21頁。

[14] 補完性の原則における，上位体による介入の義務を明確に打ち出しているのが，欧州評議会による『補完性の原則の定義と限界』と題された報告書である。本報告書は，補完性の原則の概念を明確にし，はたして地方の民主主義の強化に有効であるかを検討することを目的としている。その中で，1985年に署名が開始され，88年に発効した"European Charter of Local Self-Government"の4条は補完性原則の表明であると述べている。また，本憲章は，補完性原則の第二の側面として，下位権限が責任を全うするための上位権限による支援の義務を，他のどの文書よりも明確に定義している，と述べる。*Definition and limits of the principle of subsidiarity, Local and regional authorities in Europe*, No. 55, Council of Europe Press, 1994, p. 15.

[15] Michael Burgess, *Federalism and European Union: The Building of Europe, 1950-2000*, Routledge, 2000, p. 7.

[16] Thomas O. Hueglin, *Early Modern Concepts for a Late Modern World – Althusius on Community and Federalism*, Wilfrid Laurier U.P., Waterloo, Ontario, 1999, p. 6.

ヨーロッパは宗教戦争の時代を経て「自由なる個人」への意識が芽生え始めていた時代であるが，アルトゥジウスの政治論は，そのような個人と，個人を取り巻く環境としての社会との直接的な関係において展開されており，トマス同様に，各個人が社会の構築に対して貢献をすると同時に社会によって個人が形成されるという視点である[17]。

アルトゥジウスに通じる社会論を19世紀から20世紀の初頭において展開したのが，P. J. プルードン（Pierre-Joseph Proudhon 1809-1865）である。彼はフランスの社会主義無政府主義者ともされているが，大陸ヨーロッパにおける連邦主義の系譜に配することができる[18]。彼の国家・社会関係の理解は，コーポラティズム的であり，経済的生産に主要な関心をおいていた。すなわち，労働者や生産者が，彼らに最も身近な工場や地方の共同体で自由な結社を起こし，それぞれの結社が自律的に契約関係を成立させて対立を管理していく。社会は自由な個人から出発して家族，集団，経済単位，地域……と積み上げられて国家へ至るから，そのようにして形成されるのは多元的連邦国家であり，自律と民主的な自己管理による自由と正義のアナロジーとなる。ドロールは，こうしたプルードンの考えに影響を受けていたという[19]。

そして20世紀になって，ファシズムによる国家権力が社会全体をひとくくりにしようとしたときに社会活動としての教会の立場を擁護する意図で出されたのが，教皇ピオ11世（Pius XI，在位1922-1939年）による『クワドラジェジモ・アンノ』（1931年5月15日）である。そこで述べられた最高権力国家，下位の諸社会，個人との秩序関係に関する思想が，補完性の原則がカトリック社会論における最も重要な基本概念のひとつとみなされるきっかけを作ったという[20]。

このように見てくれば，ヨーロッパにおける社会構成の原理として，最小構成単位の存在とその存在の本質の目的をより上位の，もしくはより包括的な組織の中で相互補完的に追求するという理解は，ひとつの厳然とした流れ

---

[17] *Ibid.*, p. 8.
[18] M. Burgess, *op. cit.*, pp. 10-11.
[19] Ken Endo, "The Principle of Subsidiarity," in *The Hokkaido Law Review*, Vol. XLIV, No. 6, 1994, p 2004.
[20] 宮川，前出，1-3頁．

として存在しているといえよう。こうした観点に立てば，1993年当時のEU委員会主任法務顧問で，「ミスターサブシディアリティ」と呼ばれたF．ラムルー（François Lamoureux）が，補完性概念の一切の宗教的意味を否定して，当概念は「個人，家族，会社，地域が行使できない権限を政体のより大きな形態としての国家へ委譲できるという，西洋古来の思想の表現である。」[21]と述べているのも，補完性の原則が前提とする多元的社会のあり方としての一面をついている。

補完性の原則の基本概念を把握する目的で，以上のいくつかの社会構成に関する理念の表明をヨーロッパの歴史のなかでとりあげたが，そこには共通する要素が指摘され得る。すなわち，自律的存在としての個人，社会と個人の相互補完関係，共存のための役割分担，共同善，そして多層構成による社会などであり，これらの概念が，補完性の原則を構成する要素であると理解できよう。その結果，補完性の原則は，下位権限の存在をまず保障する原理であると同時に，共同善の追求を口実に上位権限への集中をも可能にできる二義性を持つのである[22]。

2．ECにおける議論の展開

1985年から10年の間，EC委員長として在任したJ．ドロールの強力な指導力のもとで，欧州共同体（EC）は，1992年を目標に単一市場の形成を目指した。この「ヨーロッパ'92」のプロジェクトは世界の耳目を集めるほどの成果をあげ，経済分野での統合に自己限定をしていたECの内外で，政治分野をも視野に入れた統合が現実的に議論されることとなっていった。おりしも，1989年のベルリンの壁の開放と1991年のソビエト連邦の崩壊に象徴さ

---

[21] François Lamoureux, "Subsidiarité: Mode d'emploi, démocratie et subsidiarité dans l'Union Européenne," colloque du Mouvement Européen, Paris, 6 février, 1993.

[22] 補完性の原則の二義性については，K. Endo, *op. cit. (2001)*, Kees van Kersbergen and Bertran Verbeek, "The Politics of Subsidiarity in the European Union," in *Journal of Common Market Studies*, Vo. 32, No. 2, June 1994. 補完性の原則の理念の検討は，澤田昭夫「補完性原理The Principle of Subsidiarity: 分権主義的原理か集権主義的原理か？」『日本EC学会年報』12号，31-61頁。

れる冷戦体制の終焉もあって、「ヨーロッパ」のアイデンティティをめぐる議論が活発となっていた時期でもあった。

補完性の原則を条文に明記した条約原案を初めて提示したのは、1984年2月に欧州議会で採択された『EUを設立する条約草案』である[23]。その起草の中心となったのは、欧州議会の議員であったA．スピネッリ（A. Spinelli）であるが、その後、多様性に立脚しつつ「ひとつのヨーロッパ」を構築していく必要を訴えて、当該原則の概念を積極的に援用したのはドロールである。彼は、1988年に、当時のドイツ連邦共和国の連邦諸州首相との会合において、統合ヨーロッパのひとつのモデルは、確立した自治権を有する諸州により構成されているドイツであり、共同体と地域との相互補完的な関係からなる統合ヨーロッパを実現するのは補完性の原則であるとして、自らをその擁護者であると述べている。

このように、当初は目指すべきヨーロッパ社会の建設へ向けての規範的な援用であったが、1990年12月に始まった設立条約改訂のための政府間会議（IGC）での議論の進展を受けて、構成国と共同体との権限の配分という具体的かつ論争的な課題に対応した議論となっていく。このことは、政府間会議（IGC）において、連邦的な組織へと近づけていくのか国家連合にとどまるのかという構成国政府の統合ヨーロッパに対する考え方の基本的な違いが鮮明化され、新しい条約の発効のためには何らかの妥協点を見出すことが必要となったことを意味する。

それでもまだ1990年の段階では、域内単一市場の創設へ向けて経済分野での統合が進展している状況を受け、政治的意思の統一の必要を訴え、より一層の統合の進展のためにEC委員会の権限の拡大を訴えつつ、補完性の原則に従うことで、共同体、構成国政府、地方との間の適切な責任の配分が可能であり、共同体への過度の権限の集中が避けられると論じている。

このように、補完性の原則を、超国家的とされる共同体権限の拡大の必要

---

[23] 欧州議会による草案に先立つ文書として補完性の原則に言及したものに、1975年の『ティンデマンス報告』がある。『欧州連合条約』以前のEC公文書に見られる補完性の原則の概念、および文言の表出の詳しい紹介は、福田耕治「欧州連邦主義と補完性原理(二)」『駒澤大学法学部政治学論集』45号、1997年、特に、60-68頁。

を主張する統合推進論の文脈で援用する論調は，1992年6月のデンマーク国民投票によって一変させられる。TEUの国内批准否決という投票結果は，大半のEU関係者にとって予想しえなかったものであった。この結果が明らかにしたのは，生活との密着感のないレベルで多くの決定がなされることへの不満と不安であり，EU域内の各地域の独自性を喪失させるかのような統合に対する，小国からの抗議の声であったといえる。しかし，小国のみならず，統合の推進力となっていたミッテランのフランスにおいても，同年9月の国民投票の結果は，賛成票がかろうじて反対票を上回ったにすぎなかった[24]。

こうした状況の展開をうけて，補完性の原則はそれまでの統合推進を目的とした積極的な意味合いから一転し，もっぱら統合の必要と効果を最小の範囲で正当化する抑制的文脈において援用されていくようになる。共同体の発展を必然の流れとみなしたEC/EU権限の拡大への期待に代わって，共同体が何を行おうとしているのかについて明確な説明が要求されるようになったのであり，そのための，筋の通ったサブシディアリティの適用が必要であると認識されるようになったのである。

TEUは，政治分野の統合への道を拓く内容[25]を盛り込んだ条約であり，そこに予見されるのはEC/EU権限の拡大である。しかしながら，条約批准の段階でつきつけられた統合の進展への不信任，すなわちEUへの不支持を前にして，厳密な説明責任と透明性の高い政策の実施が緊急の課題となったといえよう。ヨーロッパの統合過程において，ようやく一般市民への責任が議題にのぼったことになる。そして，構成国の権限を最大限に尊重しつつ，共同体による行為の必要性を正当化することも可能とする両義的な側面を有する補完性の原則に訴えることで，市民への説明責任を確保しようとしたといえるであろう。

---

[24] 投票率69.7%，賛成票は51.0%であった。

[25] 欧州連合条約（TEU）は，いわゆる三本柱構造をとり，経済分野を規定し超国家的権限をもつ「欧州共同体」と，政府間協力としての「共通安全保障政策」，および「司法・警察・内務協力」とから構成された。共通政策としての位置付けではあるが，安全保障に関わる項目がEU設立条約に含まれたことは政治統合へ向けての大きな進展であった。

1992年10月と12月の欧州理事会[26]は，補完性の原則をめぐる議論が中心を占め，12月の欧州理事会結論において，当該原則の適用に関する詳細な付属文書が出された。それによると，まず，共同体は補完性の原則に依拠することを確認した上で，TEU 3 b条の3つの条文はそれぞれに法的概念を表明するとして以下のように説明している。第1項は国家権限を常態とし共同体行為は例外であることを確認，第2項は，共同体が権限を行使して行為をなす場合は，構成国による場合よりもよりよく目的が達成されうる場合に限られることを規定しており，こうした原則は共同体の設立諸条約にも示唆されていること，第3項は，共同体行為として法的措置が設定される場合は，その措置は追求される目的に均衡したものであることという均衡の原則の確認である。続けて，補完性の原則が基本条約の条文として明記されることにより，当該原則は共同体法の一般原則とすること，EUの基本原則とすること，条約の一部として新たに設定するいくつかの条文にその理念を反映させること，としている。これら補完性の原則がもたらす規範の確認に続いて，同原則の適用に関する詳細な手続き事項が述べられているが，この部分が，後に，アムステルダム条約付属議定書としてより簡潔な形で継承され，かつ法的性格を与えられることになる[27]。

　こうして補完性の原則は，EUが依拠する基本理念として確認されたものの，議論はもっぱら適用の際の実際的な手続きへと集中していく。しかしながら，補完性の原則によって期待されるべきは，ヨーロッパの歴史にひとつの流れとして見出しうる社会的な構築への視点である。

---

[26]　10月はバーミンガム，12月はエディンバラで開催された。

[27]　議定書の法的性格については，TEU239条により，「条約の包括的部分を形成する」と規定しており，したがって，拘束力を有するという。Renaud Dehousse, "European Institutional Architecture after Amsterdam: Parliamentary System or Regulatory Structure？" in *Common Market Law Review* 35: 1998, p. 623. 同様の論に加えて，239条は，1969年の『条約に関するウィーン条約』の規定にもかなっており，欧州裁判所の判例も議定書に条約と同様の法的効力を認めている，と解説されている。Pierre-Alexis Feral, "Le principe de subsidiarité à la lumière du traité d'Amsterdam", *Revue des Affaires Européennes*, 1998, p. 78.

第2節　アムステルダム条約以後のEUにおける補完性の原則の実施

「補完性の原則」は，1993年発効の欧州連合条約（TEU）に条約の文言として明記されたことに続いて，同条約を改訂して1997年に署名されたアムステルダム条約[28]の付属議定書によって，その適用に関する手続きが規定された。『補完性の原則および均衡の原則の適用に関する議定書 Protocol on the application of the principles of subsidiarity and proportionality』は，1992年10月のバーミンガム，12月のエディンバラ両欧州理事会の結論を基本とした内容であり，EU既存の機関間の権限関係を変更することなく，補完性の原則の適用を明確な規則として提示し，その実施と遵守を確保しようとするものである。

補完性の原則はEUの構成原理として条文化されたが，その導入の経緯においては，EUの統治に関する構成国間の意見の相違をひとまずは抑え込んで，権限分担の共通の作業場を提供するという，便宜的な役割を担っていたことも事実である[29]。しかし，議定書の発効は同原則の適用手続きにも法的な性格を付与し，そのことによってEUの組織形態に一定の方向性を与えることになるとも考えられる。

本節では，まず議定書の内容を確認し，そのうえで，議定書以後の 1998, 99そして2000年に提出された3年分の *Better Lawmaking* の報告書を検討する。これらの文書は委員会により準備されているためもあって，補完性の原則がもたらす肯定的効果が強調されている側面は否めないものの，EU内の権限の分担に新しいアクターと手段をもたらしていることも明らかである。

1．アムステルダム条約付属議定書

TEU 3 b条の補完性の原則は，「市民に，より近接したレベルでの決定」

---

[28] アムステルダム条約の発効は，1999年5月1日。条約の邦語訳として，金丸輝男編著『EUアムステルダム条約——自由・安全・公正な社会をめざして』ジェトロ，2000年。

[29] 拙稿，前出（注6），33頁。

のための，構成国と共同体との間の権限分担の指針であると位置付けられて，構成国間の統合に対する態度の相違をそのままに，適用はその都度判断されることとされた。こうした問題の先送りは，1995年に開始されたアムステルダム条約のための政府間会議（IGC）でも補完性に関する議論を余儀なくさせた。加えて，TEUによって新しく創設された地域委員会(Committee of Regions, CoR)[30]は，IGCに向けた自発的意見（Opinion by own initiative）において，補完性の原則は地方や地域を含むEU内のすべてのレベルの統治体に適用されるべきことと，CoRは欧州裁判所への提訴権や政策決定に直接関与する権限を付与されるべきであるとして，3b条の文言の修正を提言した[31]。それに対して，IGCのリフレクション・グループは，未解決のまま残されている権限分担のあり方に関しては，補完性の原則の適用は現実的に，かつ，既存の権限関係を変えない，という2点を確認し合った[32]。したがって，議論は補完性の原則を適用する方法を中心に展開され，監視制度のあり方をめぐって，前回のIGCと同様に，再び構成国間での意見の相違が露見することとなった。このため，1996年前半の議長国であったイタリアのもとで同原則の適用に関するプロジェクトが発足し，続いて同年後半の議長国アイルランドによって，エディンバラ宣言と1993年のEU機関間合意文書の内容を踏まえた文書が提出された。また，IGCでの議論を受けてイギリス，ドイツがそれぞれ独自の監視方法[33]を盛り込んだ議定書案を提出した。こうした一連の動きを受けて，1997年前半の議長国となったオランダは，3b条を変更しないという合意のもとで，それまでに表明されている補完性原則の適用に関する諸案をまとめて，EU諸機関間の合意を尊重しつつ，バーミンガム，エ

---

(30) 加盟国国内の地域，地方自治体の代表222名から構成される諮問機関。加盟国の拡大後の構成員は350人を上限と定めている。OJ L132/49, 27. 5. 94は，CoR内の手続きを定めている。

(31) *Opinion of the Committee of the Regions on the Revision of the Treaty on European Union And Of The Treaty Establishing The European Community*, Special Commission for Institutional Affairs, Committee of the Regions, CdR 136/95, Brussels, 21 April 1995, pp. 6-7.

(32) Feral, *op. cit.* (footnote 28), pp. 76-77.

(33) 補完性の原則の適用をいかに監視するかに関しては，本稿第3節を参照。

ディンバラの両欧州理事会の結論の附則宣言を議定書に格上げするとした[34]。「補完性の原則」に関しては，その文言をTEUに導入する際と同じような攻防が，今回も再び，構成国間で繰り広げられ，また，EUの諸機関間の権限をめぐっての論議も同様にもちあがったのであった。

今回の補完性の原則をめぐる議論は，TEUの時のような注目を集めることはなかったが，そこで喚起されている問題は，TEU以来のEUの将来像に関わる問題であり，また同時に，EUの民主制をいかに確保するかという敏感に意識されている課題を反映したものであった。EUの組織や制度は，民意を反映させる経路が不十分であるとして，民主的欠陥が指摘されて久しい。そこを変えることなく行為の正統性を調達しようとすれば，そのための手段は厳密かつ適正な手続きにおのずと限定されるであろう。したがってEUの現行制度のもとでは，民主制の確保の方法は，統合過程の手続きを厳密に規定し，市民にわかりやすく透明性のあるものにすることであり，この点は新しい条約のために会合を重ねていたIGCの重要な課題として，報告書で繰り返し言及されている[35]。

最終的な議定書は，エディンバラ宣言の内容をほぼ4分の1ほどの分量に整理し，かつ強化された欧州議会（EP）の権限などの制度上の改正を組み込んだうえで，13項目に規定された。その概略は以下の様である。

(1)EU諸機関は権限の行使において，補完性および均衡の原則を遵守すること，(2)条約とアキ[36]を尊重すること，(3)補完性の原則は欧州裁判所の判断に示された権限の状況を問い直すものではないこと，(4)立法措置の提案には共同体による行為の必要性を，可能であれば質的，量的な指標を用いて，補完性の原則に照らして正当化すること，(5)共同体による立法措置

---

[34] Feral, *op. cit*. (footnote 28), pp. 76-77.

[35] Ulf Sverdrup, "Precedents and Present Events in the European Union: An Institutional Perspective on Treaty Reform," in K. Neunreither and A. Wiener (eds.), *European Integration After Amsterdam*, O.U.P., 2000, p. 259.

[36] 一般に *acquis*（アキ）と称されるのは，*acquis communautaire* の略で，これまでに蓄積されたEU法体系の全体を指す。新規加盟国はアキを受容し，国内法体系をアキに沿ったものに整備することが要求される。

の正当化は，その目的が構成国国内法によっては不十分で，かつ，共同体レベルによる方がよりよく達成されることの双方を論じること，この条件が満たされているか否かは3つの指針によること，(①案件の脱国家性，②構成国もしくは共同体のみによる行為が条約の規定を満たさないか構成国の利益を著しく害する，③共同体の行為の方が規模もしくは効果において構成国による場合よりも明確な利益をもたらす) (6)共同体立法は均衡の原則に従って簡素であること，(7)共同体による措置は構成国に最大限の裁量を残すものであること，また，目的の達成のためには立法措置の代替手段も提供すること，(8)補完性の原則に照らして共同体の行為が発生しない場合は，構成国はEC10条に従って，適切な手段を講じること，(9)委員会 (Commission) は立法措置の提案に先立って，広く諮問しかつ諮問文書を公開すること，市民や諸組織に課される財政，行政上の負担は最小限で目的に相応していること，EC 5 条 (旧 3 b 条) 適用に関する年次報告書を，欧州理事会，欧州議会，理事会，地域委員会，経済社会委員会へ提出すること，(10)欧州理事会は，欧州議会へ提出するEU進展に関する報告書において委員会の(9)の報告書を考慮すること，(11)欧州理事会と議会は，委員会提案の検討の包括的一部として，EC 5 条との一貫性を考慮すること，(12)理事会は共通の立場を採択する場合は，そこへ至った理由を声明として欧州議会へ報告すること，委員会提案がEC 5 条に違反していると思われる場合も同様であること，(13)補完性の原則は条約が定める法規に従って見直されること。

補完性の原則の適用に関しては，既存の権限関係は見直しをしないことが合意されていた通り，3 b条の修正を要求していたCoRの主張は一切取り上げられていないし，構成国議会の役割に関しても何の言及もなされていない。しかしながら，委員会が準備する年次報告書は，地域委員会と経済社会委員会へも提出することが明記された。

議定書は，政策の決定は可能な限り市民に近接したレベルでなされることを希求して，そのために構成国の権限を主とし，共同体権限を従とし抑制することを基本の原則として確認している。だが，その政策の実施段階における規模と効果の2点において，「構成国のみでは条約の目的が十分に達せられず，したがって共同体の行為による方がよりよく達成されることが証明

（第5条）」されれば，共同体による行為は正統なものとされる。その観点から興味深いのは，共同体による行為として，立法措置のみならず何らかの代替措置の提案も求めていることである（第7条）。この点については第3節で検討するが，代替措置によってEUの政策決定過程における一般市民の関与の可能性が拡がることが予測される。また同様に，委員会による提案の準備の一環として幅広い諮問と諮問文書の公開を義務付けていることがある（第9条）。この部分に相当するエディンバラ結論では，「委員会は幅広い諮問に付すとした[37]」と記されているのみであったことからすれば，民意を反映させるための手段を手続きの一部とすることが法的に規定された意義は大きいだろう。

2. *Better Lawmaking* 報告書

コミッションは一連の報告書において，補完性の原則はEU権限の現状に対応して柔軟に適用されるべき動的（ダイナミック）な原則である，と繰り返し強調している。換言すれば，異なる機関や組織の間の権限分担をカタログ的に列挙し固定化することなく，権限の所在はその都度判断されることを意味する。EUの意思決定過程は，超国家的性格と政府間主義の両方が複雑に入り組んでいるため，このような「柔軟な」運用方法は，共同体と加盟国政府との確執を回避し，権限の分担による協力体制を促すための現実的な対処であるといえる。

補完性の原則を適用することによって，必然的に，政策実施のための手段はその目的につりあった程度の負担を課す措置であるべきという「均衡の原則 Principle of Proportionality」が続く。すなわち，EU域内の経済，社会の状況に応じてEU権限の関与する分野が伸縮するのであれば，そうしたEU権限の伸縮は，補完性の原則に拠って篩にかけられた政策が，EUレベルの関与が必要であると認められた場合に，その必要度を判断するのが「均衡の原則」であり，均衡する点をどこに定めるかによってEUの関与の度合い，すなわちEU権限の範囲が決められることになる。ここで，加盟国政府の権限とEU

---

[37] Conclusion of the Presidency Edinburgh, December 1992, ANNEX 1 to PART A, III-a).

権限との均衡点の決定は，その時々の経済，社会状況に左右されることになるであろう。ここにも「ダイナミック」で「柔軟」と称せられる補完性の原則の伸縮性が指摘されうる。こうした特性は，EU内部に限っての諸機関や統治体のバランス関係を制御するものであるが，近年の報告書には「積極的補完性の原則」という語が使用されるようになり，EUの政策決定過程に「市民社会」という新しいアクターを浮上させつつある。

2.1　1998年報告書[38]

本稿で検討する3報告書のうち，この年だけが「責任の共有A Shared Responsibility」という副題が付けられている。その主旨は，共同体立法を改善するために，「補完性の原則および均衡の原則を正しく適用し，簡素化や整理統合によって提案の質を向上させ，情報へのアクセスを開放する[39]」などの手段の適用において，立法提案を行う欧州委員会のみならず，共同体立法（EU/EC法）を決定する理事会および議会（EP）と，EU構成国の責任と協力にも訴えようとするものである。

責任の共有が主張される理由として，同報告書は，EU/EC法の原案である委員会提案の起源を5つに分類してその割合を示しながら説明している。それによると，委員会独自のイニシアティヴによる提案は，全体の5～10%にすぎず，残りの提案は委員会外からもたらされている。内訳は次の通りである[40]。

- 国際合意　　　　　　　35%
- 既存法の改訂　　　　　25～30%
- EU諸機関からの要請　　20%
- 設立条約による規定　　10%
- 委員会独自　　　　　　5～10%

これらの提案総数は，1998年11月20日現在で491件を数え，34件が新規の提案であると報告されている[41]。EU諸機関間の関係においては，特に理事

---

(38)　COM (1998) 715 final, *Better Lawmaking 1998 A Shared Responsibility*, Brussels, 01.12.1998.

(39)　Ibid., p. 1b.

(40)　Ibid., pp. 4-5.

会からの立法要請が多い（1995—98年で80件）ことを指摘しつつ，これらの要請にこたえる義務は課されていないが，公共性の高い問題を無視することは困難であると述べる[42]。すなわち，加盟国代表から構成される理事会の要請に応えたEU立法が数多くあり，委員会（コミッション）による押し付けではないとの，「ブリュッセルの官僚主義」という風評に対する間接的な抗弁かと思われる。また，EU/EC法は，均衡の原則に照らして，構成国の裁量を最大限に残す「命令 directive」が多用される。そのため，構成国政府はEU/EC法の実施のために国内法として新たに措置を講じることになる。このような状況において，委員会独自の努力では，立法の簡素化にはおのずと限界があり，共同体立法の全体としての効率と質の向上のためには，関与する諸機関の間で責任を共有することが必要であるとの主旨であろう。

1998年の報告書は，既存のEC法の簡素化作業の説明にかなりの分量を割くなど，EUにおける立法作業での委員会の努力をアピールするトーンに覆われているが，いくつかの興味深い試みにも言及されている。たとえば，立法措置の代替手段としての自発的合意（voluntary agreement）や，ビジネステストパネル（Business Test Panel）がある。これらは共に企業を対象とした試みで，特に後者は，新しい立法措置の適用が事業の遂行にもたらす費用と事務的な負担を改善するという目的のもと，域内市場行動計画として1998年から導入された試みである[43]。

こうした動きは，たとえば単一市場関連法案における企業のように，立法の直接の対象となる層とEUの行政機関としての委員会（コミッション）との間の合意に基づく措置であり，議定書が規定している「幅広い諮問」に従った実行とみなすこともできる。ヨーロッパレベルの規制を「ヨーロッパ市民」にとって実態的なものとする試みのひとつと位置付けられよう。

2.2　1999年報告書[44]

この年の主要な課題は，「ヨーロッパ」の関与を必要とする分野の拡大で

---

[41] Ibid., p. 7.
[42] COM (1998) 715 final, p. 5.
[43] COM (1998) 197.
[44] COM (1999) 562 final, Commission Report to The European Council *Better lawmaking 1999*, Brussels, 3. 11. 1999.

ある。アムステルダム条約により《公衆衛生》と《自由・安全・正義の領域》の両分野が共同体権限に新しく組み込まれたことと，近い将来の最重要課題である加盟国の増加に言及して，はたして委員会提案の内容が，構成国政府によっては十全な解決をもたらさないものかどうかを厳格に検討することが必要であり，また，ヨーロッパレベルの行為が真に必要とされているのはどこの部分かを確定することは困難な作業となるであろうとして，補完性の原則はそのための重要な指針であると述べる。そして，このような共同体権限の範囲を必要に見合って，柔軟に確定することが補完性の原則が持つダイナミックな性格であると述べると同時に，明確な目的に基づいて協力的に責任を共有するという《積極的補完性 active subsidiarity》の概念を持ち出している[45]。

報告書は，委員会（コミッション）による補完性の原則と均衡の原則の厳密な遵守を強調して，共同体の諸機関からの立法要請を牽制することも忘れていない。同時に，代替措置の継続的な追求も報告されている。1999年には，自動車排ガスの環境規制の目標設定のためのプログラム（Auto Oil II Programme）において，日本と韓国の2ヵ国の自動車工業会と欧州共同体（EC）とが，直接協定を締結したことが紹介されていて興味深い[46]。EU/ECによる一方的な立法措置による要求ではなく，当事者間の合意に基づく協定によって目的を達成しようとする手法が，構成国外の組織との間でも採られ始めているのである。

また，自己規制を促す目的で立法に拠らず協定を結んだ例として，社会憲章に沿った《社会的パートナーとの対話》によって成立したパートタイム労働と船員の労働時間に関する合意が紹介されている[47]。

均衡の原則に照らした活動として，1998年から試行されているビジネスパネルによる新規立法の費用と負担に関する諮問は継続されており，既に3提案に参照され，たとえば電気・電子関連廃棄物のための提案の準備には1744の企業が諮問されたと報告している[48]。当該原則の実践としては，域内市場

---

[45] Ibid., pp. 2-4.
[46] COM (1999) 562 final, p. 3.
[47] Ibid., pp 3-4.
[48] Ibid., p. 5.

関連には相互承認，環境関連には勧告などの異なる分野ごとに異なる措置を奨励していることも報告されている。

本報告書においては，共同体権限のおよぶ分野の広がりを示唆しながらも，立法内容のわかりやすさと民意の反映を保証する手続きを強調することで，共同体による行為の受容に注意深く訴えていると思える。

2.3　2000年報告書[49]

この年の報告書は市民社会の役割を積極的に評価している点において，画期的といえよう。報告書は冒頭で，本報告書は補完性の原則の適用のされ方に特に焦点を当てて作成されている，と述べる。それは，ひとつには補完性に関するあらゆる可能な手段を講じるという委員会（コミッション）の意思の表明であり，またひとつには共同体の諸機関により表明された意見に従ったものである，と説明する[50]。

補完性の原則の適用におけるあらゆる可能な手段という観点から，1998年報告書で言及されていた「積極的補完性」が喚起されている。共同体と構成国政府のみならず，EU/EC政策の実施に関与するあらゆるレベルの協力と責任の共有に訴えるという「積極的補完性」は，共通の目的認識とその実現のための一致した行動を核としている。アムステルダム条約によって，難民保護や雇用の問題など新分野へのEU権限の拡大が認められたことや，予定されているEU拡大を控えてEUレベルでの政策分野が広がっていくその一方で，共同体権限への不信も厳然として存在する状況において，EUによる行為に正統性を調達しようとする理念が補完性の原則である。しかしながら，当原則に訴えて政策実施の適切なレベルを確定することは，ややもすれば個別政策ごとの対応となって一貫性のある政策実施を蝕む側面を有していることも事実である。「積極的補完性」が共通の目的意識と一致した行動を主眼に置くのは，まさしくこうした理由によるといえよう。

現在では単一市場の確立がもたらす社会的変化が徐々に顕著になって，市場原理の枠内にある社会政策へEU権限がスピルオーバーしている状況が生

---

[49]　COM (2000) 772 final, Commission Report to the Council *Better Lawmaking 2000*, Brussels, 30. 11. 2000.

[50]　Ibid., p. 3.

まれている。当該年度の報告書は、そうした社会政策として雇用に関する新たな「命令 directive」の設定を紹介している(51)。そしてその背景として、関係セクター間での合意の到達が実現され得なかったことをあげ、EU/EC規制として解決を提供するしかなかったことを示唆している。目的の達成のための責任の共有という観点にたつ説明であるといえよう。

　また、均衡の原則に従って適用される措置を、共同体が設定した目的の達成が法的・政治的に遵守されているか、その目的は国家や産業各界の慣行に一致しているかの2点を基準として、見直していると述べている。具体的には、政策実施の主体を構成国政府のみならず、地方自治体や市民社会にまで広げて、EU政策の調和的な実施を確保しようとするのである。

　こうして、本報告書において、「市民社会 Civil society」は不可欠なパートナーと位置付けられて、補完性の原則の適用において、初めて、その役割が論じられている(52)。特に、2000年に提案された「社会的課題 Social Agenda」において、急速な社会の変化に対応したヨーロッパの構築のためには、EU諸機関と構成国政府のみならず地域、地方自治体、そして社会的パートナーやNGOなどとの協力の重要性が認識され、こうした各レベルとの協力が社会政策の効率的な調整をもたらすとする。その例として、共同体の基本価値のひとつとしての男女の平等をあげ、ジェンダーの平等の推進を5年以内に実現させるためには、社会的パートナーやNGOの貢献を大としていく、これまでとは異なるアプローチが必要であると述べている(53)。

　また、EUにおける市場の役割の重要性を確認した上で、そのことがもたらす多方面へのインパクトを考慮して、消費者保護や一般的利益というサービスの定義づけなどにおける企業や地方自治体の役割への期待を表明したり、共通運輸政策や環境政策では産業界との自発的協定の締結を増やしていく方針を明らかにしている。このことは、条約が規定した補完性の原則はEUと構成国を対象としているにもかかわらず、下位の行政体や「市民社会」としてくくられている諸団体、NGOなどが、明らかにEU政策の実施の担い手と

---

(51)　COM (2000) 772 final, p. 6, footnotes 6, 7, 8.

(52)　Ibid., pp. 8-10.

(53)　Ibid., p. 9.

して射程に組み込まれてきたことを意味している。

　次節では、EUレベルでの「市民社会」の登場に焦点を当てながら、EUの統治が補完性の原則を構成原理として確立していくための課題を考察する。

第3節　補完性の原則の確立と課題

　EUにおける補完性の原則には、本質的（substantive）と手続き的（procedural）との二つの側面があると指摘されている[54]。前節で検討したアムステルダム条約付属議定書も、手続き的側面を規定すると同時に、共同体と構成国の関係の基本原則を示す本質的側面も確認している（議定書4条、5条、7条）。補完性の原則にしたがったEUの構成原理は、あくまでも構成国政府による行為のみでは十分に目的が達せられない場合にのみ共同体が行為する、と規定され、この本質的側面を確かなものとするために手続きの厳格な遵守が要求されることになる。そして、議定書の規定に沿った補完性の原則の実践は、EUの統治をより多元的なものとして、その正統性の問題も含んだ統治の新しい地平線を浮き上がらせつつあるといえる。すなわち、より下位に位置するアクターのEUの政策決定過程への参加を保障する法的措置を講じて、幅広い民意の反映を可能とするような政策決定の制度が確立されつつある。これらのアクターは「パートナー」として、地域政策や社会政策の分野で特に重要な位置付けにある。

　本節では、補完性の原則の実践がEUの「上からの統合」を脱して「下からの統合」の可能性をもたらしつつあることを、《社会的パートナー》と構造基金における《パートナーシップ》を例にとって検証する。そして、こうした動きが、ひいてはEUの統治に正統性をもたらすための課題を考察する。

1．EUにおける「市民社会」

　補完性の原則の実践は、既存のEU/EC法の簡素化や廃止などの見直しと、

---

[54] Dehousse, *op. cit.*, (footnote 27), p. 622. 同様の論の紹介として、鈴木眞澄「欧州連合の「憲法的」構造㈢──「補完性原理」と「欧州連合市民」をとおして──」『早稲田大学大学院法研論集』72号、1995年、特に174-176頁。

新しい立法措置の場合に共同体（EC）による行為が必要とされることの説明，という2つの作業を中心になされている。前者については，見直しの対象となった措置，組替えや修正の対象となった既存法などの具体的な数字が毎年の *Better Lawmaking* 報告書に示されている。また，法の簡素化の推進を目的に，1996年からSLIMイニシアティヴ[55]が開始されている。

一方，新規に立法措置が制定される場合にまず考慮されるべきは，「市民により近接したレベル」であり，それが共同体レベルであると確定されれば，その理由が規模と効果の点から説明されなければならず，その後に初めて，立法のための作業が開始されることになる。EUでは，このような，政策の課題設定から立案，実施という一連の政策の発展段階で，消費者や産業界，学界などの代表者からなる多様かつ膨大な数の部会（Committees）が設定されて，現実に即した情報の提供源として立法作業に携わっている[56]。このことは「市民社会」と共同体との連携の試みでもある。そして，「積極的(active)補完性の原則」は，意見の表明や情報源としてのみならず，実施の担い手のひとつとして「市民社会」を位置付けており，政策過程へのさらなる関与を予見させる。

EUの統治で想定されている「市民社会」は，社会的課題（Social Agenda）のなかに典型的に見出せるであろう。社会的課題は，2000年12月のニース欧州理事会結論の付属文書として承認された[57]。その目的は，経済成長と社会的結束という2つを野心的に結びつけたヨーロッパ社会モデルの実現であり，究極の目標は，個人の選択を可能にする完全雇用におくとする。より実際的

---

[55] COM（96）204 final, *Simpler legislation for the internal market (SLIM): a pilot project.* COM（2000）104, *Review of SLIM: Simpler legislation for the internal market,* Brussels, 28. 2. 2000. SLIMとは，単一市場分野での簡素化の方法を，構成国政府，欧州議会，経済社会委員会，専門家や経済団体からの提言をもとにして，確立しようとするプロジェクトである。見直しに関する作業はほかにもいくつかが進行中であり，それらは，既存のEU/EC法をよりわかりやすく，かつ重複を減らし産業界の負担を軽減することを目標としている。これらの作業は既存措置を対象として，それらの措置が設定する目的に照らした手段の負担が見直されているのであり，均衡の原則による作業であるといえる。

[56] 諸委員会の役割，位置付けなどについては，拙稿「コミトロジー考察——だれが欧州統合を実施するのか」『政治研究』46号，1999年，188-191頁参照。

には，単一市場のもたらす潜在的可能性を評価する意思のある企業の協力を前提に，EU法による職場環境の整備を可能にする法的措置の総称である(58)。そこで期待されているヨーロッパ社会モデルの実現へ向けて今後5年間でEUが取り組むべき社会政策として，(1)雇用の創出，(2)柔軟かつ安全な職場環境，(3)社会統合の推進のための貧困の撲滅と社会的排除の根絶，(4)社会的保護の近代化，(5)男女平等の推進，(6)EU拡大と外交における社会政策の強化，を打ち出している(59)。これらの政策の目標実現のためとして社会的課題文書が述べるのは，あらゆるレベルの，全ての当事者が積極的役割を果たすことが期待されると同時に，EUレベルにおいては，適用可能なあらゆる手段を用いるべきであり，補完性の原則にしたがえば，EUの役割は，社会モデルの近代化という共通目的の達成を確保することである(60)。個別の課題の実践は，構成国の慣行の多様性や職場の慣行を尊重した対応が要求される。即ち，そこに「市民社会」の役割が期待されるのである。こうした背景のもとで，*Better Lawmaking* 2000年報告書は，社会的課題を「市民社会」との連携が重要な政策分野として，第一に取り上げている。

---

(57) Annexes to the European Council conclusions, Annex I, European Social Agenda, *Bulletin EU 12-2000*. 2000年3月のリスボン欧州理事会での「欧州社会モデル」に関する合意を受けて，コミッションは同年6月28日付けでCOM文書を提出し，同年12月のニース欧州理事会結論付属文書Iとして承認された。

EUでは，1982年以降，1990年を除いて失業率は8％以上，(最悪であった1994年は，EU平均が11％) という高さが継続している。こうした状況は構造的な原因によるとして社会問題化し，雇用問題を中心にEUレベルでの包括的な取り組みの必要性が認識されるようになった。そして1997年11月には，ルクセンブルグ雇用臨時サミットが開催された。このような動きはEUにおける雇用政策の重要性を高め，ヨーロッパ社会モデルの近代化という流れと一致していった。Nick Andett, "Modernizing the European Social Model: Developing the Guidelines," in *Journal of Common Market Studies*, Vol. 39, No. 2, June 2001, pp. 353-64. 田中素香＝長谷部重康＝久保広正＝岩田健治『現代ヨーロッパ経済』有斐閣アルマ，2001年，210-211頁。

(58) Christophe Fouassier, "La Statut de la 《Société Européenne》: Un nouvel insturument juridique au service des entreprises," *Revue du Marché commun et de l'Union européenne*, n 445, février 2001, pp. 85-88.

(59) European Social Agenda, 32.

(60) European Social Agenda, 特に26, 27, 28, 29の各項。

EUで論じられる「市民社会」の意味するところはなんであろうか。経済社会委員会（Economic and Social Committee, ESC）が1999年に提出した意見[61]によれば、「個人もしくは団体による全ての社会的活動を意味する集団的でダイナミックな用語であり、それらの活動は国家によって主導されたものでも運営されるものでもない」としている。このような市民社会とは固有の歴史と深く結びついたものであることを認めた上で、ESCはさらに、「市民社会組織」を、「対話と合意に基づく民主的なプロセスの追求によって一般利益を推進し、公的権限部局と市民との仲介者として活動する構成員から成る全ての組織（的構造）」と定義する。その具体例としては、社会的パートナー、社会的および経済的利益団体の代表組織、NGO、地域共同体組織、宗教共同体をあげている。

　Better Lawmaking 2000年報告書における「市民社会」の用語をひろってみると、まず、「……、共同体条項に設定されている目的を達成するために行動するという国家および地域当局、そして《市民社会》の能力……[62]」とあり、また「……共同体は構成国と、そしてなによりも社会的パートナーとNGOとの協力を強化しなければならないであろう。ヨーロッパ《市民社会》の代表がもたらす貢献は、国家と共同体との両レベルにおいて効果的戦略の設定に基本的な価値のあるものとなるであろう[63]」と記されている。すなわち、EUがパートナーとみなす「市民社会」とは、構成国政府権限によって発動されたのではないアクターたちが活動する空間であり、その活動はきわめて社会的な性格が強く、公権力に近い機能を果たすと理解することができよう。

1.1　社会的パートナー

　EUの文脈における「市民社会」のアクターたちのなかで、社会的課題の実現にとって特に重要とされているのが、社会的パートナーである。一般に、社会的パートナーとは、国内の労働問題を協議する雇用者、労働組合、政府系機関の三者を指しているが[64]、EUの社会政策において使用される場合は、

---

[61] CES 851/99 D/GW
[62] COM (2000) 772 final, p. 8, 強調は筆者による。
[63] Ibid., p. 9. 強調は筆者による。

国家横断的にヨーロッパレベルで組織された雇用者（または，その代表）と労働者の代表による各組織を意味している[65]。EUの社会的パートナーは，EUレベルで設置される諮問委員会の構成員になり，国内ではなくヨーロッパレベルでの要求を共同で表明するなどの権限を法的に認められており，委員会（コミッション）は，社会政策に関する立法提案の準備段階において，社会的パートナーへの諮問が義務付けられている[66]。即ち，社会的パートナーとは，ヨーロッパレベルにおける労使間対話を促進する目的で設定された代議組織である。労使間の代表機関による対話関係はイギリスを除くEU構成国内では，既に，伝統的に確立されていたが，ヨーロッパレベルでの労使対話が実現するのは1970年代の初頭になってからのことである[67]。しかしながら，定期的な対話は1978年に中断され，その後，ドロールEC委員長（1985-1995）の個人的な努力もあったが，対話の活性化には至ることがなかった。社会的パートナーが実質的な意味を持つのは，1989年に，厳粛なる宣言として「ヨーロッパ社会憲章」が11ヵ国の賛成で成立したこともきっかけとなり，ようやく1991年に雇用者側が方針を変更したことによる。単一市場の形成にとって，労務政策は死活的重要性を有するという認識は当事者間に共有されており，EU社会政策の立案に社会的パートナーを組み入れることに雇用者側が同意したのである[68]。

---

[64] Bernard Casey and Michael Gold, *Social Partnership and Economic Performance: The Case of Europe*, Edward Elgar, 2000, p. 9.

[65] OJ L225/27, Commission decision on the establishment of Sectoral Dialogue Committees promoting the Dialogue between the social partners at European level, (98/500/EC), 12. 8. 98. この決定には社会的パートナーの定義は直接には記されていないが，前文2項，3項，および1条1項などから類推した。

[66] アムステルダム条約，138条（委員会の協議義務），139条1項（労使対話の契約関係），同条2項（理事会決定）。

[67] 雇用者代表の組織であるUNICEは1958年に結成されていたが，労働組合のヨーロッパ組織であるETUCの結成は1973年である。それ以前にも，ESCやコミッションによる労使間対話の試みはあったが，さしたる成果はうまれなかった。Robert R. Geyer, *Exploring European Social Policy*, PolityPress, 2000, p. 98.

[68] 社会的対話の認知と，それがもたらした労使間合意のヨーロッパ社会政策への影響力が，マーストリヒト条約付属の社会議定書（Social Protocol）へと結実した。R.R. Geyer, *Ibid.*, p. 100.

このように，ヨーロッパレベルでの社会的パートナーの確立は，EC/EU の主導で単一市場形成の枠内で用心深く進められてきたといえるが，1993年の「ヨーロッパ社会議定書」，1997年のイギリスの「ヨーロッパ社会憲章」への参加，同年のアムステルダム条約への社会政策条項の挿入を経て，EU社会政策にとって不可欠な存在となったといえるだろう。その背景には，「政策の決定は市民により近接したレベルで」という補完性の原則によるEU政策決定への要求があると理解できる。

1.2 地域政策とパートナーシップ

補完性の原則の意義が強調されているまたひとつの分野として，EUの地域政策をあげることができる。地域政策とは，とりもなおさず，「構造基金（Structural Fund）」によるEU内後発地域の活性化を意味する[69]。

地域の活性化は，1987年に発効した単一欧州議定書（SEA）が定めた経済的・社会的結束に基づく「結束政策（cohesion policy）」の枠内で理解されうるが，ここでも，単一市場形成が直接のきっかけとなっている。SEA成立をめぐっては，域内の結束をはかる何らかの予算措置なくして単一市場政策を推進することに，5ヵ国が抵抗したという[70]。その結果，1988年のブリュッセル欧州理事会において構造基金の倍増が決定されると同時に，基金の運営に関する4原則も確認された。すなわち，プログラム策定（programming），パートナーシップ（partnership），集約（concentration），および付加性（additionality）である[71]。ここでのパートナーシップとは，コミッション，

---

[69] 地域政策の発展に関しては，Vittorio Bufacchi and Shari Garmise, "Social Justice in Europe: An Evaluation of European Regional Policy," in *Government and Opposition*, Vol. 30, No. 2, Spring 1995, pp. 179-197. 特に，pp. 185-195.

筆者等は，EUの地域政策は，域内の経済格差を是正しようとする社会正義に基づく政策であるとする。

[70] Stefaan De Rynck and Paul McAleavey, "The cohesion deficit in Structural Fund policy," in *Journal of European Public Policy*, 8: 4 August 2001: 541-57, p. 544.

[71] Council Regulation (EEC) No. 2052/88, 24 June 1988.

[72] 地域（region）という用語には注意を要する。EU統合の文脈で使用される場合には，複数の国家にまたがる近接地区がまとまって一つの「地域」となるユーロリージョンEuro-regionと，国家内の行政上の単位として，市や町村などの最小単位よりも大きい地理的領域である「地域」とがある。

構成国，そして構成国政府によって任命された中央，地域[72]，地方その他国内各レベルの権限当局の間での緊密な諮問制度のことであり，基金運用に関する準備，支給，監視および評価を行う，と定義されている[73]。そして，構造基金の運用にはパートナーシップを組むことが，法的な拘束力をもって要求されることになった。その結果，中央政府とその下位権限である地域や地方自治体が，EU地域政策の実施においては，構造基金の運営に関する契約上の同等の地位に置かれたのである[74]。

その後の1993年の再度の構造基金改革[75]で，経済的および社会的パートナーもパートナーシップの対象に含まれることとなった。この背景のひとつには，社会的パートナーを構造基金運用の立案過程に組み込むことが広く受容されるようになっていたという現実があるが，その他に，1988年から93年にかけての構造基金の運用において，その手続きのあまりの煩雑さに，コミッションの過剰な要求に対する批判が噴出していたことも大きい。そうした批判に応える形で，基金に応募する資格のある地域の一部を，構成国政府が特定できるようにしたり，基金のためのプログラム作成の基準が簡素化され，国家レベルの開発計画とひとまとめにして提出できるようにするなどの改善がなされた。その結果，国内の経済開発に関係するアクターの役割が重要になっていったのである。このことは，1993年に発効したマーストリヒト条約への補完性の原則の条文の挿入によって，構成国の権限を常例とする原則と一致する流れでもある。

EUの地域政策の実施において起こっていることは，単に，中央政府の権限が強化されているだけではない。それ以上に，地域や地方自治体などの国家内下位の権限当局の自律性と発言力が，パートナーシップという枠の中で，確実に増大しつつあることである。それは，たとえば，ブリュッセルにはほとんどの主要な都市が連絡事務所を開設していることからも見てとれる[76]。

---

[73] *Communication from the Commission, Community Structural Policies Assessment and Outlook*, COM (92) 84 final, Brussels, 18 March 1992, pp. 22-23.

[74] V. Bufacchi and S. Garmise, *op. cit.*, p. 19.

[75] Council Regulation (EEC) No. 2082/93, 20 July 1993.

[76] 1992年末の時点で，既に50を超える地方事務所があった。前出，拙稿（1996年），21頁。

下位権限の重要性が高まりつつあることは，1986年に設立された「ユーロシティーズ Eurocities」に代表されるような，諸都市により構成される組織の発言の機会が増えていることや[77]，欧州連合条約により1995年に「地域委員会（CoR）」が創設されたことにも明らかである。

このように，EUの経済政策の一環としての地域政策が規定したパートナーシップは，国家内の下位権限の自律性を高めるという効果をもたらしていると同時に，これらの「パートナー」が補完性の原則にうったえて，発言力を高めることも可能となった。

2．EUにおける補完性の原則とその課題

補完性の原則の条文化以来，EUにおける政策決定においては，「市民により近接したレベル」への視点の重要性が認識され，その結果，下位権限の関与を確立していこうとする方向にあることが，社会的パートナーや地域政策におけるパートナーシップのアプローチから，確認されたであろう。

EC/EUにおける統合方式は，農業や関税の分野においては，構成国の権限を共同体へ委譲するものであったが，単一市場の形成を目指した市場統合では同様の方式はとれなかった。すなわち，単一市場形成のために準備されたEU法は約280であったが，それは構成国レベルでは数千にもおよぶ法改正をもたらし，その各法がまた，膨大な数の条令や規制をもたらしたという[78]。そのため，単一市場の形成においては，EUレベルでの規制は必要最低限の枠組みにとどめ，それを超える部分は構成国間の相互承認として，多様性を維持しつつ，「自由移動が実現し，製品の選択は購買企業や消費者に委ねられる」という機能的な権限の分担方法がとられることになったと説明される

---

[77] S. De Rynck and P. McAleavy, *op. cit.*, p. 551. Eurocitiesのメンバーは，2001年現在で約100都市。その代表は，2000年2月にコミッションが設定した「ガヴァナンス部会」の公開ヒアリングに招かれている。European Commission, Public Hearing – 16 March 2001, Brussels, "European Governance: Moving Towards A Better Use of Subsidiarity and Proportionality," *http://europa.eu.int/comm/governance/speeches_en.pdfI*, downloaded on 5 August, 2001.

[78] 田中＝長谷部＝久保＝岩田，前出，60–61頁。

[79] 同上，61頁。単一市場形成の実際的要求と補完性の原則による便宜性とが結びついた「経済的連邦主義」が指摘されている。

(79)。すなわち，EUにおける補完性の原則の導入には，合理的で現実的な必要性があったのである。また，補完性の原則の導入がEU構成国間の意見の相違を表面化させず，とりあえずは共通の作業の場を提供するという便宜性があったことも第1節において確認した。

しかしながら，補完性の原則の根源的な意義は，同じく第1節で当該原則の歴史的な発露を追って確認したように，社会構成における最小単位である個人の自己実現を最大とするような社会を築くことにあると考えられる。そうした観点にたてば，単に便宜性の要求にのみ応える補完性の原則の実践は，機能的な経済社会はもたらしても結束のある社会をうむことなく，大小の権限単位の綱引きによって運営される利害が交錯する領域に堕してしまうかも知れない。そうなれば，新たに生まれつつあったEU領域における統治には，正統性をあえて問う必要はなく，その民主制も問われることはなくなるかもしれない。しかしながら，経済統合を通して打ちたてようとされているのは，経済的な合理性のみに支配される「市場社会」ではなく，社会的結束のある「ヨーロッパ社会」(80)である。そして，その結束をより確かなものとする原理として，補完性の原則を捉えなおすことが重要である。

そこで新たに議論され始めている課題に，補完性の原則の監視の問題がある。果たして新たな監視機関を設けるべきか否かまでを射程にいれて，まず，政治的な機関によるのか法的な機関による監視にすべきかに意見が別れる。前者の代表は地方自治体や，EUの地域委員会（CoR）であろう。地方自治体国際事務局の幹部は，コミッションによる公開ヒアリングの席での演説で，新しい挑戦を前に柔軟性を失わないためにも，また，司法当局への過度の権力の集中を避けるためにも，政治的権威を有する機関に任せるべきであると述べている(81)。

またCoRは，第一回目の「自発的意見」以来一貫して，EUの多層的な統治を目指して地域や地方の重要性を訴えており，これらの下位権限が補完性

---

(80) 本稿第3節1．，54頁。

(81) Jeremy Smith, Director, Local Government International Bureau (London) at 16 March, 2001, speech for public hearing on Governance, Subsidiarity and Proportionality. *http://europa.eu.int*, op. cit.

の原則にのっとって，CoRを通してEUの政策決定に直接加担すべきであるとする。そのためにもCoR自体がEUでの立法権限をもつ機関となるべきである，と主張し続けている[82]。

一方，法的な機関による監視を主張する代表的な論客であるJ．ワイラー（Joseph Weiler）は，補完性の原則も含む権限配分に関する争点のみを判断する，新たなる「EU憲法裁判所」の設置を提唱する[83]。その視点は，権限配分の問題こそがEUの正統性の問題であるが，権限とはほぼ認識の問題であり，共同体と加盟国との間の権限領域への信頼を打ち立てることこそが肝要である，というものである。

これらの論争は，未だEUの公式の政策決定過程で取り上げられるには至っていない。また，はたして補完性の原則の監視機関を設置する意思がEUにあるのかどうかについてもコメントされたことはないし，アムステルダム付属議定書も監視の問題には触れていない。条約への文言明記と適用のための議定書によって，形式的には法的な概念とされるであろうが，実際的な運用は政策ごとのアド・ホックなものにとどまっているというのが現実である。EUのインクリメンタリスティックな意思決定の伝統に照らしても，監視機関の問題は，設置するか否かをも含めて，補完性の原則をめぐる不平や訴訟が一定の蓄積をなした後のことになるのではないだろうか。

しかしながら，そうした蓄積がEUへの不信を増幅させるのではなく，補完性の原則がEUの統治原理としての実効力を確かなものとするためには，まず，超国家的な課題における政策決定において，国家より下位の権限の参加の道筋を確保することが重要であり，そのことがひいては，EUレベルの統治の正統性を強化すると思われる。すなわち，制度的に民意の反映が不十分でしかありえない構造になっているEUにおいて，その構造を変えることなく民主的であろうとするならば[84]，公式な制度の外で，何らかの措置を講

---

[82] Committee of the Regions, *Own-initiative Report, 1995, Opinion on the Commission report to the European Council "Better lawmaking 1999" CdR 18/2000 fin, 23 May 2000, Resolution tabled by the CoR Political Groups on the Annual Statement on the Priorities of the Committee of the Regions, CdE 45/2001 fin*.

[83] J.H.H. Weiler, "The European Union Belongs to its Citizens: Three Immodest Proposals," in *European Law Review*, No. 22, April, 1997, pp. 150-156.

じるという現実的な方法しか残されていないであろう。また，制度的に民主制が不十分であるような組織が，その正統性を調達するための最強の手段とは，市民の幅広い支持の獲得であろう。その意味から，EUにおける多様な諮問委員会の活用は，政策の立案・決定に必要な情報を得る方法であるばかりでなく，政策形成へ民意を反映させる窓口として，EUの民主的課題を克服する方法としても意義を有していると言えよう。また，共同体（EC）との協定や合意に基づいて政策実施段階で当事者となることは，当事者となった組織が政策を支持するのみならず責任をも担うことになり，EUとの協働関係を作り出す。このように，「市民社会」を公的権限と同等に置く「積極的補完性の原則」は，超国家的なヨーロッパレベルの作業に「市民社会」を取り込むことで，「ヨーロッパ」なる公的領域を現実のものとしていこうとするであろう。

結　論

それまでの経済分野における統合に限定されていた欧州共同体（EC）が，安全保障や内務協力などの政治分野へと権限を広げて欧州連合（EU）となった時に，「補完性の原則 Principle of Subsidiarity」が，EU設立条約に初めて文言として明記された。この文言によって期待されていたのは，共同体権限と構成国権限との折り合いをつける指針を示すことであった。補完性という概念が根源的に有している，ヨーロッパにおける社会構成の文脈はあえて捨

---

(84) 民主制を議論する場合に，代議制民主主義と直接参加型民主主義の二つの立場が考えられる。EUの制度では，直接選挙で選ばれた議員からなる欧州議会（EP）が代議制にのっとっていると言えるが，実際の選挙は各加盟国ごとの選挙法に従って実施されており，ヨーロッパレベルの代議制にはなっていない。加えて，毎回下降し続ける投票率とあいまって，EPの代議制の実質的正統性に疑問を禁じえない。また，EPの権限は確実に拡大されてきているが，包括的な立法権を有していないことから，立法機関としての権限は，各国の議会よりははるかに劣っている。かたや参加型民主主義の観点からはレフェレンダムがあるが，EUレベルのものは存在せず，あくまでも加盟国政府の裁量としての国民投票が可能なだけである。EU法が市民の生活に直接の拘束力を有しているにもかかわらず，EU市民がEUの統治に対して直接の統制手段を有していない状況が指摘できる。

象されて，道具的に導入されたといえるだろう。

　しかしながら，ヨーロッパの統合がヨーロッパ大の国家ではなく「社会」を構築していこうとする実験であるならば，補完性の原則こそがその道筋をつける理念でありえよう。

　実際に，毎年作成される補完性の原則適用に関する報告書である *Better Lawmaking* をたどると，「市民社会」との合意のもとに政策を立案し，実施していくことの重要性が強調され，遂には「市民社会」をEUのパートナーと位置付けているのである。

　統合とは，基準の均一化という意味でのグローバリゼーションの地域内における進展でもある。こうしたグローバルな現象を支えるアクターは多層的，かつ多元的であり，そのようなアクターのひとつとして，EUが，自らの役割を必要とみなされる分野に自己限定していくチェック機能を有するのが補完性の原則である。自己限定的であることによって行為の正統性を調達し，民意の支持も獲得することが可能となる。同時に，補完性の原則に照らすことによって，「市民社会」のレベルを含む多層をなすアクターが公的権限に参加することも可能となっていく。こうして，多元的な諸アクターが必要に応える範囲と分野での，ヨーロッパ大の行為による実効力を確保することによって明らかになってくるのは，ヨーロッパ政府ではなく，ヨーロッパ社会であるだろう。

3．ニース条約とEU機構改革
―― 「アムステルダム・レフトオーバーズ」への取り組み ――

庄 司 克 宏

はじめに

　欧州連合（EU）はこの10年間に，マーストリヒト条約を含めてニース条約まで，設立条約（EU条約）の大改正を3回行っている。これは，冷戦終結に伴う欧州新秩序への法制度的対応と見ることができる。
　EU条約はEUの「憲法」にあたることから，その改正内容について，改正前と比較しつつ法的分析を素早くかつ正確に行うことはEU法研究者にとって必要不可欠である。このような学問的努力に対して，EU法に無関心なためか，単なる「紹介論文」と片付けて評価しない場合がある。しかし，欧州のEU法研究者の間でさえ，まず条約改正内容の確認および分析に関する論文から始め，そのうえで，判例を含むEUの実行を観察しながら考察を深めていくのである。
　筆者は，2001年2月1日より2ヶ月間，フィレンツェ（イタリア）にある欧州大学院大学に客員研究員として滞在して，ニース条約の研究を行うとともに，ニース条約の内容とその意義について欧州のEU法研究者と意見交換をし，議論を行う機会に恵まれた。本稿はその成果の一部であり，現地で執筆されたものである（ニース条約の署名は2001年2月26日である）。

第1節　ニース条約の目的

　ニース条約の目的はEU拡大に備えて機構改革を行うことであり，前文には以下のように謳われている。
　「ヨーロッパ大陸の分割に終止符が打たれたことの歴史的重要性を想起し，

アムステルダム条約により開始された，欧州連合諸機関を拡大された連合において機能するよう備えさせるというプロセスを完了させることを希求し，

これを基礎に，欧州連合条約に定められた手続に従って，加盟交渉を成功裏に妥結させるべく前進させることを決心し，

欧州連合条約，欧州共同体諸条約及び一定の関連法文書を改正する旨決意した。」[1]

これまでの条約改正では，単一欧州議定書[2]における域内市場，マーストリヒト条約[3]における経済通貨同盟，アムステルダム条約[4]における「自由・安全・司法領域」のように実体的目標が設定されていた。しかし，今回のニース条約で欧州連合（EU）は，拡大（中東欧諸国等12ヵ国の加盟）を念頭に置いた機構改革のみに専念し，アムステルダム条約で積み残された課題（いわゆる「アムステルダム・レフトオーバーズ（Amsterdam leftovers）」）として，第1にコミッションの定員削減（合議体としての機能の維持），第2に理事会の特定多数決における各国別票数の再配分（人口のより忠実な反映），第3に特定多数決の適用分野の拡張（政策決定の停滞の回避）に取り組んだ。これらに加えて，欧州議会の定員および各国別議席数の見直し，司法裁判所および第一審裁判所の制度改革，EUおよびECの対外的権限に関する規定の改正，ならびに，「補強化協力」（緊密化協力）に関する規定の改正等も行わ

---

(1) なお，欧州石炭鉄鋼共同体（ECSC）が2002年7月23日をもって失効する（その後はEC条約が適用される）ことを踏まえ，「ECSC条約失効に伴う財政的諸結果及び石炭鉄鋼調査基金に係る議定書」がEC条約に附属され，また，「司法裁判所規程に係る議定書」はEU条約，EC条約および欧州原子力共同体（Euratom）条約に附属されるものとされ，ECSC条約は除外されている。

(2) 単一欧州議定書に関する研究として，田中俊郎「欧州連合と単一欧州議定書」『国際政治』94号，1990年5月，4-19頁，同「単一欧州議定書と域内市場」『国際問題』340号，1988年7月，2-14頁，小久保康之「単一欧州議定書と欧州議会」『日本EC学会年報』7号，1987年，63-80頁参照。

(3) マーストリヒト条約に関する研究として，田中俊郎「欧州連合に向かって―EC委員会，欧州議会，加盟国間の政治―」『日本政治学会年報』1993年度，1993年，19-38頁，小久保康之「マーストリヒト条約と欧州議会―新手続の導入とその政治的意義」『日本EC学会年報』13号，25-48頁参照。

れた[5]。今回の条約改正プロセスではインターネットを通じて情報公開がなされ，大学研究者を含む広範な議論が展開された。現在，EUではすでにEU統合の最終形態という問題を含め，ニース条約後を見越した議論がすでに始まっている。

本稿の目的は，ニース条約による拡大に備えたEUの機構改革について，とくに前掲「アムステルダム・レフトオーバーズ」への取り組みに焦点を当て，第1に民主主義と効率性，第2に理事会における政策決定と連合形成(coalition-making)，第3にコミッションにおける「合議制」(collegiality)と「代表性」(representativity)の視点から評価を加えることである。

第2節　アムステルダム・レフトオーバーズ(1)
――理事会特定多数決における各国別票数〔図表1，2参照〕

1．「欧州連合拡大に係る議定書」

理事会特定多数決における各国別票数については，「欧州連合拡大に係る議定書」3条によりEC条約205条が改正されて，2005年1月1日より次のと

---

(4) アムステルダム条約に関する研究として，拙稿「アムステルダム条約の概要と評価」『日本EU学会年報』18号，1998年，1-23頁，同「アムステルダム条約におけるEUの法的構造―『3本柱』構造の変容」，石川明＝櫻井雅夫編『EUの法的課題』慶應義塾大学出版会，1999年所収，43-77頁，同「アムステルダム条約における欧州連合（EU）の機構改革」，山極晃編『冷戦後の国際政治と地域協力』中央経済社，1999年所収，119-137頁，中村民雄「アムステルダム条約の第2・第3の柱の法的断面図」『日本EU学会年報』18号前掲，24-49頁，小久保康之「アムステルダム条約とEUの機構改革」『日本EU学会年報』18号前掲，50-68頁，辰巳浅嗣著『EUの外交・安全保障政策』成文堂，2001年，304-328頁（「EU政府間会議（IGC）と共通外交・安全保障政策（CFSP）」『日本EU学会年報』18号前掲，69-92頁），児玉昌己「アムステルダム条約と欧州議会――EUの立法過程への影響と欧州議会の評価を中心に」『純心人文研究』4号，1998年3月，89-134頁参照。なお，同条約の解説付き翻訳として，金丸輝男編著『EUアムステルダム条約―自由・安全・公正な社会をめざして―』日本貿易振興会，2000年参照。

(5) ニース条約の解説として，藤原豊司「見えてきた欧州統合の最終形態（V）―ニース条約，東への拡大に道開く―」『貿易と関税』49巻2号，2001年2月，36-42頁参照。

第1部　EU法・ヨーロッパ法総論

〔図表1〕　27加盟国時における理事会加重票，欧州議会議席数，コミッション構成員

加盟国	人口〔百万人〕(%)	理事会加重票 (%)	欧州議会議席 (%)	コミッション構成員
ドイツ	82,038 (15.04%)	29 (8.40%)	99 (13.52%)	1
イギリス	59,247 (10.86%)	29 (8.40%)	72 (9.83%)	1
フランス	58,966 (10.81%)	29 (8.40%)	72 (9.83%)	1
イタリア	57,612 (10.56%)	29 (8.40%)	72 (9.83%)	1
スペイン	39,394 (7.22%)	27 (7.82%)	50 (6.83%)	1
オランダ	15,760 (2.89%)	13 (3.76%)	25 (3.41%)	1
ギリシャ	10,533 (1.93%)	12 (3.47%)	22 (3.00%)	1
ベルギー	10,213 (1.87%)	12 (3.47%)	22 (3.00%)	1
ポルトガル	9,980 (1.83%)	12 (3.47%)	22 (3.00%)	1
スウェーデン	8,854 (1.62%)	10 (2.89%)	18 (2.45%)	1
オーストリア	8,082 (1.48%)	10 (2.89%)	17 (2.32%)	1
デンマーク	5,313 (0.97%)	7 (2.02%)	13 (1.77%)	1
フィンランド	5,160 (0.95%)	7 (2.02%)	13 (1.77%)	1
アイルランド	3,744 (0.69%)	7 (2.02%)	12 (1.63%)	1
ルクセンブルク	0,429 (0.08%)	4 (1.68%)	6 (0.81%)	1
ポーランド	38,667 (7.09%)	27 (7.82%)	50 (6.83%)	1
ルーマニア	22,489 (4.12%)	14 (4.05%)	50 (6.83%)	1
チェコ	10,290 (1.89%)	12 (3.47%)	20 (2.73%)	1
ハンガリー	10,092 (1.85%)	12 (3.47%)	20 (2.73%)	1
ブルガリア	8,230 (1.51%)	10 (2.89%)	17 (2.32%)	1
スロヴァキア	5,393 (0.99%)	7 (2.02%)	13 (1.77%)	1
リトアニア	3,701 (0.68%)	7 (2.02%)	12 (1.63%)	1
ラトヴィア	2,493 (0.45%)	4 (1.15%)	8 (1.09%)	1
スロヴェニア	1,978 (0.36%)	4 (1.15%)	7 (0.95%)	1
エストニア	1,446 (0.27%)	4 (1.15%)	6 (0.81%)	1
キプロス	0,752 (0.14%)	4 (1.15%)	6 (0.81%)	1
マルタ	0,377 (0.07%)	3 (0.86%)	5 (0.68%)	1
総計	481,179 (100%)	345 (100%)	732 (100%)	27
人口条項	62%＝約3億人 (15ヵ国の場合，約2億3千万人)			

(*Adapting the Institutions to Make a Success of Enlargement* (Commission Opinion in accordance with Article 48 of the Treaty on European Union on the Calling of a Conference of Representatives of the Governments of the Member States to Amend the Treaties), Brussels, 26 January 2000, pp. 64 を参考に，筆者作成)

〔図表２〕 理事会特定多数決の方式（三重多数決制の導入）

現行
87標中62票＋(15名中10名*)
QMV成立最低票数：71.3％（ブロッキング・マイノリティ＝26票）
2005年1月1日（15カ国）
237票中169票＋構成員の過半数（or 3分の2*）＋全人口の62％**
QMV成立最低票数：71.3％（ブロッキング・マイノリティ＝69票）
2005年1月1日以降
「新しい加重票が効力を発した時点で，すべての加盟候補国連合にまだ加入していない限りにおいて，特定多数決のための成立下限票数は，加盟のペースに応じて，現行より低い割合から最高73.4パーセントまで移動する。」
QMV成立最低票数：71.3％以下～最高73.4％
27加盟国になった場合
「すべての加盟候補国が加盟した時点で，27ヵ国からなる連合においてブロッキング・マイノリティは（88票から）91票まで引き上げられる。」
345票中255票＋構成員の過半数（or 3分の2*）＋全人口の62％**
QMV最低成立票数：73.1％（ブロッキング・マイノリティ＝91票） （345票中258票の場合，QMV成立最低票数は75.1％となる。）

*コミッションの提案に基づくことが要求されない場合。
**人口条項に基づく検証は任意である。

（筆者作成）

おりとされる。

　第1に，総票数237票中，(イ)29票配分されるのはドイツ，フランス，イタリア，イギリスである。(ロ)27票配分されるのはスペインである。(ハ)13票配分されるのはオランダである。(ニ)12票配分されるのはベルギー，ポルトガル，ギリシャである。(ホ)10票配分されるのはオーストリア，スウェーデンである。(ヘ)7票配分されるのはデンマーク，アイルランド，フィンランドである。(ト)4票配分されるのはルクセンブルクである。理事会の決定が採択されるためには，237票中少なくとも169票の賛成票を必要とする。

　第2に，コミッションの提案に基づくことが要求される決定の採択には理事会構成員の少なくとも過半数による169票以上が必要である。他方，コミッションの提案に基づくことが要求されない場合には，理事会構成員の少なくとも3分の2による169票以上が必要である。

　第3に，特定多数決による場合，理事会構成員は当該決定に賛成した加盟

国の人口がEU全人口（15ヵ国の場合，約3億7500万人）の少なくとも62パーセント（約2億3000万人）に該当するかどうかの検証を要請することができる。62パーセント未満の場合，当該決定は採択されないことになる。

以上のように，「特定多数決＋加盟国の過半数＋全人口の62パーセント以上」という三重多数決制が導入されることとなる。

２．「欧州連合拡大に係る宣言」

次に，「欧州連合拡大に係る宣言」によれば，EUが27ヵ国で構成される場合の各国別票数は以下のとおりとなる。

第1に，総票数345票中，(イ)29票配分されるのはドイツ，フランス，イタリア，イギリスである。(ロ)27票配分されるのはスペイン，ポーランドである。(ハ)13票配分されるのはオランダである。(ニ)12票配分されるのはベルギー，ポルトガル，ギリシャ，チェコ，ハンガリーである。(ホ)10票配分されるのはオーストリア，スウェーデン，ブルガリアである。(ヘ)7票配分されるのはデンマーク，アイルランド，フィンランド，スロヴァキア，リトアニアである。(ト)4票配分されるのはルクセンブルク，ラトヴィア，エストニア，スロヴェニア，キプロスである。(チ)3票配分されるのはマルタである。

なお，注意を要する点として，当該宣言には，理事会の決定が採択されるためには，345票中少なくとも258票の賛成票を必要とする，とあるが，実際にはそうならない。「拡大連合における特定多数決成立下限票数及びブロッキング・マイノリティ票数に係る宣言」には以下のように述べられている。

「新しい加重票数が効力を発生する時（2005年1月1日），欧州連合拡大に係る宣言に列挙されている加盟候補国が未だすべて加盟していない限りにおいて，特定多数決成立下限票数は，加盟のペースに応じて現行を下回る比率から最高73.4パーセントまで変動する。上述の加盟候補国がすべて加盟した時，ブロッキング・マイノリティは27加盟国より成る連合において，91票に引き上げられ，かつ，欧州連合拡大に係る宣言に掲げられている表に由来する特定多数決成立下限票数はそれに応じて自動的に調整される。」

すなわち，27加盟国の場合，理事会の決定が採択されるためには，345票中（258票ではなく）255票の賛成票を必要とする。この場合，特定多数決成

立下限票数は73.1パーセントとなる。

　第2に、コミッションの提案に基づくことが要求される決定の採択には理事会構成員の少なくとも過半数による255票以上が必要である。他方、コミッションの提案に基づくことが要求されない場合には、理事会構成員の少なくとも3分の2による255票以上が必要である。

　第3に、特定多数決による場合、理事会構成員は当該決定に賛成した加盟国の人口がEU全人口（約4億8000万人）の少なくとも62パーセント（約3億人）に該当するかどうかの検証を要請することができる。62パーセント未満の場合、当該決定は採択されないことになる。

第3節　アムステルダム・レフトオーバーズ(2)
　　　——特定多数決の適用分野の拡張〔図表3参照〕

1．概　観

　ニース条約による特定多数決の適用分野の拡張は、EU条約およびEC条約において（数え方により若干の相違が出るが）36件である。その内訳は、㈤条約別ではEU条約規定で4件、EC条約規定では32件である。㈠適用時期別では、ニース条約発効時より特定多数決が適用される規定が26件（一部限定あり）、一定期間経過後または条件付きで特定多数決が適用される規定が10件である。㈨分野別では、諸機関の人事および組織に関わる規定が15件、政策に関わる規定が21件となっている。㈡共同決定手続との組み合わせは、8件である。

　比較のためにアムステルダム条約では、特定多数決の適用分野の拡張は（数え方により若干の相違が出るが）22件である。その内訳は、㈤条約別ではEU条約規定で4件、EC条約規定で18件である。㈠適用時期別では、「人の自由移動」政策分野を除いてすべて条約発効時より特定多数決が適用された。㈨分野別では、すべて政策に関わる規定であり、諸機関の人事等に関わる規定はない。㈡共同決定手続との組み合わせは、9件である[6]。

　このように、アムステルダム条約の場合と比較するならば、ニース条約に

---

(6)　前掲拙稿「アムステルダム条約における欧州連合（EU）の機構改革」135頁。

〔図表3〕 特定多数決の適用分野の拡張

A．ニース条約発効時より特定多数決が適用される規定		
EU条約		
条　文	事　項	注
第23条2項1段	特別代表の任命	理事会の議決のみ 欧州理事会への付託手続あり（拒否権あり）
第24条3，4項	共通行動または共通の立場を実施する国際協定の締結	理事会の議決のみ 3項については，欧州理事会への付託手続あり（拒否権あり）
第27c条2段	共通外交・安全保障政策における補強化協力の認可	理事会の議決のみ 欧州理事会への付託手続あり（拒否権あり）
第40a条2項	警察刑事司法協力における補強化協力の認可	諮問手続 欧州理事会への付託手続あり（拒否権なし）
EC条約		
条　文	事　項	注
第13条2項	差別対策措置	共同決定手続 奨励措置のみ
第18条2項	EU市民の移動の自由の促進	アムステルダム条約発効時より共同決定手続（ただし理事会の全会一致を要した） 3項により適用分野に制限
第65条	民事司法協力	共同決定手続 第67条5項により家族法の側面を除く
第100条	重大な困難に陥る場合の財政支援	無諮問手続
第111条4項	経済通貨同盟分野におけるECの国際レベルでの代表	諮問手続（ECBへの諮問） 附属宣言あり
第123条4項後段	ユーロの迅速な導入のために必要な措置	諮問手続（ECBへの諮問） 第122条5項の適用
第133条5項	サービスおよび知的財産権の通商的側面に関する国際協定の交渉および締結	第300条関連規定の適用 5項(2)(3)および6項に例外あり

3．ニース条約とEU機構改革 ［庄司克宏］

条　文	事　項	注
第157条3項	産業分野における加盟国の行動を支援する措置	共同決定手続 租税規定および労働者の権利・利益を含む措置をECが導入する基礎とならない
第159条3段	構造基金以外における経済的・社会的結束のための特定の行動	共同決定手続
第18a条2項	第三国との経済的，財政的および技術的協力	諮問手続 連合協定および加盟候補国との協定は全会一致による
第190条5項	欧州議会議員の義務遂行を規律する規則および一般的条件	欧州議会の決定に対する承認 課税に関する側面は全会一致による
第191条2段	欧州レベルの政党を規律する規則（とくに資金面）	共同決定手続 附属宣言あり
第207条	理事会事務局長（CFSP上級代表）および事務次長の任命	理事会の議決のみ
第214条2項	コミッション委員長および委員の任命	首脳理事会 欧州議会の承認
第215条	コミッション構成員の死亡または辞任に伴う欠員補充	理事会の議決のみ 委員長の交代は第214条2項による
第223条6段	司法裁判所手続規則の承認	理事会の議決のみ
第224条5段	第一審裁判所手続規則の承認	理事会の議決のみ （司法裁判所の事前の同意）
第225a条1段	裁判部の設置	諮問手続
5段	裁判部手続規則の承認	理事会の議決のみ （司法裁判所の事前の同意）
第247条3段	会計検査院構成員の任命	欧州議会への諮問（コミッション提案なし）
第248条4項5段	会計検査院手続規則の承認	理事会の議決のみ
第259条1項	経済社会委員会構成員の任命	理事会の議決のみ
第263条4段	地域委員会構成員の任命	理事会の議決のみ

B．一定期間経過後または条件付きで特定多数決が適用される規定		
EC条約		
条　文	事　項	注
第62条(2)(a)	域外国境における検問	共同決定手続 域外国境における人の通過に関する措置の範囲につき合意に達した日より（附属宣言）
第62条(3)	第三国国民が3カ月を越えない期間移動する自由	共同決定手続 2004年5月1日より（附属宣言）
第63条(1)	難民庇護政策	共同決定手続 共同体枠組みの採択後（第67条5項）
第63条(2)(a)	難民の一時的保護	共同決定手続 共同体枠組みの採択後（第67条5項）
第63条(3)(b)	不法滞在移民に関する措置	共同決定手続 2004年5月1日より（附属宣言）
第66条	第Ⅳ編（人の自由移動）分野における行政機関の協力	諮問手続 2004年5月1日より（附属議定書）
第Ⅳ編分野に含まれる他の規定	・域内国境通過時における人（第三国国民を含む）に対する管理の廃止（第62条(1)） ・難民および避難民の受け入れおよびそれに伴う負担の均衡の促進（第63条(2)(b)） ・入国および居住に関する条件，長期査証および居住許可証の発行基準（第63条(3)(a)） ・加盟国に適法に居住する第三国国民が他の加盟国に居住できる権利および条件（第63条(4)） ・家族法の側面に関する民事司法協力（第65条）	2004年5月1日またはそれ以降可及的速やかに共同決定手続を適用可能とするよう努力（附属宣言）
第137条2項2段	雇用契約が終了した場合の労働者の保護，労働者の情報および協議，共同体領域に合法的に居住する第三国国民の雇用条件	共同決定手続 全会一致による事前の合意を要する

条　文	事　項	注
第161条3段	経済的・社会的結束	同意手続 2007年1月1日より（同日より適用される多年度財政見通しおよび機関間合意が採択されていることが条件）
第279条1項	財政規則および財政管理官の責任等に関する規定の定立	諮問手続 2007年1月1日より

(筆者作成)

おける特徴は，第1に，諸機関の人事および組織に関わる規定における特定多数決の適用が全体の半分近くを占めていることであり，これにより拡大後における人事等の停滞を回避できるものと思われる。第2に，一定期間経過後または条件付きで特定多数決が適用される規定が全体の約3分の1を占めていることである。これは，政治的に機微な事項に取り組んだ結果，猶予期間が必要なことを示していると思われる。第3に，共同決定手続との組み合わせについては差がないように見える。しかし，アムステルダム条約では，他の立法手続（協力手続，同意手続および諮問手続）からの共同決定手続への移行ならびに新規規定での同手続の採用が合計23件あるため[7]，ニース条約では特定多数決と共同決定手続の切り離しがなされたと判断してよいと思われる。この背景には，今後の欧州統合において理事会と欧州議会のうちいずれがEUの中心的機関となるべきかという問題があるように思われる（フランスは理事会を，ドイツは欧州議会を重視している）[8]。

以下，政府間会議（IGC）で重要かつ機微な問題として扱われた5つの分野，すなわち税制の調和，社会保障および社会政策，構造基金および結束基金，「人の自由移動」政策，対外的権限についてとりあげる。また，最後に，「補強化協力」（緊密化協力）の手続的発動要件の緩和についても言及することとする。

---

[7] 同上，132, 133頁。

第1部　EU法・ヨーロッパ法総論

2．税制の調和

　税制に関する現行規定はEC条約93条（付加価値税等の間接税の調和），94条（加盟国の法制の調和に関する一般規定に基づく直接税の調和），および，175条2項（環境保護を目的とし，もっぱら税務上の性質を有する規定）であり，すべ

---

(8)　なお，欧州議会については，ニース条約により欧州議会議席数の各国別再配分がなされた。すなわち，「欧州連合拡大に係る議定書」2条によりEC条約190条2項が改正されて，2004年1月1日より（2009年までの任期）次のとおりとされる。

　第1に，(イ)99議席配分されるのはドイツである。(ロ)72議席配分されるのはフランス，イタリア，イギリスである。(ハ)50議席配分されるのはスペインである。(ニ)25議席配分されるのはオランダである。(ホ)22議席配分されるのはベルギー，ギリシャ，ポルトガルである。(ヘ)18議席配分されるのはスウェーデンである。(ト)17議席配分されるのはオーストリアである。(チ)13議席配分されるのはデンマーク，フィンランドである。(リ)12議席配分されるのはアイルランドである。(ヌ)6議席配分されるのはルクセンブルクである。この場合，議席総数は535である。なお，アムステルダム条約による改正で欧州議会の総議席数は700とされていたが，EC条約189条2段の改正により732に引き上げられた。

　第2に，遅くとも2004年1月1日までに加盟条約に署名した新規加盟国が存在する場合，総議席数は535に新規加盟国の議席数を加えた数となる。なお，その場合の総議席数が732未満の場合，732にできる限り近い数字となるよう，各加盟国議席数を按分比例したものとする。ただし，現行加盟国議席数はニース条約による改正前の議席数を上限とする（すなわち，今回の改正によりドイツの議席数のみが据え置かれ，他の14カ国は議席が減少するため，ドイツ以外の加盟国は議席数が一時的に上記の数を上回る）。理事会は以上の点に沿った決定を採択する。他方，この理事会決定の採択後に発効する加盟条約がある場合，欧州議会の総議席数は同決定が適用される期間，暫定的に732を上回ってもよい。

　第3に，EUが27加盟国で構成される時，欧州議会総議席数732の各国別配分は，「欧州連合拡大に係る宣言」によれば，以下のとおりである。(イ)99議席配分されるのはドイツである。(ロ)72議席配分されるのはフランス，イタリア，イギリスである。(ハ)50議席配分されるのはスペイン，ポーランドである。(ニ)33議席配分されるのはルーマニアである。(ホ)25議席配分されるのはオランダである。(ヘ)22議席配分されるのはベルギー，ギリシャ，ポルトガルである。(ト)20議席配分されるのはチェコ，ハンガリーである。(チ)18議席配分されるのはスウェーデンである。(リ)17議席配分されるのはオーストリア，ブルガリアである。(ヌ)13議席配分されるのはデンマーク，フィンランド，スロヴァキアである。(ル)12議席配分されるのはアイルランド，リトアニアである。(ヲ)8議席以下を配分されるのはラトヴィア（8議席），スロヴェニア（7議席），ルクセンブルク（6議席），エストニア（6議席），キプロス（6議席），マルタ（5議席）である。

て全会一致事項である。そのため，国境を越える経済活動に関わる税制上の問題（二重課税，付加価値税，越境詐欺行為，環境税）および各国税務当局間の行政協力について（税率を除き）特定多数決事項とすべく調整が図られたが，失敗に終わった(9)。

3．社会保障および社会政策

EC条約42条は加盟国移民労働者およびその扶養家族に関する社会保障上の措置に関する規定であり，共同決定手続が適用されるが，例外的に全会一致事項とされている。この規定は全会一致事項として維持される。

次に，EC条約137条は大幅な改正が加えられたが，全会一致事項の特定多数決への変更はなされなかった。ただし，同上1項の(a)から(k)のうち，全会一致事項とされている(c)「労働者の社会保障及び社会保護」，(d)「雇用契約が終了された場合の労働者の保護」，(f)「労働者の経営参加を含む労使の利益の代表及び集団的擁護」（賃金，団結権，ストライキ権およびロックアウト権を除く），(g)「共同体域内に適法に居住する第三国国民の雇用条件」のうち，(c)を除く3件については，理事会の全会一致により特定多数決へ移行することができる（つまり，条約改正を必要としない）(10)。

4．構造基金および結束基金

共同体全域にわたる調和のとれた発展を目的とする経済的・社会的結束（格差是正）政策の手段として構造基金（欧州農業保証基金指導部門，欧州社会基金，欧州地域開発金）および結束基金が存在するが，EC条約161条は欧州地域開発基金および結束基金の任務，優先目的および組織を定める手続として，全会一致を定めている。今回の改正では161条3段が新たに追加され，「2007年1月1日までに同日より適用される多年度財政見通しおよびそれに関連す

---

(9) "Qualified-Majority Viting: Certain Aspects of Taxation," *Factsheets*, The European Comm-ission (http://europa.eu.int/comm/archives/igc2000/geninfo/fact-sheets/fact-sheet 2 /index_en.htm).

(10) "Qualified-majority Voting: Certain Aspects of Social Security", Factsheets, *op. cit.* (http://europa.eu.int/comm/archives/igc2000/geninfo/fact-sheets/fact-sheet 3 /index_en.htm).

る機関間合意が採択されている」ことを条件として，同日以降，理事会は特定多数決により決定を行うものとされる（ただし，欧州議会の同意を要する）。しかし，その条件が充たされない場合には，全会一致が維持される[11]。

5．「人の自由移動」政策

「人の自由移動」政策における「人」は第三国国民を包摂する概念であるが，同政策には域外国境管理，難民庇護・移民，民事司法協力，行政協力等が含まれる[12]。改正前のEC条約67条1，2項によれば，アムステルダム条約発効（1999年5月1日）から5年経過後（2004年5月1日以降）において，理事会は「人の自由移動」政策分野のうち特定多数決へ移行する事項を全会一致で決定することになっている。ニース条約ではその時期を一部前倒しすることに成功した。すなわち，新たに67条5項が追加され，第1に，理事会が全会一致により共通規定および基本原則を定める共同体立法を採択していることを条件として難民庇護に関する措置（63条1項，2項(a)），第2に，家族法の側面を除く民事司法協力に関する措置（65条）が，ニース条約発効時点で特定多数決事項となる。また，「EC条約第67条に係る議定書」が附属され，2004年5月1日より各国行政省庁間の協力（66条）も特定多数決事項とされる[13]。

しかし，その他の「人の自由移動」政策分野に関しては，「EC条約第67条に係る宣言」において以下のように合意されるにとどまった。

「締約国は，理事会が第67条2項後段に従って行わなければならない決定において，次のように決定する旨合意する。

——2004年5月1日より，第62条3項〔第三国国民の移動の自由〕及び第63条3項(b)〔不法滞在移民〕に定める措置を採択するために第251条に

---

[11] "Qualified-Majority Voting: Cohesion", Factsheets, *op. cit*. (http://europa.eu.int/comm/archives/igc2000/geninfo/fact-sheets/fact-sheet 4 /index_en.htm)

[12] この点については，前掲拙稿「アムステルダム条約におけるEUの法的構造—『3本柱』構造の変容」参照。

[13] "Qualified-Majority Voting: Visas, Asylum and Immigration," Factsheets, op. cit. (http：//europa.eu.int/comm/archives/igc2000/geninfo/fact-sheets/fact-sheet 5 /index_en.htm).

定める手続〔共同決定手続,特定多数決〕に従って議決を行う旨決定する。
　——加盟国の域外国境を人が通過する際の措置の範囲につき合意に達した日より,第62条2項(a)に定める措置〔域外国境における人の検問を行う際に加盟国が従うべき基準及び手続〕を採択するために第251条に定める手続〔共同決定手続,特定多数決〕に従って議決を行う旨決定する。
　理事会はさらに,2004年5月1日より又はそれ以降可及的速やかに,第Ⅳ編〔「人の自由移動」政策〕に含まれる他の分野又はその一部につき,第251条に定める手続〔共同決定手続,特定多数決〕を適用可能とするよう努力する。」

6. 対外的権限
(a) 共通通商政策における協定の交渉および締結〔図表4参照〕

　改正前のEC条約133条には5項で,1—4項の物の貿易（および人の移動を伴わないサービス貿易）に関する通商協定の交渉および締結に関する手続（特定多数決）をサービスおよび知的財産権に関する交渉および国際協定に拡張することを理事会が全会一致で決定できるとされている[14]。

　ニース条約による改正では,まず5項1段で「第1項から4項は当該協定が同項に含まれていない限りにおいて,かつ,第6項を損なうことなく,サービス貿易及び知的財産権の通商的側面の分野における協定の交渉及び締結にも適用される」として,サービス貿易および知的財産権の通商的側面における協定に特定多数決が適用されることを原則としている（なお,7項によれば,理事会は全会一致により,通商的側面以外に関わる知的財産権に関する国際協定の交渉および締結について,133条1—4項を適用することができる）。

　しかし,その例外として,第1に,サービス貿易および知的財産権の通商的側面における協定であっても,「当該協定が対内的規定の採択に全会一致が必要とされる旨の規定を含んでいるとき,又は,共同体が対内的規定の採択により本条約により付与されている権限を未だ行使していない分野に関

---

[14] ECの条約締結権限に関する最近の研究として,中西優美子「欧州共同体と構成国間の協力義務の展開—マーストリヒト条約以後の黙示的条約締結権限の制限解釈—」『一橋論叢』122巻1号,1999年7月,69-87頁参照。

〔図表4〕 共通通商政策における協定の交渉および締結（EC条約第133条）

原則：内外権限並行主義（Parallelism）
(1)対内的ルールの採択が特定多数決（全会一致）による場合は，同分野における協定の締結および交渉も特定多数決（全会一致）による
(2)対内的ルールが調和措置を排除している分野の場合，調和措置をもたらす規定を含む協定を締結することはできない。
〔特定多数決〕
サービス貿易および知的財産権の通商的側面に関する協定の交渉および締結に特定多数決を適用する（なお，全会一致により知的財産権の他の側面についても特定多数決への移行が可能）。
〔全会一致〕
(1)当該協定が，対内的ルールの採択に全会一致が必要とされる規定を含む場合
(2)当該協定が，共同体が対内的ルールの採択により本条約が付与する権限をまだ行使してない分野に関連している場合
(3)「水平的協定」であって，(1)もしくは(2)または「文化及び視聴覚サービス，教育サービス並びに社会的及び人的健康についてのサービスの貿易に関する協定」に関わる場合
(4)「文化及び視聴覚サービス，教育サービス並びに社会的及び人的健康についてのサービスに関する協定」は，共同体及び加盟国の共有権限の範囲内にとどまり，共同体と加盟国が共同して締結することが必要となる（加盟国の「共通の合意」を要する）。
適用除外
運輸分野における国際協定の交渉および締結は，引き続きEC条約第Ⅴ編および第300条により規律される。

（筆者作成）

わっているとき」は全会一致による（5項2段）。

　第2に，「水平的協定」（un accord de nature horizontale; a horizontal agreement）[15]であって，第1の場合または「文化及び視聴覚サービス，教育サー

---

[15] Allan Rosas,"Mixed Union-Mixed Agreements" in Martti Koskenniemi (ed.), *International Law Aspects of the European Union*, Martinus Nijhoff Publishers, 1998, p. 113-148によれば，「水平的協定」とは，「共存」（ccoexistent）権限を伴う混合協定であり，ECまたは加盟国のいずれか一方が責任を有する2つの別個の部分に原則として分割可能なECおよび（または）加盟国の排他的権限に当たる規定を含む協定を指し，例えば，物の貿易に関する章と軍事防衛に関する他の章を含む協定である（この場合，共通通商政策 対 防衛政策という「水平的」（部門的）な権限配分が推定される）（*op. cit.*, p.129, 130）。

ビス並びに社会的及び人的健康についてのサービスの貿易に関する協定」に関わる場合の交渉および締結は全会一致による（5項3段）。

第3に、「とくに本条約が加盟国の法律又は規則の調和を排除している分野においてそのような調和をもたらすことにより共同体の対内的権限を踰越する規定が協定に含まれる場合、理事会は当該協定を締結することはできない」（6項1段）。この関連で、「文化及び視聴覚サービス、教育サービス並びに社会的及び人的健康についてのサービスの貿易に関する協定は、共同体及び加盟国の共有権限に当たる」ことから「混合協定」となる結果、共同体の手続（EC条約300条が適用され、原則として特定多数決であるが、対内的規定の採択に全会一致が必要とされる分野を扱う場合には全会一致）に加え、加盟国の「共通の合意」を必要とする（通常の全会一致と異なり、棄権は決定を妨げる）（6項2段）[16]。

なお、運輸分野における国際協定の交渉および締結は、引き続きEC条約第V編および300条により規律される（6項3段）。

コミッション貿易総局の文書は、EC条約133条の改正について次のように説明している。

「フィンランドが提出した妥協案に基づいて欧州理事会が採択した条文テキストはおそらく明確な起草の模範ではないかもしれない（これはIGC自体の作業方法による）。しかし、このテキストが依拠している内外権限並行主義（parallelism）という原則に注目するならば、理解が容易になる。

新133条の指導原理は、貿易交渉のための政策決定メカニズムを対内的政策決定ルールに対応させるというものである。例えばサービス分野において、域内市場指令は特定多数決により決定されるにもかかわらず、まさに同一の問題に関する貿易交渉がコンセンサス・ルール（実際には全会一致を必要とする）の下にあるというのは論理的でない。

このため、ニース条約は、133条により、1957年以来適用されている同一の特定多数決に基づき、サービスおよび知的財産権の通商関連側面に関する

---

[16] "Qualified-Majority Voting: Common commercial policy," Factsheets, *op. cit.*, (http://europa.eu.int/comm/archives/igc2000/geninfo/fact-sheets/fact-sheet 6 /index_en.htm)

協定に関する決定がなされる旨規定している（以前，そのような協定は『混合協定』として扱われ，そのために全会一致ルールに服した）。しかしながら，（GATSの第3モードによるサービスを除き）投資が今も133条に含められていないのは遺憾である。

しかし，新5項はまた，国際協定一般に関するEC条約300条と同様に，ある協定の規定について対内的決定に全会一致が必要な場合（例えば，税に関する章を含む通商協定），全会一致を必要とする旨規定している。

内外権限並行主義はまた，6項にも反映されている。EC条約自体（149条から152条）が教育，人的健康および文化の政策分野において対内的調和を排除しており，それゆえ明示的に対内的な共有権限を維持している限りにおいて，貿易交渉により裏口からそのような調和という結果がもたらされうるというのは，論理的ではなかったであろう。

実際，条文テキストは，加盟国の文化，教育または社会政策を簒奪する目的で貿易交渉を利用することはできないというコミッションの一貫した立場が妥当であることを例証している。

条文テキストはまた，ウルグアイ・ラウンドに関する司法裁判所意見第1/94号により明らかにされたように，運輸は同部門に特定して関わるEC条約第Ｖ編により依然として規律されることも確認している。

しかしながら，欧州理事会が内外権限並行主義の原則の適用を拒否した重要問題が存在する。すなわち，欧州議会の役割である。これは，EUの通商政策の民主的説明責任の点で遺憾である。

結論としては，改正133条はいくつかの加盟国が表明している正当な政治的機微性に配慮しているが，貿易交渉が将来的にもまだ可能であるよう確保できる程度に釣り合いのとれたものとなっている。欧州議会の役割については現状維持であることは遺憾である。」[17]

以上のような「内外権限並行主義」に基づき，3項に「理事会及びコミッションは，交渉される協定が共同体の対内的政策及び規定に適合するよう確

---

[17] "The reform of Article133by the Nice Treaty: The logic of parallelism," *Frequently Asked Questions*, Directorate-General for Trade, The European Commission（http://europa.eu.int/comm/trade/faqs/rev133_en.htm）.

保することに責任を負う」旨の一文が追加された。なお，同文書の指摘にあるように，「内外権限並行主義」の手続的側面，すなわち欧州議会の役割については同主義は貫徹されなかった。また，投資については133条は沈黙しており，7項（理事会の全会一致による適用拡張）の対象にもなっていないため，条約改正手続によるほかない。なお，後述するように，「内外権限並行主義」は共通外交・安全保障政策（CFSP）および警察・刑事司法協力（PJCC）における国際協定についても採用されている。

(b) 共通外交・安全保障政策（CFSP）および警察・刑事司法協力（PJCC）における国際協定の交渉および締結

EU条約24条は共通外交・安全保障政策（CFSP）における国際協定の交渉および締結に関する規定である。EU条約38条は警察・刑事司法協力（PJCC）における国際協定を24条にいう国際協定に含めることができるとする。

24条は，「内外権限並行主義」に基づき，次のように改正された。第1に，理事会が国際協定の交渉を議長国に授権する際，また，議長国の勧告に基づき当該協定を締結する際，対内的決定の採択に全会一致が必要とされる事項に関する協定については，同じく理事会の全会一致が必要とされる（1，2項）。第2に，同様にして，EU条約23条2項前段において共通行動または共通の立場を実施する決定は特定多数決によるとされているため，当該協定が共通行動または共通の立場を実施するために想定されている場合は特定多数決による（3項）。第3に，しかし，EU条約23条2項後段の適用があるため（3項），CFSPにおいては「国策上の重大かつ表明された理由」による反対がある場合は除かれる。第4に，この点はPJCCには適用がなく，PJCCにおける対内的決定または措置の採択に特定多数決が適用される事項を含む協定については，同様に理事会の特定多数決による（4項）。

なお，ある加盟国代表が自国憲法上の手続に従わなければならない旨表明する場合，当該協定はその加盟国を拘束しない一方，他の加盟国代表は当該協定が暫定的に適用される旨合意できるという点は，「自国に」という文言の削除を除き，改正前と変わらない（5項）。なお，CFSPおよびPJCCにおける国際協定はEU諸機関に対して拘束力を有することが明文化された（6項）。

(c) 経済通貨同盟（EMU）に関する対外的代表の決定

〔図表5〕「補強化協力」の発動手続

EC事項 (EC条約11条)	PJCC事項 (EU条約40a条)	CFSP事項 (EU条約27c条)
①関係加盟国のコミッションへの要請 ②コミッションの提案(提案しない場合は理由を通知) ③欧州議会の諮問的意見または同意 ④理事会の特定多数決 ⑤理事会構成員による欧州理事会への付託要請がある場合は,当該問題が欧州理事会において提起された後,理事会は前掲手続に従って議決	①関係加盟国のコミッションへの要請 ②(a)コミッションの提案(提案しない場合は理由を通知), (b)関係加盟国(最低8ヵ国)の発議 ③欧州議会の諮問的意見 ④理事会の特定多数決 ⑤理事会構成員による欧州理事会への付託要請がある場合は,当該問題が欧州理事会において提起された後,理事会は前掲手続に従って議決	①関係加盟国の理事会への要請 ②当該要請のコミッションへの送付 ③欧州議会への情報提供 ④理事会の特定多数決 ⑤理事会構成員が,国家政策上の重大かつ明確な理由による拒否権の発動がある場合,理事会の特定多数決により欧州理事会へ全会一致のよる決定を求めて付託

(筆者作成)

経済通貨同盟（EMU）に関する対外的代表，すなわちG8，国際通貨基金（IMF）等において理事会，欧州中央銀行（ECB），コミッションがそれぞれどのような形で代表を送ることができるかという問題は，従来は全会一致事項であったが，今回の改正で特定多数決へ移行した（EC条約111条4項）[18]。

7．「補強化協力」〔図表5参照〕

「補強化協力」(enhanced cooperation) とは，一部の加盟国がEU条約およびEC条約上の諸機関，手続等を使用して統合を先行させることをいう（EU条約43条）。アムステルダム条約では「緊密化協力」(closer cooperation) と呼

---

[18] EMUにおける対外的権限については，拙稿「EU経済通貨同盟の法的構造―EMU法序説―」『日本EU学会年報』19号，29-35頁，同「EU経済通貨同盟（EMU）における対外的権限―通貨政策分野―」『EU統一通貨と世界経済の構造変化』（平成11年度外務省委託研究報告書）日本国際問題研究所，2000年，8-18頁参照。

称されていたが，EC事項およびPJCC事項のみに限定されていた。ニース条約による改正では「補強化協力」に改称され（英文の条約テキストの場合）[19]，第1に，アムステルダム条約の下では加盟国の過半数の参加があることが要件とされていた点が8ヵ国に固定された。第2に，EC事項における首脳理事会での全会一致およびPJCC事項における欧州理事会での全会一致という要件が削除された。第3に，CFSP事項にも「補強化協力」が導入されたが，共通行動または共通の立場の実施に限定され，かつ，軍事または防衛上の含意を有する事項には関連しない（EU条約27b条）。また，欧州理事会での全会一致という要件が残された。

(a) EC事項

第1に，「補強化協力」を発動したい加盟国は，コミッションにその旨の要請を行わなければならない（EC条約11条1項）。第2に，コミッションは理事会にその旨の提案を行うことができる。コミッションはこの点で裁量権を有しており，提案を行わない場合には当該加盟国にその理由を通知しなければならない（11条1項）。第3に，コミッションの提案に基づき，かつ，欧州議会と協議した後（共同決定手続が適用される分野では，欧州議会の同意を得た後），理事会は特定多数決により「補強化協力」の発動を認可しなければならない（11条2項）。第4に，理事会構成員は当該問題が欧州理事会へ付託されるよう要請することができる。当該問題が欧州理事会において提起された後，理事会は上述の手続に従って議決することができる（11条2項）。

(b) PJCC事項

第1に，「補強化協力」を発動したい加盟国は，コミッションにその旨の要請を行わなければならない（EU条約40a条1項）。第2に，コミッションは理事会にその旨の提案を行うことができる。コミッションはこの点で裁量

---

[19] フランス語版条約テキストでは一貫して"cooperation renforcee"である。英語版条約テキストで変更が行われたのは，例えば，EU条約17条4項における「WEUおよび大西洋同盟の枠組みにおける二国間レベルの2又はそれ以上の加盟国間の一層緊密な協力（closer cooperation; une cooperation plus etroite）」，また，同29条における「加盟国の警察，税関当局及び他の所轄機関の間における一層緊密な協力（closer cooperation; une cooperation plus etroite）」などの文言との混同を避けるためであったと考えられる。

権を有しており，提案を行わない場合には当該加盟国にその理由を通知しなければならない（40 a 条 1 項）。第 3 に，当該加盟国はその場合，理事会に認可を得るための発議を提出することができる（40 a 条 1 項）。第 4 に，コミッションの提案または少なくとも 8 ヵ国による発議に基づき，かつ，欧州議会に諮問した後，理事会は特定多数決により「補強化協力」の発動を認可しなければならない（40 a 条 2 項）。第 4 に，理事会構成員は当該問題が欧州理事会へ付託されるよう要請することができる。当該問題が欧州理事会において提起された後，理事会は上述の手続に従って議決することができる（40 a 条 2 項）。

(c) CFSP事項

第 1 に，「補強化協力」を発動したい加盟国は，理事会にその旨の要請を行わなければならない（EU条約27 c 条 1 段）。第 2 に，当該要請は，コミッションに送付され，また，欧州議会へは情報提供されなければならない（27 c 条 2 段）。第 3 に，理事会は23条 2 項 2，3 段に従って，認可を与えなければならない（27 c 条 2 段）。すなわち，理事会構成員が，「国策上の重大かつ表明された理由」により，決定が特定多数決によりなされる前にその採択に反対する意思を有する旨宣言する場合，投票を行ってはならない。その場合，理事会は特定多数決により，欧州理事会に対し，全会一致による決定を求めて付託することができる。

第 4 節　アムステルダム・レフトオーバーズ(3)
―――コミッションの定員削減および内部組織

1．コミッションの定員削減〔図表 1，6 参照〕

「欧州連合拡大に係る議定書」4 条により，EC条約213条 1 項が改正され，コミッションの定員は以下のとおりとなる。

第 1 に，2005年 1 月 1 日（次期コミッションの任期開始日）より，コミッションは各加盟国より 1 人で構成される。

第 2 に，EUが27加盟国で構成される時（27番目の加盟国が加盟した後の最初のコミッションが職務を開始する日から），コミッション構成員数は加盟国数より少ないものとされ，その定員は理事会の全会一致で定められる。同構成

〔図表6〕 コミッションの定員

現　　行	2005年1月1日以降	27番目の加盟後
大国より各2人 小国より各1人 計20人	各国より各1人 計15人 （新規加盟に応じて1人ずつ，26人まで増加）	加盟国数より少ない定員 （最も多くて26人） （実際の定員数および輪番制実施取り決めが理事会の全会一致で決定される）

（筆者作成）

員は，理事会が全会一致で採択する実施取り決めにより平等原則に基づく輪番制に従って，選出される。すなわち，27番目の加盟国の加盟条約署名後，理事会は全会一致により，コミッションの定員数および平等原則に基づく輪番制実施取り決めを採択する。この取り決めは，自動的に次期委員構成を決定するために必要なすべての基準および規則を含み，次の原則に基づく。(イ)加盟国はコミッション構成員としての自国民の連続順および任用期間の決定に関して，厳密な平等に基づいて扱われなければならない。(ロ)その結果，当該加盟国の国民が有した任期の合計は他のいかなる加盟国と比較しても，その差が1期を越えることはできない。(ハ)各次期委員構成は，EUの全加盟国の人口統計的および地理的範囲を申し分なく反映するものでなければならない。

2．コミッションの内部組織

EC条約217条の改正により，コミッションの内部組織の骨格が委員長の政治的指導を強化する形で，以下のように定められた。

第1に，コミッション委員長は，コミッションが整合的，効率的かつ合議制（collegiality）に基づいて行動するのを確保するために内部組織に関する決定を行う。第2に，コミッションにかかる責任の割り振りは委員長が行う。委員長はその割り振りを当該任期中に変更することができる。コミッション構成員は委員長の権威の下に自己の委ねられた職務を遂行する。第3に，委員長は合議体としての承認を得た後，構成員の中から複数の副委員長を任命する。第4に，コミッション構成員は，委員長の要請がある場合，合議体としての承認を得た後，辞職しなければならない。

3. 定員と内部組織の関係

コミッションは当初，2つの案すなわち(イ)定員を20人に固定して，加盟国間の厳密な平等を尊重した輪番制とする案，および，(ロ)加盟国ごとに1人の委員とする一方で，委員長の権限を強化する形で内部組織を根本的に再編する案を選択肢として示していた[20]。ニース条約では(ロ)案を基礎としつつ，将来的に(イ)案の可能性を確保する折衷案が採用されたといえる。

第5節　結　語

今後の拡大を踏まえて，ニース条約によるEUの機構改革について評価を加えるならば，以下のとおりとなる。

第1に，27ヵ国を見越した拡大EUにおいては，これまで以上に民主主義と効率性の双方が求められる。これを機構改革の文脈で言い換えるならば，共同決定手続の適用分野の拡張と理事会における特定多数決の適用分野の拡張の問題である。コミッションは，「立法的性格のすべての決定について特定多数決と共同決定手続が結びつけられるべきである」と主張していた。しかし実際には，ニース条約で特定多数決の適用分野が36件であったのに対し，共同決定手続が新たに導入されたのは8件にとどまった。その他はすべて，欧州議会が勧告的意見を述べるにとどまる諮問手続または同議会が一切関与できない無諮問手続が適用される。36件のうち諸機関の人事等に関わる規定が15件あり，これらは立法的性格のものとは言えないかもしれない。しかし，決定の性格が立法的か行政的かの区別は必ずしも自明ではない。また，コミッションの場合のように，欧州議会が諸機関の構成員の任命手続に参加することによって民主的統制を確保するという側面も見落とすべきではない。

第2に，理事会における政策決定と連合形成（coalition-making）の問題で

---

[20] *Adapting the Institutions to Make a Success of Enlargement* (Commission Opinion in accordance with Article 48 of the Treaty on European Union on the Calling of a Conference of Representatives of the Governments of the Member States to Amend the Treaties), COM (2000) 34, Brussels, 26 January2000 (http://europa.eu.int/comm/archives/igc2000/offdoc/index_en.htm#contributions), pp. 11-14.

ある。まず，理事会の政策決定であるが，ニース条約により「三重多数決制」が導入された。すなわち，「特定多数決＋加盟国の過半数＋全人口の62パーセント以上」である。これは一般人にとって非常に複雑であり，民主主義の一要素である透明性に反するものと言えよう。そのような手続よりむしろ，コミッションが当初提案していた「二重単純多数決」すなわち「加盟国の過半数＋全人口の過半数」[21]の方が透明性を含む民主主義の点で望ましかったと言える。

次に，理事会における連合形成の問題であるが，ニースの交渉では，独仏同数やオランダとベルギーの1票差などのように，特定多数決の各国別票数をめぐって最も激しいやりとりがなされた。しかし，拡大を見据えて重要なのは，票数の若干の差ではなく，争点ごとにおける連合形成なのであり，条約交渉では他の問題にもっと時間と精力が振り向けられるべきであった。理事会における投票行動と連合形成の分析については，わが国においても政治学者による研究が強く期待される。

第3に，コミッションにおける「合議制」(collegiality) と「代表性」(representativity) の問題である。1996年政府間会議の際に議長国イタリアは，「当会議は，コミッションの構成にも顧慮し，かつ，その代表性を考慮に入れて，コミッションがどのように一層効率よく自己の基本的任務を達成できるかについて，検討しなければならない」[22]としていたが，これがニースに持ち越されたと言える。とくに小国は代表性を重視して，1加盟国につき委員1人に固執したが，大国は合議制を重視して輪番制を主張した。EC条約213条2項には「コミッションの構成員は，共同体の一般利益のために，自己の職務の遂行において完全に独立でなければならない」とあり，そもそも代表性とは相容れない。ニース条約では，合議制と代表性の妥協が図られ，輪番制は先延ばしされるとともに，27加盟国のときには結局26人の委員となる可能性が高いと思われる。一方，コミッション委員長による委員罷免について合議体としての承認が条件とされたため，コミッション委員長の政治的

---

[21] *Ibid.*, p. 32.

[22] *Presidency conclusions of TURIN EUROPEAN COUNCIL*, 29/03/96 (http://ue.eu.int/en/Info/eurocouncil/index.htm), Chap. 2, para. 3.

指導力の強化という面も曖昧にされた。

　2004年に招集される予定の次期政府間会議では，議題の一つに権限カタログの作成という問題があげられている。この問題は直接的にはEUと加盟国の間の垂直的関係に関わるものであるが，他の議題である国内議会の役割の再検討も絡んで，直接選挙される議員で構成される欧州議会と加盟国政府代表で構成される理事会の間の水平的関係に影響を及ぼさずにはおかないであろう。

　　　　　　　　　（2001年3月21日，フィレンツェ（イタリア）にて脱稿）

*　なお，本稿脱稿（2001年3月21日）後，初稿校正刷り（2002年5月2日）までの間に発表されたニース条約に関する論文等は（発表時期順に）以下のとおりである。

　拙稿「ニース条約（EU）の概要と評価」『横浜国際経済法学』10巻1号，2001年7月（26日），35-91頁。

　鷲江義勝・九門宏子・山内麻貴子・山本直「ニース条約による欧州同盟（EU）条約および欧州共同体（EC）設立条約の改定に関する考察（一）」『同志社法学』53巻2号，2001年7月（31日），1-30頁。

　鷲江義勝・九門宏子・山内麻貴子・山本直「ニース条約（翻訳）（一）」，前掲『同志社法学』268-317頁。

　中村民雄「ニース条約によるECの機構改革」『貿易と関税』581号，2001年8月。

　鷲江義勝・九門宏子・山内麻貴子・山本直「ニース条約による欧州同盟（EU）条約および欧州共同体（EC）設立条約の改定に関する考察（二・完）」『同志社法学』53巻3号，2001年9月，1-40頁。

　鷲江義勝・九門宏子・山内麻貴子・山本直「ニース条約（翻訳）（二・完）」，前掲『同志社法学』53巻3号，422-471頁。

　なお，ニース条約後のEUの将来に関する議論については，拙稿「欧州連邦は誕生するか？」『三田評論』1037号，2001年7月，51頁，藤原豊司「見えてきた欧州統合の最終形態（Ⅺ）（完）—仏首相は『民族国家の連邦』提唱—」前掲『貿易と関税』16-20頁参照。

〔付記〕

(イ)　2001年6月8日，アイルランドは国民投票でニース条約の批准を否決したが，同月15，16日にイェーテボリ（スウェーデン）で開催された欧州理事会において，2002年末からの新規加盟国受け入れを目指してニース条約批准プロセスが継続されることが確認され，アイルランドの再国民投票へ向けた支援が表明された。この点については，*Presidency*

Conclusions of GOTEBORG EUROPEAN COUNCIL (http：//ue.eu.int/en/Info/euro-council/index.htm), 15/06/2001, para. 4 参照。

(ロ) 筆者は，2001年6月28-30日に慶應義塾大学で開催されたシンポジウム（*Europe's "Dual Enlargement" and its Implications for Asia: with Special Reference to Italy-Japan Relations*）において、ローマ大学のセルジオ・マルキジオ（Sergio Marchisio）教授の講演（"The Institutional Changes and the Future of the EU", 29 June 2001）に対して、ディスカッサントとして以下のようなコメントをニース条約について行った（当日、時間の関係で1および2の部分は割愛した）。

Comments by Professor Katsuhiro SHOJI on Professor Sergio Marchisio' Presentation

1．Introduction

(1) I have the pleasure of making a comment on the presentation by Prof. Sergio Marchisio. I think that Treaty of Nice is very technical in a sense, but at the same time, it has politically important implications.

(2) I'd like to take up 5 points related to the institutional reform by Treaty of Nice and the debate on the future of Europe, after mentioning "Amsterdam leftovers."

2．"Amsterdam leftovers"

(1) As you all know, the Treaty of Amsterdam signed in1997left certain questions unsolved. They were called "Amsterdam leftovers", which are (a) size and composition of the Commission, (b) weighting of votes in the Council and (c) possible extension of qualified-majority voting in the Council.

(2) Why were they called "Amsterdam leftovers"? On the occasion of the European Council held in Turin, Italy, on 29 March 1996, the Italian Presidency presented the agenda for the Intergovernmental Conference (IGC) resulting in Treaty of Amsterdam. Among its agenda was "the institutions in a more democratic and efficient Union" in view of preparing for the future enlargement.

(3) In Treaty of Amsterdam, The Member States succeeded in agreeing on making simplified the co-decision procedure, the most democratic legislative procedure with the European Parliament's right to veto, and extending the application of this procedure with a rather modest extension of qualified-majority voting in the Council. But they didn't reach compromise on the other institutional issues for lack of time. That's why they were named "Amsterdam leftovers."

3．The decoupling of the co-decision procedure and QMV

(1) My 1st point is on the decoupling of the co-decision procedure and QMV in the Council. In this context, the key words are "democracy" and "efficiency". Treaty of Nice seems to give priority to "efficiency" over "democracy". The Commission had proposed that "a link should be established between QMV and the co-decision procedure for all decisions of a legislative nature."

(2) In reality, by Treaty of Nice, the number of QMV in the Council is increased by about 35, while the co-decision procedure is newly introduced only in 8 or 9 fields. To the other articles with QMV is applied the consultation procedure with the European Parliament's non-binding opinion or the non-consultation procedure without any involvement of the Parliament.

(3) Many of these articles concern appointment or procedural matter and are not necessarily of legislative nature. But the demarcation line between legislative and administrative measures are not always clear-cut. And we should look at this issue also from the viewpoint of democratic control by the Parliament, for example, through participating in the appointment of the members of the other institutions or organs.

4. Decision-making and coalition-making in the Council

(1) The 2 nd point is on decision-making and coalition-making in the Council. I'd like to mention this issue connected with weighting of votes in the Council, another item of the Amsterdam leftovers.

(2) As Prof. Marchisio pointed out, the threefold decision-making procedure was introduced. This means (a) QMV, (b) a majority of the Member States and (c) the 62 % population clause. I think that ordinary people cannot understand such a complicated procedure. I believe that it was much better for the Member States to adopt the Commission's idea of "double simple majority" which means a simple majority of Member States and a majority of the total population of the EU. Such a procedure is so democratic and transparent that the legitimacy of the EU would be beyond any doubt if it were adopted.

(3) In the negotiation in Nice, a battle was fought around the number of votes reallocated to the Member States, for example, parity between Germany and France, and decoupling by one vote between Belgium and the Netherlands. But are they really important? It is what coalition will be made in the Council according to issues after enlargement that counts, not the number of votes itself. I think that one or two more votes or vice versa is negligible, compared to coalition-making in the Council, apart from the problem of prestige.

5. "Collegiality" and "Representativity" of the Commission

(1) The 3 rd point is on "collegiality" and "representativity" of the Commission. This is related to the size and composition of the Commission, one of the Amsterdam leftovers. The Nice European Council aimed to maintain the "collegiality" of the Commission by reducing the number of the Commissioners. On the other hand, according to the Italian Presidency conclusions on the1996IGC, "The Conference will have to examine how the Commission can fulfil its fundamental functions with greater efficiency, having regard also to its composition and taking into account its representativity."

(2) What is the meaning of "represetativity"? The Member States, particularly the smaller states tended to stick to the idea of one Commissioner form each Member State during the negotiation. Are the members of the Commission a representative for their own country?

(3) Prof. Bruno de Witte, when I met him at the European University Institute in Florence, Italy, told me that he supported the idea of one Commissioner from one Member State. He gave me three reasons. (a) If the EU adopts a rotation system for the Commission with smaller number than that of the Member States, who can imagine the Commission without a Commissioner from Germany or France? (b) Nationals of each Member State need a Commissioner who explains the views of the Commission to them in their native language. (c) "Collegiality" doesn't necessarily concern the number, because, in some countries, there are more than thirty ministers in their government.

(4) When I also discussed this issue with Prof. Jacques Ziller at the European University Institute, he told me that the tendency of regarding a Commissioner as a representative for his country had begun during the end of President Delors's days. He pointed out that to be a representative of a Member State contradicts the function of the Commission. In this regard, Article 213 (2) of TEC says, "The Members of the Commission shall, in the general interest of the Community, be completely independent in the performance of their duties." Prof. Ziller added that the introduction of a rotation system is essential in order to maintain the collegiality in the Commission.

(5) Anyway, the compromise reached in Treaty of Nice is a mixed one, that, while the powers of the president of the Commission is strengthened with a view to maintaining the collegiality, from 1 January 2005, the Commission will be composed of one national of each Member State and that after the27th country accedes to the EU, the number of the Commissioners will be less than the number of the Member States, based on a rotation system. I think that the eventual number of the Commissioners will remain 26 as a result of compromise.

6. Enhanced Cooperation and Forming a Core Group

(1) I'd like to touch upon the 4 th point on Enhanced Cooperation and forming a core group, in other words, "Is it possible to form a core group (or center of gravity, avant-garde, pioneering group) through Enhanced Cooperation?" My answer is no. Because the hurdle against introducing an enhanced cooperation is still high in spite of the improvement by Treaty of Nice.

(2) Rather, I see the possibility in the EMU. In 1990, "the Statement by the Deutsche Bundesbank on the establishment of an Economic and Monetary Union in Europe" said," In the final analysis, a Monetary Union is thus an irrevocable joint and several community which, in the light of past experience, requires a more far-reaching association, in the form of a comprehensive political union, if it is to prove durable".

(3) But, on the other hand, Prof. Alan Milward, a famous economist and historian, when he visited Japan last year, said that the EMU will collapse but the EU will survive, when he visited Japan last year. According to him, the reason for the collapse of the EMU is that, on the basis of the past experiences, a monetary union will succeed only if a big country absorbs smaller countries in the union, but not if the union is composed of relatively equal countries, which he thinks applies to the EU.

7. A "Competence Catalogue"

(1) Moving on to the last topic that is on a competence catalogue for the EU, Mr. Fischer, German Foreign Minister, stated, in his famous speech last year, that there should be a clear definition of the competences of the Union and the nation-states respectively in a European constituent treaty. In my opinion, such a catalogue will not be necessary, because the EC Treaty already provides for the principle of attribution of power and has the list of tasks in functional terms.

(2) Even the German Federal Constitutional Court recognized in its Maastricht Judgment that the Treaties "equip the Union and the European Communities only with specific competences and powers in accordance with the principle of limited individual competences, and then establishes the principle of subsidiarity for the Union and for the European Community as a binding principle of law."

(3) And, in an article whose title is "The Debate over a 'European Constitution': Is it Solely a German Concern?", the authors say, "it would seem somewhat unsuitable to take a fixed catalogue of competences as it exists in the federal state of Germany as a model for the European Union which is geared towards more flexibility."

(4) In addition, Prof. Thomas Risse at the European University Institute is also against the idea of a competence catalogue, because the EU has been in the process of Constitution-making and this process will not end even after the next IGC in 2004, and the process includes not only treaty amendments, but also daily management and activities of the EU.

(5) If "a more precise delimitation of powers between the EU and the Member States" is introduced, as stated in the declaration on the future of Europe, the flexible development of the EU will be prevented, depending on how precise the delimitation will be.

8. Concluding Remarks

Madame Chairperson, ladies and gentlemen, and colleagues, thank you very much for your attention.

4．EUにおける透明性原則とオンブズマンの貢献

安 江 則 子

はじめに

　2001年8月，EUオンブズマンのヤーコブ・サーデンルマン氏に対して，トクヴィル賞[1]が欧州行政院（European Administarive Institute）より授与された。この賞は，欧州において行政の発展に寄与した人物に与えられる名誉あるもので，オンブズマンが，EU諸機関の透明性向上に果した役割を高く評価している。サーデルマン氏は，フィンランドの国会議員，閣僚，議会オンブズマンを経験した後，1995年9月からEUの初代オンブズマンに就任し，99年に再任されている。

　オンブズマン制度は18世紀末のスウェーデンで始まった苦情救済制度であり，今日では西欧の多くの国や自治体で導入されている。国によりオンブズマンの任命方式や権限に違いがあり，また制度の効果がオンブズマン個人の資質や熱意により大きく影響を受けるのが特徴である。95年9月に活動を開始したEUオンブズマンは，これまで自分に与えられた権限を最大限に生かして行政の適正化のために様々な提案を行ってきた。

　その貢献は，2000年にニースで採択された「EU基本権憲章」[2]において「よい行政を受ける」市民の権利が規定されたことや，2001年末から実施されるEUの新たな情報開示規則[3]に反映されている。オンブズマンには，情報公開制度における不服申立てを扱う権限があり，そうした日々の申立て処理に

---

(1) トクヴィル賞は，政治学，歴史学，哲学の学者であり政治家でもあったアレキス・ド・トクヴィルを記念して設けられた。

(2) Charter of Fundamental Rights of the European Union.

(3) Regulation (EC) No 1049/2001, *OJ* L145, 31/05/2001 pp. 43-48.

おいて機会あるごとに，透明性原則に対する強い信念を示してきた。その強い意思によって，欧州委員会や閣僚理事会の情報公開に対する消極的な態度を改めさせてきたが，また他方で，透明性原則の限界について委員会との根本的な見解の相違が表面化したこともあった。

オンブズマンは，あるスピーチにおいて，行政機構が，カフカの小説『城』に喩えられるような暗く不明瞭で人を怯えさせるような存在であってはならないことを強調している(4)。99年に不正疑惑によりサンテール委員会が総辞職した後，欧州委員長の地位についたプロディ氏も，欧州議会での演説において，市民はEUの機関に対する信頼を喪失していることを指摘し，EU諸機関は市民の信頼を勝ち得るべく透明に運営されるべきであると述べた。

本論は，オンブズマンの貢献の中で，特に，「透明性原則」に基づいた情報公開制度ついて取り上げる。具体的には，欧州委員会の職員採用試験や，閣僚理事会の保持する資料に関わる事例，また最も微妙な個人データ保護に関連する事例，さらに環境問題に関する情報開示と捜査や訴追手続きの関係について，オンブズマンの行った「勧告」や「特別報告書」を中心に考察していきたい。また，アムステルダム条約に基づいて新たに採択された情報公開規則が，オンブズマンの主張をどの程度反映する内容のものになったのかを検討し，オンブズマンの今後の活動についても展望したい。次章では，まずEUオンブズマンの権限とその役割を概観し，オンブズマンが実現をめざす「透明性原則」の内容を示す。

第1節　EUオンブズマンと透明性原則

1．EUオンブズマンの任務

EUオンブズマンの制度や権限については，すでに多くの文献(5)があるのでここでは最小限の言及にとどめる。92年に締結されたマーストリヒト条約は，「EU市民権」の概念を導入したが，その1つとして市民にオンブズマン

---

(4) The European Ombudsman Speech, Fundamental rights and the administration in the Europe of tomorrow, the Castle of Nainville-les-Roches, 8 March 2001.

(5) 例えば，福田耕治『現代行政と国際化』成文堂，1995年，229頁以下。

に訴える権利を認めた(6)。オンブズマンは,欧州議会により,「司法裁判所および第一審裁判所がその司法的役割を行う場合を除いて,共同体諸機関の活動の過誤行政に関する事案について,EU市民,加盟国に住所または事務所を有する自然人および法人からの不服申立て」を審理するために任命される。またオンブズマンは,「自らの発意により,または直接もしくは欧州議会議員を通じて訴えられた苦情に基づいて,その原因と思われることについて審査する」(7)。

「過誤行政」(maladministaration)とは,オンブズマン自らが,欧州議会の要請により定義したところによると,「公的機関が,それを拘束する規範や原則に従って行動しなかったときに生ずる」ものとされる(8)。オンブズマンが過誤行政を確認した場合には,その問題を関連機関に通知し,その機関は3ヵ月以内にオンブズマンに対し,自らの意見を通知しなければならない(9)。オンブズマンは,申立人と機関の双方の意見を聴いた上で,自らの見解を示す。当該機関がオンブズマンの見解に従えば事案は終結するが,そうでない場合,オンブズマンは「勧告」を提示し,議会に「特別報告書」を提出してその採択を求める。オンブズマンには,当該機関を法的に従わせる権限はなく,あくまで行政の側に再考を促し改善を求める。多くの場合,欧州委員会をはじめとするEUの機関は,オンブズマンに対して好意的,協力的である。けれども,機関が最後までオンブズマンの見解を受け入れず,後述のようにオンブズマンが「勧告」を出したり,欧州議会に「特別報告書」を提出するまでに至るケースもいくつかあった。

2.透明性の原則

EUオンブズマンは,とりわけ行政の透明化の実現に関して強い使命感を

---

(6) 安江則子『ヨーロッパ市民権の誕生』丸善ライブラリー,1992年。

(7) EC条約195条（旧138e条）。

(8) The European Ombudsman Speech, Transparency as a Fundamental Principle of the European Union, Berlin, 19 June 2001 p. 3.; *OJ* 1998 C 292/168.

(9) Decision 94/262 of European Parliament on the Regulations and the General Conditions of Governing the performance of Ombudsman's Duties, *OJ* L 113 of 4. 5. 1994, p. 15.

もち，自らの発意に基づく調査，勧告によって改革を実現させてきた。「透明性原則」に関するオンブズマンの考え方は，98年に公表されたレポート[10]によく示されている。

オンブズマンによれば，EUにおける「透明性原則」は，次の3つの要素を含んでいる。第1に，公的機関の意思決定過程をわかりやすくオープンにすること，第2に，決定には理由が付されていること，第3に，決定の根拠となる情報は可能な限り公開されるべきことである。透明性原則は，EU諸機関の民主的正当性を補強し，行政に対する公衆の信頼を高めるのに重要な役割をもつ[11]。サーデルマン氏は，さらに一歩進んで透明性原則は民主主義の一部だと言明している。

EUにおける行政の透明化の具体的な措置は，マーストリヒト条約の附属宣言（第17）により，情報へのアクセスが権利として認められたことに始まる。宣言においては，「意思決定過程の透明性は，機関の民主的性格や行政に対する公衆の信頼を高める」ことが確認され，欧州委員会は，93年までに，EUの機関が保持する情報の公開を促進するための措置に関する報告書を理事会に提出するよう求められた[12]。

これを受けて欧州委員会は，加盟国の情報公開制度を研究し，93年6月に情報公開基準に関する文書を理事会に提出した。そして12月には閣僚理事会と共通の情報公開基準を定めた行動規範（Joint Code of Conduct）[13]が設けられた。ただし，制度の運用はそれぞれの機関が独自に適用細則を定めて別個に行うこととされた。94年2月に欧州委員会は，詳しい情報公開の基準について「行動規範」（Code of Conduct）[14]を採択し，以後，情報開示請求はこの規範に基づいて行われることになった。

行動規範によれば，情報開示請求が関連の部局において拒否された場合，請求者は1ヵ月以内に再度，委員会宛てに「確認請求」(confirmatory applica-

---

[10] Citizenship, Administration and Community Law, General Report of Jacob Söderman for Congres 1998 of FIDE.

[11] *Ibid.*, p. 6.

[12] Declaration on the Right to Access to the Information.

[13] *OJ* 1993 L340/41.

[14] *OJ* 1994 L 46/58.

tion) を提出することができる。委員会が，この請求に応じられない場合は1ヵ月以内にその旨を請求者に通知することになっている。こうして，委員会により正式に請求を拒まれ，それを不服とする者は，欧州裁判所またはオンブズマンに訴えることができる。欧州裁判所の審理を受けるためには，時間や費用がかかり，また原告適格などの要件も求められることから，必然的にオンブズマンは情報開示請求を拒まれた者の訴えを多く取り扱うことになった。

3．すべての機関に情報公開基準を

欧州裁判所も判例によって行政の透明性強化に貢献してきたが，オンブズマンもこの分野に特に強い関心を示した。オンブズマンは就任から1年を待たず96年6月に，すでに情報公開に関する規範を採択している欧州委員会と閣僚理事会を除く，EUの16の機関に対して，情報開示に関する独自の基準を設けているかどうかの調査を行った[15]。その結果，1機関を除き，ほとんどの機関において，情報公開基準が設けられていないことが判明した。オンブズマンは96年12月に，情報公開基準を採択していないことは過誤行政にあたるという調査結果を公表し，関連機関に対し情報公開基準を設けるよう勧告案を提示した[16]。勧告案は，欧州裁判所，欧州議会，欧州通貨機関に対しても示されたが，これらの機関については，当然のことながら，対象となる文書は「行政文書」に限られている。裁判所の司法的機能や欧州議会の政治的機能，また欧州通貨機関の通貨に関する役割はオンブズマンの任務の範囲外とされるからである。

これらの機関からは，97年4月までにオンブズマンに対して回答がなされることになっていた。いくつかの機関はこの期限に遅れたものの，すべての機関がオンブズマンの見解に従って，情報公開基準を作成することを約束し

---

[15] 主要機関，その他の機関およびエージェンシーを含む16の機関。Special Report by the European Ombudsman to the European Parliament following the own initiative inquiry into public access to documents (616/PUBAC/F/IJH), p. 3.

[16] Draft Recommendation following the own-initiative inquiry on the public access to document (616/PUBAC/F/IJH).

た。ただし，欧州司法裁判所は，司法的文書とそれ以外の文書を明確に区別することは困難であることを通知してきた[17]。またある機関は，基準の設定までに時間が必要であることを訴えた。結局，欧州議会や会計検査院などのEUのすべての機関において，情報公開の基準や手続きが設けられることになった。多くの機関は，欧州委員会と閣僚理事会の基準に準じて，自らの情報公開基準を作成した。オンブズマンの勧告案にすべての機関が従ったため，正式な勧告が出されることはなかった。

第2節　情報公開とオンブズマンの具体的貢献

各機関に情報公開基準を設けさせることに成功したオンブズマンは，申立てを審理するなかで，欧州委員会や閣僚理事会にさらに多くの改善を要求してきた。要求が一度で受け入れられない場合も，オンブズマンは粘り強く改善を求めていった。そうした個々の案件の処理は，そのままEUにおける情報公開の原則を発展させる意味をもつことになった。こうした経験のなかから，アムステルダム条約に基づいて新たな「情報公開規則」が採択される運びとなった。この情報公開規則を検討する前に，この章では，まずオンブズマンの扱った具体例事例を紹介したい。

1．欧州委員会職員採用に関する情報公開

EUオンブズマンに対する申立ての中で，欧州委員会の職員採用に関する案件は常にかなりの割合をしめる。欧州委員会の職員採用に関する情報の開示請求が却下された場合，オンブズマンに不服申立てが行われることが多い。

この種の案件について，EUオンブズマンは自らの発意に基づき97年11月に独自の調査を開始した[18]。オンブズマンはまず，職員採用の選考委員会について規定した職員規則に注目した。この規則の附属規定Ⅲの6条によれば

---

[17]　*Ibid.,* p. 5.

[18]　Special Report from the European Ombudsman to the European Parliament following the own-initiative inquiry into the secrecy which forms part of the Commission's recruitment procedures.

選考委員会の手続きは秘密であって，また選考委員会には広い自由裁量権が与えられている。オンブズマンは，選考委員会が外部からの影響や圧力を排除するためにこの規定が設けられたこと，また，選考委員会に自由裁量権が与えられていることには理解を示した。けれどもオンブズマンによれば，こうした権限は，公的機関が，「よい行政の原則」に従わなくてもよいことを意味してはいない。

こうした基本的な立場を表明したうえで，オンブズマンは，次の4つの点で欧州委員会に改善を求めた。第1に，採用試験の受験者が問題用紙のコピーを持ちかえることを認めること，第2に評価基準を詳細な形で明らかにすること，第3に選考委員の氏名を公表すること，第4に，受験者に採点済みの自分の答案を閲覧させることであった。

そのうち最初の2点については，98年3月の段階で欧州委員会はオンブズマンの要求に従うことを表明したが，残りの2点，すなわち選考委員の公表と採点答案の開示については従わなかった。

欧州委員会は，オンブズマンの要求に従えなかったことについて，次のような理由を述べている[19]。採用試験における透明性はごく少数の者から要求されているにすぎない。採用試験は，共同体法の原則と職員規則に基づいて行われており，職員規則に基づく選考委員会の手続きは，その独立性と外圧防止のために秘密が要求されている。選考委員のみが候補者全員の評価について知っており相互に比較することが可能である。採用試験（competitions）は，通常の試験（examinations）とは区別され，答案の採点結果のみならず，複数の受験者の間での相対的な適性判断を含んでいる。また受験者に対する採点答案の開示は，本人が他の受験者の答案を閲覧できない以上，意味がないものである。さらに答案開示の請求が増えれば，行政的・財政的に負担が大きい。選考委員会の裁量権について疑義があれば，最終的には司法裁判所で争うことができる。

オンブズマンは，委員会が拒否した2点について再度改善を求め，勧告案を作成した[20]。オンブズマンによれば，市民が担当公務員の名前を知ることができるというのは，「よい行政」の基本原則であり，選考委員も同様であ

---

[19] *Ibid.*

る。採点答案については，受験者にとって自ら間違った箇所を知ることは重要であること，またコストについては必要なら本人から徴収すればよいことを指摘した。

その結果99年7月に，欧州委員会は，選考委員の氏名を面接試験に際して公表することを約束した。けれども採点答案については，オンブズマンによる閲覧は可能であるが，受験者本人に対する開示は，先に表明した理由を繰り返してこれを認めなかった。

オンブズマンは，また受験者が不当に評価されたと感じた場合，裁判所に訴えるしか確認の手立てがないというのではEU行政に信頼感がもてないし，また市民に対し職員採用が公平になされていることを示すためにも，採点答案の情報開示に応えることが必要だとの立場を崩さなかった。オンブズマンは，99年10月に，総辞職したサンテール委員会の後，再編されたプロディ委員会に対して「勧告」を発した。

結局，プロディ委員長は，99年12月，オンブズマンの要求に従うことを確認し，2000年7月より答案の閲覧を認めることに同意した[21]。こうした結果，EUの職員採用手続きの透明化は大きく前進した。職員採用試験結果についての情報公開は，日本においても一部の先進的自治体においては実現しているが，採点答案については認められていない。

2000年11月，欧州委員会の職員採用に関するボッシュ報告書[22]が，欧州議会で審議，採択された。この報告書は，オンブズマンの見解と同様，職員採用における透明性確保を強く支持する内容となっている。

2．情報公開と捜査および訴訟手続きの関係

情報公開の具体的事例において，しばしば論点とされるのは，捜査や訴追手続きとの関連である。加盟国による環境指令違反の事件に関する文書が，欧州委員会による将来の訴訟に関わる捜査を理由として非開示とされた事案

---

[20] The European Ombudsman, Draft Recommendation to the own initiative inquiry 1004/97/PD.

[21] The European Ombudsman, Press Release No. 16/99.

[22] Committee on petition, Bosch Report, A5-0280/2000, PE294.125/DEF.

について，2001年5月に，オンブズマンによる判断が下された。

2.1　事実の概要

この事案は，イギリスとジブラルタルが，廃棄物に関する指令[23]および有害廃棄物に関する指令[24]に違反した問題について，2つの報告書の公開を，欧州委員会が拒否したことを不服として，2000年2月にNGO「地球の友達」(Frend of the Earth)の代表者が，オンブマンに訴えたものである[25]。

この報告書は，欧州委員会の諮問により独立した団体が，上記の指令およびハビタット指令[26]に関して作成したものである。申立人は，まず98年8月，委員会に，先の2つの指令に関して報告書のコピーを請求した。これに対し委員会は，99年1月に文書の一部のみ公開を認め，他の部分は，委員会文書へのアクセスに関する「行動規範」に照らして，「公共の利益」保護を理由として非開示とした。この場合，公共の利益とは査察および捜査（inspection and investigation）の必要性である。

申立人が手にしたコピーは，オリジナルのごく一部にすぎず，申立人は委員会に「確認願い」を申し出た。しかし委員会の事務総局は，加盟国のEC法違反に対する訴追を前提とした捜査を理由に，担当部局（DG ENV）の下した非開示の判断は間違っていないとした。申立人は，改めてハビタット指令に関する報告書の開示請求をしたが，これについても全面公開は認められなかった。そのため，申立人は，委員会が情報の全面開示を認めないのは違法であるとしてオンブズマンに訴えた。

2.2　申立人の主張と欧州委員会の回答

申立人の主張は概ね以下のとおりである。①まず，問題の文書は，委員会が作成したのではないので第三者文書にあたり，委員会の内部文書公開の基準を適用することは認められない。②また，文書は，特定の捜査に関わるものではなく，捜査するどうかを判断する前段階にすぎず，訴訟に直結するものではない。「訴訟に関連する文書」の範囲については限定的に解釈すべき

---

[23]　Directive 75/442/EEC.
[24]　Directive 91/689/EEC.
[25]　271/2000/JMA and 277/2000/JMA.
[26]　Directive 92/43/EEC.

であることは，欧州裁判所（第一審裁判所）の判例[27]でも示されている。③文書の種類を勘案すれば，委員会は秘密保護の観点から，情報開示の拒否を主張していると思われるが，申立人の利益とのバランスが考慮されなければならない。④委員会は，申立人に対して，削除され公開されなかった部分が委員会による訴訟の開始に影響する理由についての十分な説明がなされていない。⑤ECも加盟している「市民の環境権に関するアーハス条約[28]」は，捜査を理由にした情報開示の例外を限定することを規定している。

オンブズマンは，この申立てを2000年3月に欧州委員長に送付し，6月にはオンブズマンのスタッフが問題の報告書の内容を確認した。この件に関する欧州委員会の回答は，同年7月にオンブズマンに提出された。

欧州委員会は，申立人の主張に対し次のように意見を述べている。①問題の文書は，欧州委員会が経費を支払って作成させたもので委員会の文書にあたる。また仮に申立人のいうように第三者文書であっても，同じ情報公開に関する指令が適用される。②問題の文書は特定の捜査に関連するもので，報告書の結論を受けて，委員会はEC条約226条に基づくイギリスとジブラルタルに対する訴追手続きを開始することになる。また欧州裁判所の判例によっても，捜査に関連する文書の開示についての委員会の対応は認められてきた。③委員会による非開示の判断は，公共の利益保護の観点から下されたものであり，秘密保護を理由としたものではない。④非開示の理由についてより詳細な説明を加えることは，非開示の決定をした目的を損ねることになる。⑤アーハス条約については，欧州委員会がこの条約に調印した際に，EU機関は既存の情報開示に関する規範の枠内で行うことを宣言しており，指令94/90/ECに従うことは当然である。当該条約は，環境に関する情報の開示を絶対的に認めるものではない。

2.3　オンブズマンの勧告案

オンブズマンは，まず文書の性質に関する問題については，欧州委員会の判断を正当とした。すなわち，報告書の作成，使用，および評価に関する責

---

[27]　Case T-92/98 Interporc Im-und Export GmbH v. Commisson [1999] *ECRII*-3521.

[28]　Aarhus Convention on Citizens' Environmental Rights, 1998 article 4c.

任は，委員会にある。逆に，文書を実際に作成した団体は，欧州委員会の許可なく文書を公開することは許されない。従って問題の文書は委員会文書として指令の適用を受ける。

次に，オンブズマンは，委員会が訴追のための捜査という「公共の利益」による例外を理由に，報告書の全面的な開示を拒んだことについて，判断を示した。行動規範は，ECの機関の民主的な性質と行政に対する市民の信頼を強化するために，市民への情報開示を最大限認めるという原則に基づいている。委員会に対する開示請求を拒むことが認められるのは行動規範に列挙された場合のみである。行動規範が認めた例外とは，①公共の利益：公共の安全，国際関係，通貨の安定，司法手続き，査察および捜査，②個人およびプライバシー，③商業・産業上の機密，④共同体の財政的利益，⑤機密である。欧州裁判所によれば，こうした例外はできる限り厳格に適用されるべきであり，委員会が保持する文書について可能な限り広く情報の開示が認められるという原則を阻んではならない。

「査察および捜査」の概念について欧州裁判所は，請求された文書がEC法違反の加盟国に対する訴訟のための捜査に属するものである場合は，特別な例外にあたることを認めている[29]。ただし，この捜査段階の資料というのは，訴訟をするか否かを決定する以前に，委員会と問題の加盟国との交渉中に作成された文書とは区別されている[30]。

「査察および捜査」の範囲については，委員会の解釈のように，EC条約211条の下で，条約の監視役としての委員会の役割に関するものとされれば，委員会の保持するあらゆる文書がそこに含まれることになる。加盟国のEC法違反に関連して，委員会に事実あるいは法的な要素をもつあらゆるカテゴリーの文書が，将来において訴訟に関係するがゆえに情報公開を免れることになる。そうだとすれば，EC環境法の適用を監視するために，情報公開が最も効果的な手段の一つであることが疑問視されてしまう。たとえこうした文書に加盟国のEC法違反に対する評価が含まれており，それが委員会による捜査や訴追に関連するものであっても，文書の広範な開示は認められるべ

---

[29] Case T-105/95, WWF UK v. Commission [1997] *ECRII*-0313.

[30] Case T-309/97, Bavarian Lager Co. v. Commission [1999] *ECRII*-3217.

オンブズマンは，査察や捜査を理由にした非開示は，問題の文書が訴追に関連する捜査の過程で作成されたものである場合に限定されるべきであると考える。問題となった2つの報告書は，いずれも捜査が開始される前に作成されたものであり，委員会の（訴追するかどうかの）選択にのみ関わるものである。しかも，申立人が報告書の開示を請求した時点では，委員会はEC条約226条に基づくいかなる手続きも開始していなかった。オンブズマンとしては，委員会が捜査を理由にして情報開示を拒絶した事実は過誤行政にあたると判断した[31]。また，申立人は，開示を求めるその他の理由も述べているが，オンブズマンは，それ以外の理由については判断を示さなかった。

このように述べてオンブズマンは，2001年3月に勧告案を委員会および申立て人に送付した。委員会は，オンブズマンの勧告案に従うか否か，またどのように勧告を実施するかについて，3ヵ月以内に詳細な意見を提出することが求められた。

この勧告案に対して，同年5月に委員会は，オンブズマンの勧告に従うことを表明した。委員会の対応をオンブズマンは満足のいくものと判断し，この事案は終結した。

3．個人データ保護と情報公開

行政の透明性確保の重要性については誰にも異論がない。けれども，それが具体的にどう実施されるかとなると様々な問題が生じる。その1つが個人データ保護との関連である。

EUは95年に「個人データ保護指令」を採択したが，個人情報の保護が透明性確保の障害となる場合がある。オンブズマンによれば，民主主義は法の支配によって成り立っており，法は何が禁じられているかを明確に示さなければならない。ところがEUの個人データ保護指令は，包括的な表現で個人情報の保護が規定されている。それは，コンピュータに対する警戒感が今日以上に強かった時期に作成されたためでもあるが，結果として，必要以上に

---

[31] Decision of the European Ombudsman on Complaints 271/2000/JMA and 277/2000/JMA.

情報公開を妨げる要因ともなっていることをオンブズマンは指摘する[32]。

　個人データ保護指令は，その目的を適切に認識すれば，透明性原則を損なわないように運用することができる。この点に関して，オンブズマンは，スウェーデンの先駆的な判例を参照している。スウェーデンの事例では，銀行や投資会社をインターネット上で告発しようとした市民が，この部門に従事する個人の氏名を載せたことが争われた。スウェーデンの最高裁判所は，データ保護に関する法令は個人生活の保護が目的であって，公的な生活に関するデータは保護の対象外であると判断した[33]。

　EUにおいて，個人情報が問題となる情報開示請求がオンブズマンに持ちこまれたケースがあったが，オンブズマンも，この判例と同様，個人データの範囲を限定的に解釈して，欧州委員会と対立した。

3.1　事実の概要

　ドイツビール輸入業者の代理人である申立人は，いわゆる「ゲスト・ビール規定」と呼ばれるイギリス法が，輸入ビールを差別しているのはEC法28条（旧30条）に違反していると考えた。申立人は，93年4月に欧州委員会に訴え，委員会は調査を開始した。96年8月になって，申立人はイギリスの貿易産業省のプレスリリースによって，ゲスト・ビール規定について討議するために，欧州委員会，イギリス当局およびビール業者の組合（CBMC）による三者協議が行われることを知り，自らも参加したいと申し出たが拒否された。97年3月，イギリス当局が，ゲスト・ビール規定の改正を提案したため，欧州委員会は調査を終了した。98年5月，申立人は，委員会決定94/90に基づいて，先の三者協議に提出された資料およびそこに参加して意見を述べた者の氏名を公表するよう委員会に求めた。この請求は拒否され，「確認請求」も同様に拒まれたため，98年7月オンブズマンに不服を申立てた[34]。99年2月のオンブズマンによる調査の過程で，申立人の関心は，関係者に不適切な行動があったとする疑念を抱いたために，情報を入手したいという点である

---

[32] The European Ombudsman Speech, Transparency as a Fundamental Principle of the European Union, Berlin, 19 June 2001.

[33] *Ibid.*

[34] 713/98/IJH.

ことが判明した。オンブズマンは，まず「友好的解決」を模索した。

3.2 友好的解決の模索

99年3月，オンブズマンは欧州委員会に対して，申立人の要求する情報を提供するよう提案した。それに対して委員会は，99年6月，個人データ保護指令（95/46/EC）を理由に，関係者の明確な同意がないと開示には応じられないと回答した。それでも委員会は，関係者の同意を取りつけるべく個別に連絡をとる意思があり，その結果をオンブズマン伝えることを約束した。

99年7月オンブズマンは，この事案の場合，個人データ保護指令の存在が情報の開示を拒む理由になるとは認められない旨を伝えたが，同時に個別の同意を得ることで友好的解決が図られる可能性は残っていた。99年11月までに，委員会は次のような回答を示した。情報の開示への同意に関する委員会からの照会45通に対して，20通の返事が届き，そのうち14通は肯定的で，6通は否定的だった。開示に同意した者の氏名も伝達された。

こうした委員会の対応に申立人が満足しなかったため，オンブズマンは，友好的解決を諦め，委員会に対し，このケースにおいて個人データ保護指令により情報開示ができないとすることについての法的な説明を求めた。

2000年1月，委員会はオンブズマンに対し，概ね次のような回答を寄せた。まず，申立人が開示を要求している文書は，個人データ保護指令2条が定める文書にあたる。また同指令7条は，情報の開示が許される6つの場合を列挙している。申立人の要求している情報については，データの提供者の「明確な同意」（7条a）が必要である。

3.3 オンブズマンによる「勧告」

2000年5月，オンブズマンは委員会に対し，申立人の請求どおり，委員会主催の会合に醸造業者組合から出席した者の氏名，また資料を提供した会社や個人を明らかにする旨を記した勧告案を提示した[35]。その理由として，オンブズマンは概ね次のように述べた。

担当者は，「よい行政行為」（good adminstarative behavier）の原則により市民の要求に応じて情報を提供する義務があり，法的根拠なしにはこれを拒

---

[35] The European Ombudsman Draft Recommendation to the European Commission in complaint 713/98/IJH.

むことはできない。委員会は個人データ保護指令をその根拠としている。EC条約286条に基づき，個人データ保護指令はEUの諸機関に適用されるが，指令はいくつかの基本原則を定めた上で，各加盟国に対しては詳細な立法措置に実施を委ねている。ところがEUの機関については，委員会をはじめとしてそのような実施の細則は設けられていない。指令の目的は，1条に定められているように「自然人の基本権および自由，そして特に個人データの扱いにおけるプライバシー権」の尊重にある。しかし，行政手続きに参加した個人が当局に提出した情報は，「個人データ」ではない。さらに，指令の解釈にあたっては，「意思決定はできる限り開かれたものであるべき」という原則を考慮に入れなければならない。この原則は，マーストリヒト条約附属の宣言やEU条約の1条でも謳われ，また判例もこれを確認している。

指令の7条は，個人データが開示を認められる場合を6つのカテゴリーで示している。オンブズマンは，そのうち3つのカテゴリーが委員会の文書の開示に当てはまると判断した。まず，法的義務に従う場合である（7条c）。EU条約によりEUの機関は開かれたものであることを要求されている。次に，公的利益あるいは公的権利のための任務遂行にかかわる場合である（7条e）。最後に，情報の管理者，第三者，情報が開示される当事者によって追求される正当な利益のためになる場合である（7条f）。

上記の理由によって，オンブズマンは，プライバシーの保護は委員会が情報を開示しない理由にはならないと判断した。オンブズマンは，友好的解決が不可能だと判断し，「勧告案」を提示するに至った。オンブズマンの個人データに関する理解は，フィンランド，スウェーデンなど先駆的な一部の国を除いて，西欧諸国で一般にとられている理解より進んでいる。EUレベルにおいても，情報公開制度を推進しようとするオンブズマンの意思が，EU諸機関に受け入れられるかどうか現時点は見定めることはできない。

オンブズマンの勧告案に対し，欧州委員会は，個人データ保護指令7条fによる開示については，データの対象者の利益が優先するものであるとしながらも，今回の事例に関しては，開示について照会に応じなかった関係者25人の名前を通知してきた。

オンブズマンは，欧州委員会の回答が，オンブズマンの勧告案の趣旨に直接答えるものではないとして，正式な「勧告」が出されることになった。こ

の原稿執筆時において，委員会はオンブズマンの勧告に応じてはいない。オンブズマンは欧州議会にこの問題に関する「特別報告書」[36]を提出し，欧州議会はこの報告書を承認している。

第3節　アムステルダム条約と2001年EU情報公開規則

すでにみてきたように，EUオンブズマンは，自らの権限を最大限に生かしながら，行政の透明性強化のために活動を続けてきた。具体的事案の審理と並行して，制度としての情報公開をより精緻なものにするため，条約改正や新たな規則の採択に向けた働きかけも行ってきた。97年に調印されたアムステルダム条約における情報公開制度に関する規定や，それに基づいて2001年5月に採択された情報開示規則[37]も，こうした意味でオンブズマンの活動の成果といえる。しかし他方で，規則という形で情報開示のルールが定められたことで，オンブズマンの判断も今後はこの規則の下で行われる。本章では，2001年末から適用される新たな情報開示制度を検証してみたい。

1．アムステルダム条約と情報公開

オンブズマンが行った96年の調査の後，各機関によって設けられた情報公開の基準は，まだ多くの点で問題があった。規範の解釈について争いが生じたことも多かったし，加盟国の情報公開制度と比較しても見劣りした。まず，各機関は文書の保管を義務づけられていなかった。この点については，オンブズマンの要請で，欧州委員会は文書の保管体制について検討を約束したが統一的な規範はなかった。また各機関は，自らが作成した文書は開示するが，第三者から受取った文書については著作権の問題もあり，開示対象とはされなかった。

---

[36] Special Report from the European Ombudsman to the European Parliament following the draft recommendation to the European Commission in Complaint 713/98/IJH.

[37] Regulation (EC) No1049/2001 of the European Parliament and of the Council of 30 May 2001 regarding public access to European Parliament, Council and Commission document, *OJ* L145, 31/5/2001.

2000年7月に，EU共通外交安保政策に関連して，実際に次のような事例がオンブズマンに持ちこまれたことがあった。基本的人権の監視を任務とするNGO「ステイト・ウオッチ」が，合衆国との合同軍（ジョイント・タスクフォース）に関する高級事務レベル会議の議事録の公開を求めた。閣僚理事会の説明では，資料は理事会とは別に事務総局が保有するもので，閣僚理事会のアーカイブには保存されておらず，情報開示できないということであった。オンブズマンは閣僚理事会の主張を認めず，できる限り広範に市民に対し情報へのアクセスを認めるよう求め，閣僚理事会も最終的にはこれを受け入れた[38]。

　このように，制度の弱点を改める必要があること認識していたオンブズマンは，96年から開催された条約改正の政府間会議にあたって，欧州議会に助言し，情報公開を強化することに関連した規定を導入するよう働きかけている。

　その結果，アムステルダム条約では，情報公開に関して新たな規定が設けられた。まず，EC条約255条（旧191ａ条）では，欧州議会，閣僚理事会，欧州委員会に対する情報公開請求を市民の権利として位置づけた。その上で，条約の発効から2年以内に，理事会が，公的文書の公開についての一般原則，および公的および私的利益に基づく公開の制限に関する規則を採択すること，また上記各機関は，独自の手続き規範を採択することが決められた。その後，99年5月にアムステルダム条約が発効したため，情報公開に関する規則の採択が2001年5月をめどに行われることになった。

2．2001年情報公開規則

　アムステルダム条約に基づいて，欧州委員会は情報公開規則を起草した。この新たな規則は，情報の入手を基本的権利の1つとして認めているものの，主要3機関以外については法的拘束力はない。この規則は2001年末から適用されるが，そのためのさらに詳細な手続規則は，それまでに機関ごとに採択されることになっている。

---

[38] Decision of the European Ombudsman on Complaint 916/2000/GG against Council of Europe of the EU, Strasbourg, 16 July 2001.

この規則は，いくつかの点でこれまでの行動規範の欠点を修正している。まず迅速性の問題である。情報開示請求が受理されてから15日目の勤務日までに回答されなければならないことが決められた（7条）。全部または部分的に非開示の決定が下された場合，請求者は15日以内に「確認請求」を出すことができる。ただし，非常に大量の文書または多岐にわたる文書の場合，機関は請求者に理由を説明して上記の期限を延長することができる。

また内容の点でもこの規則は，従来の開示制度に内在した問題をカバーしている。第1に，情報公開の対象は，機関の保有するすべての文書で，機関が作成したもの以外に入手した文書（第三者文書）を含む（2条3項）。ただし，第三者の作成した文書については，それが情報開示に対する例外事項を含むかどうかについて，その者と協議すること（4条4項），また加盟国が提出した文書については，開示してほしくない場合はその旨の要請をすることもできる（4条5項）ことが定められた。また，加盟国が保有するEUの文書の扱いについては，開示の必要の有無が明確である場合を除き，EUの関連機関に諮問した上で行うこととされた（5条）。第2に，文書は番号をつけて公的に保管されることが義務づけられた（11条）。この作業は遅くとも2002年6月までに完了し，新たな文書も遅延することなく保管されることになった。

情報公開の例外としては，9つのカテゴリーが挙げられている（4条）が，これらは全面的に開示を拒む理由とされず，開示できない部分以外は公開されるべきものとされた。また，こうした制限は，最大30年を限度とし，文書の内容が保護の必要のないものになった場合は解除される[39]ことを原則とする。

例外とされる分野は，まず「公共の利益」との関連において，①公的安全，②防衛軍事事項，③対外関係，④共同体と加盟国の財政通貨経済政策に関する文書（4条1項a），また⑤プライバシーおよび個人の尊厳，特にEC法に基づく個人データに関わる文書（4条1項b）である。

さらに，⑥自然人および法人の知的所有権を含む商業的利益，⑦司法手続

---

[39] ただし，プライバシー，商業的利益および秘密文書については，この期間を延長できる。

きと法的助言，⑧捜査，査察および監査に関する文書（4条2項）は，優先される公的利益が認められる場合は除くという条件で，不開示とすることを認められている。

情報公開規則では，さらに例外として9つ目のカテゴリーが認められた。⑨機関がまだ結論を出していない問題に関して，内部で使用するために機関が作成したり，入手した文書が，意思決定において重大な支障がある場合，優先される公的利益がない限り不開示とすることができる（4条3項1段）。また，関連機関が内部で使用するために議論や先行的な諮問によって得た意見を含む文書は，機関の意思決定に重大な支障がある場合は，開示することについての他の公益との関連がない限り非公開とすることができる（4条3項2段）。このカテゴリーによる例外規定は，EU諸機関により恣意的な解釈がなされるおそれもあり，今後の運用によってはオンブズマンとの間で新たな論争となることもありうる。

規則の草案を閣僚理事会が審議する過程で，いわゆる機密文書について問題が生じた。EUの共通外交安保政策（CFSP）の上級代表であるソラナ氏が，EUおよび加盟国の安全と防衛に関する問題，そして軍事的および非軍事的危機管理を開示対象から除外するというのである。「ソラナ決定」[40]は，一定の事項については公開請求に応じる必要がないうえに，開示請求の拒否が，オンブズマンや司法的救済の対象にならないというものであった。

結局，ソラナ決定について，欧州議会による審議の過程で再度修正が加えられた。いわゆる機密文書については，3段階（top secret, secret, confidential）でその度合いが示される。こうした文書については，扱いが異なるが，その手続きは公表されなければならず，開示を拒まれた者は欧州裁判所またはオンブズマンに訴える途は残された。こうして，ソラナ決定により機密文書について情報開示制度が全面的に適用除外となることは避けられ，制限は最小限にくい止められた。

---

[40] Decision of the Secretary-General of the Council/High Representative for the Common Foreign and Security Policy of 27 July 2000 on measure for the protection of classified information applicable to the General Secretariat of the Council, *OJ* 2000 C239/01; Council Decision 2000/527 of 14 August 2000, *OJ* 2000 L212/09.

この情報公開規則は，条約発効後2年たった2001年5月に，欧州議会，欧州委員会，閣僚理事会によって採択され，2001年末に発効する。オンブズマンはこの規則について必ずしも満足していない。この規則がEU行政の透明性を高めるため適切に運用されるよう，オンブズマンによる監視の機能が引き続き重要である。とりわけ情報開示の例外とされる事項に関して，EU諸機関がどのような運用を行っていくかを注意深く見守る必要がある。

第4節　EUオンブズマンの新たな挑戦

　2期目に入ったEUオンブズマンは，現在どのような活動に力を注いでいるのだろうか。
　まず，加盟国の国レベルや地方レベルのオンブズマン，また欧州議会や各国議会における請願を取り扱う議会内委員会との，協力ネットワークの構築[41]である。EUオンブズマンへの申立てには，本来，加盟国の国・地域のオンブズマンや議会の請願委員会に出されるべきものも多い。そうした事案について，申立人にその旨を通知するのみならず，場合によっては国や地方のオンブズマンと直接連絡をとることもある。オンブズマン相互で，情報やEC法に関する知識を交換することは有益である。こうした考え方に立って，欧州のオンブズマンによるリエゾン・ネットワークの構築はすでに96年に合意され，セミナーの開催など協力関係は徐々に築かれている。ただし，この点に関する欧州委員会のサポートは必ずしも十分ではない。
　また，情報開示に関するオンブズマンの権限強化が欧州議会で審議されている。2001年9月に「オンブズマンの任務の遂行に関する規則」の改正案が欧州議会に提出された[42]。それによると，これまでEUの機関は，オンブズマンの開示請求に対して，「機密保持の義務に基づく拒絶を除いて」文書の閲覧に応じることとされていたが，改正後はオンブズマンには機密保持を理

---

[41] European Ombudsman Liaison Network.

[42] European Parliament Resolution Amending Article 3 of the Regulations and General Conditions Governing the Performance of the Ombudsman's Duties (1999/2215 (ACI)).

由にした開示拒否は認められないことになる。また「文書」の意味も，紙面による以外に電子情報はもちろん，音声，映像，ビデオなどあらゆる形態に拡大される。さらに加盟国が提出してEUの機関が保持している文書についても，加盟国の事前の承認なしにオンブズマンが閲覧できることになる。

こうしたオンブズマンの地位強化は，2001年に採択された新たな情報開示規則に対応している。欧州議会で改正案が可決されれば，オンブズマンには，機密とされた文書についても，それが公開されないことが適切か否かを最終的に判断するという，大きな信頼に基づく権限が与えられることになる。

機構改革と汚職追放を掲げて発足したプロディ欧州委員会は，今までのところ概してオンブズマンに協力的である。欧州委員会の採用試験をめぐる情報公開に関して，委員会は最後には全面的にオンブズマンの要求を受けいれた。けれども，他方では，個人データ保護と情報公開の問題に関しては，この論文執筆の段階では，まだ互いの見解は平行線を辿っている。透明性原則の徹底をめぐって，対立する価値との関係でどう判断していくべきか，問題は複雑である。透明性原則の重要性は誰でもが認めるが，その具体的実施については，欧州委員会とオンブズマンの見解は必ずしも同一ではない。

2001年，欧州委員会は「ガバナンス白書」[43]を作成し，自らEU行政のあるべき姿を示した。その中で示された「公開性」(openness)の原則は，オンブズマンがいう「透明性」と類似の概念ではあるが，その内容に微妙なニュアンスの相違が感じられる。オンブズマンのいう「透明性」は，民主主義の原理であり，また基本権のひとつとして高い優先順位を与えられている。欧州委員会のいう「公開性」は，それ以外の諸価値との同レベルでの利益衡量がイメージされている。EUにおいては，こうした理念の優先順位を異にする機関相互の間で葛藤を経ながらも，統合の深化にともなって，新たな民主主義のルールを確立していこうとする努力が続けられている。

オンブズマンは，透明性原則の徹底に大きな貢献をしてきた。けれども透

---

[43] Commission of European Communities, White Paper on Governance, July 2001, COM (2001) 428 fimal.

[44] Fundamental Rights and the Administration in the Europe of Tomorrow, Speech given by the European Ombudsman, Jacob Söderman, the Castle of Nainville-les-Roches, 8 March 2001.

明性の確保は第一歩にすぎない。2001年のスピーチにおいて，オンブズマンは，次のステップとして，「よい行政行為」ルールの確立を求めている(44)。そのためにEU各機関に対し基準の策定を求めてきたが，各機関の対応は彼の満足のいくものではなかった。そのため2000年4月，この問題について「特別報告書」(45)を欧州議会に提出している。

　2000年末，ニースで採択された「EU基本権憲章」は，市民権と題する章において，「よい行政を受ける権利」(46)について定めた。この規定を設けることについて，オンブズマンの意向が働いていた。2期目を迎えたオンブズマンの関心は，この権利の概念の具体化に向けられていくであろう。

---

(45) Special Report from the European Ombudsman to the European Parliament following the own-initiative inquiry into the existence and the public accessibility, in the different Community institutions and bodies, of a Code of Good Administrative Behaviour (OI/1/98/OV).

(46) Charter of Fundamental Rights of the European Union, article 41 Right to good administration, article 42, Right to access to documents.

第 2 部

EU法・ヨーロッパ法各論──公法

5．EU諸国＝中国間投資の法的枠組み

櫻井雅夫

はじめに

本稿は，EU加盟国＝中国相互の直接投資の規整（Lenkung）及び奨励・保護に関わる法的枠組みの現状と問題点を概観したものである[1][2][3]。

EU諸国＝中国間投資に関わる法制度は，多数国間，二国間，国内の三つのレベルから構成されている。多数国間レベルでは，EC（及び／又は全加盟

---

(1) 本稿は，次の文献に拠るところが大きい。Wenhua Shan, "Toward a New Legal Framework for EU-China Investment Relations," *Journal of World Trade*, Vol. 34, No. 5, 2000, pp. 137-79.

(2) 本稿では，用語について次のような取決めをしておく。

EU/ECについて。「EU」は統合体全般を示す場合に使用し，協定当事者を示す場合には「EC」を使用する。したがって，文脈上「EU加盟国」という場合にも，それは「EC加盟国」を意味する。

「バイラテラル」について。EU/ECと一つの国との間の関係及びベルギー＝ルクセンブルグ経済同盟と一つの国との間の関係は，英語では「バイラテラル」な関係とよばれるが，これを「二国間」という表現は論理的には使用不可能である。しかしながら，本稿では，便宜上「二国間」という表現を使用する。

「当事国」，「締約国」について。国ではないEU/ECを「当事国」，「締約国」とよぶことはできないので，それぞれ「当事者」，「締約当事者」とする。

「ドメスティック」について。「ドメスティック」という用語の意味は必ずしも「国内の」すなわち「中国の」，「EU加盟国の」・「EC加盟国の」ということだけでなく統合体としての「EUの」・「ECの」という意味も含んでいる。しかしながら，本稿では，便宜上「国内」という表現を使用する。

なお，EU，ECという用語の厳密な意味については，次の文献を参照。櫻井雅夫「EU統合に係る国際機構等」，石川明＝櫻井雅夫編『EUの法的課題』（東京：慶應義塾大学出版会，1999年）所収。

(3) 本稿でいう「規整」は，「消極的規制」（権利の制限）と「積極的規制」（保護助成）の双方を含めた概念である。

国）と中国の双方が加盟国である投資関連の条約は，世銀の投資紛争解決条約（正式には，「国家と他の国家の国民との間の投資紛争の解決に関する条約」。以下，「ICSID条約」）と多数国間投資保証機関設立条約（以下，「MIGA条約」），それにWTO協定の三つである。二国間レベルでは，EU＝中国経済関係一般のための枠組み協定として1985年協力協定がある（後出。これは，1978年通商協定に代わるもの）。また，部門別では1978年の繊維製品協定がある。これまでのところ，中国は14のEU/EC加盟国との間で13の二国間投資協定（bilateral investment treatie(s)．以下「BIT(s)」）を締結している[4]。

国内レベルでは，中国は本土向け外資の受入れと操業を規整する法制度を整備してきた。香港とマカオは，特別行政区として独自の外資法制度を有し，また他の国／地域との間で投資協定を締結する資格を与えられている[5]。他方，EU/EC及びその加盟国は，対内・対外投資に関する法と政策を有しているが，外資問題に関する限り両者すなわち国際機構たるECとその加盟国との間の分権は曖昧である。

第1節　多数国間協定のもとでのEU諸国＝中国投資関係

1．ICSID条約

ICSID条約に基づいて設置された投資紛争解決国際センター（International Centre for Settlement of Investment Disputes. ICSID）の主な機能は，投資受入れ国政府と外国投資家との間の投資紛争を調停又は仲裁で解決することである[6][7]。

EU諸国のほとんどは1960年代と70年代にこの条約に署名している。条約

---

(4) 協定の全文は，次の文献を参照。中国．対外経済貿易部条法局編『中外相互鼓励和保護協定匯編』（北京：法律出版社，1988）。ここに収録されている中国の協定数は17である（スウェーデン，ルーマニア，ドイツ，フランス，ベルギー＝ルクセンブルグ経済同盟，フィンランド，ノルウェー，イタリア，タイ，デンマーク，オランダ，オーストリア，シンガポール，クウェート，スリランカ，イギリス，スイス。下線はEU加盟国）。
　　このあと中国と締結したEU加盟国はギリシャ，ポルトガル，スペインである。
(5) 例えば，日本も香港との間で投資奨励保護協定を同種の日中協定の前に締結している。

発効当初は台湾が加盟国であったが、その後中国が台湾加盟の抹消を条件として加盟した。

中国が締結したEU諸国とのBITsのほとんどはICSID条約に言及している（例えば、スウェーデン、ドイツ、フランス、ベルギー＝ルクセンブルグ経済同盟、フィンランド、イタリア、オーストリア、デンマークとの協定）。BITsによっては仲裁廷が当該条約を参酌する独自の手続を決定し（例えば、中国とドイツ、ベルギー＝ルクセンブルグ経済同盟、フィンランド、イタリア、オーストリア、デンマークとの間の協定）、また別のBITsでは締約国同志がこの条約の枠組みのなかで拘束力ある紛争解決システムに関する補完協定（附属書）を取り決めている（例えば、中国＝フランス協定、中国＝スウェーデン協定）。2000年現在、ICSIDに言及しているEU加盟国と中国との間では投資紛争が発生していない。

2．MIGA条約

多数国間投資保証機関（Multilateral Investment Guarantee Agency. MIGA）の主な業務は、加盟国からの開発途上国向け投資に対して政治リスク等の保険を引き受けることによって開発途上国向け投資と開発途上国間投資を促進することである[8]。1997年末現在でEUの全加盟国と中国がこの条約の加盟国になっている。この条約の目的上、EU加盟国は先進国であり、中国は開発途上国である。MIGAがこれまで付保を引き受けてきた対中投資の多くはEU諸国からのものである。

3．WTO協定

WTO協定は、貿易関連投資措置に関する協定（TRIMs協定）とサービス貿易一般協定（GATS）と貿易関連知的財産権協定（TRIPs）など、投資に関

---

(6) 協定の概要は、櫻井雅夫『国際経済法』新版（東京：成文堂、1997年）、232〜234頁。

(7) センターを紛争解決のメカニズムのひとつとして織り込んでいるのは、北米自由貿易協定、エネルギー憲章条約、カルタヘナ自由貿易協定、メルコスールに関するコローニア投資議定書などである。詳しくは、櫻井、同書、222、225頁。

(8) 櫻井、同書、227〜232頁。

する協定を包含している[9]。EU全加盟国とEC自体がWTOの加盟当事者であるが，中国は2000年現在加盟国になっていない。しかし，中国の加盟は時間の問題である。加盟によりEU諸国＝中国の投資関係とくに対中EU諸国投資の条件は改善される。さらに，EU＝中国の取決めでは電気通信分野，金融保険といったサービス分野で譲歩を行ったため，これが対中輸出と対中投資を行うEU諸国の企業に対して新規市場を提供することになる[10]。

4. 問題点

EU諸国・ECと中国が加盟する多数国間協定は，両者間の投資関係に一定の役割を果たしている。しかしながら，一般原則とルールをセットで整備しなければ多数国間の法的文書とその附属文書は不完全かつ一貫性を欠くことになる。したがって，両者間の投資奨励・保護にとってはなお不十分である。奨励・保護という目標達成のためには，両者間の一般的かつ実体的な国際法の枠組みを構築することも検討しなければならない。

第2節　二国間協定のもとでのEU＝中国投資関係

1. 協力協定

1985年協力協定（正式には，"Agreement on Trade and Economic Co-operation between the European Community and the People's Republic of China."「欧州共同体と中華人民共和国との間の通商及び経済協力に関する協定」。以下，「協力協定」）[11]は，1978年通商協定に代わって締結された両当事者間唯一の枠組み協定である。

その投資関係条項は，両当事者に対して相互に受益的となる投資の促進・奨励を求めている。また，両当事者はとくに中国とEC加盟国との間のBITs拡大を奨励して投資環境を改善するよう努めている。その目的のために，こ

---

[9] 櫻井，同書，234～235頁。

[10] Statement on EU-China Trade Agreement by Romano Prodi, President of the European Commission, at <www.europa.eu.int/comm/trade/bilateral/china/prodi.htm>, 22 May 2000.

[11] OJ, L250, 1985.

の条項を受けてECのモデル協定が作成された。協定交渉中にはEC諸国の対中投資が増加し，加盟国の多くが中国との間で BITs に署名している。これは，投資分野における将来の協力に一般的な法的基盤を整備したということになる。しかしながら，この協力協定は締約国に対して何ら実質的な義務を課すものではなく将来の協定に対する意図を表明したものであり，規定は実践的というよりも象徴的に態度を宣明したにすぎない。

この協力協定によって合同委員会が設置され，協定の実施状況を監視し経済協力を発展させる手段と新たな機会を探ることになった。合同委員会はまた，共通の利益となる分野で協定の目標を達成することができるように勧告を行うこととしている。さらに，委員会は必要な場合にはその作業を支援するための作業部会を設置している。

ECは国際機構として協力協定を締結する権限を行使しているが，これは排他的な権限ではない。したがって，加盟国は非加盟国との間でこの種の協定に署名する権限をなお保有していることになる。その間の衝突を軽減するため，閣僚理事会は決定第74/393号を採択し，この種の協定の締結に際しては事前協議を行い，協定とそこで講じられる措置や約束を委員会に通報するよう求めている[12]。これらの要求は加盟国の経済協力協定の締結権限を抑制することにはなったものの，それを排除するものではなかった。事実ほとんどのEC加盟国は，ECレベルの協力協定と平行して中国と二国間の経済協力協定を締結してきている。

2．中国＝EU加盟国間 BITs

先述のとおり，中国は二国間投資保護促進協定をEU加盟14ヵ国との間で13の BITs を締結してきた（2000年現在）。このうち最初のBITはスウェーデンとの協定であり（1982年），次いでドイツ，フランス，ベルギー＝ルクセンブルグ経済同盟，フィンランド，イタリア，デンマーク，イギリス，オランダ，オーストリア，ポルトガル，スペイン，ギリシャと締結している。アイルランドだけが中国と締結していないが，現在は交渉過程にある。これらBITsは現在のところヨーロッパからの対中投資に対して一般かつ実体的な

---

[12] Council Decision 74/393, *OJ*, L203, 1974, p. 23.

保護を与えられる唯一かつ最も重要な法的文書である。

　これらBITsの内容は，次のとおりである。

　——各締約国は，他の締約国からの投資家に対して自国領域向け投資を奨励し，自国の法令に従って当該投資を許可する（例えば，中国＝フィンランド協定2条1，中国＝イタリア協定1条，中国＝オランダ協定2条）；

　——投資に対しては公正かつ衡平な待遇を与えられる（例えば，中国＝スウェーデン協定2条(1)，中国＝ドイツ協定2条，中国＝フランス協定3条，中国＝オランダ協定3条1，中国＝オーストリア協定2条2，中国＝イギリス協定2条2）。

　これらには，関税同盟，自由貿易地域，越境貿易，二重課税防止条約をべつとして，第三国からの投資よりも不利でない待遇（最恵国待遇）を与えられる（例えば，中国＝スウェーデン協定2条(2)，中国＝ドイツ協定3条，中国＝フランス協定3条，中国＝オランダ協定3条2～4，中国＝オーストリア協定3条2～3，中国＝イギリス協定3条1～2）；

　——投資は，公益のため法の手続により無差別的に補償を伴う場合のほかは収用されない。補償は，収用対象の投資の価額に相当するものであり，不当な遅滞なく支払われ，実効的に行われかつ自由に送金可能なものでなければならない（例えば，中国＝スウェーデン協定2条(1)，中国＝ドイツ協定4条1～2，中国＝フランス協定4条2，中国＝オランダ協定5条1～2，中国＝イギリス協定5条1）；

　——一方の締約国の投資家が他方の締約国の領域に有する投資に対して当該他方の締約国の領域における戦争その他武力衝突，革命，国家緊急事態，叛乱，暴動によって損害を蒙ったときは，最恵国待遇を与えられる（例えば，中国＝ドイツ協定4条3～4，中国＝フランス協定4条3，中国＝オランダ協定6条，中国＝オーストリア協定4条3及び4条6，中国＝イギリス協定4条，中国＝デンマーク協定5条，中国＝イタリア協定4条3～4）；

　——各締約国は，自国の法令に従うことを条件として，投資に関わるあらゆる支払を不当な遅滞なく通貨交換可能な通貨で自由に送金することを認める（中国＝スウェーデン協定4条，中国＝フランス協定5条，中国＝オランダ協定4条，中国＝デンマーク協定6条，中国＝イタリア協定8条）；

——締約国が自国の投資家に対して他方の締約国の領域で行った投資に関して与えた保証に基づいて支払を行ったときは，当該他方の締約国は，一方の締約国に対して投資家の権利及び権限を譲渡すること並びにかかる権利及び権原に対する代位を認める（例えば，中国＝スウェーデン協定5条，中国＝ドイツ協定6条，中国＝フランス協定6条，中国＝オランダ協定8条，中国＝オーストリア協定6条，中国＝イギリス協定6条，中国＝デンマーク協定7条，中国＝イタリア協定7条）；

——締約国間のBITの解釈及び適用に関する紛争は，できる限り外交チャネルを通じて解決される。六ヵ月以内にこの方法で解決することが不可能になったときは，一方の当事者の要請に基づいてアドホックの仲裁廷に付託することができる（例えば，中国＝ドイツ協定10条，中国＝フランス協定8条，中国＝オランダ協定13条，中国＝オーストリア協定10条，中国＝イギリス協定8条，中国＝デンマーク協定9条，中国＝イタリア協定11条）；

——投資受入れ国と投資家との間の通常の紛争は，協議で解決される。六ヵ月以内にこの方法で解決することが不可能になったときは，投資受入れ国の行政当局又は法廷によって解決される。例外として，収用に伴う補償の額に関する紛争は，国際的な仲裁裁判所に付託することができるが，その場合の仲裁手続はICSIDの規則を参酌し又は参酌せずに決定される（例えば，中国＝ドイツ議定書(4)c～d，中国＝フランス協定10条及び議定書4，中国＝オーストリア協定10条及び議定書3，中国＝デンマーク協定8条，中国＝イタリア協定5条4及び議定書(4)）。

しかしながら，これらのBITsにはそれぞれ相違点がある。例えば，中国＝スウェーデン協定や中国＝ドイツ協定のような初期のBITsでは中国投資家が海外投資を行う前には承認されることを求めているが，その後のBITsではこの制限がない。さらに，中国＝イギリス協定では内国民待遇に関する規定が織り込まれ（3条3～4），中国＝スペイン協定にもこれが踏襲され同様の規定が設けられている（3条4）。送金に関しては，BITsの多くが投資受入れ国の法令に従うこととしているが，中国＝イギリス協定（6条1～2条），中国＝ドイツ協定（5条），中国＝オーストリア協定（5条）では投資受入れ国の法令に何ら言及することなく無制限に送金する権利が主張されて

いる。投資受入れ国と外国投資家との間の紛争解決に関しては，締約国がICSIDのメカニズムの利用に関する補完協定を締結することを求めているBITsもあるが，大方のBITsはそれを求めていない。

3．問 題 点

投資の実質的な奨励・保護に関しては，中国とEU加盟国との間のBITsは重要な意味を有するものである。これらの協定はとりわけEU諸国の対中投資のうえで法的基盤を与えようとするものである。それにも拘わらず，協力協定もBITsも共に相互投資に対する具体的保護の付与という点では規定が簡略にすぎる。まず，BITsは類似点を有しながらも互いに相違しているため，さまざまなEU加盟国からのさまざまなEU諸国投資家の間に差別を惹起する。さらに，一つ以上の法人格（便宜的には「国籍」）を有する企業（又はいわゆる「欧州会社」）であって対中投資を望むものは，適用されるBITをどのように識別確認するかという問題に直面する[13]。EU諸国で企業吸収合併，企業取得，企業連合などが通常の現象になるにつれて，このことはごく普通に生じる問題となる[14]。

第3節　ドメスティックな法の下でのEU＝中国投資関係

1．EU及びその加盟国における投資規整

1.1　投資問題に関するEU/ECの権限

国際機構としてのECは，共通の通商政策における排他的権限を取得してからは，ECの開発途上国向け投資の保護に関する統一政策を摸索しはじめた。しかしながら，これまでに達成したものは象徴的なものにすぎない。EU加盟国は非加盟国とのBITs締結に関しては完全な権限を留保している一方で，EC自らは投資に特化させた協定を締結する努力を怠ってきた。協

---

[13] 会社の国籍については，次の文献を参照。櫻井雅夫「多国籍企業」櫻井，前掲書，253〜276頁。

[14] EUレベルでECを一つの投資奨励保護協定締結の当事者とすることの必要性については，櫻井雅夫「EU諸国の対LDC投資に関わる保護保証協定」石川明編集代表『ゲオルク・レス教授65歳記念論文集』東京：信山社，2000年。109〜134頁。

力協定にみられるように,この点に関するECの慣行は一つの条文を当事国たる開発途上国との枠組み協定のなかに織り込み,将来に向けて相互投資の促進保護に関する政治的意志を表明するということである(例えば,1980年のEC=ユーゴスラビア協力協定及びEC=ブラジル協定)(15)。

特別の例はロメ協定(Lomé Convention)であり,この分野でECと加盟国が締結したものとしては最も実質的な内容を有している。この協定には6ヵ章17ヵ条から成る「投資」に関する篇を設けている(16)。そして,公正かつ衡平な待遇,内国民待遇,無差別待遇といった一般ルールだけでなく投資金融や通貨決済に関しても規定を設けている。最も重要なことは,ACP(アジア,カリブ海,太平洋)諸国・EU加盟国と他の諸国との間の協定に無差別条項を織り込む権限をすべての加盟国に付与していることである。言い換えれば,ACP諸国が第三国との間でBITを締結したときは(いわゆる"reference agreement"),全EU加盟国が当該BITに規定されていると同様の保護を享受することになる。これはECが締結した単一の協定というわけではなく,ECとその加盟国は混合連携協定も締結している。

WTO協定が批准されるとき,「ニュー・イシュー」を扱う権限がEUにあるか否かが議論された。すなわち,欧州委員会は,ECが物の貿易に関する多数国間協定やサービス貿易協定(GATS)やTRIPs協定を締結する権限を有するか否かについてEC条約300条(6)(旧228条(6))に基づいて欧州司法裁判所の意見を求めた。その結果,当裁判所はTRIPs協定を含むGATSの締結はEC条約133条(旧113条)に従えばECの専権に属すると判断した。しかしながら,密接に投資関連のGATSは,TRIPs協定と合わせて専権外のものと一般にみなされ,したがってECとしては加盟国と共同でこれに署名をせざるを得なかった。

OECDにおける多数国間投資協定(Multilateral Agreement on Investment, MAI)(17)の締結交渉過程では交渉に参加したのはECではなく加盟国であった

---

(15) 詳細は,*OJ*, 1980, L130 及び *OJ*, C169, 1980.

(16) 原文は,*OJ*, L229, 1991, p. 84; United Nations Conference on Trade and Development, *International Investment Instruments: A Compendium* (New York and Geneva: United Nations, 1996), Vol. 2, pp. 385-426.

(17) MAIの詳細については,櫻井雅夫,前掲書,495〜526頁。

が，加盟国は協力の枠組みについては合意をみた。だが，この緩やかな枠組みは何らの拘束的効果も有しなかった。その後，フランス政府は何らの事前協議もせずに話合いから脱退し，協定交渉は中止されることとなった。

このように，外資問題に関する一般権限の大部分が依然として加盟各国の手中に残されていることは明らかであるが，EUと加盟国との間の分権は曖昧なままである。したがって，外資に関するEUの規整の全体像を描こうとすれば，ECレベルと加盟国レベルの双方からこの種の規整を検討していく必要がある。

1.2 ECレベルでの外資規整

ECレベルでは，確立された外資政策もなく委員会に外資専門の担当官もいない。外資関連のECルールは数多く存在するため，幾つかの関係部局が外資のさまざまな問題を扱ってきている[18]。とくに，EC条約56〜60条［旧73条］は，外資法典と政策調和のための全般的な法的基盤となる可能性を備えたものである。5条は，次のように規定している。すなわち，

「1．この章に設けられた規定の枠組みの範囲で，加盟国間及び加盟国と第三国との間の資本の移動に関するすべての制限は禁止されるものとする。

2．この章に設けられた規定の枠組みの範囲で，加盟国間及び加盟国と第三国との間の決済に関するすべての制限は禁止されるものとする。」

しかしながら，資本移動と決済は正確にいうとこの条文に示されているような方法では処理されていない。事実，別途57, 58, 59条に定められているいくつかの基準に従うこととされている。

これらの条文の実施に当たっては，加盟国によっては為替管理廃止に猶予期間を与えられている（例えば，ギリシャは最終期限が1994年5月であった）。それと同時に，委員会は加盟国に対して行き過ぎ乃至差別的な措置についてこれを撤廃するよう説得を試みている[19]。さらに，56条及び57条(1)には，加盟国が1993年12月31日現在有効であった外資制度を厳しくすることを禁止す

---

[18] Thomas Brewer *and* Stephen Young, "European Policies and the Problems of Multinational Enterprise," *Journal of World Trade*, Vol. 29, No. 1, 1995, p. 41.

[19] 例えば，フランスは外資導入を許可事項とし，イギリスはブリティッシュ・エアロスペース社やロールス・ロイス社への外資を29.5パーセントまでに制限している。

るという効果を持たせている。最後に，EUレベルでは国や地域の助成が係ってくる場合を除き対内投資届出の義務はない。

EC条約とは別に，このほかにある国際機構たるECの法が外資に意味を持っている。とくに対内貿易や要素移動の領域で広く認められるところである[20]。例えば，吸収合併，企業買収，企業連合に関する規制さらには企業リストラクチャリング，政府調達，民営化に関するルール等は外資に関係してくるものである。同様に，競争政策，通商政策，地域・社会政策，産業政策に関する規制はさまざまな方法で外資にインパクトを与えてくる。

EUは，EC加盟国投資家による開発途上国市場開拓を奨励するための措置を採択している。1988年に，ECは「欧州共同体パートナーズ」計画の実施に着手したが，これは1992年には拡大，1995年にはさらに強化された。この計画の主な目的は，ラテン・アメリカ，アジア，地中海地域向け投資に資金面での支援を行うことである。また，欧州投資銀行（EIB）は，アフリカ，カリブ海，太平洋，地中海地域向け海外投資に融資活動を拡大してきた。1996年に，EUは協力協定を締結しているラテン・アメリカ，アジア諸国（中国を含む）向けプロジェクト向け貸付から生じる損失に対して保証を与えることを決定している[21][22]。

1.3　EU加盟国における対内外投資規制

加盟国レベルでみると，対内外資に関しては今なお基本的にさまざまな規制が存在する。これらのルールは主としてEU諸国外からの企業買収や規制対象乃至センシティブの産業における措置に関わるものであり，OECD資本移動自由化規約のなかで許される範囲の例外とされている[23]。対外投資に関しては規制は稀であり，わずかに例えば数ヵ国が届出乃至許可を条件としていたり，ギリシャが50パーセント外資要件を求めている程度である[24]。

それとは逆に，加盟国によっては，開発途上国とBITを締結する努力に加

---

[20] これらの規制については，Brewer *and* Young, *op. cit.*, pp. 39-40.

[21] *OJ*, L329, 1996, pp. 45-46.

[22] EIBと中国政府は資金協力枠組み協定に署名し，EIBは中国の石油開発計画に対して5500万ドルの借款を供与することとなった。European Investment Bank, *Annual Report, 1996*.

[23] Brewer *and* Young, *op. cit.*, p. 41.

えて対外投資奨励保護の制度を整備してきた。フランス，ドイツ，イギリス，スウェーデンは，さまざまな開発金融機関を通じて対外投資のために借款供与の便宜を図っている。さらに，ドイツ，フランス，オランダ，スウェーデン，イギリス，デンマーク等は，対外投資奨励を目的とした国営の投資保険制度を設けている[25]。

2．中国の外資関係法規
2.1　中国の外資法制度

中国は，外資関係法規の制定を活発に行ってきた。開放政策は，1979年の中外合資経営企業法（合弁法）の公布から始まった。合弁法は外資導入にとって最も重要な法令である。外資導入とは，憲法を次のように改正することによって合憲とされた。すなわち，外国企業，外国のその他経済組織及び外国の個人が中国に投資を行い，中国の経済組織とさまざまな形態の経済協力に入ることである（憲法18条1項）。それ以降，外資関係法規が数多く公布され，中国の投資市場がさらに広く開放されるところとなった。今日中国に存在する包括的な外資法制度は，憲法ルール，国レベルの法令，地方レベルの法令の三つに分けられる。

そのなかでは，次の六つの外資関係法規がとくに重要とされている。すなわち，①中外合資経営企業法（いわゆる「合弁法」），②中外合作経営企業法（いわゆる「合作経営法」），③外資企業法（いわゆる「獨資法」），④中外株式有限会社設立に関する地方条例ほか，⑤海洋石油資源対外共同開発条例，⑥対外合作陸上石油開発・採掘資源条例である。

これらの基本的な外資関係法規を実施するために，外資の参入，登記，操業，雇用，課税等々を規律する法令が数多く制定・施行されている[26]。なかでも，合弁法，合作経営法，独資法を施行するための三つの施行規則は，こ

---

[24] "EU Member States Policies on FDI in 1980s," *Journal of World Trade*, 1995, Vol. 29, pp. 42-43.

[25] Paul Comeaux *and* N. Stephan Kinsella, *Protecting Foreign Investment under International Law: Legal Aspects of Political Risks* (New York: Oceana Publications, 1997), pp. 179-81.

の三つの基本法に定められたルールと原則を具体化した最も重要なものである。したがって，中国向け投資には，五つの一般的形態すなわち①一般会社型合弁事業（equity joint venture），②契約式合弁事業（contractual joint venture），③全額外資企業（wholly foreign invested enterprise），④株式会社型合弁事業（stock companies with foreign investment）及び⑤合弁による資源開発事業があるということになる[27]。

2.2 中国法における外資の待遇

中国法における外資の待遇は一般に以下のような管理，保護，促進の三つの側面に分けられる。

2.2.1 法令における外資の管理

外資の管理は，受入れ段階及び操業段階の二つの段階に分けられる。第一に受入れに関しては，中国は特別のルールを設けていなかった。政府が投資プロジェクトを承認するまでは，外国投資家にとっては自分がどのような分野に投資すべきか，また自分の投資がどのように処理されるかということが不明であった。中国当局は，受入れの透明性を改善するため1995年に「外国投資企業方向指導暫定規則」及び「外国投資企業産業指導目録」を公布した。これによると，外資は奨励，制限，禁止，許可の四つのカテゴリーに分けられ，そこには奨励，制限，禁止の産業がリストアップされている。そのほかの産業はすべて許可対象産業とされている。奨励対象のカテゴリーに入る外資は特定の権利と恩典（主として税制上の優遇措置）を享受し，制限対象のカテゴリーに入る外資は一定の制限，例えば国産品使用強制，出資比率制限等に従うことになる。また，外資プロジェクトに承認される権利の配分を明記している。1990年2月には，「外国投資ハイテク産業指導目録」が公布されている[28]。外資企業を設立する際の個々の手続に関しては，外国投資家はいかなる外資形態で設立するかによって相応の施行規則に従うことになる。

第二に，ひとたび外資企業が設立されたときは事業の運営に関するオート

---

[26] 例えば，『現行中華人民共和国六法』（東京：ぎょうせい，1988年～　　　）加除式。（筆者は編集委員）

[27] Wenhua Shan, *op. cit.*, p. 162.

[28] 『人民日報』（海外版）2000年2月16日。

ノミーを有することになるが，中国政府当局はさまざまな観点からこれを指導し助成し監理することもある。1997年初めから，外資企業に対する年次検査が開始された。そのうえ，外資企業に対しては法令に基づいて特別の制限やパフォーマンス・リクワイアメント[29]が課せられる。例えば，国産品使用要求，外貨均衡要求，内国民雇用要求等々であり，その一部はWTOのTRIMs協定が禁止しているものである。1992年以来，中国政府は外資に対して徐々にではあるが内国民待遇の付与に乗り出している。中国は，米中WTO協定締結後，WTOのルールに近づける目的で外資法規再構成の作業を行っており，外資法制による管理による自由化は進むものと思われる。

2.2.2 法の下での外資の保護

一般に，ほとんどの外資企業は中国法人としての法的地位を取得することができ[30]，外国投資家の投資，利潤その他合法的な収益はすべて中国法の保護の下に置かれることになっている（合弁法2条，独資法8条）。原則としてこれら企業には，法が定める特定の恩典（外資促進措置）と制限（外資規制/管理措置）を講じられるほかは，他の中国企業と同一の待遇を与えられる。中国法に基づく特定の保護措置がカバーするところは，国有化とその補償，投資元本と利潤の海外送金，外資法規の安定化等である。

外資企業の非国有化は投資法規で一般に保障されている。特定の状況下で公益のために収用が行われるときは，法の手続に従わなければならず，また相応の補償が与えられることになる（合弁法2条3項，対外合作陸上石油開発・採掘資源条例5条，独資法5条）。ここにいう「特定の状況」は，戦争又は戦争の恐れ，厳酷な自然災害のような不可抗力（force majeure）といった緊急事態を指している。「相応の補償」は，拘束力を有するBITがある場合にはBITに従った補償，そのほかの場合には妥当な（appropriate）補償を意味するとされている。

投資元本と利潤の海外送金に関しては，外国投資家が外資企業で合法的に

---

[29] パフォーマンス・リクワイアメントについては，櫻井雅夫，前掲書，356～58頁。
[30] 会社型合弁事業と中外株式有限会社はすべて「中国法人」とされようが，契約式合弁事業でも中国法人の条件に合致する場合には同様の資格を取得することもできる。

稼得した利潤並びに企業が清算したあとに残った合法的な収益及び資金を海外へ送金することができることを保障している（合弁法10条，合作経営法23条，独資法19条）。また，外国人被用者も外資企業で稼得した賃金，給与その他適法な所得を，法に従って個人所得税を納付した後に海外に送金することができる（合弁法11条，合作経営法23条，独資法19条）。さらに，1996年の外国為替管理規則は外為制度を緩和し，経常取引における人民元の外貨交換性を認めた。したがって，外国投資家の利潤，利子及び収益の海外送金には外為当局の承認を要しなくなった。

対外関連経済契約に関する法令には，外資関連法規の安定性を確保するための一般規定と緊急規定が設けられている。国が承認した合弁事業，合作経営事業，資源共同開発のための契約が中国領域内で履行されている間に新たな法令が公布された場合であっても，契約は契約条件に従って実施されるということである。換言すれば，新法は制定前に締結された契約に対しては適用されないということである（対外経済契約法40条。ただし，新たに公布された契約法は対外経済契約法のこの条文を廃止し，法の安定性の存在を誇示しようとしている）。中国はまた，所得税法の改正に当たって「新法を遵守するが，それより有利な取決めがあれば旧法を遵守する」との原則を適用し，改正によって外国投資家が損害を受けないように配慮している（外国投資企業及び外国企業のための中華人民共和国所得税法27条）。同様の規定は，1993年公布の付加価値税，消費税及び事業税に関する新規則でも適用されている（外国投資企業及び外国企業に対する付加価値税，消費税及び事業税のような税に関する地方規則の適用に関する全国人民代表大会常任委員会決定2条）。

2.2.3　法の下での外国投資促進

政府は外資誘致のために数多くの優遇措置を採り入れてきたが，その多くは税制上の優遇措置である。例えば，所得税の領域では，特定の地区，特定の取引・プロジェクト，特定の産業・一定期間のプロジェクト，輸出指向・ハイテク企業，ハイテクの移転に対しては税率を引き下げ，さらに拡張投資及び再投資に対して優遇措置を講じている。さらに，当局が奨励する分野に投資をする外国投資家が輸入する機械その他設備に対して関税及び付加価値税を免除している。経済特別区その他経済特別地域では，中央政府及び地方政府が外国投資家に対して数多くの恩典及び便益を与えている。最近では，

西部中国向け投資を奨励するために新しい優遇措置を講じている。

3．問題点

EU/EC，中国の両サイドからみた相互投資のための「ドメスティックな法」の環境は全般的に良好と判断されている。しかしながら，双方にはさまざまな問題がある。まず一方のEU/ECサイドでは，第一の問題が外資問題に関する権限と管理に関するものである。すなわち，EC事務局では外資問題に関する利害関係が広くまたがり，したがって部局間で政策のカバレッジの重複，矛盾及びギャップが顕在化している(31)。さらに，EUと加盟国との間の分権化が曖昧であり，EUと加盟国との間でまた加盟国間でさらに問題が生じている。事実，OECDでのMAI（Multilateral Agreement on Investment. 多数国間投資協定）(32)交渉失敗の経験から判明したことは，ECに代わって加盟国が多数国間の枠組みに参加すればさまざまな困難な問題が生じるということである(33)。審議を遅らせ，ほかの諸国を妨害し，加盟国間の対決が続けば，アメリカと日本のようなライバルが漁夫の利を得ることにもなるとの見方もある(34)。EUの外資政策が統一されず国際機構たるECとその加盟国との間の分権がはっきりしなければ，EC事務局における部局の機能の効率化は進まないだけでなく，今後のバイラテラルないしマルチラテラルな法の定立という点からすればEUは苦境にな立たされるかもしれない。

EUサイドにとって第二の欠点は，ECレベルの投資保証スキームの欠如である。加盟国の多くが投資保証プロジェクトを備えているものの，（例えば，欧州投資銀行〈EIB〉が運営するような）ECレベルでの機構を持たなければカバレッジと規模が大きくならず信用供与も高くならず，したがって効率も高くならない。この意味では，EIBとしてはMIGAやEU加盟各国の投資保険者からさまざまな経験を学ぶ必要がある。

他方の中国サイドでは，第一に同じく外資法制に構造的な問題がある。さ

---

(31) Brewer *and* Young, *op. cit.*, pp. 44–47.

(32) MAI案の詳細は，櫻井雅夫，前掲書，495〜526頁。

(33) Brewer *and* Young, *op. cit.*, pp. 46.

(34) Alasdair R. Young, "The Adaptation of European Foreign Economic Policy: From Rome to Seattle," *Journal of Common Market Studies*, No. 1, 2000, p. 109.

まざまな時期にさまざまな機関によって法令が公布されたため，六つの基本法は互いに抵触しほかの関連法規とも整合しない。例えば，合弁法，独資法，対外合作陸上石油開発・採掘資源条例は非国有化と収用の場合の補償を保証しているが，ほかの基本法はこの問題について規定を設けていない。さらに，これら六つの基本法のほとんどには，投資プロジェクトの承認及び登記に関する詳細な施行規則があるが，それが会社法に合致しない。したがって，中国が外資関連法規の統合をめざし統一外資法を制定すれば各種基本法の一貫性が改善されるのは自明である。あり得る解決は，ひとつの基本法プラス一つ又は複数の施行規則という姿を作ること(35)，換言すればあらゆる形態の外資に対して基本的な諸ルールを提供するために一つの新しい外資法を制定するということである。同時に，中国の外資形態のニーズと条件に適合させるために現行の基本諸法規に基づく特別の施行諸規則を制定していく必要がある。

　第二に，外資関連法規の制定と法の実施に当たって透明性という点では長足の進歩を遂げたものの，中国政府はなお多くの「内規」を運用している。こうした内規がさまざまな政府部局から公布されているので，外国投資家は言うに及ばず担当官自体も混乱する。現在政府はその整理に追われているが，その数が膨大かつ混乱状態にあり，作業は容易に終わらない。

　第三に，投資家は税制上の恩典を享受し，特定のパフォーマンス・リクワイアメントを受忍しているものの，彼らは自分たちと中国人投資家との間の平等の待遇を選好しているのではないかということである。外資に対する内国民待遇付与は中国では期待できようが，市場経済の建設と一般的な経済力の限界といった束縛から，おそらくそれほど近い将来ということではなさそうである(36)。さらに，対中投資が急速に進んできたところから，BOT（Build-Operate-Transfer）(37)，吸収合併・買収といった形の外資が出現し，それに相応した規整が必要になってきている。

---

(35)　対外貿易経済合作部長によれば，中国は外資に関する関連法規の調整と健全な法制度の確立を目的として外資関係の法規と政策を整理してきている。劉新宇「中国合弁企業法の改正と今後の外商投資法整備の見通し（上，下）」『国際商事法務』29巻5〜6号，2001年5〜6月，582〜586頁，727〜731頁；次のURLも参照，"News about Trade and Economy,"〈www.moftec.gov.cn〉

最後に，まともな法規であっても施行を所掌する関係当局が往々にしてこれを歪曲し無視しているのではないかということである。こうした障害を除去して外資関係法規の施行を改善することが，外資関係の法的環境改善にとって決定的に重要である。

双方の「ドメスティックな法」に共通する問題は，それが片務的な立法にすぎずしたがって一方的な変更もあり得るということである。EU/EC加盟国と中国との間の相互投資関係を十分に保証するためには，外資保護に関する国際的な新しい法の枠組みが必要だということである。

結　語

以上，EU＝中国の投資関係を規律するマルチラテラル，バイラテラル及びドメスティックな法的文書の一般的な姿をみてきた。マルチラテラルなレベルでは，ICSID条約，MIGA条約及びWTO協定が主要な文書である。最初の二つの条約は紛争解決と政治リスク等の保証を扱ったものであり，WTO協定は主としてTRIMs（貿易関連投資措置）[38]とサービス部門への投資を規律したものである。

バイラテラルなレベルでは，EC＝中国協力協定が両者の投資交流のために一般的な法的基盤を提供し，他方中国とEU加盟国との間のBITsは中国とEU加盟国との間の投資に対して実質的な国際的保護を提供している。

ドメスティックなレベルでは，EU/ECとその加盟国が投資フローに対してかなりの規制緩和を行っているが，中国は複雑な現行法制度を改善する方向に進んでいる。

しかしながら，法的文書が相互投資の保護促進にとって不完全，不明確かつ少なくとも部分的には矛盾しているために，現行の法的枠組みでは不十分である。現行の多数国間文書は投資保護を与えるにはやや特殊であるし，他

---

[36]　Wenhua Shan, "National Treatment for Foreign Investment and Its Implementation," *Social Science in China*, No. 5, 1998; ——, "The Reform of FDI Laws in the PRC," *Company Secretary*, Vol. 10, No. 2, Feb. 2000.

[37]　櫻井雅夫，前掲書，613〜618頁。

[38]　TRIMsについては，櫻井雅夫，前掲書，356頁以下。

方，協力協定は実質的な約束を与えるにはやや一般的である。中国と大方のEU加盟国との間のBITsは両サイド間投資の保護にとっては妥当なものであろうが，そのカバレッジの狭小さとそれぞれの協定の差異が中国とEU加盟国との間の相互投資の保護について十分な内容を持たせていないのである。さらに，EUと中国双方の「ドメスティックな法」の性格は片務的なものであり，安定性のある法律文書とはなり得ていない。したがって，両サイド間の投資保護に特化した新しい法的枠組みを確立することが最善であろう。

6．ECにおけるWTO法の直接的効力
——近時のEC裁判所判例の考察——

入 稲 福　智

はじめに

　1950年代，西欧6ヶ国によって設立されたECは，加盟国数を倍増させながらも緊密性を維持し，他の国際機関には見られないほど強力かつ実効的な経済統合を実現させている。この状態に鑑み，ECの超国家性を指摘する見解も広く主張されているが[1]，その拡大・深化はとどまるところを知らない。しかし，その大規模さゆえに，さらなる発展の道は決して平坦ではなく，諸政策には柔軟性や opting out の可能性が求められている[2]。また，欧州統合の進展に不可欠なブリュッセルへの権限委譲に対しては慎重論が提唱され，加盟国の独自性の尊重や，市民に身近な統合の重要性が確認されている[3]。このように，EUのさらなる拡大・進化といった政策目標の裏側には，柔軟性や加盟国の独自性の尊重といった相対峙する要請が存在する。これらの点を巧みに調整すべく，EUは，federal unionとしての性格をさらに強めていくことであろう[4]。

---

(1)　なお，EUの超国家性は，加盟国数の多さや政策領域の広範さに基づいているのではなく，政策の実効性ないしEC法の法規範力の強さに基づいている。超国家性の概念につき，Pechstein/Koenig, Die Europäische Union (Mohr Siebeck, 2nd edition, 1998), paras. 9-13; Streinz, Europarecht (C. F. Müller, 5th edition, 2001), paras. 115-121を見よ。

(2)　この点について，Giering/Janning, Flexibilität als Katalysator der Finalität ? Die Gestaltungskraft der "Verstärkten Zusammenarbeit" nach Nizza, (2001) Integration 2/01, 146.

(3)　EU条約6条3項［旧F条1項］およびEC条約5条［旧3b条］2項参照。

この連邦的性質は，法秩序に関して顕著である。すなわち，EC法は加盟国法に優先し，両者の内容が矛盾する場合，後者は適用されない。また，国内裁判所による共同体法の解釈・適用を統一するため，先行判断（preliminary ruling）制度（EC条約234条［旧177条］参照）が設けられている(5)。そのため，共同体法の解釈・適用（適法性）について疑義がある場合，国内裁判所は，EC裁判所（Court of Justice of the European Communities）に判断を求める必要がある。もっとも，このことより，同裁判所の上位性（いわば，連邦最高裁判所としての性質）が導かれるわけではない。なぜなら，EC裁判所は国内裁判所の判断の当否について審査する司法機関ではないからである。国内裁判所に係属した訴えについて判示するのは，あくまでも国内裁判所であり，EC裁判所はこれを補助する役割を担うにすぎない。両裁判所間のこの協力制度(6)は，共同体法秩序の維持や発展に貢献してきた。例えば，EC法の特殊性を際立たせる直接的効力（direct effect）に関する理論は，先行判断手続を通し確立されている(7)。同様のことは，ECや加盟国が締結した国際条約の直接的効力にも当てはまるが，この点に関し特に注目されているのは，GATTである。1972年以降に下された一連の先行判断において，EC裁判所は，同協定（1947年のGATT）の直接的効力を明瞭に否定してきた(8)。こ

---

(4)　EUの将来像と連邦制について，Pinder, Der Vertrag von Nizza‐Wegbereiter eines föderalen oder intergouvernemental Europa?, (2001) Integration 2/01, 77, 82-85. また，連邦制について，Bermann/Goebel/Davey/Fox, Cases and Materials on European Community Law (West Publishing 1993), 171 ("In 1991, the UK prevented the Treaty of European Union drawn up at Maastricht from using the term "federal" even though its use was strongly urged by Germany, France and other states.") を参照されたい。

(5)　Cf. Case 107/76, *Hoffman-La Roche* [1977] ECR 957, 972.

(6)　先行判断制度が両裁判所間の協力関係の構築を意図していることについて，Case 44/65, *Hessische Knappschaft v. Maison Singer and Fils* [1965] ECR 1199.

(7)　直接的効力に関するEC裁判所の判例について，Craig/de Búrca, EU Law, Text, Cases, and Materials (Oxford University Press, 2nd edition, 1998), 163-211; Kapteyn/VerLoren van Themaat, Introduction to the Laws of the European Communities (Kluwer Law International, 3rd edition, edited and further revised by Gormley, 1998), 529-550を参照されたい。

6．ECにおけるWTO法の直接的効力　［入稲福智］

の判旨の是非については，従来より活発に議論され，厳しい批判も見受けられるが[9]，近年，この問題は，再び注目されるようになった。その要因の一つとしては，WTO諸協定（1994年のGATTを含む）の制定が挙げられる[10]。中でも，従来のGATTに比べ，新協定は法的に強化されていることに鑑み，それには直接的効力を認めるべきであるとする見解が有力に主張されている[11]。この問題に関するEC裁判所の判断が待たれる中，2000年12月に下された先行判断において，同裁判所は，TRIPs協定の直接的効力を明確に否定した[12]。

---

(8)　リーディングケースとなったInternational Fruit Company判決では，GATT 11条の直接的効力が否認されている。See Cases 21-24/72, *International Fruit Company* [1972] ECR 1219, paras. 19-27. その他の判例に関し，拙稿「EC法秩序におけるGATT/WTO諸協定の直接的効力」平成国際大学法政学会『平成法政研究』6巻1号（2001年）153頁以下（173頁，注9）を参照されたい。また，Ott, GATT und WTO im Gemeinschaftsrecht (Carl Heymanns 1998), 129-168を見よ。

　EC法体系下におけるGATTの効力に関する邦文文献として，例えば，平覚「国際経済関係の法的調整と個人の役割―ガットの直接適用可能性をめぐって―」菊本義治他編著『国際調整の経済学』（実教出版，1993年）150頁以下（159頁以下），山手治之「EC法におけるガットの地位―ガット規定の直接適用性を中心に―」林久茂他編『国際法の新展開―大寿堂鼎先生還暦記念』（東信堂，1989年）63頁以下，山根裕子「WTO紛争処理制度へのEUの対応―国際条約の相互性と直接効果―」日本国際経済学会『日本国際経済法学会年報』7号（1998年）134頁以下，拙稿「EC法秩序におけるガット（GATT）の裁判規範性」平成国際大学法政学会『平成法政研究』5巻2号（2001年）65頁以下および拙稿・前掲論文（注8）（『平成法政研究』6巻1号）153頁以下を参照されたい。

(9)　拙稿・前掲論文（注8）（平成法政研究5巻2号）76頁以下を参照されたい。

(10)　その他の要因としては，1994年10月5日の判決において，EC裁判所は，加盟国によって提起された訴訟においても，EC法令がガットに反するかどうか審査しないと判示したことが挙げられる。Case C-280/93, *Germany v. Council* [1994] ECR I-4973, para. 109. この点について，拙稿・前掲論文（注8）（『平成法政研究』5巻2号）77～78頁を参照されたい。また，ECのバナナ市場規則やホルモン剤が投与された牛肉の輸入禁止など，一連の措置がWTO法に違反することも，新国際貿易諸協定の効力について関心を集めるきっかけとなった。この点について，中川淳司「ECの最新バナナ輸入制度に関するパネル報告」松下満雄・清水章雄・中川淳司編『ケースブック　ガット・WTO法』（有斐閣，2000年）201頁以下，平覚「ECの最新バナナ輸入制度に関する上級委員会報告」同書209頁以下，川合弘造「ECホルモン牛肉輸入制限に関するパネル報告」同書327頁以下および宮野洋一「ECのホルモン牛肉輸入制限に関する上級委員会報告」同書332頁以下を参照されたい。

また，同じ理由に基づき，2001年5月には，1994年のGATTの直接的効力も否定しており(13)，EC裁判所の判断は，新たな批判にさらされることになった(14)。

　直接的効力は条約の効力の一つにすぎないが，これが認められると，個人は条約違反を理由に国内措置（またはECの措置）の違法性を訴求することができる(15)。私人は，時として条約違反の影響を最も鋭敏に受けるため，これに「法の番人」としての役割を与えることは，条約法秩序を維持したり，その実効性（effet utile）を高めるのに適している(16)。特に，中南米産バナナの輸入制限や，ホルモン剤が投与された牛肉の輸入禁止など(17)，一連のECの措置がWTO法に違反することを契機として，新国際貿易諸協定の効力に関

---

(11) Becker-Çelik, Ist die Ablehnung der unmittelbaren Anwendung der GATT-Vorschriften durch den EuGH heute noch gerechtfertigt？, EWS 1997, 12, 15; Cottier, Die Durchsetzung der Prinzipien und Beschlüsse der WTO: Das Streitbeilegungsverfahren und seine Auswirkungen, in FIW (ed.), Die Bedeutung der WTO für die europäische Wirtschaft, Referate des XXX. FIW-Symposiums, FIW-Schriftenreihe 118, Köln 1997, 121, 135; *Oppermann*, Die Europäische Gemeinschaft und Union in der Welthandelsorganisation (WTO), RIW 1995, 919, 927-928. また，拙稿・前掲論文（注8）（『平成法政研究』5巻2号）78頁を参照されたい。

(12) Joined Cases C-300/98 and C-392, *Dior and others* [2000] ECR I-11307, paras. 41-49.

(13) Case C-307/99, *OGT Fruchthandelsgesellschaft mbH* [2001] ECR I-3159, paras. 22-31.

(14) See von Danwitz, Der EuGH und das Wirtschaftsvölkerrecht – ein Lehrstück zwischen Europarecht und Politik, JZ 2001, 721; Peers, W.T.O. dispute settlement and Community law, (2001) 26 E.L. Rev. 605; Stieglitz, Anmerkung, EuZW 2001, 530.

(15) 直接的効力は，加盟国のEC法上の義務違反が争われるケースにおいて問題になることが多いが，訴追されるのはEC諸機関の義務違反であってもよい。See Case 2/74, *Reyners* [1974] ECR 631, paras. 24-31. 同効力の概念について，拙稿・前掲論文（注8）（『平成法政研究』6巻1号）156～158頁を参照されたい。

(16) 「EC法の番人」としての役割は，本来，欧州委員会（European Commission）に与えられているが（EC条約226条（旧169条）および227条（旧170条）参照），EC法違反の影響を強く受ける個人にもこの役割を与える直接的効力の意義について，Case 26/62, *van Gend & Loos* [1963] 1, para. 15; Craig/de Búrca, *op. cit.* note 7, 167.

する問題はEC内でも注目を集めているが[18]，本稿では，EC裁判所の近時の判例を基に，WTO諸協定の直接的効力に関して考察する。

第1節　EC 裁判所の管轄権

7年余に渡るウルグアイ・ラウンドの成果を受け，1995年には世界貿易機関（WTO）が発足し，従来のGATT体制はWTOに継承されることになった。この新しい国際機関に，ECは加盟国と共に加盟しているが[19]，新国際貿易法の中核は，①条約としてのGATT（従来のGATT（1947年のGATT）と区別するために，1994年のGATTと呼ばれる），②GATSおよび③TRIPs協定で構成されている[20]。WTO法の直接的効力を問う場合には，これらすべての協定の直接的効力について検討する必要があるが，欧州共同体においては，EC裁判所がすべての協定の直接的効力について判断を下しうるわけではない。より厳密には，ある協定が定めるすべての事項について，EC裁判所が判示しうるとは限らないということである[21]。なぜなら，GATSやTRIPs協定は，ECの管轄事項と加盟国の管轄事項の双方について定めており（いわゆる

---

(17) これらのEC第2次法とWTO法の整合性について，前掲注10内の文献を参照されたい。

(18) See Hilf/Schorkopf, WTO und EG: Rechtskonflikte vor den EuGH?, Anmerkung zum Urteil des EuGH vom 23. 11. 1999 – Rs. C-149/96, Portugal/Rat, EuR 2000, 74; Peers, *op. cit*. note 14, 605.

(19) WTO協定11条1項参照。なお，同規定では，European Communitiesと複数形になっており，これは，欧州共同体（EC），欧州石炭・鉄鋼共同体および欧州原子力共同体の総称である。EC（単数形）のWTO諸協定締結権限に関し，Opinion 1/94, *WTO*［1994］ECR 5267および拙稿「ECの共通通商政策の分野における権限とEC裁判所における『意見』(Advisory Opinion) 手続—WTO設立協定に関するEC裁判所の『意見』の評釈を含めて—」慶應義塾大学法学研究会『法学研究』68巻12号 (1995年) 605頁以下を参照されたい。

(20) この点について，津久井茂充『WTOとGATT』（日本関税協会，1997年) 34頁以下を参照されたい。

(21) なお，EC法上，個人の訴えは，まず，EC裁判所ではなく，第1審裁判所に係属するため，WTO諸協定の発効後，諸協定の直接的効力を問う個人の訴えは第1審裁判所に提起されたが，同裁判所はこの問題について判示していない。Case T-

混合協定 (mixed agreement) である[22]，①加盟国が専属的管轄権を有する案件や，②そうではない場合であれ，ECが第2次法をまだ制定しておらず，それゆえ，加盟国に管轄権が残っている案件について，EC裁判所は判示しえないからである[23]。これに対し，1994年のGATTの直接的効力については，1947年のGATTの場合と同様に，EC裁判所のみが判断を下しうる。なぜなら，同協定の対象事項であるモノ（商品）の貿易に関する権限は，加盟国から共同体に完全に委譲されているためである[24]。このことは，本稿内で考察する近時のEC裁判所判例の中で確認されているが（第2節1.2参照），もっとも，直接的効力の有無を決する重要な判断，すなわち，WTO諸協定の性質（裁判規範性）に関する裁定[25]は，すべての協定に及んでいるため，EC裁判所は，実質的に全協定（厳密には，諸協定内のすべての規定）の直接的効

228/95 R. S. Lehrfreund Ltd. v. Council and Commission [1996] ECR II-111, para. 72.

[22] See Craig/de Búrca, op. cit. note 7, 117-118.

[23] Hermès 判決（1998年6月16日付）において，EC裁判所は，TRIPs協定50条の解釈に関する自らの権限は，商標権が保護される場合に限定されると判示している。これは，共同体はすでにEC商標に関する指令を制定し，国内裁判所（やEC商標裁判所）による仮の権利保護について定めているが，このEC法に基づく保護に際し，国内裁判所はTRIPs協定50条の文言や趣旨を考慮しなければならないためである。要するに，EC法を適用する上で，同規定の解釈が必要になるため，EC裁判所に管轄権が与えられる。See Case C-53/96, Hermès [1998] ECR I-3603, paras. 23-29. 他方，EC加盟国もTRIPs協定を締結しているため，国内法上の商標権の保護に際し，50条を考慮する必要があるが，加盟国間で同条の解釈が異なるのは不都合であるため，このような場合であれ，EC裁判所が同条を統一的に判断するとされる（paras. 31-32）。この判旨は，Joined Case C-300/98 and C-392/98, Dior and others, op. cit. note 12, paras. 32-40で確認されているが，新判決では，さらに，TRIPs協定50条の直接的効力が否認されている。もっとも，この判断は商標権（EC法上の商標権であるか，国内法上の商標権であるかを問わない）に限定され，それ以外の知的所有権に関しては，加盟国の裁判所が決すべきであり，直接的効力を認めることも妨げないと判示されている（paras. 47-49）。なお，Case C-307/99, OGT Fruchthandelsgesellschaft mbH, op. cit. note 13, para. 25では商標権に限定されていない。詳細は後述（第2節1.2）を参照されたい。

[24] See Case C-307/99, OGT Fruchthandelsgesellschaft mbH, ibidem, paras. 22-31.

[25] Case C-149/96, Portugal v. Council, Council [1999] ECR I-8395, para. 47. この点について，後述第2節1.1を参照されたい。

力について判示したものと解される（後述第2節1.2参照）。

このように，WTO法の（直接的）効力の決定は，国内裁判所の管轄事項に属することもあり，この限りにおいて，ECレベルで統一的に定めることはできないが，以下では，EC裁判所の近時の判例を基に，共同体法秩序における新国際貿易諸協定の直接的効力について検討する。

第2節　WTO諸協定の直接的効力に関するEC裁判所の判例

1．個々のケース

1.1　Portugal v. Council 事件

WTO協定の発効後，まもなくしてその効力に関する先行判断が国内裁判所より求められ，複数の法務官（Advocate General）も見解を述べているが[26]，当初，EC裁判所が明確に判示することはなかった[27]。もっとも，この問題に関する判断が必ずしも必要ではない Portugal v. Council 判決（1999年11月23日付）[28]から，同裁判所の立場を読み取ることができる。この事件では，ECがインド・パキスタン両国と繊維市場のアクセスに関する了解覚書を締結することを了承するEU理事会決定[29]の適法性が争われたが，ポルトガル政府（原告）は，同決定はWTO法[30]に違反するため無効であると主張したのに対

---

[26] AG *Tesauro* in Case C-53/96, *Hermès* [1998] ECR I-3603, paras. 22-37; AG *Saggio*, Case C-149/96, *Portugal v. Council*, ibidem, paras. 19-23.

[27] Case C-183/95, *Affish* [1997] ECR I-4315, para. 28; Joined Cases C-364/95 and 365/95, *T. Port* [1998] ECR I-1023, paras. 66-67.

[28] Case C-149/96, *Portugal v. Council, op. cit.* note 25. 同判決に関する邦文文献として，拙稿・前掲論文（注8）（『平成法政研究』5巻2号）79頁以下および庄司克宏「EC法秩序におけるWTO法の位置付け―ポルトガル対理事会事件（1999年11月23日付判決）―」『貿易と関税』49巻6号（2001年）90頁以下を参照されたい。

[29] Council Decision 96/386/EC of 26 February 1996 concerning the conclusion of Memoranda of Understanding between the European Community and the Islamic Republic of Pakistan and between the European Community and the Republic of India on arrangements in the area of market access for textile products, OJ 1996, No. L 153, 47.

[30] なお，EC裁判所の判決からは，GATT，繊維および繊維製品に関する協定

し，EC裁判所は，EC第 2 次法の違法性審査に際し，WTO諸協定を裁判規範として適用することはできないとする趣旨の判断を下し，ポルトガルの訴えを退けた（その論拠については，後述 2．で詳しく検討する）[31]。このことより，新国際貿易法も直接的効力を有さないことが明らかになろう。なぜなら，同効力は，条約規定の裁判規範性を要件とするからである[32]。また，同判旨からは，WTO諸協定内のすべての規定の裁判規範性（したがって，直接的効力）が原則として否定されることが読み取れる[33]。実際に，EC裁判所は，後述する判決ないし決定において，TRIPs協定と1994年のGATTの直接的効力を否認している。なお，本件の原告はポルトガル政府であり，個人がWTO法規を援用し，提訴しているわけではないため，直接的効力の問題は生じない[34]。これを踏まえた上で，同政府は Nakajima 判決理論（後述第 3 節参照）を援用し，確かに，GATT審査は原則としてなされないが，本件ではその例外が認められると主張している[35]。この点について，EC裁判所は，Nakajima

---

(ATC) ならびに輸入許可手続に関する協定に違反すること以外には，具体的に同諸協定内のどの規定に違反するのかは明らかにならない。これに対し，例えば，ATC 4 条および 7 条違反に関しOpinion of AG *Saggio*, Case C-149/96, *Portugal v. Council, op. cit.* note 25, para. 28.

[31] Case C-149/96, *Portugal v. Council*, ibidem, para. 47: "It follows from all those considerations that, having regard to their nature and structure, the WTO agreements are not in principle among the rules in the light of which the Court is to review the legality of measures adopted by the Community institutions.").

[32] この点について，拙稿・前掲論文（注 8）（『平成法政研究』 5 巻 2 号）76頁以下を参照されたい。

[33] 本件では，幾つかの協定の効力が問題になったが，EC裁判所の判断は，WTO法諸協定全体に及ぶ。

[34] この点について，拙稿・前掲論文（注 8）（『平成法政研究』 6 巻 1 号）157〜158頁を参照されたい。

[35] Case C-149/96, *Portugal v. Council, op. cit.* note 25, paras. 27-28 and 32-33.

[36] Paras. 49-51.

[37] なお，Tuk 社が販売・搬送した Dior 製品はすべて，EC（ないしEEA）外で調達されたものかどうかは争われている。See Joined Cases C-300/98 and C-392, *Dior and others* [2000] ECR I-11307, para. 18; Opinion of GA Cosmas in Joined Cases C-300/98 and C-392, *Dior and others*, ibidem, para. 13.

判決やFediol判決で示された理論がWTO諸協定にも適用されることを確認した上で，本件では，新国際貿易協定に照らしEC法の適法性を審査する例外的事由は存在しないと判示し，ポルトガル政府の主張を退けている[36]。

1.2 Dior and others 事件

TRIPs協定50条は，知的所有権の侵害を防止したり，証拠を保全するため，WTO締約国の司法機関は暫定措置を講じる権限を有することについて定めているが，同6項によれば，この「暫定措置は，本案についての決定に至る手続が，合理的な期間（国内法令によって許容されるときは，暫定措置を命じた司法当局によって決定されるもの。その決定がないときは，20執行日又は31日のうちいずれか長い期間を超えないもの）内に開始されない場合には，被申立人の申立てに基づいて取り消され又は効力を失う」ことになる。オランダの国内法は，知的所有権の保護を目的とした暫定措置については定めているものの，引用したTRIPs協定50条6項に準じた規定を設けていない。そのため，オランダの国内裁判所は，これを直接適用することが可能かどうか，EC裁判所に先行判断を求めることになった。

この問題は，Dior事件とLayher事件という異なる訴訟事件において生じ，異なるオランダの国内裁判所よってEC裁判所に先行判断が委託されているが，まずDior事件の概要は以下の通りである。フランスの高級服飾品ブランドChristian Diorは自社製品のプレステージを保つため，EC内の販売店を限定しているが，Tuk社は，EC外——厳密には欧州経済地域（European Economic Area）の領域外——でDiorの香水を調達し[37]，これをEC内の会社に販売・搬送した。これによって自らの商標権が侵害されたとして[38]，Diorがオランダの国内裁判所に提訴し，Tuk社の販売禁止命令を求めたところ，裁判所は，オランダ民訴法（Wetboek van Burgerlijke Rechtsvordering）289条

---

(38) この主張の当否に関し，Opinion of GA Cosmas, ibidem, para. 13.
(39) See Jointed Case C-300/98 and C-392, *Dior and others*, ibidem, para. 15.
(40) 訴えの許容性について，Joined Case C-300/98 and C-392/98, *Dior and others*, ibidem, paras. 29-30.
(41) 足場組みの画像はLayher社のホームページで見ることができる（http://www.layher-gerueste.de/neu/deutsch/produkte/allround_anw.htm（2002年5月20日現在））。なお，同社は，この足場組みで特許を取得していたが，その権利は，ドイツでは

1項に基づく仮処分として，Tuk社に販売禁止を命じる一方で，TRIPs協定50条6項に匹敵する規定が国内法にはないが，これを直接適用することができるか（この意味において，同規定は直接的効力（direct effect）を有するかどうか[39]）等についてEC裁判所に先行判断を求めた[40]。

次に，Layher事件では，意匠権の侵害に対する仮の権利保護の適法性が問題になったが，事案の概要は以下の通りである。ドイツ法人のLayherは，建築工事用の足場組み（Scaffolding）[41]を考案し，それを販売している有限会社であるが，自社製品がAssco Gerüste有限会社（以下，Asscoとする）によって違法に模倣され，オランダ国内で販売されているとして，製品のオランダへの輸出，また，同国内での販売禁止の仮処分を求め，同国内の地方裁判所に提訴したところ，地裁はこれを認め，TRIPs協定50条6項が定める期間を1年と決定した[42]。この判断を不服として，Asscoが控訴したところ，控訴審は，50条6項の期間を1年とする地裁の判断を破棄したが，その他の判断は支持したため，AsscoはHoge Raad der Nederlanden（オランダ最高裁）に上告した。これを受け上告審は，手続を中断し，50条に関するEC裁判所の管轄権や同条6項の直接的効力等について，EC裁判所に先行判断を求めた[43]。

このように，Dior事件とLayher事件では，共通の問題を含んでいるため，EC裁判所は，両事件を結合して判決（2000年12月14日付）を下しているが，共通の争点，すなわち，TRIPs協定50条6項に匹敵する国内法規が存在し

1994年10月，また，オランダでは1995年8月に消滅していた。その後の1996年6月，同社は，Assco Gerüste社に対し，意匠権侵害に基づく訴えを提起している。See Joint Cases C-300/98 and C-392, *Dior and others*, ibidem, paras. 21-22; Opinion of GA Cosmas in these cases, ibidem, para. 17.

[42] Joint Cases C-300/98 and C-392, *Dior and others*, ibidem, para. 25.
[43] Para. 27.
[44] EC裁判所は，直接的効力（direct *effect*）の問題と直接的適用性（direct *applicability*）の問題を明確に区別していないことがすでに文献上指摘されている。See Craig/de Búrca, *op. cit.* note 7, 174-175. 両者は同じ効果をもたらすという点で，区別する実益に欠ける。また，後者が認められる場合にのみ，前者も認められるため，EC裁判所は，まず後者について判示していると解されるが，両者の違いは，前者が個人の権利（実体的権利であるか，訴権であるかを問わない）を重視してい

ない場合でも，国内裁判所は（職権で）これを適用することができるかどうかは，直接的効力（direct *effect*）の問題というよりも，むしろ直接的適用性（direct *applicability*）ないし直接的執行可能性（direct *enforceability* or self-executing）の問題として捉えるべきものである(44)。すなわち，ここでは，個人が条約規定を援用し，提訴しうるかどうかという意味での直接的効力は争われていない。しかし，判決において，EC裁判所はTRIPs協定50条6項の直接的効力について明確に判示している。すなわち，商標権の保護のために講じられる暫定措置に関しては，直接的効力を認めることはできないが，他方，その他の知的所有権に関しては，国内裁判所が判断すべきであり，同規定を援用し提訴する権利を個人に与えることもできると判示している(45)。なお，EC裁判所が，自らの判断を商標権の分野に限定しているのは，ECが同法益に関する第2次法をすでに制定しているからである(46)。後述するOGT Fruchthandelsgesellschaft決定では，このような限定はなされていないが(47)，これは単に先例が詳細に扱われていないためであり，判例変更と解すべきではなかろう。また，直接的効力を否認しているのは，前述したPortugal v. Council判決でも述べているように，WTO法の性質および構造に照らすと，その裁判規範性が否定されるからである。それゆえ，商標に関する限り，

　　　る点に求められる。例えば，個人が条約規定の直接執行可能性を論拠として提訴するとすれば，直接的効力の問題となる。なお，これらとは異なる直接的適用性（direct applicability）の概念について，拙稿・前掲論文（注8）『平成法政研究』6巻1号）156頁以下を参照されたい。

(45)　Joint Cases C-300/98 and C-392/98, *Dior and others*, op. cit. note 37, paras. 41-49. WTO諸協定の趣旨・目的に照らすと，諸規定の直接的効力は包括的に否定されようが，個々の規定の特殊性に基づき，直接的効力が例外的に認められる場合もあると解してよいであろうか。なお，例外的に直接的効力を認めるEC加盟国もある。例えば，ドイツについて，Bundestagsdrucksache 12/7655, 344. この問題に関し，Meng, Gedanken zur Frage unmittelbarer Anwendung von WTO-Recht in der EG, in: Beyerlin u.a. (ed.), Recht zwischen Umbruch und Bewahrung, FS für Bernhardt (Springer 1995), 1063, 1078-1079. また，拙稿・前掲論文（注8）『平成法政研究』6巻1号）166頁を参照されたい。

(46)　この点について，注23を参照されたい。

(47)　C-307/99, *OGT Fruchthandelsgesellschaft mbH, op. cit*. note 13, para. 25.

(48)　See C-307/99, *OGT Fruchthandelsgesellschaft mbH*, ibidem, para. 25.

TRIPs協定50条6項だけではなく，その他の諸規定の直接的効力も原則として否認される(48)。このように判旨が裁判規範性の欠如に基づいているならば，その他の知的所有権に関し，国内裁判所は直接的効力を認めることもできるとする判断は首肯しがたい。

1.3 OGT Fruchthandelsgesellschaft 事件

この事例では，再び，バナナ市場規則(49)の適法性について争われることになったが，1997年9月，WTO紛争処理手続の上級委員会によって，同市場規則のGATT違反が認定され(50)，この判断が紛争処理委員会（DSB）によって採択されると，ECは同市場規則を部分的に修正している(51)（これをWTO法上の義務の履行を目的とした措置と捉えることができるかについて，第3節参照）。新18条1項に基づき，ドイツの関税当局は，OGT Fruchthandelsgesellschaft（以下，OGTとする）がエクアドルから輸入したバナナの関税額を決定した（1999年2月5日）。OGTは一旦はこれを納めたが，翌月，同決定に異議を申し立て，その執行取消しを要請したが，関税当局によって却下されたため，ハンブルク地方財政裁判所（FG Hamburg）に提訴し，執行停止の仮処分を求めた。審理に際し，同裁判所は，1999年4月12日，WTOの小委員会（パネル）によって，新バナナ市場規則は1994年のGATT1条および13条に合致していないとする旨の報告書がまとめられているため，新バナナ市場規則は適用されないのではないか(52)，また，EC法に対するGATTの優先性や新GATTの直接的効力，さらには，EC条約307条（旧234条）1項に基づき，バナナ市場規則の適用は排除されることにはならいかという問題の先行判断をEC裁判所に付託した(53)。

これらの諸問題につき，EC裁判所は，Tizzano法務官の意見を聞いた後，

---

(49) Council Regulation (EEC) No 404/93 of 13 February 1993 on the common organisation of the market in bananas, OJ 1993, No. L 47, 1.

(50) 上級委員会の報告書について，平覚・前掲文献（注10）を参照されたい。

(51) Council Regulation (EC) No 1637/98 of 20 July 1998, OJ 1998, No. L 210, 28.

(52) なお，財政裁判所は，バナナ市場規則の有効性を疑っているわけではない。WTO法に違反したからといって，ある措置が当然に無効になるわけではないため，この見解は適切である。

(53) C-307/99, *OGT Fruchthandelsgesellschaft mbH, op. cit*. note 13, paras. 19-21.

口頭弁論手続を開くことなく[54]，簡潔な決定（order/ordonnance/Beschluß）を下した（2001年5月2日付）。すなわち，1994年のGATTの直接的効力が否定されることは，先例に照らし明らかであり[55]，また，仮にEC条約234条1項が1994年のGATTに適用されるとしても[56]，それに基づき新GATTに直接的効力が認められるわけではないと判示している[57]。さらに，本件では，法令審査を行う例外的事由は存しないと述べている[58]。

2. EC 裁判所の論拠

前掲のEC裁判所判例は，何れも同じ理由に基づいている。すなわち，最初の Portugal v. Council 判決の理由が事後の判例の中で確認され，TRIPs 協定と新GATTの直接的効力が否認されている。個々の論拠について検討する前に，以下の2点について触れておきたい。第1に，Dior and others 判決

---

[54] EC裁判所手続規則104条3項参照。同項は以下のように定める。

Where a question referred to the Court for a preliminary ruling is identical to a question on which the Court has already ruled, where the answer to such a question may be clearly deduced from existing case-law or where the answer to the question admits of no reasonable doubt, the Court may, after informing the court or tribunal which referred the question to it, hearing any observations submitted by the persons referred to in Article 20 of the EC Statute, Article 21 of the Euratom Statute and Article 103 (3) of these Rules and hearing the Advocate General, give its decision by reasoned order in which, if appropriate, reference is made to its previous judgment or to the relevant case-law.

[55] Case C-307/99, *OGT Fruchthandelsgesellschaft mbH*, op. cit. note 13, para. 23. Stieglitz, op. cit. note 14, 531-532 は決定の簡略性を批判するが，先例で述べたことをあえて繰り返す必要はないと考えられるため，この見解は支持しえない。もっとも，新GATTの直接的効力が否認されることはさておき，EC条約234条の適用は，必ずしも明らかではなかったと解される。See Peers, op. cit. note 14, 609.

[56] 要するに，EC裁判所は，①1947年のGATT（旧GATTは，EC条約よりも先に締結されている）と1994年のGATTは著しく異なること，また，②後者は，ECが単独で締結した国際条約であることに基づき，EC条約234条1項は，新GATTには適用されないと考えているものと解される。

[57] Para. 29.同旨の判例として，Case 812/79, *Burgoa* [1980] ECR 2787, para. 10. See also Case T-2/99, *T. Port* [2001] ECR II-2093, paras. 83-84; Case T-3/99, *Bananatrading* [2001] ECR II-2123, paras. 78-79.

[58] Paras. 27-28. この点について，後述第3節を参照されたい。

において，EC裁判所は，条約の文言（wording/termes/Wortlaut），目的（purpose/objet/Gegenstand）および性質（nature/nature/Art）に鑑み，規定が明確・一義的で，かつ無条件の義務について定めており，さらなる措置の発令を必要とせず実施したり，効果が生じると解される場合，EC・第3国間の条約規定は直接的効力を有すると述べている[59]。この判断基準は，EC条約や従来のGATTの直接的効力の判断基準とは形式的に異なっているが[60]，実質的に同じであると解してよかろう。なお，本件では，規定の明確性や義務の無条件性については判示されていない[61]。すなわち，その性質や構造（structure/économie/Systematik)[62]を考慮すると，TRIPs協定（やその他の

---

[59] Joined Cases C-300/98 and C-392, *Dior and others, op. cit.* note 12, para. 42 ("It is settled case-law that a provision of an agreement entered into by the Community with non-member countries must be regarded as being directly applicable when, regard being had to the wording, purpose and nature of the agreement, it may be concluded that the provision contains a clear, precise and unconditional obligation which is not subject, in its implementation or effects, to the adoption of any subsequent measure (see, in that regard, Case 12/86 *Demirel v Stadt Schwäbisch Gmünd* [1987] ECR 3719, paragraph 14, and Case C-162/96 *Racke v Hauptzollamt Mainz* [1998] ECR I-3655, paragraph 31)".

　なお，ここで先例として参照されている判決は，義務が無条件であること（unconditional）について明言していない（もっとも，執行規則の発令を必要としないことが明確に述べられており，これは義務の無条件性を意味していると解される）。また，Demirel判決では，条約の性質（nature）は挙げられていない。

[60] EC法の直接的効力に関する問題のリーディング・ケースとなったvan Gend & Loos判決において，EC裁判所は，同効力の有無は，精神（sprit/esprit/Geist），構造（general scheme/économie/Systematik）および文言（wording/texte/Wortlaut）に鑑み判断する必要があるとする。なお，この抽象的な表現（判断基準）は，判決によって異なることもあるが（例えば，Case 43/75, *Defrenne* [1976] ECR 455, para. 7を参照されたい），基本的に同じであると解してよい。

　また，1947年のGATTの直接的効力について初めて判示したInternational Fruit Company判決では，直接的効力の有無は，GATTの精神（spirit/esprit/Sinn），構造（general scheme/économie/Aufbau）および文言（terms/termes/Wortlaut）に照らし判断すべきであるとされており，事後の判決の中で確認されている。See Case 21-24/72, *International Fruit Company* [1972] ECR 1219, para. 20; Case C-280/93, *Germany v. Council* [1994] ECR I-4973, para. 105.

[61] また，従来のGATTの直接的効力に関する判決も同様である。この点について，拙稿・前掲論文（注8）（『平成法政研究』6巻1号）153頁以下を参照されたい。

WTO諸協定）は裁判規範として適用されないため，その明確性や無条件性について検討するまでもなく，直接的効力は否認されている。なお，これらの要件は，EC第1次法・第2次法の直接的効力の審査に際しても適用されるが，EC裁判所は，規定の明確性や無条件性を厳格に審査していないこと[63]，また，この要件は，一般国際法上の要件に必ずしも一致していないことを付言しておく[64]。

第2に，Portugal v. Council 事件と OGT Fruchthandelsgesellschaft 事件では，EC第2次法の違法性が争われたのに対し，Dior and others 事件では，国内

---

[62] Joined Cases C-300/98 and C-392, *Dior and others, op. cit.* note 12, para. 43. 要するに，EC裁判所は，直接的効力の有無は，条約の文言，目的および性質に鑑み判断すべきであると述べているが（para. 42），実際には，条約の性質や構造に照らし判断していると解される。なお，条約の効力の判断に際し重要である，条約の趣旨・目的については明瞭に判示していない。

[63] 規定に不明瞭な概念が含まれている場合であっても，EC裁判所は自らの判断によってこれを明らかにし，または国内裁判所の解釈権限を確認し，直接的効力を認めたことがある。この点について，Craig/de Búrca, *op. cit.* note 7, 172-173; Kapteyn/VerLoren van Themaat, *op. cit.* note 7, 530を参照されたい。

また，指令（directive）は，加盟国の国内法へ置き換えられた後に初めて効力を有するため，本来ならば，客観的要件（執行措置を必要としないこと）が満たされず，直接的効力は否認されようが，国内措置の発動に関する加盟国の裁量権が制限される場合には，EC裁判所は同効力を肯定している。

[64] 一般国際法上，直接的効力の要件としては以下の2点が指摘されている（山本草二『国際法』［新版］（有斐閣，1998年）105頁参照）。

① 問題の条約規定に直接的効力を与えるとする締約国の意思が確認されること（主観的要件）
② 私人の権利・義務が明白かつ一義的に定められており，その適用には国内措置の発動を要さないこと（客観的要件）

これに対し，EC裁判所は，一般に，主観的要件について検討しておらず，加盟国（条約制定当事国）の意思に反して直接的効力を認めたこともある。例えば，リーディング・ケースである van Gend & Loos 事件において，オランダ政府やベルギー政府は，EC条約旧12条の直接的効力を否定していた。See Case 26/62, *van Gend & Loos* [1963] 1. また，Lütticke 事件において，ドイツ政府，オランダ政府およびベルギー政府は，EC条約90条（旧95条）の直接的効力を否認しているが，EC裁判所はこの見解に従っていない。See Case 57/65, *Lütticke* [1966] ECR 239. その他，指令（directive）も249条（旧189条）3項の文言からすれば，直接的効力を有さないと解されるが，周知の通り，EC裁判所は，特定の要件が満たされる場

裁判所による暫定措置の発動に関して問題が提起されたが，この違いはWTO諸協定の直接的効力の有無に影響を及ぼしていない。それゆえ，EC裁判所がGATT/WTO法の直接的効力を否認するのは，EC法規を違法と宣言することに消極的なためであると考えるのは適切ではない。以下では，EC裁判所の判断の根拠について検討する。

2.1　WTO締約国の裁量権

EC裁判所の判断は，主として，WTO諸協定の履行に関し，ECは裁量権を有することに基づいている。すなわち，確かに，新国際貿易体制（特に，保護規定および紛争処理制度）は法的に強化され，この点で従来のガット・レジームとは大きく異なっているが(65)，しかし，紛争解決に係る規則及び手続に関する了解(66)第22条によると，紛争解決機関（Dispute Settlement Body (DSB)）が国内措置のWTO法違反を認定し，同措置の撤回が要求される場合であれ，当事国との交渉により，紛争を解決する道が残されており，裁判所がWTO法に反する措置を無効と判断するならば，この交渉による紛争解決権限は否認されることになろうと述べている(67)。これは，従来の判例には

合，これを肯定している。この点について，Bleckmann, Europarecht (Carl Heymanns Verlag, 6th edition, 1997), paras. 1191-1195. なお，直接的効力を条約規定に与えるとする締約国の意思が存するのは，例外的であろう。それゆえ，この主観的要件の妥当性に異議を述べる学説もある。See Bleckmann, ibidem, para. 1159（これに矛盾すると解される所見について，para. 1162）。

　また，客観的要件について，EC裁判所は，問題の規定が個人の権利について定めているかどうかを重視せず，むしろ問題の規定を援用する権利の有無について検討することが多い。See Craig/de Búrca, op. cit. note 7, 174-175; Geiger/Khan, Europarecht (Beck, 1997), 152 (Frage 318). EC指令内の規定が個人の権利について定めていないことを理由に，その直接的効力を否定するドイツの主張を明確に退けたEC裁判所判決として，Case C-431/92, Wärmekraftwerk Großkrotzenburg (Commission/Germany) [1995] ECR I-2189, paras. 24-26を見よ。また，EC裁判所は，個人の権利よりも，加盟国の義務の絶対性の方を重視していると解される。直接的効力が肯定されるのは，義務の履行を徹底するためである（後述第4節および結語参照）。

(65)　EC裁判所もこの点を確認している。See Case C-149/96, Portugal v. Council, op. cit. note 25, para. 36.

(66)　Understanding on the Settlement of Disputes (DSU), OJ 1994, No. L 336, 234.

(67)　Case C-149/96, Portugal v. Council, op. cit. note 25, paras. 36-41 and 46.

見られなかった新しい論拠であるが，1947年のGATT体制下では，締約国の裁量権の範囲はより広範であった。また，EC裁判所が指摘してきた構造上の「柔軟性」は説得力に欠けるため，旧GATTに関しても，諸規定の直接的効力を否認する根拠としては，締約国の裁量権を挙げるべきであったと解される(68)。

ところで，紛争解決機関の判断の拘束力や，WTO法違反を言い渡された締約国の義務の内容については争いがある(69)。これは，これらの極めて重要な事項に関し，紛争解決了解は必ずしも明確に定めていないことによるが，EC裁判所は文献上の議論に触れることなく，もっぱら文言解釈に基づき，DSBの判断の拘束力を肯定していると解される一方で，違法と認定された措置の撤回は必̇ず̇し̇も̇（要するに，一時的には）必要ではないと判示している。実際に，諸規定の趣旨や相互の関連性を考慮すると，協定違反に関するDSBの判断は拘束的であると考えられる一方で，違反と認定された措置の撤回は必ずしも必要ではなく，何らかの方法によってWTO法秩序に一致させればよいと解されるため(70)，EC裁判所の判断は適切である。例えば，当事国との交渉により，代償の支払いなどを通して，紛争を解決することができるが，

---

(68) この点について，拙稿・前掲論文（注8）（『平成法政研究』6巻1号）160頁以下および166頁以下を参照されたい。

(69) See Jackson, The Jurisprudence of GATT & the WTO (Cambridge University Press 2000), 162-167; Hilf/Schorkopf, *op. cit*. note 18, 85-86. また，この点に関するペロとジャクソンの見解の対立に関し，小寺彰『WTO体制の法的構造』（東京大学出版会，2000年）6頁以下を参照されたい。

なお，文献では，DSBの判断の拘束力の問題と，違反国はそれにどのように従うべきか（違法と認定された措置の撤回が必要かどうか）という問題とが一般に区別されていないが（例えば，岩沢雄二『WTOの紛争処理』（三省堂，1995年）137頁など），本文中で述べるように，両者は別個に検討すべきである。

(70) DSU3条7項等参照。また，同19条1項によれば，小委員会および上級委員会は，自らの勧告を実施しうる方法を提案することができるが，もし，違法措置の速やかな撤回が絶対的に必要であるならば，同規定の意義は小さくなる。

(71) その他，保護・例外規定を援用して，条約違反状態を除去することもできるが，この点についてEC裁判所は触れていない。なお，バナナ市場規則のWTO法違反がDSBによって確認された後，ECは代償措置を提供する代わりに，アメリカの制裁を甘受していたが，EC・米国間で合意が成立し，2001年6月，米国の制裁は解除された。See Press Releases IP/01/930, July 2, 2001.

これもWTO法秩序に合致した紛争の解決にあたる[71]。この意味において，WTO法は柔軟であると言えよう[72]。なお，EC裁判所は共同体法の実効性の確保に積極的であることが一連の判決より導かれるが，純粋な共同体法であれ，EC諸機関や加盟国に裁量権が与えられている場合には，直接的効力を否認している[73]。同効力の要件として最も重要なのは，この立法・行政機関の裁量権であることがすでに文献上指摘されており[74]，この意味において，EC裁判所の判例理論は，EC法とWTO法とで異ならない。それゆえ，新国際貿易協定の直接的効力に関するEC裁判所の判断は政策的であるとする批判[75]は失当である。

問題は，WTO締約国の交渉権の範囲であるが，EC裁判所は，代替措置による紛争の解決は一時的にのみ許容されると解している[76]。換言すれば，違反措置の撤回は（遅かれ早かれ）必要であるということであり，この意味において，締約国の交渉権限は制限されることになる。実際に，EC裁判所は，WTO締約国やECの諸機関には広範な交渉権ないし裁量権が与えられているとは述べていない[77]。それゆえ，共同体が長期間にわたり，違法と認定された措置を撤回しない場合には，EC裁判所への提訴も許されることになろう。確かに，EC裁判所はECの政策機関にある特定の作為を命じることはできないが，WTO法違反措置の適用を排除することは可能である。しかし，これ

---

[72] 同旨 *Ress*, Das GATT und die EG, in Rüßmann (ed.), Keio Tage 1998 (Nomos Verlag 2000), 69, 78-80. また，拙稿・前掲論文（注10）（『平成法政研究』5巻2号）80頁を参照されたい。

[73] See Case 14/83, *von Colson and Kamann* [1984] ECR 1891, para. 27. このケースでは，就職等に関する男女平等を定めた指令（Directive 76/207, OJ 1976, No. L 39, 40）の直接的効力が問題になったが，EC裁判所は，女性であることを理由に採用を拒むのは，同指令に違反するが，その制裁措置について同指令は特定しておらず，加盟国の裁量に委ねられているため，その直接的効力は認められないと判示している。

[74] Kapteyn/VerLoren van Themaat, *op. cit.* note 7, 533.

[75] Stieglitz, *op. cit.* note 14, 531.

[76] See Case C-149/96, *Portugal v. Council, op. cit.* note 25, paras. 37 and 40.

[77] Ibidem, paras. 40 and 46.

[78] WTO諸協定発効後のECの実務に関し，*Rosas*, Case Law, (2000) 37 CML Rev. 797, 809.

はEU理事会の明確な見解（後述2.3参照），WTO諸協定・GATTが従来通り，相互性の原則に依拠していること（それゆえ，条約義務を適切に履行しない締約国に対しては，義務の履行を停止しうる。この点について，後述2.2参照），WTOの紛争処理手続の原則（すなわち，"mutually acceptable solution"の原則）や，従来の実務に反する[78]。

WTO法上の義務の履行に関するECの裁量権を重視するならば，DSBによってWTO法違反と認定された措置を裁判所が無効と判示するのは適切ではないが，DSBの勧告が実施されないため，他のWTO締約国が制裁措置を発動し，これによって個人の下に損害が生じるような場合，個人はその賠償をECに請求しうるかという問題が生じる。この点について，EC裁判所はまだ判示していないが[79]，確立した判例法によれば，ECの措置に違法性がない場合，個人は損害賠償を請求しえない[80]。それゆえ，例えば，バナナ市場規則について，DSBはWTO法違反を認定するものの，EC裁判所が同規則を適法と判断する限り[81]，個人の損害賠償請求は認められないことになろう。

2.2　WTO諸協定の性質および構造――相互性の原則――

Portugal v. Council事件において，EC裁判所は，WTO締約国の裁量権について述べた後，以下のように判示している[82]。

42. As regards, more particularly, the application of the WTO agreements in the Community legal order, it must be noted that, according to its preamble, the agreement establishing the WTO, including the annexes, is still founded, like GATT 1947, on the principle of negotiations with a view to "entering into reciprocal and mutually advantageous arrangements" and

---

[79]　なお，第1審裁判所の訴訟手続が開始された後，バナナ輸入業者（原告）はこの問題を提起しているが，時宜に遅れた申立てとして，同裁判所はこの問題について判示していない。See Case T-2/99, *T. Port* [2001] ECR II-2093, paras. 46-57; Case T-3/99, *Bananatrading* [2001] ECR II-2123, paras. 38-49.

[80]　See Case 26/81, *Oleifici mediterranei* [1982] ECR 3057, para. 16.

[81]　バナナ市場規則とその改正法の適法性について，Peers, *op. cit.* note 14, 605-606. なお，本文中でも述べたように，EC裁判所は，従来のGATTやWTO諸協定の裁判規範性を否定しているため，これらの協定に照らしEC第2次法を審査していない。

[82]　Case C-149/96, *Portugal v. Council, op. cit.* note 25, paras. 42-45.

is thus distinguished, from the viewpoint of the Community, from the agreements concluded between the Community and non-member countries which introduce a certain asymmetry of obligations, or create special relations of integration with the Community, such as the agreement which the Court was required to interpret in Kupferberg.

43. It is common ground, moreover, that some of the contracting parties, which are among the most important commercial partners of the Community, have concluded from the subject-matter and purpose of the WTO agreements that they are not among the rules applicable by their judicial organs when reviewing the legality of their rules of domestic law.

44. Admittedly, the fact that the courts of one of the parties consider that some of the provisions of the agreement concluded by the Community are of direct application whereas the courts of the other party do not recognise such direct application is not in itself such as to constitute a lack of reciprocity in the implementation of the agreement (Kupferberg, paragraph 18).

45. However, the lack of reciprocity in that regard on the part of the Community's trading partners, in relation to the WTO agreements which are based on "reciprocal and mutually advantageous arrangements" and which must ipso facto be distinguished from agreements concluded by the Community, referred to in paragraph 42 of the present judgment, may lead to disuniform application of the WTO rules.

この判決文より多くのことが読み取れる。まず第1に，他の締約国（ECにとって最も重要な貿易パートナー[83]）では，WTO諸協定の裁判規範性（法令審査の基準）が否認されるが，それゆえにECでも否認される必然性はないことが導かれる[84]。実際に，ある締約国が条約義務を誠実に履行するとすれば，

---

[83] おそらく我が国や米国・カナダを指しているものと考えられる。See Hilf/Schorkopf, *op. cit.* note 18, 84.

[84] See Case C-149/96, *Portugal v. Council, op. cit.* note 25, para. 44.

その国において司法審査の必要性は問われなくともよいし，他方，ECでは司法審査を認めても差し支えない。重要なのは，この裁判所による審査の相互性ではなく[85]，条約義務の履行の相互性である。EC裁判所が指摘しているように，WTO法の履行は相互性の原則に依拠しているため，条約違反国に対しては，条約義務の履行を拒みうる。このような場合であれ，司法機関による条約規定の執行を認めると，条約の履行に関し，アンバランス（dis-uniform/déséquilibre/Unglichgewicht）が生ずるとEC裁判所は判示している[86]。前述した締約国の裁量権の観点から，この判旨は首肯しうるが，もっとも，司法機関は実務を考慮に入れた上で判断することができ，相手国が条約義務を誠実に履行していない場合には，裁判所は，ECの政策機関に条約義務の履行を強制しなくともよいと解される。なお，WTO法違反ゆえに，ある措置が当然に無効になるわけではない。また，EC裁判所は，ECの政策機関にある特定の行為を命じうるわけではない[87]。それゆえ，EC裁判所が法令審査を行うとしても，条約の履行に関して，著しいアンバランスが生じたり，ECの政治・行政機関の裁量権が著しく制限されるとは限らないであろう。

ところで，国際舞台におけるECの強力な影響力，すなわち，欧州共同体は，貿易パートナーに強い圧力を加えることができるだけではなく，外圧をはねのける力も持っていることが指摘されている[88]。そうであるとすれば，ECと他のWTO締約国の交渉権限のバランス関係を強調して，直接的効力を否定する立場は説得力に欠ける[89]。

ところで，文献上，EC裁判所がWTO法の直接的効力を否認する主たる，ないし真の理由は，WTO法が相互性の原則に基づいていることにあるとす

---

(85) 司法審査の相互性について，拙稿・前掲論文（注8）（『平成法政研究』5巻2号）81頁および拙稿・前掲論文（注8）（『平成法政研究』6巻1号）163頁を参照されたい。

(86) Case C-149/96, *Portugal v. Council, op. cit*. note 25, para. 42. Cf. also Opinion of AG *Tesauro*, Case C-53/96, *Hermès* [1998] ECR I-3603, para. 31.

(87) See Peers, *op. cit*. note 14, 612.

(88) Cf. Senti, Handelsverhandlungen mit der EU aus der Sicht eines Drittstaates, Integration 2000, 208.

(89) 拙稿・前掲論文（注8）（『平成法政研究』6巻1号）172頁参照。

(90) Hilf/Schorkopf, *op. cit*. note 18, 84-85; Stieglitz, *op. cit*. note 14, 531.

る見解も主張されているが[90]，これが副次的な根拠であることは，引用した判決文より明らかであろう。また，この点については，相互性の原則は，裁判規範性や直接的効力の有無に関し決定的な判断基準にはなりえないことも指摘すべきであろう[91]。特に，条約義務を誠実に履行している締約国との関係において，同原則は，司法審査を拒む理由にはなりえない。

次に，EC裁判所は，直接的効力が認められる国際条約と，WTO諸協定の相違点について触れ，前者は，①条約義務にある程度の不均衡が存したり，または②特別な統合関係の構築を目的としていると述べている[92]。従来，この点は必ずしも明瞭に指摘されておらず，新判例は示唆に富むが，不明瞭な点も存する。例えば，第1の基準（①）の内容は必ずしも明らかではない。それが，直接的効力を有する条約は，ある特定の締約国（具体的にはEC）にのみ義務を課しており，また，その遵守は，他の締約国によるその他の条約義務の履行に左右されないこと，要するに，相互性の欠缺を指すとすれば，同条約は（相互性の原則に基づく，通常の国際関係の形成ではなく）特別な統合関係の創設を目的としていると言え，第2の基準が満たされる。それゆえ，両基準は密接に関連しており，条約規定の直接的効力について検討する際，相互性の原則は，条約の趣旨・目的を反映する要素として考慮することもできよう。もっとも，同原則は，条約規定の直接的効力を判断するための決定的な基準にはなりえないと解される（前述参照）。また，緊密な統合関係の創設を目的として締結された条約であれ，その履行方法に関し締約国に裁量権が与えられている場合には，直接的効力は認められない（前掲注73参照）。それゆえ，第2の基準も決定的な要因にはなりえない。

2.3　理事会の見解

さらに，EC裁判所は，WTO諸協定の締結に先立ち採択された決定[93]の中で，EU理事会は，WTO法違反に基づく提訴は認められないと述べていることを

---

[91]　拙稿・前掲論文（注8）（『平成法政研究』6巻1号）162頁以下を参照されたい。

[92]　Case C-149/96, *Portugal v. Council, op. cit.* note 25, para. 42. ここで，EC裁判所は，このような要件を満たす条約として，E（E）C・ポルトガル間の自由貿易協定を挙げている。

[93]　Decision 94/800/EC of Council, OJ 1994, No. L 336, 1.

とを指摘しているが，これは新国際貿易規定の直接的効力を否定するための補足的な根拠とみることができよう（なお，同決定は，直接的効力に直接関するものではなく，裁判規範性そのものを否定しているが，このことより，直接的効力も否定されることが導かれる）。確かに，この決定はWTO諸協定の一部を構成せず，これによって，同協定の効力が一方的に変更されることはないが[94]，条約締結当事者の明瞭な意思に反して法令審査を行うことには問題があろう[95]。また，理事会の決定は，諸協定の趣旨・目的に合致しているとも解される[96]。元来，裁判所は，直接的効力の有無について条約が明定していない場合においてのみ，自ら判示することになるが，その際，締約国の見解は参考にすべきである[97]。なお，従来，EC裁判所は，EC第1次法や第2次法の直接的効力について判示するにあたり，必ずしも加盟国の見解に従っておらず[98]，直接的効力の判断基準は一貫性に欠けていよう。

ところで，EC条約300条7項を指摘して，EC裁判所は，理事会の上記決定に拘束されないとする見解も存するが[99]，私見によれば，同規定からは，条約の拘束力およびそれを誠実に履行すること（pacta sunt servanda）しか導かれず，直接的効力の有無についてまで定めているわけではないと解される。また，WTO諸協定の趣旨・目的を考慮すると，直接的効力を認めない

---

[94] なお，EC裁判所は，条約の効力について，条約内で定められていない場合にのみ，裁判所は判断しうると述べているが（Case C-149/96, *Portugal v. Council, op. cit*. note 25, para. 34），理事会の決定は条約の一部にあたらない。

[95] 同旨の見解として，Reinisch, Entschädigung für die unbeteiligten "Opfer" des Hormon- und Bananenstreits, EuZW 2000, 42, 48. また，Bleckmann, *op. cit*. note 64, para. 1162を参照されたい。

[96] Portugal v. Council 判決において，EC裁判所は，諸協定の趣旨および目的（the subject-matter and purpose/lumière de l'objet et du but/Sinn und Zweck）に照らし，幾つかのWTO締約国はその裁判規範性を否認していることを指摘している。Case C-149/96, *Portugal v. Council, op. cit*. note 25, para. 43.

[97] See Ehlermann, Die innergemeinschaftliche Anwendung der Regeln des GATT in der Praxis der EG, in: Hilf/Petersmann (ed), GATT und Europäische Gemeinschaft (Nomos Verlag 1986), 203, 218.

[98] 前掲注64参照。

[99] See Opinion of AG *Saggio*, Case C-149/96, *Portugal v. Council, op. cit*. note 25, para. 20.

からといって，同規定に違反するわけではないと考えられる。

第3節　Nakajima 判決・Fediol 判決理論の適用

前述したように，EC裁判所は従来のGATTの直接的効力を否認し，同協定に基づく法令審査を行っていないが[100]，Fediol 判決および Nakajima 判決ではその例外が示されている。これがWTO諸協定にも適用されることは，Portugal v. Council 判決や OGT Fruchthandelsgesellschaft 決定において確認されている[101]。すなわち，ECが新協定上の義務を履行したり（Nakajima 判決理論）[102]，また，ある特定の規定に明瞭に言及している場合においてのみ（Fediol 判決理論）[103]，EC裁判所は，当該規定に照らし，EC第2次法の適法性について審査することが明瞭に判示されている。しかし，これでは新判決の論旨が一貫しない。なぜなら，WTO締約国の裁量権（違法状態の除去の方法に関する裁量権）を強調するならば，たとえ条約規定がEC法体系下に置き換えられた後であっても，裁判所による法令審査は慎むべきであると解されるためである[104]。EC裁判所の無効確認判決は，ECの政治機関から交渉権限を奪うことになろう。

EC裁判所は，Portugal v. Council 判決において，問題の理事会決定[105]は，WTO諸協定上の義務の履行を確保するための措置ではなく，また特定の規定を明瞭に指摘しているわけでもないので，諸協定に照らし司法審査は行わ

---

(100) 前掲注8を参照されたい。

(101) See Case C-149/96, *Portugal v. Council, op. cit.* note 25, para. 49; Case C-307/99, *OGT Fruchthandelsgesellschaft mbH, op. cit.* note 13, para. 27.

(102) See Case C-69/89, *Nakajima* [1991] ECR I-2069, para. 31.この判決では，問題のEC第2次法が，国際条約（GATT）上の義務を履行するために発せられた場合に，EC裁判所は，同EC第2次法の適法性について審査すると判示されている。

(103) See Case 70/87, *Fediol* [1989] ECR 1781, para. 19. Fediol 判決や Nakajima 判決に関し，平・前掲論文（注8）163頁以下を参照されたい。

(104) 裁判所の審査に関し，Case 14/83, *von Colson and Kamann* [1984] ECR 1891, para. 28を参照されたい。

(105) 前掲注29を参照されたい。

(106) Case C-149/96, *Portugal v. Council, op. cit.* note 25, para. 51.

れないと判示している[106]。また，同様の理由に基づき，OGT Fruchthandels-gesellschaft 決定では，GATTに照らし，バナナ市場規則[107]やその改正法の適法性について判断するといった例外的事由は存しないと述べている[108]。なお，WTOの紛争解決機関（DSB）の判断を受け，バナナ市場規則が改正されていることは前述した通りで（第2節1.3参照），これは，DSBの勧告の実施，すなわちWTO法上の義務の履行と捉えることもできるであろうが[109]，EC裁判所はこの点について触れておらず，バナナ市場規則やその改正は，条約義務の履行を確保するための措置ではないと判示している[110]。確かに，この判断はいささか短絡的であると批判しうるが[111]，もっとも，WTO法違反と認定された措置を同法に合致させる方法は，締約国の裁量に委ねられており，裁判所がある特定の措置を指定したり，または違法と認定された措置を無効ないし不適用と宣言するのは不適切であるため（前述参照），EC裁判所が司法審査を控えたことは支持しえよう。

第4節　DSBの裁定・勧告の直接的効力

ところで，WTO諸協定の制定後ないし発足後は，条約規定だけではなく，紛争処理機関（DSB）の判断の直接的効力が問われるようになった[112]。OGT Fruchthandelsgesellschaft 事件において，ハンブルク財政裁判所は，小委員会（Panel）の判断を重視しているが，その直接的効力については先行判断

---

(107) 前掲注49を参照されたい。
(108) Case C-307/99, *OGT Fruchthandelsgesellschaft mbH, op. cit.* note 13, para. 28. 同旨の第1審裁判所の判断として，Case T-18/99, *Cordis Obst* [2001] ECR II-913, paras. 52-60; Case T-30/99, *Bocchi Food* [2001] ECR II-943, paras. 57-65; Case T-52/99, *T. Port* [2001] ECR II-981, paras. 52-60.
(109) See Peers, *op. cit.* note 14, 611.
(110) Ibidem.
(111) See Peers, *op. cit.* note 14, 610-612.
(112) See Kuschel, Die EG-Bananenmarktordnung vor deutschen Gerichten: Anmerkungen zu dem Beschluß des FG Hamburg (EuZW 1995, 413), EuZW 1995, 689, 691; *Webber/Moos*, Rechtswirkung von WTO-Streitschlichtungsentscheidungen im Gemeinschaftsrecht, EuZW 1999, 229, 235.

を求めていないため，EC裁判所はこの問題について判断を下していない。また，財政裁判所は，小委員会によってWTO法違反と認定されたバナナ市場規則の適用を疑っているのであるが[113]，付託された問題の中では，このパネルの判断について触れられていないため，EC裁判所は，パネルの判断の法的効果ないしEC法規に与える影響について判示していない。もっとも，先例より，DSB（パネルも含む）の裁定や勧告には直接的効力は認められず，また，EC法とWTO法の不整合性が認定されたとしても，これは前者の適法性に影響を及ぼさないことが導かれよう。なぜなら，EC裁判所は，DSBの判断が下された後におけるWTO締約国の交渉権限（WTO法の履行に関する裁量権）を確認しているからである（前述第2節2.1参照）。

EC裁判所の判例法より，直接的効力には条約義務を遵守しない加盟国に制裁を課す意味もあることが読み取れるが，もっとも，これは，条約義務の履行（例えば，EC指令を国内法に置き換えるEC条約上の義務）が絶対的であるためである[114]。これに対し，DSBの判断に従い，WTO法違反と認定された措置を撤回する締約国の義務は絶対的であるとは言えない。なぜなら，措置の撤回ではなく，その他の措置も取りうるからである[115]。それゆえ，DSBの判断に直接的効力を認めるべきではない。このように，立法・行政機関に裁量権が与えられている場合には，純粋なEC法規であれ直接的効力が否認されることは前述したとおりである（前述第2節2.1参照）。

結　語

1999年11月に下されたPortugal v. Council判決において，EC裁判所は，WTO諸協定の裁判規範性そのものを否認しているが，それゆえ直接的効力も否認されるのは当然である。事後の判例では，実際に，TRIPs協定と新GATTの直接的効力が否定されているが，これらは，1999年11月の判決の立

---

[113] Case C-307/99, *OGT Fruchthandelsgesellschaft mbH, op. cit*. note 13, para. 19.
[114] See Case 8/81, *Becker* [1982] ECR 32, para. 29.
[115] これに対し，直接的効力の肯定論者は，措置の撤回を絶対的と捉えているが，この見解は支持しえない。See Stein, Banane-Split, EuZW 1998, 261, 262-264.
[116] 同旨の見解として，Stieglitz, *op. cit*. note 14, 531.

場を確認しているに過ぎない[116]。一連のEC裁判所の判断は，主として締約国間の裁量権に基づいているが，従来のGATTに関する構造的柔軟性の理論に比し説得力に富み，首肯しうる。確かに，旧来のGATTに比べ，WTOは法的に強化されているが，しかし，DSBの拘束的な判断が下された後も，条約義務の履行に関し，締約国には裁量権が与えられており，この意味において，新国際貿易法も柔軟であることを見過ごすべきではなかろう。EC裁判所の判断は，さらに理事会の見解にも基づいているが，これは，WTO諸協定の趣旨・目的に合致した適切な裁断である。このように，裁判規範性や直接的効力が否定されるため，EC裁判所は，個々の規定の明確性や義務の無条件性について検討していない。

ところで，その他の国際組織の法秩序に比べ，EC法秩序が非常に強力であることは否定できない事実であるが，EC法の実効性は，例えば，その直接的効力によって支えられてきた。この点に関するEC裁判所の判断は，説得力に欠ける点も少なくないが[117]，法秩序の維持という点では支持することができよう。同裁判所の判例法では，まさに，個人の権利保護という側面よりも，共同体諸機関や加盟国の条約上の義務の執行といった要請が強く働いている[118]。これは，WTO諸協定の直接的効力に関する近時の判例でも顕著に表れていると解される。

純粋なEC法規の直接的効力が原則として[119]認められるのは，その特殊性に基づいている[120]。そうであるとすれば，通常の国際条約の直接的効力は否

---

[117] See Craig/de Búrca, op. cit. note 7, 166-167.

[118] Cf. Case C-120/88, Commission / Italy [1991] ECR I-621, para. 10; Beschluß des BVerfG, Kloppenburg - 2 BvR 678/85, BVerfGE 75, 233 = Hummer/Simma/Vedder, Europarecht in Fälle (Nomos Verlag, 3rd edition, 1999), 49, paras. 44-45.

[119] 文献上，一般に，EC法には直接的効力が原則として認められるとされている。例えば，Bebr, Agreement concluded by the Community and their Possible Direct Effect: From International Fruit Company to Kupferberg, (1983) 20 CML Rev. 35, 60を参照されたい。もっとも，指令（directive）に直接的効力が認められるのはむしろ例外的であるなどの注意を要する。なお，指令の直接的効力を原則的に否認することに反対するEC裁判所判決として，Case 148/78, Ratti [1979] ECR 1629, para. 20を参照されたい。

[120] See Case 26/62, van Gend & Loos [1963] 1.

認されてしかるべきである。EC裁判所が国際貿易諸協定の直接的効力を肯定し，司法審査を行うとすれば，ECの通商政策は大幅な修正を余儀なくされるだけではなく，EU市民の生活にも大きな影響を及ぼしかねない。そのため，EC裁判所が直接的効力を否認し続けるとすれば，これは現実を考慮し，また国際舞台におけるECの交渉力を制限しないための政治的判断であるとする批判[121]が繰り返されるであろうが，従来のGATTやWTO諸協定に関する判例は，条約の性質・構造の分析に基づいた適切な法的判断である。

ところで，ECにおけるWTO法の効力については，未解決の重要問題も存在する。例えば，DSBの判断の直接的効力や，その判断に従い，共同体の措置を国際貿易法秩序に合致させることを拒むことより生ずる損害賠償請求の許容性は，EC裁判所が強調するECの裁量権と個人の権利保護の調整という観点から，困難な問題を提起している。条約の趣旨や目的を適切に考慮した上で，慎重に検討する必要があることは言うまでもないが，DSBの勧告や裁定の実施に際し，締約国には裁量権が与えられていることや，そもそもWTOの裁判規範性（法令審査の基準）が否定されることからすれば，前掲の問題は否認されるべきであろう[122]。

---

[121]　Stieglitz, *op. cit*. note 14, 531.

[122]　DSBの判断が直接的効力を有さないとすれば，それを実施しないことより生じた損害の賠償を個人は請求しえないことになろう。この点について，C-352/98　P. *Bergaderm* [2000] ECR I-5291, paras. 41-42. また，Case T-18/99, *Cordis Obst*, *op. cit*. note, para. 51. を見よ。

7. 租税法における法の実現に及ぼす共同体法の影響

ビルケンフェルト，ボルフラム
〈翻訳〉木村弘之亮

　本稿は，Walfram Birkenfeld, Der Einfluss des Gemeischaftsrechts auf die Rechtsverwirklichung im Steuerrecht, Eine Bestandsaufnahme, StuW 1998 55-75の全訳である。ビルケンフェルト博士は，ドイツ連邦財政裁判所判事であり，玉稿の日本語訳を快諾してくださった。その仲介の労をとってくださったのは，畏友 Hans-Jürgen Pezzer 博士（連邦財政裁判所判事）である。両博士に感謝の意を表する次第である。欧州共同体法がその構成国ドイツ租税法に及ぼす影響は，本稿により，詳細に俯瞰できよう。欧州裁判所の租税判例は驚くほどの勢いで累積されつづけており，各国国内租税法における立法，行政実務，判例および学説に多大な影響を及ぼしつつある。本稿は，とりわけ1997年秋季にオーストリアの職業裁判官に向けてなされた報告[1]に基づいており，きわめて高水準の学術論文である。その後に欧州裁判所の出した租税判例と学説に関する研究は，本稿を基礎として，この上に築かれていくであろう。

1．共同体法と国家法

ヨーロッパ共同体[2]は，固有の法秩序をもつ超国家的法共同体である[3]。

---

(1) 本稿は，執筆者がウィーンで1997年9月24日にオーストリア行政裁判所の裁判官とドイツ連邦財政裁判所の裁判官の合同会議において行った報告に基づいている。
(2) ヨーロッパ共同体はEU（欧州連合）の基盤のひとつである。参照，Art. A Abs. 3 des Vertrag es über die Europäische Union-EUV-vom 7. 2. 1992, ABl. E G 1993 Nr. L 293, 61. 三つのヨーロッパ共同体のひとつとしてEC（欧州共同体）は，EU（欧州連合）の傘のもとでもさらに共同体法にはめ込まれている。欧州連合と欧州共同

共同体法は，共同体に加盟している構成国の領域において妥当している。それとならんで，構成国は，その国家領域について固有の法秩序を有している。

第一次共同体法(4)および第二次共同体法(5)は，独自の法であって，国際法でも国家法でもない(6)。共同体法は構成国の法秩序と並存する。共同体法は構成国の法体系の構成要素でない。共同体法は，各国国内法へ効力を及ぼす。その効力は，条約上の法承継（Rechtsübertragung）に基づいている。これと

体との関係および欧州連合とマーストリヒト条約（EUV）との関係について，*Hilf/Pacht*, in Grabitz/Hilf, Kommentar zur Europäischen Union, EUV-Vorb. Rz. 25 ff. (27); *Bleckmann*, DVBl. 1992, 335; *Ress*, JuS' 1992, 905.)

(3) 参照，EuGH vom 14. 12. 1991-Gntachten 1/91, EuGHE 1991, I-6079 (6102-6107); EuGH vom 23. 4. 1986-Rs. 294/83 *Les Verts*, EuGHE 1986, 1339 (1365); EuGH vom 12. 7. 1964-Rs. 6/64 *Costa*, EuGHE 1964, 1251 (1269, 1270). 共同体法の優位について，*Heilbronner*, JuS' 1990, 263; *Groß*, JuS 1991, 522 (523); *Stern*, Staatsrecht, Bd. I, 2. Aufl., §15 II 6, S. 527; *Stotz*, EuZW 1991, 118. ヨーロッパ共同体は，国家ではないが，しかしひとつの国家連合である(BVerfG vom 2. 10. 1993 -2 BvR 2134, 2159/92, BVerfGE 89, 155 (184, 188) = NJW 1993, 3047) および（国際法上の）権利能力を有する超国家的組織である。ヨーロッパ共同体の法的性質について，参照，*Zuleeg*, in Groeben/Thiesing/Ehlermann, Kommentar zum EU-/EG-Vertrag, 5. Aufl., Art. 1 EGV, Rz. 2 ff; *ders*., BB 1994, 581; *Scholz*, in Dauses (Hrsg.), Handbuch des EG-Wirtschaftsrechts, A IV; *Ipsen*, in Isensee/Kirchhof (Hrsg.), Handbuch des Staatsrechts, Bd. VII, 1992, §181, S. 767 (792-800); *Everling*, DVBl. 1985, 1201.

(4) 第一次共同体法は，欧州経済共同体を設立する条約（EEC条約）を含んでいる。EEC条約（EWG-Vertrag vom 25. 3. 1957, BGBl. II 1957, 753, 766, 1678) は統一ヨーロッパ法（EEA v om 17. 028. 2. 1986, ABl. EG 1987 Nr. L 169, 1）および欧州共同体を設立する条約（EC条約：EGV（Titel II Art. G EUV））によって改正を受けている。その条約を構成している附属文書（前文，付録，議定書，協定，取極め）（例えば，EC条約238条），その後の改定条約，加盟条約ならびに設立条約を補完する条約と協定を含む。この点について，参照，例えば，*Bleckmann*, Europarecht, 6. Aufl., Rz. 526.

(5) 第二次共同体法は，EC条約で条約により根拠付けられた（共同体の機関の）法創造権限に基づいて共同体の機関によってなされた法行為から，なっている。参照，*Grabitz*, in Grabitz /Hilf (FN 2), Art. 189 Rz. 16.

(6) BVerfG vom 29. 5. 1974-2 BvL 52/71, BVerfGE 37, 271 (277f.); BVerfG vom 9. 6. 1971-2 BvL 225/69, BVerfGE 31, 145 (173 f.); *Scholz*, in Maunz/Düring/Herzog/Scholz, GG Art. 23 Rz. 14.

結びついているのは，構成国の条約履行義務だけである。共同体法は（一方的に）構成国の法を取り消しうる権利を有しておらず，構成国が共同体法を各国国内法に変形すべきことを義務づけている。このような義務の履行は，（条約侵害の訴えによって）起訴しうるが，しかし，執行し得ないけれども，制裁によって担保されている。

共同体法の法的名宛人は構成国であるが，しかしまた，共同体領域に居住しかつ活動する者および人的共同体もそうである。同一の領域における二つの独自の法秩序によって，抵触のおそれが生じる。抵触の防止および抵触の解消は，共同体法がひとつの構成国に変形されないか，期限内に変形されないか，不完全に変形される，または不正に変形される場合には，問題になる。

設立条約（およびその改正）は，共同体法による法定立の根拠，枠組みおよび限界である[7]。設立条約に関するヨーロッパ諸国民の同意によって，設立条約は，直接に構成国で妥当する，独自の共同体法（共同体憲法）の法的内容を有している[8]。EC条約で割り当てられた権限と法律上の目標（EC条約3b条1項）の範囲内でのみ，必要な目標（EC条約3b条3項）をこえずに，そして——排他的でない管轄の場合——補充的にのみ（EC条約3b条2項），共同体は（例えば法定立によって）活動することができる[9]。共同体は，域内市場を段階的に実現する目的で（EC条約3条(c)，7a条，57条2項），物品，人，サービスおよび資本の自由な流通に関する障害事由の排除する指令を発することができる[10]。

EC（欧州共同体）は，構成国が条約の主体として権限を有している，明文による個別の授権に基づいてのみ権限を取得しているので，その他の点では

---

(7) 参照，EuGH vom 5. 10. 1978-Rs. 26/78 *Viola*, EuGHE 1978, 1771 (1780)（出稼ぎ労働者）；EuGH vom 9. 3. 1978-Rs. 106/77 *Simmenthall II*, EuGHE 1978, 629 (643, 644)（直接妥当）。

(8) *Bleckmann* (FN 4), Rz. 533 ff. 同書はビスマルク帝国憲法と比較する。ただし，この観点から構成国がどのように「条約の主体」でありつづけうるかが，問題である。

(9) 目標は課題と同一視されうる。これに関して，参照，EuGH vom 29. 9. 1987-Rs. 126/86 *Giminez Zaera*, EuGHE 1987, 3697, 3712 (3715)。

(10) これに関して，参照，EuGH vom 13. 5. 1997-Rs. C-233/94 *Bundesrepublik v. Parlament und Rat*, EuZW 1997, 436.

構成国は依然としてすべての権限を有している。ECはEC条約235条によって必要なフレキビリティを有している。同規定は，ECに対して，共同体の目標を実現するため（「共同市場の枠内において」）第二次共同体法を発令する権利を有している(11)。

その他，EC条約における権限は不文の権限をも含んでいる。それは，完全かつ実効性のある権力をもちいるに適した手段を投入する不文の権限であり（含意の権力説）(12)，そして，その規定を有効に利用しうるよう条文を起草する不文の権限である（effet utile）(13)。

2．共同体の法行為

EC条約189条1項は，ECの機関が定立することのできる法行為(14)を記述しており（限定列挙ではない。），そして，EC条約189条2項ないし5項においてその効力を明記している。ECの課題を果たすため，そして「この条約（EC条約）の定めるところにより」欧州議会および理事会は共同で法を発令し，理事会と委員会は条約の特別な分野において法を発令する。これは，許され

---

(11) EC条約235条による権限の拡大と限定付きの個別授権の原則との関係について，参照，*Bleckmann*（FN 4），Rz. 787 ff.

(12) 参照，EuGH vom 15. 11. 1994（1/94 GATS鑑定書）EuGHE 1994, I-5267（5276）。また，参照，EuGH vom 29. 11. 1956-Rs. 8/55 *Federation Charbonniere*, EuGHE 1955/1956, 297（312）; EuGH vom 15. 7. 1960-Rs. 25/69 *Italien v. hohe Behörde*, EuGHE 1960, 743（781）; EuGH vom 9. 7. 1987-Rs. 281, 283-285/85 *Bundesrepublik v. Kommission*, EuGHE 1987, 3203; *Bleckmann*（FN 4），Rz. 745, 797 ff.; *Oppermann*, Europarecht, Rz. 439 ff.; *Zuleeg*, in Groeben/Thiesing/Ehlermann（FN 3），Art. 3 b EGV Rz. 3.

(13) この点について，参照，EuGH vom 12. 7. 1973-Rs. 70/72 *Kommission v. Deutschland*, EuGHE 1973, 813（829）; EuGH vom 21. 10. 1970-Rs. 20/70 *Transports Lesage*, EuGHE 1970, 861（874）（Leber-Pfenning）; EuGH vom 15. 7. 1960-Rs. 20/59 *Italien v. ECSC*, EuGHE 1960, 683（708）（黙示の法定立権限）; *Oppermann*（FN 12），Rz. 441.

(14) この点について，また参照，*Arndt/Haas*, EG-Abgaben: Normierung, Vollzug und Rechtsschutz, RIW 1989, 710. ECの法治国的構造について，*J. Martens*, EuR 1970, 209.

たる形式でのみ（EC条約189条1項）[15]，例えば，指令，命令および決定によって，勧告または意見の表明によっておこなわれる[16]。

EC条約145条，155条に基づき理事会が委員会の発議[17]に基づきまたは委員会が発令する，共同体の命令は，一般的な妥当性をもっている。その命令は，すべての部分について，拘束力をもち，かつ直接に（各国の変形法律を経由せずに）各構成国「において」妥当する（EC条約189条2項）。その命令は，当該命令にかかわりのある構成国，同国の行政庁，裁判所および法人（Rechtspersonen）に対し権利義務を根拠づける[18]。その命令が個別具体のケースにおいて，それ以上の詳細な定めを必要とするであろう諸規定を定めている範囲においてのみ，各国の立法者はこれをなすよう求められている[19]。

これに対し，指令は，指令の名宛人であるすべての構成国に「対して」，設定目標に関してのみ，拘束力を有する（EC条約189条3項）。命令と異なって，指令は，すべての構成国「において」すべての法人に直接妥当するのではなく，法人，行政庁または裁判所が指令の内容によって利益を害されている場合でさえも，構成国を名宛人とする。指令は，目標設定に関して構成国を義務づけているが，しかし構成国にその手段の選択および形式を委ねている。

EC条約189条3項は，二段階の立法手続から出発している。まず，構成国だけを義務づける指令がだされる（第一段階）。構成国は，「指令を（国内法に）変形する」。これにより，構成国は，指令に適合する国内の法行為（例

---

[15] この点について，参照，*Beutler/Bieber/Pipkorn/Streil*, Die Europäische Union, 4. Aufl., 1993, S. 191 ff. (m.w.N.).

[16] 委員会が理事会の授権によりその法行為をなす場合を除いて，委員会の法行為と理事会の法行為は原則として同列にある。両者が両立しない場合には，後の法行為が優先する。規範行為は個別行為（Individualakten）に優先し，授権行為は，それを履行する行為に優先する。*Bleckmann*（FN 4），Rz. 527, 529; *Daig*, in Groeben/Boekh/Thiesing/Ehlermann, EWGV, 4. Aufl., Art. 189 Rz. 15.

[17] 参照，*Grabitz*, in Grabitz/Hilf (FN 2), Art. 189 Rz. 17, 145; *Hailbronner*, JuS 1990, 263 (267).

[18] EC命令に対するEC市民の訴えは，その者が直接にかつ個人的にその利益を害されている場合に限って，適法である。

[19] EuGH vom 31. 1. 1978-Rs. 94/77 *Zerbone*, EuGHE 1978, 99 (115). 命令の効力。

えば，法律，法規命令）を制定し，この法律等は，法の服従者（国民）に対して指令内容の拘束力を根拠づける。共同体忠誠の原則（欧州経済共同体条約（EEC条約）5条1項，2項，189条3項）[20]は，構成国に対し，指令を期日までに，正しくかつ完全に各国国内法に変形すべき義務を課している。

3．租税法と共同体法

共同体法は，とくに売上税，消費税その他間接税に関する租税法規[21]の発令のため直接に授権する，特別な授権規定（EC条約95条以下）を定めている[22]。同様に，共同体法の一般的基本規定または諸規定は，特定の租税外の法領域にとって重要である。これらの一般的基本規定等は各国の租税法の適用に影響を及ぼす。EC条約95条1項2項——同規定は各人に対し直接効力を有する——は，他の構成国から移入される物品に対する差別扱いの禁止によって，物品の自由な流通を保護している[23]。

3.1 関 税 法

共同体は，あらゆる関税を廃止し，ひとつの共通の関税率を創設し，そして物品の自由な流通の阻害要因を除去する授権（EEC条約3条，EC条約3条(a), (b)）を，ひとつの関税同盟（EEC条約3条(a), (b), 9条, 10条）によって

---

[20] この点について，参照，*Bleckmann* (FN 4), Rz. 697 ff; *Schweitzer/Hummer*, Europarecht, 5. Aufl. 1996, Rz. 438, 1045; *Beutler/Bieber/Pipkon/Streil* (FN 15), S. 89, 226.

[21] ヨーロッパ税法の発展について，参照，*Mersmann*, DStZ 1963, 293; *Neumarkt*, Steuer-Kongreß-Report 1963, 29; *Runge*, AWD 1963, 225; *Schulze-Brachmann*, Europäische Steuerzeitung 1969, 51, 137; *Menck*, DStZ 1972, 345; *Vogelaar*, Europäische Steuerzeitung 1972, 105 ff.; *EG-Kommission*, BullEG, Beilage 1/80; *Titzek*, DStZ 1982, 448; *Farmer/Lyal*, EC Tax Law, Oxford 1994.

[22] これについて，参照，*Voß*, in Dauses (FN 3), J Rz. 39 ff.

[23] EC条約95条の目的について，参照，EuGH vom 27. 2. 1980-Rs. 168/78 *Kommission v. Frankreich*, EuGHE 1980, 347. 直接効力について，参照，EuGH vom 3. 4. 1968-Rs. 28/67 *Molkerei Zentrale*, EuGHE 1968, 217; EuGHE vom 17. 2. 1976-Rs. 45/75 *Rewe*, EuGH 1976, 181＝NJW 1976, 1023.

実現している。関税同盟は，複数の関税領域をひとつの関税領域にとりかえている（GATT 24条8項(a)）。共同体法[24]によって，構成国間（EC条約9条，EEC条約12条）における関税は廃止されており[25]，およびおなじ効果を持つ課徴金の徴収[26]は禁止されている。第三国に対する共通関税率（EC条約9条，EEC条約28条，113条）は作成されており[27]，そしてひとつの，全構成国で直接に適用しうる新しい関税法が創設されている[28]。共同体法の観点からすると，関税法は，ひとつの独自の法領域であり，そして各国法秩序におけるように，租税法の一部ではない[29]。

---

[24] 共同体法と関税について，参照，*Sack*, in Dauses (FN 3), C II; *Dänzer-Vanotti*, DStJG 11 (1988), S. 75; *ders.*, ZfZ 1988, 98; *Müller-Eiselt*, EG-Zollrecht und Zollkodex/Zollwert.

[25] 参照，EuGH vom 16. 7. 1992-Rs. C-163/90 *Legros*, EuGHE 1992, I-4658（県境を越境するとき関税はない。）; EuGH vom 9. 8. 1994-Rs. C-363, 407-411/93 *Lancy*, EuGHE 1994, I-3957〔共同体域内での物品流通の関税〕。

[26] 農業政策の輸入課徴金，アンチ・ダンピング関税，調整関税，報復関税，例えば通関手数料による特別課徴金がその例である。参照，*Sack*, in Dauses (FN 3), C II Rz. 38.

[27] VO Nr. 2658/87/EWG des Rates vom 23. 7. 1987 uber die zolltrarifliche und statistische Nomenklatar sowie den gemeinsamen Zolltrarif, ABl. EG 1987 Nr. L 256, i; Beschluß des Rates vom 87/369/EWG über das Harmonisierte System zur Bezeichnung und Codierung der Waren, ABl. EG 1987 Nr. L 193, 3. 関税定率法については共同体（EC条約28条，43条，113条による形式的意味における共通関税率について）か専属管轄を有する。この点について，参照，EuGH vom 12. 7. 1989-Rs. 161/88 *Binder*, EuGHE 1989, 2415 (2433)。

[28] 関税法は，EC条約235条に基づいて，全構成国で直接に妥当する命令（欧州関税命令集（Zollkodex），VO 2913/92/EWG des Rates vom 12. 10. 1992, ABl. EG 1992 Nr. L 302, 1; *Zollkodex-DVO*, VO 2454/93/EWG der Kommission vom 2. 7. 1993, ABl. EG 1993 Nr. L 253, 1）によってハーモナイズされている。この点について，参照，Einführungserlaß in ZfZ 1994, 124; *Hohrmann*, in Hübschmann/Hepp/Spitaler, AO/FGO, §1 AO Rz. 122 ff.; *ders.*, ZfZ 1994, 449; *Müller-Eiselt* (FN 24); *ders.*, ZfZ 1994, 258; *Witte*, Zollkodex, Kommentar, 2. Aufl. 1998; *ders.*, DStZ 1993, 162; *Sack*, in Dauses (FN 3), II C Rz. 20. 関税免除法を含め，関税定率法は，従来の形式のままで存続している。

[29] この点について，参照，*Sack*, in Dauses (FN 3), II C Rz. 22 ff. 共同体法上の関税法のなかでの租税法規定は，101条，113条にその根拠をおく。この点について，参照，EuGH vom 6. 12. 1990-Rs. C-343/89 *Witzemann*, EuGHE 1990, I- 4477;

3.2　間接税，とくに売上税および消費税

EEC条約99条1項は，理事会に対し，委員会の発議に基づきかつヨーロッパ議会の聴聞後に全会一致をもって，売上税，消費税およびその他の間接税に関する法規命令をハーモナイズするための規定を（EC条約100条に基づく指令によって）発令する権限を与えている[30]。ただし，このことは，これらの規定が域内市場の確立および機能にとっても必要である限りにおいてである。この調和（ハーモナイゼーション）によって追求されている目標は，自由な移動の促進，および物品の自由な流通の促進ならびに二重課税の禁止である[31]。等しい競争条件のみが達成されるべきであって，EU市民の等しい負担が達成されるべきものではないから，税率および課税客体（消費税の場合）は従来近接されえただけである[32]。このため，ECは1967年以降指令[33]によって，ひとつの，構成国に対し拘束力をもち，かつ各国売上税法への変形によって実現されるべき売上税法を，創設している[34]。共同体法上の欧州売上税命令集（Umsatzsteuerkodex）は，第六次売上税指令[35]にみられる。第

EuGH vom 27. 9. 1988-Rs. 165/87 *Kommission v. Rat*, EuGHE 1988, 5545. 共同体関税法およびEU税について，参照，BFH vom 3. 5. 1990-VII R 71/88, BFHE 161, 260 = ZfZ 1991, 17 = StRK UStG 1980 § 21 R. 3.

(30)　これを根拠にして，理事会は構成国の売上税をハーモナイズした。例えば，参照，*Reich erts*, in Groeben/Boekh/Thiesing/Ehlermann (FN 16), Art. 99 EWGV Rz. 7 ff.

(31)　参照，EuGH vom 29. 5. 1997-Rs. C-389/95 *Klattner*, IStR 1997, 403; EuGH vom 23. 4. 1991-Rs. C-297/89 *Ryborg*, EuGHE 1991, I-1943.

(32)　*Birk*, DStJG 19 (1996), S. 63 (74) m.w.N.

(33)　参照，理事会第1次指令。1. RL des Rates vom 11. 4. 1967 zur Harmonisierung der Rechtsvorschriften der Mitgliedstaaten uber die Umsatzsteuer (67/227/EWG), ABl. EG 1967 Nr. L 71, 1301；理事会第二次指令。2. RL des Rates vom 14. 1. 1967 zur Harmonisierung der Rechtsvorschriften der Mitgliedsstaaten uber die Umsatzsteuern-Struktur und Anwendungsmodalitäten des gemeinsamen Umsatzsteuersystems (67/228/EWG), ABl. EG 1967 Nr. L 71, 1303.

(34)　概観は，*Birkenfeld/Forst*, Das Umsatzsteuerrecht in der Europäischen Gemeinschaft, 2. Aufl., S. 56 ff. 第六次売上税指令について，参照，*Wachweger*, 6. EG-Richtlinie, 1978; *ders.*, DStZ 1978, 11 (43); *Schlienkamp*, BB 1977, Beilage 5/1977 zu Heft 31; *Söhn*, StuW 1976, 1.

7．租税法における法の実現に及ぼす共同体法の影響　[木村弘之亮〈翻訳〉]

六次売上税指令は，つねに，域内市場(36)の実現によって必要な発展段階に応じて合わせられている(37)。売上税法に関する共同体法上の法定立の独占権は，第六次売上税指令33条1項によって，構成国による触手から保障されている(38)。構成国は，売上税の性質を有する，その他の公租公課または手数料を維持しても導入してもならない。このような観点のもとで，数多くの各国税法，とりわけドイツ不動産取得税(39)が欧州裁判所の審査をうけたし，またうけている(40)。

---

(35) 参照，理事会第六次指令。6. RL des Rates vom 17. 5. 1977 zur Harmonisierung der Rechtsvorschriften der Mitgliedstaaten über die Umsatzsteuern-Gemeinsames Mehrwertsteuersystem; einheitliche steuerpflichtige Bemessungsgrundlage (77/388/EWG), ABl. EG 1977 Nr. L 145, 1.

(36) いわゆる域内市場指令について，参照，RL des Rates vom 16. 12. 1991 zur ErgänzunG des gemeinsamen Mehrwertsteuersystems und zur Änderung der RL 77/388/EWG im Hinblick auf die Beseitigung der Steuergrenzen (91/680/EWG), ABl. EG 1991 Nr. L 376, 1；第一次簡素化指令について，RL 92/111 EWG des Rates vom 14. 12. 1992 zur Änderung der RL 77/388/EWG und zur Einführung von Vereinfachungsmaßnahmen im Bereich der Mehrwertsteuer, ABl. EG 1992 Nr. L 384, 47. 域内市場指令について，参照，*Springsguth*, BB 1992, 747; *Rokos*, UR 1992, 89; *ders*., DB 1992, Beilage Nr. 13/1992 zu Heft 45; *Langer*, DB 1992, 340 (395); *ders*., NWB, Beilage 2/1992 zu Heft 19/1992; *Kräeusel*, UVR 1992, 97 (129, 161); *Shlienkamp*, UR 1992, 157.

(37) 第六次売上税指令（6. USt-RL 77/388/EWG）は，これまでに多数の改正指令によってその内容を改正されている。概観が，*Lohse*, in Rau/Dürrwächter, UStG, Einf. I 6. USt-RL. オーストリアでの変形について，参照，*Haunold*, in Gassner/Lang/Lechner (Hrsg.), Österreich-Der steuerrechtliche EU-Nachbar, S. 124 ff.

(38) この点について，参照，*Ruppe*, in FS Flick, 1997, S. 971; *Grabitz/Nettesheim*, EWS 1990, 246.

(39) 参照，EuGH vom 8. 7. 1986-Rs. 73/85 *Kerrutt*, EuGHE 1986, 2226.

(40) EuGH vom 17. 9. 1997-Rs. C-130/96 *Solisnor*, IStR 1997, 719; EuGH vom 25. 6. 1997-Rs. C-45/95 *Kommission v. Italien*, IStR 1997, 461; EuGH vom 26. 6. 1997-verb. Rs. C-370/95 *Careda*, EWS 1997, 320; EuGH vom 1. 12. 1993-Rs. C-234/91 *Kommission v. Dänemark*, EuGHE 1993, I-6273; EuGH vom 7. 5. 1992-Rs. C-347/90 *Bozzi*, EuGHE 1992, I- 2947; EuGH vom 31. 3. 1992-Rs. 200/90 *Dansk Denkavit*, EuGHE 1992, I-2217 (2240); EuGH vom 13. 7. 1989-Rs. 93/88 *Wisselink*, EuGHE 1989, 2671 (2700); EuGH vom 3. 3. 1988-Rs. 252/86 *Bergandi*, EuGHE 1988, 1343 (1367); EuGH vom 27. 11. 1988-Rs. 295/84 *Wilmot*, EuGHE 1985, 3759

石油，煙草，酒および酒類似の飲料に対する消費税は，二つの指令によって，その構造[41]および税率[42]の点で近接し相互に歩みよっている。その結果，共同体における消費税の上限は1993年1月1日以降廃止することができた[43]。

営業外目的の旅行における物品の非課税輸入に関する指令[44]および私人間における小荷物の非課税輸入に関する指令[45]によって共同体は，仕向地国におけるこれら物品の供給が課税に服したことのある場合には，二重課税を放

(3764).

[41] RL 92/12 EWG des Rates vom 25. 2. 1992 über das allgemeine System, den Besitz, die Beförderung und die Kontrolle verbrauchsteuerpflichtiger Waren, ABl. EG 1992 Nr. L 76, 1. これについて，参照，*Jatzke*, Das System des deutschen Verbrauchsteuerrechts, 1996; *ders.*, BB 1993, 41; *Schröer-Schallenberg*, ZfZ 1993, 300; *Stobbe*, ZfZ 1993, 170 (194).

[42] 各個の構造に関する指令および各個の税率に関する指令について，概観は，参照，*Birkenfeld*, Umsatzbesteuerung im Binnenmarkt, 3. Aufl., 1996, S. 257.

[43] ドイツでは，消費税の域内市場法(Verbrauchsteuer-Binnenmarktgesetz vom 21. 12. 1992, BGBl. I 1992, 2150.) によって変形されている。この点について，参照，*Beermann*, DStZ 1993, 257 (291).

[44] 参照，RL des Rates vom 28. 5. 1969 zur Harmonisierung der Rechts- und Verwaltungsvorschriften über die Befreiung von den Umsatzsteuern und Sonderverbrauchsteuern bei der Einfuh im grenzüberschreitenden Reiseverkehr (69/169/EWG), ABl. EG 1969 Nr. L 133, 6, in der Fassung der RL 94/4 EG des Rates vom 14. 2. 1994 zur Änderung der RL 69/169/EWG und 77/388/ EWG sowie zur Erhöhung der Freibeträge für Reisende aus Drittländern und der Höchstgrenzen für steuerfreie Käufe im innergemeinschaftlichen Reiseverkehr, ABl. EG 1994 Nr. L 60, 14, sowie der RL 94/75/ EG des Rates vom 22. 12. 1994 zur Änderung der RL 94/4/EG und über eine befristete Ausnahmeregelung für Österreich und für Deutschland, ABl. EG 1994 Nr. L 365, 52. また参照，Verordnung über die Eingangsabgabenfreiheit von Waren im persönlichen Reisegepäck der Reisenden vom 3. 12. 1974 i. d. F. der 6. VO zur Änderung der Einreisefreimengen-VO vom 23. 12. 1993, BGBl. I 1994, 611.

[45] 参照，RL des Rates vom 19. 12. 1978 über die Steuerbefreiung bei der Einfuhr von Waren in Kleinsendungen nichtkommerzieller Art mit Herkunft aus Drittländern (78/1035/EWG), ABl. EG 1978 Nr. L 366, 34, in der Fassung der RL des Rates vom 20. 12. 1985 zur Änderung der RL 78/1035/EWG über die Steuerbefreiung bei der Einfuhr von Waren in Kleinsendungen nichtkommerzieller Art mit Herkunft aus Drittländern (85/576/EWG), ABl. EG 1985 Nr. L 372, 30.

棄した(46)。

3.3 直接法および租税手続法

EC条約95条以下は，直接税（収益税）に関する言明および手続法に関する言明を含んでいない。EC条約100条は，共同体に対して，共同市場の確立または機能に直接に影響を及ぼすそうした（構成国の）法規命令および行政命令の同化のため指令を発令することを授権している。租税に関する規定が域内市場の確立または機能（EC条約7a条）をその対象としている範囲において，EC条約100a条1項で定められている手続は，妥当しない（EC条約100a条2項）。

それにもかかわらず，共同体法は，構成国の直接課税の法に影響を及ぼしている(47)。当該EU市民は，一構成国の収益税法をとおして事実関係が国境を越えている場合に，その者の国籍を理由に差別扱いすることを拠どころとして訴求し，または移動の自由（EC条約8a条，48条ないし51条），物品流通の自由（EC条約52条），サービス提供の自由（EC条約59条ないし66条）もしくは資本流通の自由（EC条約67条ないし73h条）を損なうことを拠りどころとして訴求することができる。租税逋脱および租税回避を防止するため，構成国はEC条約73d条(a)に基づいて制限納税義務者の資本投下を無制限納税義務者のそれとくらべて不利に取り扱うことができる。ただし，そのことと恣意的な差別扱いが結びついていないか，またはベールで覆われた制限が結びついている場合に限られる（EC条約73条3項）。第二次共同体法が，共同体法（EC条約54条2項(g)，58条，100条）のためのハーモナイゼーション規定（EC条約54条2項(g)，58条，100条）に基づいて，商法上の正規の簿記の原則を経

---

(46) 共同体域内での旅行に際しての免税品購入の非課税について，参照，第六次売上税指令28条kと28条（Art. 28 k 6. USt-RL 77/388/EWG i. d. F. der RL 91/680/EWG und von Art. 28 der RL 92/12/EWG（FN 41）。この点について，参照，UR 1997, 425（426）.

(47) これについて，一般に，参照，*Kirchhof*, in Kirchhof/Söhn, EStG, §2 Rz. A 489; *Stapperfend*, in Herrmann/Heuer/Raupach, EStG/KStG, §1 EStG Anm. 31; *Schreiber*, in Blümich, EStG/KStG/GewStG, §5 EStG Rz. 100; *Tumpel*, Harmonisierung der direkten Unternehmensbesteuerung in der EU, 1994.

由して⁽⁴⁸⁾，収益税法にも影響を及ぼすか否かそしてどの程度まで影響を及ぼすか⁽⁴⁹⁾，そしてその第二次共同体法が所得税法 5 条 1 項に基づいて租税法上の利益の計算上決定的に重要であるかどうか⁽⁵⁰⁾は，争われている。

共同体法は条約法にも影響を及ぼす⁽⁵¹⁾。共同体法は条約法に優先し，租税

---

(48) ヨーロッパの正規の簿記に関して，参照，*Rödder*, Wpg. 1991, 200 (203).

(49) とくに，次の諸点が重要である。①いわゆる情報開示指令。1. RL des Rates vom 9. 3. 1968 zur Koordinierung der Schutzbestimmungen, die in den Mitgliedstaaten den Gesellschaften im Sinne des Artikel 58 Absatz 2 des Vertrages im Interesse der Gesellschaften sowie Dritter vorgeschrieben sind, um diese Bestimmungen gleichmäßig zu gestalten (68/151/EWG), ABl. EG 1968 Nr. L 65, 8.
②いわゆる企業会計指令。4. RL des Rates vom 25. 7. 1978 aufgrund von Artikel 58 Absatz 3 Buchstabe g des Vertrages über den Jahresabschluß von Gesellschaften bestimmter Rechtsformen (78/660/EWG), ABl. EG 1978, Nr. L 222, 11. これについて，参照，*Söffing*, 4. EG- Richtlinie, 1979, S. 13 ff.; *Döllerer*, DStZ 1981, 311; *Biener*, AG 1978, 251; *Moxter*, BB 1979, 433; *IdW*, Wpg 1979, 169; *Zeitler/Jüptner*, BB 1988, Beilage 12/1988; *Kreile*, DB 1988, Beilage 18/1988.
③いわゆるコンツエルン会計指令。7. RL des Rates vom 13. 6. 1983, aufgrund von Art. 54 Abs. 3 Buchstabe b des Vertrages über den Konsolideirten Abschluß (83/349/EWG), ABl. EG 1983, Nr. L 193, 1. これについて，参照，*Biener*, DB 1983, Beilage 19/1983; *IdW*, Wpg 1984, 509 und 1985, 189.
④いわゆる公認会計士指令。8. RL des Rates vom 10. 4. 1984, aufgrund von Artikel 54 Absatz 3 Buchstabe g des Vertrages über die Zulassung der mit der Pflichtprüfung der Rechnungsunterlagen beauftragten Personen (84/253/EWG), ABl. EG 1984, Nr. L 126, 20.
⑤いわゆる親子会社指令。RL des Rates vom 23. 7. 1996 über des gemeinsame Steuersystem der Mutter- und Tochtergesellschaften verschiedener Mitgliedstaaten (90/435/EWG), ABl. EG 1990, Nr. L 225, 6. これについて，参照，*Saß*, DB 1990, 2340; *Tumpel*, IStR 1995, 113. オーストリアについて，*Widhalm*, in Gassner/Lang/Lechner (FN 37), S. 90.
⑥いわゆる企業組織変更指令。RL des Rates vom 23. 7. 1990 über das gemeinsame Steuersystem für Fusionen, Spaltungen, die Einbringung von Unternehmensanteilen und den Austausch von Anteilen, die Gesellschaften verschiedener Mitgliedstaaten betreffen (90/434/EWG), ABl. EG 1990, Nr. L 225, 1. これについて，参照，*Saß*, DB 1990, 2340. オーストリアについて，*Staringer*, in Gassner/Lang/Lechner (FN 37), S. 109.

(50) この点について，概観は参照，*Mathiak*, in Kirchhof/Söhn, EStG, §5 Anm. A 184 ff.

7. 租税法における法の実現に及ぼす共同体法の影響［木村弘之亮〈翻訳〉］

条約をoverrideし，そして差別取扱いから保護している。EC条約220条2号によれば，構成国は，構成国の納税義務者に対する二重課税の回避のため条約を締結する権限を有するのみならず，義務をも負っている。

租税手続法は原則として構成国の固有事務である。しかし，共同体法上の租税手続法は，EEC条約99条およびまたは100条に基づいて，または——関税手続法のように(52)——域内市場の実現のために発令されている(53)。さらに，

---

(51) この点について，参照，*Wassermeyer*, DStJG 19 (1996), S. 151 (156). オーストリアについて，参照，*Toifl*, in Gassner/Lang/Lechner (FN 37), S. 160. 一般的に，参照，*Vogel*, Internationales Steuerrecht, DStZ 1997, 269 (272 f.).

(52) この点について，参照，Art. 243-246 欧州関税命令集243条ないし246頁。関税行政行為に対する仮の権利保護は，共同体法（欧州関税命令集244条）に基づいて判断される。参照，BFH vom 4. 2. 1997-VII S 29/96, BFH/NV 1997, 588 (589); BFH vom 9. 1. 1996-VII B 225/95, BFHE 179, 501 (504); *Birk*, ZfZ 1991, 207; *Birkenfeld*, in HHSp (FN 28), § 361 AO Rz. 206 ff.

(53) 例えば，①直接税の領域における行政庁の共同作業に関する指令（EC条約）。Verordung (EWG) Nr. 218/92 des Rates vom 27. 1. 1992 über die Zusammenarbeit der Verwaltungsbehörden auf dem Gebiet der indirekten Besteuerung (MWSt), ABl. EG 1992 Nr. L 24. 1. この点について，参照，*Mohr*, ÖStZ 1994, 357; *Forst*, in Birkenfeld/Forst (FN 34), S. 92 ff.
②直接税の領域における構成国の所轄行政庁間における相互行政共助に関する理事会指令。RL des Rates vom 19. 12. 1977 über die gegenseitige Amtshilfe zwischen den zuständigen Behörden der Mitgliedstaaten im Bereich der direkten Steuern (77/799/EWG), ABl. EG Nr. L 336, 15. 1979年理事会指令 (RL des Rates vom 6. 2. 1979 zur Änderung der RL 77/799/EWG über die gegenseitige Amtshilfe zwischen den zuständigen Behörden der Mitgliedstaaten im Bereich der direkten Steuern (79/1070/EWG), ABl. EG 1979 Nr. L 331, 8) は付加価値税に拡大され，そして1992年理事会指令 (RL des Rates vom 25. 2. 1992 (92/12/EWG), ABl. EG 1992, Nr. L. 76, 1) はハーモナイズされた消費税に拡大されている。これについて，参照，EuGH vom 13. 7. 1990-Rs. C-2/88 *Imm*, EuGHE 1990, I-3365 (3367) m. w. N. これについて，参照，*Söhn*, in HHSp (FN 28), § 117 AO Rz. 215; *Koch*, DStZ 1979, 4; *Saß*, DB 1978, 2236; *Kerwat*, DStZ 1992, 528; *Carl/Klos*, INF 1994, 193. オーストリアについて，参照，*Wokounig*, Harmonisierung und Amtshilfe im Rahmen der Umsatzsteuerkontrolle, in Vodrazka (Hrsg.), Umsatzsteuer und österreichische Betriebsprüfung in der EuropäTischen Union, S. 11.
③いわゆるEC債権取立て指令。RL des Rates 76/308/EWG vom 15. 3. 1976, über die gegenseitige Unterstützung bei der Beitreibung von Forderungen im Zusam

欧州裁判所は，共同体全域で妥当している法の一般原則から，各国手続法を適用するに際して考慮されなければならない指針を展開している。

3.4 他の諸国に及ぶ影響

加盟国（例えばオーストリア）(54)は，加盟条約の定めるところにより共同体法上の租税法を受容すべき義務を負う(55)。さらに，これは，欧州連合の近隣諸国における法の発展にも影響を及ぼしている(56)。

4．共同体法に忠実な法の実現

EC条約5条1項2項に定着している共同体への（相互）忠実の原則(57)は，EC条約5条1項1文において，構成国の公権力の担い手すべてに対し(58)，

---

menhang mit Maßnahmen, die Bestandteil des Finanzierungssystems des Europäischen Ausrichtungs- und Garantiefonds für die Landwirtschaft sind, sowie von Abschöpfungen und Zöllen (76/308/EWG), ABl. EG 1976 Nr. L 73, 18 (いわゆるEC債権取立て命令). これについて，参照，*Beermann*, in HHSp (FN 28), § 250 AO Rz. 117 ff.

(54) この点について，参照，*Haunold*, Die Umsetzung der Umsatzsteuerrichtlinien in Österreich, in Gassner/Lang/Lechner (FN 37), S. 124; *Ruppe*, UStG 1994, 1995, Einf. 22 ff.

(55) この点について，参照，BMF vom 14. 12. 1994, UR 1995, 52（オーストリア，フィンランドおよびスウェーデンのEUへの加盟による，売上税の影響）.

(56) スイスは「EUとの互換性のある」附加価値税法を導入している。参照，Verordnung über die Mehrwertsteuer vom 22. 6. 1994 (MWSTV), AS 1994, 1464-1500; *Weber*, Das Recht der Mehrwertsteuer, 1994; *Camenzind/Honauer*, Handbuch zur neuen Mehrwertsteuer (MWST), 1995. EU互換性のその後の発展について，参照，*Vallender*, Steuer-Revue 1996, 533; *David*, Steuer-Revue 1996, 455.

(57) 参照，EuGH vom 14. 12. 1991 -Gutachten 1/91, EuGHE 1991, I-6079 (6084); EuGH vom 9. 3. 1978-Rs. 106/77 (FN 7), 644; EuGH vom 13. 7. 1972-Rs. 48/71 Kommission v. Italien, EuGHE 1992, 529 (534); *Bogdandy*, in Grabitz/Hilf (FN 2), Art. 5 EGV Rz. 25 ff.; *ders.*, in FS Grabitz, 1995, S. 17; *Everding*, in FS Karl Carstens, Bd. 1, 1984, S. 95 ff. (191); *Bleckmann*, RIW 1981, 653; ders., DVBl. 1976, 483.

(58) この点について，参照，EuGH vom 19. 6. 1990-Rs. C-213/89 *Factorame*, EuGHE 1990, I-2433＝EuZW 1990, 355.

EC条約に基づく義務[59]を履行するに適した措置（一般的なものであれ，特殊なものであれ）を講ずべき義務を課している。そしてその原則は，EC条約5条1項2文により，共同体の機関に対し，その課題の履行をやりやすくし（支援義務）また両立しがたい作為をしないでおく（EC条約5条2項）よう，その公権力に担い手を拘束する。共同体法に適合しない，各国法の規定はすべて，そして共同体法に違背する行政実務や裁判実務はすべてもはや維持されてはならない[60]。欧州裁判所の判決は，国内法が共同体法に矛盾している旨を明らかにする場合，法規命令と行政命令の発令によって，執行されなければならない[61]。さもなければ，条約違反である。

4.1　直接に妥当する法行為の場合における法の実現

共同体法の規定がその直接効力の理由で各国国内法へのそれ以上変形を必要としていない場合には（第一次共同体法および共同体の命令），各国の法秩序は，共同体への加盟によって，共同体がその立法権限に基づき制定する法にも，門戸を開放し，しかもその第一次共同体法に，固有のこの共同体の制定する法と合致しない〔国内〕法に対し優先順位を認めている[62]。

第一次共同体法および第二次共同体法は，EC条約5条1項，189条2項3

---

[59]　EC条約5条1項，2項から導きだされる作為義務と不作為義務に関して，参照，*Zuleeg*, in Groeben/Thiesing/Ehlermann (FN 3), Art. 5 EGV Rz. 6 ff.

[60]　参照，EuGH vom 22. 6. 1989–Rs. C– 103/88 *Fratelli Constanzo*, EuGHE 1989, 1939 = NVwZ 1990, 649 = EuR 1990, 151（共同体法違反の行政実務）; EuGH vom 12. 7. 1964–Rs. 6/64 (FN 3), 1269; EuGH vom 10. 4. 1984–Rs. 14/83 *Colson*, EuGHE 1984, 1891 (1909)（共同体法になじむ，各国法の解釈）。また参照，EuGH vom 9. 3. 1978–Rs. 106/77 (FN 7), 644; EuGH vom 16. 12. 1976–Rs. 33/76 *Rewe*, EuGHE 1976, 1989 (1998)（それぞれ，司法の義務について）。

[61]　参照，EuGH vom 23. 3. 1993–Rs. C– 345/92 *Kommission v. Bundesrepublik Deutschland*, EuGHE 1993, I–1115.

[62]　この点について，参照，EuGH vom 4. 12. 1974–Rs. 41/74 *van Duyn*, EuGHE 1974, 1337 (1349), Rz. 15; EuGH vom 12. 7. 1964–Rs. 6/64 (FN 3), 1269 (1271); EuGH vom 9. 3. 1978–Rs. 106/77 (FN 7), 644, Rz. 17, 18; EuGH vom 3. 4. 1968–Rs. 28/67 (FN 23), 232; BVerfG vom 22. 10. 1986–2 BvR 197/83, BVerfGE 73, 339 (375)（第二段階）; FM Rheinland–Pfalz vom 17. 10. 1988, UR 1989, 131; FM Schleswig–Holstein vom 29. 5. 1992, UR 1992, 244.

項⁽⁶³⁾に基づく欧州裁判所の判例および連邦憲法裁判所の判例⁽⁶⁴⁾によれば，第一次および第二次共同体法に違背する各国国内法規命令にくらべ，妥当性の順位および適用性の順位の点で優先する⁽⁶⁵⁾。事後⁽⁶⁶⁾および従前の各国制定法にくらべての共同体法の優先順位は，第一次共同体法の不文規範に基づいている⁽⁶⁷⁾。このような不文律は，共同体条約の同意法律⁽⁶⁸⁾（ドイツでは，旧ボン基本法24条1項による拘束力をもって，新ボン基本法23条による拘束力をもって）によって各国の法適用を下命している⁽⁶⁹⁾。共同体法はこのような法適用の下命によりボン基本法20条3項にいう「法と法律」である。これに執行権およ

---

(63) EuGH vom 12. 7. 1964-Rs. 6/64 (FN 3), 1270 以来。また参照，EuGH vom 20. 9. 1988-Rz. 190/87 *Moormann*, EuGHE 1988, 4689 (4722); EuGH vom 9. 3. 1978-Rs. 106/77 (FN 7), 644, 645; *Everling*, in FS Karl Carstens, Bd. I, S. 95 (97 ff.); ders., DVBl. 1985, 1201 ff.; *Stotz*, EuZW 1991, 118.

(64) BVerfG vom 8. 4. 1987-2 BvR 687/85, BVerfGE 75, 223＝UR 1987, 355（EU命令について）; BVerfG vom 4. 11. 1987-2 BvR 763/85, UR 1988, 25; BVerfG vom 22. 10. 1986-2 BvR 197/83 (FN 62), 367（第2段階）; BVerfG vom 29. 5. 1974-2 BvR 52/71 (FN 6), 280（第1段階）。この点について，参照，*Degenhard*, Voraussetzungen und Folgen unmitterbarer Wirkungen von EG-Richtlinien, IFSt-Schrift Nr. 349, 16 ff.; *Schlienkamp*, UR 1990, 337 (340); *Weiß*, UR 1987, 359.

(65) BVerfG vom 9. 6. 1971-2 BvR 225/69 (FN 6), 175.（EEC条約について）; BVerfG vom 22. 10. 1986-2 BvR 197/83 (FN 64), 375（EEC施行令に関する第2段階）。また参照，Conseil d' Etat vom 24. 9. 1990, EuGRZ 1990, 106; *Framont*, EuZW 1992, 46; *Grabitz*, in Grabitz/Hilf (FN 2), Art. 189 Rz. 50 für die VO, Rz. 63 für RL und Entscheidungen.

(66) 参照，Conseil d'Etat vom 24. 9. 1990-Nr. 58657, DVBl. 1991, 324.

(67) この点について，参照，BVerfG vom 8. 4. 1987-2 BvR 687/85 (FN 64)（欧州裁判所の先決判決の拘束力）; BVerfG vom 17. 3. 1988-*Buchholz*, BVerwG 451, 90, EWG-Recht NR. 75.

(69) この点について，参照，BVerfG vom 8. 4. 1987-2 BvR 687/85 (FN 64)（欧州裁判所の先決判決の拘束力）; BVerfG vom 4. 11. 1987-2 BvR 763/85 (FN 64); BVerWG vom 17. 3. 1988 (FN 67). 従前の異説裁判例として，BFH vom 16. 7. 1981-V B 51/80, BFHE 133, 470＝StRK UStG 1967 Allg. R. 32; BFH vom 25. 4. 1985-V R 123/84, BFHE 143, 383＝StRK UStG 1980 Allg. R. 4. さらに，連邦行政裁判所は異なる見解である。同裁判所は，個別具体の場合に，両立しない各国国内法に対するEC指令の規制要請について信義則に優先順位を認めていた。参照，BVerWG vom 5. 6. 1986 -3 C 12/82, NJW 1986, 3040 (3041)。

び司法権は拘束されている。自律的な法源から生みだされた共同体法は、このようにして、共同体全域において優先順位を求めている[70]。ただし、それぞれの法行為について各国の同意が必要である場合は、その限りでない。

4.1.1　適用優先の意義

適用の優先とは、共同体法と両立しない各国国内法が、共同体法によって規制された法律関係には適用されないことを意味する[71]。共同体法の優先は、抵触のあるケースについて、各国の国内法を取消しまたは無効にするのではなく、国内法の不適用が共同体法の実施のために不可欠である限りにおいて、国内法を不適用にするだけである[72]。その他の場合には、共同体法に矛盾しない各国国内法は、さらに適用されうる。〔共同体法から〕乖離する国内法を有する構成国は、その国内法が共同体法に適合しない限りにおいて[73]、その構成国の〔国内〕法のうちの不適用部分を取消しまたは変更する義務を負う[74]。

4.1.2　対　象

共同体法は、欧州裁判所の解釈によって（EC条約177条、189条）確認された内容を含んでいる。共同体法の目標がさもなければ損なわれるであろう範囲において、このような内容を有する共同体法は、これから乖離する国内法に優先する[75]。したがって、欧州裁判所による適用優先についての明示的な確認は、必要でない[76]。すべての構成国[77]における納税者は、共同体法の適

---

[70] この点について、参照、EuGH vom 12. 7. 1964-Rs. 6/64（FN 3）, *Costa/Enel*, EuGHE 1964, 1251 (1269-1271); BVerfG vom 18. 10. 1967-1 BvR 248/63, 216/67, BVerfG 22, 293 (296) = NJW 1968, 348; *Hirsch*, NJW 1996, 2457 (2458).

[71] 参照、BVerWG vom 29. 11. 1990-3 C 77/87, RIW 1991, 426.

[72] 参照、*Zuleeg*, Kommentar zum Bonner Grundgesetz, Art. 24 Rz. 43 ff.; *Groß*, JuS 1991, 522 (523); *Jarass*, NJW 1990, 2420 (2421).

[73] この点について、参照、*Di Fabio*, NJW 1990, 947 (950); *Degenhard*, IFSt-Schrift Nr. 349, 19 ff.

[74] EuGH vom 4. 4. 1974-Rs. 167/73, EuGHE 1974, 359 (372).

[75] BVerfG vom 8. 4. 1987-2 BvR 687/85 (FN 64); BVerfG vom 4. 11. 1987-2 BvR 7 63/85 (FN 64); *Schlienkamp*, UR 1991, 337 (340).

[76] 参照、EuGH vom 22. 6. 1989-Rs. 103/88 *Fratelli Constanzo*, EuGHE 1989, 1839 = NVwZ 1990, 649; *Schlienkamp*, UR 1991, 337 (340). また参照、*Degenhard*, IFSt-Schrift 3 48/1996, 24 ff. m. w. N.

用優先を援用することができる。

4.1.3 憲法との関係

共同体法は，各国憲法にも優先する（参照，ボン基本法24条１項）。権利保護は，欧州裁判所によって，共同体法の基本権スタンダードに基づいて保障される[78]。ただし，ドイツでは，このことによって，憲法化された基本構造およびドイツ連邦共和国の憲法の基本的特徴が傷つけられてはならない，という留保が付けられている[79]。ヨーロッパ共同体[80]，——とくに欧州裁判所[81]——は，その権限を主張するに当たり，共同体法の一般的法原則の構成要素である基本権の保護[82]を承認した後には，連邦憲法裁判所は，共同体法

---

[77] この点について，参照，EuGH vom 23. 1. 1986-Rs. 283/84 *Trans Tirreno Express*, EuGHE 1986, 231 = UR 1987, 23 （第六次売上税指令について）.

[78] この点について，例えば，参照，EuGH vom 17. 7. 1997-Rs. C-183/95 *Affish BV*, EuZ W 1997, 730; EuGH vom 15. 4. 1997-Rs. C-22/94 *Irish Farmer*, EuZW 1997, 693; *Lenz*, NJW 1997, 3289.

[79] BVerfG vom 29. 5. 1974-2 BvL 52/71 (FN 6), 279 （第一段階）; BVerfG vom 23. 6. 1981- 2 BvR 1107, 1124/77, BVerfGE 58, 1 (40) （ベルギー裁判所の管轄）。「第一段階」決定において，連邦憲法裁判所は，まだ次のことを承認していた。ドイツ連邦共和国の裁判所が，欧州裁判所によってなされる解釈のなかで，裁判に重要な，共同体法の条文を適用できないと判断したときに，連邦憲法裁判所は，ドイツ連邦共和国の裁判所の付託により，裁判をした。なぜなら，共同体の統合過程が，共同体法がボン基本法の基本権カタログに適合する，基本権カタログを含むほどには，まだ伸展していない段階において，当該共同体法の条文規定は，ボン基本法の基本権の一つと衝突していたからであり，その限りでは，適用できないと判断したからであり，かつその限りにおいてである。

[80] 1987年４月５日付の基本権に関する欧州議会，理事会および委員会の声明において，欧州共同体における基本権の保障のため欧州人権条約の意義よりも，構成国の憲法の意義の方が優位であることが指摘されている（ABl. EG 1977 Nr. C 103, 1）。また参照，EuGH vom 21. 9. 1989-Rs. 46/87, 227/88 *Höchst AG*, EuGH 1989, 2859 （私的空間についての基本権保護）。また参照，*Feger*, DÖV 1987, 322 (326); *Thiel*, JuS 1991, 274 (275, 276); *Schwarze*, Schutz der Grundrechte in der Europäischen Gemeinschaft, EuGRZ 1986, 263.

[81] 参照，EuGH vom 19. 10. 1977-Rs. 117/76, 16/77, EuGHE 1977, 1753 （平等原則の保障）。

[82] また参照，EuGH vom 24. 3. 1994-Rs. C-2/92 *Bostock*, EuGHE 1994, 955 (976) = EuZW 1994, 568; EuGH vom 13. 7. 1989-Rs. 5/88 *Wachauf*, EuGHE 1989, 2609.

上の措置（法規指令，裁判）を，基本権侵害に対する実体的違反について原則としてもはや審理しない⁽⁸³⁾。絶対に遵守さるべき基本権保障が欧州裁判所への提訴によって実現されないであろう場合⁽⁸⁴⁾，または直接の関係者の，憲法上保護された法的地位が共同体法の変形に当たって，侵害されるであろう場合⁽⁸⁵⁾に限って，連邦憲法裁判所は二次的に提訴されうる。

しかし，連邦憲法裁判所は，いわゆるマーストリヒト判決において，ヨーロッパの〔公共〕施設および機関の法行為が，それらに認められた高権の範囲内にとどまっているかまたはそれをこえているかどうかについて，審理することを留保している⁽⁸⁶⁾。このことによって，法行為（欧州裁判所の裁判を含む。）が各国憲法裁判所による事後審査の留保のもとにあるとすれば，欧州裁判所とのあいだで相克が生じる⁽⁸⁷⁾。

連邦憲法裁判所がECの法行為（欧州裁判所の裁判を含む。）に対して権利保護を保障しうるかどうかそしてどの程度まで保障しうるかは，争われている。例えば，ECの法行為が，各国の憲法裁判所の見解によれば，国際法に違反しており，これによって基本権（所有権または職業従事の自由）を侵害している場合が，そうである⁽⁸⁸⁾。その相克は，ECバナナ市場指令⁽⁸⁹⁾に端をはっし，

---

(83) BVerfG vom 22. 10. 1986-2 BvR 197/83（FN 62），378 ff.（第二段階）; BVerfG vom 10. 4. 1987-2 BvR 1236/86, NJW 1987, 3077（ECの〔法〕行為の審理）。

(84) 参照，BVerfG vom 22. 10. 1986-2 BvR 197/83（FN 62），372, 278（Solange II）; *Scholz*, in Friauf/Scholz, Europarecht und GG, 1990, S. 53（82 ff.）; *Scholz*, NJW 1992, 941 ff.; *Kewenig*, JZ 1990, 458; *Ahlt*, EuR 1992, 21 ff.; *Everling*, EuR 1990, 195（214）; *Zuleeg*, DÖV 1993, 933（934）。国家（Staatlichkeit）に対するヨーロッパ法上の保障について，参照，*P. Kirchhof*, Handbuch des Staatsrechts, Bd. VII, § 183 Rz. 58, 59.

(85) 参照，BVerfG vom 9. 7. 1992—2 BvR 1096/92, JuS 1993, 596（煙草税指令）。

(86) BVerfG vom 12. 10. 1993-2 BvR 2134/92, 2 BvR 2159/92（FN 3）. 188. この点について，*Scholz*, in Maunz/Dürig/Herzog/Scholz, GG, Art. 23 Rz. 15. また参照，*Dauses*, Eu ZW 1997, 705（第三段階について）。

(87) この点について，参照，*Hirsch*, NJW 1996, 2457（2466）; *Zuleeg*, BB 1994, 581（584）; *ders.*, JZ 1994, 1（3）; *Lenz*, NJW 1993, 3038.

(88) この点について，また参照，*Pernice*, EuZW 1997, 545; *Koenig/Zeiss*, JZ 1997, 461; *Zuleeg*, NJZ 1997, 1201.

(89) VO（EWG）Nr. 404/93 des Rates vom 13. 2. 1993 über die gemeisame Marktorganisation für Bananen, ABl. EG 1993 Nr. L 47, 1.

WTOパネル[90]，WTO被控訴人ボティ[91]および連邦財政裁判所[92]は——欧州裁判所[93]と異なり——，世界貿易機構条約[94]に一部違背すると判断した。これにより不利益を被ったドイツ輸入業者は，欧州裁判所への訴えで敗訴したのち，今度は連邦憲法裁判所に基本権の保護を訴求している。

このような，各国憲法裁判所による当該事件についての審査は，再び欧州裁判所の裁判で条約違反（EC条約5条1項）として敗訴することがありうるであろう。

4.2　直接に妥当しない法行為の場合における法の実現

直接に妥当しない法行為，例えば，指令（EC条約189条3項）の場合，共同体法の内容は各国国内法に変形されなければならない。共同体忠実の原則によれば（EC条約5条1項，2項），構成国の機関は，指令の形式で制定された共同体法を期限内に，完全にかつ正しく各国国内法に継受しそしてこれを適用すべき義務を負っている[95]。この領域において（指令から）乖離する各国国内法を賢持する権限は，存在しない。変形の要請（EC条約5条1項）は，乖離禁止（EC条約5条2項）によって補完されている。

---

[90]　参照，WTO-Panel vom 29. 4. 1997, EuZW 1997, 569.

[91]　参照，WTO Appelate Body vom 8. 9. 1997, EuZW 1997, 722. この点について，参照，*Meier*, EuZW 1997, 719.

[92]　参照，BFH vom 9. 1. 1996-VII B 225/95 (FN 52), 506.

[93]　EuGH vom 4. 2. 1997-verb. Rs. C-9, 23, 156/95-*Belgien/Deutschland v. Kommission*, EuGHE 1997, I-645 (669) = EuZW 1997, 313; EuGH vom 9. 11. 1995-Rs. C-466/93 *Atlanta*, EuGHE 1995, I-3799 (3802); EuGH vom 5. 10. 1994- Rs. C-280/93 *Bundesrepublik v. Rat*, EuGHE 1994, I-4973 (5093).

[94]　Abkommen über die Errichtung der Welthandelsorganisation vom 15. 4. 1994, ABl. EG 1994 Nr. L 336, 2. 同条約の附属文書ⅠAにおいて，世界貿易は拡大されている。（1947年GATTとくらべて1994年GATT）。附表ⅠBにおいて，役務提供（GATS）が，そして附属文書ⅠCにおいて，精神的財産権に対する権利（TRIPS）が含まれている。この点について，参照，*Fischer/Köck*, Europarecht, 3. Aufl. 1997, S. 80.

[95]　この点について，EuGH vom 13. 7. 1990-Rs. C-2/88 *Zwarteveld*, EuGHE 1990, I-336 5 (3372); EuGH vom 15. 1. 1986-Rs. 44/84 *Hurd*, EuGHE 1986, 29 (81);) EuGH vom 10. 4. 1984-Rs. 14/83 (FN 60), 1909.

4.1.1 指令を変形すべき各国立法者の義務

以上のことから，立法者は，構成国において直接に妥当しない共同体法を指令の形式で，各国国内法に変形すべき義務が生じてくる[96]。指令の各国国内法への変形について，欧州裁判所は，指令の規定が様式どおり文字どおりに特別な各国法律規定で翻訳されることを要求していない[97]。変形は法的安定性と法的明確性の要請に応じていれば，それで十分である[98]。指令による規律が一般的な法の枠内において，争われぬ拘束力をもって，具体化されておりかつ明確に変形される場合，法的安定性は満たされている[99]。たんに指令に適合する行政実務または行政庁への回状[100]では，十分でない。なぜなら，それらは行政によって変更可能だからである。法的明確性について，変形に係る規律が大変に理解しやすくかつ入手しやすく公表されなければならず，その結果，受益者は，その者の権利すべてについて知識を獲得し[101]，かつ場

---

[96] 共同体法の変形について，参照，*Hilf*, EuR 1993, 1（12 ff.）; *Schweitzer/Hummer*（FN 20），Rz. 1045. 共同体法の実施について，参照，*Teske*, EuR 1992, 265（269）．

[97] この点について，参照，EuGH vom 28. 2. 1991-Rs. C-131/88 *Kommission v. Deutschland*, EuGHE 1991, 825 = EuZW 1991, 405.

[98] この点について，参照，*Schweitzer/Hummer*, Europarecht, 5. Aufl., 1966, Rz. 364 ff.; *Oppermann*, Europarecht, Rz. 459 ff.

[99] 参照，EuGH vom 13. 3. 1997-Rs. C-197/97 *Kommission v. Frankreich*, EuGHE 1997, I-1489（1496）= EuZW 1997, 511.

[100] EuGH vom 21. 6. 1988-Rs. 257/86 *Kommission v. Italien*, EuGHE 1988, 3249 = HFR 1989, 646（法的安定性）; EuGH vom 25. 5. 1982-Rs. 96/81, EuGHE 1982, 1791（1804）; EuGH vom 15. 10. 1986-Rs. 168/85, EuGHE 1986, 2945（2961）．それぞれ，行政実務は指令の義務をみたしえない。この点について，参照，環境保護指令に関する欧州裁判所の裁判例。同裁判例によれば，正規の行政命令による変形でも十分ではない。EuGH vom 30. 5. 1991-Rs. C-361/88 *Kommission v. Bundesrepublik*, EuGHE 1991, I-2567（2596）= EuZW 1991, 440.（大気清浄）; EuGH vom 30. 5. 1991-Rs. C-59/89 *Kommission v. Bundesrepublik*, EuGHE 1991, I-2607（2626）= EuZW 1991, 442（有鉛ガス）; EuGH vom 28. 2. 1991-Rs. C-131/88（FN 97）, EuGHE 1991, I-865（地下水の保護）。〔法〕規範を具体化する行政命令について，また参照，*Hill*, NVwZ 1989, 401 ff. m. w. N.

[101] 参照，EuGH vom 20. 3. 1997-Rs. C-96/95 *Kommission v. Bundesrepublik Deutschland*, EuGHE 1997, I-1653（1668）= EuZW 1997, 348.

合によってはその権利を各国裁判所において主張できる[102]ようにしなければならない。各国条文規定における共同体法の引用[103]またはECの官報における命令の公示は，EC市民の権利についての必要的教示をおこなったことにはならない[104]。

さらに欧州裁判所は次のことを要求している[105]。変形されるべき共同体法と合致しえない各国国内規定は，それが直接効力を有する場合でさえ，当該変更されるべき規定と同じ法レベルの条文規定によって，変更される，ことを要求している。

指令の形式で決議されている共同体法から一方的に乖離する権利を，構成国は有していない。例えば，構成国は，第六次EC指令から乖離して，附加価値税義務のある，供給，役務提供および輸入に対し，（売上税の性格をもつ）その他の税，課徴金または手数料を課してはならない（第六次EC指令33条違反）[106]。

その限りにおいては，共同体法の内容を拾い上げる行政指令は，従来の実務では，教示する[107]，解釈する[108]意義および（遡及効のある）法律改正に先行する効力[109]だけを有している。その行政指令は変形されないが，しかし，――行政の見解によれば――変形されなければならないと同じ内容である。各

---

[102] EuGH vom 30. 5. 1991-Rs. C-361/88（FN 100），2596; EuGH vom 30. 5. 1991-Rs. C-59/89（FN 100），2626.

[103] 参照，EuGH vom 20. 3. 1997-Rs. C-96/95（FN 101）.

[104] 参照，EuGH vom 20. 3. 1997-Rs. C-96/95（FN 101）.

[105] EuGH vom 13. 3. 1997-Rs. C-197/96 *Kommission v. Frankreich*，EuGHE 1997, I-14 89（1496）= EuZW 1997, 511.

[106] EuGH vom 26. 6. 1997-Rs. C-370/95 *Careda SA*，IStR 1997, 463（附加価値税のメルクマール）; EuGH vom 27. 11. 1985-Rs. 295/84（FN 40）（社会的連体附加金（sozialer Solidaritätsbeitrag）.

[107] BMF-Schreiben vom 18. 12. 1992, UR 1993, 143（1993年1月1日以降における共同体物品に関する輸入売上税法上の取扱い）.

[108] BMF-Schreiben vom 18. 1. 1993, UR 1993, 103（他の構成国への製品供給の枠内における目的物の移出の解釈）.

[109] 参照，BMF vom 30. 4. 1993, UR 1993, 207（第六次売上税指令15条10号により優遇をうける〔公共〕施設および者に対する共同体内における売上げについての，売上税法上の取扱い）.

国国内手続規定による期間（不服申立期間，出訴期間）の始期に関する欧州裁判所の裁判例によって，共同体法の適正な変形の問題は，特別な意義をもっている。欧州裁判所はこれについてひとつのケース（Emmott）において次のように裁判をした[110]。構成国は，当該構成国がその国内法秩序のなかに指令を適切に変形しなかった限りにおいて，出訴期間（の懈怠）に関する各国国内手続法規定を援用できない。

4.2.2　各国裁判所の義務

各国裁判所は，EC条約5条1項から生じる協力義務に基づいて[111]，各個の名宛人に対し共同体法の条文の直接効力から明らかになる，権利保護を保障しなければならない[112]。その裁判所の管轄の枠内において提訴された各国の裁判官はすべて，共同体法を無制限に適用すべき義務を負い，かつ共同体法が各人に賦与している権利を保護すべき義務を負っている。これにより，あるいは相対立することのある（各国国内法の）規定は適用されえなくなる[113]。ただこのようにしてのみ，指令によって追及された目標（EEC条約189条3項）は達成されうる[114]。

4.2.2.1　指令に適合する解釈

EC条約5条に定める要請，すなわち，共同体法上の目標を果たすために適したあらゆる措置を講ずる要請からは，次のことが導きだされる。国内裁判官は，各国国内法を，例えば，共同体法の指令の実施に資する各国租税法

---

[110] EuGH vom 25. 7. 1991-Rs. C-208/90 *Emmott*, EuGHE 1991, I-4269 (4292) = UR 1994, 315 = HFR 1993, 137; また参照，EuGH vom 24. 11. 1987-Rs. 125/86 *Kommission v. Italien*, EuGHE 1989, 4669（共同体法指令に矛盾する，各国国内法条文を援用することの不許）.

[111] 詳細について，参照，*Bogdandy*, in Grabitz/Hilf (FN 2), Art. 5 EGV Rz. 53 ff.

[112] EuGH vom 19. 6. 1990-Rs. C-213/89 (FN 58). 租税手続法とヨーロッパ法の関係について，参照，*Thesling*, DStR 1997, 848. ドイツ国家機関による共同体法の執行について，参照，*Streinz*, in Isensee/Kirchhof (FN 3), Bd. VII, §182 Rz. 68 ff.

[113] 参照，EuGH vom 11. 7. 1989-Rs. 170/88 *Ford Espana*, EuGHE 1989, 2305.

[114] 参照，EuGH vom 7. 12. 1995-Rs. C-472/93 *Luigi Spano*, EuGHE 1996, I-4301 = EuZ W 1996, 185; EuGH vom 8. 10. 1987-Rs. C-80/86 *Kolpinghuis Nijmegen*, EuGHE 1987, 3969 = HFR 1988, 594; EuGH vom 10. 4. 1984-Rs. 324/82 *Kommission v. Belgien*, EuGHE 1984, 1861 (1891) = UR 1984, 252.

律を，文言の意味の範囲内において⁽¹¹⁵⁾，すなわち「文言の内容の観点からおよび指令の目的の観点から」⁽¹¹⁶⁾適用しなければならない。その場合において⁽¹¹⁷⁾，国内裁判所は，関係の共同体法全体をその文脈において⁽¹¹⁸⁾，共同体法の，とくにEC条約2条，3条，95条で明示された目標，すなわち共同市場を実現する目標⁽¹¹⁹⁾およびその都度欧州裁判所による解釈⁽¹²⁰⁾における共同体法の発達の水準を尊重しなければならない⁽¹²¹⁾。このことは，第六次売上税指令の条文を引用しての，各国国内売上税法の解釈にもあてはまる⁽¹²²⁾。このような解釈

---

(115) 参照，BFH vom 18. 4. 1991–V R 122/89, BFHE 165, 104 = StRK UStG 1980 § 1 Abs. 1 Nr. 2 R. 8（自家消費課税を理由とする欧州裁判所への付託））。これと類似するものに，EuGH vom 8. 10. 1987–Rs. C–80/86 (FN 114). また参照，*Dänzer-Vanotti*, StVj 1991, 1 (8).

(116) この点について，参照，EuGH vom 26. 9. 1996–Rs. C–168/95 *Arcaro*, EuGHE 1996, I–4705 (4719) = EuZW 1997, 318; EuGH vom 14. 7. 1994–Rs. C–91/92 *Faccini*, EuGHE 1994, I–3325 = EuZW 1994, 498 = NJW 1994, 2473; EuGH vom 16. 12. 1991–Rs. C–334/92 *Wagner Miret*, EuGHE 1993, I–6911 = EuZW 1994, 182 = NJW 1994, 921; EuGH vom 19. 6. 1990–Rs. C–213/89 (FN 58); EuGH vom 1. 2. 1977–Rs. 51/76 *Verbond van Nederlandse Ondernemingen*, EuGHE 1977, 113 = UR 1977, 90–2. EG-RL; *Nettesheim*, AöR 119 (1994), S. 261; *Everling*, in FS Carstens, S. 95 (101); *Schön*, Die Auslegung europäischen Steuerrechts, 1993, S. 35 ff.

(117) 参照，EuGH vom 25. 2. 1988–Rs. 331, 376, 378/85 *Bianco*, EuGHE 1988, 1099 = HFR 1989, 451（証拠評価および立証責任原則の適用について）; EuGH vom 9. 11. 1983–Rs. 199/82, EuGHE 1983, 3595 = HFR 1984, 596; *Seeger*, Umsatzsteuerkongres-Bericht 1985, S. 33 (43 ff.).

(118) これについて，参照，EuGH vom 8. 3. 1988–Rs. 102/86 *Leespotefeuille Intiem CV*, EuGHE 1988, 1464 = UR 1989, 190（第六次EC指令の解釈のため，第二次EC指令に関する欧州裁判所の裁判例もまた引用しなければならない。*Weiß*, UR 1989, 191）。

(119) 参照，EuGH vom 5. 5. 1982–Rs. 15/81 *Gaston Schul*, EuGHE 1982, 1409 = HFR 1982, 541; EuGH vom 25. 2. 1988–Rs. 299/86 *Drexl*, EuGHE 1988, 1213 = UR 1989, 351 = HFR 1989, 450.

(120) 解釈原則について，参照，*Beutler/Bieber/Pipkorn/Streil* (FN 15), S. 245 ff. m. w. N.

(121) BVerfG vom 13. 11. 1987–2 BvR 709/82, HFR 1988, 119.

(122) EuGH vom 3. 10. 1985–Rs. 249/84 *Profant*, EuGHE 1985, 3237 (3250) = UR 1987, 20（同判決によれば，第六次売上税指令の条文を解釈するにあたって，共同体法の基本的諸規範の総体が尊重されなければならない。）; EuGH vom 6. 7. 1988–Rs. 127/

に基づいて，各国国内法は——指令に適合する——義務づけをも根拠づけることができる。各国国内法の指令適合的解釈は，その解釈の結果，刑法上の責任（有責性）が各国国内法規定に左右されることなくその指令に基づいて根拠づけられまたは不利になるときに，その限界がある[122]。さらに，各国の施行法の解釈に際しては，次のことから出発しなければならない。

一に，各国立法者が，当該指令を適式に実質法（sachliches Recht）に変形しようとしたこと[124]。

二に，当該指令が，指令立案者の客観化された意思に基づいて，かつ，共同体法の解釈方法論を開いた欧州裁判所の判例から明らかになると同じ内容でもって，解釈されなければならない[125]。

これによれば，このいわゆる指令適合的解釈は，ドイツ連邦財政裁判所の解釈原則のひとつである[126]。連邦財政裁判所は，1967年・1973年売上税の解釈にあたり第二次売上税指令[127]を引用し，そして1980年・1991年・1993年売上税を解釈するため第六次売上税指令[128]を引用している。

4.2.2.2 抵触解消としての適用優先

構成国で直接に法的効力をもたないEC指令（EEC条約189条3項）が変形されなかったか，または誤って変形され，かつ指令に適合する解釈をすると

---

86 *Ledoux*, EuGHE 1988, 3753＝HFR 1989, 516 （第六次売上税指令14条）。

(123) EuGH vom 12. 12. 1996-Rs. C-129/95 *Strafverfahren gegen X*, EuGHE 1996, I-6609 （6629）＝EuZW 1997, 507; EuGH vom 8. 10. 1987-Rs. C-80/86 （FN 114）.

(124) BFH vom 20. 1. 1988- X R 48/81, BFHE 152, 556＝BStBl. II 1988, 557＝StRK UStG 1967 §2 Abs. 1 R. 25 für das UStG 1967/1973; BFH vom 4. 6. 1987-V B 56/86, BFH E 150, 196＝BStBl. II 1987, 795＝StRK UStG 1980 §4 Nr. 28 R. 1 fur das UStG 1980.

(125) *Dänzer-Vanotti*, StVj 1991, 1.

(126) 参照，BFH vom 11. 12. 1980-V R 34/77, BFHE 132, 144＝BStBl. II 1981, 234＝StRK UStG 1973 §30 R. 3; BFH vom 5. 4. 1984-V R 51/82, BFHE 140, 393＝BStBl. II 1984, 499＝StRK UStG 1980 §1 Abs. 1 Nr. 2 R. 1; BFH vom 13. 12. 1984-V R 32/74, BFHE 142, 327＝BStBl. II 1985, 173＝StRK UStG 1967 §19 R. 12.

(127) 参照，BFH vom 20. 1. 1988- X R 48/81 （FN 124）（事業者としての資本参加会社）。

(128) BFH vom 21. 12. 1988- V R 24/87, BFHE 156, 273＝BStBl. II 1989, 430＝StRK UStG 1980 §4 Nr. 28 R. 2（医療行為の診療価額）。

その内容が各国国内法と合致し得ない場合には、規範抵触が問題になる。EC指令は、変形の目標のみを提示すべきであり、かつその形式と手段の選択を構成国に委ねるべきである。法の実現においては、EC指令は通常そのまま規律する (self executing) ので、その結果、構成国は変形のため、まったく変形の余地をもっていないかまたはごくわずかな変形の余地を残しているだけである[129]。変形にあたっての実務上の困難を理由とする提訴は、欧州裁判所において通常聴聞をうけない[130]。抵触は、共同体法の適用優先によって解消される。第二次共同体法と合致しない、負担となる国内租税法規定にくらべ、第二次共同体法の適用優先には、上述の原則が準用される。

ある構成国がEC指令を変形しないかまたは不適切に変形する場合においては、指令規定が構成国に対しなんらか変形の余地を残しておらず、内容的に無条件かつ十分に詳細であり[131]、かつ各人（納税義務者）に、各国国内法にくらべ有利な法的地位を認めているとき、その指令規定は、直接に妥当し、かつ優先的に適用できる法と同様にはたらく[132]。EC指令規定と合致しない各国税法規定にくらべての、EC指令の適用優先は、変形期限の徒過後に[133]生じる。

---

[129] これについて、参照、*Schweitzer/Hummer* (FN 20), S. 106 ff. m. w. N.

[130] 参照、EuGH vom 27. 10. 1992-Rs. C-74/91 *Kommission v. Deutschland*, EuGHE 1992, I-5437 = UR 1993, 61 (62); *Widmann*, UR 1993, 63 (64).

[131] 参照、EuGH vom 29. 5. 1997-Rs. C-389/95 (FN 31); EuGH vom 17. 9. 1996-Rs. C-246-249/94 *Cooperativa Agricola Zootecnica S. Antonio*, EuGHE 1996, I-4373 (43 91) = EuZW 1997, 126 = HFR 1997, 40.

[132] 参照、EuGH vom 3. 3. 1994-Rs. C-316/93 *Vaneetveld*, EuGHE 1994, I-763 (785) Rz. 19; EuGH vom 23. 2. 1994-Rs. C-236/92 *della Cava*, EuGHE 1994, I-497 (503) Rz. 15; EuGH vom 22. 6. 1989-Rs. 103/88 (FN 76), 1871 Rz. 33; *Degenhard*, IFSt-Schrift 349, 8 ff. m. w. N.

[133] 参照、EuGH vom 19. 1. 1982-Rs. 8/81 *Becker*, EuGHE 1982, 53 = UR 1982, 70 (信用仲介); EuGH vom 22. 2. 1984-Rs. 70/83 *Kloppenburg*, EuGHE 1984, 1075 = UR 1984, 164 (第六次売上税指令の直接効力); EuGH vom 8. 10. 1987-Rs. 80/86 (FN 114), 3985 (まだ変形されていない指令の効力); これに反対するものに、BFH vom 25. 4. 1985-V R 123/84 (FN 69); BFH vom 16. 7. 1981-V B 51/80 (FN 69)。また参照、*Weiß*, UR 1984, 165; *Jarass*, NJW 1990. 2420 (2422); *Spetzler*, RIW 1989, 362; *Lohse/Spetzler*, StVj 1990, 274 (275).

共同体法の規定は，次の場合には無条件である。すなわち，共同体法の規定が，なんら条件を付していない義務づけを規定しており，かつそれの実施のためまたは有効にするためそれ以上の，共同体機関または構成国の措置を必要としておらず[134]，そしてそれ以上の実施行為を要することなく[135]適用できる場合にである。構成国には，共同体法の規定を各国国内法に変形するに当たって行使しうる裁量はない[136]。その共同体法の規定は自己執行できなければならない（self-executing）。その共同体法規定が二義でない文言でひとつの義務づけを定めている場合，その規定は十分に詳細である[137]。欧州裁判所は通常，第六次売上税指令の条文から，非常に明白かつ一義的な内容を取り出しており，その結果，欧州裁判所は納税義務者および指令規律の有利に裁判してきている。

国内裁判所[138]は，各国国内法を解釈するにあたって，共同体法の内容をその判断の基礎にすべき義務を負っているが，しかし，このような義務は際限ないわけではない。そのような義務づけの制約は，共同体法の一部である，法の一般原則とくに，法的安定性の原則および遡及効の禁止にみられる[139]。

4.2.2.3 適用優先の主張

自然人としての納税義務者，私法上または公法上の会社または法人としての納税義務者は，各国行政庁および裁判所において，――その者に有利な共同体法の適用可能性を援用できる。援用権（Berufungsrecht）は，EU市民に限定されない[140]。援用権は，国籍，住所または居所にかかわりなく，当該指

---

[134] EuGH vom 26. 2. 1986-Rs. 152/84 *Marshall*, EuGHE 1986, 723＝NJW 1986, 2178; EuGH vom 3. 4. 1968-Rs. 28/67（FN 23），230.

[135] EuGH vom 19. 1. 1982-Rs. 8/81（FN 133）（第六次売上税命令の直接効力）。この点について，また参照，*Dänzer-Vanotti*, BB 1982, 1106.

[136] 法務官Mayras in EuGH vom 4. 12. 1974-Rs. 41/74（FN 62），1355.

[137] 参照，EuGH vom 26. 2. 1986-Rs. 152/84（FN 134）.

[138] 共同体における各国裁判所の判例について，概観は，*Beutler/Bieber/Pipkorn/Streil*（FN 15），S. 98 ff.

[139] EuGH vom 8. 10. 1987-Rs. 80/86（FN 114），3985, 3987（また変形されていない指令の効力）.

[140] 参照，EuGH vom 17. 4. 1997-Rs. C- 351/95 *Selma Kadiman*, EuGHE 1997, I-

令により根拠づけられているすべての者に帰属する。納税義務者は各国国内法が優先的な共同体法に反して自己の不利に違反していると，主張する。

　適用優先は，共同体法を国内法に変形せず，完全に変形せず，期限までに変形せず，または，正しく各国国内法に変形しない，という構成国の忠実違反の行動に対するサンクッションである（EC条約5条1項2項）。優先適用は，EC条約189条3項による変形義務の強制的性格から生じる最低保障である[141]。この変形義務とは，共同体指令の実施のための適切な措置を講ずべき[142]ことをいう。これにより，あたかも構成国がその国の共同体法上の義務を適切に履行したかのごとき，立場に納税義務者はおかれることとなる[143]。

　明白な援用がなくとも，ドイツ財政裁判所は，欧州裁判所の判例の発展に応じて，納税義務者の有利に共同体法を適用できる。財政裁判所は，職権により，共同体法により妥当している法に基づいて，事業者の有利に適用する義務を負っている。解釈または有効性に疑念のあるとき（EC条約177条1項(a), (b)）納税義務者の有利となるように各国国内法にくらべ共同体法の優位を明らかにするために，財政裁判所は職権により先決裁判手続において欧州裁判所に提訴でき（EC条約177条2項）または提訴しなければならない（EC条約177条3項）[144]。納税義務者に有利な法的見解が適切である場合，その納税義務者は，その者に不利な各国国内法条文が適用されないこと，および国内法規定に代わって共同体法規定が用いられることを主張できる[145]。

---

213 3（2144）= EuZW 1997, 501（決定の援用について）。

[141] EuGH vom 4. 12. 1974-Rs. 41/74（FN 62), 1348（指令の直接効力）。

[142] EuGH vom 2. 5. 1996-Rs. C- 253/95 *Kommission v. Bundesrepublik Deutschland*, EuGHE 1996, I-2423（2426）= EuZW 1996, 575.

[143] この点について，参照，*Schlienkamp*, UR 1991, 337（340）。

[144] この点について，EuGH vom 11. 7. 1991-Rs. C- 87-89/90 *Verholen*, EuGHE 1991, I-3757 = EuZW 1993, 60; EuGH vom 16. 1. 1974-Rs. 166/73 *Rheinmühlen*, EuGHE 1974, 33; *Klenk*, UVR 1992, 19; 付託手続と憲法訴願の関係について，参照，BVerfG vom 13. 6. 1977-1 BvR 2102/95, EuZW 1997, 575.

[145] 参照，BFH vom 21. 3. 1995-XI R 33/94, BFHE 177, 534 = UR 1995, 397 = StRK 6, USt-RL（EWG）Art. 4R. 11（市町村による飲食店賃貸）; *Reiß*, UR 1994, 338. この点について，欧州裁判所の先決裁判として，参照，EuGH vom 6. 2. 1997-Rs. C-247/95 *Marktgemeinde Welden*, EuGHE 1997, I-779（785）= UR 1997, 261.

7. 租税法における法の実現に及ぼす共同体法の影響 [木村弘之亮〈翻訳〉]

このことはとくに，共同体法上の租税命令にあてはまる。各国国内租税法が当該租税命令に対応していない場合には，納税義務者は当該租税指令を援用できる[146]。

設例： 納税義務者，事業者は，売上税法1条1項2号(a), (b)に基づきドイツ税務当局による自家消費課税に対し異議を申立てした。すなわち，公務員によって購入された事業用車両の払い出し（売上税法1条1項2号(a)）は課税されず，そして，自家用走行のため社用車両が使用されるとき（1980年売上税法1条1項2号(b)），課税標準の計算上自動車税および自動車保険金はまったく斟酌されてはならない[147]。

売上税法1条1項2号(a), (b), 10条4項2号の文言により考えうる自家消費課税は，第六次売上税指令5条6項，6条2項の適用優先に違反する。当該売上税指令規定によれば，自家消費の課税は，目的物または一部品の仕入についての前段階税額控除の可能性に依存している[148]。

構成国が，EC指令で定められた施行措置を講じないか，指令に適合するようには講じないか，または期限内に講じなかった場合，この構成国は各個の納税義務者に対して，次のことを弁解することはできない。その国が，当該措置を講じる用意はあるが，しかし，EC指令に基づく義務をまだ履行し得ていない，と[149]。その構成国は，別な構成国による当該指令法の無視を援用することもできないし[150]，実行上の困難[151]，またはわずかな税収[152]を理由

---

(146) 参照，EuGH vom 19. 1. 1982-Rs. 8/81 (FN 133)（信用仲介）; EuGH vom 22. 2. 1984-Rs. 70/83 (FN 133)（第六次売上税指令の直接効力）; EuGH vom 8. 10. 1987-Rs. 80/86 (FN 114), 3985（まだ変形されていない指令の効力）。これに反対するものに，BFH vom 25. 4. 1985-V R 123/84 (FN 69); BFH vom 16. 7. 1981-V B 51/80 (FN 69)。また参照，*Weiß*, UR 1984, 165; *Jarass*, NJW 1990, 2420 (2422); *Spetzler*, RIW 1989, 362; *Lohse/Spetzler*, StVj 1990, 274 (275).

(147) EuGH vom 27. 6. 1989-Rs. 50/88 *Kühne*, EuGHE 1989, 1925 = UR 1989, 373 = StRK 6. USt-RL (EWG) Art. 6 R. 2; EuGH vom 25. 5. 1993-Rs. C-93/91 *Mohsche*, EuGHE 1993, I-2615 = BStBl. II 1992, 812.

(148) 参照，BFH vom 29. 8. 1991-V B 113/91, BFHE 165, 109 = BStBL. II 1992, 267 = StRK UStG 1980 §1 Abs. 1 Nr. 2 R. 9.

(149) 参照，*Everling*, DVBl. 1985, 1201 (1204).

(150) EuGH vom 6. 6. 1996-Rs. C-101/94 *Kommission v. Italien*, EuGHE 1996, I-2691 (2719) = EnZW 1996, 571; EuGH vom 23. 5. 1966-Rs. C-331/94 *Kommission v.*

193

として援用することもできない。構成国は，指令に定められた義務の不遵守および期間の徒過を，同国の国内法秩序の規定，慣行または事情によっても正当化できない[153]。

直接に妥当しない共同体法は，その共同体法がこれと合致しない各国国内法によるよりも〔納税義務者に〕有利な課税をもたらすとき，各国国内法に優先する。それがそうなのは，共同体法が——各国の法と異なり——，役務提供の不課税（Nichtsteuerbarkeit），非課税または租税軽減を定めている場合にである。共同体法は，次の場合にも，より有利でありそれ故優先することがありうる。たしかに，共同体法が，各国国内法に存在しない（例えば公法上の法人の）課税の可能性または各国国内法に定められていない租税法上の義務をもたらすが，しかしこれらによって，納税義務者が自己に有利な課税として主張するそうした前段階税額控除の途が開かれる場合にである[154]。さらに，共同体法によれば税負担が国内法におけるよりも軽くなる場合[155]，または各国国内法が共同体法におけるよりも広範囲な義務を定めている場合[156]にも，その共同体法は，より有利であり，したがって優先順位が高い。

4.2.2.4 無効の主張

納税義務者は租税指令の無効（Ungültigkeit）をも援用できる[157]。これについて欧州裁判所は先決裁判手続（EC条約177条）において裁判する。また，EC条約173条による無効の訴えが提起されていないときにも，そうである。

4.3 共同体法に忠実となるよう法適用すべき各国行政庁の義務

すべての国内機関は，共同体法に適合する法を実現すべき義務を負っているので（EC条約5条1項，2項），各国の行政庁は，国内法を，指令に適合す

  Griechenl and, EuGHE 1996, I-2675 = UR 1996, 222.

[151] EuGH vom 23. 5. 1966-Rs. C-331/94（FN 150）; EuGH vom 27. 10. 1992-Rs. C-74/91（FN 130）.

[152] EuGH vom 23. 5. 1966-Rs. C-331/94（FN 150）.

[153] EuGH vom 2. 5. 1996-Rs. C-253/95（FN 142），2426.

[154] EuGH vom 6. 2. 1997-Rs. C-247/95（FN 145）; *Stadie*, UR 1997, 262.

[155] *Bleckmann*（FN 4），Rz. 1192.

[156] 法務官 Reischel zu EuGH vom 5. 4. 1979-Rs. 148/78 *Ratti*, EuGHE 1979, 1647.

[157] EuGH vom 11. 11. 1997-Rs. C-408/95 *Eurotunnel*, IStR 1997, 722.

る解釈に則する態様で，適用しなければならない[158]。ドイツ税務当局は，たとえば課税標準「原価」（売上税法10条4項2号）の認定にあたって，当該事業に属する自動車の業務外使用について，前段階税の税額控除をうける支出だけが把握されうる，ということを考慮しなければならない[159]。

紛争ケースでは，EC指令の規定が適用優先をうける場合には，各国の行政庁は，EC指令とマッチしていない各国国内法規定を無視したうえで，EC指令の条文を適用しなければならない[160]。ドイツ税務当局は，ボン基本法20条3項によりそうすべき義務を負っている。納税義務者（事業者）は，税務当局に対してもEC指令中の条文を援用[161]できる[162]。前提要件は，そのEC指令の規定が，欧州裁判所の判例により，直接に権利を根拠づける効力を生じるために必要であるそうした要件をみたしていることである[163]。例えば，税務当局は，店頭販売飲食品の販売を，その〔飲食品の〕処分権が譲渡されるその店頭で（国内で）課税しうる（参照，売上税法3条1項，6項，7項，12条2項1号2文）そうした〔物品の〕供給として課税してはならず，それを，（当該事業者の住所で（売上税法3条9項1文，3条a第1項1文）課税しうるそうした）その他の役務提供として認定しなければならない。その事業者が国外に住所を有する場合，その者の，ドイツ国内で受領するレストラン売上高はここでは課税されてはならない[164]。

---

[158] これはドイツの法的見解（参照，例えば，BFH vom 29. 8. 1991-V B 113/91（FN 148），269）およびその他のドイツ財政裁判所の見解である。イギリス租税裁判所の判例については，参照，EuZW 1991, 709. これについて，参照，*Streinz*, in Isensee/Kirchhof (FN 3), Bd. VII, §182 Rz. 63 ff.

[159] 参照，Abschn. 155 Abs. 3 UStR 1996.

[160] 参照，EuGH vom 22. 6. 1989-Rs. 103/88 (FN 76).

[161] 援用のない場合における共同体法の優先をめぐる紛争について，参照，*Schlienkamp*, UR 1991, 337 (340); *ders.*, BB 1990, 757; *Wegmüller*, RIW 1991, 501; *Probst*, UR 1990, 302 (304); *Lohse/Spetzler*, StVj 1990, 274 (275); *Birkenfeld*, UR 1989, 329 (334, 335). 異説，*Völkel*, UR 1988, 111; *Spetzler*, RIW 1989, 382.

[162] 参照，EuGH vom 22. 6. 1989-Rs. 103/88 (FN 76)（公共事務の委託）．

[163] 参照，EuGH vom 22. 6. 1989-Rs. 103/88 (FN 76)（公共事務の委託）；*Probst*, UR 1990, 302 (304, dort FN. 11); *Jarass*, NJW 1990, 2420 (2421, dort FN. 20)。異説，*Spetzler*, RIW 1989, 382; *Völkel*, UR 1988, 111 (114).

[164] 参照，EuGH vom 2. 5. 1996-Rs. C-231/94 *Faaborg Gelting*, EuGHE 1996, I-

各国の税務当局は，各国の裁判所の場合と同様に，欧州裁判所による共同体法の解釈に拘束されている。これに対して，各国の行政庁は，他の構成国の行政庁による共同体法の解釈と適用に拘束されることはない[165]。

共同体法の適用優先が成立するか否かそしてどの程度までそうなのかについての判断を，各国の税務署が行うのではなく，──通常は欧州裁判所の明白な判例にしたがって──各州の最上級の税務当局の同意をえたのちの連邦大蔵省が行う[166]。このような宣告が行われないかぎり，その宣告は，納税義務者が共同体法と各国国内法とのあいだの矛盾を明るみにだし，そして当該問題を欧州裁判所に付託するよう財政裁判所に促すことのできる，そうした財政裁判手続によって達成される。宣告がおこなわれている場合に，共同体法の適用優先，その内容と範囲は，ドイツ最上級の税務当局の適切な指示によって実現される[167]。当該宣告がドイツ租税法律事件でおこなわれたかまたは外国の租税法事件でおこなわれたかは，重要でない。

4.4 共同体法による納税義務者の直接的義務づけ

納税義務者は，EC条約の中で一義的に文章化された規定によって，およびEC指令中の直接効力を有する規定によって，直接に影響をうけ，しかも，各国立法者がさらに変形行為をおこなわずに税負担を受けることがありうる。しかし，納税義務者は，EC条約5条1項2項から，作為（その者に有利となる指令規定の変形）または構成国の不作為（訴えにより）を求める請求権を導きだすことはできない[168]。これとは別に，かれは，共同体法に違反する法の

2395 (2406) = UR 1996, 220 = UVR 1996, 169; BFH vom 26. 6. 1996-XI R 18/94, BFHE 181, 195 = UR 1996, 389 = StRK UStG 1980 §3 Abs. 9 R. 11（ボーデン湖船上レストラン売上）; *Weiß*, UR 1996, 221.

[165] EuGH vom 24. 1. 1991-Rs. C-384/89 *Tomatis*, EuGHE 1991, I-127 = RIW 1991, 256.

[166] 参照，例えば，BMF vom 7. 8. 1992, BStBl. I 1992, 471 = UR 1992, 280（自動車駐車場賃貸）; BMF vom 29. 12. 1989, BStBl. I 1990, 35 = UR 1990, 62. この点について，また参照，*Schlienkamp*, UR 1991, 337 (340).

[167] BMF vom 28. 9. 1993, BStBl. I 1993, 912 = UR 1993, 397; FM Rheinland-Pfalz vom 17. 10. 1988, UR 1989, 131.

[168] *Lentz*, EGV, Art. 5 Rz. 6. 9.

実現に対する制裁として，その構成国に対し損害賠償請求権を有する。

まだ変形されていないEC指令は，納税義務者に対し，なんら義務を根拠づけることはできない。既存の各国国内法が当該指令の文言と目的を指向して，指令に適合する解釈を施されるとき，このような解釈のみが，国内法による義務づけをもたらしうる[169]。EC指令の義務づけは，それが構成国によって実施（EC条約189条3項）されたときにはじめて，納税義務者にかかわってくる[170]。各人は，変形されていないEC指令規定に基づいて請求をうけないし，また刑罰[171]をうけえないということは，欧州裁判所の確立した判例である[172]。国内の行政庁は，まだ各国国内法に変形されていないEC指令にかかわりのある者に対して，同指令に定められた義務を援用することはできない[173]。

5．その他の制裁

欧州裁判所は，共同体法から各国国内法への瑕疵ある変形または変形の懈怠から導きだしうる，さらなる制裁を展開してきている。租税法においては，従前，納税義務者にとって有利な共同体法規範の適用優先は，大きな意義をもってきている。

各人は，構成国がその者に有利な指令を変形しなかったり，期限までに変形しなかったり，または完全には変形しなかったことによって，その者の側に生じたそうした損害の賠償を求める請求権を有する[174]。欧州裁判所は，構

---

[169] この点について，参照，EuGH vom 7. 12. 1995-Rs. C-472/93 (FN 114), 4338.

[170] EuGH vom 8. 10. 1987-Rs. 80/86 (FN 114), 3985; EuGH vom 6. 5. 1980-Rs. 102/79 *Kommission v. Belgien*, EuGHE 1980, 1473 (1487)（ハーモニゼーション指令の不適用）。これについて，また参照，*Schweitzer/Hummer* (FN 20), Rz. 364 ff.

[171] EuGH vom 26. 9. 1996―Rs. C-168/95 (FN 116), 4719.

[172] EuGH vom 12. 12. 1996-Rs. C-74/95, C-129/95 *Strafverfahren gegen X*, EuGHE 1996, I-6609 (6629) = EuZW 1997, 507; EuGH vom 26. 9. 1996-Rs. C-168/95 (FN 116), 4719.

[173] 参照，EuGH vom 7. 12. 1995-Rs. C-472/93 (FN 114), EuGHE 1996, I-4328; EuGH vom 14. 7. 1994-Rs. C-91/92 (FN 116).

[174] 参照，EuGH vom 10. 7. 1997-Rs. C-261/95 *Palmisani*, EuZW 1997, 538; EuGH

成国に帰責さるべき共同体法違反によって市民の側に生じる損害について，その国の責任原則を，EC条約によって創造された法秩序の本質から導きだした[175]。

構成国が，指令によって想定された目標を達成する目的での，指定期間内に指令の変形のための措置をまったく講じなかったとき，この事情そのものが，共同体法に対する典型的違反であり，そして被害者の側に損害賠償請求権を根拠づける。そのためには，指令は，各人に対し内容的に特定しうる権利を賦与するという目標を追求しており，そして，当該構成国に課せられた義務の違反と当該発生した損害とのあいだの因果関係が成立していなければならない[176]。損害賠償の金額は市民の実効的権利保護が保障されるほどに，相当でなければならない[177]。ドイツ連邦共和国に対する納税義務者の損害賠償請求権は，同国の機関（行政庁および裁判所）が納税義務者に有利となるEC租税指令を共同体法に適合しない態様で変形したという理由で，考えられるか否か，そしてどの程度まで考えられるかは，まだことごとく明らかになっているわけではない。その際，一方では，──〔公務員〕職務責任訴訟の場合におけると同様に──，損害が違法な租税決定に対する法的救済によって救済しうるか否か，そしてどの程度までそうなのかについて，考慮されなけ

---

vom 10. 7. 1997-Rs. C-373/95 *Maso*, EuZW 1997, 530; EuGH vom 26. 3. 1996-Rs. C-392/93 *Britisch Telekom*, EuGHE 1996, I-1631 = EuZW 1996, 274; EuGH vom 5. 3. 1996-Rs. C-46/93 *u. a. Brauerei du Becher u. Factortame*, EuGHE 1996, I-1029 = EuZW 1996, 205 = NJW 1996, 1267; EuGH vom 19. 11. 1991-Rs. C-6, 9/90 *Francovich*, EuGHE 1991, I-5357 = NJW 1992, 165. これについて，また参照，BGH vom 28. 1. 1993-III ZR 127/91, RIW 1993, 337（国内法の瑕疵ある調製（Anpassung)の場合における国家責任）; *Saenger*, JuS 1997, 865; *Streinz*, EuZW 1996, 201; *Rainer*, IStR 1996, 282; *Saß*, in FS Debatin, S. 381 (399); *Prieß*, NVwZ 1993, 118; *Fischer*, EuZW 1992, 41; *Schlemmer-Schultze/Ukrow*, EuR 1992, 82; *Karl*, RIW 1992, 440.

[175] この点について，参照，EuGH vom 10. 7. 1997-Rs. C-94/95 *u. a. Danila Bonifaci*, Eu ZW 1997, 534 m. w. N.

[176] 参照，EuGH vom 8. 10. 1996-Rs. 178/94 *u. a. Dillenkofer*, EuGHE 1996, I-4845 (4867) = NJW 1996, 3141（パッケージ旅行指令）.

[177] EuGH vom 10. 7. 1997-Rs. C-261/95 (FN 174), *Schweitzer/Hummer* (FN 20), Rz. 370 ff.

ればならないであろう。他方，納税義務者の賠償請求権は，各機関の長（Organwalters）の有責のいかんにかかわらず，成立しうるであろう。

6．直接税の場合における共同体法の影響

6.1　総　説

共同体は，直接税の法について明示的な立法権を目下のところ有していない[178]。しかし，共同体法は，国家による租税侵害行為[179]に対する基本的自由の保障によって（EC条約9条以下，48条以下，52条以下，59条以下，67条以下），これに対応する差別扱い禁止によって（EC条約6条），会社法を経由して（EC条約54条），そして条約目的を実現するためのハーモナイゼーションの要請を経由して（EC条約2条，3条，100条），直接税の各国国内法に対し影響を及ぼしている。

6.2　国境を越える各種所得を稼得する場合における差別扱いの禁止

欧州裁判所は，共同体域外の納税義務者が職業活動に従事している構成国によって直接税を課されている場合において，その者に対する直接税の課税が，移動の自由（EC条約48条），開業の自由（EC条約52条）またはサービスの自由（EC条約59条）のような，第一次共同体法の上位原則と合致していたかどうか審査するよう，求められた。直接効力のある基本的自由は，——欧州裁判所のいうとおり——他の構成国出身の非居住納税義務者を，居住納税義務者にくらべて，不利な直接課税による差別扱い[180]から保護している[181]。

---

[178] 参照，EuGH vom 15. 5. 1997-Rs. C- 250/95 *Futura*, IStR 1997, 366.

[179] 参照，*Voß*, Grundlagen des EG-Steuerrechts, in Dauses (FN 3), J Rz. 16.

[180] EC法による租税法上の差別扱いの法律要件適合性と正当化について，参照，*Thömmes*, in Gedächtnisschrift für Knobbe-Keuk, 1997, S. 795.

[181] 次の裁判例がその方向性を示している。EuGH vom 28. 1. 1986-Rs. 270/83 *Avoir fiscal*, EuGHE 1986, 273＝NJW 1987, 569; EuGH vom 27. 9. 1988-Rs. 81/87 *Daily Mail*, EuGHE 1988, 5483; EuGH vom 8. 5. 1990-Rs. 175/88 *Biehl*, EuGHE 1990, 1779＝NJW 1991, 1406＝EuZW 1990, 284; EuGH vom 28. 1. 1992-Rs. C-204/90 *Bachmann*, EuGHE 1992, 249; EuGH vom 26. 1. 1993-Rs. C-112/90 *Werner*, EuGHE 1993, 429＝DB 1993, 357; EuGH vom 13. 7. 1993-Rs. C-330/91 *Commer*

これによると，非居住は，居住者と比較しうる状況の場合に，原則としてなんら租税法上の差別扱い(182)を正当化しない。ただし，これと異なる租税法上の判断が客観的に根拠づけられる場合を除く。

共同体法は，構成国の権利を制限することができ，その国の高権領域で稼得された各種所得の課税についてその前提要件等を確定する権利を制限できる。共同体法は，ある構成国に対し，移動の自由または開業の自由を求める権利を行使するそうした他の構成国出身の国民に，直接税を課税するに当たり，自国民より劣悪に取り扱うことを妨げることができる。ただし，両国が類似の状況にある場合に限る。欧州裁判所は，第一段階で，課税をうけた職業活動のなされた構成国における域内非居住者に対する課税が，公然のまたは隠れたる差別扱いであり，そして開業の自由または移動の自由を制限するかどうかについて，審理する(183)。これが肯定されなければならない場合，第二段階において，そのための論拠があるかどうかが，検討される。

直接税について，域内居住EU市民と域内非居住EU市民との区別は，その域内非居住者が状況が類似しているにかかわらず，域内居住者にくらべて不利に課税される場合，差別扱いとなる。個人的事情を斟酌して全世界所得につき課税をうける域内居住者と，源泉地国課税に服する域内非居住者とのあいだの比較しうる状況は，通常，存在しない。そうだとすると，ある構成国が域内非居住者に対し，域内居住者に供与する租税優遇措置を拒む場合で

---

　　　　zbank, EuGHE 1993, 4017＝EuZW 1993, 470; EuGH vom 12. 4. 1994-Rs. C-1/93 Halliburton, EuGHE 1994, 1137＝EWS 1994, 161; EuGH vom 14. 2. 1995-Rs. C-279/93 Schumacker, EuGHE 1995, I-225＝NJW 1995, 1207; EuGH vom 26. 10. 1995-Rs. C-80/94 Wielockx, EuGHE 1995, I-2493; EuGH vom 14. 11. 1995-Rs. C-484/93 Svennsson-Gustavsson, EuGHE 1995, I-3955＝IStR 1995, 46; EuGH vom 27. 6. 1996-Rs. C-107/94 Asscher, EuGHE 1996, I-3089＝DB 1996, 1604; EuGH vom 15. 5. 1997-Rs. C-250/95 (FN 178).

(182)　例えば，外国企業の恒久的施設に対し納税払戻請求を拒絶することによって (EuGH vom 28. 1. 1986-Rs. 270/83 (FN 181))；もっぱら国内源泉所得のみを有する非居住者に対し，個人的事情に基づき源泉税額を拒絶することによって (EuGH vom 14. 2. 1995-Rs. C-279/93 (FN 181))；設立構成国 (Herkunftsmitgliedstaat) による本店移転の妨害によって (EuGH vom 27. 9. 1988-Rs. 81/87 (FN 181))。

(183)　この点について，参照，Lenz, DStZ 1997, 541; Saß, in FS Debatin, S. 381; Thömmes, D StJG 19 (1996), S. 81; de Weerth, IStR 1995, 928.

あっても，差別扱いは存しない。しかし，域内非居住者が，その者の課税所得を勤務地国の活動から本質的に取得し，そして居住地国における各種所得がごくわずかである場合には，その者は，域内居住者と比較しうる状況にある[184]。域内非居住者が勤務地国においてその者の個人的事情，その家族の状況を斟酌することなく課税をうけることによって，域内非居住者は域内居住者にくらべて差別扱いをうけ，また例えば従属の労働者（使用人）として自由移動権（EC条約48条）を侵害され[185]，または独立労働者（自営者）としてその開業の自由（EC条約52条）を侵害される。それ故，その域内非居住者が活動地国で稼得した各種所得を同国で課税をうけなければならない場合には，その活動地国は，類似の状態のため域内非居住者に対し，域内居住者がその個人的事情および家族の状況に基づき享受する優遇措置を与えなければならない[186]。なぜなら，住所地構成国は，課税所得の金額の計算上累進税率の適用を留保してこの各種所得を斟酌する権利を有しているからである。域内非居住納税義務者は，類似の状況において，域内居住者と同様に，課税所得から老年者引当金を控除する権利を与えられなければならず[187]，また域内居住者と同じく住宅建築，促進のための手当てを取得する権利を与えられなければならない[188]。また，構成国は，実質的な正当論拠もなく，より重い直接課税を，ある会社がその領域に住所（本店）でなくその支店を有しているという要件事実に結びつけてはならない。なぜなら，これは，支店開業の自由を侵害するからである[189]。これと類似して，構成国は，正当な論拠もなく，より重い直接課税を，納税義務者が開業地のある構成国における純損失の繰越

---

[184] EuGH vom 14. 2. 1995-Rs. C-279/93 (FN 181). この点について，参照，*Saß*, DB, 1996, 295; *Wassermeyer*, DStJG 19 (1996), S. 151; *Knobbe-Keuk*, JbFfSt 1995/1996, S. 52; *dies.*, EuZW 1995, 167; *Lüdicke*, StbKongrRep. 1996, S. 399; *Waterkamp-Faupel*, FR 1995, 227; *Kaefer*, DB 1995, 441; *ders.*, DB 1995, 642; *Rädler*, DB 1995, 793; *Schön*, IStR 1995, 119.

[185] この点について，参照，EuGH vom 15. 12. 1995-Rs. C-415/93 *Bosmann*, EuGHE 1995, I-4921 (5040) = EuZW 1996, 82.

[186] EuGH vom 27. 6. 1996-Rs. C-107/94 (FN 181).

[187] これについて，参照，EuGH vom 26. 10. 1995-Rs. C-80/94 (FN 181).

[188] EuGH vom 14. 11. 1995-Rs. C-484/93 (FN 181).

[189] EuGH vom 28. 1. 1986-Rs. 270/83 (FN 181).

控除のための帳簿を記帳しそして保存するという要件事実に結び付けてはならない[190]。差別扱いの禁止（例えば，EC条約59条以下によるサービス取引の自由についての差別扱いの禁止）を基準として，ドイツにおいて今日事業税法の条文規定もまた，審判される[191]。

域内非居住者に対する租税法上の差別扱いを支持する正当論拠として，欧州裁判所は，例えば保険掛金の租税法上の控除とこの保険掛金からの収益（例えば，保険により支払われる年金）の課税との対応関係としての，租税法上の整合性[192]の原則を審理する。欧州裁判所は，有効なコントロールの理由と公益の理由を審理する。近年の裁判例において，欧州裁判所は，この整合性を，差別扱いを支持する正当論拠としては退けている。この控除しうる便益がおなじ構成国におけるおなじ納税義務者について課税上の不利益を直接に[193]結びついている場合に限って，その裁判例は，非居住者の租税法上の不利益扱いを正当化している[194]。

6.3　各国の収益税法におよぼすEC指令の影響

共同体の指令法は，それが変形されなければならないとき，各国の収益課税に影響を及ぼす（所得税法44条の2項による親子会社指令3条）。なぜなら，構成国は変形の要請を尊重しなければならず，かつ，乖離の禁止は侵害されてはならないからである[195]。

---

[190]　EuGH vom 15. 5. 1997-Rs. C-250/95（FN 178）; *von Borries*, EuZW 1997, 446.

[191]　参照，BFH vom 30. 12. 1996-I B 61/96, IStR 1997, 206＝StRK GewStG 1978 §8 Nr. 7 R. 12；ミュンスター財政裁判所による欧州裁判所への付託（Rs. C-294/97）。また参照，*Jänisch*, IStR 1997, 207.

[192]　整合性（同調した，矛盾のない行動。参照，マーストリヒト条約第C条）は，ドイツ生命保険会社へのベルギーにおける保険掛金の控除を拒絶することを支持する正当論拠であるが（EuGH vom 28. 1. 1986-Rs. 204/90（FN 181），しかしもはや，活動地構成国が居住地構成国の有利に収益の課税を放棄するとき，その活動地構成国における税負担を軽くする老年者保険の拒絶を承認するものではない。整合性について，また参照，EuGH vom 28. 1. 1992-Rs. C-300/90 *Kommission v. Belgien*, EuGHE 1992, I-305; EuGH vom 14. 11. 1995-Rs. C-484/93（FN 181）。この点について，参照，*Thömmes*, DStJG 19（1996），S. 81.

[193]　EuGH vom 27. 6. 1996-Rs. C-107/94（FN 181）.

[194]　EuGH vom 14. 11. 1995-Rs. C-484/93（FN 181）.

7．租税法における法の実現に及ぼす共同体法の影響　[木村弘之亮〈翻訳〉]

指令法の実際の効果についてみても，さらに，次の各場合には，共同体法の影響力は無視できない。一に，各国の収益税規定のなかで租税外のEC指令中の法律要件要素が用いられる場合，二に，それが引き合いに出される場合(196)，または，三に，ある概念が引用されている場合，例えば，各国（オランダ）の所得税法が合併概念につき共同体法の合併指令中の内容を引用している場合(197)が，それである。しかし，収益税法における各国の引用の鎖りが共同体法で終わる場合に，共同体法の影響力の範囲が，収益税法における各国引用の鎖りによって拡大されるかどうかについては，なお解明されていない。例えば，ドイツ所得税法は，共同体法（EC貸借対照表指令）を変形すべき義務を果たしている，そうしたドイツ商法典の貸借対照表法概念を引用している場合，この共同体法は，これによって収益税法のなかに影響を及ぼすことができるであろう(198)。そうであるから，とりわけ，次の疑問は解明を必要とする。収益税法上の利益に影響を与えるメルクマールが，ドイツ所得税法5条1項1文において商法上の正規の簿記の原則を引用することをとおして，租税法上の利益の計算の目的で，EC貸借対照表指令に根拠をおく商法典中の貸借対照表法規定を解釈することによって，このような共同体法上の内容を獲得したか否かは，疑問である(199)。これに対して，変形義務もなく共

---

(195) この点について，参照，EuGH vom 17. 10. 1996-verb. Rs. C-283, 291, 292/94 *Denkavit*, EuGHE 1996, I-5063 (5085) = EuZW 1996, 695 = NJW 1997, 119; *Saß*, DB, 1996, 2313; *Evertz*, IStR1997, 289.

(196) この点について，また参照，EuGH vom 8. 11. 1996-Rs. C-231/90 *Gmurzysnka*, EuG HE 1990, I-4033; EuGH vom 24. 1. 1991-Rs. C-384/89 (FN 165); EuGH vom 12. 11. 1992-Rs. C-73/89 *Fournier*, EuGHE 1992, I-561.

(197) 参照，EuGH vom 17. 7. 1997-Rs. C-28/95 *Leur Bloem*, IStR 1997, 539. この点について，参照，de Weerth, IStR 1997, 543; *Rainer*, IStR 1997, 544; *Saß*, DB, 1997, 2250; EuGH vom 27. 6. 1996-Rs. C-234/94 *Tomberger*, IStR 1996, 352. この点について，*Herlinghause*, IStR 1997, 529 m. w. N.

(198) これについて，否定的なものに，参照，*Schmidt/Weber-Grellet*, EStG, 16. Aufl., 1997, §5 EStG Rz. 4; *Weber-Grellet*, DB 1996, 2089; *ders*., StuW 1995, 336 (348); *Ahmann*, in FS Schmidt, 1993, S. 269; *Schultze-Osterloh*, DStZ 1997, 281 (285); *Biener*, StbJb 1995/1996, S. 29 (38) : しかし，これに対して，参照，EuGH vom 17. 7. 1997-Rs. C-28/95 (FN 197), Rz. 26, 27. また参照，ケルン財政裁判所の付託 (Vorlage des FG Köln vom 16. 7. 1997-13 K 812/97, DB 1997, 2158.).

同体法の規定のなかでも言及されている，そうした概念が各国の収益税法において用いられる場合において，当該概念の内容が共同体法上すでに刻印されているときでさえ，別な判断が必要とされることもありうるであろう。

議論は，欧州裁判所の判例[199]によって決着している。すなわち，(EC指令の形での) 共同体法は，各国収益税法がまったく国境を越える事実関係に課税するのではなく，国内の事実関係だけに課税するが，しかしその為に，共同体法上の規定を引用し，そしてこの規定に合わせている場合にすでに，各国収益税法に影響を及ぼしている[200]。先決裁判手続 (EC条約177条1項(a)) のための特有の事務分配によれば，共同体法の (または共同体法による) 引用の存在と範囲，各国国内法の関連付けまたは内容規定を確認することは，各国裁判所の仕事である。これに対し，欧州裁判所は，共同体法の規定 (または共同体法を引き合いに出した規定) を解釈し，これによりその規定がすべての構成国において統一的におなじ効果をもって適用される。しかし，このことがあてはまるのは，共同体法上の知識が各国法規範の適用にとって必要不可欠であり，鑑定意見の意味のみをもっているわけではない場合にかぎってである[201]。共同体法が各国国内法で用いられる法律要件要素にとって決定的意義を有しているかどうかは，各国国内法において，連邦通常裁判所，連邦財政裁判所または連邦最高裁判所連合部によって明らかにされなければならない。

---

[199] さまざまな見解について，参照，例えば，*Schön*, in FS Flick, 1997, S. 573 (580 f.); *Herlinghause*, IStR 1997, 529 (536 f.) m. w. N. 他方，*Weber–Grellet*, DB 1996, 2089; *ders.*, DSt R 1996, 896; *ders.*, StuW 1995, 336 (350 f.); *Schultze–Osterloh*, DStZ 1997, 281 (282 f.); *ders.*, ZGR 1995, 170; *Groh*, DStR 1996, 1206 (1209 f.).

[200] この点について，参照，EuGH vom 24. 1. 1991–Rs. C–384/89 (FN 165); EuGH vom 8. 11. 1990–Rs. C–231/89 *Gmurzynska-Bscher*, EuGHE 1990, I–3003 = EuZW 1991, 57 = NJW 1991, 1470; EuGH vom 26. 9. 1985–Rs. 166/84 *Thomasdünger*, EuGH 1985, 3001 (国内法の適用宣告による共同体法の適用); EuGH vom 12. 11. 1992–Rs. C–73/89 (FN 196); EuGH vom 25. 6. 1992–Rs. C–88/91 *Federkonsorzi*, EuGHE 1992, 4035 (4060) (それぞれ，条約規定による共同体法の適用)。

[201] EuGH vom 17. 7. 1997–Rs. C–28/95 (FN 197).

[202] EuGH vom 28. 3. 1995–Rs. C–346/93 *Kleinworth benson*, EuGHE 1995, I–615 (633)。

7．売上税に対する共同体法の支配

7.1　一 般 原 則

　第一次共同体法が直接税の法に限界を画しているのは，これによって基本的自由が制限される場合，または物品流通およびサービス流通の自由が構成国間において制限されるであろう場合である（EC条約95条）。そうすると，構成国は，他の構成国から移入（自由に流通）する物品に対する課税[203]の競争中立性を理由に，同種の国内物品（同一または同種の使用の場合）に直接または間接に課せられなければならない，そうした国内公租公課をより重く直接にも間接にも徴収してはならない（EC条約95条1項）。そして，構成国は，国内公租公課の徴収によって[205]，他の構成国から移入する，同種のまたは代替しうる[205]競合物品にくらべて，国内製品を直接または間接に保護してはならない（EC条約95条2項）[207]。これと結びついた差別扱いの禁止は，直接に効

---

[203]　その際，税率，課税標準，徴収形態および租税優遇措置もまた斟酌されなければならない。参照，EuGH vom 9. 7. 1987-Rs. 365/85 *Kommission v. Belgien*, EuGHE 1987, 3299＝ZfZ 1988, 211（ワインについてのベルギー付加価値税率）; EuGH vom 7. 5. 1987-Rs. 193/85 *Co Frutta*, EuGHE 1987, 2085＝NJW 1989, 661（競争の保障）; EuGH vom 27. 2. 1980-Rs. 55/79 *Kommission v. Irland*, EuGHE 1980, 481.

[204]　この点について，参照，EuGH vom 9. 3. 1995-Rs. C-345/93 *Facenda Publica*, EuGHE 1995, I-479＝HFR 1995, 425（自動車税）; EuGH vom 7. 5. 1987-Rs. 193/85（FN 203）（競争の保障）; EuGH vom 27. 2. 1980-Rs. 168/78（FN 23), 360（他の構成国から移入するブランデー）; EuGH vom 17. 2. 1976-Rs. 45/75（FN 23), EuGHE 1976, I-193（Reweセンター）.

[205]　手数料と租税の区分について，参照，EuGH vom 20. 4. 1993-Rs. C-71, 178/91 *Ponente Carni*, EuGHE 1993, 1915 (1947)（商業登記簿への会社の登記の手数料）.

[206]　この点について，参照，例えば，EuGH vom 12. 7. 1983-Rs. 170/78 *Kommission v. Vereinigtes Königreich*, EuGHE 1983, 2265＝NJW 1984, 2028（ビールと軽ワインのあいだの競争関係）.

[207]　EC条約95条2項は，EC条約95条1項にならんで，バスケット条項として用いられる。この点について，参照，EuGH vom 7. 5. 1987-Rs. 193/85（FN 203）（競争の保障）; EuGH vom 10. 10. 1978-Rs. 148/77 *Hansen*, EuGHE 1978, 1787＝NJW 1979, 482（ブランデー輸入）。この規定は，第三国から直接輸入した物品に適用で

力を及ぼし，かつ各国裁判所に起訴しうる[208]。

各国租税法は，それが他の構成国出身の事業者を差別扱いし，かつ自国の事業者を保護する効果を有するときには，EC条約95条に違反する。次に掲げる場合がその例である。

① 他の構成国から持ち込まれまたは供給された物品に対する売上税負担（例えばより，重い税率によって[209]）が，類似の（競合する）国内物品に対する直接的または間接的[210]負担よりも，重い場合[211]。

② 国内事業者の物品供給が一方的に優遇されている場合（例えば，従前のベルリン促進の場合のように，売上税上の特恵によって）。

③ 租税の徴収，支払いの場合の様相または租税法規定に対する法律違反の場合の様相が，他の構成国に源泉する物品との関連において，国内物品よりもより厳しい場合[212]。

第二次共同体法は，引用（売上税法21条2項によれば，関税に関する（共同体法上の）規定が輸入売上税に準用される。）によって各国売上税法の適用に影響を及ぼし[213]，あるいは適用優先によって，または共同体法に適合する解釈

きない。参照，EuGH vom 13. 7. 1994-Rs. C-130/92 *Oto Spar*, EuGHE 1994, 1.

[208] EuGH vom 26. 2. 1991-Rs. C-120/88 *Kommission v. Italien*, EuGHE 621 (635) = UR 1991, 164.

[209] 参照，EuGH vom 18. 4. 1991-Rs. C-230/89 *Kommission v. Griechenland*, EuGHE 1991, I-1909（国内製品がより有利な税区分に分類される。）

[210] 間接的差別扱いは，さまざまな租税優遇措置，課税標準，徴収の方式，さまざまな猶予要件または納付要件によって生じうる。（この点について，参照，EuGH vom 10. 10. 1978-Rs. 148/77 (FN 207), EuGHE 1978, I-1807（間接的差別扱い）; EuGH vom 22. 3. 1977-Rs. 78/76 *Steinicke*, EuGHE 1977, 557 (578) = NJW 1977, 1005（関税と同じ効果をもつ課徴金）。

[211] EuGH vom 18. 4. 1991-Rs. C-230/89 (FN 209)（付加価値税率がギリシアで製造されたアルコール製品については16パーセントで，ギリシアで製造されていない製品について36パーセント）; BFH vom 28. 8. 1986-V R 18/77, BFH/NV 1987, 130 = StRK UStG 1967 §3 Abs. 6 R. 2, insoweit n. v.

[212] この点について，参照，EuGH vom 2. 8. 1993-Rs. C-276/91 *Kommission v. Frankreich*, EuGHE 1993, I-4413（より厳しい制裁）; EuGH vom 10. 7. 1984-Rs. 42/83 *Dansk Denkavit*, EuGHE 1984, 2649（EU税についての納期限の相違は差別扱いでない。）; EuGH vom 12. 1. 1983-Rs. 39/82 *Donner*, EuGHE 1983, 19（EU税は関税でない。）

によって各国売上税法の適用に影響を及ぼす。

7.2 第六次売上税指令（388/77 EWG）の重要原則

EEC第六次売上税指令の体系は，とりわけ，次に掲げる原則から出発している[214]。

① 納税義務者，すなわち事業者による有償な役務提供のみが，課税をうける[215]。

② EEC第六次売上税指令は，課税しうる役務提供についての統一的な前提要件を列挙している。

この第六次売上税指令は，課税しうる売上について統一的定義に基づいて共通の付加価値税体系を根拠づけることを，その目的とする[216]。その場合において，有償により持続的に提供される役務提供は，納税義務者の法形式にかかわらず，課税されるべきである[217]。二重課税および二重非課税は防止されるべきであり[218]，かつ課税地は経済実態を斟酌して[219]決定されるべきである。課税標準は，実際に取得される反対給付を上限とする[220]。

③ 最終消費が税の負担をうけるべきである。

---

[213] この点について，参照，EuGH vom 17. 7. 1997-Rs. C-130/95 *Giloy*, EuZW 1997, 726. また参照，EuGH vom 18. 10. 1990-Rs. C-297/88, C-197/189 *Dzodzi*, EuGHE 1990, I-3763＝EuZW 1991, 319.

[214] ここでの叙述は，欧州裁判所の判例に従っている。売上税の性格について，また参照，*Ruppe*, in FS Flick, 1997, S. 971 (987).

[215] この点について，参照，EuGH vom 1. 4. 1982-Rs. 89/91 *Hong-Kong Trade*, EuGHE 1982, 1277＝UR 1982, 246＝StRK 6. USt-RL (EWG) Art. 4 R. 1（事業者概念との原則判例）。また参照，*Weiß*, UR 1986, 83 (97).

[216] EuGH vom 8. 2. 1990-Rs. C-320/88 *Shipping and Forwarding Enterprises*, EuGHE 1990, I-285＝UR 1991, 289（不動産の供給）。

[217] EuGH vom 4. 12. 1990-Rs. C-186/89 *Van Tiem*, EuGHE 1990, I-4363＝StRK 6. Ust-RL (EWG) Art. 4 R. 6（付加価値税の更正）。

[218] EuGH vom 26. 9. 1996-Rs. C-327/94 *Dudda*, EuGHE 1996, I-4565 (4618)＝UR 1997, 58.

[219] EuGH vom 20. 2. 1997-Rs. C-260/95 *DFDS*, EuGHE 1997, I-1005 (1022)＝UR 1997, 179.

[220] EuGH vom 20. 2. 1997-Rs. C-330/95 *Goldsmith*, UR 1997, 330＝UVR 1997, 365.

最終消費は，その給付がそれ以上の有償給付の対象とならないときに，みられる[221]。かくして，付加価値税は，通常，最終消費者によって負担される。これは，付加価値税がもはやそれ以上の売上（行為）によって転嫁されえないものである[222]。

④ 事業者連鎖の内部においてはまったく税負担は生じない。

事業者の連鎖（事業者間における有償の役務提供）の内部においては，売上税による負担はない[223]。この体系は，二重課税の回避をその目的とする[224]。このシステムが，前段階で徴収された税額の控除を可能にしようとするものである[225]。

⑤ 中立性の原則

共通の付加価値税システムは，共同体内の商取引および各国内の商取引における物品および役務提供についての競争条件に及ぼす付加価値税の影響が中立的であることを，保障すべきものである。完全な中立性は，租税に服するあらゆる経済的活動を，その経済活動の目的およびその結果にかかわらず，製造から小売までの商取引段階すべてにおいて等しく課税すべきである[226]。完全な中立性は，物品および役務提供の価格の点でつねに正比例しており[227]，

---

[221] この点について，参照，EuGH vom 1. 4. 1982-Rs. 89/91 (FN 215)（事業者概念に関する原則判例）; BFH vom 28. 9. 1988-X R 6/82, BFHE 155, 204 = BStBl. II 1989, 122 (124) = StRK UStG 1967 §2 Abs. 1 R. 30（資本参加会社）。

[222] EuGH vom 1. 4. 1982-Rs. 89/91 (FN 215)（無償による人的役務提供）。

[223] この点について，参照，BFH vom 7. 10. 1987-V R 2/79, BFHE 151, 228 = BStBl. II 1988, 88 = StRK UStG 1967 §15 R. 74（部屋）; BFH vom 30. 7. 1986-V R 99/76, BFHE 147, 284 = BStBl. II 1986, 877 = StRK UStG 1967 §15 R. 58（家屋）; この点について，また参照，*Weiß*, UR 1988, 130; *ders.*, UR 1986, 291; *ders.*, UR 1986, 65 (83, 98)。

[224] また参照，EuGH vom 27. 6. 1989-Rs. 50/88 (FN 147)（非事業者の供給の場合における自家消費課税の禁止）; *Widmann*, UR 1990, 375。

[225] EuGH vom 5. 12. 1989-Rs. C-165/88 *Oro*, EuGHE 1989, 4081 = UR 1991, 81 = HFR 1991, 247.

[226] EuGH vom 6. 4. 1995-Rs. C-4/94 *BLP Group*, EuGHE 1995, I-983 (1001) = IStR 1995, 232 (233); EuGH vom 14. 2. 1985-Rs. 268/83 *Rompelmann*, EuGHE 1985, 655 = UR 1985, 199.

[227] EuGH vom 25. 6. 1997-Rs. C-45/95 (FN 40).

売上段階の数に左右されない。

物品の供給または役務の提供に対する売上税負担は，最終の供給者または最終の役務提供者が最終消費者につき算出する売上税と，つねにおなじ重さである[228]。

租税の中立性は達成される。その理由の一つに，税額は適用税率を当該供給された物品または当該提供された人的役務についての実際価格に乗じて算出し，その理由の2に，事業者が（前段階税としての）税額を当該算出税額から控除できる[229]。それ故，欧州裁判所は，租税の基礎となる事実を確定するのに用いる諸概念（納税義務者，経済活動[230]，供給，反対給付）を広く解釈している[231]。これに対し，課税標準の減免要件[232]を狭く[233]解釈しており，そして，課税標準（課税ベース）として役務受領者の実際の支出を理解しており，役務提供の客観的価額を理解しておらず[234]，そして，前段階税額控除権が明文をもって法律で定めているときに限って，前段階税額控除権を制限している[235]。

⑥ 前段階税額控除による即時負担軽減

納税義務者に提供された給付について，その者に算出された売上税からた

---

[228] この点について，*Farmer*, UStKongrBericht 1955/96, S. 97 (101).

[229] EuGH vom 6. 7. 1995-Rs. C-62/93 *BP Soupergaz*, EuGHE 1995, I-1883 (1907) = UR 1995, 404.

[230] 例えば，参照，EuGH vom 20. 6. 1996-Rs. C-155/94 *Wellcome Trust*, EuGHE 1995, I-3013 (3030) = IStR 1996, 380, Rz. 31; EuGH vom 20. 6. 1991-Rs. C-60/90 *Polysar*, EuGHE 1991, I-3111 = UR 1993, 119, Rz. 12.

[231] EuGH vom 6. 2. 1997-Rs. C-80/95 *Harnas*, EuGHE 1997, I-745 (768) = DStRE 1997, 210; EuGH vom 4. 12. 1990-Rs. C-186/89 (FN 217); EuGH vom 26. 3. 1987-Rs. 238/85 *Kommission v. Niederlande*, EuGHE 1987, 1471 = UR 1988, 164.

[232] 参照，EuGH vom 29. 5. 1997-Rs. C-63/96 *Skripalle*, UR 1987, 301.

[233] EuGH vom 5. 6. 1997-Rs. C-2/95 *Sparekassernes Datacenter*, UVR 1997, 208; EuGH vom 15. 6. 1989-Rs. 348/87 *Stichting Uitvoering*, EuGHE 1989, 1737 = UR 1991, 28.

[234] 参照，EuGH vom 5. 2. 1991-Rs. 154/807 *Coöperative Aardappelenbewaar*, EuGHE 1981, 445 = UR 1991, 100.

[235] EuGH vom 21. 9. 1988-Rs. 50/87 *Kommission v. Frankreich*, EuGHE 1988, 4797 = UR 1990, 152.

だちに（前段階税額を）控除することが，付加価値税体系の意味に合致する(236)。構成国はこのような即時の前段階控除権を，制限できない。例外は，第六次売上税指令において示されたケースに限って，許される(237)。

⑦ 支払負担（Zahllast）

あらゆる売上時において，納税義務者(238)は，目的物と人的役務提供の価格についてのさまざまな費用要素を直接にマイナスして算出した税額のみを控除した付加価値税の債務を負う(239)。なぜなら，納税義務者は，前段階税額控除のメカニズムを通じて（EEC第六次売上税指令17条2項），この税額を控除する権利を有しているからである(240)。

⑧ 算出税額と前段階税額のバランス

〔その後は，〕原則として，納税義務者は，算出税額に服する売上と関連がある，前段階税額をもはや控除してはならない(241)。〔事業者としての納税義務者のもとで〕納税債務の成立している税額または納付された税額のみが，それがインボイス（計算書）で計上されていたが故にではなく，租税債務が成立していた限りにおいて，控除されうる。納税義務者は，非事業者も使用しうる目的物（例えば，自動車）を〔営業用財産として〕全部その者の企業に組み入れており，そして前段階税額控除を全額控除していた場合には，こ

---

(236) 参照，EuGH vom 11. 7. 1991-Rs. C-97/90 *Lennartz*, EuGHE 1991, I-3795＝UR 1991, 291, Rz. 27; EuGH vom 21. 9. 1988-Rs. 50/87 (FN 235), UR 1990, 152, Rz. 15-17; EuHG vom 14. 2. 1985-Rs. 268/83 (FN 226); *Widmann*, UR 1991, 294.

(237) EuGH vom 6. 7. 1995-Rs. C-62/93 (FN 229), UR 1995, 404, Rz. 18.

(238) この点について，参照，EuGH vom 14. 7. 1988-Rs. 123, 330/87 *Jeunehomme*, EuGHE 1988, 4517 (4537)＝UR 1990, 381; EuGH vom 5. 5. 1982-Rs. 15/81 (FN 119).

(239) この点について，参照，EuGH vom 27. 6. 1989-Rs. 50/88 (FN 147); EuGH vom 14. 7. 1988-Rs. 123, 1305/87 (FN 238); EuGH vom 5. 5. 1982-Rs. 15/81 (FN 119); *Widmann*, UR 1989, 375.

(240) EuGH vom 5. 5. 1982-Rs. 15/81 (FN 119); *Weiß*, UR 1982, 246.

(241) EuGH vom 13. 12. 1989-Rs. C-342/87 *Genius Holding*, EuGHE 1989, 4227＝UR 1991, 81. この原則は1980年/1991年売上税法においてはもれなく実施されているわけではない。これについて，参照，BFH vom 2. 11. 1989-V R 56/84, BFHE 159, 266＝BStBl, II 1990, 253 (254)＝StRK UStG 1967 § 15 R. 110.

(242) EuGH vom 13. 12. 1989-Rs. C-342/87 (FN 241).

の目的物を個人の需要の充足のために用いるとき，この使用は付加価値税に服する。これにより，最終消費者を納税義務者と同じに取り扱うことが，保障される[243]。構成国は，不法に（しかし善意で）算出された税額を更正できることを，各国売上税法によって保障する義務を負っている。

⑨ 付加価値税の徴収の担保，および構成国によって定立されている前提要件の定めに基づく，税務行政による付加価値税の審査。ただし，これによって，納税義務者の権利〔行使〕が過剰に難しくなるかまたは実際上不可能になる場合を除く[244]。

7.3 売上税法における共同体法の変形

第六次売上税指令に関する欧州裁判所の判例は，ドイツ売上税法の日々の適用に強く影響している。ここで叙述する関連についての知識および欧州裁判所の判例の成果についての知識がない場合には，税務相談上の人為ミスは売上税事件について不可避である。ドイツ法律テキストからはただちには認識できないが，しかし，欧州裁判所の基本判例には，次に掲げる要旨が即応している。

① 事業者が非事業者として（例えば，私的に）用いる目的物（例えば，自動車）をその者の事業のために調達する場合，その事業者は，どの程度にその目的物をその者の事業（例えば，売上税法1条1項1号1文，1条1項2号，1条a1項，6条a1項，9条 1項，15条1項1号）に組み入れる（営業用財産）かを，自ら決めることができる（選択権）[245]。

② 事業者がEC指令による職務の報酬を対価とする〔事業〕活動の課題を果たすべき義務を負う場合，その義務の履行は課税できる役務提供（売上税法1条1項1号1文，3条9項）に該当しない。なぜなら，その義務が，自

---

[243] EuGH vom 26. 9. 1996-Rs. C-230/94 *Enkler*, EuGHE 1996, I-4517 (4537) = UR 1996, 418, Rz. 33.

[244] 参照，EuGH vom 17. 9. 1997-Rs. C-141/96 *Langhorst*, DStRE 1997, 845; EuGH vom 5. 12. 1996-Rs. C-85/95 *Reisdorf*, EuGHE 1996, I-6257; EuGH vom 14. 7. 1988-Rs. 123, 330/87 (FN 238).

[245] EuGH vom 4. 10. 1995-Rs. C-291/92 *Armbrecht*, EuGHE 1995, I-2775 = UR 1995, 485 = UVR 1995, 370.

家消費のために，具体的な消費者に対し，履行されるわけではないからである[246]。

③　引出による自家消費（売上税法1条1項2号(a)）は，前段階税額控除権を有する事業者が仕入れた，そうした目的物またはそれの——構成要素のみをその対象とする[247]。

④　使用者が使用人に対して無償でかつ労務の提供を結びつかない給付（例えば勤務地に近接した住宅取得の促進によって）をする場合，このような使用者の給付は対価とひきかえに提供されるのではなく，事業外の目的（使用人の個人的需要）に資しており，したがって自家消費として把握されなければならない（売上税法1条1項1号2文(b)，1条1項2号(b)）。ただし，その給付が特別な事情を理由として，その事業の必要性によって要請された場合を除く[248]。

⑤　その場で飲食する飲食物の提供は供給（売上税法12条2項1号2文，3文）ではなく，特別な役務提供である[249]。

⑥　不動産の賃貸のように，賃貸契約に基づく権利の行使を賃借人が放棄する場合。この放棄は同様に非課税である（売上税法4条12号a)[250]。

⑦　ゲーム遊戯機械掛金売上についての課税標準（売上税法10条1項2文）は，各個の遊戯の対価ではなく，遊戯事業者が実質的に処分することのできる部分の受領掛金だけである[251]。

⑧　事業の用に供される目的物（例えば，自動車）の個人使用のためのいかなる支出金額も課税標準「原価」（売上税法10条4項2号）に算入されては

---

[246]　EuGH vom 29. 2. 1996-Rs. C-215/94 *Mohr*, EuGHE 1996, 959＝UR 1996, 119＝UVR 1996, 109.

[247]　EuGH vom 27. 6. 1989-Rs. 50/88 (FN 147). これについて，参照，BFH vom 10. 2. 1994-V R 33/92, BStBl. II 1994, 668＝StRK UStG 1980 §1 Abs. 1 Nr. 2 R. 18; EuGH vom 2. 10. 1989-V B 58/89, BFH/NV 1989, 812.

[248]　EuGH vom 16. 10. 1997-Rs. C-258/95 *Filibek*, IStR 1997, 658; *Wagner*, UVR 1997, 433.

[249]　EuGH vom 2. 5. 1996-Rs. C-231/94 (FN 164).

[250]　EuGH vom 15. 12. 1993-Rs. C-63/92 *Lubbock Fine*, EuGHE 1993, I-6665＝UR 1994, 225.

[251]　EuGH vom 5. 5. 1994-Rs. C-38/93 *Glawe*, EuGHE 1995, I-1679＝UR 1994, 308.

ならない（例えば，自動車税，自動車保険金）。この支出金額は，売上税から（前段階税額控除をとおして）軽減されない[252]。

⑨　特殊関連者間における売上の場合の最低課税標準（売上税法10条5項）は，より低額の，合意された対価が市場の慣行に合致しているときには，費用（売上税法10条4項2文）を算入してはならない[253]。

⑩　ある事業を開業準備のために，受領したサービスに対する前段階税額控除（売上税法15条1項1文1号）は対価をうけて売上をおこなった納税義務者についても，許されており，そして享受している。ただし，その納税義務者が，そのような事業を準備するための，受領したサービスを意図して立証でき，かつその者に対し濫用やごまかしを非難できない場合に限る[254]。

共同体法と合致するものとして，以下が認識されている。

①　自由時間を用いてつくった目的物（例えば，移動住宅）の賃貸上の欠損金は，事業者の活動として必ずしも認定されえない[255]。

②　国境を越える旅客輸送の場合における課税標準（売上税法3条b第1項，10条1項2文）は，一括価格のうち，国内で走破した輸送区間の関係に対応している部分を含んでいるだけである[256]。

③　原インボイスを失った場合において，税額を区分計上した決算書についての，前段階税額控除（売上税法15条1項1文1号）に必要な立証は，あらゆる適切な証拠方法をもちいておこなわれうる[258]。

限定されているわけではない（前記の）選択から，次の推論が導かれる。すなわち，売上税法およびその適用（ドイツ連邦財政裁判所による解釈においても）は最近数年間の欧州裁判所の裁判例の数に照らしてもかならずしもつねに共同体法に対応していない。ドイツ売上税法における共同体法の適切な

---

[252]　EuGH vom 25. 5. 1993–Rs. C–193/91 *Mohsche*, EuGHE 1993, I–2615 = UR 1993, 309.

[253]　EuGH vom 29. 5. 1997–Rs. C–63/97 *Skripalle*, UR 1997, 301 = UVR 1997, 284; *Wagner*, UVR 1997, 287.

[254]　EuGH vom 29. 2. 1996–Rs. C–110/94 *Inzo*, EuGHE 1996, I–122 = UR 1996, 116 = UVR 1996, 148.

[255]　EuGH vom 26. 9. 1996–Rs. C–230/94（FN 243）．

[256]　EuGH vom 6. 11. 1997–Rs. C–116/96 *Binder*, IStR 1997, 687.

[258]　EuGH vom 5. 12. 1996–Rs. C–85/95（FN 244），6271.

変形が不十分にしか実行されていない,という結論には,同じ程度の正しさをもって,次の事実が対峙している。すなわち,共同体法についての意識および変形の不十分さがドイツにおいて露わになることがすでに非常に伸展してきている。売上税法がさらに一層ハーモナイズすると,必然的に,次の結果になる。すなわち,欧州裁判所は,最終審としてのヨーロッパ租税裁判所の役割[259]を引受けなければならないこととなる。域内売上税法のケースが欧州裁判所にでてくる場合,欧州裁判所は,複数の関係の構成国における国境を越える売上に対する課税を指導する課題を,各国の財政裁判所よりも一層良く解決することができる。

8. 共同体法を法実現する場合における手続法の影響

欧州関税命令集(Zollkodex)は,(欧州関税命令集4条5号,6条ないし10条において裁断の撤回,取消しおよび変更について)共同体法上の行政法の原則を,そして例えば追徴に関する行政手続法の原則と信義則(関税命令集220条2項)を,租税免除,還付(関税命令集235条以下)およびそのために斟酌されるべき衡平理由(関税命令集施行令905条)に関する行政手続法の原則,権利救済手続(関税命令集243条ないし246条)および執行の停止(関税命令集244条)に関する行政手続法の原則を定めている[260]。これらの原則は,関税法を超えてその効力を及ぼしている。たとえば,手数料決定が存続力を生じた場合は,共同体法は,違法に徴収された手数料を還付しないことを禁止していない[261]。共同体法では,承認ある裁断の存続力が出訴期間の徒過後に生ずること[262]および遮断効を有する権利救済期間[263]が法的安定性に資することが,

---

[259] この点について,参照,*Vanistendael*, in FS Flick, 1997, S. 1021.

[260] EuGH vom 17. 7. 1997-Rs. C-130/95 (FN 213); EuGH vom 17. 7. 1997-Rs. C-334/95 *Krüger*, EuZW 1997, 629; EuGH vom 19. 7. 1995-Rs. C-149/95 *Atlantik Container*, EuGHE 1995, I-2165 (2168); EuGH vom 26. 9. 1988-Rs. 229/88 *R Cargill*, EuGHE 1988, 5183; EuGH vom 15. 6. 1994-Rs. T-88/94 *R Siociete commerciale des potasses*, EuGHE 1994, II-401. この点について,参照,*Henke/Huchatz*, ZfZ 1996, 226 (Teil I), 262 (Teil II).

[261] EuGH vom 16. 12. 1976-Rs. 33/76 (FN 60).

[262] EuGH vom 30. 1. 1997-Rs. C-178/95 *Wiljo NV*, EuGHE 1997, I-585 (596).

承認されている。遮断効を有する権利救済期間が，実効性の原則と合致しうる。

また，各国行政手続法は，返還請求権が各国国内法による除斥期間の徒過によってもはや実行できないであろうときでさえも，補助金の（共同体法上要請される）返還請求を拒絶することから，保護していない。違法な行政行為の撤回の場合には，共同体の利益がすべての範囲において斟酌されなければならず，そしてその手続が適式に進められていたときは，受領者の信頼保護は背後に退いていなければならない。さもなければ，（例えば，EC条約93条2項3項による各国補助金の返還請求に関する）共同体法規定は，実務上の実効性を失うであろう⁽²⁶⁴⁾。

租税行政手続法において，他の構成国出身の使用人の差別扱い禁止の原則（EC条約48条2項）は，その使用人が他の構成国における課税年度の中途に移動するとき⁽²⁶⁵⁾，給与等に対する源泉徴収税の期限が切れたとして申告することを禁止しているし，あるいは，賦課または年度調整をその構成国における少なくとも9ヵ月の雇用に依存させることを禁止している。異議申立手続の可能性は，差別扱いにより生じた結果を除去することに適していない⁽²⁶⁶⁾。

しかし，共同体法の規定が欠けている場合において，共同体法の直接効力から市民に「生じる」そうした権利の保護をその市民に保障すべき，管轄裁判所およびその手続の形態を規定することは，各国国内法秩序の問題である⁽²⁶⁷⁾。各国裁判所は各国国内法に従って，職権により法を適用すべき権限を有する場合においては，その国内裁判所は，当該適用に利益を有する訴訟当事者が共同体法を適用しなかったときでさえも，当該共同体法を適用しなけれ

---

(263) 参照，EuGH vom 10. 7. 1997-Rs. C-261/95（FN 174）; EuGH vom 16. 12. 1976-Rs. 33/76（FN 60）.

(264) EuGH vom 20. 3. 1997-Rs. C-24/95 *Land Rheinland-Pfalz v. Alcan*, EuZW 1997, 276.

(265) EuGH vom 26. 10. 1995-Rs. C-151/94 *Kommission v. Luxemburg*, EuZW 1996, 343;EuGH vom 8. 5. 1990-Rs. C-175/88（FN 181）; *Knobbe-Keuk*, EuZW 1995, 167; *Bachmann*, RIW 1994, 849; *Kaefer*, DStR 1991, 671.

(266) EuGH vom 14. 2. 1995-Rs. C-279/93（FN 181）.

(267) EuGH vom 14. 12. 1995-Rs. C-312/93 *Peterbroek*, EuGHE 1995, I-4599（4615）＝EuZW 1996, 636.

ばならない⁽²⁶⁸⁾。

　事前手続において，各国国内法は，各国裁判所がこのような審理を実施することを遮断効規定によって排除してはならない⁽²⁶⁹⁾。ただし，各国裁判所が，当事者がイニシヤティブをとり，かつ裁判所が訟務物の範囲内においてその裁判所に提出された事実に基づいてのみ裁判することのできるそうした民事訴訟において，提出された事実および事情と異なるものが招致されなければならないであろうとき，共同体法の違反の問題を職権により審理することを，共同体法は要求していない⁽²⁷⁰⁾。

　共同体法は，同法が手続法の本質的原則（例えば，法定安定性の原則および適式な手続進行の原則）を尊重しなければならない，そうした各国の手続法に，限界を画している。すなわち，各国法秩序の手続は，共同体法秩序によって賦与された権利の行使を実際に不可能にさせてはならないし，または過剰に難しくてはならない⁽²⁷¹⁾。共同体法は，各国の手続法を，国内法にのみかかれる訴えの場合よりも，不利に形成してはならない。共同体法は，その手段が共同体法によって保障されている基本的自由の行使と関連している限り，各国手続法において，国籍の理由に基づくあらゆる差別扱いを禁止している（EC条約6条1項）⁽²⁷²⁾。

9．展　望

　結びつける用語「共同体」は，途と目標を示しており，そしてプログラムである。共同体法は，あたらしい租税法にとっての枠組みである。直接税の場合，――法的になお，拘束力のない――欧州租税命令集（Steuerkodex）⁽²⁷³⁾

---

(268) EuGH vom 14. 12. 1995-Rs. C-430/93 *von Schijndel*, EuGHE 1995, I-4705 (4728) = EuZW 1996, 542.

(269) EuGH vom 14. 12. 1995-Rs. C-312/93（FN 267), 4615.

(270) EuGH vom 14. 12. 1995-Rs. C-430/93（FN 268), 4728.

(271) EuGH vom 14. 12. 1995-Rs. C-312/93（FN 267), 4615; EuGH vom 16. 12. 1976-Rs. 33/76（FN 60).

(272) 参照，EuGH vom 2. 10. 1997-Rs. C-122/96 *Saldanha*, EuZW 1997, 689; EuGH vom 20. 3. 1997-Rs. C-323/95 *Hayes*, EuGHE 1997, I-1711 (1718) = EuZW 1997, 280.

は，構成国間における税のダンピングを減らすべきものである。間接税の場合，域内売上に関する不満足な経過規定は，あたらしい共通の付加価値税システム[274]によっておきかえられるべきである。世界貿易は，あたらしい法的にコントロールのできる条件によって展開され，この条件は，租税法学者（および関税法学者）がこれまで未知であった課題を提起している[275]。

欧州裁判所は，共同体法の継続的構築のための定評のあるモーターである。諸事情を理解しうるよう秩序づけ，逆方向の利害を受諾しうるように調整し，そして相剋を甘受できるように平和にする，そうした共通法の発展にかかわる共同作業のために[276]，共同体，その構成国，その機関および，法の実現を気遣うEU市民が呼び出されている。

---

[273] この点について，参照，理事会会議（Ratstagungen vom 13. 10. 1997 (IStR Heft 21/97) und vom 1. 12. 1997.）

[274] この点について，参照，EC委員会の通知（EG-Kommission vom 22. 7. 1986)「共通の付加価値税体系——域内市場のためのプログラム」KOM (96) 328; Ratsdok. 9466/96, BR-Druks. 673/96. この点について，参照，*Reiß*, UR 1997, 22; *Mette*, UVR 1997, 2；また参照，理事会および欧州議会に対するEC委員会答申書「域内非居住の納税義務者によって影響を受ける売上に対する課税の詳細」BR-Drucks. 56/95.

[275] 共同体法とWTO/GATT（ABl. EG 1994 Nr. L 336, 3）の関係について，参照，*Hilf/Eggers*, EuZW 1997, 559; *Meier*, EuZW 1997, 566; *ders.*, EuZW 1997, 719; *Petersmann*, EuZW 197, 325 (651); *Sack*, EuZW 650, 688;WTO-Panel vom 29. 4. 1997, EuZW 1997, 569; ECおよびエクアドル，グアテマラ，ホンデラス，メキシコとアメリカ合衆国のあいだにおけるEC—南アメリカ市場秩序に関する紛争についてのWTO Allelate Body vom 8. 9. 1997, EuZW 1997, 722. (VO EWG Nr. 404/93 des Rates vom 13. 2. 1993 uber die gemeinsame Marktordnung für Bananen, ABl. EG 1993 Nr. L 47. 1). EC法とGattに関して，また参照，EuGH vom 4. 2. 1997-verb. Rs. C-9, 23, 156/95 (FN 93), EuGHE 1997, I-669; EuGH vom 9. 11. 1995-Rs. C-466/93 (FN 93), 3802; EuGH vom 5. 10. 1994-Rs. C-280/93 (FN 93), 5093; BFH vom 9. 1. 1996-VII B 225/95 (FN 52), 506; BVerfG vom 26. 4. 1995- 2 BvR 760/95, EuZW 1995, 412. スイス，中央・東ヨーロッパ諸国およびスロヴァニアとの，ヨーロッパ経済圏おけるEUの物品取引について，参照，*Duric*, ZfZ 1997, 391 m. w. N.

[276] この点について，参照，*Lenz*, DStZ 1997, 541 (546).

8. EUトレードマーク

亀 岡 悦 子

はじめに

　知的所有権は，産業価値のあるアイデアと情報を保護し，権利所有者にそのアイデア，情報の商業的使用を許すことによって創作的努力に報いるとする，市場経済の基本となるものである。知的所有権の国際的保護は，模造，偽造等の不正商品を禁止しようとするもので，特に著明なブランド製品が多く製造されるEUにおいては[1]，トレードマーク保護が知的所有権保護の重要な部分を成す。EUにおける知的所有権保護は，共通外交政策，技術研究開発，消費者保護，域内市場競争歪曲の防止，共通市場に関する加盟国国内法の接近，商品，人，サービス，資本の自由移動に対する障害除去，域内輸出入に関する障害除去の点から重要である。

　EUトレードマーク法を制定する利点としては，EUにおける統一的な法的保護が確保され，その手続も簡略化されることであろう。各加盟国に個々に出願する場合と比較して，登録，使用言語等の点で効率化が図られ，大きな費用節減につながる。また加盟国のトレードマークに関する規則の余地も残されている。

第1節　EU法上のトレードマークの扱い

　EU法上，知的所有権は域内市場における商品の自由移動の点から，EU条約第28条に関連する。同条文では，輸入における質的制限そしてすべての同

---

[1] 米国，発展途上国における知的所有権保護の利益との比較について，松下満雄『国際経済法』有斐閣（1990年），318-326頁を参照。

様の効果を持つ措置は加盟国間で禁止されるとしている。さらに1974年のEC裁判所判例でも，貿易を妨げるすべての立法は禁止するとされた(2)。しかしEC条約第30条は，産業，商業財産に基づく輸出入の制限は認めるとしている。さらにEC条約第295条は，EC条約が財産所有権制度を規制する加盟国国内法と相反してはならないとし，加盟国の裁量を条約上認めている。

1988年には，EUレベルのトレードマークと国内法によるトレードマークを調整する立法として，トレードマークに関する国内法の接近についての理事会指令が採択された(3)(以下，「トレードマーク指令」という。)。トレードマーク指令はトレードマークと認めうるマークの定義(4)，トレードマークの拒否，無効となる理由のリスト(5)，トレードマークによって含まれる権利(6)，トレードマークに含まれる権利の消尽(7)，トレードマークの使用(8)等について規定している。

しかし，国内法の接近を目的とする指令は，EUレベルの特別官庁を設立し，一部国内法に取って代わるEU統一のシステムを作り上げるには，適していない。そこで，指令と異なり，国内法化を必要しないEU規則という形態で，1993年に，新たなトレードマークに関する立法が採択された。

この理事会規則（以下，「トレードマーク規則」という。）は，1994年3月15日からすべての加盟国において法的拘束力を持つ(9)。トレードマーク規則は，EU企業の経済活動を加盟国レベルからEUレベルに発展させることを促そうとするものであるが，国内法によるトレードマーク規制を消滅させるものではなく，むしろ権利者にEUレベル，国内法レベルでの保護という2つの選択を委ねており，国内におけるトレードマークの保護を補完するものと考え

---

(2) C-8/74 Procureur du Roi v. Dassonville, [1974] ECR 837, [1974] 2CMLR436.
(3) Council Directive No. 89/104 of 21 December 1988, OJ 1989 L40/1.
(4) Council Directive No. 89/104 of 21 December 1988, OJ 1989 L40/1, Article 2.
(5) Council Directive No. 89/104 of 21 December 1988, OJ 1989 L40/1, Article. 3.
(6) Council Directive No. 89/104 of 21 December 1988, OJ 1989 L40/1, Article. 5.
(7) Council Directive No. 89/104 of 21 December 1988, OJ 1989 L40/1, Article. 7.
(8) Council Directive No. 89/104 of 21 December 1988, OJ 1989 L40/1, Article. 10.
(9) Council Regulation No. 40/94 of 20 December 1993 on the Community Trade Mark, OJ 1994 L11/1, as amended by Regulation No. 3288/94, OJ 1994 L349/83.

られている。EUトレードマークの登録，管理に携わる特別の機関，Office for Harmonisation in the Internal Market（以下，「OHIM」という(10)。）をスペインのアリカンテ設立し(11)，1996年1月1日から登録申請を受け付け，1996年4月1日から正式に登録手続を開始した。届出の日付が加盟国内，外国でのトレードマークの優先を決定する出願日となる。OHIMでの使用言語は，英語，フランス語，ドイツ語，イタリア語，スペイン語の5ヵ国語で，申請はEUの正式使用言語である11ヵ国語ですることができる。

　物とサービスの3つの分類について975ユーロと登録料1,100ユーロを一度支払うのみで，出願することができ，この単一の登録によりすべてのEU加盟国において10年間（更新可能）有効なトレードマークとなる。トレードマークは登録後，5年以内に使用されなければならない。既に，加盟国に登録されたトレードマークも，特別の手続を通すことによってEUトレードマークとしての登録が可能になった(12)。1995年のEC委員会規則2868/95は，トレードマーク規則に沿って，OHIMでの手続を規定し(13)，EC委員会規則2869/95は，OHIMに支払われる登録料について規定する(14)。さらにOHIMのExamination GuidelienやOpposition Guidelines等のガイドラインは，手続を規定する重要な基礎となっている。

　EUトレードマーク権利者は，EU加盟国国民あるいは法人であるか，1883年の知的所有権についてのパリ条約締結国国民あるいは法人であるか，1994年のWTO締結国国民あるいは法人であるか，または居所，所在地が上記のどれかの国にあることが必要である(15)。

　トレードマーク規則によると，「EUトレードマークとは，図形，特に，個人の名称，デザイン，文字，物や包装の形を含む用語を使用して表されたサインが，ある企業の物やサービスを他の企業のものと区別することができる場合，成立しうる」と定義されている(16)。注意すべき点は，対象となる物や

---

(10)　共同体商標庁とも訳されている。
(11)　Council Regulation No. 40/94 of 20 December 1993, OJ 1994 L11/1, Article 2.
(12)　Council Regulation No. 40/94 of 20 December 1993, OJ 1994 L11/1, Article 34.
(13)　Commission Regulation No. 2868/95 of 13 December 1995.
(14)　Commission Regulation No. 2868/95 of 13 December 1995.
(15)　Council Regulation No. 40/94 of 20 December 1993, OJ 1994 L11/1, Article 5.

サービスを考慮に入れずに，マークそのものが他の企業のものと区別できるかどうかという点が判断されることである。また，公益，道徳に反するトレードマーク，誤解を生じるようなトレードマーク[17]，パリ条約が拒否したトレードマーク等は認められない[18]。

第2節　OHIM と EC 裁判所

OHIMは，1975年から1994年の間に成立された10の官庁（European Agency）の1つである[25]。これらの官庁は，EC条約上の機関とその協力関係を維持しているが，EC条約に基づく機関ではなく，主にEC条約第308条に基づくよって第二次法によって設立されていることを特徴とする[26]。これらの機関は立法機能を基本的には有しない[27]。しかし，OHIMの決定に対しては，OHIM 内の Boards of Appeal に不服申立をすることができるとしており，司法機関をが認められて[28][29]。Boards of Appeal における手続については，

---

[16] Council Regulation No. 40/94 of 20 December 1993, OJ 1994 L11/1, Article 4.
[17] 例えば，産地でない場所の地理的表示を含むワインのトレードマークは認められない。
[18] Council Regulation No. 40/94 of 20 December 1993, OJ 1994 L11/1, Article 7.
[19] Council Directive No. 89/104 of 21 December 1988, OJ 1989 L40/1.
[20] Council Directive No. 89/104 of 21 December 1988, OJ 1989 L40/1, Article 2.
[21] Council Directive No. 89/104 of 21 December 1988, OJ 1989 L40/1, Article 3.
[22] Council Directive No. 89/104 of 21 December 1988, OJ 1989 L40/1, Article 5.
[23] Council Directive No. 89/104 of 21 December 1988, OJ 1989 L40/1, Article 7.
[24] Council Directive No. 89/104 of 21 December 1988, OJ 1989 L40/1, Article 10.
[25] European Agencyについては，Edoardo Chiti, The Emergency of a Community Administration: The case of European Agencies, Common Market Law Review 37, p. 310. を参照。
[26] OHIMは10年以内に登録料で運営を賄う財政的にも独立した機関になる予定である。
[27] See Paul Craig and Gràinne de Brùrca, EU Law (Oxford, 1988) pp. 98-99.
[28] Council Regulation No. 40/94 of 20 December 1993, Article 130.
[29] 他のEU法上の手続と同様，厳格な期限がここでも定められている。決定の通知から2ヵ月以内に不服申立をしなければならず，同じ時期から4ヵ月以内に不服申立理由書を提出しなければならない。

EC委員会規則が制定されている[30]。さらに不服の場合には，EC第一審裁判所そしてEC裁判所に訴えることができる。決定は，最終的な判断が，Board of Appeal 又は EC（第一審）裁判所によってなされたときに，効力をもつ。EUトレードマークに関しては，EC第一審裁判所はEC裁判所よりも広い権限をもっている。すなわち，本規則によればEC第一審裁判所は Board of Appeal の決定を取消し，または変更することができるが，EC条約は，EC裁判所が全部あるいは一部の決定を取消すことができるのみである。また，EC裁判所は法律問題のみ扱うことができる。現実には，EC第一審裁判所が決定の内容を変更することはあまり考えられない。

　既に，EC第一審裁判所は OHIM の決定に対する訴えについて扱っている。EC第一審裁判所は，トレードマーク規則とEC第一審裁判所手続規則に従って事件を扱うが，この手続規則第4章は，特に知的所有権について規定している[31]。

　EC第一審裁判所が OHIM の決定を取り扱った最初のケースは，1999年の Proctor & Gamble 社の「Baby-Dry」というマークに関する事件で，OHIMの否定的な決定をトレードマーク規則に基づく手続上の権利保護に違反したとして，決定そのものを取り消した[32]。第二の事件は，やはり1999年の「Companyline」というマークが問題になった事件で，EC第一審裁判所は，このマークが他と区別できるような特徴を示すものではなく，トレードマーク規則に基づきEUトレードマークとして登録することはできないとされた。つまり，「Company」と「line」は，一般的な用語で，それを組み合わせるだけで他のサービスと区別できるマークとすることはできないとされた。

　この他にEUトレードマーク裁判所といわれるものがあるが，これは各加盟国に指名された国内裁判所のことで，各国内法とトレードマーク規則に従って，損害賠償請求訴訟等のEUトレードマーク権侵害訴訟を扱っており，その判決はEU加盟国全部で効力を持つ。これらの国内裁判所は，当該訴訟の原告が住所，居所を有する場合，あるいは被告が住所，居所を有する場合

---

[30] Commission Regulation No. 216/96 of 5 February 1996.
[31] EC第一審裁判所での手続では，OHIMを被告とすることはできない。すなわちOHIMはどちらかの当事者を防御するために，訴訟参加する形になる。
[32] Proctor & Gamble v. OHIM, T-163/98.

は，EU規模の管轄権を与えられている。またOHIMの所在するスペインのアリカンテのEUトレードマーク裁判所は，原告，被告両者とも住所，居所をEU内に有しない訴訟の管轄権も与えられている。

第3節　並行輸入と権利消尽の原則

　加盟国間の文化，優先事項，新製品の開発費用，製品の管理，影響される価格の差異等から域内市場の分割，製品の価格差が生じることがある。40年にわたる域内市場完成の努力の後も，商品の価格差は未だ残っているが，価格設定の透明化をもたらすと思われるユーロの導入によって改善が期待される。しかし，現在のところ，域内市場分割と価格差の存在の結果，ある加盟国で購入した製品を他の加盟国で安価（場合によっては，製造価格を割る）で売却する並行輸入は起こりやすい状況にある。

　並行輸入に対するEC裁判所の態度は，知的所有権の保有と行使を区別し，国内法による財産権の保護とEU単一市場の目的との妥協点を見出している。すなわち，共通市場分割を引き起こすような知的所有権の行使は，その権利の本質的内容が保護されるに必要な限りにおいて認められうる。

　EC裁判所は，トレードマークの本質的内容を，トレードマークを使用し，トレードマークによって保護される製品を最初に流通に置き，違法な製品から，保護する独占的権利であるとしている[33]。いつその権利が最初に流通に置かれ，消滅したかは，販売に対する同意，権利の分割，商品の再包装，国際的権利消尽の原則に関連する。販売に対する同意に関しては，EC裁判所は権利者が製品のコントロールを許されるような状況であれば，他で製品が販売されている場合，国内トレードマークによる保護の可能性は失われるとした[34]。このケースは，ドイツでのトレードマーク権利者から提起されたフランスからの同トレードマーク製品輸入差し止め訴訟で，フランスとドイツ

---

[33] C-16/74, *Centrafarm BV v. Winthrop BV*, [1974] ECR 1183, [1974] 2CMLR 480.

[34] C-9/93, *IHT Internationale Heiztechnik GmbH v. Ideal-Standard GmbH*, [1994] ECR 1-2789.

に各々登録された Ideal Standard というトレードマークが問題となった。フランスでのトレードマークは，フランスにある Ideal Standard 社の子会社から第三者に譲渡されたものであった。EC裁判所は，このトレードマークが元は同一の米国の権利者に属したものであって，フランスへのトレードマークの譲渡がその所有者とフランスでの現権利者の同意によるものであり，この保護を否定すれば結果として自由貿易の障害になりうるとしても，本件ではドイツトレードマークに基づいて製品輸入を禁止した。

また再包装については有名な Hoffman La Roche 事件がある[35]。この事件では，トレードマーク権利者は，他の加盟国で契約に基づいて流通しており，第三者によって新たに包装をされた製品を，トレードマークに基づいて排除することができるかが問題となった。Hoffman La Roche 社はドイツと英国の両国でトレードマークを有していたが，英国での Hoffman La Roche 社のある薬品の価格がドイツと比較して非常に安価なため，Centrafarm 社は英国からその製品をドイツに輸出し，比較的安価でその製品をドイツで販売することを試みた。

Hoffman La Roche 社は，トレードマークの保護を目的として，ドイツ国内裁判所に訴訟を提起した。もしこの事件で，単に Centrafarm 社が英国で購入した製品を輸出しただけであったら，同意に基づいて製品を市場に置いたのだから，並行輸入を禁じることはできないはずである。しかし，ここでは，Centrafarm 社は製品をドイツで通常使用されているより大型の箱に入れ替えて，Hoffman La Roche 社のトレードマークをその外装に描き直していた。EC裁判所は，もしこの再包装が製品の原産地について誤解を与える可能性がある場合には，排除することができると判断し，トレードマークの保護を否定する3つの条件を上げている。すなわち，第一は，製品の元の状態に再包装が影響を及ぼさないこと，第二に，トレードマーク権利者が事前に再包装された製品が流通に置かれることの通告を受けていること，第三に，消費者保護のために再包装の責任者が明らかになっていることである。

再包装に関する事件では，Bristol-Myers Squibb/Paranova 事件がある[36]。

---

[35] C-102/77, *Hoffman La Roche & Co. AG v. Centrafarm Vetriebsgesellschaft Pharmazeutischer Erzeugbisse mbH*, [1978] ECR 1139, [1978] 3CMLR 217.

並行輸入者，Paranova は，薬品を比較的安価で他のEU加盟国で取得し，再包装した同製品をデンマークで安価で販売した。デンマークでのトレードマーク権利者はデンマーク国内裁判所に訴えを提起し，この裁判所によって，EC裁判所に，1998年トレードマーク指令に関する先行判決が求められた。EC裁判所は製品が元の状態に影響を及ぼすような扱いを受ける危険がある場合には，再包装は禁じられるべきで，評判を傷つけるような不完全で整っていない包装も，再包装された製品を排除する理由となりうるとしている。

また，2002年4月の製薬会社の再包装と並行輸入に関する事件では，EC裁判所は，関係市場またはその一部に効果的にアクセスすることが，消費者のレベルを張り替えただけの商品に対する強い抵抗のため，妨げられることになる場合には，EC判例上，製品の再包装が客観的に必要であるとして認められるべきであるとした[37]。

その他の並行輸入の重要な判例としては，国際的権利消尽に関する Silhouette 事件がある[38]。EC裁判所は，EEA（European Economic Area[39]）市場外で購入された製品は，トレードマーク権利者の同意なくEUに輸入し，再販売することはできないと判示された。オーストリアのメガネ製造会社である Silhouette 社は，ブルガリアで販売された Silhouette 社の製品をオーストリアで安売りした Hartlauer を相手どって，訴えを起こした。EC裁判所は，トレードマーク権利者あるいはその同意によってEU，EEA外の市場に置かれた製品に関する国際的権利消尽に関する国内法は，EU法，特にEUトレードマーク指令に反するとした。この判例によると，製品がトレードマーク権利者により，あるいは同意に基づいてEEA市場に置かれた場合には，トレードマーク権利者は，その製品がある加盟国内で購入され，その他の加盟国で

---

[36] C-427, 429 and 436/93, *Bristol-Myers Squibb and others v. Paranova A/S*, [1997] 1CMLR 1151.

[37] C-443/99, *Merck, Sharp & Dohme GmbH and Paranova Pharmazeutika Handels GmbH*, 23 April 2002.

[38] C-355/96, *Silhouette International GmbH v. Hartlauer mbH*, 16 July 1998.

[39] EEAは，EU15ヵ国の他に，ノルウェー，リヒテンシュタイン，アイスランドを加盟国とするEUとEFTA共同の市場であり，EEA条約は1992年5月に調印されている。この事件が起きた当時は，オーストリアはEEAの加盟国で，EUの加盟国ではなかった。

8．EUトレードマーク［亀岡悦子］

再販売されることを妨げることができないが，一方，EEA以外の市場に置かれた場合，権利者は，その製品がEEA加盟国内で流通することを拒否できることになる。

　Sebago事件では，ベネルクスでのトレードマークが問題になった[40]。Sebagoは「Docksides」と「Sebago」という名でトレードマークを有しており，Maison Duboisは，ベネルクスでのその専属的デストリビューターであった。SebagoとMaison Duboisは，並行輸入業者GB-Unieに対し，GB-UnieがEU市場でSebagoの製品を販売したとして訴えを起こした。当該製品は，エルサルバドルにおいて製造され，並行輸入を専門とするベルギーの企業によって扱われていたが，Sebagoは既に，EEA域内で広く同一製品を販売していた。GB-Unieは，SebagoのEEAでの同一製品の販売を理由として，トレードマークに基づくEEA外からの並行輸入を否定することはできないとした。トレードマーク指令7条は，トレードマーク権者は，その同意に基づいて市場に置かれた製品をに関し，トレードマークの使用を禁じることはできないと規定している。EC裁判所は，この条文における「同意」は，権利の消尽が主張されているその個々の製品自体に対して必要とされ，トレードマーク権利者が，同一の製品をEEA市場で販売することに同意しただけでは十分でないと述べた。

　EUに所在する米国企業を代表する米国商工会議所内のEU委員会は，国際的トレードマーク権消尽の原則について，2000年5月17日にEC委員会宛てのポジションペーパーを発表しているが，その中で国際的権利消尽の原則は一時的に物価を下げることになりうるとしても，長期的に見れば，EU規模の権利消尽の原則は，知的所有権，EU消費者の保護につながるとして現在のEUの立場を支持している。

第4節　ディストリビューションとトレードマーク

　EC裁判所は，製造者のディーラーシップのネットワークに属しないが，

---

[40]　C-173/98, *Sebago Inc and Ancienne Maison Dubois et Fils SA v. GB-Unic SA*, 1 July 1999.

再販売，メインテナンス，修理においてそのトレードマークを使用している自動車修理業に対する条件を示した(41)。Deenik はオランダで自動車修理業を経営しており，中古のBMW車の販売とBMW車の修理，メインテナンスを広告していたが，BMW社のディーラーとはなっていなかった。そこでBMW社は，オランダ国内裁判所に Deenik の広告における BMW マークの使用禁止，損倍賠償を求めて訴訟を提起した。EC裁判所は先行判決の中で，トレードマーク指令はBMWマークの権利者が自動車修理業者に，BMW車の修理，メインテナンスを行っていることを公にする目的でBMWマークを使用することを妨げるものではないとしながらも，当該自動車修理業者がBMW社と商業的関連があり，BMW社のディストリビューションに属しているという誤った概観を与えるトレードマークの使用は許されないとした。

第5節　トレードマーク権利者の偽造，模造品に関する情報請求

　1999年の Adidas 事件で，EC条約第234条に基づく先行判決を通し，EC裁判所は偽造，模造品に関するEU法は，輸入品の申告者あるいは荷受人の身元を明かさないとする国内法の条文を退けるとした(42)。この事件では，Adidas社が，機密情報の保持に関するスウェーデンの法律を理由に，Adidas ブランドの模造品と疑われている輸入品荷受人の身元を明かすことを拒否したスウェーデン税関当局に対し訴えを提起していた。EC裁判所は，税関，偽造に関するEU法は，偽造，模造品がEU市場に置かれることを防ぐことを重要な機能とし，その効果的な適用のためには，偽造，模造品の流通を避けようとする知的所有権に情報が提供されることが必要であるとした。さらに申告者や荷受人の身元が明かされなければ国内裁判所に訴えを提起することも不可能であろうから，その他の目的には使用しないという条件で，情報を開示するべきとした。

　EC裁判所法務官意見によると，類似製品からの保護は，トレードマーク

---

(41) C-63/97, *Bayeriche Motorenwerke (BMW) AG and BMW Netherland BV v. Ronald Karel Deenik*, 23 February 1999.

(42) C-223/98, 14 October 1999.

の評判の保護とは区別されるもので，既に世間でよく知られたトレードマークは特別の保護が必要であり，混同の危険を証明する必要はないと述べている[43]。

おわりに

EU拡大に従い，EUトレードマークが有効な国も増えることになり，より完成したEUトレードマークへの道が開かれることが見込まれる[44]。中央，東ヨーロッパとEUの知的所有権保護に関する協議は，貿易，経済協力協定を通し，1989年頃から始められている。加盟候補国はその準備としてEUとヨーロッパ協定を締結しているが，その中にも知的所有権に関する条項が含まれており，将来，その国内法も改正されることが予想される。例えば，現在，国際的権利消尽の原則を認めている国内法は，少なくとも，加盟の時点からトレードマーク指令7条のEU権利消尽の原則に適合するようにされなければならない。また，出願の際，使用される言語も増えることになり，翻訳，技術的に処理できるかの問題も抱えることになろう。20から25ヵ国内で有効なEUトレードマークの誕生の前には，まだ解決されるべき多くの事柄が残されているようである。

---

[43] C-292/00, Davidoff & Cie SA/Zino Davidoff SA v Gofkid Ltd, Avocat General's opinion, 21 March 2002.

[44] See Roland Kobia, '*Reflections on the Effects of Future Enlargements of the E. U. on Industrial Property: The Case of Trade Marks*', (1998) 5 EIPR 183.

9．立法政策と基本権保護義務

小　山　　剛

はじめに

　憲法が保障する種々の権利・自由は，既存の法制度と緊密な関係に立つ場合が少なくない。その場合，法制度の形成あるいは改変は，単なる政策的妥協ないしは立法政策上の合理性の問題ではなく，憲法にとっても無関心ではありえない。その限りにおいて，法制度の形成あるいは改変を行う立法者は，憲法による拘束の対象となるか，または少なくとも，憲法（基本権）政策論の対象となるはずである[1]。

　法制度（の形成）を通じた実体的基本権の実現の典型は，生存権のような社会国家的給付請求権，財産権，婚姻・家族制度のような制度（的）保障であった。しかしながら，生存権については関心がその法的性格をめぐる議論

---

(1) 石川明教授は，ながく法制審議会委員として，法制度の形成に貢献してこられた。また，教授は，民事訴訟法と憲法——とくに比例原則——との接点についても，関心を払ってこられたことで知られている（石川明「強制執行と比例原則」平成国際大学平成法政研究4巻2号71頁［2000年］）。本稿は，石川教授の古稀をお祝いして，（残念ながら民事訴訟法ではないが）憲法が法制度形成の指針として作用する場面について，限られた範囲であるが，考察を加えるものである。なお，憲法学は，ともすると違憲/合憲の判断基準の精緻化に関心を集注している印象があるが，憲法の価値判断を踏まえた，あるいは憲法の価値判断を具体化・実現する法制度の形成に対する関心は，憲法学においても明らかに増している。たとえば小林直樹『憲法政策論』（1991年），戸波江二『憲法（新版）』（1998年）131頁，池田政章『憲法社会体系Ⅱ』（1999年）などを参照。具体的展開の一例として，山崎栄一「被災者支援の憲法政策」六甲台論集（神戸大学）法学政治学編48巻1号（2001年）97頁以下を参照。また，私見については，小山剛「基本権的自由と法制度」名城法学50巻別冊84頁（2000年）を参照。そのほか，題目には現れていないが内容において憲法（基本権）政策的考察を加える文献は，枚挙にいとまがない。

に集注されたきらいがあり⁽²⁾，制度（的）保障については，最高裁による政教分離への制度的保障論の誤用⁽³⁾や，P・ヘーベルレに代表される新しい制度論というグランド・セオリーの分析・評価⁽⁴⁾に煩わされて，肝心の憲法的拘束の中身についての議論は，制度の核心部分の不可侵という当初の出発点から，本質的には深化していないように思われる⁽⁵⁾。

他方，基本権と法制度との関係は，とくに基本権の客観法的内容⁽⁶⁾が承認される場合に，複雑かつよりいっそう緊密なものとなる⁽⁷⁾。本稿では，防御権⁽⁸⁾に比べてドクマーティクが未成熟であるとされる自由権の積極的側面

⑵　憲法学における問題設定の偏りを指摘するものとして，太田匡彦「『社会保障受給権の基本権保障』が意味するもの」法学教室242号121頁（2000年）。

⑶　最大判昭52年7月13日民集31巻4号533頁。問題点の指摘として，佐藤幸治『憲法（第3版）』399頁，499頁（1995年）のみを挙げておく。

⑷　P. Häberle, Die Wesensgehaltgarantie des Art. 19 Abs. 2 Grundgesetz, 3. Aufl., 1983, S. 70f. 邦訳としてP・ヘーベルレ/井上典之編訳『基本権論』（1993年），主要な文献として，栗城寿夫「西ドイツ公法理論の変遷」公法研究38号76頁（1976年），戸波江二「西ドイツにおける基本権解釈の新傾向（1～5・完）」自治研究54巻7号82頁～11号111頁（1978年），同「教育場所選択の自由と大学入学請求権」ドイツ憲法判例研究会編『ドイツの憲法判例』234頁（1996年），青柳幸一「基本権の多元的機能」同『個人の尊重と人間の尊厳』76頁以下（1996年・初出1982年），赤坂正浩「二つの制度的保障論」東北大学法学49巻1号82頁（1985年），中島茂樹「ドイツにおける『制度的』基本権理論と『制度的』法思考」室井還暦『現代行政法の理論』203頁（1991年）を参照。制度的基本権理論に対する私見については，小山剛「制度的基本権理論，その後」ジュリスト1089号65頁以下（1996年）を参照。

⑸　もとより，この意味における制度的保障論についての評価や，このテーマに関わるシュミット研究自体に深化がないというわけではない。さしあたり前者については，徹底した制度的保障否定論をとる三並敏克「制度的保障論」京都学園法学28号111頁（1999年）を，後者については石川健治『自由と特権の距離』（1999年），同「制度伝説」法律時報72巻9号68頁（2000年）などを参照。

⑹　基本権の客観法的内容についてはK・シュテルン（田口精一訳）「基本権体系の理念と要素⑴⑵」慶応大学法学研究60巻4号19頁，5号26頁（1987年），栗城壽夫「最近のドイツの基本権論について」憲法理論研究会編『人権理論の新展開』93頁以下（1994年），R・アレクシー（小山剛訳）「主観的権利及び客観法としての基本権⑴⑵」名城法学43巻4号179頁，44巻1号321頁（1994年），松原光宏「基本権の多元的理解をめぐって⑴～⑷」法学新報（中央大学）103巻6号95頁～103巻9号(1997年）を参照。

（ドイツで言うところの基本権の客観法的内容）について，その中心的作用[9]である国家の基本権保護義務を例に，憲法的拘束のあり方について考察することにしたい。

以下では，まず国家の基本権保護義務の内容について概観し，続いて，基本権保護義務が法制度の形成に与える意義を，立法府の視点とこれを統制する連邦憲法裁判所の視点から考察する。

第1節　国家の基本権保護義務

基本権の内容形成および再形成に関わる立法者の憲法的拘束の内容に先立ち，立法者に法制度形成の動因を与え，あるいは立法者による法制度後退の障壁となる実体的基本権（あるいはその法的作用）の内容を簡単に確認しておく必要がある。本稿では，それは国家の基本権保護義務という法的作用である[10]。

1．基本権保護義務論の確立
1.1　第一次堕胎判決

「国家の保護義務は包括的である。これは，……国家自身が生成途上の生

---

(7) この問題は，基本権の個々の法的作用（配分・参加請求権，基本権保護義務，組織・手続の指針としての基本権など）と関連して議論されてきたほか，とくにヘルツォクとニールハウスによって，"Die Grundrechte aus der Hand des Gesetzgebers" という観点からも議論された（R. Herzog, Grundrechte aus der Hand des Gesetzgebers, in: Festschrift für W. Zeidler, Bd. II, 1987, S. 1415; M. Nierhaus, Grundrechte aus der Hand des Gesetzgebers？, AöR 116 (1991), S. 72ff.) が，とくに最近，以下の教授資格申請論文において，本格的な議論が展開されるに至った。M. Jestaedt, Grundrechtsentfaltung im Gesetz, 1999; G. Morgenthaler, Freiheit durch Gesetz, 1999; M. Gellermann, Grundrechte in einfachgesetzlichem Gewande, 2000を参照。

(8) 防御権のドクマーティクについては松本和彦『基本権保障の憲法理論』（2001年）を参照。

(9) 小山剛訳「基本権の規範的内実をめぐる諸問題」E＝W・ベッケンフェルデ（初宿正典監訳）『現代国家と憲法・自由・民主制』398頁（1999年）。

(10) 基本権保護義務につき，詳しくは小山剛『基本権保護の法理』（1998年）を参照。

命を直接に侵害することを禁止するだけではなく，国家に対して，この生命を保護し，促進することを命じる。このことはとくに，胎児の生命を他者による違法な侵害から防護すべきことを意味する。法秩序の各分野は，それぞれの固有の任務に応じて，この要請の実現に努めなければならない」。

ドイツ連邦憲法裁判所が1975年の第一次堕胎判決[11]で行ったこの説示は，後に，国家の基本権保護義務という基本権の法的作用が確立する直接の端緒となった。基本権保護義務は，（自由権的）基本権を根拠とした国家の憲法上の作為義務である。保護という言葉は日常語としても法律用語としても多義的だが，基本権保護義務は，「それ自身が基本権の主体である私人P_1による，形式的には基本権行使の活動によって惹起される，他の私人P_2の基本権法益に対する侵害を規制すべき，国家Sの作為義務」であるということができる[12]。

本件では，刑法218条の堕胎罪規定を緩和し，妊娠12週間以内の中絶を原則として不処罰としたことが基本法2条2項，1条1項から生じる国家の保護義務に違反するとされた。この判決では，基本権保護義務の主要な論点のいくつかがすでに議論されていた。たとえば，国家の胎児生命保護義務を根拠に刑罰による威嚇が不可欠であるとした法廷意見に対して，ズィモン判事とフォン・ブリュネック判事は，刑罰の要請という理解は自由の確保という基本権の作用を逆転させ，基本権を，自由の保障から自由の制限の根拠へと変質させるものであり，基本権は「刑法の投入の要請ではなく，刑法に限界を引く」ことにこそ意義があるのだ，という理解が堅持されるべきである，と批判した[13]。また，原理的に，被害者P_2（胎児）の保護が，加害者P_1（妊婦）の基本権と衝突することもまた，すでに認識されていた。

1.2　その後の判例

その後，「基本権保護義務」という概念と思考は，連邦憲法裁判所の判例

---

[11]　BVerfGE 39, 1. 解説として宮沢浩一「西ドイツ連邦憲法裁判所の堕胎罪規定違憲判決について」ジュリスト587号83頁以下（1975年），ドイツ憲法判例研究会編『ドイツの憲法判例』49頁（嶋崎健太郎執筆，1996年）参照。

[12]　たとえば R. Alexy, Theorie der Grundrechte, 1985, S. 410; K. Stern, Das Staatsrecht der Bundesrepublik Deutschland Bd. III/1, 1988, S. 931; E. Klein, Grundrechtliche Schutzpflicht des Staates, NJW 1989, S. 1633 を参照。

において，次のような判例で援用された[14]。

――テロリストによるシュライヤー氏誘拐と処刑予告に関連した1977年10月16日のシュライヤー決定[15]と，1978年8月1日の接触遮断決定[16]。

――原子力発電所の安全性に関する1978年8月8日のカルカール決定[17]と，1979年12月20日のミュールハイム・ケルリッヒ決定[18]。

――オゾン・スモッグ防止のための立法措置が不十分であると主張された憲法異議事件[19]，エイズを性病法上の法定性病に指定することを立法者に命じる仮命令の請求を却下した決定[20]。

――核弾頭装着ミサイルの国内配備に対する連邦政府の同意が問題となった1983年12月16日の決定[21]と，化学兵器の配備に関する1987年10月29日の決定[22]。

――ドイツ統一後の東西の堕胎罪規定を調整した「妊婦および家族扶助法」を再度違憲であるとした1993年5月28日の第二次堕胎判決[23]。

――判例において基本権保護義務論が援用されたもっとも新しい領域である，基本権の私人間効力[24]。

---

[13] BVerfGE 39, 1 (73). この批判をめぐる議論については小山（前出注10）19頁以下を参照。
[14] 判例の概観として，小山（前出注10）22頁以下を参照。
[15] BVerfGE 46, 160 (164f.).
[16] BVerfGE 49, 24 (53).
[17] BVerfGE 49, 89.
[18] BVerfGE 53, 30.
[19] Beschl. der 1. Kammer des Ersten Senats vom 29. Nov. 1995, EuGRZ 1996, 120f.
[20] EuGRZ 1987, 353f.
[21] BVerfGE 66, 39 (61).
[22] BVerfGE 77, 170.
[23] BVerfGE 88, 202. この判例の研究として，小山剛「第二次堕胎判決」ドイツ憲法判例研究会編『ドイツの最新憲法判例』46頁（1999年），嶋崎健太郎「ドイツにおける胎児の生命権と妊娠中絶判決」憲法理論研究会編『人権保障と現代国家』95頁（1995年）。

2. 法的三極関係と過少保護禁止

胎児の生命保護に始まった基本権保護義務論は、以上のように、短期間のうちに適用の対象を拡大した。またそれは、たとえば基本権の私人間効力論のように、従来は独立した問題であると考えられていたものを飲み込む形で生じたことが注目される。

国家の基本権保護義務が援用された多様な事例群に共通するのは、「法的三極関係」と呼ばれる構造である。従来の基本権の法的構造は、自由権（防御権）については権利・自由を侵害する国家Sと基本権主体である私人Pとの緊張関係、生存権については給付を行う国家Sと、給付を請求する個人Pとの親和的関係であると描写することができる。これらとは異なり、保護義務が問われる問題状況においては、①国家S、②加害者である私人P_1、③被害者である私人P_2、という三主体が登場する（なお、P_1に外国政府や国際機関、自然災害が含まれるかどうかについては争いがあるが、立ち入らない）[25]。

このことを、学説は「法的三極（Rechtsdreieck）」と呼び、保護義務の重要な特徴のひとつであるとみなしている[26]。この法的三極関係のなかで、国家は、基本権の潜在的侵害者に加えて、上述のように、基本権の保護者という、新たな役割を獲得する[27]。そのことは同時に、立法・行政・裁判の各権が、加害者P_1と被害者P_2の基本権的地位を、適切に衡量しなければならないことを意味する。保護義務実現に関する各権の裁量の余地は、——判例においては第二次堕胎判決において初めて用いられた——最近の用語を用いれば、P_1との関係において「過剰侵害禁止原則[28]（Übermaßverbot）」によって上限が画され、P_2との関係において「過少保護禁止原則[29]（Untermaßver-

---

[24] BVerfGE 81, 242（代理商決定）＝小山（前出注10）225頁、BVerfGE 89, 214（連帯保証決定）＝小山（前出注10）288頁、児玉寛「無資力近親者による共同責任をめぐる判例の展開」大阪市立大学法学会雑誌41巻4号673頁（1995年）、國分典子「民事裁判所による保証契約の内容統制と基本権規定の私人間効力」（前出注23）『ドイツの最新憲法判例』306頁を参照。

[25] この問題については小山（前出注10）48頁以下を参照。

[26] J. Isensee, Das Grundrecht auf Sicherheit, 1983, S. 34f.; G. Hermes, Das Grundrecht auf Schutz von Leben und Gesundheit, 1987, S. 204ff.; R. Alexy, Theorie der Grundrechte, 1985, S. 410f.; K. Stern,（前出注12）S. 946.

[27] K. Stern,（前出注12）S. 946.

bot）」によって下限が画される。国の各権は，これら二原則の狭間で，基本権尊重義務（Achtungspflicht）と保護義務（Schutzpflicht）とを調整し，基本権の衝突を解決することが求められるのである[30]。

第2節　立法の指針としての保護義務

1．「第一の名宛人」としての立法者

基本権保護義務の名宛人は，「以下の基本権は，直接に適用される法として，立法，執行権および裁判を拘束する」と定める基本法1条3項に従い，すべての国家権力である。もとより，基本権保護義務による義務づけの趣旨は，三権ごとに異なる。すなわち，立法，行政，裁判の各権は，憲法上配分されたそれぞれの固有の機能に応じて，また，その範囲でのみ，基本権保護の履行を要請される。

基本権保護義務は，立法者を第一の名宛人[31]とするが，それには，二重の理由がある。まず，憲法は，国の各機関に実効的な保護を命じるのみであり，その手段については，原則として何も特定しない。そのため，具体的な保護の実現は，立法者による手段の選択・具体化を待たねばならない[32]。加えて，基本権保護は，「侵害による保護」[33]といわれるように，他の私人P_1（加害者）との関係では，彼の権利・自由の制限を意味する。そのため，基本権保護は，その侵害的側面ゆえにも，法律を必要とするのである[34]。基本権保護義務は，

---

[28] 「過剰侵害禁止」は，広義の比例原則と同義語であるとされる。広義の比例原則は，三つの部分原則，すなわち適合性（Geeignetheit），必要性（Erforderlichkeit），および狭義の比例性の各原則を包括した上位概念であるが，シュテルン（*K. Stern*, Das Staatsrecht der Bundesrepublik Deutschland, Bd. I, 2. Aufl. 1984, S. 861, FN 610）によれば，現在は広義の比例原則にかわって，「過剰侵害禁止」という表現が多用されつつある。過剰侵害禁止原則の内容について，詳しくはK・シュテルン（小山剛訳）「過剰侵害禁止（比例原則）と衡量命令(1)(2)」名城法学44巻2号153頁（1994年），3号125頁（1995年）を参照。

[29] 過少保護禁止原則の構造については，小山剛（前出注10）90頁以下を参照。

[31] *J. Isensee*, (前出注26) S. 42ff.; *G. Hermes*, (前出注26) S. 207f.; *H.D. Jarass*, (前出注30), S. 384; *K. Stern*, (前出注12) S. 942, 951 を参照。

[32] 詳しくは小山（前出注10）53頁以下を参照。

法律による媒介を必要とするのであり，基本権保護義務は，法制度を要請するとともに，そのための指針として作用するのである[35]。

2．立法者の視点

基本権保護義務の第一の名宛人である立法作業において，基本権保護義務論がどのように顧慮されているのかについて，刑法の堕胎罪規定ほかの関連法令を改正する「妊婦および家族扶助法」[36]が可決成立した1992年6月25日の連邦議会議事録[37]を確認しておくことにしたい。統一条約31条4項は，東西ドイツ刑法で相違のあった堕胎罪規定の一本化を1992年の末までに行うことを統一ドイツの立法者に命じていた。本法は，これを受けて制定されたも

---

[33] R. Wahl/J. Massig, Schutz durch Eingriff, JZ 1990, 553 (559).

[34] 保護義務の侵害的側面については小山（前出10）60頁以下を参照。

[35] もっとも，以上の限りでは，保護義務は法律を必要とする，と言うにとどまり，規範複合体としての「法制度」を形成する指針というほどの意味は持たないと思われるかもしれない。基本権保護義務の要請である規定の典型は，刑法の殺人罪であろう。現実には想定し得ないことであるが，仮に刑法から殺人罪が削除されたならば，それは明白に基本権保護義務違反の法状態となる。殺人罪は，いかに重要ではあっても一つの条文であるにすぎず，これを規範複合体を連想させる「法制度」と呼ぶのは適切ではないかもしれない。さらに，この場合には，基本権保護義務は，立法政策の指針というよりは，「刑罰の要請」という，より具体的な規範的意味を持つことになろう。その限りで，本稿は，法制度および基本権政策という語を，広い意味で（あるいはあいまいなままで）用いている。その一方で，刑法中のある規定が当該法益を実効的に保護するための唯一絶対の手段ではなく，その限りで刑罰による威嚇が（部分的に）廃棄されてもよい場合には，後述する第二次堕胎判決が示すように，立法者は，文字通り，基本権保護義務に適合的な「法制度」の形成を求められる場合があることに注意されなければならない。

また，私法の領域における基本権保護義務は，もっとも簡潔には，事実行為については一般的な加害禁止原則を体現した不法行為規定，契約上の侵害については詐欺・強迫のほか公序良俗規定があれば足りる。このような場合には，保護義務の要請の重点は，法制度それ自体ではなく，関連規定の解釈・適用の次元に向けられることになる。しかしながら，私法においても，立法者が一般条項ではなく細分化された規定を用いて特定の法的関係における利害の調整を図ろうとする場合には（換言すれば，細分化された法規定が存在するために一般条項の適用が排除されるような場合には），後述の代理商決定が示すように，立法者自身の保護義務違反が問われることになる。

のである（なお，以下において「グループ提案」とは，本法の法案を指す）。

(a) グループ提案を支持する議員によれば，同法案の立法目的は胎児生命保護である。グループ提案は妊娠初期の中絶を不処罰とするが，それは「生成途上生命の価値を過少評価するものではない」[38]。「われわれの目的は生命保護」であり，「われわれは，未出生生命が独立した法益，優越的価値であることを真摯に受けとめている」[39]。また，女性の自己決定権との関係についても，「……疑問の余地はない。われわれの憲法によれば，生命保護は明らかに自由の保障に優越する」[40]。胎児生命こそが「優越的価値」[41]であり，「女性の自己決定権は，生命保護に劣位する」[42]。

(b) しかしながら，胎児の生命を女性の意思に対抗して保護することはできない。「われわれは，生命保護を，唯一可能な方法によって達成しようとする。それは，女性とともに，であり，女性に対抗して，ではない」[43]。そのため，

① 中絶が許容されるべき葛藤状態の存在を認定するのは第三者ではなく，女性自身でなければならない。第三者は助言を与え，援助を与えることはできるが，決断は女性のみがなしうるのであり，女性自身が自己の良心に従って決断しなければならない。「女性には，包括的助言をうけ，個人的な生活状態について細心に省察し，熟慮のための時間を経過した後に，妊娠による葛藤状態のなかで自己責任による決断を下す能力がある」[44]。

② グループ提案は，妊婦に対する義務的・傾向的助言によって胎児を保護しようとする。「われわれの法案のもっとも重要な規定のひとつは刑

---

(36) この邦訳として，上田健二／浅田和茂訳「［ドイツ堕胎］刑法規定の対照表［抄訳］」同志社法学44巻3号474頁（1992年）。

(37) Verhandlungen des Deutschen Bundestages, Sten. Ber., Bd. 162. 詳しくは小山剛「妊娠中絶立法と基本権（胎児生命）保護義務」名城法学43巻1・2号137頁（1993年）を参照。

(38) *Inge Wettig-Danielmeier* (SPD), Sten. Ber. Bd. 162, S. 8228 (A).

(39) *Uta Würfel* (F.D.P.), Sten. Ber. Bd. 162, S. 8232 (C), (D).

(40) *Gerhart Rudolf Baum* (F.D.P.), Sten. Ber. Bd. 162, S. 8249 (A).

(41) *U. Würfel* (F.D.P.), Sten. Ber. Bd. 162, S. 8232 (D).

(42) *G.R. Baum* (F.D.P.), Sten. Ber. Bd. 162, S. 8249 (A).

(43) *G.R. Baum* (F.D.P.), Sten. Ber. Bd. 162, S. 8249 (A).

法219条である。この規定の議論に，われわれはもっとも長い時間を費やした。その結果，同条は，『出生前生命の高い価値と女性の自己責任とを承認した上で，妊婦に対する助言と扶助とを通じて生命保護に貢献する。』という重要な文章で始まることになった。……助言は，女性の決断過程において，生成途上の生命の権利が常に認識され続けることを保障する」。法案219条の助言は中立的ではない。この助言は，生命保護に奉仕する」[45]。

③　法案は，「資格のある，多元的で問題に精通した助言施設で適切な助言を受けた後に，最後に自己の責任において下す」[46]女性の自己決定を尊重する案であり，「手続による保障」[47]案である。助言手続による保障が効果的であるためには，助言者と被助言者の信頼関係が必要であるが，そのためには，「正当化の強制，文書の強制が課せられず，最終決定が第三者ではなく，女性の下に」なければならない[48]。助言が，「女性に対する良心の審査，正当化の強制，説明の強制，であってはならない」[49]。

3．連邦憲法裁判所による統制

基本権保護義務が立法者の法制度形成に与える指針の内容を考察するには，逆説的であるが，法制度形成がどの限りで連邦憲法裁判所による統制に服し，いかなる場合に違憲となるのかという，法制度形成の限界の側から陰画として描き出すことも有益であろう。そこで次に，第二次堕胎判決と代理商決定を見ることにする。

3.1　第二次堕胎判決

第二次堕胎判決は，上述した妊婦および家族扶助法の根幹的規定である①助言を受けた12週間以内の妊娠中絶を「違法ではない（nicht rechtswidrig）」と規定する刑法218 a 条，②助言の組織，手続，内容，目的を定めた刑法219条，③中絶の統計を廃止する法改正，④助言後の中絶に対する法定疾病保険

---

[44]　U. Würfel（F.D.P.），Sten. Ber. Bd. 162, S. 8232（B）.

[45]　G.R. Baum（F.D.P.），Sten. Ber. Bd. 162, S. 8249（C），（D）.

[46]　B. Menzel（F.D.P.），Bd. 162, S. 8242（D）.

[47]　BT-Drucks. 12/2605, S. 18; BT-Drucks. 2605（neu），S. 19を参照。

[48]　B. Menzel（F.D.P.），Sten. Ber. Bd. 162, S. 8242（D），8243（A）.

[49]　G.R. Baum（F.D.P.），Sten. Ber. Bd. 162, S. 8249（D）.

給付を，違憲であるとした判決である。連邦憲法裁判所は，胎児の生命権が妊婦の受容によって初めて成立するのではなく，保護義務は未出生生命一般に加え，個々の未出生生命との関係においても成立するとし，また，保護義務は妊娠に付随する困窮状態の回避・除去を目的とした保護措置と，法的行態命令（法律による命令・禁止の宣言，作為・不作為義務の定立）とを要請すると説き，次のように説示した[50]。

① 過少保護禁止は，中絶が妊娠の全期間において原則として違法であるとみなされ，法的に禁止されることを要求する。女性の基本権は，中絶の原則的禁止に対抗しうるものではない。女性の基本権は，例外的事情が存在する場合に妊娠継続義務の例外の承認を命じることはあるが，たとえ期限を限ろうとも，この義務の一般的な廃棄にまでは及ばない。妊娠継続義務の例外は立法者が定める事項であるが，「過少保護の禁止に違反しないためには，立法者は，本件において相互に衝突する法益の比例的調整が不可能であることを考慮しなければならない」。

② 刑法は，侵害的性格がもっとも強いために，最後の手段であり，比例原則に服する。しかし，生命保護は国家の基本的任務であるため，「刑法投入や刑法の保護作用を任意に断念」するのは，過少保護禁止に違反する。ただし，「憲法的に十分な他の種類の保護措置が存在するため，正当化できない妊娠中絶に対する刑罰による威嚇を限られた範囲で放棄してさしつかえない場合には，そのような事例群に対する禁止を他の方法で……明確に表現すれば足りる」。

③ 妊娠初期における胎児生命保護の重点を刑罰から助言に変更した「妊婦および家族扶助法」の基本構想は，「憲法上，原則として禁じられるものではない」。刑法的解決の失敗，妊婦のみが新生命の存在を知り，胎児が妊婦に全面的に依存していること，望まぬ妊娠が女性の生存にかかわる重大事であること，妊娠初期の妊婦の精神状態に鑑みれば，立法者が新保護構想を採用したのは，「主張可能（vertretbar）」な評価である。

④ 新保護構想の中心となる助言について，立法者は，助言の内容，実施，助言の組織・構成に関して過少保護禁止に拘束され，実効的かつ十分

---

[50] BVerfGE 88, 202. 詳しくは前出注23に掲記の文献を参照。

な規定の制定を要求される。助言を通じた実効的な保護という評価は，「その場合にのみ，主張可能である」。

　立法者が助言の結論を未定とし，対話の強制や人物の特定を義務づけず，女性の自発的な解決探求を重視した点は違憲ではないが，刑法219条には，次のような欠陥がある。①憲法・法律の規準にしたがった助言を提供しうる組織，基本的見地，人員を備えた施設にだけ助言を信託できることが確保されていない。②助言施設と中絶施設との組織的・経済的結合の排除について十分な規範的予防が設けられていない。③国家は，助言施設を審査して承認を与え，条件が欠けた場合にはこれを撤回しなければならないが，法律にはこれに対応する規定がない。④国家による助言施設の定期的審査の前提となる情報収集，コントロールの権限について法律に規定がない。以上の欠陥は，刑法219条の助言規定の全体に関わる問題であり，組織的・監督的な予防がなければ，「目的・内容の言明は，いわば宙に浮いてしまう」。このような欠陥ゆえ，ここでさらに「……助言の目的，内容，実施に関する規定が憲法の審査に耐えるか否かについて最終的な判断を下す必要はない」。……新たに制定されるべき法律は，一義的で一般人が理解でき，注釈なしに適用できる明確性をそなえ，「国の保護義務から生じる……要求のすべてを実務において充足する」規定でなければならない。

3.2　代理商決定

本件[51]で問題となった代理商契約には，競業避止条項があり，それによれば，代理商の責に帰すべき重大な事由により本人が契約を解除した場合，代理商は二年間，あらゆる競業活動を禁じられ，この競業避止に対して，一切の補償がなされないものとされていた。1953年改正のドイツ商法90ａ条1項は，代理商契約における競業避止の合意に，一定の規制を加えている。強行法である同項は，競業避止が二年を限度とすること（2文），適正な補償が支払われるべきこと（3文）等を定めるが，同時に任意法である同条2項2文は，1項3文の例外を認め，「本人が，代理商の責に帰すべき重大な理由により契約を解除する場合，代理商は補償請求権を有しない」と規定する。本件契約の競業避止条項は，この規定をふまえて合意されたものである。こ

---

[51]　BVerfGE 89, 214. 詳しくは前出注24に掲記の文献を参照。

の競業避止条項の効力が争われた裁判において，連邦憲法裁判所は，憲法異議申立ての直接の対象は申立人に対する補償なき競業避止であるが，間接的には商法90a条2項2文であるとした上で，商法90a条2項2文は，基本法12条1項に違反し，連邦通常裁判所と州高等裁判所判決も，同じく基本法12条1項に違反するとし，競業不作為を命じる部分についてこれらの判決を破棄し，事案を州高等裁判所に差し戻した。

連邦憲法裁判所は，職業に対する広範な制約の第一次的な法的根拠は，国家の行為にあるのではなく，むしろ申立人自身が契約によりこの義務に合意したのであるが，しかし，契約内容の尊重だけをもってしては，競業避止を命じる判決を正当化することはできないとした。

　それによれば，「私的自治は自己決定の原則に依拠しており，自由な自己決定のための諸条件が現実に存在することを前提とする」。当事者の一方が，契約内容を事実上，一方的に決定できるほど強い立場にある場合，他の当事者にとって，これは他者決定（Fremdbestimmung）にほかならない。当事者の力関係に不均衡がある場合，契約法という手段をもってしては，利益の適正な調整を保障することはできない。このような事情の下で基本権上の地位が処分されようとしている場合，国家は，基本権保護（Grundrechtsschutz）を確保するために，調整的に介入しなければならない。「社会的・経済的不均衡に対抗する法規定は，基本権の客観的基本決定を実現し，そして同時に，基本法の社会国家原理を実現する」。

続いて連邦憲法裁判所は，憲法からただちに，不均衡がどの段階で介入を要するほど重大になるのかの基準を取り出すことはできないとし，必要な保護規定が依拠すべきメルクマールは，類型的に把握できるにすぎず，「その際，立法者には，とくに広い判断の余地，形成の余地が認められる」とした。しかしながら，立法者は，明らかに誤った展開を見逃してはならず，また，当事者の一方を保護するための制約が，他の当事者の契約自由に対する侵害であることも顧慮しなければならない。「立法者は，競合する基本権上の地位をともに考慮する必要がある。その限りで，立法者は広い形成の自由を有するのである」。

連邦憲法裁判所は，本件で問題の競業避止に対する補償請求権の全面的排除は，基本法12条1項に合致しないとし，その理由を次のように説示した。

出発点となるのは，立法者の評価（Einschätzung）であるが，それによれば，代理商の多くは経済的に従属的な立場にあり，本人との関係において自由に交渉できる立場になく，契約締結に際して，しばしば競業避止の合意を強制される危険がある。このような認識は主張可能であり，立法者の評価優先権の枠内にあると言うことができる。立法者は，代理商の競業避止に関する法を，一方で本人の利益擁護に十分な余地を残し，他方で代理商側の交渉力の弱さが調整されるように規定すべき任務を負う。立法者の広範な形成の余地は，二つの側面から限界づけられるが，その理由は，本人，代理商の双方について，基本権の保護する地位が問題となるためである。「自由の制約も，自由の保護も，この相互関係のなかで，比例性を欠くことになってはならない」。

　商法90a条は，競業避止の場合の補償を，法律をもって命じる。これは，双方の契約の自由に過度に介入することなく，相対抗する利益を調整するに適した手段である。しかし，同条2項2文の例外規定は，問題となる事例の多様性に鑑みれば，職業の自由を正しく顧慮しているとは言えない。……そのつどの利害関係の特殊性を正しく評価するためには，柔軟な一般条項の導入，細分化された規定の制定等，さまざまな解決策がある。これに対して，代理商の責に帰すべき解約のあらゆる場合について無差別に，また，最長期間である二年間の競業避止についても補償を全面的に排除するのは，「本人がこうむる競業法上の不利益に対処するに必要な制裁であるとは言えない。この制裁は，その深刻な効果ゆえに，代理商に受忍させることはできない。制裁は，その一般性ゆえに，比例性を欠いて作用する」。

3.3　統制密度

立法行為は，基本権による拘束から自由ではない。そして，立法者が受ける拘束の内容は，基本権の種類，または基本権の法的作用に応じて，多様でありうる。さらに，違憲審査制を具えた憲法の下では，立法者が受ける拘束は，憲法裁判権による立法行為の統制という機能的観点からも考察されなければならない。国家からの自由の保障を内実とする防御権については，基本権は，適切な立法目的の設定と立法目的達成のために必要最小限の制約を要求する。立法者は，比例原則（過剰侵害禁止原則）あるいは実践的整合の原

理(52)に服し，とりわけ，手段に適合性と必要性が認められるか否か，また，狭義の比例性を満たしているか否かについて，連邦憲法裁判所の統制に服する(53)。その際，連邦憲法裁判所による統制の厳格性は一様ではなく，周知のように，①明白性の統制，②主張可能性の統制，③厳格な内容統制，という三種の統制密度が区別される(54)。

これと同じように，基本権保護義務の立法者による具体化についても，連邦憲法裁判所は，三種の統制密度を使い分けている(55)。たとえば第一次堕胎判決は，1979年の共同決定判決(56)において，厳格な内容統制の例として挙げられた。また，第二次堕胎判決は，保護構想の選択および具体化に際して，立法者は，過少保護禁止の要求を充足するものであることについての「憲法上，支持しうる判断」を有しなければならないとし，「立法者が制定した規律の作用に関する予測は，信頼できるものでなければならず，連邦憲法裁判所は，予測が……主張可能（vertretbar）であるか否かを審査する」，とした。同判決は，立法者の判断，評価，形成の余地が「さまざまな要素，とりわけ問題となる事項の特性，将来の展開および規範の作用について十分に確実な予測ができるかどうか，問題となる法益の重要性」に依存するとし，「そこから……三種の審査基準が導出されうるのかを，ここで論じる必要はない」としつつも，「憲法上の審査は，立法者が上記の諸要素を十分に考慮したか，立法者の判断余地を『主張可能な方法で』行使したかに及」び，「まったく不適当，まったく不十分とまでは言えない」措置がとられていれば保護義務が履行されたことになるのではないと説示した。これは，中間の統制密度である主張可能性の統制を適用したものであると思われる。

他方，航空騒音決定では，連邦憲法裁判所は，次のように説示し，もっと

---

(52) 過剰侵害禁止原則と実践的整合の原理との関係については，シュテルン（前出注28）名城法学44巻3号145頁。

(53) 統制の実際については，松本（前出注8）94頁以下を参照。

(54) 後述の共同決定判決を踏まえて連邦憲法裁判所の統制密度の区別を扱った論文として，高見勝利「立法府の予測に対する裁判的統制について」芦部信喜還暦『憲法訴訟と人権の理論』35頁（1985年），岡田俊幸「立法者の予測に対する裁判的統制」慶応大学法学政治学論究14号67頁（1992年）を参照。

(55) 以下について，詳しくは小山（前出注10）109頁以下を参照。

(56) BVerfGE 50, 290.

も緩やかな統制密度である明白性の統制で満足している(57)。

　「異議申立人の見解とは異なり，立法者が事後的是正義務の不作為によって基本法2条2項から生ずる保護義務に違反したと認めることはできない。この結論は，航空機騒音の分野ですでに満足すべき状態が達成され，考えうるすべての保護措置がすでにとられていることを意味するのではない。むしろ，この結論は，憲法異議の枠内で連邦憲法裁判所が介入できるのは，立法者が上述の義務に明白に違反した場合に限られる，ということによるものである」。堕胎判決やシュライヤー決定で強調したように，「基本法2条2項から生じる保護義務をどのような手段で履行するかは，第一次的には国の諸機関が自己の責任において決定すべきことである。国の諸機関は，実効的な保護を保障するためにはいかなる措置が目的にかない，要請されるのかを判断しなければならない。」連邦憲法裁判所は，すでに他の判例において，基本権に体現された基本決定に対する「明白な違反」の有無に限って審査している。このような違憲審査の限定は，「憲法解釈によって基本権に体現された基本決定から導出された国の積極的保護義務・作為義務を，いかにして能動的立法措置によって実現するかという問題が，通常，きわめて複雑な問題であるために要請される。事実関係，具体的目的設定とそれらのプライオリティー，考えうる手段・方法の適性についての評価によって，さまざまな解決策が可能となるのである。決定は，しばしば妥協を要するが，権力分立原則と民主制原理からすれば，その責任は，国民によって直接に正当化された立法者にあるのであり，連邦憲法裁判所は，最高次の法益が問題となっているのではない限り，原則として限られた範囲でこれを審査するにとどまるのである」。このような考慮は，立法者が保護義務に違反したかどうかだけが問題とされているのではなく，事後的是正を怠ったことにより保護義務に違反したか否かが問題となる場合に，いっそうあてはまる。「この種の憲法違反を，連邦憲法裁判所は，もともとは合憲であった規律が状況の変化によって憲法上，許容できなくなったことが明白であるにもかかわらず，立法者がその後も何もしなかったか，明らかに誤った事後的是正措置をとった場合にのみ，確認できるの

---

(57) BVerfGE 56, 54 (80f.). さらに後注59を参照。

である」。

4．小　括

　立法者は，法的三極関係という枠組みのなか，過剰侵害禁止原則と過少保護禁止原則の狭間で，基本権尊重義務と保護義務とを調整し，基本権の衝突を解決することが求められる。妊婦および家族扶助法は，結果的には根幹的規定が違憲となったが，それは，立法者が基本権保護義務を無視して立法を行ったためではない。まとめとして，妊婦および家族扶助法を支持した，ある議員の発言を挙げておこう。「女性の胎内で成長する生命は，たとえ共生という形で母親に結合しているとしても，ひとつの新しい存在であり，母親の身体のたんなる構成部分以上のものである。この存在は，国による保護に値する。これは，憲法を参照するまでもない。しかし，問うべきことは，はたして私はこの存在を母親の意思に対抗して保護できるのだろうか，である。ここに，われわれが現在直面し，円滑で淀みのない解決が不可能なディレンマのすべてがある」[58]。

　第二次堕胎判決は，立法者のこのような問題意識に基づく保護の基本構想の変更（刑罰の威嚇による保護から助言を通じた保護へ）それ自体は是認しつつも，この保護構想を具体化した刑法219条について，基本権保障の組織・手続的な観点から，同法が過少保護禁止の要請を満たすものではないとして細微にわたる批判を加えた。また，代理商決定は，「本人がこうむる競業法上の不利益に対処するに必要（であるとはいえない）」制裁を代理商に対して課すことを許容する商法90ａ条2項2文を，法的三極関係の中で「比例性を欠く」として違憲とした。これら二判例からは，連邦憲法裁判所による基本権保護義務の統制は，比較的厳格であるという印象が生じるかもしれない。しかし，実際には，航空騒音決定で用いられた明白性の統制が，基本権保護義務に関わる連邦憲法裁判所のほとんどすべての判例で採用されている[59]。基本権保護義務は，加害者P_1と被害者P_2の基本権法益の適切な調整を立法者に要請するが，連邦憲法裁判所は，基本権保護義務の具体化に際して，立法者に広い形成の余地を認めるのが通例である。この場合に下される合憲と

---

[58]　*Horst Eylmann* (CDU/CSU), Sten. Ber. Bd. 162, S. 8259 (D).

いう評価は，立法者の基本権的拘束からの解放を意味するのでもなければ，これまでの立法が十分であった，あるいは現状を放置してよいということを意味するのでもない。立法者の責務は，形成余地の内側においても続く。違憲判決は，基本権保護義務の（そして基本権一般の）もっとも光のあたる舞台であるが，それのみに関心を寄せるならば，基本権保護義務が法制度の形成に果たしうる意義を見誤ることになろう。

第3節　基本権の形成と再形成——むすびにかえて

以上，本稿では，立法者に課される実体的要請の内容と，連邦憲法裁判所によるその統制を見てきた。その際，本稿では，基本権保護義務を充足しない立法や既存の法律の保護水準を後退させる立法を，過少保護禁止，立法不作為の問題として扱った。他方，学説では，これとは異なる構成を主張する見解がある。以下，むすびにかえて，基本権の「内容形成（Ausgestaltung）」と「再形成（Umgestaltung）」とを区別する見解に言及しておくことにする（なお，基本権の内容形成とは，法制度の最初の形成ないしは改善を指し，制度の改変のうちでとくに制度の後退を指して基本権の再形成と呼ぶことにする）。

有力な見解は，基本権の最初の内容形成および既存の法制度の改善については立法者に広範な形成の自由を認め，制度を後退させる立法行為については，より強い憲法的拘束を求める。基本権と法制度との関係について詳細な考察を加えたゲラーマンは，そのような見解として，憲法への格上げ論，防御権的構成論，制度的保障論という三つの類型を紹介している[60]。憲法への格上げ論とは，憲法を具体化した法規範に憲法と同等の規範的効力を与える考え方であり，防御権的構成論とは，自然的自由の制限に加えて基本権を具体化した法律によって付与された各人の法的地位が基本権の再形成（制度後

---

[59] 明白性の統制は，航空騒音決定では，「最高度の重要性を持つ法益が危険に曝されているのではない」ことを理由に採用されている（BVerfGE 56, 54 [81]）。明白性の統制が採用された典型的な事例として，BVerfGE 77, 170 (214f.). = 化学兵器決定，Beschl. der 1. Kammer des Ersten Senats vom 29. Nov. 1995, EuGRZ 1996, 120f. = オゾン決定などを参照。

[60] *M. Gellerman*（前出注7），S. 404ff., 408ff., 415ff.

退）によって縮減された場合にも，防御権の問題としてこれに対応できるとする見解である[61]。最後の制度的保障論は，立法者による制度の改変を制限する制度的保障の考え方を，基本権を具体化した憲法制定後の法律にも準用する見解である。

　制度の再形成に際して立法者は最初の制度形成よりも強い憲法的拘束と憲法的統制に服する，という主張は，少なくとも，立法者は制度再形成に際して最初の制度形成の際よりもより大きな自由を手にする，という主張よりもはるかに受け入れられやすいであろうし，仮にこれが成立するのであれば，基本権保護義務のみならず，日本国憲法25条の生存権の保障[62]にとっても，理論的・実践的な意義のあることになろう。その一方で，これらの見解には，主観的権利に焦点を当てるのか，客観法的保障に焦点を当てるのかで異なる部分があり，具体的な保障の範囲にも差異が生じうる[63]。また，これらの見解は，必然的にその一つが他を排除するとも限らない[64]。加えて，現在の立法者を過去の立法行為に従属させるこのような主張に対しては，根本的な批

---

[61] このような見解については，すでに限られた範囲で検討を加えた。小山（前出注10）154頁を参照。

[62] 憲法25条1項については，あるいは生存権の自由権的側面として，または抽象的権利説の帰結として，わが国でも主張されているところである。そのような見解の法的構成については，別の機会に検討を加えることにしたい。

[63] さらにいえば，いくつかの州における州法レベルでの保障が新たな連邦法の制定によって後退した場合の扱いについても差異が生じる可能性がある。1995年のオゾン決定（Beschl. der 1. Kammer des Ersten Senats vom 29. Nov. 1995, EuGRZ 1996, 120f.）において，異議申立人は，低空域におけるオゾン・スモッグに対処するために1995年7月に追加された連邦インミッシオン防止法40a条から40e条まで（いわゆるオゾン法）が，従来の若干の州法よりも保護の水準を後退させるものであるとし，従来の法状態の回復とオゾン限界値の厳格化を要求した。連邦憲法裁判所は，本件で問題とされた立法者の決定は「現在の認識水準からすれば，住民を要求できないオゾン負担から保護するために明らかに非適合的であると言うことはできず，したがって，憲法上，異議を唱えることはできない」として，この憲法異議を不受理とした。同法の問題点についての詳細は，V. Schlette, Die Verfassungswidrigkeit des "Ozon-Gesetzes", JZ 1996, 327ff. を参照。

[64] そのため，ゲラーマンの類型においても，同一の論者が複数の類型にまたがって登場することがある。

判も加えられている(65)。この問題についての考察は，次の課題とすることにしたい。

---

(65) *M. Gellermann*（前出注7），S. 402ff.

10. 欧州人権条約と「評価の余地」の理論

門田　孝

はじめに

　欧州人権条約を解釈するにあたり，欧州人権裁判所や人権委員会は，条約の掲げる人権の保障を実あるものにするために，変化する社会の現状に即した自律的または実効的な積極主義的解釈を展開し，条約締約国による人権制限を少なからず条約違反と判断してきた[1]。しかしながら，他方で人権裁判所は，締約国の裁量を尊重した自己抑制的な解釈手法も用いている。欧州人権条約を解釈するにあたって，人権裁判所や人権委員会が締約国における所轄の機関の裁量を論じる場合，それは通常，「評価の余地」(margin of appreciation; marge d'appréciation) の理論として説明される。人権条約の実施にあたって，文字通り締約国に「評価の余地」が残されているというわけである[2]。

　＊　本稿で，欧州人権条約の条文や欧州人権裁判所の判決等を引用・訳出するにあたっては，原則として英語原文を参照し，必要に応じてフランス語原文も，英語原文と共に本文中に示すこととする。また，本稿の脚注においては，以下のような略語を用いる：
　Ser. A ＝ Series A of the Publications of the European Court of Human Rights; Ser. B ＝ Series B of the Publications of the European Court of Human Rights; Reports ＝ European Court of Human Rights: Reports of Judgments and Decisions; Yearbook ＝ Yearbook of the European Convention; HRLJ ＝ Human Rights Law Journal.
(1) 参照，門田孝「欧州人権条約の積極主義的解釈」石川明編集代表『EU法の現状と発展』(信山社，2001年) 247頁以下。
(2) margin of appreciation または marge d'appréciation の訳語の問題として，例えば建石真公子氏は，「裁量の余地」と訳すことも可能であるとしながらも，日本ですでに「評価の余地」という訳で紹介，検討されているとして，それに従っている (F. スュードル『ヨーロッパ人権条約』建石真公子訳 (有信堂，1997年) 57頁訳注1)。本稿でもほぼ同様の観点から，以下「評価の余地」という訳語を充てることとする。

このような「評価の余地」の理論は，主として欧州人権裁判所の判決を通じ，様々な領域における様々なコンテクストの中で用いられてきた(3)。こうした諸判例を分析し，検討することにより，欧州人権条約の定める人権規範の解釈の手法，あるいは人権保障のあり方に関して，いっそう深い理解を得ることができるのではないかと思われる。

　さらに，「評価の余地」理論は，欧州人権裁判所の権限の範囲や，人権制限のあり方をめぐる実体的問題とも密接に関連している。すなわち第一に，国際人権条約により設けられた人権保障機関が，条約締約国の行なった行為を審査しようとするとき，どこまで踏み込むことができるのか，見方を変えれば，どこまでが締約国の権限に委ねられた範囲なのかといった，権限分担の問題が必然的に生じてくるが，「評価の余地」の理論は，欧州人権条約において，主として欧州人権裁判所と，締約国の国内機関との間の権限分担を定める理論として理解することも可能である(4)。第二に，「評価の余地」の理論を精緻化していくためには，問題となった人権の性質や制限の目的などを個別具体的に検討することが必要になってくるが，それはとりもなおさず，条約の認める人権の実体的議論とも重なってくる(5)。このように考えると，「評価の余地」の理論は，欧州人権条約をめぐる重要問題全般に通じるものであるということができるであろう。

　以下では，「評価の余地」の理論について，その意義，適用例，および問題点を検討することにより，欧州人権条約の解釈のあり方，さらには欧州人権条約全般をめぐる問題を考えていくうえでの一助としたい。とりあげる事例は，主に欧州人権裁判所の判決に求めることになるが，必要に応じて，1998年の第11議定書発効前における欧州人権委員会の決定にも言及することとする。

---

　(3) 参照，後述第2節。
　(4) 参照，後述第3節1．
　(5) 参照，後述第3節2．

第1節 「評価の余地」理論とは何か[6]

　欧州人権条約の第1節に列挙された権利および自由の保障は，だれによりどのようなかたちで確保されるのか。人権条約の想定する人権保障機関は，第一に締約国の国内機関であり，第二に条約により創設された欧州人権裁判所である。すなわち，人権条約の文言によれば，「締約国は，その管轄内にある全ての人に対して，この条約第1節に定める権利および自由を保障する」（1条）一方で，さらに，「条約およびその追加議定書において締約国が行った約束の遵守を確保するために，欧州人権裁判所を設置する」（19条）ものとされている。この場合，欧州人権裁判所はしばしば，人権保障の確保に際して締約国に一定の「裁量の余地」，もしくは「評価の余地」があることを認めてきた。これを支える議論が「評価の余地」理論（doctrine of the "margin of appreciation"; doctrine de la《marge d'appreciation》）とよばれるものである。

　こうした「評価の余地」理論は，人権条約の文言に明示されてはおらず，人権裁判所および委員会が，人権条約をめぐる様々な事例を審査する中で用い，発展させてきた理論である。「評価の余地」という言葉自体は，もともとはフランスの行政裁判においてコンセイユ・デタが用いてきた用語だといわれる。しかしながら，欧州人権条約の解釈に際しては，「評価の余地」理

---

(6) 「評価の余地」理論について，参照，R. St. J. Macdonald, "The Margin of Appreciation", in: The European System for Protection on Human Rights（R. St. J. Macdonald et al. eds.）(1994) p. 83; E. Brems, "The Margin of Appreciation Doctrine in the Case-Law of the European Court of Human Rights", Zeitschrift fur ausländisches öffentliches Recht und Völkerrecht vol. 56, p. 240 (1996); H.C. Yourow, The Margin of Appreciation Doctrine in the Dynamics of European Human Rights Jurisprudence (1996); "The Doctrine of the Margin of Appreciation under the European Convention on Human Rights: Its Legitimacy in Theory and Application in Practice", HRLJ vol. 19, p. 1 (1998)．邦文献として，参照，北村泰三「ヨーロッパ人権条約と国家の裁量」法学新報88巻7・8号35頁(1981年)，江島晶子「ヨーロッパ人権裁判所における『評価の余地』理論の新たな発展」明治大学大学院紀要29集55頁（1992年），西片聡哉「欧州人権条約 derogation 条項と『評価の余地』」神戸法学雑誌50巻2号149頁（2000年）。

論は，独自の意味合いで用いられる。それは一般に，「国家が，人権条約の保障する権利の領域において，立法的，行政的，あるいは司法的措置をとる場合，人権条約機構の監視を受けつつも，ある程度の裁量を認められる」[7]という理論として理解され，あるいはさらに詳しく，「ストラスブールの機関が，国家による人権条約からの離脱や，人権条約の保障する権利の制限を，人権条約の実体的保障規定のひとつに違反すると宣言する以前に，国内の立法，行政および司法機関に対して認める，敬従または誤りの許容範囲（latitude of deference or error）」[8]に関する理論と定義される。

最初締約国の「評価の余地」を，非常事態時における人権条約からの「離脱」（人権条約15条）という例外的な場合に承認した人権裁判所は[9]，やがて平時の人権制限が問題になった事件にもこれを認めるようになった。「評価の余地」理論は，早くから黙示的に用いられていたといわれるが[10]，かかる理論について詳しく述べた事例として引合いに出されるのが，1976年のHandyside判決である[11]。これは，『ザ・リトル・レッド・スクールブック』と題する子供向けの本が，イギリスのわいせつ文書出版規正法により押収され，発行人に罰金が科せられたことに対して，同発行人が，表現の自由を保障した人権条約10条違反等を申立てた事例である。人権裁判所は，イギリス政府に「評価の余地」が残されていることを認め，申立人の主張を退ける判決を下した。

申立人の表現の自由に対する制限が，条約10条2項で認められた「道徳の保護……のため民主社会において必要」なものに当たるか否かを審査するにあたり，人権裁判所は次のように述べている：

---

[7] D.J. Harris/M. O'Boyle/C. Warbrick, Law of the European Convention on Human Rights (1995) p. 12.
[8] Yourow, *supra*, note 6, p. 13.
[9] 参照，後述第2節1．
[10] 15条以外の領域で，はじめて「評価の余地」の分析がなされた事例として，Yourow, *supra*, note 6, p. 27は，政府による子供の言語教育の規制に対して両親が争った，Belgian Linguistic事件 (*Belgian Linguistic Case* (*No. 2*), Judgment of 23 July 1968, Ser. A, No. 6.) を挙げている。
[11] *Handyside v. United Kingdom*, Judgment of 7 Dec. 1976, Ser. A, No. 24. この判決に関しては，なお後述第2節2．参照。

10. 欧州人権条約と「評価の余地」の理論 [門田 孝]

「当裁判所は，人権条約により設けられた保護機構が，国内の人権保障システムに対して補完的なものである旨を指摘している（……）。人権条約は，自らの認める権利および自由を保障する任務を，まず第一に個々の締約国に任せているのである。条約により創設された機関は，この任務にそれなりの寄与はするが，しかしそれは，争訟手続を通じてのみ，それも国内的救済手段がすべて尽くされた後に関与するのである（第26条）。

このことは，とりわけ第10条第2項にあてはまる。特に，多様な構成国の国内法の中に，道徳に関するヨーロッパの単一の観念を見出すことは不可能である。道徳の要請がいかなるものかについての，個々の国内法の見解は，時と場所により異なる。特に，かかる問題に対する考え方が，迅速にかつ大きく変化することをもって特徴づけられる今の時代にあってはなおさらである。自国の生きた諸力に直接に，そして連続して触れているがために，構成国の機関は，道徳の要請の正確な内容について，またその要請をみたそうとする『制限』または『罰則』の『必要性』について意見を述べるうえで，国際機関の裁判官よりも，原理上より良い立場にあるのである。」[12]

そして，これに続けて，人権裁判所は締約国に「評価の余地」が与えられていることを指摘し，併せてその限界にも言及する：

「従って，第10条第2項は，締約国に評価の余地を残している。この評価の余地は，国内の立法者にも（……），また法を解釈し適用することを求められる国内の機関，とりわけ司法にも，与えられる（……）。

もっとも，第10条第2項は，締約国に無制限な評価の権限を与えてはいない。委員会と共に，国家の負った義務の履行を確実なものにする（第19条）責務を有する当裁判所は，『制限』や『処罰』が，第10条で保障された表現の自由を侵害しないかについて，最終的判断を下す権限を付与されている。したがって国家の評価の余地は，ヨーロッパの統制と同一歩調をとる（go hand in hand; [aller] de pair avec）のである。」[13]

このような Handyside 判決による「評価の余地」の定式は，その後の判例

---

[12] *Ibid.*, p. 22, para. 48.
[13] *Ibid.*, pp. 22-23, paras. 48-49.

に大きな影響を与えると同時に，この問題を考えるための素材として，大きな意味をもっている。

しかしながら，以上の説明をもってしても，「評価の余地」理論に関する多くの問題は，十分に解明されたとは言い難いであろう。そもそも，「評価の余地」理論は，欧州人権条約の解釈にあたり認められるべきものなのか，認められるとしたらいかなる論拠によるものなのか。また，それはいかなる人権について，いかなる規準により用いられるべきものなのか。このような問いに対する答えは，上述の詳細な定式をもってしても，必ずしも明らかではない。こうした問題を考えるための手がかりとして，次節で，「評価の余地」理論が問題となった具体的諸事例を，みていくこととしたい。

第2節 「評価の余地」理論が問題となった事例

欧州人権条約の保障する人権侵害が問題となった事件を審査するにあたり，人権裁判所は，さまざまな領域で「評価の余地」理論を用いてきた。この理論の適用領域は，しばらくの間，人権条約15条にいう非常事態，8条から11条にかけての各々2項で認められた権利制限――特に「民主社会において必要」であることを理由とした権利制限――事由，および14条に定める差別禁止に関わる事例に限られているようにも思われた。しかしながら，その後この理論の適用領域は次第に拡張され，現在では人権条約および追加議定書で保障された全ての権利について，「評価の余地」の分析がなされているといわれる[14]。以下，いくつかの問題領域ごとに，「評価の余地」の理論が，どのようなコンテクストにおいて，どのようなかたちで用いられた（あるいは用いられなかった）のかを概観しよう。

---

(14) Brems, *supra*, note 6, p. 242. ただし人権裁判所が全ての権利について「評価の余地」を明示的に認めているわけではないことにつき，特に後述本節6. 参照。

(15) 参照，M. O'Boyle, "The Margin of Appreciation and Derogation under Aritcle 15: Ritual Incantation or Principle?", HRLJ vol. 19, p. 23 (1998).なお参照，西片，前掲論文（注6）。

1. 非常事態における「離脱」（15条）[15]

締約国の「評価の余地」が最初に認められたのは，人権条約15条にいう，非常事態時における「離脱」(derogation; dérogation) に関する事例においてである。15条1項によれば，戦争その他国民の生命を脅かす非常事態時には，締約国は，人権条約により負った義務から離脱する措置をとることができる。こうした15条における非常事態時の「離脱」は，事態の急迫の度合いに応じて厳格に制限され，かつ国際法上の義務に違反しないことが条件とされている他（同条1項），いくつかの権利については禁じられているものの（同条2項参照），同条が非常事態時において締約国に広範囲にわたる行動の自由を認めていることは否定できず，そうした意味で，「評価の余地」が15条との関連で用いられたとしても何ら不思議なことではなかったといえる[16]。

最初「評価の余地」は，ギリシャ対イギリス事件（または「キプロス島事件」）において，人権委員会により認められた[17]。この事件は，条約15条により，イギリス政府が条約から離脱する旨を告知したこと，およびそれに基づきキプロス島において非常事態法等を適用したことに対して，ギリシャ政府が国家申立てを行い，条約違反を主張したというものである。委員会は，「締約国政府が，事態の急迫の度合いにより厳格に要求される範囲を評価するにあたり，ある程度の裁量 (a certain measure of discretion) を行使することができる［フランス語では，「一定の評価の余地 (une certaine marge d'appréciation) を保持することができる」］べきである」[18]と述べて，15条の解釈にあたり，締約国政府に一定の裁量ないし評価の余地があることを承認した。

欧州人権裁判所で最初に「評価の余地」が問題になったのは，Lawless事件においてである[19]。本件の申立人は，アイルランド共和国軍の一員であった時に，訴訟手続なしに5ヵ月間の拘留を受けたことを理由に，人権条約5

---

[16] Macdonald, *supra*, note 6, p. 85.
[17] *Greece v. United Kingdom* ("*First Cyprus Case*") (App. 176/56), Yearbook, vol. 2, p. 174 (1958-59).
[18] *Ibid*., p. 176.
[19] *Lawless v. Ireland*, Judgment of 14 Nov. 1960, 7 Apr. 1961, & 1 July 1961, Ser. A, Nos. 1-3.

条ないし7条違反を主張したが，これに対してアイルランド政府は，15条にいうところの非常事態が存したとして反論した。人権委員会は，申立を退ける決定を行った[20]。そこでは特に，「公の非常事態が存するか否かを決定するにあたり，締約国政府に一定の裁量——一定の評価の余地——が残されるべきことは，明らかである」[21]旨が指摘されている。さらに人権裁判所に事件を提示するにあたり，当時人権委員会の委員長であったSir Humphrey Waldockは，次のように論じた：

　「評価の余地の概念は，締約国政府の義務からの免除が，公共の利益の複雑な要因を評価し，相対する主張を衡量するという，本質的にデリケートな問題である，ということにある。そして，締約国政府による評価が，少なくとも第15条により付与された権限の範囲内（on the margin of the powers; dans les limites des pouvoirs）にあると，人権委員会や人権裁判所がいったん認めたなら，公衆自らが有する効率的政府に対する利益，および秩序維持に対する利益というものにより，締約国政府による評価が合法であるとの決定が正当化され，かつ要請される，ということにある。」[22]

これに対し，人権裁判所は，「評価の余地」という表現そのものは用いることなく，問題の非常事態の存在が「いくつかの要因の結合により，アイルランド政府により合理的に結論づけられた」[23]として，委員会の決定を支持している。

　北アイルランドにおける内乱鎮圧のため，1971年に発動された措置をめぐって，国家申立により争われたアイルランド対イギリス事件においては，人権裁判所は，非常事態が存在したとするイギリスの主張を容れ，アイルランドの申立を退けた[24]。裁判所は，「その時々における緊急の必要性に直接に，そして連続して触れているがために，国内の機関は，……非常事態の存在について決定するうえでも，またそれを主張するため必要な離脱の性質と

---

[20] *Lawless v. Ireland*, Report of 19 Dec. 1959, Ser. B, No. 1.
[21] *Ibid.*, p. 82.
[22] *Ibid.*, p. 408.
[23] *Lawless*, Ser. A, No. 3, p. 56, para. 28.
[24] *Ireland v. United Kingdom*, Judgment of 28 Jan. 1978, Ser. A, No. 25.

範囲について決定するうえでも，国際機関の裁判官より，原理上より良い立場にある。この問題に関し，15条1項は，国内機関に広範な評価の余地を残しているのである」と述べると共に，併せてその限界にも触れ，ヨーロッパの統制が伴うべき旨を指摘している[25]。これはあくまで15条の問題に限定して述べられたものではあるが，そこで展開された「評価の余地」の理論に対する，上述のHandyside判決の影響は明らかであろう[26]。

2．表現の自由（10条）[27]

人権条約10条は，1項で各人に表現の自由に対する権利を保障しており，この中に，公の干渉（interference; ingerence）を受けることなく意見を表明し，情報および思想（ideas; idées）を受領・流布する権利を含めているが，同時に2項でその制約事由も数多く認めており，それによれば，表現の自由の行使は，「義務と責任を伴うものであるから，法の定めるところにより，国家の安全保障，領土の保全または公共の安全，秩序維持または犯罪防止，健康または道徳の保護，他人の名誉または権利の保護，秘密情報開示の防止，あるいは司法の権威および公正の維持のために，民主社会に必要な手続，条件，制限または罰則に服せしめることができる」。そして少なからぬ事例において，表現の自由行使に対する制限が，ここにいう「民主社会に必要な（措置）」（necessary in a democratic society; des mesures nécessairese, dans une société démocratique）に当たるか否かの判断につき，締約国の「評価の余地」が認められるのである。もっとも，表現の自由の制限に際しての「評価の余地」は，問題となった表現の性質や制限事由など，場合によって広狭様々である。

まず，「道徳の保護」を理由とした表現の自由の制限——多くの場合，性

---

[25] *Ibid.*, p. 79, para. 207.
[26] 参照，Yourow, *supra*, note 6, p. 20, n. 33. 同様の定式を用いて，同じく非常事態時における離脱に際して，締約国の広範な「評価の余地」を認めた事例として，参照，*Brannigan and McBride v. United Kingdom*, Judgment of 26 May 1993, Ser. A, No. 258-B, pp49-50, para. 43.
[27] 参照，P. Mahoney, "Universality versus Subsidiarity in the Strasbourg Case Law on Free Speech", 1997 European Human Rights Law Review, p. 364; S.C. Prebensen, "The Margin of Appreciation and Articles 9, 10 and 11 of the Convention", HRLJ vol. 19, p. 13 (1998).

表現の規制——については，すでに前節で紹介した通り，Handyside 判決が「評価の余地」に関して詳細に述べている(28)。この事件で人権裁判所は，問題となった措置が「法の定めるところ」により行われ，かかるイギリスの国内法が，人権条約10条2項のもと是認し得る「民主社会における道徳の保護」という正当な目的を有していることを承認したうえで，そうした目的のために，申立人に対してとられた措置が必要なものであったか否かを審査する段階で，「評価の余地」に言及したのである(29)。すなわち，問題となった制限および処罰の「必要性」を審査するに際し，人権委員会の少数意見が，イギリス国内裁判所の判決を考慮することなく，もっぱら人権条約のみに依拠すべき旨を主張したのに対し，人権裁判所は，既述のとおり締約国の「評価の余地」を認めたうえで，同時に人権委員会および裁判所の「統制」の必要を説いたのであった。したがって人権裁判所は，問題をすべて締約国に委ねたわけではなく，判決の中でも，表現の自由の意義に触れると共に(30)，統制に際しては「事件を全体として審査しなければならない」として(31)，国内裁判所の判断を個別に検討し，特に本件図書の内容，取られた措置の必要性，および申立人や委員会少数意見による主張の是非などを詳細に吟味している(32)。

　このように，「評価の余地」が無限定のものでないことは，常に人権裁判所の説くところではあるが，ただ，「道徳の保護」を理由とした表現の自由の制限については，締約国の間でも一定の統一的な道徳概念がなく，また，おそらく性表現等には民主政を理由とした根拠づけがしにくいことなども手伝って，締約国に広範な「評価の余地」が認められる傾向にある(33)。例えば，

---

(28)　Handyside, *supra*, note 11, Ser. A, No. 24. 前述第2節参照。

(29)　*Ibid.*, pp. 21-22, paras. 46-48.

(30)　*Ibid.*, p. 23, para. 49（「表現の自由は，かかる［民主］社会の本質的基盤のひとつを，各人の進歩と発展にとって基礎的な条件のひとつを構成する。……それは，無難なもの，もしくは不偏なものとして好意的に受容され，あるいはそうみなされる『情報』または『思想』だけではなく，国家や集団に対して攻撃し，衝撃を与え，あるいは妨げとなるものについても，適用される。このことは，『民主社会』存立に必要な多元主義，寛容または広い心の要請するところである。」).

(31)　*Ibid.*, p. 23, para. 50.

(32)　*Ibid.*, pp. 24-28, paras. 51-59.

(33)　Prebensen, *supra*, note 27, pp. 15-16.

展示会に陳列した絵画が「わいせつ」であるとして有罪判決を受け，絵画を押収されたことに対して，画家達が人権条約違反を主張した Müller 事件においても，締約国の「評価の余地」が認められ，申立人らの主張は退けられた(34)。人権裁判所は，申立人らに対する有罪判決が「道徳の保護」のため「民主社会に必要な」ものだったかを考慮するに際し，Handyside 事件に倣って表現の自由の意義を強調しつつも，それに伴う義務と責任も指摘し，特に道徳に関するヨーロッパの単一の観念が存しないことに言及して，問題となった表現内容等に鑑みた場合，「必要性」の解釈が国内裁判所の「評価の余地」内の問題であると判断している(35)。

道徳の保護を理由とした性表現の制限に関して，「評価の余地」が認められやすいのとは対照的に，政治的言論，とりわけ報道機関による公的機関や政治家等の批判をめぐっては，多くの事例において，締約国の「評価の余地」は限定的にしか認められていない。例えば，この分野の重要な先例である Sunday Times 事件は，ある損害賠償事件の処理の仕方を批判した新聞社が，将来もその事件に関連した記事を掲載する旨予告したところ，法廷侮辱にあたるとして記事の掲載を差止められ，国内上級裁判所もこれを支持したため，人権条約10条違反を主張したというものである(36)。人権裁判所は，Handyside 判決に倣い，問題の制限措置が，「法の定めるところ」により行われ，人権条約10条2項のもと正当な目的を有し，かつ「民主社会において必要」なものであったかについて審査した(37)。裁判所によれば，本件措置は法の定めるところにより，司法の権威の保持という正当な目的をもって行われたが，それが民主社会において必要なものであったとはいえないという。この関連で裁判所は，締約国の「評価の余地」を認めた Handyside 事件と，この事件とのちがいにつき，以下のように指摘する：

---

(34) *Müller and Others v. Switzerland*, Judgment of 24 May. 1988, Ser. A, No. 133.

(35) *Ibid.*, pp. 21-23, paras. 31-37. もっともこの事件においては，後述の Lingens 事件に倣った「緊急の社会的必要」，「均衡性」のテスト，および「適切かつ十分」のテストへの言及・分析もみられる。例えば参照，*Ibid.*, p. 21, para. 21.

(36) *The Sunday Times v. United Kingdom*, Judgment of 26 Apr. 1979, Ser. A, No. 30.

(37) *Ibid.*, p. 29, para. 45. これは人権条約8条ないし11条違反が問題となった場合の，基本的な審査パターンであるといえる。

「国家による評価の権限の範囲は，第10条第2項に列挙された個々の制限目的について同一ではない。Handyside事件は，『道徳の保護』に関するものであった。……これと全く同じことを，はるかに客観的な概念である，司法の『権威』に関しても言うことはできない。締約国の国内法および実務は，この分野における共通基盤の十分実質的な尺度を明らかにしている。……したがって，ここにおいては，より広範なヨーロッパの統制に対応して，より狭い裁量による評価の権限 (less discretionary power of appreciation; liberté d'appréciation moins discrétionnaire) が認められるのである。」[38]

そして，問題となった差止措置が「緊急の社会的必要」により，「正当な目的と均衡のとれたかたちで」行われ，かつ国家当局による理由づけが「適切かつ十分」になされたとはいえないとして，人権裁判所は条約10条違反を認定したのである。

同じくLingens事件も，政治的言論の領域におけるリーディング・ケースのひとつと目されている[39]。この事件は，第二次大戦中にナチス親衛隊の一員であったとの疑いをかけられたオーストリア自由党の党首を，オーストリア社会党の元党首がかばったとして，この元党首を批判する記事を雑誌に掲載した編集者が，元党首によって名誉毀損を理由に告訴されたことに端を発している。オーストリアの国内裁判所は，編集者の用いた言葉の一部が名誉毀損を構成すると判断し申立人に罰金を科したが，これに対して人権委員会は人権条約10条違反を認定した。人権裁判所は，本件措置が「法の定めるところ」により行われ，「他人の名誉または権利の保護」という正当な目的を有することは認めた。そして，それが10条2項にいう「民主社会において必要な」ものか否かの判断に関して，これまでの判例を敷衍するかたちで次のように述べた：

「第10条第2項の意味における『必要な』という形容詞は，『緊急の社会的必要』(pressing social need; besoin social impérieux) の存在を含意する(……)。締約国は，かかる必要が存在するかを考慮するにあたり，一定の評価の余地を有するが(……)，しかし，それはヨーロッパの統制と同一歩調をとる……。…

---

[38] *Ibid*., p. 36, para. 59.

[39] *Lingens v. Austria*, Judgment of 8 July 1986, Ser. A, No. 103.

…当裁判所は，ある『制限』または『処罰』が，第10条により保障された表現の自由と相容れるか否かについて，最終的判定を下す権限を付与されているのである

　統制権限を行使するにあたり，当裁判所は，単に問題となった裁判所の判断のみを分離して，その審査に自らを限定することはできない。当裁判所は，そうした判断を，……事件全体に照らして審査しなければならないのである（……）。当裁判所は，問題の措置が『追求される正当な目的と均衡のとれたもの』
　(proportionate to the legitimate aim pursued; proportionnée au but légitime poursuivi) か，およびそれを正当化するためにオーストリアの国内裁判所により挙げられた理由が『適切かつ十分』(relevant and sufficient; pertinent et suffisant) なものかを判断しなければならない。」[40]

ここに「評価の余地」への言及がみられるものの，重点は明らかに人権裁判所の統制権限に置かれている。実際人権裁判所は，これに続けて，表現の自由の意義なかんずく報道機関の果たす役割の重要性を説くと共に，政治家に対する批判の許容範囲は広いことを指摘し，事件の背景，言論の性質，および取られた措置の性格を検討したのみで，「評価の余地」の分析は一切行うことなく，人権条約10条違反があったことを認めている[41]。このように，主として政治的内容を有する表現については，「他人の名誉または権利の保護」，あるいは「裁判の権威または公正の維持」を理由とした制限であっても，条約違反と認められる場合が少なくない[42]。

これに対し，営利的言論の制限に関する「評価の余地」をめぐっては，見

---

[40]　*Ibid.*, pp. 25-26, paras. 39-40.
[41]　*Ibid.*, pp. 26-28, paras. 41-47.
[42]　例えば参照，*Barfod v. Denmark*, Judgment of 22 Feb. 1989, Ser. A, No. 149; *Weber v. Switzerland*, Judgment of 22 May 1990, Ser. A, No. 239; *Thorgeirson v. Iceland*, Judgment of 25 June 1992, Ser. A, No. 239; *Schwabe v. Austria*, Judgment of 28 Aug. 1992, Ser. A, No. 242-B; *Prager and Oberschlick v. Austria*, Judgment of 26 Apr. 1995, Ser. A, No. 313; *Thorgeirson v. Iceland*, Judgment of 25 June 1992, Ser. A, No. 239; *Wingrove v. United Kingdom*, Judgment of 25 Nov. 1996, Reports 1996-V, p. 1937. 政治の言論の問題とは異なるが，なお参照，*Barthold v. Germany*, Judgment of 25 Mar. 1985, Ser. A, No. 90（獣医による獣医協会への批判に関する事例）。

解の対立がみられる。ここでは，1989年の Markt Intern 判決をとりあげよう[43]。主に小売業者の利益擁護を目的とした出版を手がけてきた出版社およびその編集長が，ある通信販売会社が償還に応じない旨の消費者の苦情を新聞に掲載して小売業者に警告したため，当販売会社の求めに応じ，不正競争防止法によって，将来に向けて同様の記事の掲載を差止められたこの事件においては，問題の差止命令が人権条約10条に違反しないかをめぐり，裁判官の間でも意見が分かれ，人権裁判所は 9 対 9 の賛否同数で条約違反は存しないとの結論に達した[44]。法廷意見は，問題となった差止命令の民主社会における「必要性」を審査するにあたり，「評価の余地」に言及して次のように述べた：

「当裁判所は，〔自由への〕干渉の必要性の存否およびその程度を考慮するにあたり，締約国が一定の評価の余地を有することを，……一貫して述べてきた。……こうした評価の余地は，商業に関する事がら (commercial matters; matière commerciale) にあっては，それもとりわけ不正競争の問題のように複雑で流動的な分野にあっては，必要不可欠 (essential; indispensable) である。さもないと，欧州人権裁判所は，それぞれの事件の事実および全状況を再審査しなければならないであろう。当裁判所は，国内レベルでとられた措置が，原理上正当でかつ均衡性を有するかの問題に，その審査を限定しなければならないのである (……)。」[45]

そして様々な利害を考慮した結果，人権裁判所は，差止命令を認めた国内裁判所が「国家当局に任された評価の余地を超えた……とは言えない」[46]と判断したのであった。この判決には 4 つの反対意見が付されているが，とりわけ「評価の余地」理論との関連では，本件で用いられたそれが，営利的言論の分野における表現の自由を少なからず制限する効果をもつことを指摘し，

---

[43] *Markt Intern Verlag GmbH and Klaus Beermann v. Germany*, Judgment of 20 Nov. 1989, Ser. A, No. 165.

[44] どちらを法廷意見とするかについては，裁判所規則20条 3 項により，裁判長の票の行方が決め手となった。参照，*ibid.*, p. 22.

[45] *Ibid.*, pp. 19-20, para. 33.

[46] *Ibid.*, p. 21, para. 37.

裁判所が「ヨーロッパの統制」という任務を回避したとして批判する，7人の裁判官による反対意見[47]，本件のように権利制限的な「評価の余地」の用い方が，人権裁判所の先例および任務と矛盾する旨指摘するPetiti裁判官の反対意見[48]，および締約国に一定の「評価の余地」があることは認めながらも，本件のような場合には「評価の余地」は何の役割も演じないと主張したMartens裁判官の反対意見が注目される[49]。このように，異論はあるものの，営利的言論の分野にあっては締約国の「評価の余地」は一般に認められる傾向にある[50]。

3．私生活および家族生活の尊重（8条）[51]

人権条約8条1項によれば，「すべての人は，その私生活および家族生活，その住居（home; domicile）ならびにその通信を尊重される権利を有する」。そして同条2項によれば，かかる権利への干渉が認められるのは，「法に従って，国家の安全保障，公共の安全または国の経済的繁栄，秩序維持または犯罪防止，健康または道徳の保護，あるいは他人の権利または自由の保護のために，民主社会に必要な場合」である。その構造は，表現の自由について定めた10条と類似しており，実際，8条で認められた権利の制限の可否をめぐっても，10条の場合と同じく，当該制限措置が「民主社会に必要な」ものか否かの分析が焦点になってくる。しかしながら，その文言からも明らか

---

[47] *Ibid*., p. 24 (joint dissenting opinion of Judges Golcuklu, Petiti, Russo, Spielmann, De Meyer, Carrillo Salcedo and Valticos).

[48] *Ibid*., p. 26 (dissentin opinion of Judge Petiti).

[49] *Ibid*., p. 29 (dissentin opinion of Judge Martens, approved by Judge Macdonald).

[50] 例えば参照，*Cosado Coca v. Spain*, Judgment of 24 Feb. 1994, Ser. A, No. 285-A; *Jacubowski v. Germany*, Judgment of 23 June 1994, Ser. A, No. 291-A. なお，10条1項3文で規定された，放送メディアへの免許の付与をめぐっても意見の分かれるところである。参照，*Groppera Radio AG and Others v. Switzerland*, Judgment of 28 Mar. 1990, Ser. A, No. 173; *Autronic AG v. Switzerland*, Judgment of 22 May 1990, Ser. A, No. 178.

[51] 参照，C. Ovey, "The Margin of Appreciation and Articles 8 of the Convention", HRLJ vol. 19, p. 10 (1998).

な通り，8条2項の制約事由は，10条2項のそれとは若干異なっており，また8条の権利の性質からも，10条ではみられなかった論点が生じてくるため，当然のことながら「評価の余地」もまた異なるコンテクストにおいて問題になるのである。

この領域で「評価の余地」が実質的に承認された事例として，まず，1978年のKlass判決を挙げることができる[52]。これはドイツの基本法10条2項，およびそれに基づいて制定された「信書，郵便および通信の秘密の制限に関する法律」に対して，法律家達が申立人となり，当時の西ドイツを相手に人権条約違反を争った事例である。申立人が問題にしたのは，国家当局が通信等を傍受することに関して，事後に対象となった全ての人にその旨を告知する義務まで負わされていないこと，および傍受に対する司法的救済の道が用意されていないことであった。これに対し（西）ドイツ政府は，当該傍受が，自由で民主的な基本秩序への危険に対処するため，必要なものである旨を主張した。人権裁判所は，現代の進化したテロリズムに対処するためには，例外的な状況下にあって，通信等の傍受も必要であることを認め，そのためにいかなるシステムを構築するかは，国の裁量に含まれると述べた：

「監視システムが運用されるための条件を定めることに関しては，当裁判所は，国の立法府が一定の裁量を享受する旨を指摘する。明らかに，当裁判所は，この領域で何が最良の政策であるかの評価（assessment; appréciation）を，国家当局の評価にとって代えることはできない（……）。」[53]

そして，人権裁判所は，（西）ドイツの立法府が，問題の立法に際して，8条2項に挙げられた「国家の安全保障」もしくは「秩序維持または犯罪防止」のために，民主社会に必要なものか否かを正当に考慮したとして，8条違反は認められないと結論づけた[54]。ここに「評価の余地」という言葉こそ使われていないものの，国家当局に広範な裁量の余地が認められたことは明らかであろう[55]。

---

[52] *Klass and Others v. Germany*, Judgment of 6 Sep. 1978, Ser. A, No. 28.
[53] *Ibid.*, p. 23, para. 49.
[54] *Ibid.*, p. 28, para. 60.

しかし，8条で保障された権利の制限に対して，常に広範な「評価の余地」が認められるわけではない。とりわけ注目されるのは，制限の対象となった「活動」ないし「権利」の性格によって，「評価の余地」の範囲が狭くなることも認められる点である。例えば，成人男性同士の合意に基づくホモ・セクシャル行為を刑罰の対象とした法律が，人権条約違反に問われたDudgeon事件においては，条約8条で保障された「私生活を尊重される権利」の侵害が認められた[56]。人権裁判所は，問題となった法律の目的として，8条2項にいう「道徳の保護」を基本に据えたうえで[57]，そうした目的達成のための措置が「民主社会において必要」なものかを審査する。裁判所によれば，「必要性」を判断するのはまず国家当局であり，その意味で締約国は「評価の余地」を有しているが，それは，Sunday Times事件で判示されたように，権利制限の目的によってその範囲が異なるのみならず，さらに，制限される「活動」にも影響される：

「制限目的の性質だけでなく，問題となった活動の性質も，評価の余地の範囲に影響を与える。本件は，私生活の最も個人的な局面（a most intimate aspect; un aspect des plus intimes）に関わるものである。したがって，公的機関の側で，制限措置が第8条第2項にいう目的上正当なものであるというためには，とりわけ重大な理由が存しなければならない。」[58]

そして，人権裁判所は，ホモ・セクシュアルへの反対が強いという北アイルランドの道徳的風土を考慮したとしても，こうした行為に対する締約国の態度の変化などに鑑みれば，刑罰でもって対処すべき「緊急の社会的必要」が

---

(55) こうした結果に至った理由として，本件では，権利制約事由として，「国家の安全保障」という極めて強い利益が認められることが考えられる。参照，Ovey, *supra*, note 51, pp. 11-12. その背景には，当時ドイツが東西に分断されたままで，冷戦の矢面にあったという事情も大きく影響しているであろう。「国家の安全保障」を目的とした措置に関して，国家の広範な「評価の余地」が認められた事例として，なお参照，*Leander v. Sweden*, Judgment of 26 Mar. 1987, Ser. A, No. 116.

(56) *Dudgeon v. United Kingdom*, Judgment of 22 Oct. 1981, Ser. A, No. 45.

(57) 参照，*ibid.*, p. 20, para. 47.

(58) *Ibid.*, p. 21, para. 52.

あったとは言えず，さらに問題の法律がホモ・セクシャルに与える有害な影響を考えれば，目的と均衡のとれたものでもないとして，8条違反を認定したのであった[59]。

同じ論法は，1986年の Gillow 判決においても見出すことができ，そこでは，問題となった「権利」の性質が「評価の余地」に影響を及ぼすことが認められた[60]。本件の申立人である夫婦は，イギリス領ガーンジー島に土地を購入して家を建て，その後18年間島を留守にした後に再び島に戻ろうとして，改正住宅法に従い住宅所有の免許を申請したが拒否され，夫は家屋不法占拠を理由に有罪判決を受けたが，国内裁判所における救済も得られなかったため，人権条約違反を申立てた。人権裁判所は，当局の一連の措置が，申立人の「住居を尊重される権利」を侵害するものであったかを審査するにあたり，それが住宅法という「法に従って」行われたものであること，その目的が，島が均衡のとれた経済成長をできるように人口を限定し，島と関係の深い者や島の重要な職に就いている者を優先するという趣旨のもので，この意味で，「島の経済的繁栄の促進」という正当なものであることを認めたうえで[61]，一連の措置が「民主社会において必要」なものであったかを検討した。そして，必要性が「緊急の社会的必要」を含意し，とられた措置が目的と均衡のとれたものであるべき旨を指摘した後に，以下のように「評価の余地」に言及した：

「国家当局の保持する評価の余地の範囲は，制限目的の性質のみならず，問題となった権利の性質にも依存する。本件においては，ガーンジー島の経済的繁栄が，申立人らの『住居』を尊重される権利，つまりかれらの個人的安全と安寧に直接関係のある権利との間で，衡量されなければならない。締約国政府に認められる，評価の余地の範囲を判断するには，こうした権利が個人にとって有する重要性を考慮しなければならないのである。」[62]

---

[59] *Ibid*., pp. 22-25, paras. 56-63.
[60] *Gillow v. United Kingdom*, Judgment of 24 Nov. 1986, Ser. A, No. 109.
[61] *Ibid*., pp. 20-22, paras. 50-54.
[62] *Ibid*., p. 22, para. 55.

そして問題の法律による免許取得要件そのものは，均衡性を欠くとはいえないが，本件の免許拒否処分および刑事処分が，正当な目的追求との間で均衡性を欠き，必要性の要件を充たすものではないとして，人権条約8条違反を認定している[63]。

さらに，条約8条の問題領域にあっては，締約国政府の「積極的義務」(positive obligation; obligation positive) との関連で，しばしば「評価の余地」が論じられる。この点については，すでに1979年の Marckx 判決が，家族生活を尊重すべき締約国の「積極的義務」を認め[64]，国家は様々な手段のうちから「選択権」(choice; choix) を有していると述べていたが[65]，1985年の Abudlaziz, Cabales and Balkandali 判決では，「積極的義務」との関連で，広範な「評価の余地」が認められた[66]。イギリスでの永住権を有する外国人女性らが，移民規則により，その夫と同国で生活し続けることを妨げられ，あるいは同国に呼寄せることを禁じられたことに対して，人権条約違反を争ったこの事件においては，単なる8条との関係では，申立人らの「家族生活を尊重される権利」が問題となった[67]。人権裁判所は，8条違反の有無を検討するにあたり，積極的義務と「評価の余地」との関係について以下のように述べている：

「当裁判所の想起するところによると，第8条の本質的な目的は，公権力による恣意的な干渉から個人を保護することにあるが，さらに加えて，家族生活の実効的な『尊重』に本来含まれるところの積極的義務も生じ得る（……）。しか

---

(63) *Ibid.*, pp. 22-24, paras. 56-58.

(64) *Markcx v. Belgium*, Judgment of 13 June 1979, Ser. A, No. 31, p. 15, para. 31（それ［8条］は，干渉を控えるよう国家に強いるだけではない。この主として消極的な義務に加え，家族生活の効果的な「尊重」には本来，積極的義務が含まれる）．

(65) *Ibid.*

(66) *Abudlaziz, Cabales and Balkandali v. United Kingdom*, Judgment of 28 May 1985, Ser. A, No. 94.

(67) この事件では，この他，8条との関係における14条違反（*ibid.*, pp. 35-41, paras. 70-89），3条違反（*ibid.*, p. 42, paras. 90-91），および13条違反（*ibid.*, p. 42, paras. 92-93）が問題にされた。このうち，14条については人権条約違反が認められている。後述本節5．参照。

しながら，とりわけ積極的義務に関する限り，『尊重』という概念は，明確（clear-cut; nettete）なものではない。締約国において行われている実務，および締約国のおかれた事情の多様性を考慮した場合，この概念の要請は，事例に応じて非常に異なるものである。したがって，この分野は，共同体および個人のニーズと資源を適正に考慮しつつ，人権条約への遵守を確保するためにとるべき措置を決定するうえで，締約国が広範な評価の余地を享受するところである（……）。」[68]

そして，本件のような場合，移民関係者への入国許可のあり方は，当人らの特殊事情に応じて異なること，さらに，問題となっているのが家族生活のみならず，国家が規制権限を有する移民に関する事項でもあること等を指摘して，人権裁判所は，本件において，8条にいう「家族生活の尊重」を欠いているとはいえないと判断したのであった[69]。このような「積極的義務」をめぐっては，移民に関する立法措置や性転換の容認などをめぐって問題になり[70]，締約国の広範な「評価の余地」が認められる傾向にある[71]。

---

[68] *Ibid.*, pp. 33-34, para. 67.

[69] *Ibid.*, p. 34, paras. 67-69.

[70] 例えば参照，移民・退去強制に関して，*Gül v. Switzerland*, Judgment of 19 Feb. 1996, Reports 1996-I159; *Ahmut v. Netherland*, Judgment of 28 Nov. 1996, Reports 1996-VI 2017，性転換に関して，*Rees v. United Kingdom*, Judgment of 17 Oct. 1986, Ser. A, No. 106; *Cossey v. United Kingdom*, Judgment of 27 Sep. 1990, Ser. A, No. 184; *X, Y and Z v. United Kingdom*, Judgment of 22 Apr. 1997, Reports 1997-II, p. 619.

[71] もっとも人権裁判所自身は，義務が積極的と消極的とを問わず，適用される原理は変わらない旨を指摘している。参照，*Gül, supra*, note 70, Reports 1996-I, p. 175, para. 38（「この［第8条の］規定の下における国家の積極的義務と消極的義務との境界は，精確に定められるものではない。それにもかかわらず，適用される原理は同様（similar; comparable）である。どちらの場合も，個人と共同体全体との競合する利益の間でなされるべき，公平な衡量に配慮が払われなければならない。そして，どちらの場合も，国家は一定の評価の余地を享受する。」）。なお参照，Brems, *supra*, note 6, p. 247（*citing* N. Lawson, "Positive verplichtingen onder het EVRM" 20 NJCM-Bulletin (1995), 558-573 and 727-750）。

[72] 参照，Y. Winisdoerffer, "Margin of Appreciation and Article 1 of Protocol No. 1", HRLJ vol. 19, p. 18 (1998).

4．財産権の保障（第1議定書1条）[72]

　財産権の保障について規定した第1追加議定書1条によれば，「すべての自然人および法人は，その財産（possessions）を平穏に享受する権利を有する。公共の利益のため，かつ，法および国際法の一般原則に定める要件に服する場合を除いて，何人も，その財産を剥奪されない」（1項）[73]。しかしながら，「前項［第1項］の規定は，一般的利益にしたがって，あるいは租税またはその他の拠出または罰金の支払を確保する目的で，財産権の行使を規制するために，国家がその必要とみなす法を施行する権利を妨げるものではない」（2項）[74]。ここでは，特に財産権への規制が許容される要件との関連で，1項2文にいう「公共の利益のため」（in the public interest; pour cause d'utilité publique），あるいは，2項に述べる「一般的利益にしたがって」（in accordance with the general interest; conformément à l'intérêt général）といった文言の解釈如何が重要な意味をもってくるが，そうした文言の意味が一般的かつ抽象的であり，そこには複雑高度な政策判断も関わってくるため，第一義的解釈権をもつ締約国に広範な裁量が認められることは，容易に推測できる。そして実際に，この第1議定書1条の分野にあっては，締約国が広範な「評価の余地」を有することが知られている[75]。

　もっとも，この分野においても，財産権に対する制限が，締約国の「評価

---

[73] ただし1条1文の文言については，フランス語条文では，「すべての自然人および法人は，その財産（biens）を尊重される権利を有する」とあり，英語条文より若干ニュアンスを異にしている。

[74] 人権裁判所の基本的解釈手法によれば，第1議定書1条は3つの規則（rule; norme）を含んでいるのであり，それによると，第一の規則は，所有権の平穏な享受の原則を述べ（1項1文），第二の規則は，所有物の剥奪を対象としそれを一定の要件に服せしめ（同2文），そして第三の規則は，国家がとりわけ，一般的利益にしたがって，目的のために必要とみなす法を施行することにより，所有権の行使を規制する権限を有する旨認める（2項）というもので，最初の規則が遵守されたかを考慮する前に，あとの2つの規則が適用可能かを判断しなければならないという（*Sporrong and Lönnroth, infra*, note 76, Ser. A, No. 52, p. 24, para. 61）。ただし後の判決では，これら3つの規則は別個のものではなく，第二および第三の規則は第一の規則に表明された一般原則に照らして解釈されるべき旨が指摘されている（*James and Others, infra*, note 80, Ser. A, No. 98, p. 30, para. 37）。

[75] Macdonald, *supra*, note 6, p. 118; Winisdoerffer, *supra*, note 72, p. 19.

の余地」を理由に常に容認されるわけではない。1982年の Sporrong and Lönnroth 判決は，第1追加議定書1条の基本的な解釈枠組を示すと共に，財産権へのゆき過ぎた制限が人権条約違反であることを判示した注目すべき事例である[76]。この事件の申立人らの所有する土地は，市街地の交通施設建設のため，市当局による収用の対象となったが，補償額決定のため設定された期限が3度にわたって延長され，また収用予定地への建築物の設営も長期間禁止された——土地収用期間と建築禁止期間はそれぞれ，最終的に撤回されるまで，1人の申立人については23年と25年間，もう1人については8年と12年間におよんだ——ところ，国内法による救済も受けられなかったため，申立人らは，第1議定書1条に保障された財産権の侵害等を主張した。人権裁判所は，本件の場合，2項の適用があることを認めたうえで，1項1文の規定との適合性を検討する。そして，当規定の目的上，「共同体における一般的利益の要求するところと，個人の基本的権利保護の要請との間で，公正な均衡がなされた (a fair balance was struck; un juste équilibre a été maintenu) か否かを判断しなければならない」という[77]。そして，公益を個人的利益との均衡をはかる立法府の役割との関連で，裁判所はいう：

> 「当裁判所は，立法府の側のこうした関心事を見過ごしてきたわけではない。さらに，大都市整備のような複雑で困難な分野にあっては，自らの都市計画を実施するため，締約国が広範な評価の余地を保持すべきことも，自然なことだと判断する。それにもかかわらず，当裁判所は，その審査権を行使し，第1条の最初の文にいう『……財産の平穏な享有』に対する申立人らの権利と調和のとれたかたちで，必要な均衡が保たれているか否かを判断しなければならない。」[78]

本件の場合，問題となった収用法は柔軟性を欠くものであり，申立人らの財産権を全く不確実な状況におき，その間，かれらの困難を何ら考慮されること

---

[76] *Sporrong and Lönnroth v. Sweden*, Judgment of 23 Sep. 1982, Ser. A, No. 52.
[77] *Ibid.*, p. 26, para. 69.
[78] *Ibid.*
[79] *Ibid.*, pp. 26-28, paras. 70-74.

もなかったこと，さらに建築の禁止により，権利侵害的効果はいっそう助長されたことを指摘して，人権裁判所は，とられた措置が公正な均衡を損なったものと判断し，第 1 議定書 1 条違反であると結論づけたのであった[79]。

以上のようなやや極端な場合を除き，締約国による財産権の規制は，「評価の余地」を理由に，人権条約違反にあたらないと判断される場合が多い。この分野における締約国の広範な「評価の余地」に関し，人権裁判所が詳細に述べた事例として，ここでは James and Others 事件をとりあげよう[80]。これは，家屋を強制的に購入し得る権利を長期借家人に付与したイギリスの改正借家法により，市場価格より低額で家屋の売却を余儀なくされた土地所有者およびその被信託人らが，人権条約違反を主張した事例である。人権裁判所は，本件において，1 条 1 項 2 文にいう「財産の剥奪」が，「公共の利益のため」になされたものであることを認定し[81]，その正当性を審査するに際して，締約国の「評価の余地」につき詳細に述べた：

「国家当局は，社会とそのニーズを直接知っているが故に，何が『公共の利益のため』になるかを評価するうえで，国際機関の裁判官より，原理上より良い立場にある。したがって，人権条約により樹立されたシステムのもとでは，財産剥奪措置を正当化するところの，公共の利害に関する問題の存在についても，また，講ぜられるべき救済措置についても，最初の評価は，国家当局に任されているのである（……）。ここにおいて，人権条約による保護がおよぶ他の領域と同様，国家当局は，一定の評価の余地を享受する。

さらに，『公共の利益』という概念は，必然的に包括的である。とりわけ，委員会も認定したように，財産を収用する法を制定する旨の判断は，民主社会において意見が正当にも大きく異なるところの，政治的，経済的または社会的諸問題の考慮を，通常伴うものである。当裁判所は，社会および経済政策を実施するにあたり立法府の保持できる評価の余地が，広範なものであるべき旨は当然であると考え，何が『公共の利益のため』になるかに関する立法府の判断を，

---

[80] *James and Others v. United Kingdom*, Judgment of 21 Feb. 1986, Ser. A, No. 98.
[81] 裁判所によれば，本件のように私人から私人への利益移転に関するものであっても，それが正当な社会・経済政策を追求しようとする限りにおいて，「公共の利益のため」のものと解し得る。参照，*ibid.*, pp. 31-32, para. 45.
[82] *Ibid.*, p. 32, para. 46.

かかる判断が明らかに合理的根拠（reasonable foundation; base raisonnable）を欠くのでない限り，尊重するものである。換言するなら，当裁判所は，自らによる評価を国家当局によるそれにとって代えることはできないけれども，問題となった措置を，第１議定書第１条に照らして審査し，そのため，国家当局が行動するもととなった事実を調べなければならない。」[82]

本件の場合，問題となった立法の目的が，住宅に関する社会正義の実現にあり，事実に照らして判断しても，長期借家制度との関連で社会的不正義が存するというイギリス議会の認識が，明らかに不合理なものであったとはいえないこと[83]，および，目的達成のために選択された手段が，とりわけ１条１項２文に照らしてみても，目的との間で不適切または均衡性を失しているとはいえないことから[84]，イギリス議会が「評価の余地」を踏み超えたとはいえないとして，人権裁判所は，第１議定書１条違反は認められないと判断したのであった。ここでは，問題となった立法目的の達成手段如何のみならず，立法目的の具体化そのものについても，国家当局の「評価の余地」が認められていることが注目されよう。

James and Others 判決で詳述されたような「評価の余地」の定式は，若干ニュアンスを異にしつつも，この領域における様々な事例において用いられることとなった。その多くの場合，人権裁判所は，財産権規制に際して締約国が有する広範な「評価の余地」を理由に，財産権侵害の申立を退けている[85]。

---

(83) *Ibid.*, pp. 32–34, paras. 47–49.

(84) *Ibid.*, pp. 34–43, paras. 50–69.

(85) 例えば参照，*Lithgow and Others v. United Kingdom*, Judgment of 8 July 1986, Ser. A, No. 291, p. 51, para. 122（土地の国有化に関する事例），*Traktörer AB v. Sweden*, Judgment of 7 July 1989, Ser. A, No. 159, p. 24, para. 62（レストラン経営の免許撤回に関する事例），*Mellacher and Others v. Austria*, Judgment of 19 Dec. 1989, Ser. A, No. 169, p. 26, para. 45（建物賃貸料の新旧の不公平をなくす目的で行われた賃貸料の減額が争われた事例），*Hakansson and Sturesson v. Sweden*, Judgment of 21 Feb. 1990, Ser. A, No. 171-A, p. 18, para. 54（売却すべき農地を保持するための免許取得に関する事例）。

(86) 参照，J. Schokkenbroeck, "The Prohibition of Discrimination in Article 14 of the Convention and the Margin of Appreciation", HRLJ vol. 19, p. 20 (1998).

5. 差別の禁止（14条）[86]

人権条約14条によれば，「この条約に定める権利および自由の享受は，性別，人種，皮膚の色，言語，宗教，政治的意見およびその他の意見，国家的または社会的出身，少数民族への所属，財産，出生またはその他の地位等を理由とした，いかなる差別も受けることなく，これを保障される。」確立した判例によれば，こうした差別禁止条項は，単独では主張し得ず，人権条約で保障された他の権利・自由条項との関連においてのみ効力を有するものの，そうした他の条項単独では条約違反とならない場合でも，14条と関連ではなお条約違反が認められる場合もあるため[87]，差別の禁止を定めた同条項は，「評価の余地」理論の検討に際しても，なお独立した分析対象となり得るのである。そして，14条の領域では，とりわけ，ある人ないし集団に対する異なる扱いが，「客観的かつ合理的な理由」(objective and reasonable justification; justification objective et raisonnable) に基づくものか否か，すなわち，それが「正当な目的」を追求するものか否か，また，「とられた手段と，達成しようとする目的との間の合理的な均衡関係」があるか否かが問題となり[88]，締約国の「評価の余地」も主にこの文脈で語られる。

例として，まず1984年の Rasmussen 判決をとりあげよう[89]。この事件では，婚姻中出生した子について父性確定訴訟 (paternity proceeding；または嫡出否認訴訟 (action en desaveu)) を提起するための要件として，夫にのみ，父性を放棄し得るであろう事情を知った時から12ヵ月以内，子の出生時から5年以内という期間制限を設けたデンマーク法により，期間経過後の訴を受理されなかった男性が，性別による差別を禁じた人権条約14条違反を——公正な裁判を受ける権利を保障した6条，および私生活および家族生活を尊重される権利を保障した8条との関連で——主張した。人権裁判所は，本件における異なる扱いに「客観的かつ合理的理由」があるか否かを検討するに際し

---

[87] F.G. Jacobs/R.C.A. White, The European Convention on Human Rights (2d ed.) (1996) pp. 285-86 (citing *Belgian Linguistic Case, supra*, note 10, Ser. A, No. 6, para. 6).

[88] Belgian Linguistic Case, *supra*, note 10, Ser. A, No. 6, pp. 34-35, para. 10.

[89] *Rasmussen v. Denmark*, Judgment of 28 Nov. 1984, Ser. A, No. 87.

て，「評価の余地」に言及した：

　「当裁判所は，いくつかの判決の中で，他の点では同一の状況にあるものにおけるある相違点が，法における異なった扱いを正当化するか否か，正当化する場合どの程度までかを判断するうえで，締約国が，一定の『評価の余地』を享受する旨を指摘してきた（……）。評価の余地の範囲は，状況（circumstances; circonstances），主題（subject-matter; domaines）およびその背景（background; contexte）に応じて異なる。この観点から，関連する要因の一つは，締約国間の法における共通基盤（common ground; denominateur commun）の存否であろう。」[90]

　そして，父性確定訴訟に関しては締約国間に共通基盤がなく，多くの国々の立法で母と夫との扱いを異にしているとの認定を前提として，問題となった法律が制定された状況と背景には，法的安定性の確保と子供の権利の保護という意図が存したのであり，この点に関する限り，出訴期間制限をその後夫婦平等に改めた当法律の改正法においても，また他の締約国の類似の法令においても大きな違いはないこと，ただ問題の法律制定時には，母親と子供の利益は多くの場合一致することを理由に，夫と比べ妻には出訴期間制限は必要ないものと考えられたことを指摘し，人権裁判所は，「評価の余地」を考慮した場合，国家当局が均衡性の原則を逸脱したとはいえないとして，人権条約14条にいう差別はみとめられないとの結論を導いている[91]。

　これに対して，既に触れた Abudlaziz, Cabales and Balkandali 判決では，性別を理由とした別異待遇に，より厳格な審査がなされた[92]。ここで問題となったイギリス移民規則によれば，イギリスに居住権を有する女性が，居住権を有さない夫または男性の婚約者をイギリス国内に呼び寄せたり，居住させ続けたりするためには，当女性がイギリスないしイギリス領の市民であって，彼女自身またはその両親のどちらかがイギリスで出生したものであることを必要とするのに対し，男性が非居住権者たる妻または女性の婚約者を呼

---

(90) *Ibid*., p. 15, para. 40.
(91) *Ibid*., pp. 15-16, paras. 41-42.
(92) *Abudlaziz, Cabales and Balkandali, supra*, note 66, Ser. A, No. 94.
(93) *Ibid*., pp. 16-17, paras. 23-24.

び寄せたり居住させ続けたりするためには，このような要件は課されておらず，さらにまた，居住許可も，男性の配偶者・婚約者の呼び寄せ等の場合は最初期限付きで付与されるのに対し，女性のそれには最初から無期限で付与されるなど，取り扱いが異なっていた[93]。イギリス政府は，「評価の余地」を援用しつつ，別異取扱いの目的として，失業者の多い国内労働市場を保護することを挙げ，そのため労働に従事しやすい男性の移民を制限するものであること，また当該措置が，有効な移民規制の必要性によっても正当化されることを主張した[94]。人権裁判所は，Rasmussen判決と同様の「評価の余地」の定式に依拠しながらも，本件については以下のように述べた：

「締約国は一定の『評価の余地』を享受するけれども……，その範囲は，状況，主題およびその背景に応じて異なる（……）。
　ここでの問題に関していえば，両性間の平等の推進は，今日欧州審議会加盟国における重要な目標（a major goal; un objectif important）であると言うことができる。このことは，性別に基づく異なった扱いが人権条約に合致するとみなされるためには，極めて説得力ある理由（very weighty reasons; raisons tres fortes）が提示されなければならないことを意味する。」[95]

人権裁判所によれば，夫たる移民の方が，妻たる移民より経済活動に従事する者が多いという統計のみでは，前者の方が国内労働市場により大きな影響力をもつとはいえないこと，仮に男性の方が労働市場に影響力をもったとしても，本件で問題となった別異取扱いを正当化するに足るほど重要な理由とはいえないことなどから，問題の別異取扱いは，性別による差別に該当し，人権条約8条との関連で14条に違反するという[96]。このように，同じ性別に

---

(94) *Ibid.*, p. 36, para. 75.

(95) *Ibid.*, pp. 37-38, para. 78.

(96) *Ibid.*, pp. 38-39, paras. 79-83.

(97) Schokkenbroeck, *supra*, note 86, p. 21. 参照，*Van Raalte v. Netherlands*, Judgment of 21 Feb. 1997, Reports 1997-I, p. 173（児童保護給付金拠出に関する，男女間の異なる扱いが争われた事例。男女間の別異取扱いを正当化するには，やむにやまれぬ理由（compelling reasons; raisons impérieuses）が必要だとされた（*ibid.*, para. 42））。なお，性別以外の差別禁止事由が問題となった事例における「評価の余地」の分析について，参照，Schokkenbroeck, *supra*, note 86, pp. 22-23。

基づく別異取扱いの事例であっても，Rasmussen判決とは反対の結論に至った要因として，平等の推進が「重要な目標」であるとの認識があると思われるが，かかる要因は，同種の事例において近時重要性を増してきているといわれている[97]。

6．その他の領域

これまでみてきた問題領域以外の場においては，締約国の「評価の余地」は，人権裁判所により，どのように語られてきたのであろうか。まず，生命に対する権利（2条），拷問の禁止（3条），および奴隷・強制労働の禁止（4条）に関する解釈が問題となった諸事例においては，「評価の余地」への言及自体いまだなされていない[98]。自由および安全に対する権利を保障した5条を解釈するにあたっては，「評価の余地」理論は一般的に定式化されてはいないが，しばしば黙示的に用いられる他，明示的に言及されることもある[99]。公正な裁判に対する権利を保障した6条をめぐる事例では，明示的に「評価の余地」が語られるのは，専ら「裁判所へのアクセス権」が問題になった場合であるが，それ以外の場合においても，判決の論理の中に暗に「評価

---

[98] 参照，J.Gallewaert, "Is There a Margin of Appreciation in the Application of Articles 2, 3 and 4 of the Convention?", HRLJ vol. 19, p. 6 (1998)．もっとも，例えば3条の領域で「評価の余地」への言及がないのは，そうした分析が不要だからではなく，人権裁判所が当該領域に関して判断を下す機会が少なかったこと，また典型的な人権侵害である拷問の禁止において，「評価の余地」を認めるのは危険であると考えられたことによるのではないかとの指摘がある。参照，Brems, *supra*, note 6, p. 254.

[99] 参照，Brems, *supra*, note 6, pp. 251-252. この領域で，人権裁判所が「評価の余地」に言及した事例として，例えば参照，*Weeks v. United Kingdom*, Judgment of 2 Mar. 1987, Ser. A, No. 114（内務大臣による仮釈放中止決定が争われた事例。人権裁判所によれば，「大臣による再拘留の決定は，責任を有する国家当局がもつ評価の余地内にとどまっている。」(*ibid.*, p. 27, para. 51)）．

[100] Brems, *supra*, note 6, pp. 252-253. 裁判所へのアクセス権を規制するにあたって，締約国に「評価の余地」を認めた事例として，例えば参照，*Ashingdane v. United Kingdom*, Judgment of 28 May 1985, Ser. A, No. 93, p. 24, para. 57（「このような［裁判所へのアクセス権に対する］規制をなすにあたり，締約国は一定の評価の余地を享受する」）。なお参照，*Fayed v. United Kingdom*, Judgment of 21 Sep. 1994, Ser. A, No. 294-B.

の余地」を示唆するものがあるといわれる[101]。また，宗教の自由（9条）および集会・結社の自由（11条）については，すでにみた表現の自由（10条）や私生活・家族生活の尊重（8条）の場合と同じく，「民主社会に必要な」制限に服する旨が定められているため，10条や8条同様，「評価の余地」理論が用いられることが予想され[101]，実際，人権裁判所は，比較的最近になって9条について[102]，また数は多くないが11条についても[103]，その解釈にあたり締約国の「評価の余地」に言及している。このように瞥見しただけでも，「評価の余地」理論の適用の有無および態様が，問題となった領域に応じて様々であることがみてとれるであろう。

7．小 括

以上，必ずしも網羅的ではないが，欧州人権条約において「評価の余地」の適用が問題となる事例を，主な条文ごとにみてきた。様々なコンテクストにおいて，様々なかたちで用いられている「評価の余地」理論を，一般論的に総括すること自体簡単なことではないが，理論的問題のいくつかは次節で

---

(101) 参照，S.C. Prebensen, *supra*, note 27, p. 13; Brems, *supra*, note 6, p. 243.

(102) 例えば参照，*Kokkinakis v. Greece*, Judgment of 24 May 1993, Ser. A, No. 260-A（エホバの証人への改宗を勧誘したことを理由とした有罪判決が9条違反とされた事例。締約国に「評価の余地」が残されているものの，それはヨーロッパの統制に従うことが指摘された（*ibid.*, p. 21, para. 47））; *Manoussakis and Others v. Greece*, Judgment of 26 Sep. 1996, Reports 1996-IV, p. 1345（エホバの証人の礼拝所を認可なしに設立・運営したことを理由とした有罪判決が9条違反とされた事例。人権裁判所は，締約国に一定の「評価の余地」が残されているとしつつも（*ibid.*, p. 1364, para. 44），人権条約で保障された宗教の自由により，宗教的信念やかかる信念の表明手段が正当か否かを判断する国家の裁量は，排除されると述べた（*ibid.*, p. 1365, para. 47））。

(103) 例えば参照，*Young, James and Webster v. United Kingdom*, Judgment of 13 Aug. 1981, Ser. A, No. 44（クローズドショップ協定に基づく解雇が争われた事例。国家の「評価の余地」を考慮したとしても，問題となった制限は「民主社会に必要な」ものではないとされた（*ibid.*, p. 26, para. 65））; *United Communist Party of Turkey and Others v. Turkey*, Judgment of 30 Jan. 1998, Reports 1998-I（政党が違憲であるとして解散させられたことに対して，人権条約違反が問われた事例。この場合，11条2項の必要性要件を判断するにあたり，締約国は「単に限定的な評価の余地」しか保持しないとされた（*ibid.*, para. 46））。

検討することとし、ここではさしあたり、ある論者らの説明を参考に、「評価の余地」の分析が行われた諸事例の一般的傾向を——本節で触れることのできなかった領域をも含めて——以下のようにまとめておきたい[104]。

　一般に「評価の余地」理論は、次のような3つの領域ないし類型について——これらは互いに重複し合いその区別自体明確なものではないが——用いられてきたとされる[105]。第一に、人権条約の規定が利益の衡量や均衡性テストを必要とする領域である。例えば、権利・自由の制約が「民主社会に必要な」ものであることを要求される場合（8条から11条および第4議定書2条）、権利の規制に際して追求される目的ととられた手段との間に、合理的均衡関係が求められる場合（14条）、個人的利益と一般的利益との間で公正な衡量がはかられるべき場合（第1議定書1条）、あるいは人権条約からの離脱が「事態の緊急の度合いに応じて厳格に」限定される場合（15条）などがこれにあたる。第二に、人権条約の規定が漠然とした概念を含む領域である。例えば「公の非常事態」（15条）、「公共の利益のため」および「一般的利益にしたがって」（第1議定書1条）、私生活・家族生活の「尊重」（8条）、あるいは権利制約事由としての「道徳の保護」（8条から11条）などの意義に関してである。第三に、国家が権利保障に向けて積極的義務を果たしたか否かが問われ得る領域である。このことは、既に本節で触れた「私生活・家族生活の尊重」（8条）や「裁判所へのアクセス権」（6条）において典型的であるが、11条や第1議定書2条についても問題になり得る。

　こうした考察から、逆に「評価の余地」の適用になじまない領域もクローズアップされてくる[106]。まず、規則が詳細に定められている5条や6条などの規定の多くにあっては、「評価の余地」理論が機能する余地は極めて小さ

---

[104] 参照、J. Schokkenbroeck, "The Basis, Nature and Application of the Margin-of-Appreciation Doctrine in the Case-Law of the European Court of Human Rights" HRLJ vol. 19, p. 30 (1998), pp. 31-33; P. van Dijk/ G.J.H. van Hoof, Theory and Practice of the European Convention on Human Rights (3d ed.) (1998) pp. 85-87.

[105] 参照、Schokkenbroeck, *supra*, note 104, pp. 31-32.

[106] 参照、Van Dijk, *supra*, note 104, p. 86. なお参照、Schokkenbroeck, *supra*, note 104, pp. 33-34.

いか，皆無である。同様に，厳格な言葉づかいにより定められた2条や3条の規定にあっては，「評価の余地」への言及も見出すことができない。さらに，「評価の余地」の問題が生じてくるのは，ある事例における事実認定がなされた後であり，例えば立証が困難であることをもって「評価の余地」が語られてはならない[107]。最後に，通常は「評価の余地」理論が適用されるような規定であっても，問題となった事例における人権条約違反の有無が明らかである場合には，かかる理論が援用されないこともあり得る[108]。

第3節　「評価の余地」理論をめぐる問題

既に何度か指摘したように，「評価の余地」理論は，欧州人権条約における様々な事例のなかで，様々なかたちで用いられてきた。それはある定まった定式として現れるばかりでなく，往々にして単なるレトリックとして用いられる場合もあるといわれる[109]。こうしたなかにあって，「評価の余地」を検討の対象とする場合も，いかなるコンテクストにおける，いかなるレベルのそれを俎上に載せるかによって，考察すべき内容も大きく異なることが予想されるのである。以下では，やはり幾人かの論者の指摘を参考にしながら，「評価の余地」一般に関する，若干の理論的考察を試みることとする[110]。

1．「評価の余地」理論の根拠と性格

欧州人権条約を解釈するにあたり，随所で用いられている「評価の余地」理論であるが，ただ，かかる理論に対する評価は，論者の間でも一致しているわけではない。Mahoneyは，「評価の余地」理論をどう評価するかについ

---

[107] Van Dijk, *supra*, note 104, p. 86 (citing *Klaas v. Germany*, Judgment of 22 Sep. 1993, Ser. A, No. 269, p. 17).

[108] *Ibid*. (citing *Darby v. Sweden*, Judgment of 23 Oct. 1990, Ser. A, No. 187, p. 13).

[109] Brems, *supra*, note 6, p. 256.

[110] 前掲（注6）の諸文献参照。

[111] P. Mahoney, "Marvellous Richness of Diversity or Invidious Cultural Relativism?" HRLJ vol. 19, p. 1 (1998), pp. 1-2.

て，以下の3つの立場を挙げている(111)。第一は，「評価の余地」理論を，服従（resignation）ないし日和見主義の表明だとして，あるいは難解な事例における裁判所の判決義務の放棄だとして，あるいは人権条約の文言に締約国政府に有利な権利制限を不適切に読み込むものだとして，さらには文化的相対主義への道を開くものだとして，これを否定的に理解する立場であり，論者によっては，こうした理論の存在ないし正当な解釈手段としての性格自体を疑問視する(112)。第二は，第一の立場の変形であり，それによれば，「評価の余地」理論は，ある事件で問題となった権利の制限が正当か否かについて，人権裁判所がその理由を表明する義務を回避することを時に許容するもので，

---

(112) Mahoneyが例として挙げるのは，Lord Lesterが欧州審議会のコロキウムで述べた次のような一節である（*Ibid.*, p. 1 (*citing* Lord Lester of Herne Hill, QC, "The European Convention on Human Rights in the New Architecture of Europe: General Report", in: Council of Europe, Proceedings of the 8th International Colloquy on the European Convention on Human Rights (1995) p. 227, at pp. 236-37))。「『評価の余地』の概念は，鰻のようにぬらりくらりして，つかみどころのないものになってしまった。再三にわたり，人権裁判所は，生じている問題に対する一貫した法的分析に代えて，評価の余地を用いているようである……。基準を欠く評価の余地の理論を用い続けることの危険は，……それが，人権の有害な『可変後退』（variable geometry）の源泉となってしまい，現在の法理論の『成果』（acquis）を侵食し，地域の条件，伝統および実務に，不当に服従してしまうのではないかという点にある。」同様に「評価の余地」の使用に反対する立場として，参照，*Z v. Finland*, Judgment of 25 Feb. 1997, Reports 1997-I, p. 323 (partially dissenting opinion of Judge De Meyer)．

(113) Mahoneyは，この立場の論者として，リヒテンシュタイン選出の元人権裁判所裁判官であるMacdonaldを挙げている。Macdonaldは，「評価の余地」理論が，人権条約の問題を処理するうえで人権裁判所に柔軟性を与えるもので，それにより締約国との深刻な対立も回避されるとして一定の理解を示しつつも，かかる理論が，プラグマティズムの所産であるため，人権裁判所の判決に際して「選択的理由づけ」を許すことになり，また人権裁判所のはたす役割の一貫したヴィジョン形成をも阻害するとして批判する。そして，「人権条約のシステムは今や十分に成熟しており，評価の余地を超えて，かかる装置が曖昧にしてきた適切性の問題に取組むことを可能にする」と指摘し，「評価の余地は，ある事件における介入が何故適切ないし適切でないかについて，人権裁判所がその理由を表明する義務を回避することを許容するものであってはならない」と主張する。Macdonald, *supra*, note 6, pp. 122-24.

(114) Mahoney, *supra*, note 111, p. 2.

こうした点が疑問だという[113]。これに対して、第三は、「評価の余地」理論を、人権条約の正当な解釈原理として評価する立場であり、Mahoney自身もこの立場に立っている[114]。だがその際、こうした「評価の余地」理論は、いかなる根拠のもと、いかなる性格のものとして理解されるのであろうか。引き続き、Mahoneyの説くところをみていくこととしよう。

　Mahoneyの考えでは、「評価の余地」理論は、人権条約の締約国と条約機関（人権裁判所および人権委員会）との権限分担から生じる自然の帰結である[115]。こうした理解の前提として、人権裁判所が条約の解釈に際して社会の変化を認めた場合には、新たに法を創造するという「進化的解釈」(evolutive interpretation)の承認、人権条約の定める権利・自由を保障する第一次的責任は締約国にあり（1条）、条約機関の任務は各国の裁量行使にとって代わることではなく、各国の決定が人権条約の基準に合致するか否かを審査することにあるという「補完性」の原則、条約機関は多様な構成国の民主過程に正当な配慮を払うべきだとする「民主的社会」からくる要請、および締約国の「文化的多様性」——これを承認することは文化相対主義の容認とは異なる——は保持されるべきであり、少なくとも軽んじられるべきではないといった配慮が存しているという[116]。Mahoneyによれば、人権条約は、一定の政治哲学、すなわち基本的自由と人権を保障するうえで民主制が最善の統治形態であるという政治哲学に依拠しているのであり、人権裁判所による解釈・審査に関する理論は、すべてこの政治哲学の基本的理解と相容れるものでなければならない。人権条約は、その遵守に向けてすべての国家機関が採るべき単一の方策を要求するものではなく、基準を設定して国内機関に選択の余地を与え、ただ民主的裁量の逸脱がみられた時に人権条約違反を認定するのであって、この意味で、「評価の余地」理論は、あくまでも国内の民主過程が正常に作動していることを前提に語られるものだというのである[117]。このような考え方からすれば、「評価の余地」理論は、その法的根拠を人権条約自体のうちに求められることになるが、ただMahoney自身は、裁判所がこの理論を用

---

(115) *Ibid.*, p. 3.
(116) *Ibid.*, pp. 2-3.
(117) *Ibid.*, p. 4.
(118) *Ibid.*

いて事件の流れをコントロールすることも否定してはおらず，結局，「評価の余地」理論は条約内在的要因と法政策的要因とを併せもつものだとされる[118]。

同様に，Schokkenbroekも，「評価の余地」理論が，条約機関と国内機関との権限分担から生じる自然の帰結であるとするMahoneyの見解を支持しているが[119]，ただ，その論理は若干異なるように思われる。Schokkenbroekによれば，一般に，裁判所その他の審査機関は，他の機関の行為を審査する際に，①当該行為に対する判断または評価と，②全組織的枠組（overall constitutional framewok）を考慮した上での，当機関との関係に関する自らの見解を表明することとの，2つを同時に行っているのであり，このことは，国内法における民主的代表機関と裁判所の関係についてあてはまるが，同様のことは人権条約締約国の国内機関と条約機関についてもいえる[120]。そしてこの点については，人権裁判所は，Handyside判決やSunday Times判決以下の諸判決で，自らの役割を補完的なものと位置づけ，これを「評価の余地」の根拠としたのであり，さらに条約の要請のいくつかを充たす上で国家当局の方が「原理上」より良い立場にあると述べていることが指摘される。このように，Schokkenbroekが「評価の余地」理論を導出するもととなった，条約機関と国内機関との権限分担とは，厳密には，人権裁判所が考えるところの権限分担であることに注意しなければならない[121]。したがって，「評価の余地」理論の使用は，解釈というものの性質から限定を受けるにせよ，基本的には人権裁判所の自発的な権限行使によるものだという[122]。そしてこの観点からは，「評価の余地」理論の性格についても，裁判所による「自己抑制」としての面が強調されることとなるのである[123]。

---

(119) Schokkenbroeck, *supra*, note 104, p. 31.
(120) 参照，*ibid.*, pp. 30-31.
(121) *Ibid.*, p. 31.
(122) *Ibid.*
(123) 参照，*Ibid.*, p. 32.
(124) 例えば，HRLJ vol. 19 (*supra*, note 6) の特集は，「評価の余地」を，正当な解釈原理として理解する立場から組まれている。なお参照，Van Dijk, *supra*, note 104, pp. 92-93.

いまだ議論が熟しているとは言い難いが，多くの判例の集積をみた現在，総じて「評価の余地」理論そのものは，いわば所与のものとして分析の対象となり，少なからぬ論者がかかる理論を——それを条約内在的なものと理解するにせよ，あるいは裁判所の自制もしくは政策的配慮によるものと考えるにせよ——人権条約上正当なものとして肯首しているように見受けられる[124]。もっとも，こうした「評価の余地」理論肯定論者たちも，この理論のもつ「危険性」を否定するものではない。仮に「評価の余地」の名のもと，国家当局の裁量をあまりに認めすぎると，「締約国が行った約束の遵守を確保する」（19条）という人権裁判所の責務の放棄につながり，人権条約機構への信頼が失墜するばかりか，本来条約が意図した国際レベルでの人権保障を否定することになってしまうであろうし，逆に，然るべき場面での「評価の余地」なるものの使用を拒絶したとすると，国家当局が自国のために適切な選択を行う権限を，人権裁判所は侵害してしまうことになるであろう[125]。「評価の余地」理論の適用にあたって，より客観的な規準が求められるゆえんである。

2．「評価の余地」の機能と範囲

「評価の余地」理論について，なお留意されるべきことに，ここにいう締約国の「評価の余地」とは，ある事項を締約国のみが自由に決定できる領域のことではなく，また人権裁判所の監督の外にある先決事項に含まれるものでもない，という点が挙げられる[126]。つまり，「評価の余地」の有無と範囲を決めるのは人権裁判所であり，したがって「評価の余地」理論のもと締約国に残された自由とは暫定的なものであって，人権裁判所の将来の統制に服することとなる。「評価の余地」理論の真骨頂は，むしろ，ある事例においてどのレベルの審査が適切かに関する，人権裁判所の見解を表明し説明するところにあるとみるべきであろう[127]。

実際これまでの分析からも明らかなように，人権裁判所は，締約国の「評価の余地」を認めたからといって，それにより実質的な審査を止めてしまっ

---

[125] 参照，Mahoney, *supra*, note 111, pp. 4-5.
[126] Van Dijk, *supra*, note 104, p. 92.
[127] 参照，*Ibid.*, p. 93.

ているわけではない。この点を，人権制限の可否をめぐる事例についてみれば，例えば，表現の自由（10条）や私生活・家族生活を尊重される権利（8条）に対する制限が問題となった場合には，条文で列挙されている正当な「制限の目的」が確定され，これに対象となった権利・活動の性質も加味して「評価の余地」の広狭が論じられたうえで，問題となった制限がこうした「評価の余地」内のものか否かが，主として制限目的と採られた措置との間における「均衡性」のテストを中心に審査される，という定式をとるのが一般的である(128)。また，財産権（第１議定書１条）の制限が問題となった場合には，制限目的である「公共の利益」または「一般的利益」の具体化についても「評価の余地」の問題とされ(129)，差別の禁止（14条）の領域では，異なる扱いの正当性の有無と程度の判断につき「評価の余地」があるとされているが(130)，これらの事例にあっても，様々な要因から「評価の余地」の範囲が論じられ，かかる範囲からの逸脱の有無が，均衡性テストなどにより審査される点は変わらない。このように，「評価の余地」の理論は，人権制限の可否をめぐる実体的議論と密接不可分の関係にあるのである。

　こうした分析からみてとれることのひとつに，「評価の余地」からの逸脱の有無を判断するうえで，「均衡性」のテストが重要な役割を演じていることが挙げられよう(131)。問題は，均衡性のテスト自体，人権裁判所による判決のいたる所に見出されるにもかかわらず，用いられるコンテクストに応じて内容を異にする点である。例えば，表現の自由や私生活・家族生活を保障される権利については，制約要件としての「民主社会における必要性」を審査

---

(128) 参照，前述第２節２．および３．

(129) 参照，前述第２節４．

(130) 参照，前述第２節５．

(131) Van Dijk, *supra*, note 104, p. 82. 人権裁判所の判決における比例性原則について，参照，M-A. Eissen, "The Principle of Proportionality in the Case-Law of the European Court of Human Rights", in: The European System for Protection on Human Rights (R. St. J. Macdonald et al. eds.) (1994) p. 125.

(132) 参照，前述第２節２．および３．ある判決によれば，「必要性の概念は，介入措置が緊急の社会的必要に応じたものであること，そしてとりわけ，それが正当な目的と比例したものであることを意味する」という（*Olsson v. Sweden*, Judgment of 24 Mar. 1988, Ser. A, No. 130, pp. 31-32, para. 67）。

するにあたり，均衡性テストが用いられるが，同時に「緊急の社会的必要」があること，「適切かつ十分」なものであること，あるいは「とりわけ重大な理由」の存在が要求される場合もある[132]。財産権についても，それを制限する立法目的と，そのための措置との間で均衡性テストが用いられるが，併せて，個人的利益と公益との「公正な均衡」が要求されたり，立法府の判断における「合理的根拠」が語られたりする[133]。さらに，差別の禁止をめぐる事例でも，異なった扱いをすることにより達成しようとする目的と手段との間に「合理的均衡関係」が必要とされるが，差別禁止事由如何によっては「極めて説得力ある理由」が求められる[134]。要するに，「均衡性テストは，これまで一貫した方法で用いられることはなかった」[135]のである。むしろ本稿でみてきた事例からすると，均衡性テストの適用のあり方も，締約国の「評価の余地」をどうみるかによって，かなり異なってくるのではないかと思われる。

人権条約違反が問題となった多くの事例においては，結局のところ，「評価の余地」の広狭の認定が結論に大きく影響してくる。締約国の「評価の余地」の範囲が，さかんに論じられるのも無理からぬところであろう[136]。もっとも，そうした議論も，これまでのところ，判例理論の分析以上のものではないように見受けられる[137]。すなわち，「評価の余地」の範囲を画定する要因として，第一に，ヨーロッパの「共通基盤」(common ground; dénominateur commun) の存否が考えられる。一般に，ある事項について締約国間に「共

---

(133) 参照，前述第2節4．

(134) 参照，前述第2節5．

(135) Van Dijk, *supra*, note 104, p. 81.

(136) 参照，Brems, *supra*, note 6, pp. 256-293; Van Dijk, *supra*, note 104, pp. 87-91; Mahoney, *supra*, note 111, pp. 5-6; Schokkenbroeck, *supra*, note 104, pp. 34-35.

(137) 以下の分析は，Schokkenbroeck, *supra*, note 104, pp. 34-35をもとにしている。「評価の余地」の範囲を画定する規準ないし要因として挙げられるものは，論者によって若干異なる。例えば，Mahoney, *supra*, note 111, pp. 5-6は，「考えられる規準」として，①民主社会の「共通基盤」の存否，②保護される権利の性質，③国家に課せられた義務，④問題となった権利制限により意図された目的の性質，⑤規制される活動の性質，⑥周囲の状況，および⑦条約の文言を挙げている。

(138) 例えば参照，*Handyside, supra*, note 11, Ser. A, No. 24; *The Sunday Times, supra*, note 36, Ser. A, No. 30; *Rasmussen, supra*, note 89, Ser. A, No. 87.

通基盤」が認められれば「評価の余地」は狭くなり，そうでない場合は広くなる[139]。第二に，問題となった人権制限措置により達成されようとする「目的」の性質が挙げられる。例えば，表現の自由に対する制限であっても，その目的が「道徳の保護」や「他人の権利の保護」などにある場合は「評価の余地」は広くなるのに対して，目的が「司法の権威・公正の保持」にある場合には狭くなる傾向がある他[139]，「経済・社会政策」を実施するために行われる財産権の規制にあっても，広範な「評価の余地」が認められ[140]，また，「国家の安全」などが制限目的となるときには，やはり広い「評価の余地」が認められる[141]。第三に，保護される「権利」ないし「利益」の性質も問題になる。例えば，問題となった権利・利益の保護が，個人の安寧・発展にとって極めて重要であったり，民主過程の保持に必要である場合などには，「評価の余地」は狭くなると考えられる[142]。最後に，「緊急事態」時，あるいは緊急な対処が必要と認められる際には，広範な「評価の余地」が認められる[143]。これらの要因は，互いに重複し合うこともあり，場合によっては2つ以上の要因が互いに強化し合うこともあれば，反対方向に作用し合うこともある[144]。いずれにせよ，これらは「評価の余地」の範囲を画定していくうえで有用な指標ではあるが，いまだ確固たるルールを形成するには至っていないというのが実情である[145]。

結　語

一見すると，欧州人権条約の締約国と欧州人権裁判所との間の，単純な権限区分の問題にもみえる「評価の余地」理論は，実は，人権の制限が問題と

---

[139]　参照，前述第2節2．
[140]　参照，前述第2節4．
[141]　例えば参照，*Klass and Others, supra*, note 52, Ser. A, No. 28; *Leander, supra*, note 55, Ser. A, No. 116.
[142]　例えば参照，*United Communist Party of Turkey and Others, supra*, note 103, Reports 1998-I; Gillow, *supra*, note 60, Ser. A, No. 109.
[143]　参照，前述第2節1．
[144]　Schokkenbroeck, *supra*, note 104, pp. 35.
[145]　*Ibid*.

なった多くの事例において，極めて重要な役割を演じている。本稿において，こうした事例を逐一分析・検討することはできなかったが，人権条約の解釈にあたり「評価の余地」理論が，いかなる領域において，いかなるかたちで用いられているかにつき，その一般的な傾向を提示するとともに，その問題点の一端を明らかにすることはできたのではないかと思う。

　このような欧州人権条約における「評価の余地」理論は，とりわけ，締約国がまず人権保障義務を負い（1条），それを人権裁判所が統制するという「補完性」の原理，および人権裁判所が，締約国の民主過程に正当な配慮を払うべきだとする「民主制」の要請から導かれるもので，その意味では条約による人権保障システムそのものに，その根拠を見出せる。しかしながら，こうした「評価の余地」とは，あらかじめ国家に割当てられた権限領域ではなく，国家主権と人権保障の要請が競合する難解な事案にあって，あくまでも人権裁判所によって認められたところの「締約国の自由」であり，裁判所による「自制」という面もあることに留意する必要がある。結局のところ，「評価の余地」理論は，人権条約の構造に内在する側面と，司法の自制としての側面とを併せもつものとして，理解されるべきであろう。人権裁判所の認定による，このような「評価の余地」の範囲が，実際には条約違反が問題となった諸事例において，その結果を左右するほどの影響力を有している点に鑑みるなら，そうした範囲を画する客観的な「規準」の確立が望ましいといえる。実際，締約国間の「共通基盤」の存否，問題になった人権制限により意図された「目的」の性質，あるいは制限の対象となった「権利」ないし「利益」の性質などが，「評価の余地」の範囲を画する要因として考えられるが，ただ，そこに確固たるルールは見出すことはできない。今後の判例の展開に注目したいところである。

　欧州人権条約の様々な事例の分析を通じてみてとれるのは，「評価の余地」理論が，とりわけ人権制限の可否をめぐる実体的議論と密接不可分に論じら

---

(146)　人権条約締約国と人権裁判所の関係は，しばしば，国内裁判における立法府等と国内裁判所の関係になぞらえられる。例えば参照，Schokkenbroeck, *supra*, note 104, p. 30; Mahoney, *supra*, note 111, p. 3. なお参照，P. Mahoney, "Judicial Activism and Judicial Self-Restraint in the European Court of Human Rights: Two Side of the Same Coin" HRLJ vol. 11, p. 7 (1990).

れている点である。そして得られる結論も，例えば，政治的表現の自由に対する制限については厳格な審査が行われ，他方財産権の規制にあっては緩やかな審査がなされるなど，国内の憲法裁判における審査と相通じるものがあることが注目されよう。むろん人権裁判所の役割を，憲法裁判における司法権の役割と同列に論じ得るかをめぐっては，なお慎重な考慮を要するであろうが(146)，人権がもつとされる「普遍性」からすれば，欧州人権条約における人権論を，国際的人権保障の地平のみならず，国内法における人権問題を考察するうえで参考とすることは，考えられて然るべきである。確かに，国内法とりわけ憲法のもとにおける人権論に慣れ親しんだ者にとっては，「評価の余地」は理解しにくい概念ではあろう。しかしながら，「評価の余地」の広狭が審査の厳緩に対応している点に鑑みるなら，それは実質的には，憲法裁判などにおける「審査基準」と同じ役割を演じていると言えるのではあるまいか。そして，もしそうだとするなら，このような比較検討は，「審査基準」というものの意義を再考する契機ともなるのではなかろうか。

　最後に，「評価の余地」理論の理論化は，既に何度か述べたように，今後人権裁判所に課せられた課題といえよう。かかる理論(ドクトリン)は，一貫した理論(セオリー)となるに至っていないのが現状である。今日，単に「評価の余地」に言及するのみでは，条約違反の有無をめぐる結論の正当化としては不十分であり，また，「評価の余地」と審査の「程度」との関係を明らかにすることも必要であるとの指摘はもっともである(147)。さらに，近時の人権条約システムの改革と締約国の増加に伴う，「評価の余地」理論の展開にも不透明な部分がある(148)。こうした点も含めて，「評価の余地」理論が一貫したアプローチのもと用いられるのが望ましいことは，否定すべくもない(149)。だが翻って考えてみるなら，客観化を求めるあまり，「評価の余地」理論を硬直的理論と化してしまうのも，また疑問なしとしないのである。「評価の余地」理論の本質的要素のひとつが，人権裁判所に「柔軟性」を与えることにあった点も，忘れ

---

(147) 参照，Van Dijk, *supra*, note 104, p. 93.

(148) 参照，Brems, *supra*, note 6, pp. 313–314.

(149) Schokkenbroeck, *supra*, note 104, pp. 35–36.

(150) Brems, *supra*, note 6, p. 313.

(151) 参照，Schokkenbroeck, *supra*, note 104, p. 36.

られてはならない(150)。そうだとしたら,「評価の余地」理論の理論化に際しても,達成されるべき一貫性には限界があることを認めたうえで(151),「柔軟性」を維持しつつ,恣意的要素が混入する可能性を排除していくことが必要になってくるであろう。

11. 有名人のプライバシーと写真報道の自由
―― ドイツ連邦憲法裁判所モナコ・カロリーヌ王女事件判決 ――

鈴 木 秀 美

第1節　問題の所在

　ダイアナ妃の交通事故死がきっかけとなって日本でも「パパラッツィ」(Paparazzi) という言葉が知られるようになった。パパラッツィとは，高額の報酬を目当てに写真撮影の機会をねらって有名人をしつこく追い回すカメラマンのことである。イタリア語のうるさい虫という意味に由来する。ハリウッドスター，人気ミュージシャン，有名スポーツ選手，イギリス王室のメンバーなど，大衆が関心を寄せる人物ほど，その私生活を撮影した写真は，その掲載が販売部数増加に直結するため，出版社によって高額で買い取られる。それだけに，有名人は，大衆がその人物へ関心を寄せれば寄せるほど，パパラッツィの格好の標的とされ，私生活の平穏を脅かされることになる[1]。

　本稿で以下に検討するドイツ連邦憲法裁判所判決は，そうした有名人のひとり，モナコ・カロリーヌ王女の写真公表について下されたものである。カロリーヌ王女は，ここ10年来，ドイツの娯楽雑誌を被告とする数々の裁判を通じて，記事の取消，反論記事・訂正記事の掲載ないし損害賠償等を求め，販売部数増加を目的とするメディアによる自己の人格の強制的商品化 (Zwangskommerzialisierung der Person)[2]に対抗してきた。一連のカロリーヌ王女事件判決は，日本の名誉毀損法理の発展にとってのロス疑惑報道事件判決と「同じ役割を果たしている」[3]とみなされている。カロリーヌ王女事件

---

(1) パパラッツィ問題について，M. Prinz, Der Schutz vor Verletzung der Privatsphäre durch Medien auf europäischer Ebene, ZRP 2000, 138 ff., 141 f.

(2) Vgl. BGHZ 128, 1 (16).

(3) 中村哲也「人格の商品化とドイツ不法行為 ―― カロリーネ・フォン・モナコ事件

293

としてすでに下級審の多数の判断が示されているだけでなく，民事事件の最高裁にあたる連邦通常裁判所（以下では，BGHと略記）の判決[4]，さらには連邦憲法裁判所の判決も下されている[5]。本稿は，一連の判決のなかから，1999年12月15日に下された連邦憲法裁判所判決[6]を取り上げる。この判決は，写真報道に関連して，一般的人格権（allgemeines Persönlichkeitsrecht）[7]から導出される私的領域の保護（Schutz der Privatsphäre）とプレスの自由の調整について下された憲法の重要判例として注目を集めている[8]。

をめぐって」法政理論33巻2号（2000）1頁以下の指摘。

(4) 連邦通常裁判所の判決として，カロリーヌ第1事件（BGHZ 128, 1），カロリーヌ第2事件（BGH NJW 1996, 984），カロリーヌ第3事件（BGH NJW 1996 985），カロリーヌ第4事件（BGHZ 131, 332）などがある。

(5) 1994年以降のメディア法の発展を概観し，一連のカロリーヌ王女事件を分析するものとして，J. Soehring, Die Entwicklung des Presse- und Äußerungsrechts 1994–1996, NJW 1997, 360 ff.; Soehring/Seelmann-Eggebert, Die Entwicklung des Presse- und Äußerungsrechts 1997 bis 1999, NJW 2000, 2466 ff.がある。

(6) BVerfGE 101, 361＝NJW 2000, 1021. 判例評釈として，D. Kupfer, Der Schutz der Privatsphäre, JURA 2001, 169 ff.; B. Brömmekamp, Anmerkung, ZUM 2000, 159 f.; W. Janisch, Artikel 5 Abs. 1 GG und die legitime Neugier des Medienpublikums, AfP 2000, 32 ff.; J. Soehring, Caroline und ein Ende ?, AfP 2000, 230 ff.; W. Seitz, Einmal nackt — immer frei ?, NJW 2000, 2167 f.; K.-H. Ladeur, Schutz von Prominenz als Eigentum, ZUM 2000, 879 ff.; D. Zacharias, Umfang des Bildnisschutzes — Fall Caroline von Monaco, JA 2000, 549 ff.; W. Fortscher, Zlatko und Caroline, ZUM 2001, 555 ff.

(7) 一般的人格権についての憲法判例の概観として，D. Grimm, Persönlichkeitsschutz im Verfassungsrecht, in: Karsruher Forum 1996（VersR-Schriften 2），S. 3 ff.（翻訳として，ディーター・グリム（上村都訳）「憲法における人格の保護」名城法学51巻1号（2001）117頁以下），根森健「憲法上の人格権——個人の尊厳保障における人権としての意義と機能について」公法研究58号（1996）66頁以下，戸波江二「自己決定権の意義と射程」芦部信喜先生古稀祝賀『現代立憲主義の展開 上』325頁以下（有斐閣・1993）参照。

　　私法上の人格権をめぐるドイツの議論については，五十嵐清＝松本昌士「西ドイツにおける私生活の私法的保護」戒能通孝＝伊藤正己編『プライヴァシー研究』150頁以下（日本評論社・1962），三島宗彦『人格権の保護』（有斐閣・1965），斉藤博『人格権法の研究』（一粒社・1979），五十嵐清『人格権論』（一粒社・1989）などを参照。

(8) ケルシャー（H. Kerscher, SZ v. 16. 12. 1999, S. 4）は，この判決を国政調査判決（BVerfGE 65, 1）と同列に置くが，ザイツ（Seitz, a.a.O.（Fn. 6），2167）は，むし

11. 有名人のプライバシーと写真報道の自由　[鈴木秀美]

　本件では，カロリーヌ王女が公務から離れ，公共の場所で日常生活を送っている場面を撮影したパパラッツィ写真の娯楽雑誌による公表が許されるか否かが争われた。娯楽雑誌による有名人の日常生活の写真報道は，プレスの自由の保障に含まれるか。有名人の日常生活は，一般的人格権に基づく私的領域としての保護を受けるか。両者の対立は，どのように調整されるべきか。これらが，本件の争点である。ドイツにおいて憲法判例によって承認されている私的領域の保護は，アメリカや日本で議論されているプライバシーに相当する。たまたま入ったレストランでカロリーヌ王女をみかけ，その様子をじろじろと眺めたからといって，マナー違反になったとしても，プライバシーを侵害したことにはならないであろう。では，パパラッツィが望遠レンズ付きの高感度カメラを使って，レストランで恋人と二人きりで食事をしているカロリーヌ王女を撮影し，その写真を公表することも許されるか。王女が湖で子どもたちとボートを漕いでいるところ，あるいはひとりで乗馬をしている場合はどうか。

　この問題について，下級審は，カロリーヌ王女の利益が及ぶのは私的領域の境界まで，すなわち「自宅玄関のドア」までであるとした。これに対しBGHは，一般人と同様に有名人も，たとえ自宅外であっても，世間から隔絶されていたいと望む場所に，ひとりでいる権利が認められる場合があると判示し，その基準を明らかにした。自宅外でも，世間の目にさらされていないと信じて，無防備な状況にある有名人を，当事者に気づかれずに写真撮影することは私的領域の侵害となるというのである。BGHは，この基準によって，夕暮れのレストランの庭で，恋人と二人きりで食事をしているカロリーヌ王女を撮影した写真についてのみ将来の公表禁止を認めた。そこでカロリーヌ王女は，憲法異議の申立てにより，裁判所がその他の写真の公表を禁止しなかったことによる基本権侵害を主張した。連邦憲法裁判所は，有名人の私的領域の保護について，BGHの判断を基本的には支持したが，親が子どもと過している場面の写真撮影については，世間から隔絶されていない場所であっても，原則として一般的人格権の保護が優位すると判示した。このため，子どもたちと過しているカロリーヌ王女を撮影した写真の公表を禁

　　ろリュート判決（BVerfGE 7, 198）を想起させるものだと指摘する。

止しなかったことによる王女の基本権侵害が認められ，その限りでBGH判決は破棄・差戻しとなった。

連邦憲法裁判所は，本判決において，具体的事件を超えて，私的領域の保護とプレスの自由を調整するための原則を示したものとみなされている[9]。本稿は，有名人のプライバシーと写真報道の自由という観点から本判決を紹介したうえで，これに検討を加えてみたい。

第2節　BGH判決

1．事件の概要

本件憲法異議の発端となった民事裁判の被告ブルダ社（Burda GmbH）は，写真中心の娯楽雑誌『フライツァイト・レヴュー』（"Freizeit Revue"）と『ブンテ』（"Bunte"）をドイツとフランスで発行している出版社である。これらの雑誌が，いわゆるパパラッツィによって撮影されたモナコのカロリーヌ王女の日常生活ないし私生活についての複数の写真を掲載したため，王女が当該写真の将来の公表差止めを求めて提訴した。

王女が差止めを求めたのは，1993年7月22日発行の『フライツァイト・レヴュー』30号，1993年8月5日発行の『ブンテ』32号，1993年8月19日付『ブンテ』34号に掲載された写真である。『フライツァイト・レヴュー』30号には，王女が俳優のL氏と夕暮れのなかレストランの庭で食事をしている様子を撮影した5枚の写真が掲載された。『ブンテ』32号には数枚の写真が掲載された。その中には，王女が乗馬をしているところや，息子たちといっしょにいるところを撮影した写真が含まれていた。さらに，1993年8月19日発行の『ブンテ』34号には，9頁にわたって王女についての記事が掲載された。その記事には，娘とともにボートを漕いでいる写真，市場で買物をしている写真，レストランで恋人のL氏とならんですわっている写真（ただし，その周囲には他の客も写っていた），ひとりで自転車に乗っている写真，L氏や息子たちと過している写真，お供の女性と市場の花屋に立ち寄ったところの写真が含まれていた。

---

(9) Soehring/Seelmann-Eggebert, a.a.O. (Fn. 5), 2472.

11. 有名人のプライバシーと写真報道の自由 [鈴木秀美]

　ドイツには，人物の肖像の公表が許されるか否かについての基準を定めた1907年制定の「造形美術および写真による著作物の著作権に関する法律」(Gesetz betreffend das Urheberrecht an Werken der bildenden Künste und der Photographie vom 9. Januar 1907) がある。この法律は，通常，美術著作権法（Kunsturhebergesetz）と呼ばれる（以下では，「KUG」と略記）。KUGは，著作権者を保護するだけでなく，肖像を無断で利用されることから肖像の当事者を保護するための法律として成立した。KUGの規定は，肖像の保護に関する規定に限り，1965年の著作権法（Urheberrechtsgesetz）制定後もなお現行法として妥当している。ドイツでは，写真機の発明とその普及を背景として，写真撮影から肖像を保護する必要性が意識されることになった。KUGが22条以下において肖像の保護について規定することになった直接のきっかけは，二人のジャーナリストが，1898年7月30日に亡くなったオットー・フォン・ビスマルクの遺体が安置されていた部屋に侵入し，遺体を密かに撮影したいわゆるビスマルク事件であった。ライヒ最高裁判所は，不法侵入による撮影は違法であるとの理由により写真の頒布を差し止めた[10]。

　KUG 22条によれば，当事者の同意を得なければ，ある人の肖像（Bildnisse）を流布したり，公表したりすることは許されない[11]。ただし，KUG 23条はその例外を認めており，そこに列挙された要件をみたせば，当事者の同意がなくても肖像を流布し，公表することができる。KUG 23条1項に列挙された例外事由の中には「現代史（Zeitgeschichte）の領域からの肖像」（1号）が含まれている[12]。ここで「現代史の領域からの肖像」という場合の「現代史」とは，「政治的事件だけでなく，その他の，なにかある理由により，世

---

(10) RGZ 45, 170.

(11) 三浦正広「肖像写真の撮影・公表と自己決定――ドイツ美術著作権法（KUG）22条における『同意』の解釈を中心として」青山法学論集36巻2・3号（1994）255頁以下は，当事者の同意を自己決定権として理解する。

(12) KUG23条1項は，この他に，「風景またはその他の場所で人物が付随して描写されている画像」（2号），「描写されている人物が参加した集会，行列およびそれに類似した事件の画像」（3号），「注文によらずに作成された肖像で，頒布または展示がより高尚な芸術上の利益をもたらす場合」（4号）を例外事由として列挙している。

　KUG23条について，G. Schricker, Urheberrecht, 2. Aufl. 1999, §60/§23 KUG;

間の人々の視野に入ったすべての事件を含む概念」[13]であると解されている。現代史の概念は歴史学とは無関係であり，現代史には，現在，世間一般の関心が集っているすべての事柄が含まれる。通説によれば，描写の対象が現代史の人物である場合に，それは「現代史の領域からの肖像」となる[14]。現代史の人物は，現代史の絶対的人物 (absolute Personen der Zeitgeschichte) と相対的人物 (relative Personen der Zeitgeschichte) に区別されると解されてきた[15]。現代史の絶対的人物とは，政治家，有名俳優，有名スポーツ選手など，ある特定の出来事とは無関係に，常に世間の注目を浴びている人物を意味する。これに対し，現代史の相対的人物とは，ある特定の出来事との関係で匿名性を失った人をいう。現代史の絶対的人物の肖像は，その公的生活においてだけでなく，日常生活や私生活において撮影された場合でも，原則として，本人の同意なくその公表が許されると解されている。これに対し，現代史の相対的人物の場合には，その人物が匿名性を失うきっかけとなった当該現代史的出来事との関連においてのみ，当事者の同意なしに肖像の公表が許される。何故なら，公衆が情報を受領する利益は，その出来事との関連においてのみ認められるからである。なお，KUG 23 条 2 項は，KUG 23 条 1 項に基づく同意なくして許される肖像の公表について，一定の制限を設けている。それによると，現代史の領域からの肖像を当事者の同意なしに流布ないし公表することが許されるのは，当事者の正当な利益 (berechtigtes Interesse) を侵害しない場合にかぎられる。

　ハンブルク地裁は，1994 年 2 月 4 日，フランスで出版される雑誌に限ってカロリーヌ王女の求めた写真の公表差止めを認めた。地裁によれば，原告の

K. E. Wenzel, Das Recht der Wort- und Bildberichterstattung, 4. Aufl. 1994, Rdnr. 8. 2. ff.; Schulz/Jürgens, Das Recht am eigenen Bild — Eine fallorientierte Einfürung in Struktur und aktuelle Probleme des Bildnisschutzes, JuS 1999, 664 ff., 770 ff; J. Helle, Besondere Persönlichkeitsrechte im Privatrecht, 1991, S. 130 ff.

(13) Wenzel, a. a. O. (Fn. 12), Rdnr. 8. 3. Vgl. Schricker, a. a. O. (Fn. 12), § 60/§ 23 KUG Rdnr. 8 ff.

(14) Ebd.

(15) この区別は，H. Neumann-Duesberg, Bildberichterstattung über absolute und relative Personen der Zeitgeschichte, JZ 1960, 114 ff. によって提唱され，それが広く受け入れられた。

カロリーヌ王女はドイツのKUGにおける現代史の絶対的人物であるため，ドイツで原告の日常生活を報道する場合，その報道は現代史の領域のひとこまとみなされる。その際，個々の報道の陳腐さの程度は問題にならない。原告の日常生活の写真は，特別な機会の写真と同様に，その報道のための挿し絵としての役割を果たす。なるほど，KUG 23条2項は，写真を公表されないことについての王女の利益と，公衆が情報を受領する利益との比較衡量を求めている。しかし，王女の利益は，私的領域の境界まで，すなわち「自宅玄関のドア」までしか及ばない。問題となっている写真はいずれも，誰でも立ち入ることの可能な，公共の場所で王女を撮影したものであるため，王女はその公表を甘受しなければならない。地裁判決に対するカロリーヌ王女の控訴は，ハンブルク上級地方裁判所[16]によって棄却された。そこで，王女はBGHに上告したのである。

2．連邦通常裁判所判決

BGHは，1995年12月19日，上級地方裁判所判決を一部破棄し，地裁の判決を一部変更する判決[17]を下した。BGHは，地裁と異なり，法的に保護される私的領域は必ずしも自宅内に限定されないと判示して，王女が公表差止めを求めた写真の一部，すなわち『フライツァイト・レヴュー』に掲載された，夕暮れのレストランの庭で恋人と2人きりで食事をしている王女の写真についてのみ請求を認めた。

BGHは，その際，法的に保護される「私的領域」について以下のような判断を示した。

「保護される価値のある私的領域は，むしろ自宅外にも存在し得る。ある人物が，場所的に世間から隔絶されたところにひとりでいる場合がそれにあたる。そのような場所では，その人物が，ひとりでいたいと望んでいたことが客観的に明らかであり，かつ，そこでその人物は，世間から隔絶されていると信じて，その人物が多数の公衆の面前では行わない振る舞いをするかも

---

[16] OLG Hamburg NJW-RR 1995, 790 ff. = AfP 1996, 69.
[17] BGHZ 131, 332.

しれない。このような状況にある当事者を，こっそりと，あるいは不意打ちすることによって撮影した写真を公表する者は，この保護領域を許容しがたい方法で侵害する。

　現代史の人物も，一般人と同様に，自宅の外で，ひとりでいたいと望む場所，あるいはいずれにせよ多数の公衆から隔絶されていたいと望む場所にひとりでいる権利を有する。この権利は，第三者によって尊重されなければならない。現代史の人物は，誰でも自由に立ち入ることのできる，すなわち公開された場所でさえ，ひとりでいることができる。ただし，そのためには，そこが特定の時間帯には多数の公衆から隔絶された場所であるか，公衆からの隔絶が第三者にとっても客観的に明らかであることが前提となる。たとえば，あるレストランやホテルの世間から隔絶された空間，スポーツジム，電話ボックス，場合によっては屋外でも，当事者が公衆の一部として姿をみせない限り，そうした状況が生じ得る。

　第三者に尊重を求めるためには，さらに，当事者が置かれている状況が，典型的に私的性格を備えていることが前提となる。それは，ある人がその場所は世間から隔絶されていると信じて，たとえば，明らかに第三者の目には触れさせないような個人的感情に身を委ねたり，自己抑制しないことによって，多数の公衆の前では行わないようなやり方で振舞う場合である。このような状況においてのみ，当事者が，客観的に明らかに，他者をそこに関与させたくないと望み，かつひとりでいる状態（Zurückgezogenheit）の他者による尊重を期待できると認められる。

　観察されていないと信じている当事者の無防備さに，自らの目的のためにつけこむ者は，撮影した写真を仕上げることによって，このような保護に値する私的領域の範囲内に許容しがたい方法で侵入する。その者が，当事者を鍵穴からのぞいたごとくに観察し，そのような方法でこっそりと肖像を仕上げることによって当事者を驚かせた場合がこれにあたる。写真撮影が，公然と，しかし当事者がそれに備えることができないほど不意に行われた場合も，これと同様である。私的領域の境界をこのように画定することは，私的領域の保護が，そこへ立ち入ることそのものは誰にでも許されており，それゆえ密かにかつ不意打ちすることによってのみ，許容しがたい方法で当事者のプライバシー（Privatheit）が侵害される可能性がある，そうした場所で求めら

れるという考慮によって正当化される」(18)。

　BGHは以上のように説示したうえで，本件写真のうち，『フライツァイト・レヴュー』に掲載された，夕暮れのなかレストランの庭で俳優のL氏と2人で食事をしている王女を撮影した写真についてのみ，将来の公表差止めを認めた。なぜなら，「当該写真とその説明文から，異議申立人が，あるレストランの庭の人目につかない環境で，私的な会話をしていた」と認定されたからである。その際，レストランの他の客は王女に気づき，観察できたかもしれないが，ある人物が偶然そこに居合わせた人々によって認められ，観察され得ることと，そのような状況で，公衆に流布するために写真を撮影されることには違いがあると判断された。当該写真は，パパラッツィによってこっそりと，王女に気づかれないような距離から撮影されたもので，盗撮としての性格があるとされた。カメラマンが隠れていたため，王女の同意なしに写真が撮影されており，王女には撮影の瞬間に自己防衛する機会もなかった。それゆえ，カメラマンは，当事者が無防備で，自然な状態にあることにつけこんで，個人的行動の一場面を撮影することができたのである。

　これに対し，本件のその他の写真は，私的領域における王女を撮影したものではないとみなされた。BGHによれば，「王女は，それらの写真の公表を禁止することはできない。現代史の人物として，王女は，それが市場での買物であろうと，喫茶店であろうと，スポーツをしているところでも，あるいはそれ以外の日常生活であろうと，王女がどこにいて，どのように自らを世間の目に触れさせているかを知りたいという正当な利益が公衆にあるということを甘受しなければならない」(19)。なお，『ブンテ』34号には，『フライツァイト・レヴュー』と同じく，レストランで王女に気づかれずに撮影された写真が掲載されていた。しかし，この写真の場合，公表が禁止された写真と異なり，世間から隔絶された場所とはいえず，またその状況に私的性格がないとみなされた。

　本件でその公表の是非が問われた写真は，いずれも王女の日常生活ないし

---

(18)　BGHZ 131, 332 (339 f.).

(19)　BGHZ 131, 332 (343).

私生活を撮影したものである。フランス法によれば，たとえカロリーヌ王女のような立場にある人物であっても，公的活動をしている場合を除いて，当事者の同意がない限りその人物を撮影した写真を公表することは許されない[20]。このため王女は，フランスだけでなく，ドイツにおいても当該写真の公表は禁止されるべきだと主張した。しかし，BGHは，ドイツ法による限り王女の請求を認めることはできないと判示した。「当事者が普通の人間として，すなわち公的役割を果たしていないときに，公衆の中でどのように振舞っているかが問題となっているにすぎない場合にも，KUG 23条1項1号の枠内では，公衆の，保護に値する情報受領の利益がすでに認められ得る」。公衆が情報を受領する利益が制限を受けるのは，写真の公表が当事者の正当な利益と対立する場合に限られる。BGHは，『ブンテ』に掲載された写真は，いずれもこの場合にあたらないと判断した。

第3節　連邦憲法裁判所判決

1．憲法異議申立人の主張

カロリーヌ王女は，連邦憲法裁判所に憲法異議を申し立てた。王女は，本件で問題となった写真のうち『ブンテ』に掲載された写真の将来の公表差止めを認めなかったその限りにおいて，本件にかかわるすべての民事裁判所の判決によって基本法1条1項と結びついた2条1項，とりわけ肖像権および私的領域の尊重についての権利を侵害されたと主張した。なお，『フライツァイト・レヴュー』に掲載された写真は，BGHによってその将来の公表差止めが認められたことから，憲法異議では問題にされなかった。

1．1　カロリーヌ王女の主張

憲法異議申立人は，以下のように主張した[21]。

---

(20) ドイツ法とフランス法の相違について，J. v. Gerlach, Persönlichkeitsschutz und öffentliches Informationsinteresse im internationalen Vergleich, AfP 2001, 1 ff.; Prinz, a.a.O. (Fn. 1), 140 f. がある。
　　フランスの人格権論について，大石泰彦「フランスにおける私生活の保護」青山法学論集32巻2号（1990）49頁以下，皆川治廣『プライバシー権の保護と限界論』（北樹出版・2000）参照。

本件写真はいずれも，王女の同意を得ずに，遠方から王女の私的領域に属している状態を撮影したいわゆる「パパラッツィ写真」である。基本法1条1項と結びついた2条1項による私的領域の保護には，第三者による侵入または覗き見を排除する権利も含まれている。誰もが，自己の私生活を第三者によって公表させるか否か，公表させる場合にも，どの程度まで公表させるかについて決定する権利を原則として有している。写真公表からの保護は空間的に限定されず，私的領域の限界は，むしろテーマ（写真の内容）によって理解されるべきである。公衆の立ち入り可能な場所で撮影された写真であっても，日常生活に関わる事柄が撮影されている場合には，私的領域として保護されなければならない。

　また，王女が誰にも見られていないと感じていた状況で，その無防備さにつけこんで望遠カメラで撮影した写真を流布することは，王女の尊厳を侵害する。そのうえ，本件写真の公表は，私的領域に限らず，第三者あるいは公衆に対する自己表現についての自己決定権を侵害するものである。

　BGHは，私的領域の保護を自宅外においても認めたその限りにおいて，基本法1条1項と結びついた2条1項の照射効を考慮した。しかし，BGHは，王女を「現代史の絶対的人物」に分類したこと，そしてその場所が私的領域にあたるか否かを判断するための基準は，基本権の意義を十分に考慮したものではない。いわゆる現代史の絶対的人物の場合，その生活の細部にわたってすべてが一般的な公衆の関心の対象となり，その関心はKUG23条の例外事由によってのみ制限され得るというBGHの見解には憲法上の疑義がある。現代史の絶対的人物と相対的人物をはっきりと区別できないことに照らせば，少なくとも写真撮影が現代史的意義をもつか否か，また撮影された人物への公衆の関心が正当化されるか否かについて，衡量がなされるべきである。王女が買物をしたり，自転車に乗ったり，舟を漕いだりする写真を見ることに，公衆の保護に値する利益を認めることはできない。好奇心，覗き見趣味，単なる娯楽的関心を保護に値するものとみなしてはならない。

　BGHによる私的領域の定義は，私的領域の尊重に関する権利の保護領

---

(21) BVerfGE 101, 331 (371 ff.). 以下は，筆者による当該部分の要約である。

域を縮減している。それは，「典型的に私的性格」を有する振舞いを白日の下にさらすことを義務づけている。このような欠陥があるからこそ，裁判所は，いわゆる女性誌や娯楽誌によるパパラッツィ写真掲載の連鎖を断ち切ることにいまだ成功していない[22]。

1.2 ブルダ社の主張

　本件は，民事裁判所の判決に対する憲法異議であるが，その契機となった民事事件の被告のブルダ社も，以下のような見解を明らかにした[23]。

　プレスの自由による保護は娯楽記事にも及ぶ。モナコ王女である異議申立人が現代史の絶対的人物に分類されることに合理的な疑いを挟む余地はない。王女は，モナコ公国の「ファースト・レディ」である。王女は，必ずしもプレスの「犠牲者」ではない。生まれたばかりの王女の写真が700万フランでプレスに競売されたように，王女はその誕生以来，モナコ公国によるマーケティングの中心にいる。メディアにとって，数十年にわたってモナコ公国があおってきた，情報を入手することへの公衆の熱烈な関心を拒否することは不可能である。有名人は，肖像権およびその他の人格権についての訴訟を通じて，プレスを操作するだけでなく，肖像写真公表の対価を得ようと試みるということを問題にすべきである。

　BGHは，現代史の絶対的人物が具体的な事例において観察されていないと信じていたか否かを基準として示した。しかし，それは重要な観点とはいえず，プレスの自由を侵害するものである。プレスは，当事者にとって都合がよいか悪いかとは無関係に，現代史的価値のあるすべての出来事を報道しなければならない。問題とされた写真は，いずれも公共の場所における王女を撮影したものであり，それらは私的領域ではなく，社会的領

---

[22] 1999年，カロリーヌ王女に娘が誕生した際，センセーショナルな雑誌から自分と娘を守ろうと，できる限りの手を尽くしたにもかかわらず，密かに撮影された娘の多数の写真が公表されてしまったという。BVerfGE 101, 331 (376).

[23] BVerfGE 101, 331 (376 ff.). 以下は，筆者による当該部分の要約である。なお，ブルダ社は，2つの鑑定書を連邦憲法裁判所に提出したが，そのうちの1つはミュンヘン大学ヘルドリッヒ教授が法律学の観点から有名人の写真公表の許容性を論じたものであった。Vgl. A. Heldrich, Persönlichkeitsschutz und Pressefreiheit, in: Heldrich (Hrsg.), Recht im Spannungsfeld von Theorie und Praxis, Festschrift f. H. Heinrichs, 1998, S. 321 ff.

域に分類されるべきである。それらがパパラッツィ写真であることも，その結果に変更を加えるものではない。

2．連邦憲法裁判所判決

連邦憲法裁判所は，1999年12月15日の判決によって，子どもたちとともに王女を撮影した3枚の写真の公表差止めを認めなかったその限りにおいて，民事裁判所の判決による基本権侵害を認め，その範囲においてBGHの判決を破棄し，事件をBGHに差し戻した。

2.1 肖像写真の公表と一般的人格権

本判決によれば，基本法1条との結びつきにおける2条1項の一般的人格権の保護は，第三者によるある人物の肖像の描写（Abbildungen）にも及ぶ。ある人物を私的関連または日常的関連において撮影した写真を公表する権利について判断する際には，一般的人格権を具体化する自己の像に関する権利（Recht am eigenen Bild）と私的領域の保障（Garantie der Privatsphäre）がその基準となる。憲法異議申立人は，一般的人格権から，ある人が自己をそのようにみなし，また自らそのようにみなされたいと望むようにのみ，他者によって描写されることを求める権利が導出されると主張した。しかし，本判決は，「基本法1条1項と結びついた2条1項は，自己の姿（eigene Person）の描写についての一般的かつ包括的な処分権を含んでいない」としてその主張を退けた。また，本件では，写真が王女のありのままの状況を再現しているため，自己の像に関する権利がとくに保護しようとしている，コンテクストの変更による写真の変造は問題になっていないと判断された。このため，パパラッツィ写真公表の合憲性審査は，主にそれが私的領域の保護を侵害するか否かについて行われた。

2.2 肖像写真の公表と私的領域の保護

連邦憲法裁判所によれば，一般的人格権にその根拠を有する私的領域の保護は，テーマと空間によって決定される。すなわち，私的領域の保護は，一方では，その情報内容が典型的に「私的」とみなされる事項を保護の対象とするが，他方で，その保護は，「個人がひとりになり，緊張を解き，あるいは放っておかれることを可能にする空間的領域」に及ぶ。「その核心において重要なのは，個人が公衆の観察から解放され，したがって公衆によって強

制される自制心から解放される,そういう可能性を有する空間である。個人は,そうした自己の世界にひとりでいることの可能な領域（Rückzugsbereiche）を有しない場合,自分が他者にいかなる影響を与えるかということや,はたして自分が正しく振舞っているかということを絶えず気にしなければならないので,精神的に過大な要求にさらされる可能性がある。そこでは,個人にとって,人格の発展のために必要な,それをもたないと人格の発展を持続的に侵害されるような,ひとりになり,緊張を緩和するための場所（Phase）が欠けている」[24]。

本判決は,このような空間を保護する必要性を,有名人についても認めた。そして,私的領域として保護される,個人がひとりになり,緊張を解くことの可能な領域は自宅に限定されないことを明らかにした。本判決によれば,「個人は,戸外の,それにもかかわらず隔絶された自然の中で,または多数の公衆から明確に隔絶された場所で,公衆の観察から解放されて振舞う可能性を有しなければならない。これは,当事者がそれに気づくことができないような,空間的隔絶を克服する撮影技術にまさに対抗するものである」[25]。

私的領域の保護をこのように解する場合,基本権によって保護される私的領域の境界を,自宅外でどのようにして見定めるかが問題となる。本判決は,それを一般的かつ抽象的に画定することはできないと述べている。私的領域の境界は,当事者が訪れた場所のそのつどの性質（Beschaffenheit）によってのみ画定されうるというのである。重要なのは,個人が,公衆の視線にさらされていないという状況にあるか否か,あるいはそのような状況を作り出すか否かである。この要件がみたされているか否かは,問題となった時間におけるその場所の客観的状況によって判断される。そこで,当該個人がどのように振舞ったかは問題ではない。

本判決によれば,ある人物が,私的領域を報道することについて出版社と独占契約を締結した場合には,私的領域であっても基本権による保護は及ばない。私的領域の保護は,自己の姿を商品化するために保障されているわけではないからである。個人は,私的領域に属する事項を公開する際に,同時

---

[24] BVerfGE 101, 361 (383).

[25] BVerfGE 101, 361 (384).

に，私的領域としての保護を求めることはできない。描写されることからの私的領域の保護は，特定の，通常は私的とみなされる事項の公開に当事者が自ら同意することを明らかにしたその限りにおいて退く。

なお，本判決において，本件写真の一部を公表することによる基本権侵害が認められたのは，民事裁判所の判決が，親子の間の家族関係にとっての一般的人格権の意義を十分に配慮しなかったと判断されたからである。連邦憲法裁判所は，本判決によって，私的領域の保護が親子の家族関係にとっていかなる意味をもつかについての見解を初めて明らかにした。憲法判例[26]によって認められているように，子どもは，自己責任を負える人格をまず発展させなければならないので，特別な保護を必要としている。本判決によれば，「この保護必要性は，子どもの描写についてのメディアとその利用者の利益から生まれる危険に関連しても認められる。子どもの人格の発展は，大人の人格の発展以上に，その危険によってより敏感に妨げられる可能性がある。このため，子どもが公衆の観察から解放されていると感じ，自己発展することが可能な領域は，大人のそれ以上により広範囲にわたって保護されなければならない。……子どもに対する親に固有の行為も，基本法1条1項と結びついた2条1項の保護領域に含まれる。一般的人格権の保護内容は，その場合，健全な成長にとって必要で，とくに親の配慮に属する，子どもの生活条件を確保する義務を国に課している基本法6条1項と2項によって強化される」[27]。

ただし，基本法6条による人格権保護の強化が個々にどのような効果をもつかを，一般的かつ抽象的に確定することは不可能である。親が子どもをともなって公的行事に参加している場合には，親子の姿を保護する必要は認められない。しかし，それ以外の場合には，一般的人格権の保護は，原則として，親子に固有の関係を考慮すれば，場所的に世間から隔絶されているという要件がみたされていない場所にも及ぶ。

2.3 KUG 22条と23条

連邦憲法裁判所によれば，KUG 22条と23条の規定それ自体は合憲である

---

[26] Vgl. BVerfGE 24, 119 (144); 57, 361 (383).

[27] BVerfGE 101, 361 (385 f.).

が，本件についての民事裁判所の判決は，同規定の解釈と適用において，以上に示した基本法1条1項と結びついた2条1項の要請を全面的にはみたしていない。なぜなら，民事裁判所は，一般的人格権による保護が，基本法6条によって子どもとの家族関係において強化されることを考慮しなかったからである。

以下は，私的領域の保護についての憲法上の要請に基づいて連邦憲法裁判所が示したKUG 22条と23条の解釈と適用についての判断である[28]。

2.3.1 プレスの自由の保障における娯楽の意義

本件では，KUG22条と23条の解釈と適用において，一般的人格権だけでなく，同じくこれらの規定に関連している基本法5条1項2文のプレスの自由を考慮しなければならない。プレスの自由の保障には，ある出版物に写真を載せるか否か，どのように載せるかについての決定も含まれる。この保護は，特定の写真対象に限定されない。人物の肖像写真もそこに含まれる。この保護は，出版物の性格や水準に左右されない。

プレスの自由は，個人の意見と公的意見の自由な形成に奉仕する。プレスが意見形成のために果たす役割には娯楽も含まれている。「意見形成と娯楽は対立しない。娯楽的記事によっても意見は形成される。娯楽は，場合によっては，専ら客観的な情報提供よりも持続的に刺激や影響を与える可能性がある。さらに，メディア制度を眺めると，以下のような傾向が高まっていることが認められる。それは，出版物全体としても，個々の記事においても，情報提供と娯楽の区別を取り除き，情報を娯楽的な形態で流布したり，情報を娯楽と混ぜ合わせるという傾向（『インフォテイメント』）である。多くの読者は，したがって，彼らにとって重要な情報あるいは興味深いと思われる情報を，まさに娯楽的な記事から入手している」。娯楽が，憂さ晴らし，息抜き，現実逃避，気分転換についての望みだけを適えると考えるならば，それは一面的である。プレスにおける娯楽は，プレスの自由の保護目的に照らして，顧慮するにあたらないわけでも，無価値であるわけでもなく，基本権によって保護される。

これは，人物についての報道にも妥当する。人格化（Personalisierung）は，

---

[28] BVerfGE 101, 361 (388 ff.). 以下は，筆者による当該部分の要約である。

注意を喚起するための重要なジャーナリスティックな手段である。人格化は，多くの人たちに，まず問題への関心を呼び起こし，情報受領についての願望を生み出す。事件や情勢への関心も，たいてい人格化によって伝えられる。有名人は，さらに，特定の価値観と暮らしぶりを象徴している。有名人は，それゆえ，多くの人に自己の生活設計についての方向性を与える。有名人は，同意または拒否のための結晶点（Kristallisationspunkte）となり，模範機能または対比機能を果たす。公衆が，有名人のさまざまな生活関係に関心を持つ理由はそこにある。

　政治的生活を送る人物の場合，このような公衆の関心は常に正当なものと認められなければならないが，公衆の関心の正当性は，公的生活を送る他の人物についても，原則として否定することはできない。その限りで，そうした人物についての，特定の役割や事件に限定されない描写は，プレスの任務であり，プレスの自由の保護領域に含まれる。対抗する人格権との衡量においてはじめて，本質的に公衆に関連する問題が，真摯にかつ客観的に論及されているか，それとも好奇心を満足させるだけの，私的な事項が流布されているにすぎないかを問うことが必要になる。

2.3.2　「現代史の領域からの肖像」

　BGHが，KUG 23条1項1号の「現代史の領域からの肖像」の要件を公衆の情報受領の利益を基準に定義し，それに基づいて，たとえモナコ公国における代表としての役割以外の場面であっても，憲法異議申立人の写真の公表を適法とみなしたことに憲法上の疑義はない。

　KUG 23条1項1号は，現代史の領域からの肖像の公表を，KUG 22条の同意の必要性から解放している。この規定は，立法者意思ならびに規律の意義および目的にしたがえば，一般公衆の情報受領の利益とプレスの自由に配慮したものである。それゆえ，公衆の利益は，まさにこの要件メルクマールの解釈に際して考慮されなければならない。

　人格権保護を比例原則に違反して縮減することなく，プレスの自由の意義と範囲を考慮するためには，KUG 23条1項1号における現代史の概念は，裁判官による内容の決定によって，たとえば歴史的意義または政治的意義をもつ出来事のみと理解されてはならない。これは，公衆の情報受領の利益に応じて確定されなければならない。プレスの自由と意見形成の自由の核心に

は，プレスが，法律の枠内で，自己の基準にしたがって，公衆が何に関心を持っているかを判断できる十分な余地を与えられていること，そして意見形成の過程において，何に公衆の関心が寄せられているかが明らかになることも含まれている。

BGHが，KUG 23条1項1号の「現代史の領域」に，特定の現代史的出来事によって瞬間的に公衆の関心が集ったのではなく，個々の出来事とは無関係にその地位や意義に基づいて一般的に公衆の関心が寄せられている人の肖像も含まれると判断したことにも問題はない。当事者の同意に左右されない公表を，現代史的意義を持つ人物が，社会において引きうけているその役割を果たす際の写真に限定することは，一般的人格権の要求ではない。公衆の関心は，その人物が彼の役割を果たしている場面だけでなく，通常，すなわちその役割を果たしていない時に，公共の場所においてどのように振舞うかについての情報にも及ぶ。公衆には，アイドルまたは模範とみなされている人物が，その役割に関連する振舞いと個人的な振舞いを一致させるか否かについて聞き知る正当な利益がある。ただし，この利益も，現代史の人物の無制約な写真撮影を許すものではない。KUG 23条2項は，裁判所に，基本法1条1項と結びついた2条1項の保護要求の効果を発揮させるための十分な可能性を与えている。

2.3.3 当事者の「正当な利益」

BGHが，KUG 23条2項の「正当な利益」という要件メルクマールの解釈について発展させた基準についても，憲法上の異議を唱えることは原則としてできない。

BGHの判決は，いわゆる現代史の絶対的人物にも認められている保護に値する私的領域の要件を，場所的に世間から隔絶されていることであるとした。誰もが，そこで客観的にひとりでいると認識できるために，そこでひとりになり，そして世間から隔絶されていることを信じて，多数の公衆の中では行わない振る舞いをする。BGHがKUG 22条，23条に違反するとみなすのは，そのような状況においてこっそりと，あるいは不意打ちによって撮影された写真が公表される場合である。

場所に関して世間から隔絶されているという基準は，一方では，一般的人格権の意義を考慮している。この権利は，個人に彼の自宅の外でも，公衆の

恒常的な観察のもとに置かれていないことを承知して，それゆえその観察に鑑みて彼の振る舞いをコントロールする必要がなく，むしろ緊張から開放され，自己回復すること（Zu-sich-selbst-Kommen）のできる領域を保障する。他方で，この基準は，プレスの自由を過剰に縮減するものではない。なぜなら，この基準は，現代史の人物の日常生活や私生活を写真報道から完全に自由にしているわけではないからである。むしろ，公衆の目前では写真撮影も許される。判例によれば，優越的な公衆の情報受領の利益が存在する場合には，プレスの自由が私的領域の保護にむしろ優位する可能性もある。

最後に，公衆の情報受領の利益と私的領域の保護とを衡量する際に，情報を獲得する方法を重視したことにも憲法上の異議を唱えることはできない。ただし，こっそりとあるいは不意打ちによって撮影したことのみをもって，私的領域への許容しがたい方法による侵入があったとみなすことはできない。

2.3.4　子どもとの家族関係の保護

民事裁判所の判決は，人格権の保護が，基本法6条によって子どもとの家族関係において強化されることを考慮しなかったその限りで，憲法上の要請をみたしていない。

3．その後の展開

本判決は，グリム判事が連邦憲法裁判所を退官される前日に下された。グリム判事は，在任中，名誉保護と表現の自由との調整法理の発展に尽力されたことで知られる[29]。本判決も，グリム判事が，私的領域の保護とプレスの自由との調整についての指針を示し，その運用を後任のホフマン＝リーム判事に託したものとみなされている[30]。連邦憲法裁判所は，本件以外にも，写

---

[29] D. Grimm, Die Meinungsfreiheit in der Rechtsprechung des Bundesverfassungsgerichts, NJW 1995, 1697 ff. 翻訳として，ディーター・グリム（上村都訳）「連邦憲法裁判所判決における意見表明の自由」名城法学49巻4号（2000）1頁以下。連邦憲法裁判所による表現の自由と名誉保護との調整法理については，G. Seyfarth, Der Einfluß des Verfassungsrechts auf zivilrechtliche Ehrschutzklagen, NJW 1999, 1287 ff. も参照。

　一般的人格権と意見表明の自由との調節が問題になった比較的最近の事例として，BVerfGE 99, 185. 判例評釈として，上村都「一般的人格権と意見表明の自由――ヘルンバイン決定」自治研究77巻1号（2001）128頁以下。

真報道に関連して，私的領域の保護とプレスの自由との調整にかかわる憲法異議の申立てをいくつか受けていたため，この問題について原則を明らかにしておく必要があった。連邦憲法裁判所法によれば，判事3名からなる部会（Kammer）に，憲法上の原則的意義を含まない憲法異議について決定を下す権限がある。ただし，部会が，憲法異議について決定を下すためには，あらかじめその原則が示されていなければならない。

連邦憲法裁判所第1法廷は，2000年3月から4月の間に，私的領域の保護とプレスの自由との調整を求められたいくつかの憲法異議について部会決定[31]を下した。そのなかには，カロリーヌ王女および1999年1月にカロリーヌ王女が再婚したハノーバーのエルンスト・アウグスト王子[32]の憲法異議も含まれていた。また，同法廷は，2001年4月26日にも，5件の憲法異議について部会決定[33]を下した。この5件の憲法異議の争点は，ハノーバーのエルンスト・アウグスト王子の写真公表の許容性であった。

たとえば，2000年4月13日の部会決定[34]は，カロリーヌ王女が海水浴場でつまずき，倒れたところを撮影した写真の公表が許されるか否かが争われた憲法異議を退けた。カロリーヌ王女は，民事裁判所がこの写真の公表差止めを認めなかったことによる私的領域の保護の侵害を主張した。しかし，この写真が撮影された場所は，誰でも立ち入り可能な海水浴場であったため，私的領域としての保護は認められなかった。

これに対し，エルンスト・アウグスト王子を撮影した写真の公表が許されるか否かが争われた憲法異議では，出版社が，王子の写真の公表差止めを認めた民事裁判所の5つの判決によるプレスの自由の侵害を主張した。部会は，2001年4月26日，このうち4つの憲法異議についてプレスの自由の侵害

---

[30] Soehring, a.a.O. (Fn. 6), 231.
[31] BVerfG NJW 2000, 2189 ff.
[32] カロリーヌ王女との交際・結婚によって大衆の関心の的となったアウグスト王子もまた，メディアとのトラブルに巻き込まれることになった。Vgl. K. Hesse, Caroline Spange oder: Ist Prinz Ernst August von Hannover eine Gefahr für Pressefreiheit ?, in: Festschrift f. P. Hertin, 2000, S. 691 ff.
[33] BVerfG AfP 2001, 212 ff. = ZUM 2001, 578 ff.
[34] 1 BvR 2080/98. BVerfG NJW 2000, 2192.

を認めた。

　このうちのある憲法異議[35]では，王子とカロリーヌ王女の新婚旅行中，ホテルのテラスで王子だけを撮影した写真の公表が許されるか否かが問われた。民事裁判所では，王子が，現代史の人物にあたらないとみなされ，当該写真の公表差止めが認められた。この写真は，カロリーヌ王女の新婚旅行を報道する娯楽雑誌の記事のなかで，その他の写真とともに公表された。その他の写真は，王子をカロリーヌ王女とともに撮影したものであったのに対し，公表が差止められた写真に撮影されていたのは王子だけだった。民事裁判所は，王子が，現代史の絶対的人物の同伴者（Begleiter）として王女とともに撮影されていると写真と，同じ状況でも王子ひとりだけが撮影されている写真を区別し，後者については公表差止めが認められると考えた。

　しかし，連邦憲法裁判所第一法廷の部会は，民事裁判所の判断を退けた。それによると，民事裁判所は，王子が現代史の人物にあたらないことのみを理由として公表を差止めてはならず，この写真に公衆の情報受領の利益を認めることができるか否かをさらに審査すべきだったというのである。記事の内容からみて，王子が単独で撮影された写真も，カロリーヌ王女との新婚旅行のひとこまであることは明らかである。そのような写真の公表は，王女とともに撮影された写真の公表と比較して，王子の人格権をより強く侵害するものではない。部会は，民事裁判所による衡量は，憲法上の要請をみたしていないため，プレスの自由への侵害を十分に正当化することはできないと判示した。

　このように，民事裁判所の裁判官は，連邦憲法裁判所カロリーヌ事件判決によって，写真報道による人格権侵害について，対立する法益のより綿密な衡量を求められることになったのである。

第4節　本判決の意義と射程

　カロリーヌ王女は，ドイツのメディアを相手取った裁判を通じて，以下の3つの目的を達成しようとした。それは，有名人の私的領域の保護を拡大す

---

[35]　1 BvR 182/0011. BVerfG AfP 2001, 212 (215).

ること，反論文・訂正文の公表について「武器対等の原則」[36]を貫徹すること，損害賠償額を高騰させることによりメディアによる人格権侵害に制裁を加えることである。このうち，損害賠償額については，BGHの1994年の判決[37]が，人格権侵害の損害賠償額を決定する際に制裁機能や抑止・予防機能を考慮することを認めて注目を集めていた。武器対等の原則については，連邦憲法裁判所の1998年の決定[38]が，雑誌の表紙への反論文・訂正文掲載の合憲性をすでに確認していた。カロリーヌ王女は，1999年の本判決によって，王女の主張どおりではないものの，私的領域の保護のある程度の拡大にも成功した。

本判決[39]によれば，①基本法1条1項と結びついた2条1項から導出される一般的人格権によって保護された私的領域は，自宅の領域に限定されない。個人は，自宅外でも，明らかに世間から隔絶された場所で，写真報道によって妨げられずに振舞う可能性を原則として有していなければならない。②一般的人格権は，自己の人格を商業化するための保障ではない。描写されることからの私的領域の保護は，各人が自ら，特定の，通常は私的とみなされる事項を公開することに同意したその限りにおいて退く。③両親または片親の一般的人格権の保護内容は，子どもに対する親に固有の行為を撮影した写真の公表が問題となっている限り，基本法6条1項と2項によって強化される。④基本法5条1項に含まれたプレスの自由の保障は，娯楽的な出版物，記事ないしそこに掲載された写真にも及ぶ。これは，公的生活を送る人物を，日常生活または私生活において撮影した写真の公表にも原則として妥当する。本判決では，娯楽記事のプレスの自由にとっての意義（上記④）についても

---

[36] この原則によれば，反論権に基づく反論文は，反論対象の記事が掲載されていたのと同じ欄に，同じ活字で掲載されなければならない。Vgl. K. Sedelmeier, in: Löffler, Presserecht, 4. Aufl. 1997, § 11 LPG Rdnr. 173.

[37] BGHZ 128, 1.カロリーヌ王女事件のうち，金銭的救済の額をめぐる論争について，中村・前掲注(3)1頁以下，窪田充見「ドイツ法における人格権侵害を理由とする損害賠償請求権の役割——BGHのカロリーヌ・カロリーヌ王女事件判決をめぐる状況」ジュリスト1199号（2001）33頁以下が検討を加えている。

[38] BVerfGE 97, 117. 判例評釈として，鈴木秀美「プレスの自由と反論文・訂正文掲載請求権」自治研究76巻12号（2000）136頁以下。

[39] BVerfGE 101, 361の判決要旨である。

11. 有名人のプライバシーと写真報道の自由 [鈴木秀美]

興味深い判示がなされているが，以下ではプレスの自由と対立する私的領域の保護の理解，および両者の調整を中心に検討することにしたい。

これまで，私的領域として保護されるのは，自宅の領域に限られると解されてきたが，連邦憲法裁判所は，私的領域の保護は自宅だけでなく，自宅外の，世間から隔絶された場所にも及ぶとしたBGHの解釈を認めた。連邦憲法裁判所は，これに加えて，子供に対する親に固有の行為について，子供を保護するという観点から，一般的人格権による保護が強化されることを明らかにした。これらの保護は，有名人にも及ぶものである。したがって，自宅の外でも，世間から隔絶された場所にいる有名人を望遠カメラ等で撮影した写真を公表する場合には，有名人の正当な利益と，公衆の情報受領の利益との衡量が要請される。また，有名人が自分の子どもと過している場合には，世間から隔絶されているという状況になかったとしても，写真を撮影し，公表することは原則として許されない。本判決は，これらの原則を示すことにより，私的領域の保護とプレスの自由との衡量に成功したという評価を受けている(40)。

本判決は，KUG 23 条 1 項 1 号の「現代史の領域からの肖像」の解釈において，カロリーヌ王女の肖像がそれにあたることは認めているが，王女がいわゆる現代史の絶対的人物にあたるか否かについての判断を下していない。このため，連邦憲法裁判所は，BGHが採用している現代史の絶対的人物と相対的人物の区別を放棄しようとしているのではないかとの指摘もみられた(41)。両者の区別は，プレスの自由と私的領域の保護の調整にある程度の手がかりを与えるものの，機械的に運用されると，現代史の絶対的人物にあたるとみなされた人物は，人格権保護の可能性の大部分を奪われてしまうことになる。このため学説からは，ある人の肖像が「現代史の領域からの肖像」にあたるか否かを判断するためには，個別事例に応じた衡量が必要であるとの批判がでていた(42)。本判決も，「現代史の領域からの肖像」の解釈において，公衆の情報受領の利益を考慮すべきことを指摘しており(43)，個別事例におけ

---

(40) Frotscher, a.a.O. (Fn. 6), 555 ff., 563. ただし，本判決が，人格権の経済的側面を考慮に入れていないという批判もある。Ladeur, a.a.O. (Fn. 6), 879 ff.

(41) Soehring, a.a.O. (Fn. 6), 232.

る諸事情の衡量を重視していることが伺える。

なお，2001年4月23日の部会決定[44]では，「現代史の絶対的人物」の概念について，本判決を参照しつつ[45]，従来の理解によってこの概念を用いることに憲法上の疑念は原則としてないものの，「個別事例においてそれが支持されるのは，法適用に際し，公衆の情報受領の利益と，肖像を描写される人物の正当な利益との衡量がなされるその範囲に限られる」と判示されており，注目される。

ところで，ドイツ基本法は，1条1項において人間の尊厳の不可侵について規定したうえで，2条1項において「各人は，他人の権利を侵害せず，かつ，憲法的秩序または道徳律に違反しない限りにおいて，自己の人格を自由に発展させる権利を有する」との規定によって，いわゆる「人格の自由な発展についての権利」（Recht auf freie Entfaltung der Persönlichkeit）を保障している。憲法判例は，この権利に基づいてさらに，一般的行為の自由（allgemeine Handlungsfreiheit）と一般的人格権という2つの基本権を承認している。このうち，一般的人格権の役割[46]は，「伝統的な具体的自由の保障によって最終的にはとらえられない，局限された人格的生活領域とその根本条件の維持を保障することにある」[47]と解されている。連邦憲法裁判所は，1条1項と結びついた2条1項に基づいて一般的人格権についての憲法判例を発展させてきた[48]。この権利は，人間の尊厳と同様に，主体としての個人の資質を保護するため，1条1項との関連性を有するものとされている[49]。

---

(42) M. Paschke, Medienrecht, 2. Aufl. 2001, Rdnr. 703. Vgl. E. Steffen, in: Löffler, Presserecht, § 6 LPG Rdnr. 129 ff.; Prinz/Peters, Medienrecht, Die zivilrechtlichen Ansprüche, 1999, Rdnr. 859.

なお，BGH判事フォン・ゲルラッハは，インタビューのなかで，「現代史の人物」の概念を法改正によって廃止すべきとの見解について，理論的にはそれが望ましいであろうが，それは法の継続的発展にとっての不可欠の条件ではなく，裁判官は，おそらく立法者よりも上手く，時代の要請に応えることができると信じていると述べている。J. v. Gerlach, Wie "stabil" sind die Rechte der Persönlichkeit？, ZRP 1999, 439 ff., 441.

(43) BVerfGE 101, 361 (392).

(45) Vgl. BVerfGE 101, 361 (392).

(46) D. Murswiek, in: Sachs, GG-Kommentar, 2. Aufl. 1999, Art. 2 Rdnr. 59 ff.

連邦憲法裁判所は，従来，一般的人格権によって保護された人格の発展領域を，社会関連性を尺度として段階づけて取り扱う「領域理論」(Sphärentheorie)[50]を採用してきた。この理論によれば，人格の発展領域は，人間の自己決定の核心領域として絶対的に保護される「核心領域ないし内密領域」，比例原則の厳格な適用のもとで制限が許容される「私的領域」，公共の福祉のために広範な制限を受ける「社会的領域」という段階的・同心円的な構造を有している。領域理論は，いわゆる定義づけ衡量を試みるものであり，そこからは，問題となった事例にどの程度の基本権による保護が及ぶかについての手がかりを得ることができる。ただし，この理論には，各領域の境界が実際には必ずしも明らかではなく，人によってその内容も相違する可能性があるという問題[51]があった。そのうえ，「核心・内密領域に対する保護は十分に行われても，個人あるいはそのものに関する私的事項が外的世界と接触を持った場合には，人格権保護の任務をほとんど果たすことができないという欠陥」[52]を指摘されていた。連邦憲法裁判所自身も，1989年のいわゆる日記決定[53]において核心領域の相対化を認めた。前述したグリム判事は，1996年の論文において，人格権に対する侵害の重大性は，「それがどの領域にあるかによって定まるものではない」[54]ため，領域理論は個別事例において諸事情を顧慮することの代わりにはならないと指摘して，私法における対等な基本権主体の対抗利益を調整するためには，綿密な衡量が重要になると説いて

---

(47) BVerfGE 54, 148 (153).

(48) グリム（上村訳）・前掲注(7)参照。

(49) Pieroth/Schlink, Grundrechte Staatsrecht II, 15. Aufl. 1999, Rdnr. 373.

(50) 領域理論については，根森健「人格権の保護と『領域理論』の現在――最近のドイツ連邦憲法裁判所判例から」時岡弘先生古稀記念『人権と憲法裁判』75頁以下（成文堂・1992），同「人間の尊厳の具体化としての人格権――人格権研究序説」小林孝輔編『ドイツ公法の理論』297頁以下（一粒社・1992）参照。

(51) Murswiek, a.a.O. (Fn. 46), Rdnr. 105の指摘。U. F. H. Rühl, Das allgemeine Persönlichkeitsrecht ― Versuch einer Annäherung an seine Strukturen und Prinzipien, in: M. Albers (Hrsg.), Beobachten―Entscheiden―Gestalten: Symposion zum Ausscheiden von D. Grimm aus dem Bundesverfassungsgericht, 2000, S. 79 ff., 91 ff. は，領域理論を批判的に検討。

(52) 玉蟲由樹「ドイツにおける情報自己決定権について」上智法学論集42巻1号（1998）115頁以下の指摘。Vgl. K. Vogelgesang, Grundrecht auf informationelle Selbst-

いた。本判決には，このようなグリム判事の見解が反映されているといえよう。

本判決によれば，一般的人格権から導出される私的領域の保護は，テーマ（情報内容）と空間という2つ観点によって決定される。「この保護は，一方では，その情報内容のために典型的に『私的』（privat）とみなされる事項を対象とする。なぜなら，それを公然と討論したり，公然と示したりすることが穏当ではないとみなされ，その公表が不愉快なことと感じられたり，周囲のマイナスの反応を引き起こすからである」(55)。本判決はその例として，日記における自己との論争(56)，夫婦間の秘密のコミュニケーション(57)，性に関する領域(58)，社会的逸脱行為(59)，または病気(60)をあげている。「他方で，この保護は，個人がひとりになり，緊張を解き，また放っておかれることを可能にする空間的領域に及ぶ」(61)。空間的な私的領域の保護は，いわゆる人口統計調査決定(62)以来，確立された判例である。本判決は，空間によって決定される私的領域について，「その核心において重要なのは，個人が公衆の観察から開放され，したがって公衆によって強制される自制心から開放される，そういう可能性を有する空間である」(63)とする。これは，日本でプライバシー権について唱えられている「社会的評価からの自由説」(64)に相当する。本判決は，私的領域についてのこうした理解に基づいて，自宅の外でも，世間から隔絶されているという要件をみたす場合，その空間には私的領域としての保護が及ぶことを明らかにした。カロリーヌ王女は，私的領域の保護か

---

bestimmung？, 1987, S. 49.
(53) BVerfGE 80, 367.
(54) Grimm, a.a.O. (Fn. 7), S. 24. 引用部分は，グリム（上村訳）・前掲注(7)137頁による。
(55) BVerfGE 191, 361 (382). 強調は原文による。
(56) BVerfGE 80, 367.
(57) BVerfGE 27, 344.
(58) BVerfGE 47, 46; 49, 286.
(59) BVerfGE 44, 353.
(60) BVerfGE 32, 373.
(61) BVerfGE 101, 361 (382 f.).
(62) BVerfGE 27, 1 (6).

ら，第三者あるいは公衆に対する自己表現についての自己決定権が導出されると主張したが，連邦憲法裁判所はこれを否定した。パパラッツィに対抗する必要から，私的領域の保護を，自宅外で世間から隔絶された場所にまで拡大したものの，空間的に決定される私的領域の保護は，他人の侵入からの保護としての理解にとどまっている。

　日本の場合，学説におけるプライバシー権をめぐる議論は，「領域説から役割説へ」[65]と展開している。ドイツ的な「領域説」から離れて，「当該個人の果たす役割とその情報との関連性」からプライバシーの外延を問う試みが登場し，「自己情報コントロール権説」[66]が有力となっている。学説においては，この説と前述の「社会的評価からの自由説」および「自己イメージのコントロール権説」[67]との間で議論が展開されている[68]。これに対しドイツでは，一般的人格権の内実として，「私的領域の保護」の基本権のほか，「人物の描写についての処分権」としての「自己の像に関する権利」[69]，「各人が自己の個人データの開示および使用について，原則として自ら決定する権限」としての「情報自己決定権」[70]が判例によって認められている。そこで，これらの相互関係が問題となるが，前述のグリム判事の整理によれば，一般的人格権は内容的に開かれているため，これを概念的に把握することは困難であるものの，その適用領域として，現在，①他の基本権によって保護されていない，人格の基本的構成条件およびアイデンティティーの保持（たとえば，自己の出自を知る権利），②第三者による個人情報の任意利用，③第三者による人物の描写がある。その際，私的領域は，②による侵害からも，③による侵

---

[63]　BVerfGE 101, 361 (383).
[64]　阪本昌成『プライヴァシー権論』7頁以下（日本評論社・1986年），佐伯仁志「プライヴァシーと名誉の保護(3)」法学協会雑誌101巻9号（1984）130頁。
[65]　阪本昌成「プライヴァシーと自己決定の自由」樋口陽一編『講座・憲法学 第3巻 権利の保障』231頁（日本評論社・1994）の指摘。
[66]　佐藤幸治『憲法〔第3版〕』453頁（青林書院・1995）。
[67]　棟居快行『人権論の新構成』185頁以下（信山社・1992）。
[68]　日本における議論の概観として，阪本・前掲注[64]227頁以下，竹中勲「プライヴァシーの権利」高橋和之＝大石眞編『憲法の争点〔第3版〕』72頁以下（有斐閣・1999）。
[69]　BVerfGE 34, 238 (246); 35, 202 (220); 87, 334 (340); 97, 228 (268 f.).
[70]　BVerfGE 65, 1 (42); 80, 367 (373).

害からも保護されるという。

　個々の事案ごとに，一般的人格権によって保護される法的利益を具体的に検討し，対立する憲法上の法益（本件では，プレスの自由）との衡量を行うというドイツのアプローチは，プライバシー権と表現の自由の調整をめぐる日本の議論にも重要な示唆を与えているように思われる[71]。

---

(71)　日本でも最高裁は，同様のアプローチによっているが，最近では，下級審においてもプライバシーを日本語に置き換え，その内容を事例ごとに限定する動きがみられるという。村上孝止「モデル作品と名誉・プライバシーの問題」久留米大学法学36号（1999）111頁，125頁以下参照。

第 3 部

EU法・ヨーロッパ法各論――私法

12. ヨーロッパ契約法原理について

角田光隆

はじめに

　私は,「ヨーロッパ共通私法へ潮流」[(1)],「ヨーロッパ私法へのアプローチ」[(2)],「ヨーロッパの政治・経済統合と私法の体系」[(3)],「欧州統合による知的財産法の形成について」[(4)],「ヨーロッパ契約法原理」[(5)]という研究論文と翻訳を公表してきた。「ヨーロッパ私法へのアプローチ」は, 私法に関連するヨーロッパ法の現状を理解するための研究対象と視角を論じている。この研究対象と視角から書かれた論文が,「ヨーロッパ共通私法への潮流」,「ヨーロッパの政治・経済統合と私法の体系」,「欧州統合のよる知的財産法の形成について」である。これらの中の最初の論文は歴史的な側面からのものであり, ヨーロッパ法の歴史的成立過程を明らかにしようとしている。これは連載継続中であり, 論文の基礎となっている書物の改訂版の研究の後に続稿を公表する予定である。中間の論文は最初の論文と関連するが, 現代法の部分に限定して書かれたものである。政治的・経済的な観点を含めながら, 私法

---

(1) 拙稿「ヨーロッパ共通私法への潮流(1)」琉球大学法文学部『琉大法学』59号（1998年）115頁以下。同「ヨーロッパ共通私法への潮流(2)」琉球大学法文学部『琉大法学』60号（1998年）101頁以下。同「ヨーロッパ共通私法への潮流(3)」琉球大学法文学部『琉大法学』62号（1999年）207頁以下。

(2) 拙稿「ヨーロッパ私法へのアプローチ」琉球大学法文学部『琉大法学』61号（1999年）61頁以下。

(3) 拙稿「ヨーロッパの政治・経済統合と私法の体系(1)」琉球大学法文学部『琉大法学』63号（2000年）60頁以下。

(4) 拙稿「欧州統合による知的財産法の形成について」Georg Ress 教授65歳記念論文集『EU法の現状と発展』（信山社，2001年）175頁以下。

(5) Ole Lando/Hugh Beale 編著・角田光隆編訳「『ヨーロッパ契約法原理』―第一章第一条・第二条」琉球大学法文学部『琉大法学』65号（2001年）。

の体系を消費者保護と環境保護を素材にして論ずるものである。最後の論文は知的財産法という特定の分野に限定してヨーロッパ法の現状を論じたものであり、アジア法への寄与を考慮している。その他の「ヨーロッパ契約法原理」は、Ole Lando 教授と Hugh Beale 教授が編集者となっている『ヨーロッパ契約法原理』[6]の条文の翻訳、コメントと注の紹介、私の比較法研究を内容としている。

このような研究を踏まえながら、本稿はヨーロッパ契約法原理を解説することを目的としている。これは前述した「ヨーロッパ契約法原理」と関連していることは明らかである。ただし、本稿は『ヨーロッパ契約法原理』の全体を概観し、最近のヨーロッパ私法の動向を意識しながら、簡単な比較法的考察をしている。

『ヨーロッパ契約法原理』において[7]、はしがきと序文で契約法原理の策定過程と意義が述べられている。全部で九章に分けられている。第一章は一般規定で、第一条が契約法原理の範囲、第二条が一般的義務、第三条が術語とその他の規定となっている。第二章は契約の形成で、第一条が一般規定、第二条が申込と承諾、第三条が交渉に対する責任である。第三章は代理人の権限で、第一条が一般規定、第二条が直接表示、第三条が間接表示となっている。第四章は有効性である。第五章は解釈である。第六章は内容と効果である。第七章は履行である。第八章は不履行と救済方法一般である。第九章は不履行に対する特定の救済方法で、第一条が履行に対する権利、第二条が履行の抑制、第三条が契約の終了、第四条が価格の減額、第五条が損害賠償と利息となっている。これらのすべての条項にコメントと注が付いている。

このような条項の内容を概観することにするが、これらの内容から契約法の一部だけであることが理解できる。ただし、その他の事項の検討が予定されている。また新たに、ドイツのオスナブリュックを中心に契約外債権関係、オランダを中心に売買とサービス、ドイツのハンブルグを中心に担保付取引と金融サービスに関するリステイトメントの作成が進んでいる[8]。法典編纂が将来行われるのか否かは明らかではないが、これらのリステイトメントは

---

(6) Ole Lando/Hugh Beale, Principles of European Contract Law Parts 1 and 2, Kluwer Law International 2000.

(7) Ole Lando/Hugh Beale, op. cit. (6).

アメリカのリステイトメントと同じ意味を持つことになると推測できる。これらの完成を待って，私の研究対象にするつもりでいる。

ところで，ヨーロッパ私法の形成に寄与するものは，ヨーロッパ共同体法（特に基本条約・指令・共同裁判所の判例），個別国家の立法・判例，ローマ私法統一国際協会・ランドー契約法委員会・国際連合の国際商取引法委員会などの国際団体の活動，法学，法曹教育などである。これらの最近の動向については，Ewoud Hondius 教授による1998年から2000年の一般的調査によって明らかに示されている(9)。私がヨーロッパ私法の研究を始めた時と比較して，ヨーロッパ私法に関する公的機関の活動や私的な研究活動などが多くなっていることが理解できる。それ故，関連文献の数が増えてきているので，ヨーロッパ私法の研究は容易になった。また，ヨーロッパ私法に関する問題点も明らかになってきているので，個別テーマの取捨選択ができ，より深い研究が可能となってきている。

この一般的調査から興味深いことは，消費者保護に関する指令とヨーロッパ私法に関する原理およびリステイトメントの作成に関するものである。これらの法規範は前述した私の論文のまさに研究対象となっているものである。これらはヨーロッパ私法の具体的な形態となるものである。この具体的な形態の中には，ヨーロッパ共同体裁判所の判例と個別国家の判例と法律も含まれる。後者はある個別国家で下された判例と制定された法律の持っている他国における影響に関するものである。

ヨーロッパ私法に関する研究書が以前よりも増大しており，このことはこの分野の関心の高さを示している。全ヨーロッパ的な研究書だけでなく，個別国家におけるヨーロッパ私法の意義に関する研究書が増えている。その調査によれば，ヨーロッパ諸国では，オーストリア，ベルギー，チェコ共和国，デンマーク，フランス，ドイツ，ギリシャ，イタリア，オランダ，スペイン，スイス，イギリスが取り上げられており，ヨーロッパ私法の研究がかなり広がっていることがわかる。しかし，それ以上にヨーロッパ諸国以外でもヨー

---

(8) Reinhard Zimmermann, Die "Principles of European Contract Law, Teile I und II ", ZEuP 3/2000 S. 393.

(9) Ewoud Hondius, European Private Law-Survey 1998-2000, ERPL Vol. 8 No. 2 2000 pp. 385ff.

ロッパ私法の研究が増えていることが理解できる。たとえば，オーストラリア，イスラエル，アメリカにおける研究が取り上げられているのである。その調査にはなかったが，日本におけるヨーロッパ私法の研究も含めておくべきである。世界におけるヨーロッパの経済的地位の上昇に伴って，さらにヨーロッパ以外の国々で研究されることになるであろう。けしてアジア諸国も例外ではないのである。なぜならヨーロッパ法の継受という事実もあるからである。

その調査は歴史研究を含めた民・商法と民事訴訟法に関する研究書を網羅的に簡単な説明を加えて紹介している。また幾つかの主要な問題，たとえば，私法を調和させるべきか否か，法典編纂すべきか否か（消費者法典・民事法典），信義誠実の法的位置づけ，調和法の構築と解釈が指摘されている。歴史研究を含めた民・商法と民事訴訟法に関する研究はさらに深まっていくことが予想されるし，これらの幾つかの主要な問題もこの研究の進展に合わせて今後も議論され続けるものである。その調査の結語にあたる「将来」を見てもそういえるものと考える次第である。

その調査は自ら自覚しているように完全なものではなく，ヨーロッパ私法の形成に寄与するものとして挙げた基本条約の影響については述べられていない。ただし，別稿で述べる予定であると書かれている。基本条約の影響の研究は基本条約の成立過程の研究にも結び付くことになる。また，法曹教育についても言及がなく，研究書も限定されている。しかし，約二年間のヨーロッパ私法の動向を概観するのには大いに役立っている。

私がこれから解説しようとしている『ヨーロッパ契約法原理』はその一般的調査において，ヨーロッパ私法に関する原理の中で取り上げられていた。良く比較されるローマ私法統一国際協会の国際商事契約法原理とともに，『ヨーロッパ契約法原理』は法規範を定立している意味で卓越した存在である。この理論に依拠した研究も出てきている[10]。

その一般的調査で言及されておらず，その後で現れた研究書などについて言及しておくことにする。たとえば，歴史研究に関する著書が Alan Watson

---

[10] Lena Olsen, The choice of the aggrieved party–An analysis of the remedies in the Principles of the European Contract Law, ERPL Vol. 7 No. 1 1999 pp. 21ff.

教授[11]とReinhard Zimmermann教授[12]によって刊行されている。これらはヨーロッパ法の土台となったローマ法の観点が入っている。ヨーロッパ私法という表題の付いた著書が何冊も出版されている[13]。個別的なテーマとなると債権法の領域が多い[14]。この領域がヨーロッパ私法の中で必要度が高いからであると解釈することができる。特に契約法に関するものが多い。これに次いで，不当利得法と不法行為法がある。物権法の領域でも比較法的考察が行われつつある。特に，Christian v.Bar教授を代表とする研究グループが注

---

(11) Alan Watson, The Evolution of Western Private Law, The Johns Hopkins University Press 2001.

(12) Reinhard Zimmermann, Roman Law, Contemporary Law, European Law : The Civilian Tradition Today, Oxford at the Clarendon Press 2001.

(13) Mark Van Hoecke/F. Ost, The Harmonisation of European Private Law, Hart Publishing, 2000.
Reiner Schulze/Reinhard Zimmermann (Hrsg.), Basistexte zum Europäischen Privatrecht, Nomos, 2000.
Reiner Schulze/Arno Engel/Jackie Jones (Hrsg.), Casebook Europäisches Privatrecht, Nomos, 2000.
Stefan Grundmann (Hrsg.), Systembildung und Systemlücken in Kerngebieten des Europäischen Privatrechts, Gesellschafts-, Arbeits-, und Schuldvertragsrecht, Mohr Siebeck 2000.

(14) Roger Brownswood, Contract Law Themes for the Twenty-First Century, Butterworths, 2000.
Usabel Steltmann, Die Vertragsstrafe in einem Europäischen Privatrecht: Möglichkeiten einer Rechtsvereinheitlichung auf der Basis eines Rechtsvergleichs der Rechtsordnungen Deutschlands, Frankreichs, Englands und Schwedens, Duncker & Humblot, 2000.
Peter Schlechtriem, Restitution und Bereicherungsausgleich in Europa-Eine rechts-vergleichende Darstellung, Bd I , Mohr Siebeck, 2000.
Jürgen Basedow (Hrsg.), Europäische Vertragsrechtsvereinheitlichung und deutsches Recht, Mohr Siebeck, 2000.
Ute Goergen, Das Pactum de non cedendo, Nomos, 2000.
Filippo Ranieri, Europäisches Obligationenrecht, Springer, 1999.
Reiner Schulze/Hans Schulte-Nölke (Hrsg.), Casebook Europäisches Verbraucherrecht, Nomos, 1999.
Walter Van Gerven/J. Lever/P. Larouche et al, Cases, Materials and Text on National, Supranational and International Tort Law, Hart Publishing, 2000.

目に値する[15]。ドイツやフランスなどの主要国の物権法理論のほかに，主要国以外の物権法理論を加えることによって理論的高度化という成果があるのか否かの研究が必要である。その他の商事法や経済法の領域でもヨーロッパ法の研究は進んでいる。

また，私法の改革と統一に対する法学部の貢献の在り方[16]や法曹教育の中におけるヨーロッパ法の位置づけについて議論されている[17]。その他に，不法行為と保険法に関するヨーロッパセンターの設立とドイツ・フランス消費者相談所の報告がある[18]。21世紀における民事法の性格，特にヨーロッパ法典の可能性についての研究大会が開催されたという報告もある[19]。

このようなヨーロッパ私法の動向を意識しながら，日本法の比較法的考察が可能である。また，アジアにおける日本法の寄与を考えると日本法の基盤の一つとなったヨーロッパ私法を考察し，これを考慮した法整備支援と法学教育が必要である。

以下の論述はヨーロッパ契約法原理の背景と有用性，条項の内容，日本法に対する比較法的意義の順に書き，最後にまとめを述べることにする。

第1節　ヨーロッパ契約法原理の背景と有用性

ヨーロッパ契約法原理を策定するきっかけとなったのは[20]，1974年に開催された契約上および契約外の債権関係に適用される法に関するEEC条約草案に関するシンポジウムの時に，この法準則の選択では統合市場に必要な法

---

[15] Christian von Bar, Sachenrecht in Europa, Bd I (2000) Bd II (2000) Bd III (1999), Rasch.

[16] Peter Schlechtriem, Towards a European Law–The Contribution of Law Faculties to Reform and Unification of Private Law, European Journal of Law Reform Vol. I Issue 1/2 1998/1999, pp. 31ff.

[17] Joseph Legerer/Kristin Nemeth, Europarecht in der Juristenausbildung–ein Überblick unter besonderer Berücksichtigung der Neuordnung des rechtswissenschaftlichen Studiums in Österreich, ZEup 1/2000, S. 142ff.

[18] Information, ZEup 2/2000, S. 359ff.

[19] Kai Rossig, Zivilrecht im 21. Jahrhundert–Nationale oder europäische Kodifikation?, ZEup 4/2000, S. 938ff.

[20] Ole Lando/Hugh Beale, op. cit. (6), Preface.

12. ヨーロッパ契約法原理について [角田光隆]

的統一性が確立できないことを意識したことである。この時から徐々に構想が温められて、実際にヨーロッパにおける契約法原理の探求が始まったのは、1980年の12月からであった。第一委員会は1991年まで続き、EC構成国から大学教授と実務家が参加した。第二委員会は1992年から1996年までで、EU構成国から大学教授と実務家が参加した。各国の研究報告を基にして、具体的な条項の策定が行われたのである。この成果は条項とコメント・注を含んだ著書として公表された。最初は1995年に出版されたが、最新版は2000年に出版されている。

したがって、法的統一性に対する必要性が契約法原理の策定の前提にあった。この必要性は経済的にはクロス・ボーダー取引が増大したことによる。外国との取引において各国の法制度が異なることは、取引の活発化にとって障害物となる場合がある。できる限り同じ法制度であることが望ましい。それ故、このような取引環境から法的統一性の要求が出てくるものである。これがヨーロッパにおいても現れたと見てよいであろう。さらに、ヨーロッパにおいて特殊なことは、このクロス・ボーダー取引の増大が市場統合によって促進されたことである[21]。

ヨーロッパの市場統合に関連することは[22]、1951年の欧州石炭鉄鋼共同体の成立から始まる。1957年には、欧州経済共同体と欧州原子力共同体が成立した。1965年には、三共同体の機関が統一されて、欧州共同体が成立した。このような共同体の確立によって、共同体内において共同市場が確立していった。1985年に欧州理事会は域内単一市場を1992年までに完成することで合意した。欧州委員会は域内市場の完成に関する「域内市場統合白書」を提出した。これを実行するために1986年に単一欧州議定書が締結された。1992年にはマーストリヒト条約が締結された。同年に域内市場統合がほぼ完成した。1999年に、単一通貨ユーロが誕生した。この市場統合が有効に機能するために、物理的・技術的障害などの国家法の相違が除去された。契約法の調和化も単一市場の適切な機能にとって重要なものとなったのである。

欧州共同体の共同市場に適合した私法分野の法制度は、欧州共同体法に

---

[21] Ole Lando/Hugh Beale, op. cit. (6), Introduction.
[22] 拙稿、前掲（注3）10頁以下。

よって創設された。共同体法の中では，特に指令がその役割を果たした。指令の対象は，会社法，労働法，契約法および消費者保護法，宣伝・広告法，著作権およびデータ保護法，工業所有権法である。契約法および消費者保護法の中から具体的にあげると，1985年の欠陥のある製造物に対する責任に関する指令[23]，1985年の営業所以外で締結された契約における消費者保護に関する指令[24]，1986年の独立的な商取引に関する構成国の法規定の調整に関する指令[25]，1986年の消費者信用に関する指令[26]，1990年のパッケージ旅行に関する指令[27]，1991年の定期航空運送における運送不履行に対する補償給付制度の共通規定に関する規則[28]，1991年の保険仲介業者に関する勧告[29]，1993年の消費者契約の濫用条項に関する指令[30]，1994年の電子式データー交換の法的側面に関する指令[31]，1994年の不動産の部分的利用権の取得に関する契約側面における取得者の保護に関する指令[32]，1995年の商取引の

---

[23] Council Directive of 25 July 1985 on the approximation of the laws, regulations and administrative provisions of the Member States concerning liability for defective products (85/374/EEC).

[24] Council Directive of 20 December 1985 to protect the consumer in respect of contracts negotiated away from business premises (85/577/EEC).

[25] Council Directive of 18 December 1986 on the coordination of the Member States relating to self-employed commercial agents (86/653/EEC).

[26] Council Directive of 22 December 1986 for the approximation of the laws, regulations and administrative provisions of the Member States concerning consumer credit (87/102/EEC).

[27] Council Directive of 13 June 1990 on package travel, package holidays and package tours (90/314/EEC).

[28] Council Regulation (EEC) No 295/91 of 4 February 1991 establishing common rules for a denied-boarding compensation system in scheduled air transport.

[29] Commission Recommendation of 18 December 1991 on insurance intermediaries (92/48/EEC).

[30] Council Directive 93/13/EEC of 5 April 1993 on unfair terms in consumer contracts.

[31] Commission Recommendation of 19 October 1994 relating to the legal apects of electronic data interchange (94/820/EC).

[32] Directive 94/47/EC of the European Parliament and the Council of 26 October 1994 on the protection of purchasers in respect of certain aspects of contracts relating to the right to use immovable properties on a timeshare basis.

支払期限に関する勧告[33]，1997年の越境振替送金に関する指令[34]，1997年の投資者の補償制度に関する指令[35]，1997年の遠隔販売における契約の締結の場合の消費者保護に関する指令[36]，1997年のユーロの導入に関連した規定に関する指令[37]，1997年の電子式支払手段によって行われる取引に関する勧告[38]，1997年の航空運送業者の事故責任に関する規則[39]，1998年の消費者の権利の争いに関する裁判外の調停に権限を持つ団体に適用される原則に関する勧告[40]，1998年のユーロの導入に関する規則[41]，1998年の消費者利益の保護のための不作為の訴えに関する指令[42]，1999年の消費財の売買および保証に関する指令[43]がある。

　これらの共同体法は共同体構成国の契約法および消費者保護法に導入されてきた。しかし，これらの規則，指令，勧告は，契約法および消費者保護法

---

[33] Commission Recommendation of 12 May 1995 on payment periods in commercial transactions (text with EEA relevance) (95/198/EC).

[34] Directive 97/5/EC of the European Parliament and of the Council of 27 January 1997 on cross-border credit transfers.

[35] Directive 97/9/EC of the European Parliament and of the Council of 3 March 1997 on investor-compensation schemes.

[36] Directive 97/7/EC of the European Parliament and of the Council of 20 May 1997 on the protection of consumers in respect of distance contracts.

[37] Council Regulation (EC) No 1103/97 of 17 June 1997 on certain provisions relating to the introduction of the euro.

[38] Commission Recommendation of 30 July 1997 concerning transactions by electronic payment instruments and in particular the relationship between issuer and holder (97/489/EC).

[39] Council Regulation (EC) No 2027/97 of 9 October 1997 on air carrier liability in the event of accidents.

[40] Commission Recommendation of 30 March 1998 on the principles applicable to the bodies responsible for out-of-court settlement of consumer disputes (98/257/EC).

[41] Council Regulation (EC) No 974/98 of 3 May 1998 on the introduction of the euro.

[42] Directive 98/27/EC of the European Parliament and of the Council of 19 May 1998 on injunction for the protection of consumers' interests.

[43] Directive 1999/44/EC of the European Parliament and of the Council of 25 May 1999 on certain aspects of the sale of consumer goods and associated guarantees.

の法領域の一部分にすぎない。この種の特別な類型を規律する共同体法を整理・統合し，有効に機能させるために，共同体の範囲にわたる一般契約法の基礎を作ることが必要となってくるのである。

　以上のように，統合市場を強化し，市場統合によって促進されたクロス・ボーダー取引を容易にすること，共同体法の不備を補強することが，ヨーロッパ契約法原理の策定の根本認識となるものである。

　この根本認識に基づきながら作られてきたヨーロッパ契約法原理には，副次的効果が存在した。これも契約法原理の作成の意義と理解されている[44]。

　たとえば，共同体構成国の裁判所と立法機関のためのガイドラインの提供である。契約法原理は契約法の諸問題における解決方法の共通部分である。それ故，共同体に基礎を置く契約法の発展を保障することに関心を持つ裁判所と立法者にとって役立つものである。また，仲裁人や法律アドバイザーの判断基準としても利用されうるものである。

　ヨーロッパ共同体は中央ヨーロッパと東ヨーロッパへ拡大することが予想されている。たとえば，ポーランド，チェコ，ハンガリー，エストニア，スロベニア，リトアニア，ラトビア，スロバキア，ルーマニア，ブルガリア，マルタなどである。これらの国々の共同体の加盟条件は，民主主義・法の支配・人権・少数民族の保護などを保障する安定した制度の構築，政治・経済・通貨に関する統合目的の遵守などの加盟国義務のほかに，市場経済が有効に機能することである。それ故，市場経済に適合した法制度を制定する必要がある。この制定における選択肢の一つとして，契約法原理が役立つのである。

　ヨーロッパ共同体の構成国には，大陸法諸国とコモン・ロー諸国が加盟している。これらの諸国の間では，法概念などが相違している。従来から大陸法と英米法の比較研究が行われてきた。契約法原理もこの文脈で捉えることができる。契約法原理の策定にあたって，構成国の契約法が利用されていることからイギリスの契約法が入っているだけでなく，アメリカの統一商事法典と契約および不当利得に関するリステイトメントが参照されているのである。したがって，契約法原理は大陸法諸国とコモン・ロー諸国の契約法を総

---

[44] Ole Lando/Hugh Beale, op. cit. (6), Introduction.

合したような形となっている。法概念などが相違することは単一市場の有効な機能にとって有害なものである。それ故，契約法原理はそれを調和化することに役立つものである。たとえ調和化の到達地点ではないとしても，調和化の試みの出発点と考えることができるであろう。

共同体レベルのヨーロッパ法典が編纂されるのか否かが研究者の間で討議されている。そのための学会も開催された。1989年と1994年のヨーロッパ議会において私法典の起草の決議はあったが，実際に法典編纂がされるのかは明らかではない。実務的な有用性はあったとしても，各国の主権の分野として法典編纂に否定的な態度を採ることが可能である。しかし，将来あり得るかもしれない法典編纂に契約法原理が役立つことは間違いないであろう。

その他に考えられるのは，多様な国で生活・営業する者で中立的な準則によって契約関係を規律することを望む者にとって役立つこと，国際契約において基準とされた法の一般原則や国際的に承認された原則の内容となること，国家法が特別な問題に対する準則を持っていない場合や当事者が契約を規律する法について選択しなかった場合に役立つことなどである。

第2節　ヨーロッパ契約法原理の規定の内容

ヨーロッパ契約法原理の第1部と第2部は，全部で9章に分かれている。9章全体の概観と英語およびフランス語による条項の掲載の後で，各章における条項の説明が行われている[45]。

第1章は一般規定で，第1条が契約法原理の範囲，第2条が一般的義務，第3条が術語とその他の規定となっている。第2章は契約の自由で，第1条が一般規定，第2条が申込と承諾，第3条が交渉に対する責任である。第3章は代理人の権限で，第1条が一般規定，第2条が直接表示，第3条が間接表示となっている。第4章は有効性を規定している。第5章は解釈であり，第6章は内容と効果である。第7章は履行で，第8章は不履行と救済方法一般である。第9章は不履行に対する特定救済で，第1条が履行に対する権利，第2条が履行の抑制，第3条が契約の終了，第4条が価格の減額，第5条が

---

[45]　Ole Lando/Hugh Beale, op. cit. (6), Survey of Chapters 1-9 and pp. 1 ff.

損害賠償と利息を規定している。これらの規定を以下において概観し，特色があると思われる規定を比較法的意義の個所で言及する。

第1章の第1条は7つの条項を持っている。第1：101条は契約法原理の適用に関する一般的規定で，当事者の合意との関連，法の一般原理および商事法（lex mercatoria）の内容確定との関係，準拠法の選択を考慮していることに特色がある。

第1：102条は契約の自由を規定している。第1：103条は強行法規に関する規定である。この規定の内容から個別国家の強行法規が適用されない場合が生ずるが，国際私法の準則に従って，契約を規律する法にかかわりなく適用される個別国家法・国家を越える法・国際法の強行法規に効果が与えられることがある。第1：104条は契約法原理を採用または組み入れる合意の存在および有効性に関する規定である。第1：105条では，当事者の合意した慣習と当事者間で確立した慣行に拘束されること，当事者と同じ状況にある者によって一般的に適用可能と考えられる慣習にも拘束されることが定められている。第1：106条は解釈と補充を内容としている。契約法原理の範囲内にあるが明示されていない問題は契約法原理の基本思想に従って解決され，これを欠く場合には，国際私法による準拠法が適用されることが特色となっている。第1：107条は類推による契約法原理の適用を規定している。

第1章の第2条は2つの条項だけである。第1：201条は誠実かつ公正な取り扱いに関する原則を規定している。第1：202条では，契約を完全に実行するために各当事者が協力義務を負っていることが定められている。

第1章の第3条は5つの条項からなる。第1：301条は用語の意味に関する規定である。書面による陳述とは電報・テレックス・テレファクス・電子メールその他の通信手段で，当事者にとって判読可能なものであると定義され，情報技術の進展を考慮している。第1：302条は合理性の内容に関するものである。第1：303条は通知に関する規定で，到達主義が採用されていること，相手方の不履行に関わる通知は適法に発信されていれば，通知の伝送の遅滞および過誤や不到達は通知の効果に影響しないこと，に特色を持っている。第1：304条は時の計算について規定している。この規定では書面の場合の期間は書面の日付から進行すること，書面に日付がない場合の期間は書面が相手方に到達したときから進行すること，などが定められている。

第1：305条は代位認識と意図に関する。

　第2章の第1条は7つの条項からなる。第2：101条は契約締結の条件に関する規定で，第2：102条は意図に関する規定である。第2：103条は十分な合意に関して規定している。特定の事項について合意がなく，一方当事者が契約の締結を拒絶した場合は契約は存在しないとする。第2：104条によれば，個別的に交渉されなかった契約条件をこれを知らない当事者に援用できるのは，契約締結前または締結時にその当事者に目に留まるような合理的な手段を講じた場合だけである。契約書面に署名しても，単なる参照だけでは適切な注意喚起にはならない。第2：105条は完結条項に関する規定である。この規定では，書面に契約のあらゆる条件を具体化していると言明する交渉済みの条項がある場合には，書面にない事前の陳述などは契約の一部とはならない。しかし，個別的な交渉がなかった当該条項はその推定だけの効果を持つにすぎない。当事者の事前の陳述は契約の解釈に利用できるが，この準則は交渉済みの当該条項による以外に除外または制限できない。他方当事者は一方当事者の陳述や行為に合理的に依拠している限り，一方当事者は当該条項を主張できないのである。第2：106条は書面による修正に関する規定である。第2：107条は承諾なしに拘束力がある約束に関する規定である。

　第2章の第2条は11の条項によって構成されている。第2：201条は一方の提案が承諾を予定し，または，十分に明確な条項を含んでいる場合には，申込となるとする。広告・カタログ・商品の展示による特定価格による提案は申込と推定される。第2：202条は申込の撤回に関するものである。第2：203条は拒絶に関する規定で，申込の拒絶は申込者に到達していることが必要である。第2：204条は承諾に関するもので，沈黙や不作為は承諾とはならない。第2：205条は契約の締結時に関する規定で，承諾が申込者に到達した時，行為の通知が申込者に到達した時，申込や慣習または慣行によって通知なしに履行行為によって申込ができる場合には履行行為が始まった時である。第2：206条は承諾期限に関する規定である。第2：207条は遅れた承諾についての規定である。第2：208条は修正された承諾に関する規定で，実質的に変更された承諾は拒絶または新たな申込であることなどを定めている。第2：209条によれば，契約の一般的条件が争いの対象となって

いても実質上共通性がある限り契約の一部となる。しかし，それと異なる意思表示がある場合には契約は成立しない。第2：210条は専門家の書面による確認に関する規定である。第2：211条は申込と承諾によって締結されない契約に関しては，修正を伴って本条が適用されるとする。

　第2章の第3条は2つの条項からできている。第2：301条は誠実に反する交渉に関するもので，誠実かつ公正な取り扱いに反する交渉によって相手方に損害を生じさせた場合には責任を負う。第2：302条は信頼違反に関する規定である。信頼に基づく情報は守秘義務があり，恣意的な利用ができない。

　第3章の第1条は2つの条項を持っている。第3：101条は本章の範囲を定めている。第3：102条は表示のカテゴリーに関するもので，直接表示と間接表示を定義している。

　第3章の第2条は9つの条項からなる。第3：201条は明示または黙示に付与された代理権と表見上の代理権に関する規定である。表見上の代理権は本人の陳述や行為によって第三者が合理的または誠実に信頼したことから生ずる。第3：202条は代理権を行使する代理人の行為によって本人と第三者が拘束されることを規定する。第3：203条は本人の確認が後で表示される場合で，第三者の要求後の合理的期間内に表示されない場合には，代理人が契約に拘束されることを規定する。第3：204条は無権代理に関する規定である。第3：205条は代理人の締結した契約が第三者の知っていた利益の争いに代理人を巻き込む場合には本人は契約を取り消すことができることを規定する。第3：206条は復代理に関する規定である。個人的な性格を持たず，代理人自身で実行することが期待されない任務については代理人が復代理人を任命できる。第3：207条は本人の追認に関する規定である。第3：208条は第三者が代理権の確認を本人に書面で要求できることを規定する。第3：209条は代理権の存続期間に関する規定で，4つの終了事由について第三者の認識を基準としている。

　第3章の第3条は4つの条項から構成されている。第3：301条では，仲介者が本人の名を示していないが，本人の指図または本人のために行動している場合に，仲介者と第三者は拘束される。本人と第三者が拘束されるのは，条件付である。第3：302条は仲介者の支払不能または仲介者の本人に対す

る基本的不履行などの場合に，仲介者の本人に対する義務と本人の第三者に対する権利を定めている。第3：303条は仲介者の支払不能と仲介者の第三者に対する基本的不履行などの場合に，仲介者の第三者に対する義務と第三者の本人に対する権利を定めている。第3：304条は第3：302条と第3：303条の権利を行使するには，権利を行使する意思の通知が必要であることを規定する。

　第4章は有効性に関する規定で，19個の条項を持っている。第4：101条は不法・不道徳・能力の欠如から生ずる無効について定めないことを明言している。第4：102条では，契約締結時に債務の履行が不可能であることや当事者が契約に関連する財産を処分する資格がないことを理由に直ちに契約が無効となるのではないとする。第4：103条は事実または法に対する基本的錯誤によって契約を無効とすることができる場合を規定している。第4：104条は陳述の表現と伝達の不正確さが陳述の行為者または伝達者の過誤と扱われることを規定する。第4：105条は他方当事者の履行の意思表明と実際の履行を条件として，無効を主張できる当事者の理解した内容を有する契約が締結されたものとする。無効を主張できる当事者は当該権利を失う。両当事者が同じ錯誤をした場合に，裁判所はどちらかの当事者の要求によって契約を誤りのなかった内容に一致させることができる。第4：106条によれば，不正確な情報によって契約を締結した当事者は錯誤に陥っていなくても損害賠償を請求できる。これは情報を与えた当事者が情報の正しさを信ずべき理由を持たない場合である。第4：107条は詐欺があった場合に契約を取り消すことができることを定め，取消ができる場合の条件を明示している。第4：108条は強迫があった場合に契約を取り消すことができることを規定し，強迫行為の性格を定めている。第4：109条は他方当事者が一方当事者の窮状を不正に利用し，過度の受益をした場合に一方当事者による契約の取消を認める。裁判所には契約改訂権が付与されている。第4：110条は個別的に交渉されていない不公平条項の取消権を認めている。第4：111条は第三者の行為についても本章に基づく救済方法が利用できることを規定する。第4：112条によれば，無効・取消には通知が必要となる。第4：113条は無効・取消の通知の期限と前提条件を定めている。第4：114条は追認による契約の無効・取消の排除を定めている。第4：115条は無効・取消による現

状回復を規定している。第4：116条によれば，部分的な無効・取消が可能であり，その効果も一部に限定される。第4：117条では，無効・取消の場合の損害賠償の規律が存在する。第4：118条は救済方法の排除と制限を規定している。第4：119条は無効・取消に対する救済と不履行に対する救済が重なる場合を規定している。

　第5章は解釈に関する規定で，7つの条項を定めている。第5：101条は解釈の一般準則を規定する。第5：102条は契約解釈の場合に関連する事情を考慮することを規定する。第5：103条は個別的に交渉されていない契約条項の意味に疑いがある場合に起草者の不利に解釈する原則を定めている。第5：104条によれば，個別的に交渉された条項は交渉されない条項よりも優先権がある。第5：105条は契約条項が契約全体の観点から解釈されるべきことを定める。第5：106条によれば，契約条項に効果を与える解釈は効果を与えない解釈よりも優先する。第5：107条は契約が数種の言語で起草されている場合の優先順位を定めている。

　第6章は内容と効果に関する規定で，11の条項からなる。第6：101条は契約上の債権・債務関係を生じさせる当事者の陳述について規定する。第6：102条によれば，契約は明示条項と黙示条項を含むことができる。第6：103条は仮装契約では真実の合意が優先することを規定する。第6：104条では，価格と価格の決定方法を決めていなければ，合理的な価格で合意されたと扱われる。第6：105条は価格やその他の契約条項が一方的に決定され，決定内容が不合理である場合には，合理的な価格や条項に代替されることを規定する。第6：106条は第三者に価格やその他の契約条項の決定権を与えたがそうしない場合に，裁判所に別の人の任命権を与えたと推定される。第三者の決定内容が不合理な場合には，合理的な価格や契約条項に代替される。第6：107条は価格やその他の契約条項の決定の要素が存在しない場合には，最も近い同等の要素に代替されることなどを定める。第6：108条は品質の決定の仕方を定めている。第6：109条は不特定期間の契約の終了の仕方を規定する。第6：110条は第三者のためにする契約を定めている。第6：111条は事情変更が生じた場合における当事者の契約改定権と終了権を定め，裁判所の契約改定権と終了権の行使条件を考慮している。

　第7章は履行に関する規定で，12個の条項によって構成されている。第

7：101条は履行地に関して規定している。第7：102条においては，履行日時が確定している場合，履行期間が確定している場合，その他の場合に分けて規定されている。第7：103条は期限前の履行に関する規定である。第7：104条は両当事者の履行の同時性に関して規定している。第7：105条は選択的履行に関する規定である。第7：106条では，第三者による履行が規定されている。第7：107条は弁済の方式について規定している。第7：108条は支払通貨に関する規定で，第7：109条は履行の充当に関する詳しい規定を用意している。第7：110条と第7：111条は受領遅滞に関する規定である。前者は金銭以外の財産に関するもので，後者は金銭に関する規定である。最後の第7：112条は履行費用につき各当事者が負担すべきことを定めている。

第8章は不履行と救済方法一般に関する規定で，9つの条項を持っている。第8：101条は利用できる救済方法に関するもので，第9章との関連においてその適用関係を明らかにすることができる。第8：102条は両立しうる救済手段は重複可能であることを規定する。第8：103条は基本的不履行の類型を定めている。その類型の1つは予見可能性という条件を含めている。第8：104条によれば，契約に適合しない履行を行い，受領されなかった当事者の履行提供の仕方を定めている。第8：105条は履行の保証に関する規定である。この規定では，履行の保証を受ける側の権利が明示されている。第8：106条は相手方が不履行の場合に履行のための追加期間を決定する通知に関する規定である。第8：107条によれば，他人に契約の履行を委任した当事者は履行に対して責任を負うとする。第8：108条は行為無能力の場合の免責を定める。一時的な行為無能力の場合と行為無能力の通知に関しても規定する。第8：109条によれば，救済手段を排除または制限する契約条項は，誠実かつ公正な取り扱いに反しない限り有効である。

第9章は不履行に関する特定救済に関する規定で5条に分かれている。この5条はそれぞれ下位の条項を持っている。

第9章の第1条は履行請求権に関する規定で，3つの条項を持っている。第9：101条は金銭債務に関する規定で，第9：102条は非金銭債務に関する規定である。後者は特定履行について詳しく定めている。第9：103条によれば，履行請求権が排除されても，同時に損害賠償請求権が排除されるわけ

ではない。

　第9章の第2条は履行の抑制に関する規定で，1個の条項だけである。第9：201条は相手方の履行との関連で自らの履行を制止できる権利を定めている。

　第9章の第3条は契約の終了に関する規定で，9つの条項を持っている。第9：301条は相手方の不履行の場合における契約を終了させる権利を定めている。第9：302条は部分的な履行が可能な場合の契約の終了の仕方について規定している。第9：303条は終了の通知に関する規定である。第9：304条は履行期前の基本的不履行について契約を終了させることができる場合を定めている。第9：305条によれば，契約の終了は将来の債務を免れさせるが，権利と終了時までに負った責任には影響しないことなどを定めている。第9：306条は契約を終了させた当事者が持つ相手方から受け取った財産の拒絶権について定めている。第9：307条は契約終了後の金銭の返還請求について規定する。第9：308条は契約終了後の財産の返還請求に関する規定である。第9：309条では，返還不可能な給付の評価額を返還すればよい場合が規定されている。

　第9章の第4条は価格の減額に関する規定で，1箇条だけである。第9：401条は契約に合致しない履行の提供を受領した当事者の価格減額権について規定している。

　第9章の第5条は損害賠償と利息に関する規定で，10個の条項を持っている。第9：501条は不履行によって損害を被った者の損害賠償請求について定めている。損害賠償の範囲は第9：502条が定め，契約が適法に履行されていた状態が基準となる。第9：503条によれば，不履行の当事者は契約締結時に予見可能な損害だけに責任を負い，故意または重大な過失の場合は別に扱うとする。第9：504条は不履行によって損害を受けた当事者が不履行とその結果に寄与していた範囲で不履行の当事者は免責されることを定める。第9：505条によれば，不履行によって損害を被った当事者が損害を減額させることができた範囲で不履行の当事者は免責される。第9：506条では，不履行によって損害を受けた当事者が契約価格と代わりの取引価格との差額を請求できることが規定されている。第9：507条は代わりの取引がない場合に契約価格と現在の価格との差額を請求できることを定めている。第9：

508条は履行遅滞の場合の遅延利息に関する規定である。第9：509条では，実際に生じた損害とは別に特別な金額の支払を契約で定めることができることが規定されている。第9：510条は損害が算定される通貨について規定している。

第3節　日本法に対する比較法的意義

　前述した「ヨーロッパ契約法原理の背景と有用性」おいて述べたように，EC・EU構成国から大学教授と実務家が参加し，各国の研究報告を基にして条項が策定された。したがって，大陸法諸国と英米法諸国を含むEC・EU構成国の比較法的な成果として新たな規範の形成があったと見ることができる。法制度に関する両諸国の隔絶した状態から融和への第一歩であると評価することができる。各条項のコメントと注を読んでも，構成国の法制度の概観が行われ，分析されていることがわかる。構成国の多数意見に従う場合もあれば，少数意見でも合理性があればこれに従う場合が読み取れるのである。構成国以外では，アメリカの統一商事法典や契約および不当利得に関するリステイトメントが参考とされている。これらの成果を踏まえたヨーロッパ的な法制度を目指しているのが，ヨーロッパ契約法原理であると言うことができる。ただし，ヨーロッパ契約法原理の策定と並んで，前述したヨーロッパ私法の動向に現れているように，これ以外の研究者や国際団体による契約法に関する研究と条項の策定が行われている。それ故，ヨーロッパ契約法原理の内容をもう一度再考する余地は残っており，この種の比較法的研究が行われることが期待される。

　このようなヨーロッパ契約法原理の策定の動きはヨーロッパ域内だけでなく，実体法の側面だけ見ても欧米法を継受した日本法にとって意義がある。個々の構成国に依拠した立法や解釈論だけでなく，総合的な立法や解釈論を行う手掛かりができたのである。それ故，現行法に対しても見直しを行うことができる。

　ヨーロッパ契約法原理の第1章から第9章までの条項は日本の民法典における条項とは規定の仕方が異なる。外国法を模倣することには限度があるが，契約法原理のような規定の仕方があることは参考に値するであろう。単に解

釈論に留めておくだけでなく，明文化することが法的安定性に寄与すると考えるからである。

　契約法原理の条項の内容を見て，日本の民法典の条項の趣旨と同じものがある。しかし，両者の文言上の内容が異なるものがある。ここでは，特に個人的に関心を引いたものに限定して比較法的意義について簡単に言及しておくことにする。たとえば，第1：105条，第1：303条，第2：104条，第2：105条，第2：201条ないし第2：208条，第2：209条，第3：301条ないし第3：304条，第4：105条，第4：109条，第4：110条，第4：116条，第5：103条，第6：105条，第6：106条，第6：107条，第6：111条，第7：110条，第8：103条，第8：108条，第8：109条，第9章第5条の諸規定を取り上げることにする。

　第1：105条は慣習と慣行に関する規定である。この規定に相当する日本の規定は民法典第92条と法例第2条などである。第1：105条と民法典第92条・法例第2条とは規定の仕方が異なるが，第92条と第2条との関連についての解釈論上の争いに第1：105条の基準が役立つものと考える。

　第1：303条と第2：201条ないし第2：208条は通知に関する規定と申込と承諾に関する規定である。この規定に相当する日本の規定は民法典第97条ないし第98条や第521条ないし第532条などである。これらの規定と比較すると，第1：303条は相手方の不履行の場合に出される通知の規律に特色がある。この規定も含めて，第2：201条以下は日本民法典の諸規定の検討に役立つ。

　第2：104条，第2：105条，第2：209条，第4：110条，第4：116条，第5：103条，第6：105条，第6：106条，第6：107条，第8：109条は，日本の消費者契約に関する議論と関連がある。これらの諸規定の基準は日本の民法典・消費者契約法などに関する解釈論に示唆的なものと考える。

　第3：301条ないし第3：304条は間接表示に関する規定である。これらの諸規定は代理人の権限の個所に存在する。日本の民法典の代理の規定には，これらの諸規定に相当するものがない。日本の解釈論の展開にとってこれらの諸規定が役立つものと考える。

　第4：105条は契約の改定に関する規定である。この規定に相当する日本の規定が存在しない。第4：105条の解釈論と裁判所の契約改訂権は興味深

い。

　第4：109条は過度の受益と不公正な利用に関する規定である。この規定に相当する日本の規定は民法典第90条であろう。第4：109条の趣旨は民法典第90条に入っているが，裁判所に契約改定権を認めていることに特色がある。

　第6：111条は事情の変化に関する規定である。この規定に相当する日本の規定は存在しないが，事情変更の原則に関する詳しい研究が行われてきた[46]。この研究では事情変更の原則の適用要件が主張されており，これとの比較をする必要がある。

　第7：110条は受領されない財産に関する規定である。この規定に相当する日本の規定は民法典第413条である。一箇条の簡単な規定にすぎないので，解釈論によって受領遅滞の要件と効果が定められている。第7：110条は日本の解釈論の内容の確定に寄与するものと考える。

　第8：103条は基本的不履行に関する規定である。この規定と第九章の第五条の諸規定は日本民法典第415条，第416条，第418条に相当する。日本民法典の債務不履行と損害賠償の範囲の解釈論を再考するために第8：103条と第9章第5条は役立つ。

　第8：108条は障害に基づく免責に関する規定である。この規定に相当する日本の規定は存在しない。日本民法典第419条第2項の反対解釈などのように不可抗力による免責については解釈論に委ねられている。この場合の基準として第8：108条を立法論を含めて利用することができる。

　これらの諸規定の詳しい比較法的研究は改めて別の論文で論ずる予定である。その際にはヨーロッパ連合構成国の現行法，別の国際団体の策定した条項や私的団体のリステイトメント，ヨーロッパ契約法原理の策定後に公表された研究書を含めて論ずる予定である。

　ところで，日本法に対する比較法的意義のほかに，法整備支援によるアジア諸国における日本法の継受を考えておく必要がある。法整備支援にはアメリカ，フランス，ドイツ，北欧，イギリスなどの欧米諸国や国際機関が協力

---

[46]　勝本正晃『民法に於ける事情變更の原則』（有斐閣，1971年）。五十嵐清『契約と事情変更』（有斐閣，1969年）。

しているとともに，日本も一翼を担っている。日本法自体は欧米法の継受によってできたものである。それ故，日本法の支援を行うことは，アジア諸国にとって欧米法の間接的な継受を意味する。ただし，法整備支援においては，多元的法体制を自覚し，比較文化論的・比較法社会学的視点を含めることが必要がある。英米法と大陸法を考慮したヨーロッパ契約法原理の策定は日本法にとって意義があるだけでなく，日本法を継受するアジア諸国にとっても日本法の理解に必要なものとなるであろう。アジア諸国における固有法のほかに，移入法の存在が大きいことも考えれば[47]，ヨーロッパ契約法原理のような欧米法の中で現れている比較法学的動向は無視することができないのである。したがって，日本の法整備支援とアジア諸国に対する法学教育にとって，日本法とともに，ヨーロッパ契約法原理などのヨーロッパ私法が入らなければならないのである。このことに関する論考も発表するつもりでいる。たとえば，法整備支援における法の継受，グローバル化時代における法学教育の在り方である。

結　語

世界の中の一つの地域であるヨーロッパ法を研究対象とする理由は，近代的な日本法の形成にとってヨーロッパ法が寄与してきたからである。しかしさらに，日本とヨーロッパの間の経済関係をあげることができる。このことは，日本とEU間の最近の規制改革の提案でも明らかである[48]。日本側の提案の中には，欧州会社法の早期成立，データーベース保護指令や個人情報保護指令の改善を求めるもの，環境分野の指令の改善を求めるもの，社会保障の統一化を要求するものなどがある。これらの提案事項の中にある法の統一を求めることはヨーロッパ内部の動きだけでなく，日本のような外国の要求事項にもなっているのである。ヨーロッパ各国の国内法のほかに，ヨーロッパ域内に共通した法制度が日本にとっても必要とされているのである。欧州会社法を考察する場合には，合併規則や競争法を含めた視点が有益であろう。

---

[47] 安田信之『東南アジア法』（日本評論社，2000年）42頁以下。

[48] http://www.mofa.go.jp

企業活動に対応した法制度は今後も進展があると推測する。企業法には，たとえば，コーポレート・ガバナンスなどのようなアメリカの商法理論も導入されている。それ故，ヨーロッパ企業法の形成にとって，アメリカ法の研究が必要となる。

日本とEU間の規制改革のほかには，産業政策・産業協力ダイアログ，標準・品質ワーキンググループ，バイオテクノロジーワーキンググループ，独禁当局意見交換，消費者政策協議，消費者団体対話，環境ハイレベル協議などの緊密な関係がある[49]。

ヨーロッパ私法の条文テキストを集めた著作において[50]，前述した共同体法のほかに，統一法と共通の法原則という章がある。統一法の中には，ヨーロッパ人権条約，国際動産売買契約に関する国連条約，国際動産売買における時効や代理に関する協定，国際的なファクタリングに関するローマ私法統一国際協会の協定，契約上の債権関係やトラストに適用される法に関する協定などがあげられている。共通の法原則の中には，ローマ私法統一国際協会の国際商事契約に関する法原理とヨーロッパ信託法に関する法原理と並んで，ヨーロッパ契約法原理があげられている。共通の法原則は法的拘束力のある実定法ではないが，法原則の調和化を促すものである。これらの共同体法，統一法，共通の法原則を考慮しておく必要があろう。

ヨーロッパ契約法原理の存在価値は前述した「ヨーロッパ契約法原理の背景と有用性」において述べたとおりである。その条項は前述した「ヨーロッパ契約法原理の規定の内容」で示したとおりである。この条項はまだ契約法の一部だけである。ヨーロッパ契約法原理の持っている比較法的意義については，「日本法に対する比較法的意義」で述べた。日本の民法典に示唆があるだけでなく，アジア法を視野に入れても価値があるのである。

なお，ヨーロッパ契約法原理は個別の国家法を否定するものではない。また，国際私法の分野における準拠法の選択においても検討されるべき価値を持っている。たとえば，第1：103条や第1：104条第2項のように，ヨーロッパ契約法原理を採用した場合にも国家法との重複適用となる。また，

---

[49] http://www.mofa.go.jp
[50] Reiner Schulze/Reinhard Zimmermann (Hrsg.), op. cit. (13).

ヨーロッパ契約法原理を明示に契約に組み込み，契約を規律するために利用することができるのか否かは，国際私法を含む法廷地の準則によるのである。

13. ヨーロッパ法におけるインターネット特許

カール・フリードリッヒ・レンツ

はじめに

インターネット関連問題の一つは特許についての論争である。特にヨーロッパでは現在、特許の範囲について意見が対立している。アメリカ、日本では、コンピュータ・プログラム（以下は単にソフトという）について積極的に特許保護を認めているに対し、欧州特許条約またはドイツ法ではより消極的な規制がある。

最も有名なインターネット特許は amazon.com が持っている1click 技術に関するものである[1]。この特許はアメリカで認められたものであるが、ヨーロッパでも同様な特許申請が行われた[2]後、撤回された。Amazon.com で本を購入する場合、最初の時はカード番号・住所などを入力する必要があるが、2回目以降の取引は、既に保存されている情報を利用することになり、本一冊をクリック一つで取り寄せることができる。顧客にしては便利で、業者にしては売上を伸ばす手段である。この単純で当たり前の発想にはアメリカでは特許が認められてしまったため、アメリカの特許制度およびそれを悪用した amazon.com にボイコット運動を含む厳しい批判が出ている[3]。なお、当該「発明」について、日本でも特許が申請されたが、先行技術があるため、

---

[1] US patent 5,960,411. Hartman, Peri; Bezos, Jeffrey P.; Kaphan, Shel; Spiegel, Joel, Method and system for placing a purchase order via a communications network（アメリカ特許はhttp://www.uspto.gov/patft/index.htmlで無料検索が可能である）; www.bountyquest.com/infocenter/1click.htm （2001年5月2日現在）参照。

[2] Beresford, Keith, Patenting Software Under the European Patent Convention, Sweet & Maxwell London 2000, 189.

2000年11月に拒絶された(4)。

本稿では，いくつかの具体例を題材にインターネット特許のあるべき姿について意見を述べる（第1節）。次は，ヨーロッパでの今までの規制，またはその規制についての運用を説明し，上記の適切制度の私見からみて妥当性を検討する（第2節）。次は様々な文献で提案されている解決案を紹介し，それらの案の適切性を検討する（第3節）。最後は，ソフト特許問題についての最近の日本での動きを分析し，評価する（第4節）。

第1節　インターネット特許のあるべき姿

1. 実　例

(a) Priceline

競売の発想は昔からある。多数の契約希望者がお互いの条件を競い合って，相手にして最も有利な条件で契約が成立する。例えば，ある絵画を売る際には，その絵画の購入に興味をもつ者を集めて，全員に入札の機会を与え，最も値段の高い入札で落札を決定する手続きである。逆にある高速道路の工事請負の入札を募集し，一番安い値段を示した業者に工事を依頼する場合でも，原理は全く同様である。

インターネットの発展により，インターネット上の競売が一つの重大利用法となった。個人と個人の間で簡単にポケモンカード(5)一枚を300円で落札し，契約を成立させることが可能である。インターネットがない世界では，このような小額取引には競売が向かないが，全ての処理を自動化できるインターネットでは，多くの利用者が毎日，競売に参加している(6)。

昔からある競売となる発想をインターネット上で実施しても，特許保護は

---

(3) 本件特許に関しては，馬場錬成『大丈夫か日本の特許戦略』東京，プレジデント社，2001年，63-65頁；幸田ヘンリー『ビジネスモデル特許』東京，日刊工業新聞社2000年，26頁も参照。

(4) 馬場（Anm. 3）276.

(5) ポケモンカードをご存知でない場合，www.pokemon-card.com 参照（2001年6月25日現在）。

(6) 例えば，業界最大の www.ebay.com 参照。

13. ヨーロッパ法におけるインターネット特許 ［カール・フリードリッヒ・レンツ］

認めるべきではない。電話が初めて普及したときに，競売にはその場にいない電話で入札する者の参加を認める考えは，電話となる新技術の単なる利用法であり，新技術ではない。しかし，アメリカ特許庁の考えはそうではない。インターネット競売に関しては二つも特許を認めた[7]。その内の一つはPriceline 社[8]のサービスに基づくものである。そのサービスを利用する消費者は，航空券・宿泊などについて，自分が最高に払いたい値段を決め，空席より低い値段で売った方が良い航空会社などがそれらの消費者に航空券を売ることになるが，基本的には一種の競売を行っている。その商売方法に特許が認められている。この「技術」に関する特許は，ヨーロッパでも申請されているため，ヨーロッパでの特許実務における扱いが課題となっている[9]。

(b) Goldmoney

金銭の歴史では，金・銀に基づくコインが長い間に使われた。現在の主流である紙幣・コインは，その材料価値が支払い能力を保証するものではない。法律である紙幣をある国の支払い手段として決めることにより，ただの紙も昔の金貨のように支払い手段の力をもつ。

そのため，インターネットのない世界で紙幣などを廃止し，従来の金貨に戻る発想を提案しても，特許に値する新しい発想とは言えない。

しかし，インターネット上の支払い手段として純金を使う発想には実は特許が認められた[10]。Goldmoney との名前がついたこの発想は，純金をある消費者に売りつけ，その消費者のために預けることから出発している。同様に多くの消費者が純金を買い，純金の預かり口座を有する場合，消費者間の純金の振込みが可能となる。そのまま5グラムの純金をだれかに振り込むか，それとも，振込みの時点に50ドルに値する純金の量をだれかに振込むか，イ

---

[7] US patent 5,835,896, Fisher, Alan S.; Kaplan, Samuel Jerrold, Method and system for processing and transmitting electronic auction information; US patent 5,794,207, Walker, Jay S.; Schneier, Bruce; Jorasch, James A., Method and apparatus for a cryptographically assisted commercial network system designed to facilitate buyer-driven conditional purchase offers.

[8] www.priceline.com 参照。

[9] Beresford (Anm. 2), 190.

[10] US patent 5,671,364, Turk, James, Method and system for commodity-based currency for payment of accounts and elimination of payment risk.

ンターネットを通して世界規模で即時・低費用・匿名で支払いが可能となる。現在にこの発想が既に e-gold.com の提供するインターネット通貨で実施されている(11)。

　しかし，この例でも「純金を通貨に使う」となる発想が特に新しいものではない。むしろ，数百年前の状況に戻る発想である。純金を支払い手段として使うことは，ローマ時代で既にあった。インターネットを利用しているだけで，2000年前に既に常識となった発想にアメリカが特許を認めてしまったことになる。

2．結　論

　上記の例で見たように，アメリカで認められたインターネット関連特許では当然な発想が多い。そのため，インターネット特許，ソフト特許について批判的な意見が生じやすい。本稿もこれらの特許について極めて消極的な立場を採っている。

　ソフト特許に限らず，特許制度自体は明日から廃止すべきであるが，特にソフト特許の弊害を本稿で攻撃してみる。ソフト特許には猛反対すべきである。申請すべきではない。獲得した場合，競争相手に対して積極的に使うべきではない。立法論としては，EUがアメリカ・日本の真似でソフト特許を認める方向に動くべきではない。少しでもソフト特許の弊害を限定するため，既に欧州特許条約が制定しているソフト特許の排除を実務にも本気で適用すべきであり，その排除を廃止する提案(12)は永久廃案にすべきである。

3．理　由

　特許制度自体は今の時代には不要である。その利益より弊害が多い。特許は，規制による独占権である。市場経済の基本理念に反する，独禁法で本来は弊害として排除する独占状態を，特許法が目標としている。独占により消費者が競争状態より高い値段を支払うことになる。通信業界では，以前の独占状態を廃止した自由化の波がEUの通信業界だけではなく，EU経済全体に

---

(11)　www.e-gold.com 参照。
(12)　本稿第2節5．「立法論の動き」参照。

13. ヨーロッパ法におけるインターネット特許 ［カール・フリードリッヒ・レンツ］

多くの刺激を与えた[13]。同様に，古い謬説に基づく特許制度を廃止して多くの不要独占状態を自由化した場合，競争による莫大な経済効果を期待できる。特許法は独占促進法であるが，独占は規制によって促進すべきものではなく，禁止して規制によって根絶すべき現象である。

特許制度の根拠となる古い謬説は，研究・開発刺激のために，特許制度による金銭的利益が必要である，と説明している。特許制度がなければ，誰も研究費などを出すことがなくなる，との間違って考えである。この謬説を咎める必要がある。

まず，ソフト特許には「何でもあり」のような効果もあるが，従来の特許法では，全く対象とならない多くの学問がある。法学がその一つである。法学分野では，石川明教授ほどの優れた研究業績を残しても，特許を獲得できない。従って，上記説明が謬説となる。特許による経済的刺激が研究の必要条件であるならば，法学では今まで誰も研究する者がいないはずである。しかし，実際問題は，法学でも，その他特許対象外の多くの分野（文学，数学など）でも，今まで数多くの研究者が自然科学の学者と同様に努力してきた。

さらに，特許申請は開発費が必要であったことを条件としない。50億円の研究費の成果である新薬でも，お風呂で3分考えて浮かんだ開発費ゼロの発想でも，同様に特許の対象となりうる。開発費回収が特許法による弊害を正当化するなら，開発費がゼロの場合での特許を認める理由がない。または，特許正当化謬説の最も都合の良い例でも，正当化には疑問がある。新薬開発のため50億円の研究費が必要であった場合，特許制度による保護がなければ，他社が簡単に真似し，開発費を負担する意味がない例を考えると，特許を与えることにより，この50億円を回収できる保障はどこにもない。開発した会社の規模・シェアなどにより，期待できる独占収益が大幅に異なる。開発費に満たない場合も，開発費の何十倍になる場合もありうる。すなわち，特許制度は開発費の回収のために独占を認めているが，その目的のために，極めて不正確な手段である。社会的に必要な新薬開発について全額を税金で支払

---

[13] Lenz, Karl-Friedrich「欧州連合における通信法とテレビ法」青山法学論集37巻3・4合併号（1996年）61-92頁；同「欧州連合における通信法とテレビ法（続）」青山法学論集38巻3・4合併号（1997年）554-535頁参照。

う補助金制度なら，開発費の10倍も支給することもなければ，10分の1だけ支給することもない。正確に実際に必要であった金額が補助金として支給される。また，薬品の特許独占による臨時利益は，消費者である患者の経済的利益だけではなく，高値薬品を購入する経済的余裕がない患者の場合，その健康・生命にかかわる問題に繋がるため，最近，特に薬品について特許制度に対する制限が要求されるようになった[14]。

特許は新しいソフト技術の普及の障壁である。ヨーロッパ人がなぜアメリカ人，アフリカ人と比べて歴史の早い段階で優れた技術水準に達したかの理由は，技術の普及速度の違いにある。南北に開くアメリカ・アフリカ大陸より，東西に開くヨーロッパ・アジア大陸で技術の普及が速い，とDiamondが適切に指摘してきた[15]。すなわち，社会全体として技術の進歩を確保するには，単に新しい技術の開発を刺激することが不充分であり，開発された技術の普及に抵抗がないことも重要である。インターネット時代では，本来なら技術普及に対する抵抗がゼロに近い世界になった。今日インターネットに発表する技術は明日でも全世界で利用が可能となる。残る技術普及の障壁は人工的なものである。特許制度はその中の最大障壁である。

特許により，発明者以外人類全員が発明者の私欲を優先して発明技術を利用できない。必要でない新技術なら，別なもので代用して，発明者を無視して良い。例えば，インターネット安全の確保に不可欠な暗号技術について，既に多くの優れた無特許暗号が存在している[16]から，今ごろ新しい暗号方式について特許を認めても，特に人類が困らないことになる。しかし，特許技術のなかに，重要で簡単には代用できないものもある。その場合，発明者と交渉しない限り，誰も新技術を利用できないことが原則となるため，当該技術の普及が遅れる。

人類の歴史上の最大発明はインターネットである。インターネットの開発，普及は特許制度に邪魔されずにできたため，極めて早かった。WWWの開発

---

[14] www.cptech.org/ip/health/（2001年12月20日現在）参照。

[15] Diamond, Jared, Guns, Germs and Steel, The Fates of Human Societies, New York Norton 1997, Chapters 10, 13.

[16] Schneier, Bruce, Applied Cryptography, New York, Wiley, Second Edition 1996 参照。

者が特許を取って人類全体に対する独占を主張した場合，普及が大幅に遅れたと思われる。現在のインターネットの様々な基本技術は全て公有であり，特許を目指して開発されたものはない。特許制度を必要と考える古い謬説の立場から，インターネット関連技術の開発とその爆発的速度の普及自体を説明できない。また，基本ソフトとして注目を浴びているリナックス（Linux）は，全く特許法の保護を受けずに，人類最大の共同開発プロジェクトに成長した[17]が，「特許保護による金銭的刺激が必要」となる謬説を咎める絶好の例である。

　ソフト特許とその他の技術に関する特許の決定的な相違点は，ソフトの場合には，既に著作権による保護が整備されている点である。Microsoftが新しいWindowsを開発するに多くの予算を使った後，誰でも簡単にコピーできる状態では困るが，既に著作権保護があるため，単純なコピーが禁止されている。その上に特許制度による保護が不要である。

　もし逆にソフトについて著作権と並んで特許保護も認める立場を採る場合，両方の制度で保護される唯一の対象となる。本・映画などは著作権のみ，従来の発明は特許法のみで保護されるが，ソフトだけは二重に保護されることになる。この二重保護を正当化する必然性のある理由がないため，法の前の平等（ドイツ憲法3条）から考えても，ソフトの保護は著作権のみ，との判断が必要である。

４．ソフト特許弊害を撃破するための戦略

　特許制度廃止論，特にソフト特許についての廃止論の上記の理由は，一部の読者を説得できるものである可能性も否定できないが，現実的に考えた場合，特許制度が明日から廃止される見込みが極めて薄い。ソフトに限って議論しても，アメリカ・日本・また事実上ではEUでも認められている現状がすぐに変わる見込みが余りない（特許制度全体の廃止よりは多いが）。また，仮に明日からソフトについて特許申請ができない世界になった場合でも，今まで認められた数多くの迷惑ソフト特許の有効期間が終了するまでには，ソ

---

(17) Torvalds, Linus and Diamond, David, Just for Fun, The Story of an Accidental Revolutionary, HarperCollins New York 2001, IX.

フト特許から生じる弊害が存続することになる[18]。

そのため，ソフト特許弊害を撃破するためには，別な戦略を本稿の中心的な主張とする。ソフト特許制度を認める場合でも，民事訴訟法の観点から弊害的効果を限定する可能性を検討する。

著者の持論である「未来法」論[19]をこの場面で適用する。権利は単に将来の裁判所の判決に関する見込みである，との考え方である。まず，特許とは関係のない極端な例で説明する。

法秩序は，ある者の非常に重要な権利を認めているとする。その権利の侵害がある場合，法律が列挙している一定の理由がなければ，侵害を正当化できない。当該侵害行為は違法となり，刑法では犯罪，民法では不法行為の責任が生じる。当該権利に関する充実した保護になる。しかし，同時に，何らかの事情で権利者が訴えを提起できない理由がある場合，当該権利の保護価値がゼロとなる。

この現象は中絶関連立法で生じる。日本の刑法は堕胎罪で中絶を禁止し[20]，母体保護法[21]で例外を認めるには重大な理由を必要としている。しかし，中絶を受けた胎児は，中絶により死亡する事情により，訴えを提起することはできない（幽霊の形で裁判所に現れない限り）[22]。そのため，実際問題としては，母体保護法の制限などは誰も気にする者がいない。従って，胎児の生命権を尊重して貰う期待はゼロに近く，母体保護法は笊法の典型例となる。

同様に特許について考える場合，実体法として古い謬説に基づいてソフト特許を認めても，訴訟段階では特許の利用を困難とすることができれば，特許弊害の威力を大幅に限定できる見込みがある。

---

[18] Vgl. Julie Cohen and Mark Lemley, Patent Scope and Innovation in the Software Industry, 89 Calif. L. Rev. 1 (January, 2001): "The more pressing questions now concern the scope to be accorded software patents."

[19] 未来法(1)，法学（東北大学）54巻5号，40-90頁，未来法(2)，法学（東北大学）55巻1号，79-129頁。

[20] 刑法212条から216条まで。

[21] 元は「優生保護法」，1948年法律156号。

[22] 詳しくはLenz, Blick in die Zukunft: Schwangerschaftsabbruch（未来へ視線を向けて：妊娠中絶), in: Arnold, Hans-Jörg u.a. (Hrsg.), Grenzüberschreitungen, edition iuscrim, 1996, 341-358.

13. ヨーロッパ法におけるインターネット特許［カール・フリードリッヒ・レンツ］

　従来の特許訴訟では，特許を侵害した企業と特許を有する企業の戦いとして把握された。しかし，ソフト特許では，特許を主張する企業とソフト特許に反対する全ての個人・企業の戦いになるように考えるべきである。特許所持者は，全人類に対し，自分の私欲のために独占を主張している。そのため，実質的な紛争は特許所持者一人と全人類の間の紛争である。特許所持者の友達は，一時間当たり5万円相当の報酬を払いつづける間に，その事件を扱う特許所持者の弁護士だけであり，その他の全人類が敵である。孤独な戦いが簡単には挑めないような状況を作れば，ソフト特許侵害を主張する訴えが激減することになる。具体的には以下の対策が必要である。

(a)　ソフト特許対抗世界連盟

　特許紛争が特許所持者と全人類の喧嘩である把握では，特許所持者に対する対抗組織が必要となる。迷惑メール広告（spam）に対する戦いと同様に，迷惑特許に対する戦いを個別企業ではなく，ソフト特許に反対する全ての個人・企業の共同課題として把握する以上，反対派の力を合わせる組織ができることになる。既存のものは，アメリカのLeague for Programming Freedom[23]またはドイツのFörderverein für eine Freie Informationelle Infrastruktur[24]である。世界規模で活躍するソフト特許対抗連盟（以下は単に対抗連盟）が設立され，実際にソフト特許を主張する訴えを提起する企業に対する戦いのために，様々な活動を行うことが予想される。

(b)　先行技術の集中検索

　特許はどこの制度でも新しい技術のみを対象としている。特許申請の段階で既に知られた技術は対象外である。そのため，特許侵害訴訟での特許所持者の弱点の一つは先行技術の発見である。特許を認めるための審査は，今までの全ての技術を把握した上に行われることは絶対ない。第一，審査作業のための時間が限られている。第二，ソフト特許に限って言えば，ほとんどの既存技術は見えない形に出回っている。ソフトの場合，人間が読める形（source　code）で著作した後，機械が読める形に置き換えることになる。市場に出回っているソフトは，機械が読める最終商品であるから，元の人間用

---

　[23]　プログラム作成自由のための連盟，lpf.ai.mit.edu（2001年5月2日現在）。
　[24]　事由な情報構造のための推進協会，www.ffii.org（2001年5月2日現在）。

文書は見えないため，ソフト作成の際の技術は見えない場合が多い。また，全世界で毎年作成されたソフトの総情報量は，同期間に出てくる全世界の全ての法情報（立法，判例，論文など）より多い。審査官一人の力では，仮に非常に優れた人材のみが担当者でも，完全把握が無理である。

そのため，ソフト特許を認めた根拠は，先行技術の僅かの一部のみを審査対象としたように考えるべきである。特許所持者からみては，大いに不安材料となる。自分のソフト特許に対する先行技術がどこかに存在した可能性が大いにある。先行技術が訴訟の途中で発見される場合，特許がなくなる。同時に，無効特許に基づく営業妨害を理由に，相手に対する損害賠償義務が生じる可能性がある。その不安を大いに増やす手段は，対抗連盟段階で組織すべき集中先行技術検索である。

既存の先行技術検索組織として bountyquest.com が注目に値する[25]。ソフト特許を無効とするための先行技術に関する情報提供に賞金を与える仕組みである。先行技術がデータベースなどより，専門家の知識によって発見できるソフト関係の特許では，特に有効であると思われる。実際に，既に amazon.com の 1 click 特許で特許所持者に非常に不利な先行技術情報が得られた。この bountyquest.com は，先行技術検索を商売として行っているが，対抗連盟の場合，経済的活動よりプログラム作成の自由を理念として関係者から先行技術を募集することになると思われる。

(c)　1 万件の反訴，100 万件の問い合わせ

特許所持者が全人類に，当該技術の利用を禁止していることは，重大な技術の場合には極めて大きな経済的損失につながる。例えば amazon.com は無謀にも 1 click 技術を独占したいことを当該特許で主張している。この要求に仮に従った上に，特許による営業妨害を主張できる反撃が数多くの企業に可能となると思われる。本来なら，この当然の発想に基づいてインターネット商売を効率化したいが，迷惑特許が邪魔で，それができないために営業妨害による損害が生じる。この損害の賠償を特許所持者に請求する訴えは当然可能となる。さて，対抗連盟がある世界では，哀れな特許所持者の立場がどうなるか。どこかの企業が amazon.com のようにソフト特許に基づく訴えを

---

[25]　www.bountyquest.com（2001 年 5 月 2 日現在）参照。

提起した場合，対抗連盟が反訴の提起を呼びかけ，世界各国で1万件の損害賠償請求の訴えが提起される展開が充分ありうる。それらの訴えが認められない保障はどこにもない。1万件の訴えの対象とされた特許所持者は，仮にそれらの事件の半数以上で勝訴しても，訴訟費用負担とその他の訴訟関連事務処理負担で厳しい反撃を受けることになる。全人類が相手の喧嘩では勝利の見込みがゼロとのことを，高い授業料で勉強されることになる。

　さらに，反訴には費用が必要であるため，そこまで対抗連盟の呼びかけには応じないが，当該特許についての問い合わせぐらいまでは対抗運動に参加する企業・個人も多いと思われる。1 click 技術をインターネット関連ソフト開発に使いたいソフト開発者は，amazon.com の特許を大切に尊重するために，今作成しているプログラムがその特許を侵害しているか否かの相談のため，特許所持者に問い合わせることがありうる。むしろ，特許所持者の実施料収入に対する期待につながるため，特許所持者からも歓迎される問い合わせである。しかし，このような問い合わせが対抗手段にもなる。1 click 技術特許のように，インターネット発展に対する邪魔効果抜群な迷惑特許の場合，一日数百件，総計100万件の問い合わせが特許所持者に向けられる状況も可能である。事務処理負担が厳しくなり，迷惑特許に対する反撃手段としては，相当な効果を期待できると思われる。

　(d)　訴訟費用の予備

　特許紛争の訴訟費用は高い。そのため，上記反訴にも限界が生じる。しかし，一般民事訴訟費用には権利保護保険が利くと同様に，迷惑特許による被害制限を対抗連盟の課題として把握する場合，訴訟費用の組織的予備がひとつの作戦である。対抗連盟が希望企業相手に特許訴訟費用保険を提供し，特許所持者との紛争に予め備える。その場合，特許所持者一人より，業界連盟の戦争予算が多くなるはずため，なお特許侵害を積極的に主張する訴えの提起が困難となる。

　(e)　特許と著作権による反撃

　従来の特許訴訟戦略の一つは，原告が必要とする技術に関する特許を交渉材料に使うことである。多くの特許を抱えている場合，それらの特許を防御手段に使うことが可能となる。特許侵害の攻撃を受けたときに，原告と相互実施権契約（cross license）の形で和解を締結する戦術である。そのため，

ソフト特許に対して批判的である多くの企業が防御手段として特許を申請している。

核兵器を使うつもりがないが、しかし、他国は核兵器を所持しているため、核兵器攻撃に対する威嚇手段として核兵器を整備する国がいる。本来なら否定すべき武器であるが、相手が所持している以上、一方的には廃止できない。その関係と同様に、ソフト特許所持は本来なら否定すべきであるが、数ある個人・企業がソフト特許を所持している世界のなかでは、防御手段としてはある程度のソフト特許を整備する必要がある、との考えである。

従って、ソフト特許を本来の攻撃手段として使用することは否定している個人・企業も、数多くの特許を所持している可能性がある。それらの特許を、対抗連盟を通して防御手段として利用することはありうる。ソフト特許を攻撃手段として使う企業は、対抗連盟による集中反撃を浴びるとき、それらの全ての特許が武器となる。原告が幅広くソフト開発を行っている場合、他企業が所持している特許を侵害している確率は極めて高いため、多くの場面で効果的な反撃手段となる。

さらに著作権に基づく自動的反撃を検討すべきである。特許を申請しない場合でも著作権による保護が生じることは、ソフト保護の特徴の一つである。自由に使えるソフト（free software）の役割が増加しているが、それらのソフトに使われている実施権条件に一定の変更を加える場合、ソフト特許訴訟に対する自動的反撃が可能である。例えば、GNUの実施権条件[26]にソフト特許に基づく訴訟提起を停止条件とする約款を導入する場合、amazon.com が特許訴訟を提起した時点で自動的にこのGPL実施権の対象となる全てのソフトを利用できない効果が生じる。世界に対し 1 click 技術の利用を禁止する以上、世界のソフト作成者が報復措置として自由ソフト利用資格を停止することは当然であるように思われる。

メールでGPLの首脳でソフト特許反対運動の有名人である Stallman 氏にその提案をしたところ、二つの疑問点を指摘する返事をいただいた。第一は、GPLでこのような自動的反撃を用意することが著作権の悪用として許されない、との問題である。第二は、著作権では仮にソフトの複製を止めることが

---

[26] www.gnu.org/copyleft/gpl.html.

できるとしても、既に入手したソフトの単なる利用を止めることができない、との指摘であった。

　著作権の悪用の点についてまず検討する。各国の裁判所がこの問題にどのように判断するかの予想が困難である。とにかく、仮に著作権侵害訴訟で良俗違反などを理由に当該約款が無効と判断されても特許所持者に対する圧力手段にはなる。また、特にGPLで配布されたソフトに対する特許攻撃の報復措置として約款を制定した場合、良俗違反による無効の危険が少ない。現状ではこのような制限がなにもない。そのため、GPLソフトに対し特許である技術の利用を禁止した会社が逆に、GPLソフトを自由に使用できる。約款を変更し、特許技術の利用を認めないなら、特許所持者も逆にGPLソフトを利用できないようにすることは、著作権悪用ではない。単に関係者の平等を確保する正当な防御手段である。

　次に第二の疑問を検討する。確かに、著作権はソフトの使用ではなく、ソフトの複製のみ規制している。しかし、ソフトを使用する前に、複製が必要な条件となる。そのため、新GPL約款で特許攻撃に対する報復措置として複製資格を剥奪した場合、最低でもその後に出るGPLソフトの最新版を複製できなくなる。また、ソフト特許を攻撃手段として使うことを複製許可の解除条件と設定した場合、既に複製で入手したソフトも違法コピーとなるため、場合によっては遡ってGPLソフトの使用を止める効果を得ることが可能である。

　GPLに限って、具体的にどのような文言で特許所持者の資格停止を実現できるかについて、英語で一応の提案を作ってみた[27]。GPLには現在このような対抗約款がないが、opensource.org で紹介されている[28]様々な実施権約款の内、対抗約款を用意しているものもある。例えば、IBMの「IBM Public License」は、以下のように規定し、特許攻撃に対する反撃を用意している：

---

[27]　9. Any attack on any software protected by this License with a patent lawsuit removes your eligibility to use free software, and will automatically terminate your rights under this License. However, parties who have received copies, or rights, from you under this License will not have their licenses terminated so long as such parties remain in full compliance.

「In addition, if Recipient institutes patent litigation against any entity (including a cross-claim or counterclaim in a lawsuit) alleging that the Program itself (excluding combinations of the Program with other software or hardware) infringes such Recipient's patent (s), then such Recipient's rights granted under Section 2 (b) shall terminate as of the date such litigation is filed.」

(f) 被告特定困難作戦

場合によっては被告特定困難作戦も有効である。例えば，暗号技術の普及を多いに邪魔した公開鍵技術に関する特許が認められた。PGP (pretty good privacy) という暗号ソフトを開発した Zimmermann 氏は，この特許を侵害したと思われる。しかし，特許所持者から見て，侵害者には当時は財産がなかったため，仮に訴えを提起して勝訴しても，訴訟費用さえ回収できない状況であった[29]。そのため，PGPが結果としてこの特許に邪魔されずに配布されるようになり，現在は世界で最も多く使われている暗号メールソフトまで成長することができた[30]。

また，インターネットでは匿名通信が簡単にできる。迷惑ソフト特許では本来はできない技術開発をした後，当該ソフトを匿名で発信した場合，特許所持者の訴訟戦略が困難となる。元々ソフト特許を侵害して新しいソフトを作った個人・企業の名前は確定できない。利用者に対し個別的に訴えを提起できるとしても，訴えの数が多くなり，誰がどのような形で利用しているかの情報も手元にない場合が多い。

さらに，外国からの配布との作戦もある。ソフトの場合，特許技術の対象となる部分だけ切り離し，別状のソフトとして配布することが可能である。例えば，公開鍵技術の特許所持者 RSA 社と Lotus 社の交渉[31]のような場面を考える場合，特許所持者から実施権を購入することは一つの対策である。

---

(28) www.opensource.org/licenses/index.html（2001年6月18日現在）。
(29) Levy, Steven, Crypto, how the code rebels beat the government-saving privacy in the digital age, New York Viking 2001, 186-204 参照。
(30) www.pgp.com 参照。
(31) Levy (Anm. 29), 145-151.

13. ヨーロッパ法におけるインターネット特許［カール・フリードリッヒ・レンツ］

Lotus 社はその特許技術（この場合は公開鍵暗号技術）を必要としたため，実際には実施料を払う形で合意が成立した。しかし，別な方法もあり得る。ソフトをそのまま，当該技術を必要とする機能なく販売し，問題の技術を追加ソフトとして相手の特許が効かない第三国に設立されている第三社に提供させる方法である。その場合，同時に面倒な暗号技術に関する輸出規制も回避できる利点はこの場面にはあった。ソフト特許対抗連盟による組織的な対抗運動の場合，特許所持者が莫大な費用を支払い，世界各国で特許を確保しない限り，この単純な対抗策で相当程度の効果を期待できる。

この関連ではソフト特許と学問・言論の自由との関係も検討する必要がある。ソフト特許は以前のアメリカの暗号技術輸出規制と同様に，技術の普及を妨害することを目的・効果とする制度であるが，そのため，ソフト特許の場合には，学問・言論の自由を制限する効果が生じうる。アメリカでは特にBernstein 事件が有名である(32)。Bernstein 氏はある暗号ソフトを開発し，そのソフトの発表に許可が必要であるか，との問題が暗号ソフト輸出規制を背景に問題となった事例である。ソフト特許の場合でも，上記のPGP（pretty good privacy）の場合のように，開発したソフトが何かの特許を侵害する場合，それをインターネットに発表できない可能性が生じる。その場合，学問・言論の自由の保障も配慮する必要があり，場合によっては，特許保護に優先する(33)。

(g) 村八分作戦

Amazon.com は 1 click 特許訴訟のためボイコット運動の対象となった。この特許使用に反対した Stallman 氏が次のように述べ，amazon.com から購入しないように呼びかけた(34)。当該特許が当たり前の発想を対象とするものであり，特許庁がその特許を認めるべきではなかったが，同様の当然発想に関

---

(32) US Court of Appeals for the Ninth Circuit, Bernstein vs. USDOJ, www.eff.org/bernstein/Legal/19990506_circuit_decision.html（2001年5月12日現在）。

(33) Karl-Friedrich Lenz, Stellungnahme zur Expertenanhörung des Bundestages am 21. Juni 2001, swpat.ffii.org/penmi/bundestag-2001/lenzkf/indexde.html（2001年6月25日現在）も参照。

(34) Stallman, Richard, Boycott Amazon!, linuxtoday.com/stories/13652_flat.html（2001年5月10日現在）。

する特許が毎日のように認められている。Amazon.comがその単純な発想の利用を妨害するために訴えを提起したことがWWW全体に対する攻撃行為である。アメリカの政策を「愚か」（foolish）と評価し，その愚策が特許の悪用の機会をamazon.comに与えたが，実際その機会を利用した道徳上の責任が原告のamazon.comにある。訴えが成功しない可能性も大いにあるが，原告の敗訴を待つだけの消極的態度が必要でない。特許制度を悪用する業者なら，取引相手にしないことが可能であり，必要である，とStallman氏が述べている。

このボイコット運動を受けて，大手技術出版社の社長であるO'Reilly氏がamazon.comに対し当該特許提訴の取り下げなどを要求する公開手紙（open letter）をインターネットに載せ，1万件以上の支持署名を集めた[35]。Amazon.comの責任者の注意を受けるには十分な数であった[36]。

インターネットでは，ある特定のサーバに接続できないように，ネットの設定が可能である。以前から迷惑電子メール対策としてこのような通信拒否政策が採用されている場合が多い。迷惑電子メール（いわゆるスパム，spam）は，現在多くの国で違法でないが，インターネット関係者の倫理観に反する迷惑行為として，対抗制裁を招く行為である。迷惑特許の場合でも，多くの国では法的には認められているが，技術普及の速度を落とす迷惑行為として同等の対抗制裁の対象になる可能性がある。

逆に，自分のホームページを訪れる者に，特許を攻撃手段として絶対に使わないことを何らかのロゴで公約し，ソフト特許に反対する者の信頼を確保する仕組みも自主規制の一つとして考えられる。現在は，データ保護について，様々な組織が管理する自主規制があるが，その自主規制の条件に合格する企業は，自分のホームページにデータ保護要求合格ロゴを提示できる仕組みが運営されている。同様に，対抗連盟がソフト特許を攻撃手段として使わないことを公約する企業相手に，適切なロゴを表示する権利を与える手段も，

---

[35] O'Reilly, Tim, An Open Letter to Jeff Bezos, www.oreilly.com/cgi-bin/amazon_patent.comments.pl.

[36] O'Reilly, Tim, My Conversation with Jeff Bezos, www.oreilly.com/ask_tim/bezos__0300.html（2001年5月10日現在）。

ソフト特許所持者の社会的孤立に貢献できる。

(h) 迷惑特許対抗策の纏め

ソフト特許を粉砕するため，仮に誤った政策で基本的に認められている権利であっても，対抗派の力を合わせて，集中的反撃の報復政策を用意し，個別特許所持者は簡単には訴えの提起ができないようにすべきである。対抗連盟を作り，上記の具体的報復措置でソフト特許の行使に対する威嚇を図るべきである。核兵器と同様に，ソフト特許が最初からない世界の方がいいが，その理想にたどり着くの間には，ソフト特許攻撃が対抗連盟を相手の戦争を意味し，その戦争では対抗連盟の方が強い認識で対応することを提案している。訴えが無理となるならば，ソフト特許が最初からない状況と実質的には同じことになり，迷惑ソフト特許の問題を比較的簡単に解決できる。

第2節 ヨーロッパでのソフト特許状況

1．条約の解釈[37]

欧州特許条約52条は，特許の対象について，以下のように規定している[38]。

"(1) European patents shall be granted for any inventions which are susceptible of industrial application, which are new and which involve an inventive step.

(2) The following in particular shall not be regarded as inventions within the meaning of paragraph 1:

(a) discoveries, scientific theories and mathematical methods;

(b) aesthetic creations;

(c) schemes, rules and methods for performing mental acts, playing games or doing business, and programs for computers;

(d) presentations of information.

---

[37] Lenz, Karl-Friedrich, Auslegung von Art. 52 des Europäischen Patentübereinkommens hinsichtlich der Frage, inwieweit Software patentierbar ist, lenz.als.aoyama.ac.jp/Stellungnahmen/auslegung_52EPUe.htm （2001年12月20日現在）も参照。

[38] www.european-patent-office.org/legal/epc/e/ar52.html （2001年5月20日現在）。

(3) The provisions of paragraph 2 shall exclude patentability of the subject-matter or activities referred to in that provision only to the extent to which a European patent application or European patent relates to such subject-matter or activities as such.
(4) Methods for treatment of the human or animal body by surgery or therapy and diagnostic methods practised on the human or animal body shall not be regarded as inventions which are susceptible of industrial application within the meaning of paragraph 1. This provision shall not apply to products, in particular substances or compositions, for use in any of these methods."

　この条文の文言[39]で2項の(c)を見た限り，「programs for computers」，すなわちコンピュータソフトが特許対象外とされている。但し，3項によると，当該対象「as such」が問題となる場合に限って特許性が否定されている。ソフトに関する否定には，また例外があることになるが，その例外の解釈により，かなり幅広くソフト特許を認める余地が残っている。
　本稿ではソフト特許に批判的な立場を採っているため，この条約の文言は歓迎している。但し，3項の例外が曖昧であり，本来は許されないソフト特許を無制限に認める手段として悪用される恐れがある。そのため，その3項の文言を先ず解釈する必要がある。3項は，ソフト特許「as such」でないものなら，特許を認めて良い，と定めている。「as such」とは，ソフト自体，ソフトそのもの，のような意味である。では，ソフト自体が対象とならないソフトに関する特許申請が可能となるが，これはどのような場合を指すのか。残念ながら，文言解釈だけでは明瞭な答えが出ない。
　ならば，次は体系的解釈で検討してみる。3項の例外は，2項の全ての特許性否定理由に適用される。では，最初の「discoveries」（発見）から見ると，発見そのもの（例えば，人間のDNA情報）は特許の対象にはならないが，その発見に基づいて開発できた新薬なら，発見そのものではないので，特許性が肯定される。次の「scientific theories」（学説）の場合では，3項の範囲がより曖昧となる。特許申請の対象が学説であるか，それとも学説に基づく新

---

[39] 日本語翻訳は久木元彰『欧州特許実務ガイド』発明協会,東京,2000年,30頁参照。

13. ヨーロッパ法におけるインターネット特許［カール・フリードリッヒ・レンツ］

技術か，区別が難しい場合が多い。さらに「mathematical methods」（数学上の方式）をRSA特許の例で検討する。RSAは元々数学上の方式を根拠とするが，数学の知識を暗号技術の新しい問題に応用したため，数学上の方式自体の領域を越えて新技術として特許対象となりうる。すなわち，(a)で列挙されている場合，学問が道具で，新技術がその道具でできた結果である。数学そのもの，人間のDNAそのもの，学説そのものは特許の対象とならないが，RSAおよび新薬のようなこれらの道具で成立した結果には特許性を認める。次は(b)の「aesthetic creations」（美学的創造）となる。例えば，ミステリー作家が犯人の新しい殺人手口を，最近の発見・学説・数学方式を研究して小説で公表しても，著作権保護は受けるが，特許保護は受けないことになる。では逆に，美学的創造の特許性を肯定できる場合として，なにがありうるか。良い例が浮かばない。それでは，ソフト特許性否定に最も近い(c)の例外領域を検討してみる。思考方法・ゲームの新手・商売の方法が例外領域である。思考方法に関する発明で，利用者のIQが倍増されても，特許を認めない。著者が囲碁の新手[40]を開発した経験があるが，残念ながら特許を申請しても，恐らく相手されることはない。新しい商売方法で効率が大幅に良くなっても，特許性が否定される。思考方法の場合，「そのもの自体」ではない申請対象は考えにくい。囲碁の新手の場合でも同じである（但し，最近の特許崇拝主義では，適当に理屈を付けて何でもありの傾向により，その内，ゲームの新手にも特許を認められる例が出てくる可能性も否定できない）。商売方法についても「そのもの，自体」ではない特許対象が考えにくい。また，(d)の「情報の提示形態」（presentation of information）について見る場合でも，それ自体の場合とそうでない場合の区別が困難である。

このように見た場合，2項の例外について3項の「そのもの，自体」の再例外が明瞭な意味を持っている場合は，2項(a)で列挙されているものだけである[41]。道具と結果の関係である。発見・学術・数学方式そのものは特許対象とならないが，それに基づく新技術には特許性がある。しかし，この関係

---

[40] lenz.als.aoyama.ac.jp/Lenz_shinte.doc（2001年5月21日にホームページに追加）。

[41] Von Hellfeld, Axel, Sind Algorithmen schutzfähig?, GRUR 1989, 471, 475は同じ意見を述べている。

は，2項のその他の領域では成立しない。美学的創造，思考方法，ゲームの新手，商売方法については，3項の適用が考えにくい。そのため，体系的に解釈した結果として，ソフトについても，3項の適用が困難と思われる。

さらに，目的的解釈で検討する。3項の目的はなにであるかを確認した上，その目的を達成できる結論を選ぶ方法である。3項の目的が最も明瞭な場合は，2項(a)の「発見」の場合である。発見自体は対象外であるが，発見に基づいて開発された新技術の特許性を認める。なぜ3項が必要となるか。3項の例外がなければ，どの特許申請に対しても「これは発見Xに基づくものであるから，特許対象にならない」との指摘が可能となり，特許を認めることが可能な範囲がゼロとなる。しかし，ソフトについては，その目的は成立しない。全ての特許技術が何らかのソフトを前提とし，「それ自体」の例外を認めない限り，特許保護範囲がゼロとなる恐れがない。そのため，目的的解釈の結果としても，ソフトについては，3項の狭い解釈が妥当となる。

次に歴史的解釈を試みる。3項の意味がソフトについては不明瞭であるが，52条の文書を提案した立法手続きに貢献した実際の立法者の発言などを根拠にその意味を確認する作業が歴史的解釈である。但し，52条は国内立法ではなく，国際立法である。国内立法の場合，議会での討論が全て公開されているに対し，条約に関する交渉は政府間で行われ，必ずしも公開されない。そのため，52条に関する歴史的草案作成者の発言は，国内立法よりは入手しにくい。特許条約52条の成立について分かる点は，以下のようなところである[42]。

52条の最初の案は，例外の列挙を含まないものであったが，ドイツ・オランダ代表の要請により，1965年はじめに，以下のような案が成立した：

"The following in particular shall not be regarded as inventions within the meaning of paragraph 1:
(a)　scientific knowledge and theories as such;
(b)　mere discovery of substances occuring in nature;
(c)　purely aesthetic creations;
(d)　financial or accounting methods, rules for playing games or other sys-

---

[42] Beresford (Anm. 2), 12–20.

tems, insofar as they are of a purely abstract nature;
(e)　methods of therapy, including diagnostic methods."

　後にソフトが列挙に入れられている(d)のところは単なる思考行為であるが，その限定は現在の"as such"ではなく，"insofar as they are of a purely abstract nature"とされた。反面，"as such"の限定は(a)のみで妥当する案であった。上記体系的解釈で，"as　such"の限定が明瞭な意味を持っているのは(a)の場合のみとの主張の裏付けになる。歴史的解釈は，このように他の方法で得た結論の裏付けのためのみに使用すべきとの考え方[43]に基づいて，特に有意義な結果である。

　最後は合憲解釈である。合憲解釈は，複数の解釈結果から，憲法の目標が達成される結果を選ぶ解釈方法である。憲法では主に学問の自由と言論の自由が問題となる（ドイツ基本法なら5条）。52条(a)が発見と学説を対象外にしている結果，発見した学者・学説を最初に展開した学者以外のすべての学者が，特許を配慮しないままに，それらの発見・学説を自分の研究に自由に利用できることになる。従って，2項(a)の例外は，学問の自由に貢献することになる。従って，学問の自由を保障する憲法の目標から考えた場合，52条3項の再例外を狭く解釈する必要が生じる。

　さらに，ドイツ憲法103条2項が保障している罪刑法定主義も配慮する必要がある。特許を認めると，特許所持者の許可なく当該発明を利用することは犯罪となる（ドイツ特許法142条）[44]。そのため，特許を認めるか否かの判断は，刑法適用と同様に慎重に行う必要がある。法律の文言を無視して制限なく特許を認めることは，単に特許法自体を侵害するだけではなく，罪刑法定主義も同時に侵害することになる。数多くの違法ソフト特許が認められてしまった結果，特許に反しないソフト作成もできない状況になった場合，ソフト業界関係者全員を犯罪者にする効果が生じるが，犯罪者扱いについては，罪刑法定主義が立法者の判断を要求している。判例単独では無理である。

　52条の解釈を様々な方法で行った結果としては，2項がソフトについて特

---

[43]　ドイツ法ではBVerfGE 1, 299以来の通説。

[44]　transpatent.com/gesetze/patg9.html＃142。

許を許さないことだけが明瞭である。3項の再例外は曖昧であり，ソフトについては適用の余地がないと思うが，仮に適用する場合には，その適用には説得力のある理由を付けることが困難な作業である。

2．実務での扱い

欧州特許庁の実務は，違法にも欧州条約52条を無視し，勝手にその条文と全く異なる扱いを採用している。52条ではソフトが対象外となっているが，実際は，既にヨーロッパで認められているソフト特許の数が2万件から3万件と推定されている。最も疑問の多いものは，「恐怖のヨーロッパソフト特許展示会」でインターネット上に公開されている[45]。一部だけ簡単に紹介してみる。コンピュータを診断に使うことに関する特許[46]。一つのコンピュータを別なコンピュータから遠隔操作することに関する特許[47]。インターネット販売におけるショッピングカートに関する特許[48]。コンピュータを各種試験に利用することに関する特許[49]，などである。特許条約52条により，ヨーロッパではソフト特許禁止となったはずであるが，実務では，アメリカ・日本と大差ないように思われる。

欧州特許庁の最近の公開された判断は1998年のIBM事件である[50]。その事件では，欧州特許庁の異議部会（Beschwerdekammer）が条約52条3項について，以下のように判断した。「ソフト自体」は，「ソフト自体」との意味ではなく，当該ソフトには「技術的本質がない」とのことを意味している，と

---

[45] Förderverein für eine freie informationelle Infrastruktur, Gruselkabinett der Europäischen Softwarepatente, swpat.ffii.org/vreji/pikta/index.de.html（2001年5月28日現在）。

[46] EP 0487110: Computer-aided diagnosis system for medical use, swpat.ffii.org/vreji/pikta/mupli/ep487110/index.de.html（2001年5月28日現在）。

[47] EP 0193933: Apparatus for control of one computer system by another computer system, swpat.ffii.org/vreji/pikta/mupli/ep193933/index.de.html（2001年5月28日現在）。

[48] EP 0807891: Stateless shopping cart for the web, swpat.ffii.org/vreji/pikta/mupli/ep807891/index.de.html（2001年5月28日現在）。

[49] EP 0664041: System and method for computer based testing, http://swpat.ffii.org/vreji/pikta/mupli/ep664041/index.de.html（2001年5月28日現在）。

解釈している。その解釈の理由を詳しく紹介する余裕はないので，直接その判断の批判に移る。

　第一，文言からして，この解釈は無理である。「それ自体」と「技術的本質はない」は，ドイツ語でも，英語でも，日本語でも，どの言語でも同じ意味ではなく，全く異なる意味となる。異議部会の理論は，条約の文言とは関係なく，適当に別な考え方を採用しているものである。

　さらに，体系的解釈からしても，この考え方は大いに問題である。52条2項(a)の「発見」の場合，「発見自体」を「技術的本質はない発見」に変更する考え方では，自然科学の多くの発見には技術的本質を認めることが可能であるため，3項の適用範囲が極めて広くなる。

　異議部会の立場（「ソフト自体」を勝手に「ソフトに技術的本質がない」に置き換えた立場）からは，ソフトの「技術的本質」について検討することが必要となる。その際，単にコンピュータに動くことだけでソフトの「技術的本質」を肯定できない，と主張している[51]。その限り，この限定が当然である。全てのソフトがコンピュータに動くため，それだけで「技術的本質」を肯定できる場合，52条2項の適用範囲がゼロとなり，区別基準としては機能しない。異議部会が提案している区別基準は，ソフトの「更なる効果」(weiterer Effekt) である。ソフトの起動により，さらに何かの技術的な効果が生じる場合，「技術的本質」を認める，との考え方である。従って，コンピュータを別な機械の操作に使う場合には，操作ソフトがこの別な機械で「技術的な効果」を生じさせることになるため，特許対象となる，との考え方である。

　この区別基準には必然性のある理由がないため，法の前の平等（ドイツ基本法3条）に反する結果になる。コンピュータ自体に効果が生じるか，それとも何か別な機械に効果が生じるか。この基準が特許を認めるか，認めないかのために決定的に重要とされている。しかし，一方の場合には特許保護が必要，他方の場合には特許保護が不要と言える実質的な理由が一つもない。

---

[50] Entscheidung der Technischen Beschwerdekammer vom 1. Juli 1998, T 1173/97-3.5.1, Computerprogrammprodukt/IBM, swpat.ffii.org/vreji/prina/t971173dp1.pdf（2001年5月28日現在）。この審決の全文の日本語訳は，三木茂編著『ビジネス方法特許と権利行使』東京，日本評論社，2000年，228頁に掲載されている。

[51] Entscheidung (Anm. 50) 6.2 bis 6.5.

利益関係は，当該効果がコンピュータ内に生じても，コンピュータ外に生じても，同様である。勝手に本来の規定に置き換えた区別基準には妥当根拠もなければ説得力もないことになる。

3．1991年ソフト著作権指令と互換性

上記の説明はヨーロッパ特許条約に関するものである。EU段階では，現在はソフトの著作権法上の指令[52]があるが，特許については，立法論しかない。この著作権指令に関する実施報告[53]では，委員会はソフト特許指令が必要である意見を述べている。しかし，現状では，91年ソフト著作権指令しかない。91年著作権指令9条は，指令が特許保護に関してなにも規定していないことを確認している。

しかし，この指令には特許に関する議論の際にも検討する必要がある原理が認められている。互換性の利益が著作者の権利に優先している，との判断である。91年著作権指令6条は，互換性（interoperability）を確保するために，著作権の様々な制限を認めている。互換性とは，当該ソフトと他のソフトがデータを共有できる利益である。例えば，Microsoft Wordは別なソフトXで作成した文書を読み取ることができる場合，それらのソフトの間には互換性が生じる。多くのソフトがお互いに協力できる状態は互換性が整備されている状態である。6条の立法者は，この状態が望むべきであり，その達成が著作権者の利益に優先している，と判断した。そのため，特許であるデータの形態を保護する場合（例えば，ビデオデータのmpeg形態[54]または画像データのgif形態[55]には特許が認められている），他のソフトとの互換性が排除されている限り，91年ソフト著作権6条の判断と同様に，特許保護の例

---

[52] Council Directive 91/250/EEC of 14 May 1991 on the legal protection of computer programs, europa.eu.int/eur-lex/en/lif/dat/1991/en_391L0250.html（2001年5月28日現在）。

[53] Report from the Commission to the Council, the European Parliament and the Economic and Social Committee on the implementation and effects of Directive 91/250/EEC on the legal protection of computer programs（10.4.2000），http://europa.eu.int/eur-lex/en/com/rpt/2000/com2000_0199en01.pdf（2001年5月28日現在）。

13. ヨーロッパ法におけるインターネット特許 ［カール・フリードリッヒ・レンツ］

外を認める必要が生じると思われる。

4．遺伝子技術と特許に関する指令

1998年の遺伝子技術に関する指令[56]は，特許対象について5条で以下のように規定している：

> "1. The human body, at the various stages of its formation and development, and the simple discovery of one of its elements, including the sequence or partial sequence of a gene, cannot constitute patentable inventions.
> 2. An element isolated from the human body or otherwise produced by means of a technical process, including the sequence or partial sequence of a gene, may constitute a patentable invention, even if the structure of that element is identical to that of a natural element.
> 3. The industrial application of a sequence or a partial sequence of a gene must be disclosed in the patent application."

この新しい規制は，発見と発明の区別について参考になる。人間の遺伝子自体は1項により特許対象外とされている。しかし，同様の遺伝子を技術過程で単離・製造する場合，特許対象となりうる。この考え方は，従来の発見と発明の関係と同様である，と指令の理由で説明されている[57]。

この指令の立法者は，上記EU特許庁の謬説と異なり，「発見自体」を「発見には技術的性質がない」に置き換えていない。逆にEU特許庁の考え方をこの場合に適用してみると，人間のある遺伝子に技術的本質があるか否かを検討することになるが，ソフトに技術的本質があるか否かと同様に，意味の

---

[54] Förderverein für eine freie informationelle Infrastruktur, MPEG und Patente auf Kompression akustischer Daten, swpat.ffii.org/vreji/pikta/xrani/mpeg/index.de.html（2001年5月28日現在）。

[55] Förderverein für eine freie informationelle Infrastruktur, LZW-Kompression: Konjugationen patentiert, swpat.ffii.org/vreji/pikta/xrani/gif-lzw/index.de.html（2001年5月28日現在）。

[56] Directive 98/44/EC of the European Parliament and of the Council of 6 July 1998 on the legal protection of biotechnological inventions, europa.eu.int/eur-lex/en/lif/dat/1998/en__398L0044.html（2001年5月29日現在）。

ある区別が不可能である。従って，遺伝子技術に関する指令の内容が上記EU特許庁の考え方に対する更なる批判材料となる。

なお，2001年10月9日の判決で，EC裁判所は本指令の無効宣言を申請したオランダの訴えを棄却した[58]。

5．立法論の動き

上記欧州特許条約52条に関する改正を2000年秋の国際会議が議論した[59]。その際，条約全体の多くの規定に関する改正案も議題となった。しかし，本稿では特に52条改正案が問題となる。この条文に関する議論を簡単に説明する。

その会議の結果として成立した条約改正により，52条1項は，以下のような新文言になる：

"European patents shall be granted for any inventions, in all fields of technology, provided that they are new, involve an inventive step and are susceptible of industrial application."[60]

この新しい文言は，各加盟国の調印・批准を必要とするため，現在はまだ妥当しない。上記の現行法との相違点は "in all fields of technology"（全ての技術分野で）を追加した点である。ソフトを「技術分野」の一つとして理解し，この改正がソフト特許を認めるとの解釈は予想されるが，2項では依然としてソフト特許の原則禁止が残っている。2項，3項は何も変わっていない。

---

(57) 理由(16): "whereas these principles are in line with the criteria of patentability proper to patent law, whereby a mere discovery cannot be patented".

(58) 記録番号 C-377/98, curia.eu.intによる。

(59) European Patent Organisation, Press Release 5/2000, Opening of the Diplomatic Conference to Revise the EPC, www.epo.co.at/news/pressrel/2000_11_20_e.htm （2001年6月1日現在）。

(60) Act Revising the Convention on the Grant of European Patents, Munich, 29 November 2000, www.epo.co.at/epo/dipl_conf/pdf/em00003a.pdf （2001年6月1日現在）。

13. ヨーロッパ法におけるインターネット特許［カール・フリードリッヒ・レンツ］

　国際会議の直前までは，ソフト特許に関する例外を排除する原案になっていた[61]。1項の改正理由は，TRIPS[62]27条に従うこと，同時に「技術本質」が必要であることの確認である。草案作成者は，2項・3項は不要である主張も述べたが，とにかくソフト特許に関する例外の排除を提案している。その理由として上記の欧州特許庁の実務を引用している（3項の「それ自体」を勝手に「技術的本質がない」に置き換えた実務）。この実務を更に正当化する理由は特に挙げられていない。

　しかし，結果としては，今回は今までの違法な実務を正当化する改正が見送りとなった。その背景には，現在EU段階でソフト特許に関する立法の動きが認められることがある。EU委員会は2000年10月から12月まで，ソフト特許問題に関する意見募集を行った。数多くの意見が寄せられた[63]。その意見募集に基づいて，委員会はいずれソフト特許に関する立法を提案する予定である。そのため，条約改正の場では，この問題はEU立法で扱うことが適切であり，EU段階の立法手続きに任せるために原案と異なって見送りとなった。

　EU段階では既にEU特許規則の提案が公開された[64]。この提案は特に特許申請の費用から見て重要であるが，特許対象については，既存の欧州特許条約に変更を加えないため，本稿の問題には影響しないように見える。

---

[61] Administrative Council of the European Patent Organisation, Basic proposal for the revision of the European Patent Convention, Munich 13.10.2000, www.epo.co.at/epo/dipl_conf/pdf/em00002.pdf（2001年6月1日現在）。

[62] Agreement on Trade-Related Aspects of Intellectual Property Rights（Annex 1C of the Marrakesh Agreement Establishing the World Trade Organization, signed in Marrakesh, Morocco on 15 April 1994）, www.wto.org/english/tratop_e/trips_e/t_agm3__e.htm#5（2001年6月1日現在）。

[63] European Commission, Replies to the Consultation Paper on the Patentability of Computer-Implemented Inventions, europa.eu.int/comm/internal_market/en/intprop/indprop/softreplies.htm（2001年6月1日現在）。

[64] Commission proposes the creation of a Community Patent（5.7.2000）, www.europa.eu.int/comm/internal_market/en/intprop/indprop/2k-714.htm（2001年6月18日現在）。

第3節　文献との対話

上記立法論を背景に，またアメリカの著名迷惑特許事件（amazon.comなど）を背景に，本稿で扱う問題について数多くの意見が発表されている。雑誌論文・本・インターネット上掲載の発言から，先に具体的解決策を提案するものを取り上げ，検討してみる。その後，その他の注目すべき文献を採り上げる。

1．具体的提案

(a)　Hornsの提案[65]：発言の自由を確保する

EUでもソフト特許は違法にも事実上に認められている。その現状から生じる迷惑・被害を限定するHornsの以下の提案が興味深い。Hornsは20世紀始めの船舶問題を指摘している。様々な船舶が世界中移動したが，特許法をそのまま適用すると，問題が発生する。すなわち，入港するときは，毎回，当該国ではこの船舶に搭載されている技術に特許保護があるか否かを検討することが必要となる。船舶の入港は当該国家への一時的のみの移動であるため，特許保護を入港した船舶に適用することは合理的でない。その判断に基づいて国際条約が成立し，船舶・飛行機などの一時入国について特許制度を適用しないことになった。日本特許法69条2項1号では「単に日本国内を通過するに過ぎない船舶若しくは航空機またはこれらに使用する機械，器具，装置その他のもの」が特許保護から外されている。

この考え方と同様に，ソフトの原文（source code）に関する保護例外を認

---

[65] Horns, Axel, Der Patentschutz für softwarebezogene Erfindungen im Verhältnis zur "Open Source" -Software, JurPC Web-Dok. 223/2000, www.jurpc.de (November 2000)(2001年6月5日現在); Horns, Axel, Anmerkungen zu begrifflichen Fragen des Softwareschutzes, GRUR 2001, 1-16; Lutterbeck, Bernd und und Gehring, Robert und Horns, Axel, Sicherheit in der Informationstechnologie und Patentschutz für Software-Produkte-Ein Widerspruch? Kurzgutachten erstellt im Auftrag des Bundesministeriums für Wirtschaft und Technologie, http://www.sicherheit-im-internet.de/download/Kurzgutachten-Software-patente.pdf (2001年6月18日現在).

めるように提案している。ドイツ特許法11条に新たに7号として，以下のような例外を導入する（翻訳は著者による）：「コンピュータプログラムの原文の（中間略）製作・提供・流通に置くこと・所持・輸入。但し，コンピュータプログラムをコンピュータ上に使う場合の法律関係は，影響を受けない。」

この提案が実現した場合，インターネットを通して共同に自由ソフトを開発する過程は，特許に邪魔されることないことを確保できる。特許所持者は，原文（source code）の普及を禁止できないため，ソフト利用者に対する個別請求のみが可能となる。特許保護範囲が大幅に限定される提案である。

しかし，この提案は立法論である。船舶が世界各国の特許制度を守る必要がないと同様に，インターネット上の自由ソフト開発も世界各国の特許を守る必要がない，その説明には説得力がある。しかし，この提案自体は，「立法者を待つ」提案であるだけ，現行法における解決にはならない。更に一歩進む必要があると思われる。Horns も指摘している通り[66]，特許によるインターネット上の原文公表制限は，言論の自由に対する制限になる（ドイツ憲法5条，日本憲法21条）。従って，現行法がソフト原文のインターネット上公表を禁止している限り，憲法5条を侵害しているため無効であり，特許の現行法による保護範囲を憲法5条に合わせて限定的に解釈する必要がある。また，仮にドイツ国内の裁判所が言論の自由より特許所持者の所有権保護（ドイツ憲法14条）を優先にしたい場合でも，実際問題としては，原文の匿名公表，または当該特許が登録されていない外国からの公表がインターネット環境で簡単にできるため，地域限定保護の典型例である特許法による検閲には実効性が全くない[67]。

(b) ソフト特有保護提案

日本で1980年代に「プログラム権利法」の議論があった[68]。著作権・特許権による保護ではなく，ソフトのために特有な保護制度を導入する提案であった。この提案が見送りとなったが，最近の討論では，Amazon.com 社長

---

[66] Horns (Anm. 65), Abs. 62-67.

[67] Vgl. Lenz, Karl-Friedrich, Strafrecht und Internet in: Eser, Albin (Hrsg.), Festschrift für Haruo Nishihara zum 70. Geburtstag, Baden-Baden, Nomos 1998, 467, 477-485.

のBezos氏が同様な発想を展開した[69]。以下の4点を提案している。「ソフトに関する特許および商売方法特許は，特別扱いが必要である。これらの保護期間を通常の17年から大幅に短縮すべきである（3年か5年位）。特許法の改正が遡及的に行われ，現在認められている特許も保護期間短縮の対象となるべきである。また，特許を認める前に，1ヵ月のコメント募集期間を置くべきである。」とBezos氏が提案している。

同様に，ドイツ連邦議会では2000年10月24日，クリスト教同盟が連邦政府に対しソフト特有保護の整備を目指すように要求した。さらに，急に欧州特許条約でソフト特許排除を廃止すべきではない，先に幅広く議論すべきである，との立場を採った[70]。

これらの特有保護提案の最大問題点は定義と平等である。一定の領域だけで特許保護を薄くする場合，この領域の確実な定義が必要となる。また，なぜソフト特許のみ保護期間が短縮されるかについて説得力のある理由がない限り，法の前の平等（ドイツ憲法3条，日本憲法14条）から見て問題となる[71]。とにかく，仮にこのような立法論による問題解決が可能であると考えても，現行法を前提とする対策が急務である。そのため，本稿は，現行法を前提とした迷惑特許に対する対抗法を中心とした。

(c) 不可侵体制

アメリカの「League for Programming Freedom」の1994年提案[72]は，本稿の主張に近いため，検討に値する。特許連合（patent pool）の発想である。ある組織を新たに作り，その組織への加盟を呼びかける。加盟する企業は，

---

[68] 椙山敬士『ソフトウェアの著作権・特許権』東京，日本評論社，1999年，138頁；今野浩『カーマーカー特許とソフトウェア』東京，中央公論社，1995年，88-89頁。

[69] Bezos, Jeff, An Open Letter from Jeff Bezos on the Subject of Patents, www.amazon.com/exec/obidos/subst/misc/patents.html/102-6063835-1726563（2001年6月11日現在）。

[70] Deutscher Bundestag, 14. Wahlperiode, Antrag der Fraktion der CDU/CSU, www.sicherheit-im-internet.de/download/003-antrag-CDU-24-10-00.pdf.

[71] Ritter, Terry, The Politics of Software Patents, 1991, www.io.com/~ritter/ARTS/POLIPAT4.HTM（2001年6月11日現在）も参照。

[72] League for Programming Freedom, Mutual Defense against Software Patents, 28 January 1994, lpf.ai.mit.edu/Patents/mutual-def.html（2001年6月12日現在）。

ソフト特許に限って，全面的に相互実施件を与える・獲得する。すなわち，加盟する限り，加盟している企業が保持する特許を気にする必要がない。逆に加盟しない場合，加盟企業に対するソフト特許に基づく訴えを提起する場合，加盟企業全員からの反撃を覚悟する必要があるため，相互保護効果を狙う。ソフト特許そのものが廃止されるまでには，部分的な問題解決にはなる，と League for Programming Freedom が主張している。

但し，7年前の提案であるが，その後，実際に特許連合が成立した報告はない。その原因はどこにあるか。Stallman 氏の説明によると，今まで誰も特許連合を設立できなかった[73]理由は次のような事情である：最初は加盟企業の特許数が少ないため，効果が期待できない。したがって，小規模の連盟に参加する理由がない。しかし，大規模になる前には小規模の段階が必要である。

その問題を解決するためには，本稿で提案した[74]ロゴ制度による自主規制が道を開く可能性がある。自主規制から始まり，いつの間にか特許連合まで成長するような方法が適切と思われる。

2．その他の注目に値する文献
(a) 委員会の意見募集（中間報告）
2000年10月19日，EU委員会はソフト特許に関する意見募集を行った。数多くの意見[75]が寄せられたが，委員会の意見募集の対象となった中間報告[76]は特に注目に値する。

その中間報告ではソフト特許を幅広く認める見解が採用されている。ソフトはコンピュータを動かすだけで技術的本質を有するものであり，他の技術

---

[73] An Interview with Richard Stallman, LinuxWorld.com 29.03.2000, www.itworld.com/Man/2687/LWD000329rms/（2001年6月12日現在）。

[74] 前記第1節4．(h)参照。

[75] europa.eu.int/comm/internal_market/en/intprop/indprop/softreplies.htm（2001年6月18日現在）。

[76] Commission of the European Communities, The Patentability of Computer-Implemented Inventions, Consultation Paper by the Services of the Directorate General for the Internal Market, 19.10.2000, europa.eu.int/comm/internal_market/en/intprop/indprop/soften.pdf（2000年6月18日現在）。

分野と同様な保護を受けるべきである，と述べている。本稿はソフト特許に対する消極的な立場を採っているが，委員会の上記分析には賛成できる。特許制度自体を廃止しない前提から考える場合，一般的言語使用で「技術」であるコンピュータソフトを「技術でない」として扱うことは，確かに問題である。また，ソフト業界だけが特許法を無視して良いことの正当な理由はない[77]。

しかし，コンピュータを利用するだけで，どの発想でも特許の対象となる「何でもあり」政策は，逆に特許制度全体の妥当根拠を崩壊している。ソフト分野では，特許が不要であることが特に明瞭である。一般国民が上記の実例で，「1 click 技術」，「競売」，「純金を金銭に使う」となる領域まで特許が認められるほど，特許制度が腐敗したことに気づいた時点，その制度自体の維持は困難となる。EU委員会を含む特許インフレ派[78]は，結局は目標と全く逆に，特許制度自体を破壊する可能性がある，との警告が必要である[79]。

(b) Hart/Holmes/Reid[80]

委員会はソフト特許問題に関する研究を委託したが，その結果として発表された報告書がEU立法に特に影響力が強いと予想されるため，ここで簡単に採り上げる。論争の中心である問題については，むしろ慎重論を採っているように見える。アメリカの関連文献を分析した結果，ソフト特許を認めることが有利であることに大いに疑問がある，と報告している[81]。本稿の立場を裏付ける主張となる。

---

[77] Ritter (Anm. 71).

[78] 例えば Nack, Ralph, Sind jetzt computerimplementierte Geschäftsmethoden patentfähig? Analyse der Bundesgerichtshof-Entscheidung "Sprachanalyseeinrichtung", GRUR Int. 2000, 853-858. 特許インフレ派全体についてはFörderverein für eine freie informationelle Infrastruktur, Die Patentbewegung, swpat.ffii.org/stidi/lijda/indexde.html（2001年6月26日現在）。

[79] Lenz, Karl-Friedrich, Stellungnahme zur Expertenanhörung des Bundestages am 21. Juni 2001, swpat.ffii.org/penmi/bundestag-2001/lenzkf/indexde.html（2001年6月18日現在）も参照。

[80] Hart, Robert und Holmes, Peter und Reid, John, The Economic Impact of Patentability of Computer Programs, europa.eu.int/comm/internal_market/en/intprop/indprop/studyintro.htm（2001年6月18日現在）。

13. ヨーロッパ法におけるインターネット特許 ［カール・フリードリッヒ・レンツ］

(c) Lessig

Financial Times に掲載された論説で，アメリカではコンピュータ関係法律問題研究者として有名であるLessigは欧州でのソフト特許認容に反対している[82]。EU立法と欧州特許条約改正を混合した上，今までは欧州でソフト特許が認められないと考えている。上記説明で既に明らかになったように，条約の文言ではソフト特許が排除されているが，実務では大幅に認められている。Lessigの理解に不正確な点があるが，肝心の問題には明白な意見を述べている。EUはアメリカの真似をすべきではない，と。特許保護をソフトに拡大する前には，その政策の経済的効果を検討する必要があり，その立証責任はソフト特許保護を要求する側にある，と論じている。ソフト特許反対派の応援として大いに歓迎すべき意見である。

(d) Winischhofer

本稿の問題についてソフト特許を否定する本として，Winischhofer の博士論文[83]が注目に値する。本稿と同様に，欧州特許条約52条3項の「それ自体」用件は，「技術的本質はない」を混合する欧州特許庁の実務を批判している[84]。ソフト特許に反対する立法論の理由も参考になる。すなわち，本稿とWinischhoferの立場と逆にソフト特許を認める場合，先行技術の把握が非常に困難である，と指摘している[85]。また，特許申請には平均4年が必要であるため，仮に特許が認められる場合でも，既にその時点で進歩速度が著しいソフト業界で当該技術の利用価値がない，とも説明している[86]。ソフト特許否定論として今まで最も充実した研究である。

(e) Bessen/Maskin

解釈論ではないが，Bessen/Maskin の1999年論文[87]は立法論としてソフト

---

[81] S. 8.

[82] Lessig, Lawrence, Europe's "me-too" patent law (11.7.2000), cyberlaw.stanford.edu/lessig/content/index.html(2001年6月18日現在)。同，the future of ideas, Random House New York 2001 も参照。

[83] Winischhofer, Thomas, Computersoftware und Patentrecht, webit.com/tw (2001年6月18日現在)。

[84] S. 90-92.

[85] S. 100-104.

[86] S. 104.

特許に批判的な文献である。ソフトについて1980年代からアメリカで特許保護を認めるようになった。そのため，通常の考えでは，ソフト関連の研究活動が活発になることが期待される。厚い特許保護が研究を刺激している，との考え方である。著者はしかし，現実のデータを分析し，実際は全く逆である，とのことを確認した。1987年から1994年の間には，アメリカ全体で研究開発関連予算が25パーセント増加したが，ソフト特許を認めることになってから，ソフト業界での研究予算が逆に21パーセントも減少した。「研究刺激」ところか，実際は「研究邪魔」である。

ヨーロッパから見た場合，この論文では，特に第二図（Figure 2）が注目に値する。アメリカではソフト関連研究がソフト特許発行件数と逆比例の形で減少した同時期では，ドイツではこのような効果がない。ドイツ法では，ヨーロッパ特許条約を受けて，とにかく法律の文言でソフト特許を原則排除しているため，今まで数多くのソフト特許が認められたが，ソフト特許に基づく特許侵害訴訟はなかった。従って，ヨーロッパから見ては，ソフト特許を認めないことがアメリカとの開発競争で有利に働くことが理解される。アメリカ政府の暗号輸出規制[88]が暗号技術の普及を止める効果がなかったが，ヨーロッパの暗号関連産業を大いに応援した。同様に，アメリカがソフト特許で自分の首を絞めてくれることは，ヨーロッパから見て歓迎すべき状況であるが，その愚かな政策から生じるヨーロッパの競争上利点を意識的に維持すべきである。アメリカの真似は，Bessen/Maskinの客観的な数字を見て，止めた方が良いことになる。

第4節　日本の状況

日本では2000年12月28日に特許・実用新案審査基準が改正され，第Ⅶ部「特定技術分野の審査基準」の第1章として「コンピュータ・ソフトウェア

---

[87] Jim Bessen and Eric Maskin, Intellectual Property on the Internet: What's Wrong with Conventional Wisdom?, www.researchoninnovation.org/iippap2.pdf（2001年6月25日現在）。

[88] Lenz, Karl-Friedrich「EU法およびドイツ法における暗号技術」青山法学論集40巻1号（1998年）1-22頁参照。

13. ヨーロッパ法におけるインターネット特許 ［カール・フリードリッヒ・レンツ］

―関連発明」を題する新しい審査基準が発表された(89)。この第4節では，この審査基準を検討する。

　日本の特許法2条1項は「発明」を「自然法則を利用した技術的思想の創作のうち高度のもの」と定義している。欧州特許条約52条2項，3項と異なり，発明とならないものを特に列挙していない。また，同条1項と異なり，「自然法則を利用する」ことが条件として明記されている。日本の場合，欧州特許条約の例外カタログに値するものは，特許庁の「特許・実用新案審査基準」の第Ⅱ部「特許用件」の第1章「産業上利用することができる発明」で説明されている(90)。

　その1.1.1「自然法則自体」の項目がある。「「発明」は，自然法則を利用したものでなければならないから，エネルギー保存の法則，万有引力の法則などの自然法則自体は，「発明」に該当しない。」と説明している。すなわち，日本法のように発明に該当しない類型の列挙がない限り，「自然法則」の関連で「自体」という言葉が明瞭な意味を有することが分かる。上記の欧州特許条約の歴史的解釈の裏付けになる。

　その説明を見た限り，ソフトについても，自然法則の利用があるか，ないかが問題となる。この点に関する2000年12月審査基準の出発点は次の通りである。「「ソフトウエアによる情報処理が，ハードウエア資源を用いて具体的に実現されている」場合，当該ソフトウエアは「自然法則を利用した技術的思想の創作」である。」(91)この考え方は，ドイツ特許庁ソフト審査部長のTauchert氏が最近の論文で発表している見解(92)とほぼ同様である。すなわち，ソフトであるだけで，なんでもあり(93)，との考え方になる。ソフトを作成する以上，何らかのハード資源を用いて実現することは当然である。コンピュータで実施しないソフトが果たしてあるとしても，極めて限られた領域となる。審査基準が挙げている発明でない例(94)は非現実的なものであり，第一，ソフトではなく「コンピュータ」を対象としていることは，基本考え方に限定効果がないことから必然的に生じる現象である。

---

(89)　特許庁ホームページwww.jpo.go.jp（2001年6月19日現在）に掲載。
(90)　特許庁ホームページwww.jpo.go.jp（2001年6月19日現在）に掲載。
(91)　審査基準第7部第1章2.2.1。

さて，欧州特許庁の実務は上記日本の審査基準と同様に「なんでもあり」になっているが，欧州特許条約の文言から見て違法である。日本の特許法では発明に該当しない類型としてソフトが指定されている規定はない。従って，上記2000年12月審査基準の「基本的考え方」の合法性を検討する場合，単に特許法2条1項の定義が基準となる。

文言解釈では，まずソフトが「自然法則を利用」しているか否かが問題となる。一般常識では，ソフトも「技術」の領域に属している。そのため，ソフトの「自然法則の利用」を肯定する立場が一般常識に従う。しかし，多くの議論があるため，慎重に検討してみる。電子計算機自体は，「自然法則を利用」している。もしソフトがなければ，利用課題毎に別なコンピュータを作る必要が生じる。このような世界では，当然それらの全ての個別コンピュータが「自然法則を利用」している。従って，利用課題毎にソフトだけを作り直す場合でも，「自然法則の利用」を肯定できる。

従って，日本特許法がソフト特許を排除する文言を含まれていないため，特許庁の「無限ソフト特許認容」政策は違法でない，と判断すべきである。

但し，立法論としては，著者は依然として特許制度が21世紀には不要である，と考える。特許制度の腐敗振りは，ソフト特許では特に明瞭になっているが，その他の分野でも弊害が利益を大幅に上回る。この立法論の立場からは，むしろソフト特許に関するアメリカ・日本の「なんでもあり」政策を歓迎すべきである。なぜなら，上記具体例のように，「1 click」，「競売」，「純金の金銭としての利用」など迷惑特許がどんどん認められることにより，特許制度廃止論はしやすい。死刑廃止論を主張する場合，多くの冤罪事件が効果的な論拠となると同様に，特許廃止論からは，多くの出鱈目特許による研究妨害・言論の自由の制限などが効果的な論拠となる。特許インフレにより，

---

(92) Tauchert, Wolfgang, Patentierung von Programmen für Datenverarbeitungsanlagen − neue Rechtsprechung und aktuelle Entwicklungen, JurPC WebDoc 40/2001, www.jurpc.de（2001年6月21日現在）。

(93) Kiesewetter-Köbinger, Über die Patentprüfung von Programmen für Datenverarbeitungsanlagen, GRUR 2001, 185, 189; Schölch, Günther, Softwarepatente ohne Grenzen, GRUR 2001, 16-21も参照。

(94) 審査基準第7部第1章2.2.2.(3)。

13. ヨーロッパ法におけるインターネット特許［カール・フリードリッヒ・レンツ］

いずれ特許制度の妥当性が完全になくなり，特許制度自体の維持が無理となる日がくる，と考えている。そのときまでは，特に弊害が大きいソフト特許について，本稿で検討した様々な訴訟法上の対抗策が必要となる。

14. 特許無効に基づく再審と補充性の原則

渡 辺 森 児

はじめに

1．わが国の現行特許法制の下では，特許の有効性に疑いがあるとき，それが紛争として現実化するのは次の二つの場合である。一つは，特許庁において特許無効審判の申立てがなされるときであり，もう一つは，通常の裁判所の特許権侵害訴訟（以下，侵害訴訟という）において特許の有効無効が先決問題となるときである。両者は，実務において関連性が深く，実際には，同一の特許について同時に二つの手続が進められる場合も珍しくない[1]。そこで，両者の結論に矛盾が生じることのないよう，法は，侵害訴訟をいったん中止し，無効審判手続の結果を待つこととしている（特許法168条2項）。さらに，平成11年特許法改正により，裁判所と特許庁との情報交換の規定が設置され，中止制度の整備化も進められた[2]。

しかし，今日の裁判実務において，特許無効の蓋然性が特に高い場合を除き，侵害訴訟を中止するケースは限られている[3]。したがって，審決の結果

---

(1) 特許庁総務部総務課工業所有権制度改正審議室編『平成11年改正工業所有権法の解説』85頁（発明協会，1999），中山信弘編『注解特許法〈第3版〉下巻』1223頁〔田倉整〕（青林書院，2000）。

(2) 平成11年法律41号により設けられた制度の内容は，次のとおりである。裁判所は，特許権侵害訴訟の提起があったときは，その旨を特許庁長官に通知し，当該訴訟手続が完結したときも特許庁長官にその旨を通知しなければならない（特168条3項）。他方，特許庁長官は，裁判所から通知を受けたときは，その特許権についての審判の請求の有無を，審決がなされたときは（審判請求の却下決定，審判請求の取下げも含む）その旨を，裁判所に通知しなければならない（特168条4項）。

(3) 現在のわが国の侵害訴訟における特許法168条2項の運用の基準については，清水利光ほか『工業所有権関係民事事件の処理に関する諸問題』司法研究報告書41輯

を待たずに侵害訴訟で侵害を認める判決が下されたが，後に無効審決が確定した場合，その事後の矛盾処理が今日的問題としてクローズアップされてくる(4)。侵害訴訟の判決が確定する前であれば，上訴審で原判決が取り消されることになるが，確定後であれば再審による不服申立て手段しかない。

2．ところで，わが国の特許法の母法国であるドイツにおいては，学説・判例ともに侵害訴訟の判決に対する再審請求について否定的であった(5)。しかし，ドイツもまた，侵害訴訟を中止する場面が一定の条件下で制限的に運用されているために(6)，わが国と同様，事後の矛盾調整の問題がある。この点につき，近時，実務家から再審を認めるべき旨の主張が顕れており，注目される(7)。

他方，わが国では，これまで，侵害訴訟に関し，再審の問題が論じられる

153頁（1995），高林龍「審判手続・審決取消訴訟と侵害訴訟との関係」西田美昭ほか編『民事弁護と裁判実務⑧知的財産権』169頁以下（ぎょうせい，1998）に詳しい。いずれの文献によっても，侵害訴訟の中止は制限的であるとされている。

(4) 判断が矛盾するケースとして，理論的には，侵害訴訟で非侵害が認定され，請求棄却判決が確定した後，審判手続で原告の当該発明の有効が確定した場合もまた想定できる。しかし，侵害訴訟での特許の相対無効を容認する裁判実務から見て，現実には再審の問題とならないことが多いであろう。本稿では，侵害認容判決の確定後，特許無効の審決が確定した場合に問題を絞ることにする。

(5) Reimer, Patentgesetz und Gebrauchsmustergesetz, 3Aufl. 1968, §13 Rdn. 33. なお，クリストファー・ヒース（君嶋祐子訳）「ドイツ特許法の下での侵害訴訟と特許無効手続の関係」小泉直樹＝知的財産研究所編『特許の有効性と侵害訴訟』338頁（経済産業調査会，2001）によると，再審請求に対する「裁判所の判断はいまだに下されていない」としている。

(6) Maltzahn, Die Aussetzung im Patentverletzungsprozeß nach §148 ZPO bei erhobener Patentnichtigkeitsklage GRUR 1985, S. 163：フォルクマール・テツナー（布井要太郎訳）『西ドイツ特許制度の解説／特許要件・侵害訴訟編』177頁（発明協会，1984）。なお，従来実務の中止規定の形式的な運用を問題視する近時の見解として，Rogge, Zur Aussetzung in Patentverletzungsprozessen, GRUR int. 1996, S. 386; Krieger, Die Aussetzung des Patentverletzungsprozesses, GRUR 1996 S. 941. がある。これらの学説状況については，拙稿「ドイツにおける特許権侵害訴訟の中止規定の運用について」石川明編『EU法の現状と発展』297頁（信山社，2001）を参照されたい。

(7) Schickedanz, Die Restitutionsklage nach rechtskräftigem Verletzungsurteil und darauffolgender Nichtigerklärung des verletzten Patents, GRUR 2000, S. 570. また，

ことはほとんど無かった。その理由は，これまで現に再審が申し立てられた事件が極端に少ないことに由来するものと考えられる[8]。しかし，現在もなお，上告審の係属中に無効審決が確定し，原審に破棄差し戻した事例が散見されており[9]，再審のあり方に対する問題意識は，今後理論的に重要な意味をもちうる。

3．わが国の侵害訴訟において再審の可否を論じる場合，わが国特有の侵害裁判所の役割について考慮が必要である。すなわち，わが国の侵害裁判所は，係争特許の有効性に疑義のあるとき，特許を無効と判断しないまでも，クレームの解釈論や権利濫用論を用い，実質上，特許の有効性の実体審理を行っているのが現状である。とくに，最高裁平成12年4月11日第三小法廷判決（民集54巻4号1368頁）以降，権利濫用の法理が定着し，実質的に特許無効の抗弁が認められたに近い運用がなされるにいたっている現在の実務[10]においては，今後，当事者が権利濫用の抗弁を持ち出すケースが多くなることが予想される。このような場合に，さらに特許無効を理由とする再審を認めるべきかは問題である。この点，筆者は，後述のように民訴法338条1項但書の補充性の原則が解決の方向を示唆するものと考える。

以上のように，ドイツとわが国では，ともに制度的に特許無効が二つの紛争手続で審理されるという共通の出発点をもちながら，再審の許否については，これまでの解釈論の現状や両国独自の配慮が全く対照的である。本稿は，わが国の侵害訴訟の再審問題について，ドイツと異なる独自の特徴をふまえ，

後述するように，デュッセルドルフ地裁判事をはじめとするドイツの実務家の質問回答が注目される（小泉ほか編・前掲注(5)116頁以下）。

(8) 判例集に公刊されている判例で，筆者が閲見したものは無かった。

(9) 村林隆一「21世紀における特許侵害裁判と問題点」知財管理48巻11号1806頁（1998）は，侵害訴訟の上告審係属中に無効審決が確定したため原審に破棄差し戻した事件を，侵害訴訟が長期化する事例として挙げている。また，特許庁総務部総務課編・前掲注(1)85頁も，侵害訴訟で認容判決が下された後に特許無効の審決が下されるケースが生じている実態を指摘している。

(10) 平成12年最高裁判決以降，東京地判平12・9・27判タ1042号260頁をはじめ，東京，大阪の各地裁で権利濫用の抗弁を認めた裁判例が続出しているとされる（竹田稔「裁判所と特許庁の権限分配からみた特許無効の問題」小泉ほか編・前掲注(5)220頁）。

対比的に考察するものである。

第1節　ドイツ特許争訟手続における再審

1．ドイツ特許争訟制度の特徴

ドイツの特許手続は，わが国の制度の範をなすものであり，特許権侵害と特許無効を別個の手続で審理するものである点，わが国と共通する。したがって，双方の手続で矛盾が生じないよう，侵害裁判所は，ドイツ民事訴訟法148条に従い，職権で手続の中止を命じうることとなっている[11]。ただし，この中止は，わが国と同様，裁量的であるため，実務では，特許無効の蓋然性が高度である場合以外は中止しないという制限的な運用が行われているとされる[12]。ここにおいても，やはり事後の矛盾調整という問題は不可避的である。

しかし，ドイツでは，特許無効の手続が，連邦特許裁判所（Bundespatent-gericht）という独自の司法機関において審理される（ドイツ特許法[13]65条1項）ところにわが国とは全く異なる事情がある。すなわち，わが国では無効の最終的判断が特許庁の無効審決であるのに対し，ドイツでは連邦特許裁判所の判決である。また，連邦特許裁判所の手続は，一元的な集中審理[14]と技術系

---

[11] ドイツ民事訴訟法148条　「裁判所は，訴訟の裁判の全部若しくは一部が係属する他の訴訟の目的物たる法律関係をなし，又は行政庁の確定すべき法律関係の成立若しくは不成立に係るとき，他の訴訟の完結するまで又は行政庁の処分があるまで，弁論を中止すべきことを命じることができる。」（翻訳は，石川明＝三上威彦訳・法務大臣官房司法法制調査部編『ドイツ民事訴訟法典』54頁（法曹会，1993）に従った。）

[12] Maltzahn, a.a.O., S. 163: テツナー・前掲注(6)177頁。

[13] Patentgesetz 1981 (G16. 12. 1980 BGBl. 1981 I S. 1)

[14] 詳細は，拙稿「ドイツ連邦特許裁判所の手続にみる一元化と集中」法学政治学論究35号375頁（1997）を参照されたい。

[15] 例えば，同時期における査定系審判を含めた統計を比較すると，わが国の工業所有権争訟（侵害訴訟を除く）の手続期間の平均は，4年ないし6年程度であるのに対し（審判手続の要処理期間と行政訴訟の審理期間の合算），ドイツの連邦特許裁判所における手続期間は，特許・商標について平均約2年，実用新案について平均約10か月であり，その差は二分の一以下である（拙稿・前掲注[14]380頁）。

裁判官の採用により，わが国と比べ極端に手続に要する期間が短く[15]，充実している。

この独自の手続は，後述する再審の許否の解釈に無視できない影響を与えている。

2．ドイツにおける再審制度

ドイツ民訴法（以下，ZPOという）は，再審の訴えについて，578条以下において，確定判決に対する無効の訴え（Nichtigkeitsklage, ZPO 579条）と，原状回復の訴え（Restitutionsklage, ZPO 580条）を規定する。無効の訴えとは，重大な訴訟手続の違反があり，判決との因果関係を要しない無効の申立てであり，原状回復の訴えとは，判決基礎の虚偽を申立事由とする特別の不服申立方法である[16]。両手続は，確定判決が取り消されると前訴訟手続が復活し再審理される特別の救済手段である点で共通する。ドイツの二つの手続の再審事由を一本化したものが，わが国の民訴法の再審制度にあたる[17]。したがって，ZPO 579条，580条に掲げる再審事由は，わが国の現行民訴法338条1項各号に掲げる再審事由とほぼ同一であるが，580条7号bにいう「当事者に有利な裁判をもたらしたであろう他の文書を発見し，又は利用できるようにしたとき」[18]はドイツの再審制度独自の再審事由である。

侵害判決が確定し，後に連邦特許裁判所において無効宣言判決が下された場合の，侵害判決に対する再審の許否は，主にZPO 580条の原状回復原因の該当性の問題である。

3．判例・学説の状況

ドイツ法において，侵害判決に対する再審の許否を考えた場合，まずその根拠を特許法に求めることはできない。なぜなら，特許法自体は侵害訴訟の

---

(16) Rosenberg/Schwab/GottWald, Zivilprozessrecht, 15Aufl. 1993, S. 965.

(17) 日本法においても，かつてドイツと同様の区別が設けられていたが，大正15年の改正によって，再審事由が一本化された（斎藤秀夫＝小室直人ほか編『注解民事訴訟法(10)〈第2版〉』204頁〔小室直人〕（第一法規，1996））。

(18) 石川＝三上訳・前掲注(11)162頁。

再審の規定を置いていないのみならず，ZPO 578条以下を明文で準用してはいないからである。そこで，従来，ドイツの判例・学説においては，ZPO 578，580条が類推適用されるかが問題とされてきた。これを整理すると，以下のとおりとなる。

3.1　ZPO 580条7号bの該当性

ZPO 580条7号bは，「当事者に有利な裁判をもたらしたであろう他の文書を発見し，又は利用できるようにしたとき」と規定する。古くは，ZPO580条7号bを根拠に原状回復の訴えを許容した判例が存した[19]。しかし，侵害裁判所において，後に見つかった先行公刊物があるからといって侵害訴訟の被告に有利な判決が下される可能性は全くなく「当事者に有利な」文書に該当するか疑問である[20]，あるいは7号bの「文書」は，侵害判決が下される時点までに生じていなければならないとされるところ，侵害判決の確定後に下された無効宣言判決は「文書」にはあたらないなど[21]の理由で，今日では，ZPO 580条7号bの該当性を否定する見解が一般的である[22]。

3.2　ZPO 580条6号の該当性

ZPO 580条6号は，原状回復の訴えの対象となる確定判決が，それ以前に下された通常裁判所，旧特別裁判所又は行政裁判所の判決を基礎としている場合に，その基礎となった判決の効力が否定（aufheben）されたときを原状回復原因とする。この規定は，わが国の民訴法420条1項8号に類似するが，判決の基礎となった先行判断として，「行政処分」を挙げていない点が異なる。したがって，ドイツでは，特許付与行為が本号にいう「判決」に準じて考えうるのかが問題となっている。

この点につき，従来から，行政行為は「判決」ではないという形式的定義から出発しつつも，特許付与行為を「判決類似の行政行為（urteilsähnlichen Verwaltungsakt）」と見て，ZPO 580条6号を拡張適用するという見解が有力

---

[19] Urteil des Reichsgericht vom 4. 3. 1901 = BGHZ 48, 384.

[20] v. Falck, Die Rechtsbehelfe gegen das rechtskräftige Verletzungsurteil nach rückwirkendem Wegfall des Klageschutzrechts GRUR 1977, S. 310.

[21] Horn, Patentverletzungsprozess und Nichtigkeitsverfahren, GRUR 1969, S. 174.

[22] Mes, Patentgesetz und Gebrauchsmustergesetz, 1997, §81 Rdn.38; van Venrooy, Rechtskraftwirkung des klageabweisenden Urteils im Patentnichtig-

に主張されていた[23]。他方で，依然として明文を重視し，行政処分である特許庁による特許付与決定は，同号の「判決」に該たらず，ただし，連邦特許裁判所の抗告部（Beschwerdesenat）の下した決定は，「判決」と同視できるとする見解が対立している[24]。連邦通常裁判所の判例には，特許侵害訴訟のケースでZPO 580条6号の適用を認めた例はなく，実務では否定説が一般的であるといえよう。ちなみに，1988年に下された連邦通常裁判所の判例は，建築許可に関する行政処分に関し，580条6号の適用性について言及しているが，未解決の問題として保留している[25]。

このような状況の下，近時，デュッセルドルフ地裁において，侵害訴訟の係争特許が無効であると宣言され判決が確定した場合には，580条6号によって原状回復の訴えが認められるとした判決が下され[26]，注目された。しかし，これに対しても，仮に当該判決が6号の「判決」と同一視しうる行政行為の概念を特別に容認したものであるにしても，特許権の特質を考慮すれば，特許付与はあくまで行政処分であり，そのような行政行為概念とは性質を異にするという批判が根強く存在している[27]。

3.3　ZPO 582条の観点からの議論

ZPO 582条は，原状回復の訴えの補充性について規定する。すなわち，原状回復の訴えは，訴訟当事者が従前の手続において，責に帰すべき事由により，原状回復原因を控訴もしくは付帯控訴で主張できなかった場合には，認められないという原則である。したがって，580条の原状回復原因のいずれかに該当すると解しても，補充性の要件については別個に検討が必要である。

侵害訴訟の被告は，侵害認容判決が下された後，同時に係争中の無効手続の結果としてなお特許無効を確信する場合には，非侵害の理由に基づく控訴

---

keitsverfahren GRUR 1991, S. 96.

[23]　Horn, a.a.O, S. 174; Schwerdtner, Das patentrechtliche Nichtigkeitsurteil und seine zivilprozessualen und zivilrechtlichen Auswirkungen, GRUR 1968, S. 15.

[24]　Pakuscher, Nichtigkeits- und Verletzungsprozeß in deutschen und Europäischen Patentrecht, RIW 1975, S. 308; v. Falck, a.a.O, S. 311.

[25]　Urteil des BGH vom 21. 1. 1988 = MDR 1988, 566.

[26]　Urteil des LG Düsseldorf vom 24. 6. 1986 = GRUR 1987, 628.

[27]　Schickedanz, a.a.O, S. 573.

をしなければ，補充性の原則により事後の原状回復の訴えの権利を失う。問題は，特許無効が確定する以前であっても，控訴しなかったときには，補充性の原則に抵触するのかという点である。これについて，実務は補充性の原則を厳格に解していると見られる。すなわち，連邦特許裁判所の実用新案抹消部（Gebrauchsmuster-Löschungssenat）は，自らの決定の中で，再審の適法性の問題が，侵害訴訟の被告が高等裁判所の判決に対して上告しなかったことと無関係ではないとの見解を示している[28]。実務のこのような考え方の背景には，原状回復の訴えは通常の不服申立手段とは異なる特別の手段であるから，訴訟当事者が上訴よりも原状回復の訴えに頼ることがあってはならないという法理念があると説明されている[29]。

以上から，これまでのドイツの判例・学説の状況下では，侵害訴訟において原状回復の訴えが認められることはかなり厳しいと言わざるをえない。

4．再審の必要性についての最近の動向

前記の学説状況にもかかわらず，今日，実務界において，侵害認容判決確定後に特許無効が明らかとなったときの救済手段として再審請求の必要性を説く声が高まりつつある。

4.1 実務家の意見

2000年2月から3月にかけてドイツで実施された調査報告[30]によれば，「特許侵害訴訟で権利者勝訴の判決が言い渡された後，特許無効訴訟で無効判決が出され，これが確定した場合，どうするのか」との質問に対し，デュッセルドルフ地裁の判事は，控訴されずに確定した侵害訴訟の第一審判決に対して，侵害訴訟の被告は再審（rehearing）を求める新しい裁判を提起することができると回答している[31]。前出のデュッセルドルフ地裁の判例は，個別的な事例判決と見ることも可能であったが，右回答は一般的に述べている点で注目されるべきである。

---

[28] Urteil des KG vom 9．5．1989＝GRUR 1989, 853.
[29] Schickedanz, a.a.O, S. 577.
[30] 嶋末和秀，相原伸一両氏による現地での訪問に基づく調査である（小泉ほか編・前掲注(5)116頁以下）。
[31] 小泉ほか編・前掲注(5)131頁。

また，同報告において，ミュンヘンの特許法律事務所[32]およびデュッセルドルフの法律事務所[33]にも同様の質問が行われた。その際，ミュンヘンの特許法律事務所の回答も再審が可能であるとしている[34]。デュッセルドルフの法律事務所の回答は，侵害判決が確定しているときは，第一審の裁判所に審理の更新（renew）と判決の変更を求めることになるとしている[35]。ここにいう「判決の変更」とはいかなる手続を指すのかは明らかではないが，現行法制を前提とする限り，再審手続以外にはないと解される。

4.2　Schickedanz の見解

　オッフェンバッハの弁理士である Schickedanz は，最近の論文の中で，侵害訴訟における再審の必要性を積極的に主張している[36]。すなわち，最大の問題は，本来，侵害訴訟の審理は，まず特許の有効性，つづいて侵害の有無を調査するのが自然の流れであるのに，現在の実務では，時間的に連邦特許裁判所の無効部（Nichtigkeitssenat）の判断が侵害裁判所の判断に先んじるということがほとんどない点にあると指摘する。この問題を解決するには，特許無効手続係属中に侵害訴訟を中止するのが一番良いが，他方で，侵害訴訟の被告による濫用的申立てを防ぐ要請から，結局，中止は制限的にならざるをえない。したがって，侵害訴訟の被告が，侵害訴訟の中で特許無効を主張できずに，侵害判決の確定後，特許無効の手続を続行するという事態には責められる理由がないとする。むしろ，いったん確定した侵害認容判決については，後から特許が無効になるか否かを問わず，一切除却できない状態が存続することを案じている。このことから，無効の訴えの原告（侵害訴訟の被告）が，侵害認容判決に対し全く控訴を提起しなかったときでも，ZPO 582条の補充性の原則にかかわらず，原状回復の訴えを認めるべきであるとする。この見解は，再審の補充性の原則を前記の判例より緩やかに解する点が注目される。なお，Schickedanz は，原状回復の訴えを認める法的根拠を

---

[32]　HOFFMAN/EITLE特許法律事務所にて調査が実施された（小泉ほか編・前掲注(5)87頁参照）。

[33]　WESSING BERENBERG-GOSSLER法律事務所にて調査が実施された（小泉ほか編・前掲注(5)87頁参照）。

[34]　小泉ほか編・前掲注(5)123頁。

[35]　小泉ほか編・前掲注(5)123頁。

580条7号bの類推適用に求めている。

5．再審の補充性と「自由技術の抗弁」との関係

前記のように，ドイツで，再審の必要性が注目される背景には，侵害訴訟における被告の抗弁に関する議論と密接な関係があるものと考える。

ドイツにおいては，侵害訴訟で侵害の対象とされた被告の実施形式に対して，そもそも特許が当該技術水準に照らし効力が及ばないと解されるときに，被告は，自由技術の抗弁（Einwand des freien Standes der Technik）を主張し，非侵害の結論を導くことができるという理論が学説によって提唱されてきた[37]。この理論は，侵害訴訟の中で，裁判所に特許の有効性についての実質的な審理を可能にするため，特許無効手続の判断との矛盾をある程度調整できる利点がある。さらに，侵害訴訟の中止が制限的である運用下においては，その利点が一層発揮できるといってよい。

しかし，今日のドイツにおいて，自由技術の抗弁は，均等論による特許権の保護範囲の拡張が許された等価的侵害の場合には，学説・判例によって許容されているが，特許クレームと同義の同一的侵害の場合には，判例上，全く認められていないとされる[38]。このことは，侵害訴訟と特許無効手続との権限分配の原則[39]において，特許の無効と侵害との完全な分離が守られていることの証左であり，特許無効が連邦特許裁判所という独自の機関で審理されるドイツ法ならではの特徴といえる。この点は，後述するように，わが国の特許訴訟での運用と大きく異なっている。

したがって，侵害訴訟の被告が，侵害訴訟の中で特許無効を争う武器を持てない以上，矛盾判断が生じる可能性は相対的に高まるのであり，再審の補

---

[36] Schickedanz, a.a.O, S. 577-578.

[37] Ohl, Der Einwand des freien Standes der Technik und im Patentverletzungsstreit nach kunftigem Recht, GRUR 1969, S. 1.ドイツの学説状況は，大瀬戸豪志「ドイツにおける特許の保護範囲理論―最近の学説・判例―」特許研究14号に詳しい。

[38] Bernhardt/Kraßer, Lehrbuch des Patentrechts, 4Aufl. 1986, S. 509.

[39] 侵害裁判所は，特許無効手続で特許が無効とされるまでは有効なものとして扱わなければならないという原則であり，明文にはないが，一般に承認されているとさ

充性を緩やかに解さなければ制度として不均衡であるとする最近の動向は必然の流れであろう。なお，ドイツ法を母法とするオーストリア特許法は，侵害訴訟について再審を認める明文を置いており（156条5項）[40]，立法による解決についても検討される余地がある。

第2節　わが国における侵害訴訟の再審の問題点

わが国の侵害訴訟において，侵害認容判決が確定した後，無効審判等で特許が無効とされたことを理由に再審の申立てが認められるか。この点について，これまで深く論じられることはなかったが，ドイツ法との比較において考察すると，問題点は，次の二点となる。

1．再審事由の該当性

まず，民訴法338条1項の再審事由の該当性である。同項は，再審事由として，ZPO 580条7号bに相当する「有利となる証書の発見」という事由は置いていないため[41]，民訴法338条1項8号の「判決の基礎となった民事若しくは刑事の判決その他の裁判又は行政処分が後の裁判又は行政処分により変更されたこと」という事由が問題になる。

本号は，ZPO 580条6号と異なり，「行政処分」という明文があるため，ドイツにおけるごとき類推適用の可否の問題は生じない。また，「判決の基礎となった」とは，裁判又は行政処分が再審の対象となっている判決に対し

れる（Bernhardt/Kraßer, a.a.O., S. 506.）。

(40)　本条項は，先決問題について裁判所が誤って判断を下す可能性が理論的に存在することを考慮して，1984年に設けられた（Fritz Schönherr, Zur Novellierung desösterreichischen Patentgesetzes S. 164.）。

(41)　旧々民訴法では，469条1項7号に置いていたが，大正15年改正に際して削除された（斎藤＝小室ほか編・前掲注(17)226頁〔小室直人・三谷忠之〕）。

(42)　千葉地判昭35・1・30下民11巻1号176頁，東京地判49・2・8下民25巻1＝4号94頁，兼子一『条解民事訴訟法上』1275頁（弘文堂，1955），菊井維大＝村松俊夫『全訂民事訴訟法Ⅲ』384頁（日本評論社，1986），斎藤＝小室ほか編・前掲注(17)242頁〔小室・三谷〕，石川明＝高橋宏志編『注釈民事訴訟法(9)』51頁〔上村明広〕（有斐閣，1996）。

て拘束力がある場合のみならず，その裁判又は行政処分により事実認定をし右事実に基づき判決をしている場合も含むと解されるから[42]，特許査定が侵害認容判決の基礎となることは当然である。ただし，「変更」は確定的かつ遡及的でなければならないため[43]，無効審判あるいは審決取消訴訟が係属中であるだけでは足りず，特許庁又は裁判所の終局的判断が確定していなければならない。

以上から，侵害訴訟における特許無効は，民訴法338条1項8号の再審事由そのものである。

2．再審の補充性

民訴法338条1項但書は，ZPO 582条と同様，再審について補充性の原則を定める。すなわち，再審事由があるときでも，当事者が通常の上訴手段によって再審事由を主張したが排斥された場合，又は当事者が訴訟手続中に再審事由の存在を知りながら上訴しなかった場合には，再審の訴えは認められない。上訴と再審は，原判決に対する不服申立手段として共通性をもつので，同一事由について二重に主張の機会を与える必要はないし，また自ら不服申立ての機会を放棄した者についても，改めて再審による救済を与える必要はないからである[44]。

2.1　ドイツとの比較

再審の補充性の要件を検討する前提として，わが国の特許争訟手続の特色をドイツと比較し整理すると，次のようになる。

わが国の裁判実務においては，侵害訴訟を中止することはほとんどなく無

---

[43]　福井地判昭32・1・31下民8巻1号194頁，兼子・前掲注[42]1275頁，菊井＝村松・前掲注[42]384頁，斎藤＝小室ほか編・前掲注[17]243頁〔小室・三谷〕，石川＝高橋編・前掲注[42]51頁〔上村〕。

[44]　伊藤眞『民事訴訟法』651頁（有斐閣，1998），斎藤＝小室ほか編・前掲注[17]228頁〔小室・三谷〕。

[45]　大場正成「特許の無効と侵害」知的財産研究所五周年記念論文集『知的財産の潮流』88頁（信山社，1995），村林隆一「特許権侵害訴訟における「特許無効」とその対策」パテント48巻5号24頁（1995），松永宣行「無効審判の適時審決——審決までの要処理期間短縮への提言」パテント49巻2号19頁（1996）。

効審判が侵害訴訟の判決に間に合っていない現状がすでに指摘されており[45]、この点はドイツと共通の問題が存在する。他方、わが国においては、判例・学説上、侵害訴訟を中止せずに非侵害の結論を導く方策が積極的に模索されてきた。この点は、特許の無効と侵害の問題を完全に分離するドイツとは明らかに異なっており、わが国の特許争訟手続独自の特色である。

2.2 わが国の特許争訟手続の特徴

周知のとおり、わが国では、侵害裁判所の特許無効判断の是非をめぐる議論が活発である。

2.2.1 今日の学説動向[46]

かつて、侵害裁判所は特許の無効判断をしてはならないとする見解が主流であった[47]。しかし、今日では、何らかの形で、裁判所が実質的な無効判断を行うことを認め、それを被告の抗弁として構成する見解が多くの支持を集めている。その代表的な理論構成として、侵害形式が公知な技術であることを立証することにより非侵害の結論を導く公知技術の抗弁説[48]、および特許付与に内在する瑕疵が甚大であるため、特許の効力が否定されるとする無効の抗弁説[49]とがある。いずれも、侵害裁判所での特許無効の判断は当該事件

---

[46] 学説の整理については、大野聖二「特許侵害訴訟における無効主張に関する学説の状況」小泉ほか編・前掲注(5)34頁、設楽隆一「特許発明が全部公知である場合の技術的範囲の解釈」牧野利秋編『裁判実務体系第九巻・工業所有権訴訟法』140頁(青林書院、1985)に詳しい。

[47] 原増司・別冊ジュリスト特許判例百選六九事件148頁(1966)、染野義信「判批」民商49巻3号313頁(1963)は、最高裁判決の行なった実施例限定解釈に反対し、特許の有効無効は、無効審判に委ねられるとする。ほかに、侵害裁判所の無効判断否定説に立つ文献として、馬瀬文夫「特許の権利範囲と公知事項」特許管理14巻2号76頁(1964)がある。

[48] 中山信弘「特許侵害訴訟と公知技術」法協98巻9号1152頁(1982)。

[49] 辰巳直彦「特許侵害訴訟における特許発明の技術的範囲と裁判所の権限──特許発明の技術的範囲の拡大と減縮──」日本工業所有権法学会年報17号17頁(1993)、田倉整「歪められた権利範囲論──狭い解釈と広い解釈──」パテント47巻5号44頁(1994)、羽柴隆「特許侵害事件における裁判所の特許無効についての判断権限(1)(2)」特許管理44巻11号1501頁(1994)、12号1689頁(1994)、中島和雄「侵害訴訟における特許無効の抗弁」本間崇還暦記念『知的財産権の現代的課題』192頁(信山社、1995)、田村善之「特許侵害訴訟における公知技術の抗弁と当然無効の抗弁」

限りの相対効しか生じないとする点では共通する。

　無効の抗弁説は，現在多数説となりつつあるが，最近の議論の中心は，具体的要件は何かという点である。そこでさらに①特許発明が全部公知の場合に限るとする見解[50]，②行政法学における当然無効を認めるのに必要な瑕疵の重大かつ明白性を要件とする見解[51]，③瑕疵の明白性として，侵害訴訟を担当する裁判所の負担増についても加味する見解[52]，④すべての無効事由を抗弁とする見解[53]とに分かれる。

2.2.2　今日の判例理論

　かつての判例は，侵害裁判所に特許の無効判断を許さず，侵害訴訟の被告が特許権の瑕疵を争う手続的機会を完全に否定してきた[54]。ただし，訴訟を中止せずに非侵害の結論を導く手法として，特許が公知の事項を含む事例において，公知部分を除外した範囲を特許の権利範囲と認定する公知事項除外説[55]，ならびに下級審裁判所で採用されてきた，特許の権利範囲をクレーム文言の字義以下に縮小する様々な解釈論[56]があった。

　　機能的知的財産法の理論58頁（信山社，1996），中山信弘『工業所有権法(上)特許法［第2版］』418頁（弘文堂，1998）。なお，従前から特許無効の抗弁を肯定する結論を示していた文献として，紋谷暢男『無体財産権法概論』141頁（有斐閣）（［第7版］187頁（1997））がある。

(50)　辰巳・前掲注(49)42頁。
(51)　羽柴・前掲注(49)「特許侵害事件における裁判所の特許無効についての判断権限㈠」1506頁。
(52)　田村・前掲注(49)83頁。
(53)　中島・前掲注(49)205頁。
(54)　大判大6・4・23民録23輯654頁。
(55)　最判昭37・12・7民集16巻12号2321頁，最判昭39・8・4民集18巻7号1317頁。
(56)　発明が全部公知の場合，または公知技術の寄せ集めからなる場合について，特許発明の権利範囲を特許の効力の最も狭い範囲と解する最狭義説に立つ裁判例として，松山地判昭49・2・25無体例集6巻1号46頁，大阪地判昭50・3・28無体例集7巻1号64頁，大阪地判昭52・11・30速報33号766頁など。同様の場合について，最狭義説よりさらに一歩すすめて特許発明の権利範囲を実施例のみに限定する実施例限定説に立つ裁判例として，東京地判昭47・9・29無体例集4巻2号517頁，大阪高判昭51・2・10無体例集8巻1号85頁，大阪高判昭58・4・27特許と企業174号45頁，大阪地判昭61・6・17特許と企業214号67頁，大阪地判平2・7・19判時1390号113頁など多数。

このような状況の下，平成12年4月11日，最高裁は，審理の結果，当該特許に無効理由が存在することが明らかであるときは，特段の事情がない限り，その特許に基づく権利行使は権利の濫用に当たり許されないとする判決を下し，従来の判例を変更した(57)。本判決は，「特許権侵害訴訟を審理する裁判所は，特許に無効理由が存在することが明らかであるか否かについて判断することができると解すべき」と明言しており，注目される。

　無効理由の存在が「明らかである」場合とは，いかなる場合なのか。この点，本判決は，権利濫用論を論拠として，その要件を次の二点に求める。すなわち，①権利の行使を認めると，実質的に，特許権者に不当な利益を与え，発明実施者に不当な不利益を与えるという「衡平の理念」，②特許の対世的な無効まで求める意思のない侵害訴訟の被告に，無効審判を強いることを避ける「訴訟経済」である。

　この要件について，学説の評価は分かれる。第一は，特許の無効原因を包含するだけでは足りず，「明らか」性ともいうべき独自の要件を付加したものと評価する見解である。この見解には，実質的に当然無効の抗弁と同様の要件を認めたとするもの(58)と，当然無効とは区別されるべきだとするもの(59)とがある。第二は，特許が無効であること以上に特別な限定はしていないと評価する見解である(60)。その中には，不合理な要件ないしは訴訟上の「証明」に吸収されるべき不要な要件だと評価するものがある(61)。

---

(57) 本最高判決以前にも，下級審裁判例では，権利濫用論を肯定するものがあった（大阪地裁昭45・11・30無体例集2巻2号612頁，大阪高判昭51・2・10無体例集8巻1号85頁，名古屋地判昭51・11・26判時852号95頁など）。

(58) 田村善之「判批」法教237号133頁（2000）。

(59) 飯村敏明「東京地裁における知的財産権侵害訴訟の審理の実情について」民事法情報182号36頁（2001），小泉直樹「特許侵害訴訟における有効性の抗弁」小泉ほか編・前掲注(5)226頁。飯村判事によれば，最高裁判決の「明らか」性という要件は，冒認出願や公然実施を理由とする無効事由の有無については，裁判所は判断し易く要件の幅は狭いが，これに対し，進歩性の不存在を理由とする無効事由については，要件の幅が広くなると解されている。

(60) 嶋末和秀「特許侵害事件における無効事由の取扱いに関する判例の動向」小泉ほか編・前掲注(5)10頁。

(61) 辰巳直彦「判批」民商124巻1号130頁。

2.2.3 まとめ

以上のように，侵害裁判所に，一定の実質的な特許無効判断の権限を肯定する今日のわが国の判例・学説の趨勢はドイツと大きく異なる。平成12年の最高裁判決が，「判例法により特許無効の抗弁を創設した」[62]とまで言いうるかは論議がありうるが，少なくとも右最高裁判決以降，被告の権利濫用の抗弁を認め訴えを棄却する判決が続出しており，実質的に，特許無効の抗弁が認められたに近い運用がなされている[63]。

このことは，侵害訴訟の当事者にとって特許の有効性について争う手続的機会が保障されたことを意味し，それは再審の補充性を考える際の重要なファクターとなりうる。

第3節　わが国の侵害訴訟の再審における補充性の原則

1.「補充性」による禁止領域の拡張

わが国では，侵害訴訟における特許無効に基づく再審は，形式的には，民訴法338条1項8号により，肯定される。しかし，再審の補充性については，前述のわが国における侵害訴訟の特徴をふまえると，実質的に，被告に再審を認めることが公平でない事態が生じうる。すなわち，今日の裁判実務に照らし，侵害訴訟の被告に権利濫用の抗弁が認められる場合とは，明らかに（重大かつ明白に）特許が無効のケースであり，このとき，上訴を通じ不服申立てができるのに，加えてこの不服申立てと同一事由を持って再審もなしうるとするのは補充性の原則の趣旨に反する。たしかに，厳格には，特許の無効理由が「明らか」に存在する状態は，無効審判により確定された特許無効とは意味が異なることはいうまでもない。しかし，わが国においては，これらを同視して，「補充性」による再審禁止の領域を拡張して解釈すべきであろう。以上の解釈を整理すると，次のようになる。

---

[62]　嶋末・前掲注[60]12頁。

[63]　竹田・前掲注[10]220頁。また，飯村判事によれば，東京地裁の知的財産権部では，「ほとんどすべての侵害訴訟で無効事由が争点化するようになり，侵害訴訟の審理実態は，以前とは別のものとな」ったと指摘されている（飯村・前掲注[59]26頁）。

①権利濫用ないし特許の瑕疵の重大明白性につき，上訴で不服申立てられるにもかかわらず，主張をしなかったとき，および②権利濫用ないし特許の瑕疵の重大明白性につき，上訴で不服申立てをして排斥されたときには，侵害認容判決確定後，たとえ無効審判のルートにより特許無効が確定したとしても，補充性の原則に抵触し，再審の訴えは認められない。これに対し，③権利濫用ないし特許の瑕疵の重大明白性につき，不服申立てができなかったとき（例えば，特許が無効原因を包含するが明らかに無効とまでは言えないとき）には，再審の訴えは認められるべきである。

以上のように，わが国とドイツとでは，判断の矛盾回避という同じ問題を抱えながら，その解釈に対応する理論と実務の現状における特色の違いから，再審における補充性の原則の適用について対称的な結論が導かれざるをえないと考える。

2．特許の保護範囲に関する主張をした場合の取扱い

今日の裁判実務においても，特許の保護範囲を縮小解釈し非侵害の結論を導く理論がとられる可能性は残されている。そこで，侵害訴訟の被告が，権利濫用ないし無効の抗弁ではなく特許発明のクレームを縮小解釈すべきとの主張をしうるケースにおいてはいかに解すべきか。この場合においては，理論的には，特許の無効を主張しているわけではないので，補充性の原則には抵触しない。しかし，実質的に見て，同時に権利濫用ないし無効の抗弁を主張しうるケース（例えば，全部公知の場合）には，権利濫用ないし特許の瑕疵の重大明白性につき，上訴で不服申立てできたか否かが再審の可否を決する判断の分水嶺となろう。

3．再審の訴えを禁ずる効果について

権利濫用ないし無効の抗弁を通じて導かれる特許の効力が否定される状態とは，当該事件限りでの相対的無効であるのに対し，無効審判により確定される特許無効は対世的な絶対的無効である。したがって，補充性の原則に関し，前記のような解釈を採ることにより，対世的には当該特許は無効であるのに，再審が禁止された事件に限り特許は有効である現象を認めることになるが，これは妥当であろうか。しかし，権利濫用ないし無効の抗弁は，もし

これが認容されれば，仮に対世的に特許が有効な場合でも前記の相対的無効を勝ち獲ることのできる利益を有する性格のものである。したがって，この利益を勝ち獲ることができなかった，あるいは放棄した当事者に対しては，その裏返しの効果として，あくまで当該事件限りにおける特許の相対的有効を認めることになっても，格段，不公平ではないと解しうる。

15. 被告の住所地と離婚の国際裁判管轄

山田 恒久

はじめに

　離婚の国際裁判管轄に関する，最高裁の裁判例には，昭和39年3月25日大法廷判決[1]，昭和39年4月9日第一小法廷判決[2]，及び，平成8年6月24日第二小法廷判決[3]がある。このうち，大法廷判決は，まず第一に被告住所地国に管轄を認めることを原則とし，他方，原告が遺棄された場合，被告が行方不明である場合，その他これに準ずる場合には，例外的に原告の住所地国にも管轄を認めるという見解を示したものである。しかし，この大法廷判決は，夫を朝鮮に遺して帰国した元日本人妻の提起した離婚の訴について，原告の住所地である日本の国際裁判管轄を認めた点で，例外的事例の類型を示した先例にすぎないという指摘もあった[4]。これに対して，第一小法廷判決は，先の大法廷判決が示す原則に従い，被告の住所地が我国にないことを理由に，離婚の国際裁判管轄を認めなかった。したがって，この第一小法廷判決によって，ようやく被告の住所地国に原則的な管轄を認めるという点に関する判断が下されたという考え方が，一般的である。さらに，平成8年の第二小法廷判決は，これ以前の最高裁の裁判例の考え方を，原則として肯定したうえで，被告の住所が我が国にない場合であっても，例外的に我が国に離婚の国際裁判管轄を認めるべきときがあると判示した。したがって，昭和39年以降，最高裁判所の裁判例は一貫しているというのが，一般的な理解のよ

---

(1) 民集18巻3号486頁。
(2) 家裁月報16巻8号78頁。
(3) 民集50巻7号1451頁。
(4) 田村精一「離婚の国際裁判管轄」有斐閣『渉外判例百選〔第2版〕』(1986年) 190頁。

うである。

　こうした「被告住所地国の管轄を原則とし，しかし，原告が遺棄された場合，被告が行方不明である場合，その他これに準ずる場合には，例外的に原告の住所地国にも管轄を認める」という最高裁の考え方の原型は，かつて一般的であった夫婦の国籍を基準とする学説に疑問を呈して，被告が原告を遺棄したなどの，特別な事情のある例外的な場合をのぞいて，離婚の国際裁判管轄は，原則的には専ら被告の住所地を基準とするべきであるとする見解[5]であったと解されている[6]。そうして，その後の我が国の通説もこの考え方を肯定して，専ら被告の住所地以外に管轄が認められるための，特別な事情の明確化に向けて，研究がなされてきた[7]。

　これに対して，最近，私は，別稿において，離婚の国際裁判管轄の決定に関して，人事訴訟手続法1条を直接適用する可能性について論じた[8]。

　卑見の論旨は，「訴訟は，実体権の実現の過程である。その実体権の行使の場所にこそ，原則的な国際裁判管轄が認められるべきである。このため，実体権の態様によっては，被告の住所地ではなく，これと異なる場所で，その行使がなされなければならない場合がある。そうして，離婚の請求権は，当該婚姻関係の本拠地（夫婦の属する社会集団の所在地）で行使されるべきものである。ここで，国際的な管轄の配分を問題とせずに，単に，当該離婚訴訟は我が国で裁判されるべき事項か否かということのみについて考慮するときには，離婚が求められるべき社会集団が，我国に所在すれば，我国が裁判するべき離婚事件と考えてよい。換言すれば，婚姻関係の変更が求められるべき地，すなわち，当該婚姻関係の本拠地（夫婦の属する社会集団の所在地）が，我国にあれば，我が国の裁判所はその法律関係を審理し裁判する責務を負うということである。我が国の婚姻関係の本拠地についての理解は，人事訴訟手続法1条によって，第一順位（夫婦が共通の住所を有するときはその住所地），第二順位（夫婦が最後の共通の住所を有した地の地方裁判所の管轄区域

---

[5] 池原季雄「離婚に関する国際私法上の2，3の問題」最高裁判所事務総局『家裁月報』4巻12号（1952年12月）6頁。

[6] 例えば，田村精一「離婚の国際裁判管轄」有斐閣『渉外判例百選〔第3版〕』（1995年）211頁，溜池良夫『国際私法講義』（有斐閣，1996年）450頁。

内に夫又は妻が住所を有するときはその住所地)，第三順位 (その管轄区域内に夫婦が住所を有しないとき及び夫婦が共通の住所を有したことがないときには夫又は妻が普通裁判籍を有する地，又は，その死亡の時に住所を有した地) と，考えられる。およそ，一国の法制度において，婚姻関係の本拠地 (夫婦の属する社会集団の所在地) が，理由なしに異なる筈はないから，その判断基準は国内的，国際的のいずれについても一致する筈である。したがって，人事訴訟手続法に定められている当該夫婦の属する社会集団の所在地の判断基準である，その夫婦の共同生活地，又は，それに準じる地は，国際的な管轄原因と，国内的な管轄原因が一致して同時に決定されると考えられる。したがって，人事訴訟手続法1条に定められている地が我が国にあれば，その夫婦の属する社会集団が我が国にあるとして，我が国に離婚の訴を提起し得ると考えてよい。その意味で，人事訴訟手続法1条は，国際裁判管轄の規定として

---

(7) 道垣内正人「渉外判例研究」有斐閣『ジュリスト』877号 (1987年2月) 127頁，渡辺惺之「身分関係事件の国際裁判管轄権」木棚照一＝松岡博＝渡辺惺之著『国際私法概論』(有斐閣，1991年) 265頁など。また，石黒一憲「渉外訴訟における訴え提起」新堂幸司＝谷口安平編著『講座民事訴訟(2)』(有斐閣，1984年) 36頁では，基本的に昭和39年の最高裁判決の枠組みを前提としながらも，「遺棄」の要件にかえて，夫婦の共同生活地など「当該事案との密接関連性」という「ファクター」を重視する事が主張されている。また，実際には，昭和39年の最高裁判所の裁判例以降の下級審の裁判例では，例外的に被告の住所地以外に管轄が認められるための，特別な事情が争われることが多く，被告の住所地を原則とするという判断よりも，むしろ例外的な類型に関する判断が多くなり，この例外的な扱いに重点が移動してしまったため，例外が拡大して例外と原則の転倒が生じているかのような状況にあると指摘する学説として，道垣内正人「離婚事件の国際裁判管轄権——その新たなルール化をめざして」ぎょうせい『法律のひろば』39巻11号 (1986年11月) 13頁。なお，本稿では検討しないが，通説とは異なり，人事訴訟手続法1条1項が，夫婦の共通住所地主義を採用していることを指摘して，これを類推して，離婚の国際裁判管轄について，「被告の住所地主義」にかえて，「夫婦の共通住所地主義」を原則とすることを主張する反対説がある。例えば，多喜寛「国際私法3題—反致，公序そして離婚事件の国際裁判管轄権—」東北大学法学会『法学』51巻3号 (1987年8月) 850頁，貝瀬「離婚事件の国際裁判管轄小考」名古屋大学法学部『法政論集』140号 (1992年3月) 22頁，西島「身分関係事件の国際裁判管轄権総論—管轄権の判断手法に関する1つの仮説—」大阪大学法学会『阪大法学』46巻6号 (1997年2月) 981頁。

(8) 拙稿「離婚の国際裁判管轄」獨協大学法学会『獨協法学』54号45頁 (2001年4月)。

も機能すると思われる。」というものであった[9]。

本稿は，この別稿では，十分に触れることのできなかった点を中心に，離婚の国際裁判管轄に関して，再論を試みるものである。

第1節　通説及び，最高裁の採用する考え方の原型となった学説の検討

「住所しかも原則として被告のそれを標準にし，後述の如き例外的な場合は原告のそれをも考慮して，問題を処理すれば足るのではないかとも考えられるのである。」という通説の原型となった学説[10]は，1950年頃の，英国の制度を参考にしたものであるという点が，指摘されている[11]。

1．1950年頃の英国法[12]

当時の英国の管轄に関する考え方は，訴訟の類型を人的訴訟（action in personam）と，物的訴訟（action in rem）に二分して，それぞれについて，異なる考慮によって管轄を決定するというものであった[13]。このうち，人的訴訟は，訴訟物に関する，当事者相互間の権利義務関係を決定するものであった。そしてこの権利義務関係には，契約や，不法行為などから生じる債権関係のみならず，動産や土地の返還請求などのいわゆる物権関係も含まれていた。そうして，この人的管轄が発生するためには，訴状の送達が，英国内に所在する被告に対してなされることが条件とされていた[14]。その意味で，この人的訴訟には，被告の保護という手続的な考慮の萌芽をみることができる。

これに対して，物的訴訟は，新たな法律関係を創出させたり，既に存在する法律関係を消滅させる内容を有する判断を得ることを目的とする訴訟で

---

(9)　前掲，拙稿60頁。
(10)　池原，同論文，6頁。
(11)　前掲・注(6)。
(12)　ここでは，特に明示しない場合には，Scotlandなどを除いた，EnglandとWalesの法域を指す用語として用いる。
(13)　Martin Wolff, Private International Law. 2nd. ed (Oxford University Press, 1945), p. 64.

あった⁽¹⁵⁾。したがって，この物的訴訟では，当事者以外の第三者にも，判断の効果を及ばせる必要があった。

離婚の訴訟は，この物的訴訟の類型とされていたようである⁽¹⁶⁾。そして，この離婚訴訟では，いわゆる婚姻住所（matrimonial domicile）に管轄が認められていた⁽¹⁷⁾。もともと，物的訴訟では，争われる権利義務の目的物の所在地に，管轄が認められる。したがって，婚姻事件ではその目的物の所在地はすなわち婚姻住所地と考えられていたようである⁽¹⁸⁾。そうして，これは，きわめて実体的な考慮から決定されるものであり，手続的な，いわゆる被告の防御権の保障という考慮から，管轄が決定されていたものではない。実際に，管轄決定のための住所と準拠法決定のための住所は，統一的に理解されていて，当事者の婚姻生活の本拠地に管轄が認められるべきであるという，基本的な考え方が，英国には存在していたようである⁽¹⁹⁾。さらに，この婚姻住所は，夫の住所地に一致するとされていて，妻の住所は夫のそれに従うと考えられていた⁽²⁰⁾。

とはいえ，こうした，夫の住所地に管轄を認めるという原則は，以下の二つの例外により，修正された。その一つは，Matrimonial Causes Act 1937⁽²¹⁾の13条である。同条によって，夫が何らかの理由により国外退去の処分を受

---

(14) Ibid., p. 65. 但し，最高裁規則により，英国内に所在しない者に対する送達によっても，管轄が発生することがあり得るという，例外もあったが，本稿の焦点からはずれるため詳述しない。例えば，J.H.C. Morris, Dicey's Conflict of Laws, 7th. ed (Stevens & Sons Limited, 1958), pp. 183-185.

(15) Wolff, ibid., p. 64-65.

(16) WolffI, ibid., p. 74.

(17) Wolff, ibid., p. 75.

(18) Rabel, The Conflict of Laws: A Comparative Study, vol. I, ed. (Chicago Callagham & Company, 1945), p. 401は, "A community in which the spouses have centered their lives may feel competent to adjudicate the continuation of their marriage." と説明して，生活の中心について，対物的な考え方（"res" theory）が，その背景にあることを強調する。

(19) Wolff, ibid., p. 75は, "Under English law there is complete harmony between the conflict rule and jurisdiction, the *forum domicilii* corresponding to the *lex domicilii*." と，説明する。

(20) Ibid., p. 121, p. 335. 尚，管轄原因の婚姻住所については，Ibid., p. 65.

けた場合，又は，遺棄された場合で，その退去または遺棄の直前まで夫が英国に住所を有していたときには，夫の住所が英国に残存していると考えられて，妻から提起する離婚訴訟についても，英国に管轄が認められた。この規定は，さらに，Matrimonial Causes Act 1950[22]の18条1項a号で再確認された[23]。

また，他の一つは，Law Reform (Miscellaneous Provisions) Act 1949[24]の1条である。同条には，夫が英国，チャネル諸島又はマン島に住所を有していない場合で，妻が離婚訴訟の提起の直前の3年間，英国内に「通常の居所」[25] (ordinary residence) を有していたときには，英国にその離婚訴訟の管轄があると定められた。この規定は，さらに，Matrimonial Causes Act 1950[26]の18条1項b号で再確認された[27]。

ここでは，夫の住所が英国外に変更された場合に，その新たな住所を無視して，英国に管轄を認め，英国法が準拠法とされる[28]。これは，被告の住所に代えて，原告の住所を管轄の原因とするというのではなく，なお，婚姻生活の本拠が英国に残存しているという考え方に基づくように思われる。また，「通常の居所」に管轄を認めるのも，真の生活の本拠が，住所ではなく，「通常の居所」にこそあると考えたためのように思われる[29]。

以上総合すると，当時の英国における離婚の管轄は，婚姻住所（matrimonial domicile）にこれを認めるのが原則であった。しかし，2つの例外が制定法により定められており，夫が国外退去の処分を受け，又は，妻が英国内

---

[21] 1 Edw. 8 & 1 GEO. 6, c. 57.

[22] 14 GEO. VI, c. 25.

[23] 尚，この規定は後に，Matrimonial Causes Act 1965の40条1項a号に引き継がれた。

[24] 12, 13 and 14 GEO. 6, c. 100.

[25] J.A.C. Thomas, Private International Law (The Anchor Press, 1955), p. 58. は，「抽象的な定義は不要であり，たとえ，数ヵ月の旅行や，仕事のために外国で1年間滞在していたとしても，彼女が，実際に3年間居住していたと言えれば十分である」としている。また，Morris, ibid., p. 300.

[26] 14 GEO. VI, c. 25.

[27] 尚，その後，この規定は，Matrimonial Causes Act 1965の40条1項b号により引き継がれた。

[28] Wolff, ibid., p. 374は，"The change of domicile on the part of the husband is, so to speak, ignored in favour of the deserted wife." と表現している。

に遺棄されたとき，あるいは，離婚訴訟の直前の3年間，英国内に「通常の居所」(ordinary residence) を有していたときには，例外的に英国に管轄が認められるというものであった。そうして，これらの例外は，いずれの場合にも，当該婚姻の中心が英国内にあるという考慮に基づくものであったように思われる。したがって，このような英国の管轄の考え方は，原則，例外を問わず，いわゆる対物管轄の枠内で，婚姻の中心地を物的所在地と評価して，そこに管轄を認めるという考え方であったと考えられる。

2．1950年頃の仏法

当時の，フランスの離婚制度は，通常とは異なって，その手続が民法典中に規定されていた。この理由として，「民法典が制定された1804年の時点では，未だ民事訴訟法が成立しておらず，しかし，当時の立法者は，早急に完全な形の離婚制度を確立したいという意向をもっていたため，手続規定を含めて民法典を立法した。その後の，1886年になって離婚制度が改正された時に，それまでの手続規定が改正されず残存したため，実体法である民法典に手続規定が自然に混入した。」という点と，「フランスにおいては，離婚制度は，実体と手続が密接に関連していて両者を切断できない制度であると認識されており，離婚の手続を実体的な規定とあわせて立法する方が，当時の認識からは自然であった。」という点が挙げられている[30]。

しかし，実際には，裁判離婚を定める当時の民法典には，土地管轄を直接定める規定は，存在していなかった[31]。このため，当時の離婚訴訟の土地管轄は，1976年改正前（但し，離婚の管轄については，1981年5月12日のデクレによる[32]）の旧民事訴訟法59条1項に基づいて，被告の住所地 (*domicile*) の裁判所に，これを認めていた。とはいえ，当時の民法234条[33]の2項では，

---

[29] Wolff, ibid., p. 75は，"It is a sound principle to give jurisdiction to the country where the spouses have their real home, the centre of their life; but that centre is not always their domicile and is more likely to be the place of their ordinally residence." と，説明している。

[30] Gabriel Marty et Pierre Raynaud, Droit Civil, Tome I, éd. (Paris, Sirey, 1961), p. 795. は，離婚制度が，実体と手続が密接に関連しているという認識を，「特に重要である」と強調する。

原告に故障があるときには，裁判長が，原告の住所へ赴いて離婚の訴を受理する旨が定められていた(34)。したがって，民法の立法者が，被告の住所地の管轄を絶対のものとしていたとは考えにくい。

もともと，フランスでは，1804年の立法当初から，民法108条により，原則的には，妻は夫と同一の住所（婚姻住所—*domicile conjugal*）を有すると考えられていた(35)。このため，被告の住所と原告の住所を特に区別して考慮する必要がなかったのである。要するに，当時の手続においても，家族の住所地に管轄が認められていたと理解するべきもののように思われる(36)。そうして，被告の住所が知れないときには，被告の最後の住所（実際には夫婦の最後の共通住所）に，管轄が認められていた。このため，長期間遺棄された妻

---

(31) Bernard Audit, Droit International Privé. éd. (Paris, Economica., 1991),. pp. 291-292. は，1975年までは，離婚の管轄を直接定める規定が存在しなかったと指摘する。

(32) Décret n. 81-500 du 12 mai 1981, art. 5

(33) 引用は煩雑ではあるが，あえて示せば，当時の234条の規定は以下の通りである。

§ 234. (L. 18 *avril* 1886.) L'époux qui veut former une demande en divorce présente, en personne, sa requête au président du tribunal ou au juge qui en fait fonction.

En cas d'empêchement dûment constaté, le magistrat se transporte, assisté de son greffier, au domicile de l'époux demandeur.

En cas d'interdiction légale résultant d'une condamnation, la requête à fin de divorce ne peut être présentée par le tuteur que sur la réquisition ou avec l'autorisation de l'interdit.

(34) 裁判長が，直接，原告のもとに赴いて，和諧を試みるためのものであったようである。Gabriel Marty et Pierre Raynaud, op. cit., Tome I, p. 806.

(35) 但し，1893年の改正により定められた，108条2項では，別居後の妻の住所を夫の住所とは別に扱うと規定する。とはいえ，ここにいわゆる「別居」は，民法306条以下に定められる法律上の別居であり，事実上の別居ではない。当時の離婚と法律上の別居との相似性（例えば306条は，離婚の訴を提起することができる場合には，別居の訴を提起することもできるとする）を，前提にするならば，別居によって，離婚を待つまでもなく，婚姻関係が法律上破綻しており，妻が夫と異なる住所を持つのは当然といえる。したがって，「法律上」破綻していない夫婦については，やはり，同一の住所を有するといえると考えられる。

(36) Marcel Planiol et Georges Ripert, Droit Civil Français, éd. (Paris, Librairie Générale de Droit et de Jurisprudence, 1952), Tome II, p. 432.

は，彼女自身の現実の居所（résidence）で離婚の訴を提起することが，解釈上一般的に認められていた(37)。したがって，当時のフランスの離婚の訴の管轄に関する考え方は，原則は共通の住所地（実際には夫の住所地），例外的に，妻が長期間遺棄された場合には，妻の居所地に認められるというものであったといえる(38)。

ところで，このような国内の離婚に関する考え方は，破毀院において，1948年のいわゆるPatiño判決(39)，及び，1959年のいわゆるPelassa判決(40)によって，外国人間の離婚訴訟の管轄についても，内国の管轄規定が適用されることが判示され，内国土地管轄規定の国際裁判管轄への応用（いわゆる二重的機能）が裁判例では一般的となった(41)。

したがって，当時のフランスにおける離婚の国際裁判管轄の取り扱いは，実際上は，当時の英国の取り扱いと，それほど大きく隔っていなかったように思われる。

3．検 討
3.1 原則の検討

通説の原型となった学説は，被告の住所地を原則とする理由に関して，「離婚のような私法的な身分関係につき，しかも裁判管轄権を決定するに当って，果して当事者の国籍を斯く重視することが妥当であるか否かの点である。即ち，現実に国籍が個人の私法的生活関係に対してもっている意義，

---

(37) op. cit. 433.

(38) なお，外国人間の離婚訴訟にまでこうした国内の規定，とりわけ，住所に関する民法102条以下を適用することができるか否かについては，争いがあった。Henri Batiffol, Traité Élementaire de Droit International Privé. 2me. éd. (Paris, L.G.D.J., 1955), p. 459. 尚，破毀院民事部の1948年6月21日判決（いわゆるPatiño判決―Civ. 21 juin 1948, Patiño, Rev. Crit. dr. int. privé, 1949. 557, note Francescakis, Juris-classeur périodique, 1948 II. 4422. note Niboyet）により，その適用が肯定された。

(39) Civ. 21 juin 1948, Patiño, op. cit.

(40) Civ. I, 19 oct 1959, deux arrêts, Pelassa, Ranft, Rev. Crit. dr. int. privé, 1960. 215, note Y.L., Recueil Dalloz-Sirey, 1960. 37, note G. Holleaux.

(41) Henri Batiffol et Paul Lagarde, Droit International Privé, p. 455. Yvon Los-souarn et Pierre Bourel, Droit International Privé, 6e éd. (Dalloz, 1999), p. 537.

狭義の国際私法的評価と国際民事訴訟法的評価との差異等に鑑みるならば，仮令日本の法例が離婚について国籍主義をとっているとしても，成文規定のない国際民事訴訟法上の裁判管轄の決定に当ってなお斯く当事者の国籍を問題にすることの当否には，疑問がなくもないのであろう。この点は諸外国の例でも，その国際私法上本国法の支配する領域については，特に一般管轄の決定に当っても国籍を考慮することが少くないのであるが，その理由等を検討すると，国際的私法的な生活関係の正しい規整という目的に照らし，必ずしも当を得たものでないことが多い。寧ろ，住所しかも原則として被告のそれを標準にし，後述の如き例外的な場合は原告のそれをも考慮して，問題を処理すれば足るのではないかとも考えられるのである。勿論，この際の住所の内容を如何に考うべきかは問題であり，余り厳格である必要はないが，さりとて弛きに失してもならないであろう。この点については，ラーベル教授が，米国法批判に当たって，訴訟前最小二カ年常住することを要件とすべきことを提案しているのは興味がある。」と論じている[42]。

しかし，上述のとおり，当時の英国法は，離婚に関する原則的な管轄を婚姻住所（matrimonial domicile）に認めるものである。したがって，「被告の住所」を管轄の原因にするという所説の原則とは一致しない。したがって，この原則部分は英国法の考え方を参照したものではあり得ない。

英国以外の法制度で，所説が参照した法制度には，米，仏，独がある。このうち，被告の住所地が管轄の原因とされるかのように見える当時の法制度は，仏法のみであった。そうした意味で，あるいは仏法の制度が，所説の「被告の住所を原則的な管轄の原因とする」という考え方の背景にあるかとも，考えられる。しかし，当時の仏法の制度は，仏民法典の14条，15条を原則として，この考え方を，離婚訴訟にもあてはめていたようである。したがって，少なくとも一方の当事者がフランス人でなければ，フランスの管轄は認められず，外国人間の訴訟にあっては，フランスでの裁判は認められていなかった。但し，例外的に，本来ならば無管轄の状態であるこうした外国人間の訴訟について，公序，緊急性などの理由により，フランスに住所を有

---

[42] 池原，同論文，6頁。

[43] op. cit., p. 771.

する外国人を被告とする訴訟が，認められることがあった[43]。このように，フランスにおいては，国籍を基準に管轄が決定されるのが原則であり，被告の住所は，フランスで離婚を求める外国人に対して，例外的に救済措置として国際裁判管轄を認めるための管轄原因とされていたようである。したがって，被告の住所は，例外的な管轄原因であり，所説のように，被告の住所を原則とする考え方を演繹することには無理がある[44]。さらに，既にみたとおり，離婚訴訟の管轄そのものの取扱いは，当時の英国のそれとそれほど大きな隔たりがあるとは思われない。したがって，フランスの制度を参照したものとも考えられない。

　結局，所説の論理は，国際裁判管轄の決定については，これを「国際民事訴訟法」に固有の領域の問題として，「国際私法」の領域の問題から分別するべきであるとする点で，独創的であるというべきであろう。それは，当時の諸説・法制度が，離婚訴訟の国際裁判管轄に関して，実体法を規律する「国際私法」から出発してこれを決定していたという認識を前提とする。所説は，これに対して，国際裁判管轄については，これを「国際民事訴訟法」に固有の問題であるとして，手続法的に純化させることを企図するものである。そうして，この手続的な価値として，「被告の応訴の負担の軽減」を挙げ，これを最も実現しうる地に，国際裁判管轄を認めるべきであるとした。その結果，被告の住所地こそが，この手続的な価値を実現するために最もふさわしい場所であるとして，この被告の住所地に原則的な管轄を認めるという考え方を採用したものであると推測される。その意味で，所説の特徴は，国際裁判管轄の問題を，手続法的に純化した問題として扱うという点にあると思われる。

---

[44] 池原，同論文，3頁では，正確に当時の仏法の制度が紹介されており，仏法の制度が，所説の論拠となったとは，もとより考えにくい。但し，必ずしも明瞭ではないが，同3頁においては，フランスの外国人間の離婚訴訟で，住所が基準となりうることを評価して，「特別管轄における一般原則たる "actor sequitur forum rei" なる原則が，一般管轄の決定にも類推適用されると同様なことになろう。」と論じられている。しかし，時間的には，その後の記述ではあるが，フランスにおいて，この原則を離婚訴訟へ適用することに懐疑的な記述として，Hubert Bauer, Compétence Judiciaire Internationale Des Tribunax Civils Français et Allmands, éd. (Paris Dalloz, 1965), pp. 53-54. もある。

確かに，所説の指摘するように，実体と手続の両者は截然と区別されるべき問題の領域である。しかし，訴訟手続は，もともと，実体権の実現に奉仕するという意味で，目的的に設営されるべきものである。そもそも，手続の合理性は，その手続の結果の到達点との関係でしか判断できない。そうして，その得られる結果とは，実体権の実現でしかあり得ないはずである。したがって，実現されるべき実体権の性質を無視して制度が構築されることは許されない。この，実体権を実現する過程で，最初に登場するのが，管轄の問題である。その意味で，管轄は，実体と訴訟を繋ぐ架橋となるべきものである。こうして，管轄の決定には，実体権の実現のために最も適切な場所という，実体と手続の相互に意味を持つ考慮がなされなければならないと考えられる。それは，争われる実体権の性質に応じて考慮されるべきものであり，いつでも，被告の住所地が最適な場所であるとは限らない[45]。

　離婚訴訟では，当事者のみならず第三者をも拘束する結果が，実体上要求されいる。これは，ある特定の社会での形成的な効果が必要とされているともいえる。通説の原型となった所説が主張された時期における英国の法制度が，離婚訴訟を物的訴訟として，原則的な管轄を，「被告の住所地」ではなく，「婚姻住所地」に認めていたのは，そこが実体権の行使の場所であるべきだとしたからにほかならない。また，当時の仏法の制度が，当事者の国籍を国際裁判管轄の原因としたのも，国籍所属国にこそ本来の実体権の行使の場所があると，考えていたからにほかならないように思われる。さらに，当時の仏法の制度では，仏国籍を持たない外国人の離婚訴訟については，先に述べたような国内手続が適用されていた。そして，この場合には，外形上，被告の住所地に管轄があるとされていた。しかし，実際には夫婦が同一の住所を有するために，被告の住所地とは，すなわち，夫についても妻についても，夫の住所地であるいわゆる婚姻住所地にほかならなかった[46]。このような理解を前提にするならば，当時の仏法の制度も，被告の保護という手続的な観点から，離婚の国際裁判管轄を決定していたものとは言い難い。むしろ，当時の英国と同様に，婚姻住所地を実体権の行使の場所として，そこに管轄を認めたものと理解できるように思われる。その意味で，所説が参考にした

---

[45]　拙稿・前掲60頁。

かと思われる，当時の英・仏の制度は，かえって，実体権の行使の場所としての婚姻住所地に，離婚の国際裁判管轄を認めるべきであるとの考え方の，一つの例証になるといえよう。したがって，離婚の国際裁判管轄の問題を，手続法的に純化したものとして扱うという点に，その特徴を持つ所説には賛成することができない。

3.2　例外の検討

通説の原型となった所説は，「正義，公平の見地から必要な若干の場合は，わが国の例外的な管轄権を認める余地はないかとの疑問である。例えば，夫婦の一方が他方を遺棄し，又は法律によって国外に追放されたとき，或いは，国外に在って消息不明が相当期間に亘るようなときの如く（前述イギリス法参照），正義，公平の見地から我が国の裁判を拒否することが妥当でないような場合は，一定の条件の下に，国籍に拘わらず，日本の例外的管轄権を認むべきではなかろうか。」とする[47]。

この，例外的扱いの参考になった法制度は，この所説にいわゆる，「前述イギリス法参照」という表現からも推測できるように，英国のMatrimonial Causes Act 1937（及び，これを再確認した，Matrimonial Causes Act 1950 18条1項a号）であろう[48]。しかし，既に指摘したとおり，Matorimonial Causes Act 1937は，離婚のためにのみ，英国からいなくなった夫の「住所」がなお英国に残存すると理解するものであった。この考え方は，あくまでも婚姻住所（実は，夫の住所）を，離婚の管轄原因とするものにほかならない。このように理解するならば，Matrimonial Causes Act 1937で示された例外は，離婚訴訟の管轄原因を，「現在」の婚姻住所ではなく，「かつて」の婚姻住所と

---

(46)　当時の外国人の「住所」に関しては，必ずしも成文の規定があったわけではない。とはいえ，1927年の国籍法（Loi du 10 août 1927）制定に伴い削除される前の民法13条には，帰化しないでフランスに住所を有することを許可された外国人は，すべての私権を享有する旨の規定があった。また，判例・学説は一時混乱したが，当時は法廷地法たる仏法によるべきであるとの考え方が，通説・判例となっていたようである。Henri Batiffol, Traité Élémentaire de Droit International Privé, op. cit., p. 214.

(47)　池原，同論文，7頁。

(48)　渡辺惺之「渉外離婚をめぐる若干の問題について(上)」判例時報社『判例評論』367号（1989年9月）5頁（判例時報1315号167頁），西島，同論文985頁。

したという意味で，管轄原因の基準時点を時間的に変更するものでしかないように思われる。その点では，同じく妻を救済する意図に基づく制度として，後に新たに立法されたLaw Reform (Miscellaneous Provisions) Act 1949 (及び，Matorimonial Causes Act 1950の18条1項b号)のように，夫の住所（現在・過去）ではなく，妻の固有の所在—通常の居所 (ordinary residence) —を管轄原因とする考え方とは，根本的に異なっているように思われる。

　一般に，英国法は，住所地を属人的な処理の連結点とする。したがって，Matrimonial Causes Act 1937は，離婚の管轄は属人的な処理をするという基本的な枠組みを維持したまま，この属人的な処理において，原則として現在の基準が用いられるが，例外的に過去の基準が用いられることがあるという，その例外を定めたものと評価できる。これに比して，当時の我国では，離婚の準拠法については夫の本国法主義が採用されていた。したがって，この英国法を参考にして制度を再構成するならば，「かつての夫の本国にも管轄を認める」というようなものになる筈である。その意味で，連結点の時間的な範囲の拡大を越えて，その本質がもともと異なる妻の住所地を，突如として基準とすることになる例外処理を主張する所説は，少なくとも，Matrimonial Causes Act 1937を参考とすることによっては，演繹できないように思われる。

　あるいは，所説は，妻の固有の所在である通常の居所 (ordinary residence) に例外的な管轄を認めるという，Law Reform (Miscellaneous Provisions) Act 1949 (及び，Matrimonial Causes Act 1950の18条1項b号) を参考にしたものとも，考えられる。しかし，この規定は，夫婦がかつて英国に住所を有していたか否かを問うものではない[49]。したがって，所説のように，妻が遺棄されたような場合に限定した例外としての扱いではない。また，その基準は，いわゆる常居所 (habitual residence)[50]ではなく，あくまでも，通常の居所 (ordinary residence) である。そうして，この通常の居所 (ordinary residence)

---

[49] Morris, Ibid., p. 300.
[50] 当時，国際条約などにおいては，大陸法系の「住所」(例えばフランス語の"domicile")を，英国では"habitual residence"と翻訳していたようである。Wolff, ibid., p. 111, note 2.

は，妻が夫と異なる住所を有することができないことを厳格に解するために，本来ならば離婚の管轄のためにだけ与えられるべき妻に固有の住所（domicile）の代替として，扱われたもののであったようである(51)。その意味で，この通常の居所は，離婚訴訟の原則的な管轄原因として考えられていた婚姻住所の，概念的な拡張でしかない。したがって，このLaw Reform (Miscellaneous Provisions) Act 1949で規定されていた例外も，属人法的な処理が維持される点では，Matrimonial Causes Act 1937で規定された例外と共通であり，これを参考にして，所説を演繹することは，できないように思われる。

3.3　原則と例外の接合──手続と実体の不整合についての検討

当時の英国における離婚訴訟の管轄原因については，これを，「原則的に，本来の固有の意味での婚姻住所とする。他方，例外的に，その婚姻住所の拡張である，かつての婚姻住所，又は，妻の通常の居所とする」というように理解することができるように思われる。当時の英国の考え方を，このように理解すれば，その原則と例外の間には，「実体関係の中心地に管轄を認める」という，実体に着目した一貫性をみることができるように思われる。

これに対して，通説の原型となった，「原則として被告の住所地に管轄を認め，夫婦の一方が相手方を遺棄したような例外的な場合には原告の住所をも考慮する。」という所説は，その参考とされた英国法においては，実体的な意味で一貫性を有していた筈の原則と例外という関係を切断して，専ら手続的な視点からのみ採用された被告の住所地という原則に，実体的な意味を有する修正部分を接合するというものである。このような所説の，手続と実体の不整合な接合には疑問があるということについては，既に別稿において指摘した(52)。あえて再論すれば，手続的な考慮に基づく原則に対して整合的な意味を持ち得るのは，同様に，手続的な配慮に基づく例外的扱いでなければならないということである。そもそも，離婚を求められている婚姻関係の継続に対する被告の態度が不誠実であり，そのために，当該婚姻関係の解消

---

(51) Thomas, ibid., p. 58は，これを，"For the female petitioner, in short, three years' ordinary residence in England is as good a ground of English jurisdiction as an English domicile: indeed, one might almost describe it as a statutory domicile."と表現する。

(52) 拙稿・前掲50頁。

が実体的に望ましいものだとしても，それがために被告の防御権が手続的に失権するということはあり得ない。にも拘わらず，実体的に「悪い被告」であることを強調することによって，手続的な防御の機会の保障を否定されるという例外的扱いを根拠づける所説には，疑問が残るといわざるを得ない。

第2節　最近の立法例と被告住所地主義

1. 英国法

Matrimonial Causes Act 1937の13条と，Law Reform (Miscellaneous Provisions) Act 1949の1条は，前述のような数度の再立法の後，それぞれ，Matrimonial Causes Act 1973[53]の46条1項a号及び同b号として，再確認された。ただし，この立法直後に，Domicile and Matrimonial Proceedings Act 1973[54]が制定され，翌年の1974年1月から施行されたため，Matrimonial Causes Act 1973の46条は廃止された[55]。

Domicile and Matrimonial Proceedings Act 1973の1条は，それまで批判の多かった[56]，「夫の住所を婚姻住所として，妻の住所をこれに一致させるという方法で，妻の固有の住所を認めない」という考え方を排して，妻に固有の住所を認めた[57]。そうして，夫と妻のそれぞれが住所を有することを前提に，同法の5条2項は，「離婚又は別居については，夫婦のいずれか一方が，

---

[53]　1973 c. 18.

[54]　1973 c. 45.

[55]　*Repealed by the Domicile and Matorimonial Proceedings Act 1973, s. 17 (2), Sched. 6.*

[56]　J.D. McClean, Morris: The Conflict of Laws 4th. ed. (Sweet & Maxwell Ltd, 1993), p. 26. では，それまでの妻に固有の住所を認めない考え方を批評して，
　"This rule reflected social conditions and attitudes of a past age; it led to serious injustice to wives especially in the matter of divorce jurisdiction; it was severely criticised by almost every writer who commented on it; it was judicially described as 'the last barbarous relic of a wife's servitude' and as a 'now completely outmoded legal concept.' Its abolition in 1974 was long overdue." と表現している。また，Ibid. p. 181. は，同時に，妻の離婚訴訟に対して反訴の管轄を認めない点で，夫にとっても，問題があったとする。

その手続の開始時点で英国（イングランド又はウェールズ）に(a)住所を有しているか，又は，(b)その時点に先立つ１年間を通じて常居所を有していた場合(58)には，英国裁判所は管轄権を有する」と定められた(59)。Matrimonial Causes Act 1937の立法までは，妻の救済が十分ではなかったから，夫に有利な制度であり，Law Reform (Miscellaneous Provisions) Act 1949以降は，夫に反訴を認めないなど，かえって妻に有利であったから，この Domicile and Matrimonial Proceedings Act 1973の規定によって，ようやく，離婚訴訟の管轄について，配偶者双方を平等に扱うことができるようになったとされる(60)。

この Domicile and Matrimonial Proceedings Act 1973が立法される背景には，当事者が裁判所を利用しやすくすることの方が，国際的に受容可能な離婚を作出する利益よりも優先するという共通認識があることと，国内法における

---

(57) 引用は煩雑になるが，あえて示せば同法の１条の規定は以下の通りである。

§ 1. – (1) Subject to subsection (2) below, the domicile of a married woman as at any time after the coming into force of this section shall, instead of being the same as her husband's by virtue only of marriage, be ascertained by reference to the same factors as in the case of any other individual capable of having an independent domicile.

(2) Where immediately before this section came into force a woman was married and then had her husband's domicile by dependence, she is to be treated as retaining that domicile (as a domicile of choice, if it is not also her domicile of origin) unless and until it is changed by acquisition or revival of another domicile either on or after the coming into force of this section.

(3) This section extends to England and Wales, Scotland and Northern Ireland.

(58) この「１年間」は，別居の裁判の時には，婚姻前に常居所地を有していた期間も合算できるが，離婚の場合には婚姻成立の時から計算すると考えられているようである。Lawrence Collins, Dicey & Morris The Conflict of Laws, 12th. ed (Sweet & Maxwell, 1993), p. 714.

(59) なお，スコットランドについても同様の規定が，Domicile and Matrimonial Proceedings Act 1973のPart III 7条2項に定められた。これによって，スコットランドでは，Law Reform (Miscellaneous Provisions) Act 1949の2条で定められていた訴訟前3年間の居所を根拠とする規定が廃止された。また，遺棄された妻にかつての住所での管轄を認める取り扱いは，判例法で確立していたようである。A.E. Anton, Private International Law 2nd. ed. (Edinburgh, W. Green, 1990), pp. 457-459.

(60) Lawrence Collins, ibid. p. 714.

離婚観が，理論的にも実際的にも，有責性を問うという伝統的なものから，双方の合意に基づくものへと変化していることなどがあると指摘されている[61]。

とはいえ，このような，新しい考え方に基づくならば，その決定が複雑で厳格な，旧来の住所概念に基づく管轄を全廃して，常居所概念に基づく管轄に一元化することも制度的な選択としてあり得たはずである。それにも拘わらず，住所概念に基づく管轄を完全に排斥できなかったのは，住所に基づくある特定の社会への強い帰属性を，依然として無視できなかったからではなかったからと思われる[62]。

ところで，当事者双方の住所及び常居所に基づく管轄は，それまでと比較して，外国の管轄との抵触を生じることになる。このため，夫婦の双方が，互いに別の国で離婚訴訟を提起することができるようになり，国際的な訴訟の重複状態が起きる可能性が高くなる。英国では，訴訟手続の停止（stay）[63]によって，この問題を処理する方法が採用された[64]。この停止には，義務的な停止（obligatory stays）と裁量的な停止（discretionary stays）とがある。

このうち，義務的な停止は，連合王国内における訴訟の重複に関する制度といえる[65]。この制度は，連合王国内の異なる法域（例えば，イングランドとスコットランド）に属する裁判所のうち，当該婚姻関係に最も密接に関係する裁判所の手続を優先させるという目的を持つとされている[66]。具体的には，

---

[61] North, Private International Law Problems in Common Law Jurisdictions (Martinus Nijhoff Publishers, 1993), p. 60

[62] Ibid., p. 62.は，住所に基づく管轄の廃棄が，外国で生活しているが，英国裁判所の管轄に属することを正当化するような，英国との結びつきを強く持ち続けている人々に困難を強いることになる点を指摘する。また，P.M. North & J.J. Fawcett, Cheshire & North's Private International Law, 12th. ed. (Butterworth, 1992), p. 634は，これを，"It is undesirable to deny them access to the matrimonial jurisdiction of the courts of the country to which they consider they 'belong'." と表現する。

[63] 我が国の民事訴訟法上は訴訟手続の「停止」は，「中断」と「中止」に分別される。我が国には，重複訴訟を原因とする中断・中止の制度がないので，彼の地の制度をより一般的な「停止」という用語で表現した。

[64] J.D. McClean, ibid., p. 182.

当事者の共通の居住地、または、かつての共通居住地で何れかの当事者の常居所地が優先する。この点で、離婚における特定の社会への帰属性が、問われていることが明らかである。

これに対して、裁量的な停止は、英国の裁判所に係属する訴訟が、同時に、連合王国外の裁判所にも、重複して係属しているときに、適正と便宜（"the balance of fairness and convenience"）の観点から、英国裁判所に裁量的に停止を命じることを許す制度である[67]。実際の停止の可否の判断には、フォーラム・ノン・コンビニエンスの理論を用いるとされている[68]。

ところで、この制度によって、実際に、英国裁判所の手続が停止された事例には、"De Dampierre"事件[69]、"Hemain"事件[70]などがある。このうち、"De Dampierre"事件では、被告である夫の常居所を理由として、妻から提起された英国での離婚訴訟に対して、原告である妻のフランスとの、直接的関連性（系譜（"ancestry"）、出生（"barth"）、国籍、教育、文化、婚姻準拠法など）と、（夫や子を通しての）間接的関連性が根拠とされて、英国貴族院によって

---

[65] Domicile and Matrimonial Proceedings Act 1973, Sched. 1., para. 8. 義務的な停止は、「英国内の異なる法域で訴訟が係属し、婚姻の儀式後にともに居住しており、訴訟が係属したときに、当事者がともに居住している地、または、かつてともに居住していた地が他の法域内にあり、ともに居住していた地に何れかの当事者が訴訟係属の直前の1年間以上にわたって常居所を有すること」が明らかになったときに命じられる。

[66] Lawrence Collins, Dicey & Morris The Conflict of Laws, 13th. ed (Sweet & Maxwell, 2000), Vol. 2. p. 800. では、"The object of this provision was to give jurisdictional priority to the country most closely connected with the marriage, that is to say the country with which the marriage may be said to 'belong.'" と表現されている。

[67] Domicile and Matrimonial Proceedings Act 1973, Sched. 1., para. 9.

[68] North, Private International Law Problems in Common Law Jurisdictions, ibid. p. 64.

[69] De Dampierre v. De Dampierre [1998] A.C. 92. 事案の概要は、「フランス人男女がフランスで婚姻した。その2年後に、夫婦は夫の仕事の都合でロンドンに移動した。その5年後、妻は古美術の仕事のために、渡米して、その後子を伴ってニューヨークで生活するようになった。妻が帰ることを拒んだため、夫がフランスで離婚訴訟を提起した。これに対して、妻は英国で離婚訴訟を提起した。夫が、この英国訴訟の停止を英国裁判所に請求した。」というものである。

英国手続の停止が命じられた[71]。また"Hemain"事件では，夫の，フランスでした訴訟提起行為，及び，英国でなされた妻の離婚訴訟に対する停止請求行為が，英国訴訟手続に対する権利の濫用であることを理由[72]として，英国控訴院は夫のフランスでの訴訟手続行為の制限を命じた。結局，これらの事例で問われている「フォーラム・ノン・コンビニエンス」は，手続的な問題ではなく，事案と法廷地との実体的な関連性であるように思われる[73]。

総合して言えることは，義務的な停止，及び，裁量的な停止の何れもが，実は，法廷地と事案との実体的な関連性を基準とし，応訴の負担・被告の保護といった手続的な価値を必ずしも問うていないということである。さらに，原被告の住所，常居所を同格に離婚訴訟の管轄原因とした上で，結果的には，手続の停止という制度によって，訴訟開始時の共通の居住地や，当事者の一方が常居所を有する最後の共通の居住地などが，優先されるということも言えるように思われる。

これに比して，我が国の人事訴訟手続法1条に定められた離婚の管轄原因は，「第一順位（夫婦が共通の住所を有するときはその住所地），第二順位（夫婦が最後の共通の住所を有した地の地方裁判所の管轄区域内に夫又は妻が住所を有するときはその住所地），第三順位（その管轄区域内に夫婦が住所を有しないとき及び夫婦が共通の住所を有したことがないときには夫又は妻が普通裁判籍を

---

[70] Hemain v. Hemain [1988] 2 F.L.R. 388. 事案の概要は，「フランス人夫婦が婚姻以来，英国で生活していた。少なくともその間，妻は英国に住所を有していたと考えられる。婚姻後約10年たって，妻が英国裁判所に離婚訴訟を提起した。その1週間後に，夫がフランスで離婚訴訟を提起して，英国の手続の停止を英国裁判所に求めた。これに対して，妻もフランスでの手続の停止（夫のフランスでの訴訟行為を一時制限する旨の命令）を求めた。」というものである。

[71] De Dampierre v. De Dampierre, ibid., p. 102.

[72] Hemain v. Hemain, ibid., p. 392.

[73] 例えば，J.D. McClean, Morris, ibid., p. 207は，"De Dampierre"事件における，妻と英国の関連性を指摘して，"the tenuous nature of her links with England"と，表現している。但し，Collins, Dicey & Morris, 13ed. ibid., p. 801は，実体的な，事案との関連性に加えて，何れの裁判所が当該事件を総合的に判断（comprehensively）しうるかという観点も，強調する。しかし，後者の基準も，被告の応訴の負担といった，被告側にのみ有利な判断基準ではない。むしろ，当該夫婦の社会的的実在が，事実上，いずれに存在するかということによって決定されると思われる。

有する地，又は，その死亡の時に住所を有した地）」であり，明らかに Domicile and Matrimonial Proceedings Act 1973 の規定とは異なっている。しかし，我が国の場合には，重複訴訟に基づく停止の制度がないため，自国の手続の停止を必要としない場合のみを，離婚の管轄原因として規定せざるを得ないと，考えることができる。そうして，先に述べたように，英国の離婚の国際裁判管轄に関する制度を，停止という制度をも射程に入れて評価するならば，英国で優先的に認められる離婚訴訟の管轄原因は，「訴訟開始時の夫婦の共通の居住地や，夫婦の一方が常居所を有する最後の共通の居住地」などであると理解することができる。そうして，このような理解を前提にするならば，英国の離婚の国際裁判管轄についての取り扱いと，我が国の人事訴訟手続法1条の定める取り扱いとの間には，近似性を見ることができるように思われる[74]。

2．仏 法

離婚の国内管轄は，新民事訴訟法1条から972条までを改正した1975年の12月5日のデクレ[75]と同日に公布された「離婚と別居の手続に関するデクレ」[76]の5条により定められた[77]。同条によれば，まず，家族の居所の裁判所（*le tribunal du lieu où se trouvela résidence de la famille*）に，次に，夫婦の居所が異なる場合には，未成年の子と居住する配偶者の一方の居所の裁判所（*le tribunal du lieu où réside celui des époux avec lequel habitent les enfants mineurs*）に，さらに，これらのいずれもが無い場合には，離婚を求められる者の居所がある裁判所（*le tribunal du lieu où reside l'époux qui n'a pas pris l'initiative de la demande*）に，管轄が認められる。なお，協議離婚（共同請

---

[74] 尚，Domicile and Matrimonial Proceedings Act 1973の規定は，Family Law Act 1996 (c. 27. 2000年内の施行が予定されていたが，延期されているようである。）によって，"marital proceedings" として，改正される可能性がある。しかし，その取扱いについては，sched. 3, para 7によって，ほぼ同様の内容となっている。Lawrence Collins, ibid. p. 800.

[75] Décret n. 75-1123, 5 décembre 1975.

[76] Décret n. 75-1124, 5 décembre 1975.

[77] この，改正の途中経過については，例えば，Jean Vincent, Procédure Cicile, 19 éd. (Dalloz, 1978), p. 361 et 362.

求離婚—*divorce sur demande conjointe*—現行仏民法230条〜232条）の場合には，当事者の選択に基づいて，いずれかの当事者の居所の裁判所（*le tribunal compétent est, selon le choix des époux, celui du lieu où réside l' un ou l' autre*）に，管轄が認められる。

　このように，新たに定められた，離婚の管轄に関する規定は，夫婦の共同の生活地や，未成年の子と生活する一方配偶者の生活地を，原則的な管轄の基準として採用するものである。この規定は，離婚の管轄が，単に訴訟手続上の配慮から，被告の住所地主義を原則として定めるべきものではなく，むしろ，離婚を求める夫婦が，何れの社会に帰属しているかという実体的な考慮から定めるべきものであることを，示しているように思われる。

　この民事訴訟法の改正前の取り扱いは，離婚訴訟に関しても，被告の住所地に管轄を認める旧民事訴訟法59条１項が適用されていたことは既に指摘した。そのため，この改正により定められた，「婚姻生活の中心地に管轄を認める」という実体的な性格を有する管轄の決定基準の採用は，唐突な変化のようにも見える。しかし，既に指摘したとおり，この民事訴訟法の改正前は，これも改正前の旧民法108条により，原則的には，妻は夫と同一の住所を有すると考えられていた。したがって，実際には，既に当時から，夫婦の共通の住所地に管轄が認められていたと考えられる。そうであるとするならば，新たに定められたこの規定は，突如として定められたものではなく，むしろ，それまでの取り扱いの延長線上にある規定と理解することができるように思われる。その後，この規定は，1981年５月12日のデクレ[78]により，そのまま新民事訴訟法1070条として，民事訴訟法典に組み込まれて，現行法となっている。

　ところで，破毀院において，1948年のいわゆる Patino 判決，と，1959年のいわゆる Pelassa 判決によって，内国土地管轄規定の国際裁判管轄への応用（いわゆる二重的機能）が裁判例では一般的となっていたことは，既に触れたとおりである。その後，現行新民事訴訟法典に1070条として組み込まれる直前の，1981年１月になって，離婚訴訟の国内管轄を定める，離婚と別居の手続に関する1975年のデクレ５条についても，国際裁判管轄に適用される

---

[78]　Décret n. 81-500, 12 mai 1981.

ことが，破毀院において判示された[79]。この事例は，未成年の子とスウェーデンで居住していたスウェーデン人の妻から，フランスに居住するイギリス人の夫に対して提起された離婚訴訟であり，そこでは，フランス裁判所の国際裁判管轄の有無が争われた。破毀院は，この管轄規定の段階的な（*hierarchises*）内容を，国際裁判管轄の適用にもそのまま応用した[80]。そうして，第一段階の管轄原因は存在しないが，第二段階の管轄原因が，未成年の子と妻が居住するスウェーデンにあるということを理由に，当該事件の国際裁判管轄は，フランスではなくスウェーデンにあるとして，フランスの国際裁判管轄を否定した。管轄原因の段階的な構造を，国際裁判管轄の判断の際にも考慮するべきか否かについては，しばらくおくとして，少なくとも，国内管轄規定の国際裁判管轄への応用については，この規定が新民事訴訟法1070条として，民事訴訟法典に組み込まれた後も，学説は，概ね肯定的である[81]。

以上総合すると，仏法においても，離婚の国際裁判管轄は，応訴する被告の負担を重視した，いわゆる手続的な考慮からではなく，むしろ，実体的な考慮から決定されると考えられる。

まず，新民事訴訟法1070条が第一順位として，家族の居所（*résidence de la famille*）に管轄を認めるのは，夫婦と（子がいるならば）子の共同生活地での訴訟こそが，離婚訴訟にふさわしいと考えられているからであろう。また，訴訟手続上の「被告」という概念を用いずに，家族の居所という実体的な概念を用いていることからも，その基礎が実体的な考慮にあると考えられる。

---

[79] Civ., 13 janvier 1981, Rev. Crit. dr. int. privé, 1981. 331, note Gaudemet-Tallon. Clunet, 1981. 360, note Huet.

[80] Bernard Audit, Droit International Privé, éd (Econmica, 1991), p. 292.

[81] Henri Batiffol et Paul Lagarde, op. cit., p. 456. しかし，この破毀院の，「離婚に関する国内管轄規定の段階的な内容を，国際裁判管轄にそのまま適用する」という判示に対しては，国際的な秩序の考慮に欠けるという点を指摘する学説もある。たとえば，op. cit., p. 459. また，Dominique Holleaux, Jacques Foyer et Géraud de Geouffre de La Pradelle, Droit International Privé, ed. (Masson, 1987), p. 524.は，本判決以前から学説において，'une adaptation des règles internes aux réalités internationales et proposé d'admettre des compétences juridictionnelles concurrentes et non hiérarchisées.' が，示唆されていたが，判旨では考慮されなかったと指摘する。

第二順位の，未成年の子と配偶所の一方の居所地は，こうした第一順位の管轄の延長線上にある。夫婦の一方が欠けても，他の配偶者が子とともに共同生活しているならば，その場所が，残存する家族の居所と考えられるからである[82]。また，第三順位の離婚を求められる者の居所に認められる管轄も，離婚訴訟の手続前の状態についての表現であり，一般的な土地管轄を規定する新民事訴訟法の42条以下で使用されている「被告」(*défendeure*) という用語が用いられていない点で，なお，実体的な考慮から定められているようにも，見受けられる。

　このように理解するならば，「夫婦の共通住所地」，「かつての共通住所地に夫婦の一方が住所を有するときはその住所地」に，管轄を認める我国の人事訴訟手続法1条の規定と，仏法との近似性をみることができる。したがって，フランスと同様に，我が国においても，離婚の国際裁判管轄について，国内手続を定めたものと考えられている人事訴訟手続法を直接適用することが，必ずしも特異な考え方ではないように思われる。

3．検　討

　本稿では，通説の原型となった所説の検討という観点から，英国法と，仏法の最近の傾向について考察した。

　そこでは，既に指摘したとおり，現行の英国法では，夫婦のいずれか一方が，その手続の開始時点でイングランド又はウェールズに住所を有しているか，又は，その時点に先立つ1年間を通じて常居所を有していた場合に離婚の国際裁判管轄が認められる。また，英国以外との訴訟競合が生じた場合には，法廷地と事案との実体的な関連性を重視して，いわば夫婦の核ともいうべきものが所在する地の手続を優先させるため，手続の停止の制度が用いられることが明らかとなった。また，フランスでは，新民事訴訟法1070条の国際裁判管轄への適用により，家族の居所の裁判所，夫婦の居所が異なる場合には，未成年の子と居住する配偶者の一方の居所の裁判所に優先的に，離婚の国際裁判管轄が認められることも確認した。したがって，この二国では，離婚の国際裁判管轄について，手続的な観点から演繹される，被告住所地を

---

[82]　Michel Ricard, La Nouvelle Procédure Civile (Moniteur, 1982), ed. p. 343.

原則とする考え方が採用されていないことが指摘できる。

本稿では，比較の対象とはしなかったが，最近の独法，及び，E.U. の婚姻関係の管轄及び判決の承認・執行に関する条約——いわゆるブリュッセルⅡ——（The Convention on Jurisdiction and the Recognition and Enforcement of Judgments in Matrimonial Matters)[83]においても，同様の傾向を指摘することができる。

まず，独法については，夫の国籍を原則的な管轄原因とした民事訴訟法が，1986年に改正され，渉外的な婚姻関係事件の国際裁判管轄については，606条 a が新設された[84]。同条の1項では，①夫婦の一方がドイツ人か又は婚姻の時にドイツ人であったとき，②夫婦の双方がドイツ国内に常居所[85]を有するとき，③夫婦の一方が無国籍者で，ドイツ国内に常居所を有するとき，④夫婦の一方がドイツ国内に常居所を有する場合で，その夫婦の属するいずれ

---

[83] Official Journal C221, 16/07/1998 p. 0002-0018. 但し，例えば，Collins, Dicey & Morris, 13ed., ibid., p. 718 note 29は，"It is likely that it will never come into force as a Convention, but rather that it will be enacted as a Council Regulation." として，この条約が発効することに懐疑的であるが，E.U規則として制定される可能性があることを示唆する。

[84] 引用は煩雑ではあるが，条文は以下の通りである。
§ 606a.
(1) Für Ehesachen sind die deutschen Gerichte zuständig,
 1. wenn ein Ehegatte Deutscher ist oder bei der Eheschließung war,
 2. wenn beide Ehegatten ihren gewöhnlichen Aufenthalt im Inland haben,
 3. wenn ein Ehegatte Staatenloser mit gewöhnlichem Aufenthalt im Inland ist oder
 4. wenn ein Ehegatte seinen gewöhnlichen Aufenthalt im Inland hat, es sei denn, daß die zu fällende Entscheidung offensichtlich nach dem Recht keines der Staaten anerkannt würde, denen einer der Ehegatten angehört.
  Diese Zuständigkeit ist nicht ausschließlich.
(2) Der Anerkennung einer ausländischen Entscheidung steht Absatz 1 Satz 1 Nr. 4 und, wenn die Entscheidung von den Staaten anerkannt wird, denen die Ehegatten angehören, Nummern 1 bis 3 nicht entgegen.

[85] この，常居所 "gewöhnlichen Aufenthalts" という概念は，ドイツ法によって判断されるようである。Baumbach/Lauterbach/Albers/Hartmann, Zivilprozeßordnung, 46 Auf. (C.H. Beck, 1988), S. 1382.

かの国の法によって，ドイツで下される裁判が承認されないことが無いとき[86]に，ドイツ裁判所は管轄を有すると定められている。したがって，独法上も，離婚の国際裁判管轄に関して，被告の住所地を原因として管轄が認められることはないようである。

また，E.U. の婚姻関係の管轄及び判決の承認・執行に関する条約は，その2条1項で離婚，別居，婚姻関係の無効・取消に関する管轄を定めている[87]。同項 a 号によれば，「①夫婦の共通常居所地，②夫婦の一方が居住している，かつての夫婦の共通常居所地，③被請求者の常居所地，④協議離婚（共同請求離婚―joint application）のときには，夫婦いずれかの常居所地，⑤請求の直前の少なくとも1年間，そこに居住しているときの，その請求者の常居所地，⑥請求者が国籍又は住所を有する国に，請求の直前の少なくとも6ヵ月間，そこに居住しているときの，その請求者の常居所地」を原因として，管轄が認められる。また，同項 b 号によれば，従来から確立されている夫婦の共通の国籍又は住所も，管轄の基礎となる。

---

[86] Linke, Internationales Zivilprozeßrecht 2Auf. (Verlag, 1995), S. 52. は，この双方向的な管轄規定に関する，批判が多いことを指摘する。

[87] 煩雑ではあるが，その英語成文は以下の通りである。
Article 2 Divorce, legal separation and marriage annulment
1. In matters relating to divorce, legal separation or marriage annulment, jurisdiction shall lie with the courts of the Member State:
  (a) in whose territory:
    – the spouses are habitually resident, or
    – the spouses were last habitually resident, in so far as one of them still resides there, or
    – the respondent is habitually resident, or
    – in the event of a joint application, either of the spouses is habitually resident, or
    – the applicant is habitually resident if he or she resided there for at least a year immediately before the application was made, or
    – the applicant is habitually resident if he or she resided there for at least six months immediately before the application was made and is either a national of the Member State in question or is 'domiciled' there;
  (b) of nationality of both spouses or of 'domicile of both spouses' established on a long-term settled basis.

この規定のa号③では，被請求者の常居所地に管轄が認められているから，被告の利益が優先されているようにも見受けられる。しかし，⑤，⑥では，請求者の常居所地も，同格に管轄原因になると定められている。そして，その相違は，⑤の場合には，請求の直前の1年間の居住，⑥の場合には，6ヵ月の居住及びその国に住所・国籍を有していることが，付加的に要求されているという点だけである。これは，請求者がその国に国籍・住所を有している場合には6ヵ月，有していない場合には1年間の居住が無いときにのみ，③の被請求者の常居所地の方が優先するということでしかない。したがって，③の規定に定められる「被請求者の常居所地」の意義がそれほど大きいとは思われない。換言すれば，③，⑤，⑥をまとめて理解すれば，「夫婦のいずれかの常居所地に管轄を認める。但し，請求者の常居所地を管轄原因とする場合には，請求の直前に，請求者が，その常居所地国に住所・国籍を有するときには6ヵ月，それ以外のときには1年間，その地に居住していることを要する。」と，いうことになる。「居住の期間」は，常居所地の認定において，決定的ではないが，相当の意味を有する。このため，被請求者の常居所地についても，それなりの居住の期間が必要となると考えられる。このため，請求者と被請求者の居住の期間の要件の差は，必ずしも大きなものではないように思われる。したがって，E.U.の婚姻関係の管轄及び判決の承認・執行に関する条約においても，被告の住所地は，原則的な管轄原因としては，扱われていないと考えられる。

　以上総合して，これらの立法例でも，手続的な観点を重視して，離婚の国際裁判管轄について，被告の住所地を原則的な管轄原因として扱う法制度は見あたらない。これに対して，かえって，我が国の人事訴訟手続法1条の内容との近似性を見ることができるように思われる。

　　結　語

　本稿では，離婚の国際裁判管轄について，「被告が原告を遺棄したなどの例外的な場合をのぞいて，原則的には専ら被告の住所地を基準とするべきである」という，通説及び最高裁の裁判例の原型となった学説を検討した。所説では，その立論に際して，英国法及び仏法が参照された。このため，本稿

でも，その立論の当時（1950年頃）と，現在の両国の状況を確認した。

英国法で留意するべき点が二点あると思われる。そのうちの第一点は，英国においては，沿革的に，離婚訴訟が対物訴訟とされていたという点である。このため，離婚の裁判管轄は，対物管轄の一類型として扱われていた。したがって，人的訴訟では，考慮されている被告の住所地が，対物訴訟である離婚訴訟の管轄原因としては，必ずしも重要なものとして，考慮されなかったことになる(88)。

第二点は，現行の英国の制度は，「夫婦のいずれか一方が，その手続の開始時点で英国住所を有しているか，又は，その時点に先立つ1年間を通じて常居所を有していた場合」を，離婚の国際裁判管轄の管轄原因として認めている。このため，一種の過剰管轄ともいえる状態となっているようにも見受けられる。しかし，実際には，停止の制度によって，「当事者の共通の居住地，又は，かつての共通居住地で何れかの当事者の常居所地」という管轄原因が優先する。したがって，結果的に，競合する訴訟との関係では，かつての物的管轄として，扱われていた時代と，同様に，当該婚姻関係の所在地に管轄を優先させるのものとなっていると考えられる。

ところで，我が国の人事訴訟手続法1条の規定を，国際裁判管轄に関しても，直接適用するとすれば，我がg国に，夫婦の共通住所地，夫婦の一方が住所を有する夫婦の最後の共通の住所地，これらがない場合には，夫又は妻が普通裁判籍を有する地，又は，その死亡の時に住所を有した地がある場合

---

(88) 本稿では，比較の対象としていないが，米国においても，同様の変遷がある。例えば，1950年頃の教科書の一つであるHerbert F. Goodrich, Conflict of Laws, 3d. ed., (West, 1949), p. 411には，"It is often spoken of as an action in rem; the res being the marriage status. As an action in rem, it must be brought where the res is situated; that place being the domicile." という，当時の認識が説明されている。但し，既に1942年には，Williams v. North Carolina I, 317 U.S. 287〈1945年の同，第二訴訟—Williams v. North Carolina II 325 U.S. 226と区別するため，Ⅰ，Ⅱがつけられている〉において，「離婚事件は，これを対物訴訟とする伝統的な見解が，ハドック事件（Haddock v. Haddock, 201 U.S. 562）で拒絶されはしたが，しかし，単なる対人訴訟であるともいえない。」と判示されている。問題は，対人訴訟か対物訴訟かという区別ではなく，通常の被告の住所地を原則的な管轄原因とすることの妥当性にあると思われる。

に，我国に離婚の国際裁判管轄が，認められることになる。これは，競合する訴訟が存在する場合に，英国の管轄が優先するときの管轄原因とほぼ同一であるといえる。我が国のように，国際的な訴訟競合が生じた場合について，停止の制度を持たない法制では，競合しても優先するであろう管轄原因のみを定めておくほかはない。そのように考えるならば，人事訴訟手続法1条の規定は，離婚の国際裁判管轄について，英国の法制度との間に，近似性を認めることができる様に思われる。

次に，仏法についても，留意するべき点が二点あると思われる。そのうちの第一点は，婚姻住所（*domicile conjugal*）の概念である。かつて，1976年改正前の旧民事訴訟法59条1項が適用されて，被告の住所地に管轄が認められていた時代には，旧民法108条により，夫の住所地と妻の住所は一致しており，夫婦は共通の婚姻住所を持つものとされていた。このため，被告の住所地は，すなわち，夫婦の共通住所地（婚姻住所）に他ならなかった。したがって，当時から，仏法においても，離婚の管轄原因は，夫婦の共通住所地であったことになる。

第二点は，現行の新民事訴訟法1070条の規定により，家族の居所，家族の残存する居住地（未成年の子と居住する配偶者の一方の居所地）に，優先的に離婚訴訟の管轄が認められるという点である[89]。結局，仏法においても，離婚訴訟の管轄原因については，手続的にではなく，実体的な考慮から定められているように思われる。

以上総合して，離婚の国際裁判管轄に関する，被告の住所地に原則的に管轄を認めるという，現在の我が国の通説，及び，最高裁の裁判例の考え方には疑問を持たざるを得ない。また，我が国の人事訴訟手続法1条の直接適用は，必ずしも特異な考え方ではないように思われる。

なお，あえて，付言すれば，人事訴訟手続法1条の直接適用とは，あくまでも，我が国に管轄があるか否かの判断のためにのみ，なされるべきものと

---

[89] 本稿での，住所・居所・常居所の分別については十分ではない。尚，検討を要するが，今後の課題としたい。但し，1070条に定められた，"*résidence*"は，"*stable et habituelle*"である必要があるとする下級審の裁判例として，TGI Toulouse, 8 sept 1976, *Gazette du Palais* 1976, 721., TGI Arras, 6 nov 1978, *Juris -Classeur Periodique* 79, II, 19152. などがある。

考える。人事訴訟手続法1条を，いわゆる管轄配分説的に理解すれば，同条に定められている優先する管轄原因が外国にあれば，その外国に管轄が認められるべきことになる。これに対して，あくまでも，我が国に管轄があるか否かの判断のためにのみ，同条を適用すれば，そこに定められる管轄原因が，我が国の地方裁判所の管轄区域内にあれば，その地方裁判所がその離婚事件を管轄するということになる。その意味で，いわゆる，逆推知的にこの問題を考えるということである。換言すれば，他国がその離婚事件を（配分的に）管轄するべきか否かは，考慮の対象とはしない。したがって，たとえ，人事訴訟手続法1条に定められる優先する管轄原因（例えば共通住所）が外国にあったとしても，我が国にそれ以外の管轄原因があれば，それを根拠として我国に管轄が認められることになる。機能的に見ると，人事訴訟手続法1条は，国際的な管轄については，その段階的な性格を失うことになる。外国の裁判権行使の可否を，根拠となる条約もなしに，我が国が独自に決定することは主権の範囲を越える。したがって，人事訴訟手続法1条に定められている「専属管轄」は，国際裁判管轄の決定については意味を持たない。このような理解を前提とするならば，このような機能的な結果は当然のことと考えられる。

16. 名誉毀損の国際裁判管轄権

芳 賀 雅 顯

はじめに

　交通手段や通信手段の多様化・国際化に伴って，渉外的不法行為のタイプも多種多様なものとなった。それに伴い，製造物責任，環境問題，航空機事故など，伝統的（古典的）不法行為理論では対処が困難な事件類型に関する研究も進行している。本稿が対象とする国際的な名誉毀損事件も，新聞やテレビといった，マス・メディアによる情報がほぼ時を同じくして複数の国で報道されることが日常化した現在では，もはや目新しいものではない。しかし，国際的名誉毀損事件の準拠法決定の問題については，わが国では，ようやく最近になって本格的な議論がなされるようになった[1]。また国際裁判管轄についても，国際裁判管轄原因としての不法行為地概念については，解釈

---

(1) 名誉毀損の準拠法決定をめぐる問題については，たとえば，国際私法立法研究会「契約，不法行為等の準拠法に関する法律試案（二・完）」民商法雑誌112巻 3 号140頁（1995年），砂川恵伸「多数州的名誉毀損の抵触法問題」国際法外交雑誌64巻 6 号39頁（1966年），平良「アメリカにおける名誉侵害不法行為の準拠法」法学研究35巻 4 号 1 頁(1962年)，出口耕自「国際私法における名誉毀損」上智法学38巻 3 号125頁（1995年，以下では出口①とする），出口耕自「アメリカ抵触法における名誉毀損」上智法学論集42巻 1 号69頁（1998年，以下では出口②とする），出口耕自・基本論点国際私法89頁（法学書院，第二版，2001年，以下では出口③とする），道垣内正人・ポイント国際私法各論235頁（有斐閣，2000年）などを参照。古くは，久保岩太郎・国際私法概論188頁（厳松堂，改訂版，1948年），斎藤武生「事務管理・不当利得・不法行為」国際法学会編・国際私法講座㈡473頁（有斐閣，1955年），実方正雄・国際私法概論233頁（有斐閣，再訂版，1942年），宗宮信次・名誉権論288頁（有斐閣，1939年）などを参照。また，折茂豊・渉外不法行為論111頁，244頁，265頁，277頁，359頁など（有斐閣，1976年）にも名誉毀損に関する言及がある。

上さまざまな問題点が指摘されており(2)，その一類型に属する渉外的名誉毀損事件においても検討すべき課題は少なくない。

　他方，ヨーロッパ裁判所は，国際的名誉毀損事件について1995年に注目すべき判決を下した。すでにヨーロッパ裁判所は，1976年のライン河汚染事件判決で，物理的な損害が生じた事件について，不法行為の加害行為地と結果発生地とが異なる国に跨るときには，原告はその選択により国際裁判管轄を決めることができるとしていた（遍在理論：Ubiqualitätsregel）。1995年判決は，基本的に1976年判決の立場を踏襲し，新聞記事による名誉毀損のような非物理的損害についても，ブリュッセル条約5条3号にいう不法行為地は加害行為地と結果発生地の双方が含まれるとした。しかし，1995年判決は他方で，一国の裁判所が審理することができる損害の範囲については，法廷地国が加害行為地であるのかそれとも結果発生地であるのかによって相違を認めた。すなわち，結果発生地はすべての雑誌頒布地であり，同国の受訴裁判所はその国で発生した損害についてのみ審理することができるのに対して，加害行為地は発行者の業務地であるとし，その国の裁判所では全損害を請求することができるというものである。このような結果発生地国裁判所の審理対象を限定する解釈についてはドイツでは反響があり，そこでの議論はわが国の類似のケースにとって有益な示唆を提供するものと考えられる。そこで，本稿は，ヨーロッパ裁判所1995年判決ならびに同判決に対するドイツの議論を主に紹介した上で，日本法の検討を試みることを目的とするものである。その際，以下の順で議論を進めることにする。まず，名誉毀損の国際裁判管轄に関する1995年ヨーロッパ裁判所判決と，1977年ドイツ連邦通常裁判所判決を紹介し（第1節），これらの判例が提起する諸問題，すなわち，非物理的損害事件についても加害行為地と結果発生地に管轄を認めるのか，その場合の不法行為地とは具体的にどのような場所を意味するのか，加害行為地と結果発生地とで審理対象が異なるのか，などに関するドイツの議論を整理した上で（第2節），日本法への示唆を検討する（第3節）。なお，名誉毀損の方法としては様々な類型があるが，本稿では新聞や雑誌などの印刷物による

---

(2) たとえば，石川明＝小島武司編・国際民事訴訟法47頁〔小島武司＝猪俣孝史〕（青林書院，1994年）などを参照。

場合に限定して議論を進める。

第1節　二つの判例

　国際的名誉毀損の国際裁判管轄に関する事件として代表的な判例は，ヨーロッパ裁判所のものとしては1995年に下された Fiona Shevill 判決がある。また，ドイツ民事訴訟法32条が関係した国際的名誉毀損事件としては1977年連邦通常裁判所判決が著名である。そこで，まず，これら両判決の事件経過をみておくことにする。

1．1995年ヨーロッパ裁判所判決[3]
〈事案の概要〉
　フランス・ソワール（France-Soir）紙を発行する被告出版社（設立準拠法はフランス法，パリに事業所を登録）は，パリ警察の麻薬捜査に関する記事を1989年9月23日付けの同紙に掲載し，そこでは原告（イギリス国籍，北ヨークシャー在住）らが麻薬組織の一員であるかのように報道された。これに対して原告らは1989年10月17日に，英国高等法院で被告を相手に訴えを提起し，フランスならびにイングランドおよびウェールズを含むその他のヨーロッパ各国でフランス・ソワール紙が販売されたことによる，名誉毀損（libel）に基づく損害賠償を請求した。同紙は237,000部以上がフランスで販売され，他のヨーロッパ諸国での販売は約15,500部であり，そのうちの230部がイングランドおよびウェールズ（ヨークシャーでは5部）での販売部数であった。
　他方，1989年11月23日にフランス・ソワール紙は謝罪文を掲載し，原告らが麻薬取引やマネー・ロンダリングに関与していたと主張する意図はなかっ

---

(3) EuGH, Urt. v. 7. 3. 1995 NJW 1995, 1881＝IPRax 1997, 111＝EuZW 1995, 248＝EWS 1995, 165＝ZEuP 1996, 295＝ZZPInt 1（1996），145．評釈として，*Huber*, ZEuP 1996, 295; *Kreuzer/Klötgen*, IPRax 1997, 90; *Rauscher* ZZP Int. 1996, 151; *Wagner*, RabelsZ 62（1998），243.
　本件については，中西康「出版物による名誉毀損事件の国際裁判管轄に関する欧州司法裁判所1995年3月7日判決について」法学論叢142巻5＝6号181頁（1998年）に詳細な紹介がある。

たと主張した。また，被告は原告の提起した訴訟に対して，普通裁判籍を定めるブリュッセル条約2条のもと本件ではフランス裁判所が管轄を有し，また同条約5条3項にいう「損害事件の発生地」はフランスにあり，イギリスでは損害は発生していないからイギリスの裁判所は本件では管轄を有しないと主張した。貴族院は1993年3月1日に手続を中止し，ヨーロッパ裁判所に先行判決を付託した。

〈裁判所の判断〉

　まず，裁判所は，ブリュッセル条約5条3号の不法行為地管轄には結果発生地と加害行為地の双方が含まれるとした1976年のライン河汚染事件ヨーロッパ裁判所判決を踏襲した上で，このことは名誉毀損事件のような非物理的な損害事件についても妥当するとした。すなわち，「確立した判例法によると，原告が選択する特別裁判籍に関するルールの根拠は，紛争と被告の住所地国の裁判所以外の裁判所との間に特に密接な関係があることであり，それによって適切な司法運営と効率的な手続形成という理由からこれらの裁判所の管轄が基礎づけられる。さらに，Mines de Potasse d'Alsace 事件で当裁判所は，不法行為に基づく損害賠償義務を基礎づけると考えられる事件の発生地が，この事件から生じた結果発生地と同じでないときには，条約5条3項にいう『損害事件が発生した地（Ort, an dem das schädigende Ereignis eingetreten ist)』という文言は，結果発生地と加害行為地の双方を含むことを意図していると解釈されなければならない。したがって，原告の選択により，結果発生地の裁判所または加害行為地の裁判所のいずれにおいても，被告を訴えることができる。この判決で当裁判所は，加害行為地も結果発生地も裁判管轄にとっては重要な根拠となるとし，その理由として，いずれも，事件の状況に照らして，証拠および手続運営との関係でとくに適切であることをあげていた。さらに当裁判所は，加害行為地だけを選択すると，かなり多くの事件ではブリュッセル条約2条1項と5条3項に規定されている管轄原因が符合することから，その結果5条3項はその限りで実効性を失うであろうと述べた。物理的損害（materielle Schaden）に関するこれらの判断は，同じ理由により，非財産的損害のケース，特に名誉を毀損する出版物により人の名声について生じた損害にも妥当しなければならない。」

　その上でヨーロッパ裁判所は，加害行為地と結果発生地の内容について検

討する。まず，名誉毀損事件における加害行為地とは出版社の業務地であり，その国では受訴裁判所は全損害について審理が可能であるが，通常は加害行為地国は被告の住所地国と同じになると説く。「複数の締約国で頒布された新聞記事による名誉毀損事件では，先の判決にいう加害行為地は，本件で争われている出版物の発行者が業務をなす地（Ort der Niederlassung des Herausgebers）だけがあり得る。なぜなら，そこが，損害事件が発生し，そこから名誉毀損が生じ，市場に広まった場所だからである。したがって，名誉を毀損する出版物の発行者が業務をなす地の裁判所は，不法行為により生じた全損害の賠償請求訴訟を審理する管轄を有しなければならない。しかし，この管轄原因は条約2条1項で規定された普通裁判籍と通常は一致する。」

　他方で裁判所は，結果発生地国の受訴裁判所は，その国で生じた損害についてしか審理することはできず，全損害について審理を求めるときには，原告は加害行為地国または被告の住所地国で訴えを提起すべきであるとする。「したがって，Mines de Postasse d'Alsace 事件で当裁判所が判断したように，原告には，結果発生地でも訴訟を提起する選択権が認められなければならない。なぜなら，そうしないと条約5条3項は無意味になるからである。損害結果は，不法行為責任を生じさせる事件が被害者に有害な結果をもたらした地で現実化する。出版物による国際的名誉毀損事件では，名誉を毀損する出版物による人の名誉および名声に対する侵害は，出版物が頒布された地で被害者が知られているときには，その地でなされたことになる。それゆえ，名誉を毀損する出版物が頒布され，被害者の名声が侵害されたと主張された各締約国の裁判所は，その国で被害者の名声に生じた損害について裁判管轄を有する。5条3項という特別の管轄規則が根拠とする健全な司法運営に対する要求からは，名誉を毀損する出版物が頒布され被害者の名声が侵害されたと主張された各締約国の裁判所は，その国で生じた名誉毀損を判断し，当該損害の範囲を確定するのに最良の場所である。同一紛争の様々な点を異なる裁判所に判断させることにデメリットがあるのは明白であるが，常に原告は，被告の住所地または名誉を毀損する出版物の発行者が業務をなす地の裁判所で全請求を求めることができる。」

　したがって，「複数の締約国で頒布された新聞記事による名誉毀損では，条約5条3項の『損害事件が発生した地』という文言の解釈としては，被害

者は，名誉を毀損する出版物の発行者が業務をなしている締約国の裁判所で発行者を相手に損害賠償請求訴訟を提起することができるし，また出版物が頒布され，被害者の主張によるとその名声に損害が生じた各締約国の裁判所で損害賠償請求訴訟を提起することができると解されなければならない。その際，前者の裁判所は名誉毀損により生じた損害の全ての賠償の審理について管轄を有し，また後者の裁判所は受訴裁判所が属する国で生じた損害賠償の審理についてだけ管轄を有する。」

2．1977年ドイツ連邦通常裁判所判決[4]
〈事案〉

ベルリンに在住する原告は，ウィーンで発行された雑誌に原告を誹謗する記事があったとして，雑誌の発行者（被告1）と編集者（被告2）を相手に訴訟を提起した。原告は被告らに対して，記事の撤回および人格権侵害を理由とする損害賠償の支払いなどを求めた。被告らは，問題となった雑誌はベルリンでは販売されておらず，ベルリン地裁は管轄がないことを理由に訴えを却下すべきであるとした。裁判所は訴えを却下した。

これに対して原告は控訴したが，ベルリン高裁（KG）も，ベルリン地裁が土地管轄および国際裁判管轄を有しないことを理由に訴えを却下した。その際，裁判所は，原告の人格権を侵害したとされる不法行為は，ベルリンでなされていないと判断した。つまり，不法行為地としては侵害行為の結果発生地も問題となりうるが，結果発生地は損害地（Schadensort）と同視すべきではないとした。このように，結果発生地だけが不法行為地管轄を根拠づける理由として裁判所は，侵害結果の発生によって行為が完結し，それによってドイツ民訴法32条にいう「行為がなされた（die Handlung ist……begegnen）」といいうるからであるとしている。そして，本件のような印刷物の発行による不法行為については，結果発生地は印刷物が頒布された全ての地であるが，市場において届出先が定まっている（bestimmungsgemäß）場合に限られるとした上で，本件では被害者が通常では販売されていない場所で見本を入手

---

[4] BGH Urt. v. 3. 5. 1977 NJW 1977, 1590. 本判決については，出口・前掲注(1)①131頁に紹介がある。

しており，これに該当しないとした。

　控訴人はこれを不服として上告を提起した。
〈BGHの判断〉
　破棄差戻し。
　まず連邦通常裁判所は，印刷物の公表による不法行為は，印刷物の発行地（Erscheinungsort）だけでなく頒布地（Verbreitungsort）にも認められるとした原審の判断を正当とした。裁判所は頒布地に管轄を認める根拠として，被害者の人格権を侵害する内容の印刷物の頒布は侵害行為の一部であり，不法行為の構成要件徴表であることをあげた。
　しかし，裁判所は頒布地概念の拡大化を防ぐために一定の枠をはめて，頒布されたとは雑誌の内容が届先が定められた第三者に知らされた場合に限られ，たんに偶然知った場合はこれにあたらないとした。すなわち，若干部が，出版社ないし発行者の営業組織が把握していないことから通常は当該印刷物が供給されない地域に第三者によって届き，雑誌が通常到達する地域の外に居住する読者がたまたまその内容を知ったというのでは不十分であるとした。
　また，裁判所は被害所の住所または居所がベルリンにあることをもって，人格権侵害の結果発生地とみなすことを否定した。その理由として裁判所は，第一に，結果発生地と損害発生地との区別をあげている。すなわち，国際裁判管轄に関する二重機能説の前提となるドイツ民訴法32条は，不法行為地に不法行為事件の特別裁判籍を認めていることから，どこで損害が発生したのかは問題でないという。ここで，ある行為がなされた場所とは，行為者が行動した地だけでなく，その行動の結果が生じた地をも意味し，その理由は結果が生じないと行為が完結しないので，侵害結果が生じた場所においても不法行為はなされているとする。そして，侵害結果を越えた損害または二次的損害結果が生じたか否か，生じたとするとどの場所において生じたのかは重要ではないとし，このような見解だけがドイツ民訴法32条における法定管轄ルールの目的に合致すると述べる。その際，不法行為地に管轄を認めたのは，事案解明および証拠調べが最も容易かつ客観的で低コストでなし得ることをあげ，これがあてはまるのは損害発生地ではなく行為地または結果発生地であるとしている。第二に，被害所の住所地管轄を認めると加害者側の予測可能性を越えることを否定する根拠としている。

裁判所はこのように述べて，民訴法32条の規定の意味目的からは，印刷物による人格権侵害に関する不法行為地としては，発行地の他には頒布地だけがありえ，被害者の住所地ないし居所とは無関係であるとした。その上で裁判所は，原審は，ベルリンで当該雑誌が頒布されていたか否かを審理すべきであったとして差戻した。なお，この1977年判決は頒布地を結果発生地とは明言していないが，後の連邦通常裁判所判決には，本判決を引用したうえで印刷物の発行地を行為地，頒布地を結果発生地と解しているものがある[5]。

〔参照条文〕
*ブリュッセル条約[6]
2条
1項　本条約に別段の定めがある場合を除き，締約国の領域内に住所を有する者に対しては，国籍に関係なく，当該締約国の裁判所で訴えることができる。
2項　略
5条
　締約国に住所を有する者に対しては，以下の場合には他の締約国で訴えることができる。
1号，2号　略
3号　不法行為，またはそれと同視することができる行為，もしくはそのような行為に基づく請求権が訴訟の対象となるときには，損害事件が発生した地の裁判所。
4号～7号　略

---

(5) BGH Urt. v. 19. 12. 1995 NJW 1996, 1128. しかし，この点については見解の一致を見ていない。たとえば，1995年の連邦通常裁判所判決が下される以前ではあるが，フォン・バールは，1977年判決は結果発生地を認めていないと評する。*C. v. Bar*, Internationales Privatrecht, Bd. 2, 1991, Rdnr. 662. これに対して，*v. Hein*, Das Günstigkeitsprinzip im Internationalen Deliktsrecht, 1999, S. 320, 323では，1977年判決は加害行為地と結果発生地の双方の管轄を認めたものと理解している。

(6) 岡本善八「わが国際私法事件におけるEEC裁判管轄条約㈠」同志社法学29巻4号5頁（1977年）を参考にした。

＊ドイツ民事訴訟法[7]
32条
　不法行為に基づく訴えは，その行為がなされた地の裁判所の管轄に属する。

第2節　不法行為地管轄に関する議論

1．隔地的不法行為と不法行為地管轄
　　――物理的な損害が発生している場合

　国際的不法行為の国際裁判管轄に関するブリュッセル条約5条3号の不法行為地概念について，ヨーロッパ裁判所は，すでに1976年のライン河事件判決（Bier/Mines de Postasse d'Alsace 事件）で「物理的損害」が発生した場合には，加害行為地と結果発生地の双方に管轄を認めていた[8]。1976年判決で問題となった事件では，ライン河の水を利用していたオランダの園芸業者らが，被告のフランス企業によってライン河に排出されていた塩分を含む廃棄物（Saltzabfälle）が原因で事業に損害が発生したとして，オランダの裁判所に訴えを提起した。裁判では，ブリュッセル条約5条3号にいう場所（Ort）とは，結果発生地をさすのかそれとも加害行為地をさすのかが問題となり，ヨーロッパ裁判所に先行判決が付託された。裁判所は，本号の解釈は管轄ルールの体系に即してなされるべきであるとし，当事者が2条の普通裁判籍と並んで5条により不法行為地管轄を選択できるのは，紛争と受訴裁判所とが密接な関係にあることに鑑みて適切な訴訟運営がなされることに基づくからであるとした。その上で，大気汚染や水質汚染のように損害原因が生じた場所（Ort des ursächlichen Geschehens）と損害結果発生地（Ort der Verwirklichung des Schadenserfolges）とが異なるときには，「損害事件が発生した地」の概念は不明確であるが，事情によっては双方の場所とも裁判管轄を根拠づけるとした。すなわち，不法行為による責任が問題になるのは，損害とその

---

(7) 法務大臣官房司法法制調査部編・ドイツ民事訴訟法典（法曹会，1993年）にしたがった。

(8) EuGH Urt. v. 30. 11 1976, Bier/Mines de Postasse d'Alsace, NJW 1977, 493.

原因となる事件との因果関係が確定したときだけであるが，証拠収集や手続運営の観点から結果発生地も加害行為地も管轄を有し，いずれによるかは原告の選択に委ねられるとした。この1976年判決ルールは，その後のヨーロッパ裁判所の判例においても一貫して維持されている(9)。

このように加害行為地と結果発生地の双方に管轄を認め，そのいずれを利用するのかを原告の選択に委ねる考えは遍在原則（Ubiqualitätsregel）と呼ばれている。この考えはドイツでも，国際裁判管轄の決定に関する二重機能説の前提となるドイツ民訴法32条との関係で，学説上一般的に支持されている(10)。また，ドイツ連邦通常裁判所の判例も，この見解にしたがっている（なお，日本と異なり，ドイツでは不法行為の準拠法選択の場面でも遍在理論が採られている。ドイツ民法施行法40条を参照）。たとえば，連邦通常裁判所は，1980年の判決で次のような事案のもとで遍在理論を肯定した(11)。原告はベルギーから自動車を輸入し，ベルギーとドイツの販売格差により利益を得ていた。訴外A社のベルギー子会社である被告は，ベルギーのディーラーに対しては同社の自動車をベルギーに逆輸入することを禁じていた。同じ時期に被告は原告に，競業違反行為があるとしてベルギーのディーラーからは原告に自動車を供給しない旨の通知をした。しかし，5ヵ月後に被告はベルギーへの輸出禁止を撤回した。そこで，原告は輸出禁止で被った損害の賠償を求めて訴訟を提起した。地裁は管轄を肯定した上で請求を棄却した。原告は控訴。控訴審は，違法行為は専らベルギーでなされているのでドイツの裁判所は国際裁判管轄を有しないとして訴えを却下したが，連邦通常裁判所は破棄差し戻しとした。その際，連邦通常裁判所は，国際裁判管轄原因としては，不法

---

(9) EuGH Urt. v. 11. 1. 1990 NJW 1991, 631. vgl. auch, *v. Hein*, a.a.O. (Fn. 5), S. 57 (Fn. 119).

(10) *Geimer*, Internatonales Zivilprozeßrecht, 4. Aufl. 2001, Rdnr. 1500; *Kropholler*, Internationales Privatrecht, 4. Aufl. 2001, S. 578; *Nagel / Gottwald*, Internationales Zivilprozeßrecht, 4. Aufl. 1997, S. 73; *Schack*, Internationales Zivilverfahrensrecht, 2. Aufl. 1996, Rdnr. 293; *Staudinger / v. Hoffmann*, BGB, 13. Aufl. 1998, Art. 38 EGBGB Rdnr. 256 a; *Stein / Jonas / Schumann*, ZPO, 21. Aufl. 1993, §32 Rdnr. 29; *Schütze*, Deutsches Internationales Zivilprozeßrecht, 1985, S. 64.

(11) BGH Urt. v. 23. 10. 1979 NJW 1980, 1224. その他の判例として，たとえば，BGH Urt. v. 8. 1. 1981 IPRax 1982, 158.

行為者が行動した地だけでなく，行為の結果が発生した地も不法行為地とみなされると判示した。その上で裁判所は，被告はベルギーのディーラーに対し原告に供給することを禁止し，ひいては契約違反を生じさせたとして，本件では被告の行為はベルギーだけでなくドイツでもなされているなどとして，ドイツの国際裁判管轄を肯定した。

2．名誉毀損の不法行為地管轄
2.1 判例の立場

「非物理的損害」が発生した場合の不法行為地管轄について，ヨーロッパ裁判所1995年判決は，先の1976年ヨーロッパ裁判所判決を基本的に踏襲した上で，加害行為地国と結果発生地国とに管轄が認められる旨を明らかにした。では，新聞による名誉毀損に関しては，具体的にいかなる国に管轄が認められるのであろうか。この点，ヨーロッパ裁判所判決によると，加害行為地とは出版社の業務地（Niederlassungsort）を指し，また結果発生地は頒布地（Orten, an denen die Veröffentlichung verbreitet wird）をいうとした。他方，ドイツ連邦通常裁判所1977年判決では，先にも紹介したように必ずしも明確ではないものの，行為地を発行地，結果発生地を頒布地と理解しているものと解される。

2.2 加害行為地の特定

ドイツの学説では，加害行為地を業務地以外の場所に求める方がむしろ有力であるといえるが，その具体的場所については必ずしも見解の一致を見ていない。たとえば，シャックは[12]，メディアによる人格権侵害の際の加害行為地は雑誌の届出先が定まって頒布された地であり，この場合には加害行為地から乖離した結果発生地はないと主張する。またガイマーは[13]，新聞などの発行による人格権侵害に関しては，加害行為地（Handlungsort）や結果発生地（Erfolgsort）という区分ではなく，不法行為地（Begehungsort）として発行地（Erscheinungsort）と頒布地（Verbreitungsort）に管轄を認めているが，その際に頒布は侵害行為（Verletzungshandlung）の一部分であるとして

---

[12] *Schack*, a.a.O. (Fn. 10), Rdnr. 303.

[13] *Geimer*, a.a.O. (Fn. 10), Rdnr. 1514 f.

いる。このことから，ガイマーは双方の管轄を加害行為地とし，そして加害行為地にのみ管轄を認めていると考えられる。この理解が正しいものであれば，加害行為地管轄だけを肯定するシャックに近い見解である。ケスター＝ヴァルチェンは[14]，マスコミの所在地それ自体は不法行為地ではなく，侵害をもたらす行為が実施された場所である"発行地など"が加害行為地であるとする。また，発行地を加害行為地，頒布地を結果発生地とする見解もある[15]。クロイツァーらは[16]，加害行為地を出版社の業務地に限定することは自明ではなく，裁判所は事案に応じて例外を認める余地を残しておくべきであり，また本件では業務地，発行地および頒布地が全体としてフランスにあるといえ，これらのいずれが条約5条3号にいう加害行為地であるのかを決めずにおくことができたと述べる。また，ゴットヴァルトは[17]，報道地（Ort der Nachrichtenerstellung）または発行地を行動地としている。

2.3　結果発生地管轄

結果発生地については，さらに問題がある。結果発生地は法益が侵害された地であることから，人格権がいずれの場所に帰属するのか，その確定がまず問題になる。この問題について，たとえば，シャックらは[18]，人格権については一般的に場所が定まらないので（überall und nirgends），人格権侵害では独立した結果発生地はなく加害行為地だけを前提とすべきであると主張す

---

[14] *Coester-Waltjen*, Internatinale Zuständigkeit bei Persönlichkeitsrechtsverletzungen, in: FS. Schütze, 1999, S. 175, 183.

[15] *Looschelders*, Persönlichkeitsschutz in Fällen mit Auslandsberührung, ZVglRWiss 95 (1996), 48, 89.

[16] *Kreuzer/Klötgen*, Die Shevill-Entscheidung des EuGH: Abschaffung des Deliktsortsgerichtsstands des Art. 5 Nr. 3 EuGVÜ für ehrverletzende Streudelikte, IPRax 1997, 90, 93 f.

[17] *Münchener Kommentar/Gottwald*, ZPO, Bd. 3, 2. Aufl. 2001, Art. 5 EuGVÜ Rdnr. 42.

[18] *Schack*, Die grenzüberschreitende Verletzung allgemeiner und Urheberpersönlichkeitsrechte, UFITA 108 (1988), S. 51, 64, 70; *Kubis*, Internationale Zuständigkeit bei Persönlichkeits-und Immaterialgüterrechtsverletzungen, 1999, S. 122. なお，人格権侵害の準拠法選択の場面で，同様に結果発生地を問題としない見解として，*C. v. Bar*, a.a.O. (Fn. 5), Rdnrn. 662 und 664. vgl. auch, *Zitelmann*, Internationales Privatrecht, Bd. 2, 1912, S. 480 (Fn. 178).

る。また，ガイマーは先に紹介したように微妙な扱いをしている[19]。これに対してシューマンやゴットヴァルトなどは[20]，頒布地（Ort der Verbreitung）を結果発生地としている。

また，結果発生地管轄が肯定された場合，被害者の住所地が結果発生地として認められるか否かについては，ドイツでは損害発生地の管轄との関係で争いがある。すなわち，損害発生地の管轄を肯定した場合には，名誉毀損における被害者の損害はその住所地で生ずることが通常であることから被害者の住所地管轄が認められることになる[21]（この点は，従来の日本の議論では損害発生地管轄と結果発生地管轄を概念上区別をしていないことから，興味深い点である）。他方，ハウスマンは[22]，損害発生地管轄という一般的観点からではなく人格権の特性から被害者の住所地管轄を導き出そうとする。つまり，被害者の住所地において，社会的な人の尊厳に関する権利（Achtungsanspruch）が侵害されたことを理由に被害者の住所地管轄を肯定する。しかし，学説の

---

[19] *Geimer*, a.a.O. (Fn. 10), Rdnr. 1514 f.
[20] *Stein/Jonas/Schumann*, a.a.O (Fn.10), § 32 Rdnr. 29; *Münchener Kommentar/Gottwald*, a.a.O. (Fn. 17), Art. 5 EuGVÜ Rdnr. 42.
[21] たとえば，シュレーダーは，行為地，結果発生地および損害発生地（Ort der Schädigung）は等しく堅固な管轄原因を提供すると述べる。*Schröder*, Internationale Zuständigkeit, 1971, S. 280. 被害者は通常は住所地に被侵害利益を有することから，この見解によれば，被害者の住所地に管轄を認めることは容易であろう。また，リンケもブリュッセル条約5条3号の解釈として，損害発生地に不法行為地管轄としての適格性を肯定する。*Bülow/Böckstiegel/Linke*, Internationaler Rechtsverkehr, Bd. 1, 1997, S. 606-71. ほぼ同様に，純粋な財産権の損害賠償（Ersatz des reinen Vermögensschadens）について損害発生地に管轄を認めるのは，*Kiethe*, Internationale Tatortzuständigkeit bei unerlaubter Handlung–die Problematik des Vermögensschadens, NJW 1994, 222, 227.
[22] *Wieczorek/Schütze/Hausmann*, 3. Aufl. 1994, Anh. I § 40 EuGVÜ 1989, Art. 5 Rdnr. 62. vgl. *Staudinger/v. Hoffmann*, a.a.O. (Fn. 10), Art. 38 EGBGB Rdnr. 259 b.

多くは被害者の住所地管轄を否定する[23]。たとえば名誉毀損事件における被害者の住所地管轄について，ガイマーは次のように述べる。すなわち，問題となった印刷物の出版が被害者の住所地から遠く離れた出版社でなされ，また当該出版社は限定的な頒布領域しか有さず，しかもその出版物の読者は被害者の生活領域とは無関係であるような場合（これは外国出版物ではままありうると思われる）には，被害者の住所地管轄を認めることには疑問があるとする。なぜなら，このような場合に不法行為地管轄を肯定すると，外国出版社などは出版物の頒布領域外であっても人格権侵害を理由に裁判所に訴えられてしまうが，これでは不法行為地管轄が不当に拡大されてしまうとのべる。シャックも，損害発生地一般について，損害発生地に管轄を認めると原告の裁判籍（Klägergerichtsstand）が生ずることになるが，このことはドイツ民訴法32条もブリュッセル条約5条3号も意図するところではないとして否定する。判例も[24]，先に紹介した1977年連邦通常裁判所判決は否定説を明確に支持する。

ところで，偶然，名誉を毀損する新聞を入手した場合に，その地に管轄が肯定されるのであろうか。ドイツの通説そして先の1977年連邦通常裁判所判決[25]は，不法行為地概念が広がりすぎ加害者の予測可能性が損なわれてしまうことに配慮して，届出先が定められて（bestimmungsgemäß）配布されたことを要求し，たんに偶然的に入手した場所を不法行為地から除いている。

なお，当事者の請求が5条3号に該当するのか否かの判断基準となる法に

---

[23] *Geimer*, a.a.O. (Fn. 10), Rdnrn. 1501 und 1514; *Kreuzer/Klötgen*, a.a.O. (Fn. 16), S. 92; *Kropholler*, Europäisches Zivilprozeßrecht, 6. Aufl. 1998, Art. 5 Rdnr. 67; *Münchener Kommentar/Patzina*, ZPO, Bd. 1, 2. Aufl. 2000, §32 Rdnr. 20; *Musielak/Smid*, ZPO, 2. Aufl. 2000, §32 Rdnr. 23; *Schack*, a.a.O. (Fn. 10), Rdnr 304; *Schütze*, a.a.O. (Fn. 10), S. 64.

[24] BGH Urt. v. 3. 5. 1977 NJW 1977, 1590.

[25] *Geimer*, a.a.O. (Fn. 10), Rdnr. 1515; *Münchener Kommentar/Patzina*, a.a.O. (Fn. 23), §32 Rdnr. 29; *Rosenberg/Schwab/Gottwald*, Zivilprozeßrecht, 15. Aufl. 1993, S. 177; *Schack*, a.a.O. (Fn. 10), Rdnr. 303; *Staudinger/v. Hoffmann*, a.a.O. (Fn. 10), Art. 38 Rdnr. 259 b; *Stein/Jonas/Schumann*, a.a.O. (Fn. 10), §32 Rdnr. 29; *Wieczorek/Schütze/Hausmann*, a.a.O. (Fn. 22), Art. 5 Rdnr. 62.

ついて争いがある。ドイツの学説では，法廷地法による見解や，判決調和が確保されることを根拠に準拠法（lex causae）により判断する見解[26]もあるが，条約独自に判断する見解が有力に主張されている[27]。最近のヨーロッパ裁判所の判例も[28]，最後の見解によっている。

2.4 小 括

渉外的不法行為事件の国際裁判管轄について，加害行為地と結果発生地の双方に管轄が認められるとする原則（遍在理論）は，国際的名誉毀損事件においても認められるとするのが，1995年ヨーロッパ裁判所判決，1977年連邦通常裁判所判決の立場であり，ドイツの通説もこれにしたがう。しかし，この場合の加害行為地，結果発生地が具体的に何処なのかについては，必ずしも見解の一致を見ていない。まず加害行為地についてみてみると，ヨーロッパ裁判所判決は出版社の業務地が唯一の加害行為地であるとする。これに対して，連邦通常裁判所やドイツの学説では，むしろ，発行地を加害行為地と捉える見解が有力であるといえる。結果発生地については，ヨーロッパ裁判所は頒布地がこれに該当するとし，学説も同様の見解が唱えられている。結果発生地との関係では，被害者の住所地管轄を導きかねない損害発生地管轄はドイツの通説・判例によって否定され，また出版物を偶然入手した地は，加害者の予測可能性の点から，やはりドイツの通説・判例は不法行為地から除外している。

このように，国際的名誉毀損事件のような非物理的不法行為事件についても，物理的不法行為と同様に加害行為地と結果発生地を観念した上で双方に国際裁判管轄を認める見解が支配的である。これに対して，少数ながら有力な見解は，国際的名誉毀損事件では人格権侵害の特性から加害行為地から乖離した結果発生地は考えられないとして単一の不法行為地を唱える。

---

(26) *Schütze*, a.a.O. (Fn. 10), S. 65. vgl. *Münchener Kommentar / Patzina*, a.a.O. (Fn. 23), § 32 Rdnr. 2.

(27) *Bülow / Böckstiegel / Linke*, a.a.O. (Fn. 21), S. 606-67; *Linke*, Internationales Zivilprozeßrecht, 3. Aufl. 2001, Rdnr. 161; *Musielak / Weth*, ZPO, 2. Aufl. 2000, EuGVÜ Art. 5 Rdnr. 22; *Schack*, a.a.O. (Fn. 10), Rdnr. 299; *Staudinger / v. Hoffmann*, a.a.O. (Fn. 10), Art. 38 EGBGB Rdnr. 255; *Wieczorek / Schütze / Hausmann*, a.a.O. (Fn. 22), Art. 5 Rdnr. 50.

(28) EuGH EuZW 1999, 59.

3．不法行為地管轄と審理の範囲

3.1　ヨーロッパ裁判所の立場

フランスで有力に主張されている見解によれば，渉外的不法行為において加害行為地と結果発生地の双方に国際裁判管轄を認めた場合に，加害行為地では全損害に審理が及ぶが，結果発生地ではその地で発生した損害についてのみ審理が可能であるとされていた。その根拠として，原因行為は各国で生じた損害と因果関係があるが，発生した複数の結果発生地は相互に因果関係を有しない点があげられていた[29]。この見解にはフランスの判例もしたがっているとされる[30]。

ヨーロッパ裁判所1995年判決は，結論的に，このフランスの有力説にしたがう旨を明確にした。このように結果発生地国裁判所の審理範囲を限定する理由としてヨーロッパ裁判所は，5条3号の根拠である適切な手続運営の観点からすると，結果発生地国の裁判所はその国で生じたとされる名誉毀損を判断し損害賠償の範囲を決めるのに最も適していると述べ，また，同一事件が複数の国の裁判所で審理されることから生ずる不利益については，被害者は被告の住所地または出版社の業務地で全請求を求めることができるので回避可能であるとする。なお，判決文には直接示されていないが，法務官の意見では，法廷地漁り防止の観点が結果発生地国裁判所の審理範囲を制限する根拠として挙げられている[31]。つまり，各結果発生地国が全請求について審理をなすことが可能であるとすると，原告は自己に有利な実定法・訴訟法が適用される法廷地を探ることが可能になるので，これを回避するために結果発生地国の裁判所は自国で生じた損害についてのみ審理をなすことができるというのである。

3.2　ドイツの判例

ドイツ民事訴訟法に基づく国際裁判管轄に関する判例では，かつては不法行為地管轄を制限するものがあった。たとえば，ライヒ裁判所1905年判決の

---

[29]　参照，中西・前掲注(3)188頁。

[30]　Vgl. *Jayme/Kohler*, Europäisches Kollisionsrecht 1995, IPRax 1995, 343, 348.

[31]　EuGHE1995, I-415, 432.

事案では[32]，ベルリンでも頒布されていたHamburger Nachrichten紙に対する名誉毀損事件に関して，原告はベルリン地裁で，世界中の全ての場所で同紙が頒布されたことから生ずる損害賠償を求めた。これに対してライヒ裁判所の判断は，ベルリン地裁は同地裁の管轄区域内で発生した損害についてのみ管轄を有するというものであった。しかし，その後のライヒ裁判所・連邦通常裁判所の判決では，このような制限をしていないとされる[33]。先に紹介した1977年連邦通常裁判所判決も同様である。このような変更は学説においても好意的に受け入れられている。たとえば，シュレーダーは[34]，複数の裁判所で各損害部分について多数の訴訟を提起するとなると，当事者の利益のみならず司法運営の利益にも反するなどとして制限説に反対した，1909年のライヒ裁判所判決に賛意を示している。

3.3 ドイツの学説

このような従来からの動向を承けて，ドイツの学説では，ヨーロッパ裁判所1995年判決のように結果発生地国での審理対象を限定する解釈に対しては批判的な見解が有力である[35]。若干細かくなるが，教科書や評釈における1995年判決に対するコメントを見てみることにする。たとえば，リンケは[36]，結果発生地国における権利追求がその国の主権領域内で発生した損害に限定

---

(32) RG Urt. v. 10. 4. 1905 RGZ 60, 363.

(33) *Schröder*, a.a.O. (Fn. 21), S. 282 f.

(34) *Schröder*, a.a.O. (Fn. 21), S. 282.

(35) *Buchner*, Kläger-und Beklagtenschutz im Recht der internationalen Zuständigkeit, 1998, S. 139 f.; *Bülow / Böcksteigel / Linke*, a.a.O. (Fn. 21), S. 606-70; *Coester-Waltjen*, a.a.O. (Fn. 14), S. 182 f.; *Geimer*, a.a.O. (Fn. 10), Rdnrn. 1500 und 1524; *Geimer / Schütze*, Europäisches Zivilverfahrensrecht, 1997, Art. 5 Rdnr. 183.; *Linke*, a.a.O. (Fn. 27), Rdnr. 160; *Looschelders*, a.a.O. (Fn. 15), S. 89; *Mansel*, RabelsZ 61 (1997), 756, 757; *Rauscher*, Internationales und Europäisches Zivilverfahrensrecht, 1999, S. 35; *Reinmüller*, Gesamtschaden und internationale Deliktszuständigkeit nach dem EuGVÜ, IPRax 1985, 233, 235; *Schack*, a.a.O. (Fn. 10), Rdnr. 306; *Schlosser*, EuGVÜ, 1996, Art. 5 EuGVÜ Rdnr. 20; *Staudinger / v. Hoffmann*, a.a.O. (Fn. 10), Art. 38 Rdnrn. 254 und 255a; *Wieczorek / Schütze / Hausmann*, a.a.O. (Fn. 22), Art. 5 Rdnr. 62; *Zöller / Geimer*, ZPO, 22. Aufl. 2001, Art. 5 GVÜ Rdnr. 16.

(36) *Linke*, a.a.O. (Fn. 27), Rdnr. 160.

されるという解釈は，管轄原因により受訴裁判所所属国の審理対象の範囲が異なることになるので，複数の競合する管轄原因を平等に扱うとする原則に反するし，また結果発生地管轄では発生地ごとに損害額を分割して審理することから，被害者の便宜を図るという不法行為地管轄の趣旨にも反するので，このような限定解釈はブリュッセル条約5条1項の適用範囲内では禁止されていると主張する。また，ラウシャーは[37]，ヨーロッパ裁判所の解釈は不法行為地裁判籍の細分化（Gerichtsstandszersplitterung）をもたらし，それにより複数の国で新聞が頒布されたことによる名誉毀損の被害者には不法行為地管轄は役に立たなくなるので，この者には加害者の普通裁判籍で訴える他ないが，これでは加害者を不当に保護することになるという。ケスター＝ヴァルチェンも同様に[38]，出版社の所在地国の裁判所だけが損害額の全部について審理することができるとするのは，被害者の訴えからマスコミが保護される"マスコミ・オアシス（Presseoassen）"にメディアを撤退させることになりかねず，そうすると被害者は救済手段として結果発生地国でその国で生じた部分の損害賠償を求めざるを得ないことになるが，そのように解さなければならない合理的根拠はないとする。シャックは[39]，本判決のように管轄を分割して，結果発生地ごとにその地で生じた損害分について賠償請求訴訟を提起することは当事者に期待することはできないし，裁判所に対しても，国ごとに損害額を割り出すという不必要に困難な問題を負わせることになるとする。ハウスマンも，シャックと同じ理由を述べてヨーロッパ裁判所の判決を批判する[40]。クロイツァーらは，1995年判決に対する評釈で次のように述べている[41]。まず，本判決は，結果発生地の裁判所がその地で発生した損害についてのみ審理することができる理由として，適切な訴訟手続の運営が可能であいう条約5条3号の根拠に照らして，結果発生地国の裁判所がその国で生じた名誉毀損を判断し損害の範囲を決めるのにもっとも適切であるとしているが，この理由を重視すると，加害行為地と結果発生地の双方に管轄

---

[37] *Rauscher*, a.a.O. (Fn. 35), S. 35. vgl. auch. *ders.*, ZZP Int 1 (1996), 151, 158 ff.

[38] *Coester-Waltjen*, a.a.O. (Fn. 14), S. 182 f.

[39] *Schack*, a.a.O. (Fn. 10), Rdnr. 306. vgl. auch. *ders.*, a.a.O. (Fn. 18), S. 69 f.

[40] *Wieczorek / Schütze / Hausmann*, a.a.O. (Fn. 22), Art. 5 Rdnr. 62.

[41] *Kreuzer / Klötgen*, a.a.O. (Fn. 16), S. 94 ff.

を認める遍在理論の根拠は失われると指摘する。つまり，結果発生地国がその国で生じた損害を判断するのに最適であるとすると，加害行為地管轄が損害について審理することはできないはずであるが，ヨーロッパ裁判所は特にこの点について何も述べずに行為地管轄を認めている，と。そして，かりに裁判所が，フランスの有力説のような侵害行為と損害全体との因果関係（Gesamtkausalität）を加害行為地管轄の根拠に考えていたとしても，事案の距離が近いこと（Sachnahe）という不法行為地管轄を認める根拠を充たさないと述べる。つぎに，本判決による加害行為地概念の解釈では，被告の住所地管轄と出版社の業務地管轄は符合することになり，結果として，原告は，マスコミを相手に名誉毀損による損害賠償請求訴訟を提起する際には普通裁判籍と結果発生地の裁判籍を有するに過ぎないことになるが，これでは全損害の賠償を一つの訴訟で請求しようとするときには，結果発生地管轄を利用することができないから条約2条1項の普通裁判籍によらざるを得ず，5条3号を無意味にしてしまうことになると批判する。さらに，この解釈は，統一的国際裁判管轄の創設を目指したブリュッセル条約が，結果的に管轄を各締約国の主権領域に分割することになると指摘する。そして，比較法的に見てフランス以外の締約国では採用されていない解釈がヨーロッパ裁判所によって採用された理由は，法廷地漁りの回避が考えられるが，ライン河事件に関する1976年ヨーロッパ裁判所判決で，被害者が加害行為地と結果発生地の管轄を選択できると認めたことから，法廷地漁りの可能性はすでに拡張されているのであり，本件判決によってはこれを防止することはできないと述べる。
フォン・ホフマンも[42]，1995年判決によると，加害行為地と結果発生地のいずれで訴えを提起するのかを原告の選択に委ねる遍在理論（Ubiquitätsregel）は事実上排斥されるとして批判を加える。すなわち，ヨーロッパ裁判所の判例では，唯一の加害行動地である出版社の営業所所在地はブリュッセル条約2条に基づく被告の普通裁判籍と一致し，また結果発生地では自国で生じた損害に制限されることから包括的な権利保護は保証されないので，被害者側は被告の普通裁判籍所在地（ただし，この地は場合によっては出版が全くなされないこともあり得るとしている）での救済措置以外の選択肢としては，訴訟

---

[42] *Staudinger / v. Hoffmann*, a.a.O. (Fn. 10), Art. 38 EGBGB Rdnr. 255a.

追行負担の増大を伴ったとしても複数の結果発生地国で訴訟を提起するか，それとも他国で生じた損害を放棄することになると述べる。さらに，不法行為地管轄の分割は，当事者双方に負担となるだけでなく，個々の法廷地国で矛盾判決が生ずるおそれがあるとの批判もある[43]。

これに対して，ヨーロッパ裁判所判決に好意的な見解もみられる[44]。たとえば，ワグナーは[45]，ヨーロッパ裁判所の解釈は国際裁判管轄の細分化をもたらし，ブリュッセル条約が目的とする手続の簡易化と促進に反するという批判に対しては，理論的にそうであるが，実際には被害者はその本国でのみ名声を失うから，その国の裁判所が損害について審理できるとすれば十分であり，また，複数の国で損害賠償請求訴訟を提起することは稀であるし，さらにこの解釈は法廷地漁りに対する誘惑を減少させると述べる。

3.4 ヨーロッパ裁判所判決の射程

なお，ヨーロッパ裁判所1995年判決のような処理の方法が他のタイプの訴訟についても適用されるのか否かについては，ヨーロッパ裁判所は言及していない。しかし，たとえば，クロフォラーは[46]，著作権侵害や独占禁止違反（Wettbewerbsverletzungen）への本ルールの適用に関して，ヨーロッパ裁判所が結果発生地国の裁判所の審理対象を制限する解釈を支持する際に強調した証拠への距離（Sachnähe）と法廷地漁りの回避（Vermeidung des forum shopping）という観点は，名誉毀損について展開された基本原則が他の分野に転用される根拠になりうるとしている。また，例えば，国際的な環境汚染についても，本件で問題になったような法廷地漁りの危険があることから同様の

---

[43] *Buchner*, a.a.O. (Fn. 35), S. 139.

[44] *Dietze/Schnichels*, Die aktuelle Rechtsprechung des EuGH zum EuGVÜ, EuZW 1996, 455, 457; *Huber*, Persönlichkeitsschutz gegenüber Massenmedien im Rahmen des Europäischen Zivilprozeßrechts, ZEuP 1996, 295, 308; *Kropholler*, a.a.O. (Fn. 23), Art. 5 Rdnr. 65 Fn. 148; *Löffler*, Mediendelikte im IPR und IZPR, 2000, S. 197 ff. und 218 f.; *Münchener Kommentar/Gottwald*, a.a.O. (Fn. 17), Art. 5 EuGVÜ Rdnr. 42; *G. Wagner*, Ehrenschutz und Pressefreiheit im europäischen Zivilverfahrens-und Internationalen Privatrecht, RabelsZ 62 (1998), 243, 279 ff., 285.

[45] *Wagner*, a.a.O. (Fn. 44), S. 279 ff., 285.

[46] *Kropholler*, a.a.O. (Fn. 23), Art. 5 Rdnr. 66.

処理をすべきであるとの見解も主張されている(47)。また，シュロッサーは，このシェヴィル原則は，論理的には不作為訴訟や仮の権利保護に拡張されると述べるが(48)，ゴットヴァルトはこれに反対する(49)。

3.5 小 括

ヨーロッパ裁判所は，加害行為地国（出版社の業務地）の裁判所は被害者の全損害について審理することができるのに対して，結果発生地国（雑誌の頒布地）の裁判所はその国で生じた損害についてだけ審理が可能であるとした。この立場はフランスの学説・判例で有力に支持されているものである。このように結果発生地国の審理範囲を制限する解釈を採る根拠として，法務官は，被害者による法廷地漁りの回避をあげている。

ドイツの学説には，法廷地漁りを回避することを理由に，ヨーロッパ裁判所のこのような解釈に賛成する見解も主張されているが，判例および多数説はこれに反対する。その理由として，不法行為地管轄の制度趣旨との関係があげられる。すなわち，ヨーロッパ裁判所の判例理論によると，加害行為地管轄は普通裁判籍と一致することになるので，不法行為地管轄が独自の意義を有するのは結果発生地管轄だけとなる。しかし，ヨーロッパ裁判所の解釈では結果発生地国裁判所の審理範囲が限定されることになるので，全損害の回復を望むときには被害者としては複数の結果発生地国で訴訟を提起しなければならず（不法行為地管轄の細分化），そのような負担を煩わしいとする者は権利を放棄することになる。ヨーロッパ裁判所判決に反対する見解は，これは不法行為地管轄の趣旨に反するという。また，ヨーロッパ裁判所は1976年のライン河事件判決で不法行為地管轄について遍在理論を認め，その限りで当事者にフォーラム・ショッピングを肯定しているのであるから，1995年判決はこの考えにそぐわないと説く。さらに，結果発生地国では，当事者のみならず裁判所も国ごとに損害額を算定しなければならず負担となること，1995年判決の立場は比較法的に見て有力とはいえないこと，マスコミに有利な法制度を有する国にマスコミ企業が集中することになり，マスコミ・オア

---

(47) *Dietze / Schnichels*, a.a.O. (Fn. 44), S. 457.

(48) *Schlosser*, a.a.O. (Fn. 35), Art. 5 EuGVÜ Rdnr. 20. ただし，シュロッサー自身は，シェヴィル・ルールには批判的である。

(49) *Münchener Kommentar / Gottwald*, a.a.O. (Fn. 17), Art. 5 EuGVÜ Rdnr. 42.

シスを生じさせるおそれがあること，管轄原因に応じて審理する範囲が異なるとすると，従来から認められている競合する管轄原因を平等に扱うとの原則に反すること，結果発生地国相互で矛盾判決が生ずるおそれがあること，などがあげられている。

第3節　日本法への示唆

1．不法行為地管轄

以下では，これまでの議論を参考にしながら，わが国の学説・判例と対比しつつ，日本法の解釈論を考察したい。

国際裁判管轄の決定基準について，ドイツの通説・判例は二重機能説を採り[50]，ドイツ民訴法が定める国内土地管轄規定は同時に国際裁判管轄に関する準則として機能することになる。これに対して，わが国では，国際裁判管轄の決定基準そのものについて争いがあるが[51]，いずれの見解によっても不法行為地の国際裁判管轄は肯定されている。また，加害行為地と損害（ないし結果）発生地とが異なる国で生じた場合（損害発生地と結果発生地との関係については後述），ヨーロッパ裁判所の判決やドイツの通説・判例と同様に，わが国の学説は双方の国に国際裁判管轄を認めている[52]。判例も国内事件では，古くからこのことを認めている。たとえば，手形偽造による割引金の騙

---

[50] BGH Beschl. v. 14. 6. 1965 NJW 1965, 1665; *Nagel/Gottwald*, a.a.O. (Fn. 10), S. 60; *Siehr*, Internationales Privatrecht, 2001, S. 506; *Schack*, a.a.O. (Fn. 10), Rdnr. 236; *Schütze*, a.a.O. (Fn. 10), S. 34; *Thomas/Putzo*, ZPO, 23. Aufl. 2001, §1 Vorbem. Rdnr. 6; *v. Hoffmann*, Internationales Privatrecht, 6. Aufl. 2000, S. 73.

[51] 国際裁判管轄の決定基準については，後掲注(73)の諸文献の他に，たとえば，小林秀之・国際取引紛争111頁（弘文堂，新版，2000年），多喜寛・国際私法の基本問題115頁（中大出版会，1999年），渡辺惺之「国際財産事件の裁判管轄基準」澤木敬郎＝秌場準一編・国際私法の争点222頁（有斐閣，新版，1996年）などを参照。

[52] 斎藤秀夫ほか編・〔第二版〕注解民事訴訟法(5)444頁〔山本和彦〕（第一法規，1991年），高橋宏志「国際裁判管轄」澤木敬郎＝青山善充編・国際民事訴訟の法理62頁（有斐閣，1987年）。国内事件の解釈につき，行為地と損害発生地を不法行為地と解するものとして，菊井維大＝村松俊夫・全訂民事訴訟法〔Ⅰ〕98頁（日本評論社，補訂版，1993年），新堂幸司＝小島武司編・注釈民事訴訟法㈠191頁〔上北武男〕（有斐閣，1991年）。

取に関して大審院は昭和3年に下した判決で(53)，「民事訴訟法第二〇條二其行為ノ有リタル地ト云ヘルハ損害発生ノ原因タル行為ノ有リタル地ハ勿論損害発生ノ地ヲモ包含セルモノトス」としている。また，渉外事件でも，いわゆる東宝「海の勝利」事件で，東京地判昭和40年5月27日は(54)，「……この場合にも民事訴訟法第15条第1項が適用され，……同項にいわゆる不法行為地を決定すべきである。ところで，右不法行為地には行為のなされた地だけでなく，損害の発生した地も含まれると解すべき」としている。このように，不法行為地管轄として加害行為地と損害（結果）発生地の双方を認める見解は，その後の判例においても踏襲されている(55)。なお学説には，製造物責任などの類型に応じて特別の国際裁判管轄ルールを目指す見解もある(56)。不法行為地に管轄を認める根拠としては，一般的に，証拠収集の便宜，加害者の予測可能性を損なわないこと，被害者の便宜などが挙げられている(57)。

しかし，不法行為地概念が広がりすぎると，加害者が予測できない地で応訴しなければならなくなることから，学説は損害を直接的なものに限定し，二次的・副次的損害は除外されるとして一定の枠を設定している(58)。裁判例も，たとえば，東京地判昭和59年2月15日は(59)，アメリカの港に停泊中の原

---

(53) 大判昭和3年10月20日法律新聞2921号11頁。

(54) 東京地判昭和40年5月27日判タ179号147頁。

(55) 東京地判昭和49年7月24日判時754号58頁，東京地判昭和59年2月15日判時1135号70頁，東京地㈣昭和59年3月27日判時1113号26頁（後藤明史「判解」渉外判例百選200頁（有斐閣，第三版，1995年），東京地㈣判平成元年3月27日判時1318号82頁，静岡地沼津支㈣判平成5年4月30日判タ824号241頁など。

(56) 新堂＝小島編・前掲注(52)131頁〔道垣内正人〕，後藤明史「生産物責任訴訟」澤木敬郎＝秌場準一編・国際私法の争点225頁（有斐閣，新版，1996年）を参照。

(57) 池原季雄「国際的裁判管轄権」鈴木忠一＝三ケ月章監修・新実務民事訴訟講座㈦31頁（日本評論社，1982年），木棚照一＝松岡博＝渡辺惺之・国際私法概論256頁〔渡辺惺之〕（有斐閣，第三版補訂版，2001年）。

(58) 池原・前掲注(57)31頁，石川＝小島編・前掲注(2)47頁〔小島武司＝猪俣孝史〕，斎藤ほか編・前掲注(52)444頁〔山本和彦〕，澤木敬郎＝道垣内正人・国際私法入門206頁（有斐閣，第四版再訂版，2000年），長瀬弘毅「裁判管轄㈡」元木伸＝細川清編・裁判実務大系（一〇）26頁（青林書院，1989年）。

(59) 東京地判昭和59年2月15日判時1135号70頁。評釈として，神前禎「判批」ジュリスト885号92頁（1987年），道垣内正人「判批」ジュリスト843号134頁（1985年），平塚真「判比」重判昭和59年度288頁。

告所有の船舶に対して被告が仮差押えたことにより傭船料の喪失したことや，仮差押解放金を工面するために当該船舶を東京で売却した点について，いずれも二次的・派生的であり不法行為の直接の結果ではないとして，わが国の結果発生地としての不法行為地管轄を否定している。

　私も隔地的不法行為については，加害行為地と結果発生地の双方に管轄を認める従来の立場に賛成するが，不法行為地概念との関係では結果発生地と損害発生地とを区別し，損害発生地は原則として国際裁判管轄を基礎づけないものと解する（後述2.4参照）。また，人格権侵害については結果発生地と加害行為地は分離しないとして頒布地だけを不法行為地として認めるシャックの見解については後で触れることにする（後述3.3参照）。

2．結果発生地と損害発生地
2.1　ドイツの議論

　国際裁判管轄原因として加害行為地が含まれることについては，ヨーロッパ裁判所の判例，ドイツおよび日本の判例・学説ともに異論はない[60]。しかし，不法行為における国際裁判管轄原因として，損害発生地と結果発生地をどのように扱うかという問題では，ドイツと日本とでは対応が異なる。既に紹介したように，ドイツの通説・判例は結果発生地と損害発生地とを厳密に区別し，不法行為地管轄を基礎づけるのは加害行為地と並んで結果発生地だけであり，損害発生地は含まれないとしている。結果発生地から区別された損害発生地の例として，シャックは，治療費を支払わなければならない病院の所在地，自らの負担で支払わなければならない銀行口座の所在地などをあげている[61]。したがって，たとえば，A国で交通事故で負傷した者がB国の病院に運ばれて，治療を受けた後に同病院に治療費の支払いをした場合，ド

---

[60]　なお，わが国の最近の渉外事件で加害行為地を問題にしたものとして，たとえば，東京地(中)判平成元年5月30日判時1348号91頁（管轄肯定），東京地判平成3年1月29日判時1390号98頁（管轄否定），東京地判平成7年3月17日判時1569号83頁（管轄肯定），東京地判平成7年4月25日判時1561号84頁（管轄否定），東京地(中)判平成7年10月27日判タ891号71頁（管轄肯定），東京地判平成9年2月5日判タ936号242頁（管轄否定），東京地(中)判平成10年11月27日判タ1037号235頁（管轄肯定），東京地判平成11年1月28日判時1681号147頁（管轄否定）がある。

[61]　Schack, a.a.O. (Fn. 10), Rdnr. 304. なお，後掲注[63]の判例を参照。

イツの考えでは損害発生地であるB国には管轄は生じないことになろう。また，被害者の住所地に被侵害財産があるものの，行為地でも結果発生地でもない場合にも，同様に被害者の住所地管轄は否定されよう。その根拠として，たとえば，1977年連邦通常裁判所判決によれば，不法行為地管轄を基礎づけるのは不法行為であり，加害行為地と侵害結果の発生地とが分離しているときには，侵害結果の発生により行為は完結するので結果発生地は不法行為地に含まれる。これに対して，損害の発生そのものは不法「行為」ではないといえること，また損害発生地に管轄を認めると加害者の予測可能性を損なうおそれがあることを理由に損害発生地の管轄を否定している。また，ヨーロッパ裁判所の判例も，基本的にはドイツのこのような扱いと相違はないとされている(62)。

2.2　日本の裁判例

これに対して，日本では結果発生地と損害発生地とを特に概念上意識して区別せずに，または同視して不法行為地管轄を肯定している見解が多いと考えられる。まず，下級審裁判例は，加害行為地と並んで「損害発生地」に不法行為地の管轄を認めているものが多い。たとえば，国内事件では，大判昭和3年10月20日では(63)，偽造手形による手形の割引金の騙取の場合，不法行為地には行為地だけでなく「損害発生の地」も含まれるとしている。渉外事件では，東京地判昭和40年5月27日は(64)，「海の勝利」と題する映画を日本で上映する意図がないのに原告は被告に日本の上映権を立替払いをさせたとして，被告がアメリカで原告を相手に損害賠償請求訴訟を起こしたことに対抗して，原告が日本で債務不存在確認訴訟を提起した事件について，裁判所は，この種の訴えは，被害者から提起される損害賠償請求の訴えや損害賠償債務存在確認の訴えと審理対象が同じであるから民事訴訟法旧15条1項が適用されるとした上で，「不法行為地には行為のなされた地だけでなく，損害の発生した地も含まれる」とし，本件では損害発生地には東京も含まれると

---

(62)　中西・前掲注(3)206頁。vgl. EuGH, Urt. v. 19. 9. 1995 JZ 1995, 1107; *Kropholler*, a.a.O. (Fn. 23), Art. 5 Rdnr. 67.

(63)　大判昭和3年10月20日法律新聞2921号11頁。

(64)　東京地判昭和40年5月27日判タ179号147頁。

した。東京地㊥判昭和59年2月15日では[65]，原告所有の船舶がアメリカの港に停泊中に被告によって仮差押えられた結果，傭船契約が解除されたことが不法行為にあたるとして原告が被告に損害賠償を求めた。裁判所は，「『不法行為地』には，加害行為地のみならず，その結果の損害発生地も含めて考えることができる」とした。東京地㊥判昭和59年3月27日（自衛隊ヘリコプター事件）では[66]，福岡県上空を飛行していた航空自衛隊のヘリコプターが墜落し搭乗者が死傷したことについて，遺族らがヘリコプターの製造メーカーから営業譲渡を受けたアメリカ企業を相手に製造物責任に基づく損害賠償請求訴訟を提起した。裁判所は，「民事訴訟法第15条第1項……にいう『其ノ行為アリタル地』いわゆる不法行為地には，加害行為のなされた土地のみならずそれに基づく損害の発生した土地も含まれる」とし，日本の管轄を肯定した。東京地㊥判平成元年3月27日（リーダーズダイジェスト事件）では[67]，外国の親会社が日本の子会社を解散したのは子会社の組合を潰すためにであり不法行為にあたるとして，従業員が外国の親会社を相手に損害賠償を求めた。裁判所は，原告が不法行為にあたると主張するのは「日本国内にある訴外会社の閉鎖及びこれを理由とする原告らの解雇であるから，その最も重要で基本的な加害行為地が日本にあることは明らかであり，また日本国内に住所を有する原告らがその職場を失って精神的苦痛を受けかつ毎月の賃金を受けられなくなったのがその損害であるというのであるから，その損害発生地も日本国内にある」ので不法行為地管轄が日本にあるとした。静岡地沼津支㊥判平成5年4月30日では[68]，ドイツから自動車の輸入を代行してもらうためにドイツに送金したが，この送金は被告らの詐欺に基づくとして，原告がドイツ在住の被告に対して代金および送金手数料の支払いを求めて訴えを提起した事件につき裁判所は，「民事訴訟法15条の不法行為地には，不法行為のなされた土地及び損害の発生した土地が含まれる」としたうえで，「送金した土地は，原告が金員を支出して同額の損害を受けた土地であり，同条の定める不法行為地に該当する」と述べ，日本の国際裁判管轄を肯定した。また，

---

[65] 東京地㊥判昭和59年2月15日判時1135号70頁。
[66] 東京地㊥判昭和59年3月27日判時1113号26頁。
[67] 東京地㊥判平成元年3月27日判時1318号82頁。
[68] 静岡地裁沼津支㊥判平成5年4月30日判タ824号241頁。

間接管轄に関してではあるが，ニュー・ヨーク州地裁の下した損害賠償を命ずる判決の承認が求められた事件につき，東京地判平成6年1月14日は[69]，「加害行為地及び損害発生地はともにニュー・ヨーク州である」として間接管轄（民訴法118条1号）を肯定している。

他方，「結果発生地」を不法行為地として管轄を肯定するものもある。たとえば，国内事件については，大阪地決平成7年7月19日では[70]，週刊誌による名誉毀損の損害賠償を求めて，原告が出版社を相手に訴訟を提起した事件ついて，裁判所は，「民事訴訟法法15条1項にいう『其ノ行為アリタル地』とは，不法行為の実行行為のなされた土地とその結果が発生した土地の双方を含むものであ」るとし，大阪で頒布行為がなされたことから管轄を認めている。また，渉外事件について見てみると，東京地(中)判昭和49年7月24日は[71]，羽田沖で全日空のボーイング機が墜落した際に死亡した搭乗者の遺族らが，飛行機を製造したメーカーを相手に損害賠償請求訴訟を提起した事件である。裁判所は，国際裁判管轄についても不法行為地管轄は妥当し，不法行為地に加害行為地が含まれるとしたが，航空機が航行している間は加害行為が継続するという原告の主張する解釈では加害行為地概念が不当に広がりすぎるとして退けた。その上で，「結果発生地であるにすぎない日本国が本件の不法行為地に含まれるかについて考察するに，本件事故による被害者の保護およびその事故に関する証拠の便宜等を配慮し，裁判を適正・公平かつ能率的に行うという観点からすれば，これを肯定的に解するのが相当である」とした。

また，結果発生地と損害発生地の双方を列挙している裁判例もある。東京地判平成元年8月28日では[72]，カリフォルニア在住の被告の妻が殺害された事件で，原告が出版する週刊誌の記事において被告を犯人と名指ししたことから，被告が原告を相手にカリフォルニア州裁判所で名誉毀損に基づく損害賠償請求訴訟を提起したことに対抗して，原告は債務不存在確認訴訟を提起

---

(69) 東京地判平成6年1月14日判時1509号96頁。
(70) 大阪地決平成7年7月19日判タ903号238頁。
(71) 東京地(中)判昭和49年7月24日判時754号58頁。
(72) 東京地判平成元年8月28日判時1338号121頁。

した。裁判所は，「民事訴訟法一五条一項の『不法行為のありたる地』とは，結果（損害）の発生地のみならず，原因行為のあった地でもよい」としている。

このように，多くの下級審裁判例は損害発生地概念を用いているが，これらのケースでは損害発生地は結果発生地とも符合すると考えられることから，特に両者は意識的に区別して用いられていなかったものと考えられる。

2.3 日本の学説

学説においても，表現に違いはあるものの，おそらくは結果発生地と損害発生地を同視しているものが多いと考えられる[73]。これに対して，両者が別個に生じうることを明確に指摘しておられるのが渡辺惺之教授である[74]。すなわち，外国の航空機メーカー製造による飛行機が欠陥により墜落し乗客が死亡した場合，メーカーの所在地は加害行為地，事故発生地は結果発生地となり，また日本の遺族の扶養利益の喪失については，日本が損害発生地となるとされた上で，「一般的には，損害地は管轄原因としての不法行為地ではないとされている」が，遺族の生活の本拠地は損害賠償額の算定などに重要な意味をもつから一律に排除すべきではないとされる。

2.4 私　見

多くの事件では，不法行為地管轄に関して結果発生地と損害発生地は符合することから，わが国の従来の学説・判例が双方を区別する必要性は乏しかったといえる。しかし，両者が別々に発生した場合，どのように考えるべきであろうか。

---

[73] 「損害（結果）発生地」または「結果（損害）発生地」としているのは，石川＝小島編・前掲注(2)47頁〔小島武司＝猪俣孝史〕，石黒一憲・国際民事訴訟法149頁（新世社，1996年），長瀬・前掲注(58)27頁，高橋・前掲注(52)62頁，三浦正人編・二訂国際私法255頁〔松岡博〕（青林書院，1990年）。

「結果発生地」としているのは，池原季雄＝平塚真「渉外訴訟における裁判管轄」鈴木忠一＝三ケ月章監修・実務民事訴訟講座(六)21頁（日本評論社，1971年），斎藤ほか編・前掲注(52)444頁〔山本和彦〕，松岡博「国際的裁判管轄」遠藤浩ほか監修・現代契約法大系(九)288頁（有斐閣，1985年）。

「損害発生地」を問題にしている文献として，池原・前掲注(57)31頁，新堂＝小島編・前掲注(52)131頁〔道垣内正人〕，山田鐐一＝佐野寛・国際取引法246頁（有斐閣，新版，1998年）。

[74] 木棚ほか・前掲注(57)257頁〔渡辺惺之〕。なお，石黒・前掲注(73)150頁以下も参照。

ドイツにおいて結果発生地を不法行為地管轄の根拠として認めつつも，損害発生地を管轄原因から除外する見解が支配的であることの背景には，損害発生地管轄の肯定は被害者の住所地管轄を一般的に認めることに結びつくことから，加害者の予見可能性を損なうことへの危惧がある。これに対して，日本の従来の学説・判例のように損害発生地と結果発生地の双方に管轄原因を認める見解，ことに損害発生地にも不法行為管轄を正面から認める立場は，被害者保護にかなりシフトした考え方といえる。しかし，損害発生地に管轄を認める考え方は，不法行為地管轄の根拠としてあげられる，証拠収集の便宜，被害者の救済の実効性，加害者の予測可能性の範囲内であることの中で，証拠収集の観点や加害者の予見可能性について問題があるといわざるをえない。なぜなら，結果発生地と損害発生地とが分離している場合，損害発生地には損害額の算定のための証拠関係はあるものの，事故発生そのものに関する証拠は殆どないといえるし，シャックや渡辺教授による損害発生地の例からすると[75]，損害発生地は加害者側からは予期しえない場所となりうる。そのような場所について，被害者保護への要請だけで不法行為地管轄を根拠づけるのは問題があるのではないだろうか。むしろ，国際裁判管轄原因としては損害発生地と結果発生地とを明確に区別し，結果発生地はそれ自体で不法行為地管轄を基礎づけることはできるが，損害発生地は単独では不法行為地管轄を基礎づけることはできず，わが国に緊急管轄を認める際の考慮事由の一つとして止まるとみるべきである[76]。したがって，従来の学説・下級審裁判例は二次的・派生的な損害は加害者の予測可能性を損なうことを理由に不法行為地管轄の根拠とならないとするがその際に，不法行為地管轄に関する二分法（加害行為地と，損害（結果）発生地）を前提に不法行為地概念に絞りをかけることになるのに対して[77]，私見の三分法（加害行為地，損害発生地，結果発生地）では，損害発生それ自体はそもそも国際裁判管轄原因としての

---

[75] 前掲注[61]および注[74]を参照。

[76] 東京地(中)判昭和54年3月20日判時925号78頁（竹中工務店事件，同判決については，小林秀之「判解」渉外判例百選198頁（有斐閣，第二版，1986年）などを参照）における処理は，貴重な検討材料を提供する。

[77] 前掲注[58]および注[59]を参照。

適格を原則として欠き，我が国の国際裁判管轄を例外的に肯定する際の考慮事由を形成するにとどまることになる。

3．渉外的名誉毀損と不法行為地の決定
3.1　国内事件での議論

国内の名誉毀損事件では，甲府地判昭和31年2月2日がある（読売新聞事件）[78]。この事件では，郵便輸送車が襲われて現金為替などが奪われた事件に関して新聞紙上で犯人扱いされた原告が，被告に対して謝罪広告の掲載と慰謝料の請求をしたケースで，裁判所は，「右新聞紙の発売頒布行為も亦不法行為の一部を構成するものと謂わなければならない。而していやしくも不法行為を構成する行為の一部たりとも存在する限り民事訴訟法第15条にいうその行為ありたる地に該当する」とし，頒布地を不法行為地としているが，この地が加害行為地なのか損害発生地または結果発生地なのかは判然としない。また，大阪地判平成7年7月19日（週刊文春事件）では[79]，民訴法旧15条1項にいう不法行為地には加害行為地と結果発生地の双方が含まれ，名誉毀損などの不法行為の場合にのみ別個に考える理由はないとした上で，「右週刊誌の発行行為のみならず発売頒布行為も不法行為の一部を構成する」としている。この事件もどの様な不法行為地概念によっているのか必ずしも判然としないが，加害行為地として発行地を，結果発生地として発売頒布地を捉えていると解することができよう。

学説では，「名誉毀損の新聞記事を印刷した場所と，それが頒布された土地とは，いずれも不法行為地である」として甲府地裁昭和31年判決にしたがう見解が表明されている[80]。

3.2　渉外事件での議論

では，渉外的名誉毀損の国際裁判管轄としての加害行為地，結果発生地はどのような概念であるのか。この点についての下級審裁判例として，東京地

---

[78]　甲府地判昭和31年2月2日下民集7巻2号200頁。
[79]　大阪地決平成7年7月19日判タ903号238頁。
[80]　斎藤秀夫ほか編・〔第二版〕注解民事訴訟法(一)287頁〔小室直人＝松山恒昭〕（第一法規，1991年）。また，兼子一ほか・条解民事訴訟法51頁〔新堂幸司〕（弘文堂，1986年），菊井＝村松・前掲注(52)98頁，新堂＝小島編・前掲注(52)192頁〔上北武男〕も参照。

判平成元年8月28日(文藝春秋事件)がある[81]。この事件では,日本で出版された雑誌の記事においてカリフォルニアで日本人女性が殺害された事件の犯人として名指しされた同地在住の日本人がカリフォルニア州裁判所に名誉毀損に基づく損害賠償請求訴訟を起こしたことに対抗して,出版社側が日本で損害賠償債務の不存在確認訴訟を提起した。その際,日本訴訟の被告であるカリフォルニア在住の日本人は,カリフォルニア州で当該出版社が名誉を毀損する雑誌を販売し,それが同州の日本人コミュニティで読まれたことで被告の名誉が侵害されたことを主張しているだけで,出版社が日本で雑誌を編集・出版したこと自体を不法行為とは主張していなかった(アメリカ訴訟だけでなく日本訴訟においてもそうである)。裁判所は,民訴法旧15条1項の不法行為地には結果(損害)発生地だけでなく原因行為地も含まれるとした上で,本件では,出版社がカリフォルニアで販売したことは不法行為をなすが,雑誌を日本で編集および出版したことは当事者の主張がなく不法行為の内容をなしていないとして,加害行為地を理由とする日本の国際裁判管轄を否定した。なお,この事件は,国際的訴訟競合の一場合であり,先行する外国訴訟に対抗する形で,加害者側が原告となり日本で消極的確認訴訟を提起したものであり,学説では,加害者側が加害行為地を根拠に消極的確認訴訟を提起する場合には,被害者保護を理由に管轄を否定する見解が有力に主張されている[82]。また,東京地判平成4年9月30日では[83],マレーシアおよびシンガポールで活動している日本人騎手に関する八百長疑惑を掲載した新聞記事が名誉毀損にあたるとして,裁判所は損害賠償と謝罪広告を命じたが,管轄や準拠法の判断は示していない。

学説では,前掲の昭和31年甲府地判にしたがい,名誉を毀損する新聞記事

---

(81) 東京地判平成元年8月28日判時1338号121頁。評釈として,小野寺規夫「判解」判タ735号342頁(1990年),徳岡卓樹「判批」ジュリスト970号114頁(1990年),松岡博「判批」判例評論381号41頁。

(82) 池原・前掲注(57)32頁,新堂=小島編・前掲注(52)123頁〔道垣内正人〕,松岡・前掲注(73)291頁,三浦編・前掲注(73)255頁〔松岡博〕。

(83) 東京地判平成4年9月30日判タ825号193頁。同判決については,出口・前掲注(1)③89頁を参照。

の印刷地と頒布地を不法行為地であるとする見解(84)，結果発生地について，ヨーロッパ裁判所判決と同様に頒布地と捉える見解が表明されている(85)。

このように，従来のわが国の議論では，渉外的名誉毀損の国際裁判管轄について必ずしも明確ではないが，不法行為の国際裁判管轄と同様に加害行為地と結果発生地の双方に管轄を認める見解が多いと考えられる。

3.3 　私　見

思うに，雑誌に基づく名誉毀損を生じさせることとなった加害行為は，名誉を毀損する雑誌などを作成する点に求められることから，「その雑誌の出版過程が行われた地」に管轄を認めるべきであり，雑誌の編集地や発行地は加害行為地に該当すると考えられる。その意味で，加害行為地として発行地をあげた連邦通常裁判所1977年判決の結論は支持できる。また，ドイツの学説において加害行為地として様々な場所が挙げられているが，具体的結論は一致することが多いといえよう。ヨーロッパ裁判所1995年判決は加害行為地として業務地をあげているが，実際には発行地や編集地と業務地も一致することが多いと考えられる(86)。他方，ヨーロッパ裁判所判決は加害行為地として業務地だけに限定しているが，このような限定は，雑誌や新聞では地域版が掲載されており，また通信手段などの高度化など，メディアによる名誉毀損の多様性に照らして狭すぎると思われる(87)。ドイツの学説には発行地等の他にも加害行為地として認める見解が表明されており(88)，柔軟な処理をする可能性を残しておくべきであろう。同様の批判はシャックの見解に対しても当てはまる。シャックは，人格権侵害の場合には加害行為地と分離した結果発生地はないとして，頒布地のみを不法行為地として認める。しかし，不法

---

(84)　徳岡・前掲注(81)115頁。

(85)　中西・前掲注(3)207頁。

(86)　v. Hein, a.a.O. (Fn. 5), S. 321.

(87)　クロイツァーらは，「発行者の業務地（本拠地），責任編集地，電子記憶媒体による製造地，物理的製造地（印刷地），および頒布地」が分離する場合がありうるとし，その例として，「日本で電子記憶媒体により制作，印刷，発行された雑誌が，印刷原型を転送することにより，イギリスにおいて（も）印刷され，そこから頒布される」場合をあげている。Kreuzer/Klötgen, a.a.O. (Fn. 16), S. 93.

(88)　Coester-Waltjen, a.a.O. (Fn. 14), S. 183; Kreuzer/Klötgen, a.a.O. (Fn. 16), S. 93 f.

行為地として頒布地だけを認めるのはあまりにも狭すぎるのではないだろうか。むしろ，人格権侵害における証拠収集の便宜の観点からすると頒布地以外に編集地などにも管轄を認めるメリットはあると考えられ，またこのように解しても被告メディアの予測に反することもないであろう。つぎに，名誉毀損の結果発生は，その雑誌の内容が第三者の知るところとなったことにより生ずるのであるから，当該雑誌の頒布地はこれに該当するといえる。頒布地が不法行為地に該当するとの見解は，ヨーロッパ裁判所判決，連邦通常裁判所判決のみならず，わが国やドイツの学説でも支持されているといえる。しかし，被害者の住所地をもって結果発生地とみなすべきではなく，また，たとえば被害者が，日本では販売されていない外国の雑誌が自己の名誉を傷つける記事を掲載していることを偶然知り，その雑誌を取り寄せた場合には，日本は頒布地には該当しないと考える[89]。これらの場合に日本に不法行為地管轄を認めることは，加害者の予測可能性をこえるものであり，被告に著しい不利益を与えかねないからである[90]。不法行為地管轄の拡大に対するこのような抑制は，ドイツの通説や連邦通常裁判所の判例だけでなく，わが国の学説・判例の一般的傾向でもある。また，被害者の住所地管轄の原則的否定は，前述のように損害発生地を不法行為地管轄から除外する前述の私見からは当然の帰結である。

4．結果発生地における審理の範囲
4.1　従来の見解

ヨーロッパ裁判所1995年判決では，名誉毀損により複数の国で損害が発生したときに，加害行為地国の裁判所は損害の全範囲を審理することができるが，結果発生地国ではその地で発生した損害額についてのみ審理することができるとしている。このように解する根拠としては，事案との近接性から結

---

[89] ドイツの通説・判例の採る見解である。前掲注[25]および連邦通常裁判所1977年判決を参照。

[90] とくに製造物責任の国際裁判管轄について，加害者の予測可能性の観点から不法行為地概念の際限なき拡大に対する歯止めが意識されてきたが（池原・前掲注[57]31頁，長瀬・前掲注[58]27頁などを参照），このような問題意識はここでもあてはまるであろう。

果発生地裁判所が同地での名誉毀損の審理に適していること，法廷地漁りの回避が挙げられている[91]。既に見たように，この見解はフランスでは，有力説の支持するところであり，判例においても採られているとされる。これに対して，ドイツにおいては，むしろこれに反対する見解が有力といえる。

わが国ではどのように解すべきであろうか。この点について，わが国では裁判の場で問題になったことはないようであるが，学説では，結果発生地としての日本の裁判所の審理の範囲を日本で生じた損害に限定しても，わが国では渉外事件においても訴えの客観的併合が認められていることから，他国（法域）で生じた損害に関する請求が併合することができるので，限定解釈はとれないとする見解が主張されている[92]。

4.2　私　見

思うに，わが国の解釈としては，やはり加害行為地と結果発生地による審理範囲を区別する見解には賛成しがたい。ヨーロッパ裁判所1995年判決のように不法行為地管轄を区別して扱う見解に内在する問題点を，ドイツでの議論を参考に指摘しておきたい。まず，1995年判決は，ブリュッセル条約5条3号の不法行為地管轄（日本法では民訴法5条9号）の根拠に関連して，結果発生地国の裁判所は同地での名誉毀損を判断し損害賠償の範囲を決定するのに最適であるとして，事案との距離（Sachnahe）を理由に審理の範囲を限定する。しかし，ドイツの学説が正当にも批判するように[93]，その理由では，なぜ加害行為地国の裁判所が全損害について審理が可能であるのかを説明できない。むしろ，この理由からは，加害行為地国の裁判所も他国で生じた損害の審理はできないという結論が自然であろう。たとえば，加害行為地国としてA国，結果発生地国としてB国とC国があるとすると，A国もC国も，

---

(91)　なお，複数の国で損害が発生した場合に，不法行為が各国ごとに生じたと見るのか，それとも全体として一個の不法行為がなされたと見るのかという国際私法上古くから議論されている問題について，フランスでは前者の見解が支持されている。この問題がフランスで結果発生地国裁判所の審理範囲を限定する背景として指摘されている。参照，中西・前掲注(3)208頁。

(92)　道垣内正人「サイバースペースと国際私法」ジュリスト1117号66頁（1997年），道垣内・前掲注(1)250頁，中西・前掲注(3)211頁。

(93)　*Kreuzer / Klötgen*, a.a.O.（Fn. 16），S. 94.

B国で生じた損害の有無・賠償額について審理する適格としては訴訟法的に評価すれば同じはずだからである。つまり，A国裁判所もC国裁判所と同様に同様に，B国で生じた損害の有無・範囲を審理するのに要する当事者・裁判所の労力は同じであり，それは加害行為地国であるか結果発生地国であるかによって左右されないはずである。したがって，事案との距離から結果発生地の審理範囲を制限する合理的理由はなく，加害行為地国の裁判所が全損害について審理が認められるのであるならば，結果発生地国の裁判所も同様にすべきであると考える方がむしろ自然である。また，フランスの有力説は，原因行為と損害との因果関係を根拠に加害行為地国は全損害の審理をなし得ると主張するが[94]，国際裁判管轄の問題はむしろ訴訟的な価値判断に基づいてなすべきであろう。実体的な因果関係論からは管轄の有無に関する議論を導き出すのは困難なように思われる。つぎに，結果発生地国での審理の対象をその国で生じた損害に限定する（不法行為地管轄の細分化を認める）と，全損害の賠償を得るためには，当事者は複数の結果発生地国で訴訟を提起しなければならなくなる。このような事態は，両当事者にとって負担の大きいものであり，また被害者にとっては権利追求を（少なくとも部分的に）断念させかねない要素であるが，これは不法行為地管轄の根拠の一としてあげられている当事者の保護ないし便宜という点に反しかねない[95]。このような結果は，地域的に近接するEU域内での民事紛争に関するブリュッセル条約5条3号の解釈としてはもちろん，わが国の国際民事訴訟法のように地域的な限定がない場面においては一層顕著な問題となりうるであろう。さらに，比較法的に見てもこのような解釈は少数にとどまっているとの指摘があり[96]，アメリカ合衆国の連邦最高裁の判例および不法行為法第二リステイトメントに

---

(94) 参照，中西・前掲注(3)188頁。
(95) *Linke*, a.a.O. (Fn. 27), Rdnr. 160.
(96) *Kreuzer/Klötgen*, a.a.O. (Fn. 16), S. 96. vgl. auch *Rauscher*, a.a.O. (Fn. 37), S. 156 ff.

おいても結果発生地の管轄には限定を付していない(97)。他方，結果発生地国裁判所が全損害について審理することができるとすると，当事者は自己に有利な実体法・訴訟法の適用を求めて法廷地漁りを助長することになるとの批判がある(98)。たしかに，この問題は好ましいものではないが，現在の各国の法秩序のもとでは不可避的に存在するのであり，結果発生地の管轄制限をなす実質的理由が説得的でないとの理解のもとではやむを得ないと考える。

結　論

本稿では，印刷物による名誉毀損の国際裁判管轄については，加害行為地と結果発生地の双方に管轄を認めるべきであると考えた。この場合，結果発生地は雑誌が頒布された地と理解すべきであるが，加害行為地には，編集地，雑誌の発行地などの他に，通信手段の発達などによる名誉毀損の多様性から，その他の場所も含まれる余地がありうる。つぎに，ヨーロッパ裁判所の1995年判決のように，加害行為地国と結果発生地国とで損害の審理対象に相違を設け，加害行為地国では普通裁判籍の場合と同様に全損害について審理することができるが，結果発生地国ではその国で生じた損害額に審理を限定するという扱いは妥当ではないとの結論に達した。その根拠として，従来からわが国で説かれている点に加えて，次のことを指摘することができる。すなわち，第一に，ある国の裁判所が他国で生じた損害額を算定するのに受訴裁判所所属国が加害行為地であろうとも結果発生地であろうとも，手続的評価からすると他国との関係は同じであり，他国で生じた損害の審理をするに際して差を設ける実質的理由がないこと，第二に，結果発生地国での審理対象を

---

(97) 本稿の性質上，アメリカ法の検討は別の機会に譲らざるをえないが，アメリカ連邦最高裁1984年判決（Keeton v. Hustler Magazine, Inc., 465 U.S. 770（1984）. 同判決については，出口・前掲注(1)②91頁に紹介がある）および不法行為法第二リステイトメント577条A（Restatement (Second) Torts §577 A (2)）は，いわゆるsingle publication ruleを採用し，裁判所は法廷地州で生じた損害だけでなく他州で生じた損害についても審理が可能であるとしている。そして，このルールは今日では多くの州で採用されているとされる。See, Dobbs, The Law of Torts, 1188 (2000).

(98) *Wagner*, a.a.O. (Fn. 44), S. 285.

その国で生じた損害に限定し，複数の国で損害賠償訴訟の提起を余儀なくさせることになる不法行為地管轄の細分化理論は，渉外訴訟において当事者に過度の負担を負わせ，不法行為地管轄の趣旨に反すること，第三に，1995年判決のような解釈は比較法的には少数とされていること，をあげることができる。

また，不法行為地管轄全般について，従来，わが国では不法行為地管轄に加害行為地管轄が含まれることについては異論がなかったが，結果発生地と損害発生地を同視して扱われてきたと考えられる。しかし，本稿では，結果発生地と損害発生地を厳密に区別して考えるべきであると考えた。損害発生地国が結果発生地とは別に生じた場合に，損害発生地国であることを理由に不法行為地管轄を認めるのは，不法行為地管轄の根拠として挙げられている，証拠収集の便宜，加害者の予測可能性，被害者の迅速な救済に資する点の中で，前二者との関係で問題があるからである。すなわち，証拠との関係では損害額の算定に関する証拠以外は乏しいといえ，また損害発生地国の管轄を認めると被害者の住所地国の管轄を一般的に認めることにつながりかねないことから，例外的に認められた特別裁判籍の意義を失わせる結果を生じるからである。したがって，損害発生地国であることは，それだけでは不法行為地管轄を基礎づけず，むしろ緊急管轄を認める際の考慮事由の一つとして位置づけるべきである。

〔付記〕

石川明先生には，大学院博士後期課程から今日に至るまで，折にふれて温かくご指導いただいた。先生からご指導いただくようになってからの年月の早さに驚くとともに，いまだ未熟な自分い恥じ入るばかりである。本小稿が先生の学恩にわずかでも報いればと念じつつ，筆を擱くことにする。先生の今後のご健勝を祈念する次第である。

17. ヨーロッパ民事訴訟法における国際保全処分の新動向

越 山 和 広

はじめに

　経済活動，取引活動が国境を越えて行われることが日常化している今日，国際条約などに基づいて各国の領域を越えた外国裁判の相互承認・執行制度を確立することには大きな意味がある。ヨーロッパに視野を限定するならば，1968年9月27日のいわゆるブラッセル条約（以下，EC管轄・執行条約とし，略記するばあいは単に条約とする）と[1]，右条約を共同体法化することを目的として，2002年3月1日に施行された2000年12月22日の「国際管轄と判決の相互承認に関するEC規則」（以下，EC管轄・執行規則とする[2]においてEU内

---

(1) この条約に関しては，拙稿「ヨーロッパ民事訴訟法における国際的訴訟競合規制の動向──ドイツ民訴法とEC民訴法との相克をめぐって──」石川明・櫻井雅夫編『EUの法的課題』（慶応義塾大学出版会，1999年）281頁以下，中西康「民事事件及び商事事件における裁判管轄及び裁判の執行に関するブリュッセル条約（一）（二・完）」『民商法雑誌』122巻3号（2000年）134頁以下，122巻4・5号（2000年）254頁以下の最新条文と重要判例の紹介，関西国際民事訴訟法研究会「民事事件及び商事事件における裁判管轄及び裁判の執行に関するブラッセル条約公式報告書」『国際商事法務』27巻7号（1999年7月）752頁から，28巻2号（2000年2月）192頁によるジュナール報告書の翻訳，関西国際民事訴訟法研究会「民事事件及び商事事件における裁判管轄及び裁判の執行に関するブラッセル条約公式報告書」『国際商事法務』28巻3号（2000年3月）312頁から，29巻3号（2001年3月）360頁によるシュロッサー報告書の翻訳をさしあたり参照。

(2) OJ 2001, L12/1. その邦訳は，中西康「民事及び商事事件における裁判管轄及び裁判の執行に関する2000年12月22日の理事会規則ＥＣ 44/2001（ブリュッセルⅠ規則）」『国際商事法務』30巻3号（2002年3月）311頁，30巻4号（2002年4月）465頁。 近年のEC/EU民事手続法分野の展開については，Hess, Akutuelle Perspektiven der europäischen Prozessrechtsangleichung, JZ 2001, 573.

部での外国裁判の相互承認，執行手続きが大幅に簡素化されている。とはいっても，訴えが提起され本案の終局判決が下され，それに執行力が付与されて最終的な権利実現に至るまでにはどこの国でも相当の時間を要するのが現状であるから，債務者はその間各国にその資産を分散させることで，その後に予定される強制執行を妨害することが可能である。そこで，これに対抗するための手段として，簡易，迅速な手続きによってなされる仮差押えによって債務者の資産をさしあたり凍結するということが考えられる。しかし，債権者への直接給付を命ずる満足的仮処分を利用することのほうが，より実効性は高い。なぜならば，このようなタイプの仮処分は本案訴訟に付随するのが建前であるとはいえ，事実上本案訴訟に至らずに紛争が解決することが少なくないといわれており，その結果として，本案訴訟の決着を待つまでもなく簡易迅速に債権者は事実上の満足を得られるという大きなメリットが見出されるからである。以上のような背景事情から，本案訴訟よりも簡易，迅速な権利救済手段としての国際的な保全処分は，ヨーロッパ内部で最近注目を集めている法分野となっている[3]。

ところで，EU域内の渉外事件に関するEC管轄・執行条約によれば，各加盟国の裁判所は，国際裁判管轄として自国民を不当に優遇するいわゆる行きすぎた管轄規定（以下，過剰管轄規定という）を利用することができず（3条2項），国際裁判管轄としては，この条約に定められたものしか利用することができない。そして，EC管轄・執行条約が定める管轄ルール（2条および5条から18条）に基づいてなされた裁判は，原則として間接管轄の審査を経由することなく，各加盟国が相互に承認する義務を負うものとされている（26条，27条，28条3項）。

---

(3) このことについて，Nagel/Gottwald, Internationales Zivilprozessrecht, 4. Aufl. 1997 §15 Rdnr. 2; Koch, Grenzüberschreitender einstweiliger Rechtsschutz, in: Heldrich (Hrsg.) Herausforderungen des internationalen Zivilverfahrensrechts, 1994, S. 85. また，ロルフ・シュテュルナー「二〇世紀末におけるドイツ民事訴訟法学者」越山和広訳『法学研究』71巻4号（1998年4月）83頁以下（91頁）参照。なお，国際的民事保全に関する議論の高まりのきっかけをなしたのは，おそらくは，英国のマリーバ・インジャンクションであろう。これに関しては，三木浩一「渉外的民事保全手段の新たな可能性㈠㈡」『法学研究』65巻4号（1992年4月）57頁以下，65巻5号（1992年5月）25頁以下参照。

以上のような枠組みの中で、民事保全（仮の権利保護を命ずる処分）も一定の条件のもとに相互承認の対象となるが[4]、民事保全の国際管轄（以下、国際保全管轄という）について同条約は、独自の規制を行うことを断念している。すなわちEC管轄・執行条約24条は、「締約国の法律により認められる保全を目的とするものをも含む仮の処分は、本条約の規定により本案について他の締約国の裁判所が管轄権を有する場合であっても、その国の裁判所に対してその申し立てをすることができる。」とだけ規定しているにすぎない。新しいEC管轄・執行規則31条も本質的にこれと同じであり、「加盟国の法律により認められる仮の処分および保全の処分は、本規則により本案の裁判について他の加盟国の裁判所が管轄権を有する場合であっても、その国の司法官署に対してその申し立てをすることができる。」と定める。この規定は、後述するように、本案についてEC管轄・執行条約ないし同規則上管轄を持たない国の裁判所であっても、自国の管轄ルールに基づいて国際保全管轄を肯定することができるという趣旨の規定であるといわれている。そして、この規定をめぐっては以下のような問題が生じる。第一に、EC管轄・執行条約上本案の管轄を持たない国の訴訟法に過剰管轄規定がある場合に、それに基づいて例えば本案管轄を肯定しそれに付随する保全処分をすることができるのかという問題がある。そして第二に、そのような形態の保全処分をすることをEC管轄・執行条約24条（EC管轄・執行規則31条）は容認していると解した場合、本案管轄国は右処分を承認せざるを得ないことになりそうであるが、これは、過剰管轄を排除するEC管轄・執行条約のコンセプトと矛盾しないのだろうかという疑問が生じてくる。欧州司法裁判所（European Court of Justice）は、最近立て続けに出された二つの判決で、EC管轄・執行条約24

---

[4] EC管轄・執行条約25条は、同条約による承認・執行の対象とされる裁判についてわが国民訴法118条などのように裁判の終局性や確定性を要求しておらず、仮の権利保護を命ずる処分も相互承認、執行の対象となる（Kropholler, Europäisches Zivilprozessrecht, 6. Aufl. 1998, Art. 25 Rdnr. 22; Münchener Kommentar zur ZPO, 1992, Art. 25 Rdnr. 13 (Gottwald)）。ただし、欧州司法裁判所の判例によれば、事前の債務者審尋を経由せずになされ、また事前に送達されることなく執行可能となる仮の権利保護の処分は承認できないとされる。Case-C 125/79, Denilauler/Couchet Frères, [1980] ECR I-1553.

条に基づき，自国の管轄ルールを適用して国際保全管轄を肯定することができるとの結論を大枠では肯定しつつ，他方ではこれに対して一定の制限を加える姿勢を明らかにした。

本稿は，この欧州司法裁判所の二つの判決を中心として，ヨーロッパ民事訴訟法における国際的民事保全の動向を紹介する。その際，ヨーロッパ民事訴訟法は各国の民事保全制度の多様性を前提としているが，欧州統合の流れの中で，各国の保全制度が今後ともその独自性を完全に維持することはできず，何らかの形でハーモナイゼーションされざるを得ないという現状を明らかにすることを主な目的としたい。なお，本稿の課題に関しては2002年に施行されたEC管轄・執行規則と現行のEC管轄・執行条約との間に本質的な規制上の相違がないので，将来的にもいままでの議論が当てはまることになる。そこで，以下の論述ではEC管轄・執行条約24条の解釈論のみが扱われることをお断りしておく[5]。

第1節　欧州司法裁判所の二つの判決

1．欧州司法裁判所1998年11月17日判決（Case-C 391/95, Van Uden Maritime BV/Kommanditgesellschaft in Firma Deco-Line）[6]

〈事案の概要〉

Xはオランダ・ロッテルダムの船会社であり，Yはドイツ・ハンブルグの船会社である。両者は1993年3月にslot/space charter agreementという名

---

[5] 本稿は，種々の制約から主にドイツの文献に基づいて執筆されている。このことによって本稿での考察がヨーロッパワイドなものにならないことをおそれるが，この点は読者のご宥恕を願う次第である。

[6] ［1998］　ECR I-7091. 以下，この判決を「第1判決」という。ドイツで公表された本判決の批評・解説類は次のようである。Pörnbacher, RIW 1999, 780; Hess/Vollkommer, IPRax 1999, 220. また，第2判決も含めて総合的に論じるものとして，Spellenberg/Leible, ZZPInt 4（1999）221; Stadler, JZ 1999, 1089; Wolf, EWS 2000, 11; Dedek, EWS 2000, 246. この判決をいち早くわが国で紹介するものとして，野村秀敏「EC管轄執行条約24条による仮の処分の命令管轄とその執行領域」『国際商事法務』29巻3号（2001年3月）332頁があり，中西，前掲『民商法雑誌』122巻3号165頁にもその要旨が紹介されている。

称の契約を締結し，それによれば，Xがヨーロッパと西アフリカとの間で運航している船舶の貨物庫をYが積荷置場として利用することができるということになっていた。

YはXに対して使用料の支払いを怠ったので，右契約の仲裁条項に基づいてオランダで仲裁の申し立てが行われた。ところがYがいっこうに仲裁人を指名しないことに業を煮やしたXは，これとは別にロッテルダム地方裁判所所長に対して，約83万ドイツマルクの支払いを命ずるコルト・ヘディング（kort geding）と呼ばれる仮処分類似の暫定的審理手続きの申し立てを行った。

Xの右申し立てに対して，Yはドイツに本拠を有するのだからオランダに国際裁判管轄はないと反論したが，裁判所は，本件コルト・ヘディングに基づく処分はEC管轄・執行条約24条にいう仮の処分に当たり，同条約3条2項によれば過剰管轄として本案管轄としては利用できない管轄規則も適用できるなどの理由で，結局約37万7千ドイツマルクの支払いを命じた。ところが控訴審は，国際保全管轄を肯定するためには十分な内国関連性が必要であるとの観点から右処分を取り消した。上告を受けたオランダ最高裁は手続きを中止して，欧州司法裁判所に対して，義務履行地の管轄（EC管轄・執行条約5条1号）か，またはEC管轄・執行条約24条により本件について国際裁判管轄が肯定できるかどうかにつき先決裁定を求めた。

本件の論点をまとめると，以下の通りである。①仲裁合意によって本案の管轄を持たないことになるオランダの裁判所が保全処分を発令できるのか。②一審は，オランダに住所がある原告は同国に住所がない被告に対して訴えを提起することができるというオランダ民事訴訟法126条3項によりオランダに国際裁判管轄があるとしたが，これはEC管轄・執行条約の枠内で正当化できるか。③控訴審は，Yが将来オランダに執行可能な財産を有する見込みがあり得るというだけでは事件と裁判地との密接関連性を欠くとしたが，この点は正当か。④コルト・ヘディングのようなものはEC管轄・執行条約24条にいう保全処分と位置付けることができるのか。

〈判旨〉

第1の論点については次のような判断がなされた。

Y側は，本案が仲裁に服し，仲裁は条約の適用外となっていることから

(EC管轄・執行条約1条2項4号参照)，保全処分についても条約の適用がないと主張する。たしかに条約は，仲裁合意の効力に関する判断や，仲裁判断の取り消し，修正，承認，執行を規制対象とせず，仲裁人の選任または解任，仲裁地の決定，仲裁判断をなす期限の伸長といった仲裁手続きに直接奉仕する手続きも規制対象としていない。しかし，保全処分は原則として，仲裁手続きの遂行に向けられたものではなく，様々な種類の請求権を保全するものであり，仲裁と並行して命ぜられ，仲裁手続きを支えようとするものである。したがって，本案について仲裁手続きが行われている事件であってもEC管轄・執行条約24条に基づく国際裁判管轄を肯定することは許される。

　国際保全管轄に関しては，次のような判断がなされた。

　申し立てを受けた締約国に保全の対象となる資産が存在するのであれば，そのような国こそが保全処分発令のための事情を最もよく判断することができる。それゆえ，EC管轄・執行条約24条にいう保全処分発令のためには，申し立てられた保全処分の対象 [subject-matter of the measures (Gegenstand der Massnahme)] と，保全処分を申し立てられた裁判所の属する締約国の領域と関連した管轄 [the territorial jurisdiction of the Contracting State of the court before which those measures are sought (die gebietsbezogene Zuständigkeit des Vertragsstaates des angerufenen Gerichts)] との間に現実の関連関係 [a real connecting link (reale Verknüpfung)] があることが必要である。

　本件ではいわゆる過剰管轄として主張することが禁止されている管轄規則に基づいて国際裁判管轄が肯定されているが，EC管轄・執行条約24条は一般的な管轄規則（5条から18条）との関係では特別規定であり，過剰管轄主張禁止規定はこれに対しては適用されない。

　コルト・ヘディングが「仮の処分」にあたるかどうかについては，次のような判断がなされた。

　契約上の主債務の履行を命ずることが本案判決の実効性を確実化するのに必要であること，また，場合によっては当事者利益の観点からもそれが正当化できるということは，初めから一般的かつ抽象的に否定し去ることはできない。しかし，仮の給付を命ずる処分は，本案判決の先取りという実質を持つ。また，本案の管轄を持たない裁判所も仮処分を命じうるし，債務者の所在国で承認，執行されうることから，この種の仮処分を広く許すと，EC管

轄・執行条約2条から18条の管轄規則を空洞化するおそれがある。したがって，契約上の債務の履行を命ずる仮処分は，債権者が本案で敗訴した場合に給付したものを返還できることが保証されており，かつその保全処分は当該裁判所管轄地に存在しまたは存在しなければならないであろう［located or to be located（befinden oder befinden müssten）］一定の財産のみを対象とするときに限り，EC管轄・執行条約24条にいう保全処分と認めることができる[7]。

2．欧州司法裁判所1999年4月24日判決（Case-C 99/96, Mietz/Intership Yachting Sneek BV）[8]

〈事案の概要〉

Y（債務者）は，ドイツで建設会社を経営している個人商人だが，デュッセルドルフで開催されていた見本市で，オランダの造船会社であるX（債権者）に私的に利用するヨット1台を製造してもらい，これを代金総額25万ドイツマルクの5回割賦払いで買い受ける契約をした。ところが，Yは代金の一部支払いを怠ったため，Xはオランダの Leeuwarden 地裁所長に対して14万3750ドイツマルクの支払いを命ずるコルト・ヘディングを申し立て，これが認容された。この処分のドイツでの執行が求められた手続きで，Yは，EC管轄・執行条約13条1項3号，14条2項により債務者の住所地の裁判所が専属的に国際裁判管轄を有すると反論したので[9]，ドイツ連邦通常最高裁判所はこの点を含めて欧州司法裁判所に先決裁定を求めた。

---

(7) 本件訴訟手続きはオランダ語で行われたが，ここでは公表されている英語とドイツ語の判決訳文を主に参照した。ちなみに，欧州司法裁判所の判決スタイルはきわめて独特なものであるのみならず（これはフランスの破棄院の判決に由来するといわれている），本判決の表現はことに難解である。また同じ判決とはいえ，英語とドイツ語とで表現が大幅に異なる部分も少なくなく，検討にあたりしばしば当惑した。このように，欧州司法裁判所の判決文は原文どおりに翻訳しても意味をなさないことが多いので，本稿においては，筆者が判決文の論旨を理解し得た限りで要約したものを紹介している。

(8) ［1999］ECR I-2277. 以下，この判決を「第2判決」という。ドイツで公表された本判決の批評・解説類は注6にあげたもののほか，Hess, IPRax 2000, 370; Wolf, EuZW 2000, 11; Mankowski, EwiR 1999, 743. 中西，前掲『民商法雑誌』122巻3号152頁，165頁にその要旨が紹介されている。

〈判旨〉

オランダのコルト・ヘディングが承認適格を有する保全処分かどうかという論点については，次のような判断が示された。

オランダ民訴法289条から297条は次のような趣旨である。①地裁所長は，コルト・ヘディングという手続き形態により，当事者双方の利益を考慮して緊急性があることを理由に即時に仮の措置をとる必要があるすべての事件において，執行力ある処分を命ずることができる。②仮の裁判は本案と無関係であり，本案訴訟がすでに係属していることも必要ではない。③地裁所長はオランダ法の管轄規定を遵守しなければならない。④コルト・ヘディングは最短の期間中に手続きが進められ，不服申し立て期間も2週間とされる。以上によれば，コルト・ヘディングはEC管轄・執行条約24条で問題とされている種類の手続きである。すなわち，発令国が条約上本案管轄を有しないと

---

(9) 13条1項は次のような規定である（中西，前掲『民商法雑誌』122巻3号151頁による）。

「その職業上の活動とは関係ないとみなしうる用途のために締結された契約（以下，この者を消費者という）事件の管轄は，次に掲げる契約については，本節の規定による。ただし，第4条及び第5条5号の適用を妨げない。

1 動産の割賦販売契約
2 （省略）
3 その他役務又は動産の供給を目的とする契約で，
　a 契約締結に先立ち，消費者の住所地国において，特別の申込又は広告が行われており，かつ，
　b 消費者がその国で契約締結に必要な行為を行ったとき。」

そして，EC管轄・承認条約3条1項1号または3号が本件で適用されるかどうかについては，「契約当事者の一方によって若干の変更を加えた一定型の動産の製造を目的とし，これに対する反対給付を数回の割賦払いの方式で履行することを義務付けられた契約相手方に対して右動産の引渡しを行うことを内容とする契約で，代金完済後に占有の移転が終局的に行われる取り決めの場合は，当事者がたとえこの契約を売買契約と表示したとしても，条約13条1項1号にいう「動産の割賦販売契約」にはあたらない。むしろ，本件は条約13条1項3号の「役務または動産の供給を目的とする契約」ということができる。」との判断がなされた。その結果として債務者が住所を有するドイツが国際裁判管轄をもつので，本件では第1判決の事件と同様に，本案管轄のない国が条約24条に基づき自国法規定によって保全処分を行う形となる。

しても，自国の法規に基づいて保全の命令を命じている場合だということができる。

そこで問題となるのは，本案管轄のない国がこのような手続きによってEC管轄・執行条約24条だけを根拠に契約上の債務の履行を命ずることが許されるのかということである。

保全処分を申し立てられた裁判所がEC管轄・執行条約2条，5条から18条により本案の管轄を持つ場合は，24条を問題とすることなくその国の裁判所は国際保全管轄を持ち，それ以上の条件は課されない。しかし，EC管轄・執行条約24条だけを根拠にして契約上の債務の仮の履行を命ずる手続きは，債権者が本案で敗訴した場合に給付したものを返還できることが保証されており，かつその保全処分は当該裁判所管轄地に存在しまたは存在しなければならないであろう一定の財産のみを対象とすることを条件に，24条にいう「仮の処分」として許される。

発令国がEC管轄・執行条約2条，5条から18条により本案の管轄を持つ場合や，債務者の住所が発令国にあり他の加盟国に専属管轄がない場合には，27条（場合によっては28条1項）に基づいてのみ保全処分の承認，執行を拒否できる。他方，24条を根拠にして自国法に基づいて保全処分がなされている場合はどうか。このような場合には条約が定める本案の直接管轄規定の潜脱を招いてはならず，承認国が上記条件を審査すべきである。この審査は執行可能性の審査であって間接管轄の審査とは区別される。発令国はその保全処分の管轄原因（条約の本案管轄規定に基づくものか，24条に基づき内国法規定によるものか）と本判決が示した「仮の処分」といえるための条件を充足していることを明確に表示しなければならない。

本件裁判は，①本案訴訟でなく仮の処分を命ずる迅速手続きによるものであり，②債務者は発令国に住所がない。また発令国には条約の他の規定によっても本案管轄を認めることができず（裁判書上この点が明確になされていないときは，24条に基づき内国法規定によりなされたものと推定される），また本判決が示した条件を充足していないので，承認適格を有しない。

第2節　ヨーロッパ域内での国際保全管轄の要件

1．本案裁判所の保全管轄

　EC管轄・執行条約24条が国際保全管轄に対してどのような考え方を採用しているのかに関しては，おおむね以下のような議論がなされている。

　第一に，条約2条及び5条から18条のいずれかの規定によって本案訴訟について管轄を有する国の裁判所が，本案管轄に付随した形で当然に国際保全管轄を有するかどうかという問題がある。第1判決，第2判決ともにEC管轄・執行条約の管轄規則に基づいて本案管轄を有する国の裁判所は，それ以上の条件を問うことなく国際保全管轄を持つと解している。他方，学説にはこれを否定する立場もある[10]。しかし通説は[11]，民事保全があくまでも本案に付随する性格を有するものであるということ，あるいは本案裁判所が事件に最も近いことを前提に，本案裁判所の付随的な保全管轄を肯定していたところであり，その意味では欧州司法裁判所は24条に関する従来の通説を確認したといってよいであろう。なお，ここでいう「条約2条及び5条から18条のいずれかの規定によって本案訴訟について管轄を有する国の裁判所」には，現に本案訴訟が係属していないが，条約の管轄規則上本案管轄を有しうる国の裁判所も含まれると考えられる[12]。

---

[10]　Schlosser, EuGVÜ, 1996, Art. 24 Rdnr. 1.

[11]　Kropholler, a.a.O., Art. 24 Rdnr. 6; Geimer/Schütze, Europäisches Zivilverfahrensrecht, 1997, Art. 24 Rdnr. 2.

[12]　この点については学説上微妙に理解の食い違いが見られる。本文に示した理解はHess/Vollkommer, IPRax 1999, 221f.; Hess, IPRax 2000, 374による。しかしWolf, EWS 2000, 13 は，現に本案訴訟が係属している裁判所と管轄を認めることができる裁判所とを一体的に（後者に統一して）理解しているようである。

[13]　Kropholler, a.a.O., Art. 24 Rdnr. 6; Schack, Internationales Zivilverfahrensrecht, 2. Aufl. 1996, Rdnr. 424; MünchKomm-ZPO, Art. 24 Rdnr. 3（Gottwald）; Nagel/Gottwald, a.a.O., §15 Rdnr. 7; Linke, Internationales Zivilprozessrecht, 2. Aufl. 1995, Rdnr. 124.

2. 各国法に基づく保全管轄
2.1 一般的な問題の所在

次に，24条の規定は，条約加盟国がその国独自の管轄規則に基づいて保全処分を命ずることができるという趣旨をも含意するのだろうか。通説はこれを肯定する[13]。条約24条は，各国の民事保全の多様性を尊重するという観点から各国訴訟法の管轄規則をそのまま容認する特別規定だということであろう。

しかし，条約3条2項は，各国訴訟法に規定されている典型的な過剰管轄規則を本案の直接管轄として利用することを禁止している。一方で各国訴訟法の多様性を尊重しつつ，他方でその独自性を否定しようとするこの二つの発想は，どのような関係に立つのだろうか。これが第三の論点である。

具体的には，過剰管轄規則を利用して本案管轄を肯定し，かつそれに付随する国際保全管轄を肯定できるのかということが問題となる。例えば，わが国でなじみが深いドイツ民事訴訟法（ZPO）によれば，保全管轄を有する裁判所は，①本案管轄裁判所（919条前段（仮差押え），937条1項（仮処分））であるのが原則だが，例外として，仮差押えについては，②仮差押対象物所在地を管轄する本案管轄裁判所以外の裁判所（919条後段）が，仮処分については，③急迫な場合について，係争物所在地の区裁判所も管轄を有する（942条1項）。これらの規定は国際裁判管轄についていわゆる二重機能性を持つとされる[14]。そこで，以上の規定を前提にするならば，本案管轄裁判所が原則として保全処分の国際管轄を有することになる。そこで，ドイツ国内に債務者が保有する執行可能財産があることに注目し，ZPO 23条の財産所在地の裁判籍規定によってドイツの裁判所に本案管轄を肯定して（919条前段，937条1項），ドイツに国際保全管轄を肯定できるのかという形で議論がなされ

---

(14) Schack, a.a.O., Rdnr. 415; MünchKomm-ZPO, § 919 Rdnr. 3 (Heinze).なお，Spellenberg/Leible, Die Notwendigkeit vorläufigen Rechtsschutzes bei transnationalen Streitigkeiten, in: Gilles (Hrsg.), Transnationales Prozessrecht, 1995, S. 293. 308 ff.

(15) ZPO 23条1文前段は，ドイツ国内に住所を有しない者に対する財産権上の請求権に基づく訴えに関しては，その者の財産が所在する管区の裁判所が管轄を有するというものである。なお，この規定はEC管轄・執行条約の適用外でも制限的に解釈されるべきことが，ドイツ連邦通常最高裁判所によって提唱されていることについては，安達栄司『国際民事訴訟法の展開』（成文堂，2000年）24頁以下参照。

る。すなわち，条約3条2項によれば，ZPO 23条の財産所在地の裁判籍を本案管轄として利用することはできないけれども(15)，条約24条だけを根拠としてヨーロッパ域内での国際的保全処分を命ずる場合には，条約3条2項は国際保全管轄の前提となる本案管轄を定めることの妨げにならないのかどうかが論じられるのである。

2.2 オランダ法の場合

また，ある国の渉外保全処分に関する規定上，保全管轄について特別なルールがなく，本案訴訟に関して本来的に用意されているいわゆる過剰管轄規定がそのまま保全処分にも適用されうるという場合にも同様の問題が生じるはずである(16)。第1，第2判決が扱ったオランダの制度はこの場合にかかわるものであるが，どのような形で問題が生じたのであろうか。

ここで問題となったオランダ法におけるコルト・ヘディング（原語で「短い手続き」の意）とは，フランス法のレフェレに範を求めた迅速な対席判決手続きによる暫定的審理手続きのことであり，通常，本案訴訟に関与しない地方裁判所所長が手続きを主宰する(17)。オランダ民訴法289条1項は，「差し迫った事情があることを理由に即時の処分を必要とするすべての事件において（中略），またさらに当事者双方の利益上即時の処分が必要とされるすべての事件において，この目的を達成するために地方裁判所所長が自ら定める期日において，以上のような処分を行うことを求めることができる。」と定

---

(16) 安易に断定はできないが，少なくともドイツの文献上は，このような類型の存在は意識されていなかったように見える。

(17) コルト・ヘディングに関しては，河邉義典「オランダの民事司法」曹時48巻3号（1996年3月）1頁，7頁以下で紹介がなされている。また，ごく簡単には，Albert GRYNWALD「ヨーロッパにおけるクロスボーダーインジャンクション」，鳥羽みさお訳，AIPPI 42巻5号（1997年5月）39頁，43頁。その他に以下のドイツ語文献を利用した。本文ではこれら文献の内容を総合して紹介することにし，いちいち引用頁を示さないことにする。Eilers, Massnahmen des einstweiligen Rechtsschutzes im europäischen Zivilrechtsverkehr, 1991, S. 120–122（国際管轄）; Stadler, JZ 1999, 1095f; Zonderland, Einstweilige Verfügungen in den Niederlanden, ZZP 90 (1977) 225; Heiss, Einstweiliger Rechtsschutz im europäischen Zivilrechtsverkehr, 1987, S. 92–95（全般的な紹介）; Blankenburg, Das Kort Geding im niederländischen Zivilprozessrecht, in: Blankenburg, u.a., Neue Methoden im Zivilverfahren, 1991, S. 125（現状に重点を置いた紹介）.

める。この手続きに関する特別な管轄規定は存在せず，民事訴訟に関する一般的な管轄規定が適用されるといわれている。そして土地管轄についてのオランダ民事訴訟法126条は，①被告の住所地（１項），②被告の居所（２項）を基準とするほか，③被告がオランダに住所または居所を有することが知られていない場合には，オランダに住所を有する原告は，その被告を原告の住所地で訴えることができる（３項）と定める。さらに，処分の緊急性から，その地区で処分が執行されることを条件に，本案管轄を有しない地区の地方裁判所所長もコルト・ヘディングの管轄を有するとの判例法ルールがある。オランダでも国際裁判管轄ルールは土地管轄規定から導き出されるという管轄規定の二重機能性が肯定されているので，上記オランダ民訴法126条３項によって国際保全管轄が創設できることになる[18]。しかし，本案訴訟についてはこのような自国民保護に偏した過剰管轄規則は，国際裁判管轄の根拠としては援用することができない（EC管轄・執行条約３条２項）。そこで，結果的に前述のZPO 23条と同じ問題が生じてくるのである。

しかし，第１，第２判決が扱ったコルト・ヘディングは一種の満足的仮処分であるために，問題状況は前述したドイツ法の場合よりも一層深刻なものとなる。オランダの確立した判例によれば，仮の処分の内容には特に制限はなく，金銭仮払いもコルト・ヘディングによって命令ずることができるとされている。そのための要件のひとつである緊急性の要件は容易に肯定されるといわれており[19]，実際上は，債権者の疎明に基づき本案訴訟での敗訴の見

---

[18] もっとも，オランダの裁判所が条約24条だけを根拠にして国際保全管轄を認めることはまれである（GRYNWALD, 同論文386頁，Vlas, [1999] NILR 102, 109）とか，本文で示したオランダ民訴法126条３項によって国際管轄を認めた例は過去にない（Eilers, a.a.O., S. 122の紹介による。同書はこの点に対しては懐疑的。）とオランダではいわれているようである。そうなると，本稿第１節で紹介された事件は比較的レア・ケースということになるのかもしれない。その意味では，Vlas, [1999] NILR 102, 109が指摘するように，司法裁判所判例の直接の影響は大きくないといえようか。

[19] Heiss, a.a.O., S. 93.

[20] Vlas, [1999] NILR 102, 106

[21] Sauveplanne, IPRax 1983, 65 (66). この点は第２事件で先決裁定を求めたBGH決定中でも指摘されていた。BGH NJW 1997, 2685.

込みの低いことが審査されるにすぎないということである[20]。確かに，オランダ民訴法292条によれば本案裁判所は仮の命令に拘束されない旨が定められているから，あくまでこれは暫定的な仮の権利保護であるとはいえ，統計によれば，現実にはほとんどの事件で本案訴訟の提起に至らないとされているので[21]，オランダでは保全処分限りで事実上終局的な満足に至っているわけである。すると，もしEC管轄・執行条約上本案訴訟を提起できない国で，この種の本案の先取りとなる保全処分が広く許され，かつ各締約国でそれが無条件に承認，執行されうるとすると，EC管轄・執行条約が定める直接管轄規則を空洞化し，好ましくないフォーラム・ショッピングを容認する危険性が高まるのである。

3．過剰管轄規定排除ルールと24条との関係

3.1　従来の議論状況

では，どのような対処が可能であろうか。まず，EC管轄・執行条約3条2項の過剰管轄規定排除ルールが同条約24条にも適用されるのかという問題からはじめる。

従来から通説は，条約24条だけを根拠としてヨーロッパ域内での国際的保全処分を命ずる場合には，条約3条2項は国際保全管轄の前提となる本案管轄を定めることの妨げにならないとしていた[22]。つまり，通説は，保全処分の領域では各国法上の管轄規則に対して条約の規制は何の影響も与えないものと理解し，債権者保護の可能性を広げようとするのである。そして，本稿第1節で紹介した判決は，この通説的見解を一応確認した。ところが他方で，欧州司法裁判所は，保全処分を申し立てられた裁判所の属する国の領域と関連する管轄と，保全の対象との間に現実の関連関係があることを要するという条件を設定し，各国独自の保全管轄ルールを無条件で受容するわけではな

---

[22]　Kropholler, a.a.O., Art. 24 Rdnr. 6; Geimer/Schütze, a.a.O., Art. 24 Rdnr. 1, 23; Schack, a.a.O., Rdnr. 424; MünchKomm-ZPO, Art. 24 Rdnr. 5（Gottwald）; Nagel/Gottwald, a.a.O., §15 Rdnr. 10, 11; Koch, a.a.O., S. 88. ZPO 23条の適用を排除するとしていたのが，Nagel, Internationales Zivilprozessrecht, 2. Aufl. 1884, Rdnr. 178; OLG Koblenz NJW 1976, 2081; Puttfarken, RIW/AWD 1977, 360.

[23]　第1判決の段落番号38番と39番。

いという姿勢を明確にした。第1判決では，このような制限を設定する理由として次のように述べられている[23]。すなわち，仮の処分を命ずる裁判官は，個別事件の状況や取引慣行に応じて当該処分に期限を設定したり，係争物の性質に応じて銀行の支払保証を要求したり，係争物保管人を選任するなど当該処分の暫定性ないし保全に向けられている性質を確保しうるような適切な処置をとらなければならない。その際，当該処分の可否，手続きの中止，そしてその処分があくまで仮のものであるという性質を確保するために必要な条件で債権者たる申立人が遵守しなければならないものが備わっているかどうかなどを判断できるのに最も適切な裁判所は，仮の処分の対象となる物の存在する国の裁判所である，というのである。

ここからも明らかなように，欧州司法裁判所は当該保全処分の執行（内容の実現）という側面を強く意識して理論構成しているといえるだろう[24]。そして，仮に右の条件を無視して保全処分が発令されたならば，ヨーロッパ域内ではそのような保全処分は承認，執行することができないということになる。

ところで，従来の学説でも，条約24条と各国訴訟法のみに基づいてなされる渉外保全処分の発令要件に何らかの形で制限を加えることが試みられていた。

一つは，仮差押えなど事実上の満足までには至らない場合を念頭におくもののようだが，保全を命じた国に債務者の住所も財産もなく，後日外国で執行せざるを得ない場合は，保全処分をすることができないという考え方である[25]。これはフランスの学説であり，次のように論じる。フランス民法14条は，フランス国民であればそれだけの理由で自国においてフランスに住所を有しない者に対して訴えを起こすことができるという典型的な過剰管轄規定である。この規定を利用すれば，フランスの裁判所は，例えばドイツに住所を持つ債務者のドイツにある銀行口座を自国民のために差し押さえることが

---

[24] Spellenberg/Leible, ZZPInt 4 (1999) 229; Stadler, JZ 1999, 1097f.; Hess, IPRax 2000, 373.

[25] この議論については，Kropholler, a.a.O., Art. 24 Rdnr. 9; Dedek, EWS 2000, 249 を参照した。

できる。しかし，フランスに債務者の住所も財産もなく，将来ドイツで執行しなければならないという場合には，保全処分による権利の迅速な実現は保証できず，権利実現の遅延を予防するという条約24条の目的とはもはや調和しないから，フランス民法14条により保全管轄を認めることはできないという。第1事件の控訴審も，将来裁判国であるオランダに債務者の財産が存在することになるかもしれないという単なる可能性だけでは国際管轄を肯定することはできないとしていたが，これも同様の方向からフォーラム・ノン・コンヴィニエンス理論を適用し，自国の管轄権行使を抑制したものであろう[26]。しかし，このような見解に対しては，債務者は財産保有国ではどこでも仮差押えを覚悟すべきだとの反論がなされ[27]，通説化するには至らなかったようである。

また，ドイツでは，原則としてEC管轄・執行条約上本案裁判所となる国が国際保全管轄を有し，他方，条約24条だけによって仮の権利保護を命ずることができるのは，仮差押えの対象物所在地の管轄（ZPO 919条後段）や，急迫の場合に係争物所在地の裁判所が仮処分を命じうるという規定（942条1項）のように特に緊急性を考慮して認められた特別な保全管轄に基づく場合に限るとする見解も主張された[28]。しかし，通説は，こうした制限的解釈では，債権者は内国で効果的な保全処分を得ることができなくなるという重大な不利益を生じさせるとして，賛成していなかった[29]。

---

[26] Vlas, [1999] NILR 102, 108.

[27] Dedek, EWS 2000, 249を参照。

[28] Eilers, Massnahmen des einstweiligen Rechtsschutzes im europäischen Zivilrechtsverkehr, 1991, S. 200ff.

[29] Schack, a.a.O., Rdnr. 424. 仮差押えの対象物がドイツに所在することを直接の理由にして（919条後段）国際的保全命令を発することが可能であるとすれば，ほとんどの場合をカバーできるので，制限解釈を採用し仮差押えの発令を制限する実益は乏しい。また，急迫の場合に係争物所在地の裁判所が仮処分を命じうるという規定（942条1項）は，国際的な仮処分に関しては，本案管轄を持つ外国で内戦等のために司法機能が停止しているようなごく例外的な場合にだけ適用できるといわれている（Schack, a.a.O., Rdnr. 416）ので，これだけでは債権者の利益を著しく害するおそれがあろう。なお，第1事件ではドイツ連邦共和国政府が制限的解釈の採用を主張したが，司法裁判所はこれには従わなかったものと考えられる（Spellenberg/Leible, ZZPInt 4 (1999) 228 a.E.）。

3.2　欧州司法裁判所判決に対するドイツでの評価

では，ドイツの学説は，欧州司法裁判所の考え方をどのように評価しているのだろうか。

これに批判的な立場は，第1判決が設定した条件の不明確性を非難する[30]。このような一般条項的な要件を審査しなければならないとすると，管轄規則の明確性，法的安定性を損ね，保全処分を迅速に行うことができなくなるというのが批判説の主たる論拠であろう。しかし，多くの文献はこのように明確な非難を浴びせてはおらず，司法裁判所が設定した要件をより具体化する道を選ぶほうが生産的だと考えているようである。なぜ，多くのドイツ学説がこのような立場に立つのかははっきりしないが，司法裁判所の見解を受容したとしても，ドイツ法の保全処分に与える影響は大きくないと予測されるからであろう。つまり，財産所在地の裁判籍を経由して仮差押を命じたとしても，これは執行可能な債務者の財産の所在地での保全処分だから問題は少ないし，仮に財産所在地の裁判籍規定の利用が禁止されても，ドイツでは前述したZPO 919条後段を適用して仮差押対象物所在地の管轄を直ちに肯定できるので議論の実益性があまり大きくない[31]。そしてドイツの実務は満足的仮処分の発令に慎重な立場をとっているから[32]，本案訴訟に代替するものとして広く普及しているとされるオランダのコルト・ヘディングほどには債務者に負担を強いることにはならないといえるからである。

いずれにしても，国際保全管轄を各国法に全面的に委ねず，明確かつ統一的にルール化しておくことが妥当だということでは暗黙裏に共通した理解があると思われるが，将来，統一ルールを確立するにしても各国法の規制はあまりに多様性が強いのが実情であろう。そうすると，規制の明確さを重視してさしあたり各国法に100パーセント委ねるか，それとも，EC管轄・執行規

---

[30]　Wolf, EWS 2000, 16 は，この条件が管轄規則適用の不確実さを招き，迅速な審理の必要性に反し，具体化不可能であると批判する

[31]　注29を参照。

[32]　Baur/Stürner, Zwangsvollstreckungs-Konkurs und Vergleichsrecht, Bd. 1, 12. Aufl., 1995, Rdnr. 53. 25; Brox/Walker, Zwangsvollstreckungsrecht, 5. Aufl., 1996, Rdnr. 1616-1618. なお，ドイツ法の概要に関しては，吉野正三郎・安達栄司「ドイツにおける民事保全」中野貞一郎ほか編『民事保全講座第1巻』（法律文化社，1995年）113頁以下を参照。

則の管轄ルールの実効性を重視して司法裁判所によるいわば上からの緩やかな統一化を目指すのか，いずれが妥当と見るかの価値判断に帰するように思われる。

ただ，解釈論的に詰めておくべき点は多い。「申し立てられた保全処分の対象と，保全処分を申し立てられた裁判所の属する締約国の領域と関連した管轄との間に現実の関連関係（があること）」という要件のうち，「締約国の領域と関連した管轄」とは，国際裁判管轄なのか，より狭く，当該対象の存在する土地管轄を意味するのかはっきりしない。しかし，第1判決の判示では，管轄要件とまた別に，法的性質決定の場面で「その保全処分は当該裁判所管轄地に存在しまたは存在しなければならないであろう一定の財産のみを対象とする」という要件が設定されていること，そしてこの場面ではより地域性が限定されていることから見て，国際裁判管轄を意味するものと解すべきであろう[33]。

さらに，この要件全体は，一見すると保全処分の対象となる財産が管轄地にあれば足りるとの趣旨のように読めるが，そのような場合には通例土地との関連性は肯定できるし，本件のような金銭仮払い仮処分ではいったい保全処分の対象というのは何であろうかという疑問がわく[34]。そうなるとこの条件は，すでに指摘したように，仮の処分の執行（実現）を念頭に置いたものと見るべきであり，事件との近さや権利保護の迅速性などの観点から，とりわけ保全を命じた国でその保全処分が執行できる程度の水準の高い内国関連性が存在することが要求されているということであろう[35]。つまり，金銭支払いや特定物の引渡しを内容とする仮処分の場合は，債務者の執行可能な財産が十分に存在する国が保全管轄を有することになるのではなかろうか[36]。もっとも，司法裁判所の判示上は，内国で執行される可能性が明らかになっ

---

[33] Stadler, JZ 1999, 1098; Dedek, EWS 2000, 251 は，そう解する。他方，事件により近い裁判所が保全を命ずるべきだという司法裁判所の発想からは保全裁判所の属する地域を問題としているとする見解としてSpellenberg/Leible, ZZPInt 4（1999）229.

[34] Stadler, JZ 1999, 1093f.

[35] Stadler, JZ 1999, 1093f.

[36] Spellenberg/Leible, ZZPInt 4（1999）231.

ていれば，債務者の財産が現に内国になくても保全処分を行ってよいことには注意を要する。

さらに疑問となるのは，保全処分の執行段階で債務者の財産が発令国から別の国に移されてしまったような場合，その別の国で承認できるのかということである。第1，第2判決ともに本案裁判所以外の裁判所が行った保全処分の対外効を強く制限する趣旨と考えられるが，債務者財産の内国所在を条件にして発令された場合であっても，その財産が他国に移動したからといって，いったん肯定された国際管轄が消滅し，間接管轄が肯定できなくなるわけではない[37]。したがって，発令国以外での承認，執行の余地は残されていることになり，対外効が一切ないのではない，と理解するのがおそらく正しいのであろう。しかし，そもそも条約24条だけを根拠とした保全処分の対外効を否定する見解も従来から有力であり[38]，ここで紹介した判決の直接の射程から見て，この問題は解決したわけではないと思われる。

第3節　ヨーロッパ域内での国際保全処分の性質決定

1．従来の議論状況

1.1　はじめに

次に，論理的順序は逆とも思えるが，EC管轄・執行条約24条にいう「仮の処分」の意義について検討する。債権者への直接給付を命ずる満足的仮処分を24条にいう「仮の処分」と性質決定したならば，第1判決が設定した国際裁判管轄の条件をクリアできさえすれば，裁判国以外でもこれを執行することが可能となる。このことは債権者にとっては大きな福音となろうが，逆に債務者に対しては重い負担を課することになる。また，たびたび指摘した

---

[37] 以上につき，Spellenberg/Leible, ZZPInt 4 (1999) 230f.; Stadler, JZ 1999, 1098; Hess, IPRax 2000, 373. いわゆる管轄の恒定性である。

[38] Albrecht, Das EuGVÜ und der einstweilige Rechtsschutz in England und Bundesrepublik Deutschland, 1991, S. 120; Wolf, EWS 2000, 16f. EC管轄・執行条約はいわゆるダブル条約であるが，24条に基づく保全処分の場合は，条約が限定的に認めた管轄規則を前提としないで裁判がなされる以上，承認国は間接管轄を審査しなければならないはずである。これは条約の趣旨に矛盾するのではないかという。

ように，EC管轄・執行条約上本案管轄のない国がこの種の保全処分をすることは条約の定める管轄ルールの潜脱になりかねない。そこで，事実上終局的な満足に至る性質を持つ保全処分を24条にいう「仮の処分」から排除するという見解も有力であった[39]。しかし，EC管轄・執行条約についてのジュナールとシュロッサーの手になる二つの公式報告書では，この問題について見るべき議論はなされていない[40]。解釈論上の手がかりとなるのは，EC管轄・執行条約24条の「保全の目的のものをも含む」という文言であり，この点について欧州司法裁判所は次のような判断をしたことがある。

1.2 欧州司法裁判所1992年3月26日判決（Case C-261/90, Reichert v. Dresdner Bank, [1992] ECR I-2149）

〈事案の概要〉

Y1らはドイツ人で，フランスのアンティーブに不動産を所有していた。Y1らは，この不動産をその息子Y3に公正証書により贈与したのに対して，Y1らの債権者であるX銀行が，フランス法の債権者取消訴訟（ポリエンヌ訴権：action paulienne）をフランスで提起した。一審がフランスの国際裁判管轄を認めたので，Y1らが控訴した。Xは，EC管轄・執行条約16条1号，5条3号，16条5号，24条の適用を主張してフランスに国際裁判管轄があることを主張した。二審裁判所は欧州司法裁判所に対して先決裁定を求めた。

〈判旨〉

条約24条の論点についてのみ紹介する。

Xは，債権者取消訴訟は債権者に対して仮の保証を与えることを目的とするものであり，24条にいう「仮の処分」にあたると主張する。しかしながら，24条にいう「仮の処分」とは，「本条約の適用範囲内の法領域についてなされた処分であり，かつ通常本案について管轄を有する裁判所に対して判決が

---

[39] Heiss, a.a.O., S. 98f. は，コルト・ヘディングが緊急性を欠くことのほか，過剰管轄規定の潜脱，自国民の不当優遇の観点から24条にいう「仮の処分」とはいえないとする（Dedek, EWS 2000, 248も参照。）。ただし，従来の見解が給付（満足的）仮処分を頭から承認対象から除外していたわけではないことについては，Stadler, JZ 1999, 1095.

[40] 関西国際民事訴訟法研究会，前掲『国際商事法務』27巻11号1334頁，28巻11号1408頁参照。

求められる権利を保全する目的で，一定の事実状態・法的状態を保持するような処分」をいうのである。

フランス法の債権者取消訴訟は，債務者がその財産を散逸させることを防止するものであるが，その目的は，債務者によってなされた詐害行為を取り消すことを命ずることによって，債務者及び受益者の財産の法的状態を変更させるものであり，24条にいう「仮の処分」にはあたらない。

2．契約上の主債務の履行を命ずるコルト・ヘディングの場合
2.1 緊 急 性

今紹介した判決のような理解の下では，保全処分発令国の法律上保全目的をもつ暫定的な措置であると評価できれば，それ以上の要件の吟味を経由することなく，条約24条にいう「仮の処分」と性質決定してさしつかえないということになりそうである。しかし，事の実体を直視した場合，オランダにおけるコルト・ヘディングでは，緊急性の要件が必ずしも厳格に解釈されておらず，また，実際にはもはや暫定的な救済ではなく，最終的な満足を与えるものとなっていることは，すでに指摘したとおりである。第1判決の訴訟に参加したドイツ連邦政府は，契約上の主債務の履行を命じかつ緊急性要件を要しないものは24条にいう「仮の処分」には当たらないとの意見書を提出したが，オランダ法上コルト・ヘディング発令のために緊急性が明文上は必要とされていることもあり，第1判決では緊急性要件については論点とならなかった。では，緊急性要件は不要なのだろうか。本案管轄国での訴訟遅延がさほどのものでないにもかかわらず，債権者が緊急性要件を必要としない国で保全による迅速な権利救済を求める理由は，その国のほうが債権者にとって有利な管轄規則を有しているからであろう。すると，緊急性要件を不必要とするならば，EC管轄・執行条約の定める本案管轄ルールの体系を崩す保全処分が行われるおそれがいっそう大きいであろう。その意味では，本案手続きが遅延しているがゆえに即時履行がぜひとも必要であるという事情はやはり必要とされよう[41]。

---

(41) Spellenberg/Leible, ZZPInt 4 (1999) 226.
(42) 第1事件判決の段落番号45番参照。

2.2 欧州司法裁判所の見解

　第1判決で，欧州司法裁判所は，「契約上の主債務の履行を命ずることが本案判決の実効性を確実化するのに必要であること，また，場合によっては当事者利益の観点からもそれが正当化できるということは，初めから一般的かつ抽象的に否定し去ることはできない。」として[42]，給付を命ずる仮処分をカテゴリカルに24条の適用範囲から排除しない姿勢を示した。そして，第1に，本案で債権者が敗訴したときに既払金額の返還義務が担保されていること，第2に，その仮処分は当該裁判所管轄地に存在しまたは存在しなければならないであろう一定の財産のみを対象とすること，の二つの条件の下に，契約上の主債務の履行を命ずる保全処分を24条がいう「仮の処分」と位置付けることができるとした。第2判決もこれと同じ考え方に立っている。これによって，給付を命ずる仮処分については，ヨーロッパ域内での統一的な性格付けが行われたということができる。

　このうち第一の条件については，債務者側の負担の軽減という観点から正当化できよう。国際的な事件では，保全処分が取り消された場合に，すでに給付したものの返還を外国債務者が要求できなくなる可能性がかなり大きいからである[43]。したがって，法律上不当利得ないし損害賠償責任があるというだけでは不十分であり，今後は保全処分の申し立てに当たり，必ず担保を提供しなければならなくなると解されている[44]。その結果として，オランダ法については次のようなことがいわれている。つまり，オランダの実務では，債権者が敗訴する見込みがある場合は保全処分自体を命じない傾向があり，逆に保全処分を発令する場合には，債権者が敗訴する見込みが低いので担保

---

(43) Kropholler, a.a.O., Art. 24 Rdnr. 5.

(44) Stadler, JZ 1999, 1097; Hess/Vollkommer, IPRax 1999, 221. もっとも，条約38条3項は承認国が担保供与を命ずることができるとしていることから，あえて保全処分発令国が担保の適用を命じなければならないものではないとの指摘もある。Hess, IPRax 2000, 373.

(45) Vlas, [1999] NILR 102, 109.

(46) Stadler, JZ 1999, 1097.

(47) Spellenberg/Leible, ZZPInt 4 (1999) 224f.; Dedek, EWS 2000, 251. 司法裁判所は契約上の主債務の履行に限定しているので，家族法上の扶養義務や不法行為による損害賠償には別の考え方が当てはまる可能性はある。

の提供を命じないことが普通であるといわれている[45]。そうであれば、今後は、債権者敗訴の見込みについて微妙な判断が必要な事件についても保全処分が発令される可能性が出てくるのではないか、ということである[46]。また、より一般論としては、金銭仮払い仮処分は経済的に窮乏状態にあるがゆえに申し立てられるのが通常であろうから、担保の供与を条件とすることによって、渉外的な満足的仮処分申し立てのインセンティブが相当失われることになったともいえよう[47]。

問題なのは第二の条件である。司法裁判所は、第2節で検討したように、国際保全管轄を肯定するために裁判地と対象物との現実の関連関係を要求しており、「仮の処分」の性質決定においても重ねてほぼ同様の条件を設定する意図ははっきりしない。一説では、これは特定物給付請求権の保全を念頭に置く場合のことであり、金銭債権の場合は問題とならないとされるが[48]、それでは金銭仮払い仮処分が問題となった第1事件、第2事件で裁判所があえてこのような条件を設定した理由を説明したことにはならないであろう[49]。そこで、別な見解によれば、これは、債務者の責任財産一般を引き当てにする支払い義務についての保全処分は発令できず、満足的仮処分は、発令国でのみ執行でき、かつそこに存在する特定財産のみを執行対象とすべき場合に限られる趣旨であるという[50]。このような理解が仮に正しいとするならば、債務者の責任財産一般を引き当てにする金銭仮払い仮処分を申し立てることはできないことになり、いわゆる満足的仮処分が他国で執行される可能性は強く制限されることになる。そう考えるならば、ここで取り上げた判決は、給付を命ずる仮処分の対外的効果を事実上否定したことに帰着するのではな

---

(48) Hess/Vollkommer, IPRax 1999, 224f.

(49) Stadler, JZ 1999, 1097.

(50) Stadler, JZ 1999, 1097.

(51) OLG München RIW 2000, 464は、本案管轄を持たないギリシャのアテネ地裁が債権者の金銭支払い請求権を保全するために債務者の有する一切の動産、不動産等について一定額に至るまで仮差押えを命じた処分の承認が求められた事件で、司法裁判所の判例は金銭支払いを命じたものに射程が限定されていると理解し、仮差押えでは対象財産を限定、特定する必要はないとしている。なお、ドイツ法でも、対象となる債務者の財産を特定せずに包括的な形での対物仮差押えが可能とされているので（Brox/Walker, a.a.O., Rdnr. 1496)、同様の問題が生じるおそれがある。

かろうか。なお，司法裁判所の判例が，その射程上，金銭債権保全のための仮の処分にも及ぶかどうかは，なお問題として残されている[51]。

結　語

本稿で紹介した欧州司法裁判所の判例は，直接的には行きすぎた規制内容を持つオランダ法上の制度に枠をはめるものであるが，各国の保全処分を一定限度で近接化しようとする目的も内在しており，注目に値するといえよう。また，ここで示された考え方と類似した考え方は，1999年10月にヘーグ国際私法会議で採択された「民事及び商事に関する裁判管轄権及び外国判決に関する条約準備草案」の13条でも採用されているところであり[52]，わが国の立場からも，今後検討が必要とされるのではなかろうか。

本稿は判例紹介の域を越えるものではなく，議論内容もはなはだ拙いものであるが，これをもって，この10年来ヨーロッパ民事訴訟法に対する考察の機会を筆者に与えてくださった石川明先生の古稀をお祝い申し上げる次第である。

---

[52]　「1　第3条から前条までの規定により本案について管轄権を有する裁判所は，保全処分を命ずる管轄権を有する。

　2　財産が所在する国の裁判所は，当該財産について保全処分を命ずる管轄権を有する。

　3　前二項による管轄権を有さない締約国の裁判所は，次のすべてを満たす場合には，保全処分を命ずることができる。

　　a　保全処分の執行がその国の領域内に限定されていること

　　b　保全処分の目的が係属中又は申立人が申し立てる本案の請求権を暫定的に保全するものであること。」

この規定に関しては，道垣内正人「「民事及び商事に関する裁判管轄権及び外国判決に関する条約準備草案」を採択した1999年10月のヘーグ国際私法会議特別委員会の概要(3)」『国際商事法務』28巻4号（2000年4月）466頁（469頁），ピータ・ナイ，ファウスト・ポカール「民事及び商事に関する国際裁判管轄権及び外国判決の効力に関する特別委員会報告書(5)」道垣内正人・織田有基子訳『国際商事法務』29巻6号（2001年6月）751頁以下を参照。なお，この規定は保全処分の承認・執行との問題とも関連し，かなり大きな修正を受けるようである（道垣内正人「裁判管轄等に関する条約採択をめぐる現況(下)」『ジュリスト』1212号（2001年11月）87頁以下）が，議論をここでフォローする余裕がない。

経歴及び業績

(2002年2月23日現在)

〈出生年月及び学歴等〉

1931年11月生れ
1954年3月　　慶應義塾大学法学部法律学科卒業
1956年3月　　慶應義塾大学大学院法学研究科修士課程修了
1956年4月　　慶應義塾大学法学部助手
1961年4月　　慶應義塾大学法学部助教授
1966年3月　　法学博士（慶應義塾大学）
1967年4月　　慶應義塾大学法学部教授
1968年4月　　慶應義塾大学大学院法学研究科委員
1972年7月　　弁護士登録
1985年4月　　名誉法学博士（ケルン大学）
1989年11月　　名誉法学博士（ザールラント大学）
1994年4月　　朝日大学大学院教授（現在に至る）
1996年11月　　ザールラント独日協会名誉会員
2000年7月　　ドイツ連邦共和国第一級連邦功労十字賞受賞

〈学会及び社会における活動等〉

1956年　　民事訴訟法学会会員（1956年～現在，その間理事，幹事，監事など）
1956年　　私法学会会員（現在に至る）
1970年　　法務省法制審議会民事訴訟法部会幹事（1979年より1996年まで委員）
1973年　　公証法学会会員（1975年～現在，理事）
1977年　　司法試験考査委員（民事訴訟法・破産法担当。1989年まで）
1979年　　最高裁判所民事規則判定諮問委員会幹事（1997年まで）
1990年　　比較法学会会員（理事，1995年まで）
1991年　　日本学術会議会員（1993年まで）
1998年　　日本経営実務法学会理事長（2000年まで）

経歴及び業績

〈研究業績〉
1　著　書
　　『訴訟上の和解の研究』慶應通信（現慶應義塾大学出版会），1966年
　　『強制執行法（総論）概論』鳳舎，1967年
　　『訴訟行為の研究』酒井書店，1971年
　　『ドイツ強制執行法研究』成文堂，1977年
　　『民事訴訟法第Ⅱ部』慶應通信（現慶應義塾大学出版会），1977年
　　『強制執行法研究』酒井書店，1977年
　　『民事調停と訴訟法上の和解』一粒社，1979年
　　『民事執行法』石川明編，青林書院，1981年
　　『注釈民事訴訟法第9巻』石川明＝高橋宏志編，有斐閣，1981年
　　『民事調停法』石川明＝梶村太市共編著，青林書院，1985年
　　『ヨーロッパ民事手続法』小島武司＝石川明編訳，中央大学出版部，1985年
　　『注解民事調停法』石川明＝梶村太市共編著，青林書院，1986年
　　『破産法』日本評論社，1987年
　　『民事法の諸問題』一粒社，1987年
　　『民事訴訟法』石川明＝小島武司共編著，青林書院，1987年
　　『つれづれ』慶應通信（現慶應義塾大学出版会）
　　『破産法』石川明＝小島武司共編著，青林書院，1987年
　　『注解民事執行法（上巻）』石川明＝小島武司＝佐藤歳二共編著，青林書院，1991年
　　『仮の権利保護をめぐる諸問題』慶應通信（現慶應義塾大学出版会），1991年
　　『EU統合の法的側面』石川明編，成文堂，1993年
　　『注解民事調停法（改訂）』石川明＝梶村太一編，青林書院，1993年
　　『国際民事訴訟の基本問題』石川明＝三上威彦編，酒井書店，1994年
　　『比較裁判外紛争解決制度』石川明＝三上威彦編，慶應義塾大学出版会，1997年
　　『新民事訴訟法』石川明＝小島武司編，青林書院，1997年
　　『ドイツ強制執行法の改正』信山社，1998年
　　『新民事訴訟法（補訂版）』石川明＝小島武司編，青林書院，1998年
　　『調停法学のすすめ：私のADR論』信山社，1999年
　　『EUの法的課題』石川明＝櫻井雅夫共編著，慶應義塾大学出版会，1999年
　　『EU法の現状と発展：ゲオルク・レス教授65歳記念論文集』石川明編，信山社，2000年
　　『日本破産法』石川明著，何勤華＝周桂秋訳，中国法制出版社，2000年

『民事手続法の諸問題』朝日大学法制研究所叢書第5号，2001年

2　論　文
「不動産競売に伴う中間用益権の処遇」『金融法務事情』983号，1982年2月
「現況調査をめぐる若干の問題について」『金融法務事情』1002号，1982年9月
「西独の「弁護士要領基準」（弁護士倫理）について：解題と翻訳」『法学研究』（慶應義塾大学）56巻4号，1983年4月
「西独連邦弁護士法（1～3）：解題と条文の翻訳」石川明・中山幸二・二羽和彦共著『法学研究』（慶應義塾大学）56巻7～9号，1983年
「仮処分による手形の支払禁止をめぐる若干の問題」『金融法務事情』1057号，1984年5月
「離婚の訴えの係属の消滅と右訴えに附帯してされた財産分与の申立ての適否について」『法学研究』（慶應義塾大学）57巻6号，1984年6月
「西独の動産執行における交換差押制度について」『民事執行実務』1985年2月
「競売における配当と不当利得：仮登記の効力と関連して」『金融法務事情』1207号，1986年11月
「不動産の賃借人の破産」『法学研究』（慶應義塾大学）59巻12号，1986年12月
「「大韓民国民事訴訟法改正試案」について」石川明＝河正慶共著『法学研究』（慶應義塾大学）59巻12号，1986年12月
「法規の過剰化現象にいかに対処すべきか：西独連邦司法省の資料の解題と翻訳」石川明＝出口雅久共著『法学研究』（慶應義塾大学）60巻11号，1987年11月
「請負人の破産と請負契約」『法曹時報』39巻11号，1987年11月
「破産者のなした保証・担保の供与と破産法72条5号にいう「無償行為」の範囲：最二判昭和62年7月3日を中心として」『手形研究』32巻5号，1988年4月
「不動産競売手続における配当と弁済充当の方法」『金融法務事情』1194号，1988年7月
「訴訟法上の和解とその効力」『ジュリスト増刊　法律学の争点シリーズ5　民事訴訟法の争点（新版）』1988年7月
「労組法上の救済命令・緊急命令と地位保全ないし賃金仮払仮処分」『金融法務事情』1209号，1989年1月

「裁判所の許可を得ていない破産管財人に預金を払い戻した銀行の過失」『手形研究』432号，1989年12月

「工業所有権の侵害差止訴訟と民訴法15条」『法学研究』(慶應義塾大学) 62巻12号，1989年12号

「譲渡担保・債権譲渡等：動産売買における売主の先取特権の行使：差押承諾請求権に関連して」『金融法務事情』1242号，1990年1月

「占有移転禁止の仮処分」『ジュリスト 臨時増刊 民事保全法の運用と展望』969号，1990年12月

3 その他
a. 翻 訳
　ゲルハルト・リュケ『強制執行法関係論文集』慶應通信，1951年
　カール・ハインツ・シュワープ他『ドイツ手続法の諸問題』成文堂，1979年
　シュナイダー『弁護士』ぎょうせい，1986年
　カール・ハインツ・シュワープ，ペーター・ゴットヴァルト，マックス・フォルコンマー，ペーター・アレンス『憲法と民事手続法』石川明＝出口雅久共訳，慶應通信，1988年
『ドイツ民事訴訟法典』石川明＝三上威彦共訳，法曹会，1991年
b. 判 例 批 評
　「賃貸人の買受申立における家屋ならびに借地権の対価」『判例タイムズ』221号，1972年7月
　ほか約60点

4 なお，業績の詳細については，石川明先生古稀祝賀『現代社会における民事手続法の展開』(商事法務) 下巻末尾の業績一覧を参照されたい。

石川明教授古稀記念論文集
EU法・ヨーロッパ法の諸問題

2002年（平成14年）9月20日　初版第1刷発行

<table>
<tr><td>編集代表</td><td>櫻　井　雅　夫</td></tr>
<tr><td>発行者</td><td>今　井　　　貴
渡　辺　左　近</td></tr>
<tr><td>発行所</td><td>信山社出版株式会社
〔〒113-0033〕東京都文京区本郷6-2-9-102
電　話　03（3818）1019
FAX　03（3818）0344</td></tr>
</table>

Printed in Japan

©櫻井雅夫, 2002.　　　　　印刷・製本／勝美印刷・大三製本

ISBN 4-7972-2226-3 C3332

民事手続法の改革　石川　明著　二〇〇〇〇円

ドイツ強制執行法の改正　石川　明著　六〇〇〇円

調停法学のすすめ　石川　明著　二八〇〇円

ゲオルク・レス教授六五歳記念論文集
EU法の現状と発展　石川　明 編集代表　一二〇〇〇円

川上宏二郎先生古稀記念論文集
情報社会の公法学　二〇〇〇〇円

信山社

民事訴訟法　梅本吉彦 著　五八〇〇円

シミュレーション新民事訴訟〔訂正版〕
京都シミュレーション新民事訴訟研究会　三八〇〇円

CD版民事再生法書式集 新版
園尾隆司・須藤英章 監修　四七〇〇円

訴訟における主張・証明の法理　萩原金美 著　一二八〇〇円

民事訴訟法判例集　野村秀敏 著　一六六〇〇円

―― 信山社 ――

現代比較法学の諸相　五十嵐清 著　八六〇〇円

少年法の思想と発展　重松一義 著　三二〇〇円

京都議定書の国際制度　高村ゆかり・亀山康子 編　三九〇〇円

基本的人権論　ハンス・マイアー 著・森田明 編訳　一八〇〇円

外国法文献の調べ方　板寺一太郎 著　一二〇〇〇円

信山社